铁路科技图书出版基金资助出版

黄土隧道工程

赵勇 李国良 喻渝 著

中 国 铁 道 出 版 社

2011年·北 京

内 容 简 介

本书是近年来众多从事黄土隧道设计、施工、建设管理和研究人员集体智慧的结晶，特别是归纳了郑西高速铁路黄土隧道的建设经验和研究成果。

本书分析了黄土隧道的建设历史与现状，总结指出黄土隧道建设技术问题和主要成果；阐述黄土隧道围岩的工程特性，提出黄土隧道围岩分级方法；揭示了黄土隧道施工地表变形与裂缝规律，确定了黄土隧道深浅埋分界及黄土围岩设计荷载的计算方法；详细论述黄土隧道各种支护措施的作用机理和效果分析，并提出黄土隧道合理支护参数；分析了不同黄土隧道施工工法的力学特性和适用性，指出适用工法的关键技术；结合工程实例介绍湿陷性黄土隧道基底处理和黄土隧道下穿构筑物施工技术；对黄土隧道洞口边仰坡稳定性进行了分析，给出黄土洞口边仰坡工程措施。

本书强调理论和工程实践的结合，对关键技术从理论分析、数值计算、模型试验、现场测试等多方面进行分析，明确提出设计参数和施工工艺，方便从事黄土隧道的科学研究、工程设计、施工和建设管理人员参考。

图书在版编目(CIP)数据

黄土隧道工程/赵勇，李国良，喻渝著．—北京：中国铁道出版社，2011.12
ISBN 978-7-113-13837-0

Ⅰ.①黄…　Ⅱ.①赵…　②李…　③喻…　Ⅲ.①土质隧道—隧道工程　Ⅳ.①U459.9

中国版本图书馆 CIP 数据核字(2011)第 229061 号

书　　名：黄土隧道工程
作　　者：赵　勇　李国良　喻　渝　著

策划编辑：傅希刚
责任编辑：张　婕　　　编辑部电话：路（021)73141　　电子信箱：crph_zj@163.com
封面设计：冯龙彬
责任校对：孙　玫
责任印制：郭向伟

出版发行：中国铁道出版社(100054，北京市西城区右安门西街 8 号)
网　　址：http://www.tdpress.com
印　　刷：北京盛通印刷股份有限公司
版　　次：2011 年 12 月第 1 版　2011 年 12 月第 1 次印刷
开　　本：889 mm×1 194 mm　1/16　印张：20.75　字数：543 千
书　　号：ISBN 978-7-113-13837-0
定　　价：120.00 元

编审委员会

顾　　　　问：王梦恕　梁文灏　史玉新

主 任 委 员：郑　健

副主任委员：任润堂　刘培硕　许佑顶

作　　　　者：赵　勇　李国良　喻　渝

参加撰写人员：朱永全　王明年　宋　冶　李德武　熊治文

谭忠盛　马建林　叶朝良

主　　　　审：关宝树　蔡申夫　朱永全　钱征宇

审 查 人 员：关宝树　蔡申夫　朱永全　钱征宇　倪光斌

肖广智　杨健民　赵东平　王新东　霍玉华

杨林浩　唐国荣　田四明

课题组主要成员：（按姓氏笔画排列）

马侃彦　马建林　王明年　王晓州　王新东

方钱宝　田四明　叶朝良　白　冰　李　宁

李　雷　李光伟　李国良　李德武　朱永全

刘　骐　刘建友　吴　剑　肖广智　宋　冶

罗禄森　杨林浩　杨国柱　杨健民　赵　勇

赵永明　赵东平　赵辉雄　倪光斌　栗衡满

钱征宇　唐国荣　高新强　梁庆国　喻　渝

熊治文　谭忠盛　霍玉华

主　编　单　位：铁道部工程设计鉴定中心
中铁第一勘察设计院集团有限公司
中铁二院工程集团有限公司
参　编　单　位：石家庄铁道大学
西南交通大学
北京交通大学
兰州交通大学
中铁西南科学研究院
中铁西北科学研究院
郑西铁路客运专线有限责任公司
中铁十二局集团有限公司
中铁三局集团有限公司

序

我国祖先开发利用地下空间的历史相当漫长，规模很大，在黄河流域近64万平方公里的黄土塬区创造出的各种窑洞建筑，已有300~400年的历史。至今，仍有上千万人居住在各种黄土窑洞中。黄土隧道的修建也有上百年的历史，1904年开工修建的陇海铁路中就有一些黄土隧道。近几十年里，我国又在黄土分布区修建了大量的铁路、公路等隧道，特别是近些年刚刚开通的郑西高速铁路和石太铁路客运专线中，就修建了40多座总长超过58公里的双线高速铁路大断面黄土隧道，积累丰富了黄土隧道设计与施工经验。

黄土是一种第四系干旱、半干旱气候条件下水积和风积形成的特殊土，具有明显的垂直节理和结构特性，因形成时代、成因、含水率及区域不同，其物理力学和工程性质差异较大，因节理切割形成竖向软弱面，在隧道开挖形成临空面后，易沿软弱面剥落，诱发塌方。尤其在浅埋隧道开挖时，地表沉降量大，容易产生地表裂缝，对地表环境和建（构）筑物影响大。新黄土多具湿陷性，隧道基底承载力低，影响黄土隧道结构的稳定。黄土隧道初期支护变形大，且难以控制，变形以竖向沉降为主，容易发生洞室坍塌，影响施工安全。黄土隧道边仰坡坡面在受大气降雨的影响下，易局部失稳发生流坍，影响运营安全。

针对黄土隧道特殊的工程特性，铁道部结合郑西高速铁路特大断面黄土隧道的建设，对黄土隧道围岩工程特性、黄土围岩分级、设计和施工等一系列关键技术进行组织研究，取得了大断面黄土隧道合理支护参数及地表沉降、裂缝控制技术；大断面黄土隧道施工方法与监控技术等一批研究成果。上述成果成功地指导了郑西高速铁路黄土隧道的建设，丰富和发展了我国黄土隧道建设技术，推动了我国乃至世界隧道建设技术的进步。

作者是成果的主要创造者，编写了《黄土隧道工程》这本专著，系统介绍了黄土隧道围岩的工程特性，提出了黄土隧道匡岩分级方法；揭示了黄土隧道施工地表变形与裂缝规律；确定了黄土隧道深浅埋分界及黄土围岩设计荷载的计算方法；详细论述了黄土隧道各种支护措施的作用机理和效果，并提出了合理支护参数；分析了不同黄土隧道施工工法的力学特性、关键技术和工艺的应用范围；同时，还结合工程实例总结了湿陷性黄土隧道基底处理和黄土隧道下穿构筑物施工技术；对黄土隧道洞口边仰坡稳定性进行了分析，确定了黄土隧道洞口边仰坡防护的工程措施，内容非常新颖全面，具有创新性。该书特别强调理论和工程实践的结合，对关键技术从理论分析、数值计算、模型试验、现场测试等多方面进行回归分析，数据可靠，结论可信。

该书的作者都是直接参与黄土隧道设计、施工、科学研究与现场管理的技术人员、专家、学者，具有丰富实践经验。编审委员会成员，均参加过郑西高速铁路黄土隧道的建设，对黄土隧道建设过程中遇到的问题，均参与了专家研讨和科技攻关。这是一本集众多从事黄土隧道设计、施工、建设管理和研究人员集体智慧的专著，具有指导性、适用性、科研水平很高的专著。该书的出版极大地推动了我国黄土隧道修建技术的发展。

特向全体的工程建设者祝贺，希望今后做一批工程，出一部专著，将工程的经验和教训通过总结、分析提高到理论，去指导下一批新的工程。这样的专著才真正有意义，有水平、有创新。

中国工程院院士 王梦恕

2011 年 11 月

序

郑西客运专线是我国在黄土地区建设的第一条高速铁路，沿线湿陷性黄土分布区域广、湿陷强烈，地基沉降控制难度大。针对湿陷性黄土的特殊工程性质，采取可靠的工程措施确保基础工程的安全稳定，是湿陷性黄土区高速铁路建设必须解决的技术难题。铁道部组织国内实力雄厚的科研院所、设计、施工等参建单位，对黄土区高速铁路建设关键技术进行了系统攻关，在黄土地基处理、桥梁桩基设计、大断面黄土隧道修建技术上取得重大进展，为郑西铁路客运专线的建设提供了可靠的技术支撑。

郑西铁路客运专线新建隧道 38 座，总延长 76 879 m，其中黄土隧道 28 座，总长 53 061 m，最长的函谷关隧道长达 7 851 m。新建黄土隧道均为双线，开挖断面大、浅埋段落长，对隧道施工安全和质量控制提出了严峻考验。针对大断面黄土隧道设计和施工中的技术难题，铁道部安排了“大断面黄土隧道施工方法与监控技术研究”、“大断面黄土隧道支护参数及地表沉降控制技术研究”、“大断面黄土隧道建设成套技术深化研究”等一系列科研课题，结合黄土隧道施工开展技术攻关。通过全体科研、设计和施工人员的艰苦努力，取得了丰富的研究成果，攻克了大断面黄土隧道修建技术难题，形成了黄土隧道施工成套技术。

《黄土隧道工程》一书既是对郑西客运专线特大断面黄土隧道工程研究成果和工程实践的系统总结，也是近年来黄土隧道设计、施工、建设管理和研究人员集体智慧的结晶。本书系统介绍了黄土隧道围岩的工程特性，提出黄土围岩分级方法，科学分析了黄土隧道地表沉降、深浅埋分界和设计荷载，论述了各种支护措施的作用机理和施工方法的力学特性，提出了黄土隧道合理的支护参数和适用工法关键技术，对浅埋隧道下穿结构物及湿陷性黄土基底处理方面进行了成功的探索，既有坚实的工程背景，又有工法和理论的提升，内容全面，数据翔实，具有较高的学术水平和实用价值，可为类似隧道工程的建设提供有益的借鉴。特向本书作者、课题组人员、广大工程建设者以及为郑西客运专线建设过程中做出贡献、关心支持中国铁路发展和技术创新的各位专家表示感谢。

希望广大工程技术和管理人员，在工程实践中不断总结创新，出一批高质量的学术著作，为我国铁路技术的发展作出积极的贡献。

中国工程院院士
铁道部总工程师 何华武

2011 年 12 月

前　言

黄土是我国极具特色的一种特殊土，具有明显的垂直节理的结构特性。因形成时代、成因、含水量及区域不同，其物理力学和工程性质差异较大。在黄土地区修建隧道时，应全面、深入地掌握区域内黄土的特性，充分借鉴已取得的建设经验，结合具体工程的特点积极开展科学研究，达到安全、优质建设黄土隧道的目的。

100多年来，我国在黄土地区修建了大量铁路、公路等隧道工程，随着工程经验的积累，对黄土隧道的工程特性也有了逐步深入的认识。黄土垂直节理发育，因节理切割形成竖向软弱面，在隧道开挖形成临空面后，易沿软弱面剥落，诱发塌方。浅埋隧道开挖时，地表沉降量大，容易产生地表裂缝，对地表环境和建(构)筑物影响大。新黄土多具湿陷性，隧道基底承载力低，影响黄土隧道结构的稳定。黄土隧道初期支护变形大，且难以控制，变形以竖向沉降为主，容易发生洞室坍塌，影响施工安全。黄土隧道边仰坡坡面受大气降雨的影响下，易局部失稳发生溜坍，影响运营安全。针对黄土隧道特殊的工程特性，铁道部结合郑西高速铁路特大断面黄土隧道的建设，组织对黄土隧道围岩工程特性、黄土围岩分级、设计和施工等一系列关键技术开展科学研究，取得了铁路大断面黄土隧道合理支护参数及地表沉降控制技术、大断面黄土隧道施工方法与监控技术、黄土隧道地表裂缝控制技术等一批研究成果。上述成果成功地指导了郑西等高速铁路黄土隧道的建设，丰富和发展了我国黄土隧道建设技术，推动了我国乃至世界隧道建设技术的进步。

本书在充分总结以上研究成果和实践经验的基础上，结合其他已有的相关黄土隧道工程建设情况，系统介绍了黄土隧道围岩的工程特性，提出黄土隧道围岩分级方法；揭示了黄土隧道施工地表变形与裂缝规律，确定了黄土隧道深浅埋分界及黄土围岩设计荷载的计算方法；详细论述了黄土隧道各种支护措施的作用机理和效果，并提出黄土隧道合理支护参数；分析了不同黄土隧道施工工法的力学特性和适用性，指出了适用工法的关键技术；同时，还结合工程实例总结了湿陷性黄土隧道基底处理和黄土隧道下穿构筑物施工技术；对黄土隧道洞口边仰坡稳定性进行了分析，给出了黄土隧道洞口边仰坡防护的工程措施。

本书的编写人员具有丰富的黄土隧道设计、施工和科研经验，编委会成员均参加了郑西高速铁路大断面黄土隧道的建设。本书结合铁道部近几年的研究成果，由赵勇、李国良、喻渝撰写成文，编审委员会组织审查修改。课题组主要人员参加了撰写和审查，分工如下：朱永全(第1章、第4章、第11章)、李德武(第2章、第3章)，叶朝良(第4章)，王明年(第3章、第5章、第6章)，谭忠盛(第6章)，宋冶(第7章、第9章)，马建林(第8章第8.3节)，熊治文(第8章第8.1、8.2节，第10章)，刘建友(目录翻译)，最终由关宝树、蔡申夫、朱永全、钱征宇主审。在本书编审过程中，王晓州、杨健民、赵东平、王新东、马侃彦、倪光斌、霍玉华、杨林浩、赵永明、唐国荣、田四明、肖广智等为本书提供了很多宝贵资料，并参加审查会审查。王梦恕和梁文灏两位院士以及史玉新设计大师作为本书顾问，提出很多宝贵意见，王院士亲自为本书写序。铁道部工程设计鉴定中心任润堂副主任、铁一院刘培硕副院长、铁二院许佑顶总工程师对本书的编著给予大力支持并亲自指导。铁道部总规划师、工程设计鉴定中心主任郑健组织了黄土隧道设计参数的优化研究，对本书的出版提出详细的指导意见，并组织编审委员会审查了本书。中国工程院院士、铁道部何华武总工程师对黄土隧道的修建非常重视，在郑西高速铁路建设过程中，多次到现场指导，并组织专家对遇到的难题进行研讨，为本书的出版也特别写序。在此，特向以上各位专家、各位领导对本书的指导与帮助表示衷心感谢。

本书是铁道部近几年黄土隧道建设的成果集成，特别是引用了大量郑西高速铁路大断面黄土隧道的试验参数、研究结论和工程实践案例，在此向参加郑西、石太等黄土隧道建设的设计、施工、建设管理和科研人员表示感谢。本书获铁路科技图书出版基金资助出版。

由于时间仓促，水平有限，书中疏漏和不妥之处，恳请有关专家和读者给予批评指正。

作　者

2011 年 10 月

目　录

Contents

第 1 章　绪　论

本章主要介绍黄土的定义及我国黄土的分布及特征，分析我国黄土隧道建设历史与现状，明确黄土隧道断面等级及跨度划分，提出大断面黄土隧道建设所面临的技术问题，总结我国铁路在大断面黄土隧道建设中所取得的主要研究成果。

1.1　我国黄土的分布及特征

1.1.1　黄土的定义

黄土是第四系干旱、半干旱气候条件下，陆相沉积的一种特殊土[1]，颜色由黄至红黄、疏松多孔，粉沙质，质地均一，层理不明显，富含碳酸钙。它的内部物质成分和外部形态特征都不同于同时期的其他沉积物。一般认为不具层理的风成黄土为原生黄土，原生黄土经过流水冲刷、搬运和重新沉积而形成的黄土称为次生黄土，它常具有层理和砾石夹层。颗粒组成以粉粒为主，同时含有砂粒和黏粒。表层多具湿陷性，易产生潜蚀形成陷穴。黄土还含有大量可溶盐类，往往具有肉眼可见的大孔隙，孔隙比变化大多在 1.0～1.1 之间。

黄土按照形成时代分包括早更新世的午城黄土、中更新世的离石黄土、晚更新世的马兰黄土和全新世的新近堆积黄土、黄土状土等。黄土按照是否具有湿陷性又可以分为湿陷性黄土和非湿陷性黄土两大类。在一定压力下受水浸湿，土结构迅速破坏，并发生显著附加下沉的黄土称湿陷性黄土，它主要为后于晚更新世（Q_3）的马兰黄土以及属于全新世（Q_4）的黄土状土。这类土为形成年代较晚的新黄土，土质均匀或较为均匀，结构疏松，大孔隙发育，有较强烈的湿陷性。在一定压力下受水浸湿，土结构不破坏，并无显著附加下沉的黄土称非湿陷性黄土，一般属于中更新世（Q_2）的离石黄土和属于早更新世（Q_1）的午城黄土。这类形成年代久远的老黄土土质密实，颗粒均匀，无大孔隙或略具大孔隙结构，一般不具有湿陷性或仅具轻微湿陷性。

湿陷性黄土又分为自重湿陷性和非自重湿陷性黄土。在上覆土的自重应力下受水浸湿发生湿陷的黄土称自重湿陷性黄土；在大于上覆土的自重应力下（包括附加应力和土的自重应力）受水浸湿发生湿陷的黄土称非自重湿陷性黄土。

1.1.2　黄土的分布

黄土在全世界分布面积达 1 300 万平方公里，约占陆地总面积的 9.3%，主要分布在温带和沙漠前缘的半干旱地带。在北半球，黄土分布在北纬 30°～55°之间地区；在南半球，黄土分布在 30°～40°之间的地区。

我国黄土以其分布范围广泛、连续、地层发育完整、厚度大而著称于世，分布在北纬 30°～48°之间，以 34°～39°之间最为发育，较之欧洲、北美的黄土分布区 45°～62°稍靠南，分布面积约 64 万平方公里，其中湿陷性黄土约占四分之三。以西北地区和黄河中游地区最为发育，多分布于甘肃、陕西、山西地区，青海、宁夏、河南也有部分分布，其他如河北、山东、辽宁、黑龙江、内蒙古和新疆等省（区）也有零星分布。在西北地区、黄河中下游一带构成著名的黄土高原，连续面积达 44 万平方公里。

黄土覆盖厚度一般在 100 m 以内，而以陇东、陕北、晋西黄土层最厚，六盘山以东到吕梁山西侧，黄土厚度在 100 ~ 200 m 之间，兰州地区的厚度，达 300 m 以上。

我国黄土分布的面积和厚度，都居世界之冠。

1.1.3 黄土的特征

(1)黄土的成分组成

黄土的颗粒成分以粉粒为主，在黄土中粉粒(粒径 0.05 ~ 0.005 mm)含量一般在 60% 以上。黄土中普遍含有砂粒，但以极细砂(0.1 ~ 0.05 mm)居多，细砂含量很少，一般颗粒均小于 0.25 mm。黏土含量一般在 20% 左右。在黄河中游黄土颗粒组成中，由北向南和由西向东砂粒逐渐减少，而黏土含量逐渐增多。

黄土中的矿物成分包括碎屑矿物和黏土矿物。碎屑矿物主要是石英、长石和云母，这三类矿物的总含量占全部碎屑矿物的 80%，还有少量辉石、角闪石、绿帘石和磁铁矿等。此外，黄土中还含有碳酸盐矿物，如方解石。黏土矿物主要是伊利石、蒙脱石、高岭石、针铁矿和含水赤铁矿等。

(2)黄土的特性

黄土是最新的地质时期(距今约 200 万年左右的第四系)形成的土状堆积物，所以其性质比较特殊。黄土有显著的垂直节理，土质疏松，在干燥时较坚硬，一旦遇水浸泡，通常容易剥落、侵蚀和湿陷。在黄土地区修建各种建(构)筑物时，如果对黄土的特性不了解，往往会给工程带来严重的损伤和破坏，黄土的特性很早就引起了科学工作者和工程技术人员的关注。在长期的实践和研究中，把黄土的主要特性归结为五个方面。

①多 孔 性

由于黄土主要是由极小的粉状颗粒所组成，而在干燥、半干燥的气候条件下，它们相互之间结合得很不紧密，一般只要用肉眼就可以看到颗粒间具有各种大小和形状不同的孔隙和孔洞，所以通常有人将黄土称为大孔土。一般认为黄土的多孔性与成岩作用、植物根系腐烂和水对黄土的作用等有关，更重要的是与特殊的气候条件有关。典型的黄土孔隙度较高，而黄土状地层的孔隙度较低。

②垂直节理发育

垂直节理发育，是典型黄土和黄土状地层所具有的普遍而特殊的性质。关于黄土垂直节理的成因，曾引起许多学者的兴趣。目前较多的人认为，垂直节理的形成主要是由于黄土在堆积加厚的过程中受重力的影响，土粒间的上下间距变得愈来愈紧密，而土粒间的左右间距却保持原状不变。这样水和空气即沿着抵抗力最小的上下方向移动，沿着黄土的垂直管状孔隙不断地作升降运动并反复进行，这就造成了黄土垂直节理发育的倾向。

③层理不明显

黄土的组成物质主要是尘土质物质，它在渐次堆积过程中，形成非常薄的层理，用肉眼观察是很不明显的。

④透水性较强

黄土之所以具有透水性，这是和它具有多孔性以及垂直节理发育等结构特点分不开的。黄土的多孔性及垂直节理愈发育，黄土层在垂直方向上的透水性愈高，而在水平方向上的透水性则愈微弱。

⑤湿 陷 性

粉末性是黄土颗粒组成的最大特征之一。粉末性表明黄土粉末颗粒间的相互结合是不够紧密的，所以每当土层浸湿时或在重力作用的影响下，黄土层本身就失去了它的固结的性能，因而也就常常引起强烈的沉陷和变形。此外，黄土的多孔性、大气降水和温度的变化以及人为的影响，对黄土中可溶性盐类的溶解和黄土湿陷的深度与速度都有着极大的影响。

黄土的上述五种特性是相互影响的，所以对黄土的特性必须全面综合地加以认识。

(3)黄土地貌

黄土地貌可分为堆积地貌、侵蚀地貌、潜蚀地貌和重力地貌等几种类型，如表 1-1-1 所示。形成上

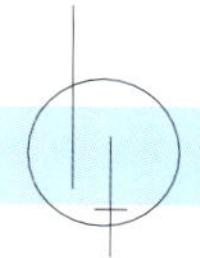

述各种黄土地貌的原因，除了黄土本身的特点外，还受黄土堆积前的古地形和黄土区的各种外因力作用（流水作用、重力作用、地下水作用和风的作用）的影响。黄土堆积形成的高而平坦的地面受到第四纪或现代水流切割，分别形成黄土塬、黄土墚和黄土峁地貌。图 1-1-1 所示为陕西的黄土梁和甘肃的黄土峁地貌。

表 1-1-1　黄土地貌类型[1]

地貌类型	亚　　类		地形形态基本特征
堆积地貌	黄土高原	黄　土　塬	黄土高原受现代沟谷切割后，保存下来的大型平坦地面，周边为沟谷环绕
		黄　土　梁	顶面平坦，两侧为深切冲沟，中部为长条状的黄土低丘。长数百米、数千米到上万米，宽数十米到上百米
		黄　土　峁	孤立的黄土丘陵，顶面平坦或微有起伏，呈圆穹状，大多数是由黄土梁进一步切割而成
	黄土平原		分布于新构造运动下降区，是由黄土堆积形成的低平原，局部发育沟谷，无梁、峁
	河谷阶地		沿河谷及大型沟谷两岸分布（或断续分布），表层全部由冲积—洪积黄土等沉积物堆积的阶地
侵蚀地貌	大型河谷		形成及发展与一般侵蚀河谷相似，但其形成发展过程有时还伴随有风积黄土堆积
	冲　　沟		因黄土土质疏松，常伴有重力崩塌、潜蚀作用，因此发展快，其特征是沟深、壁陡、向源侵蚀作用显著
潜蚀地貌	黄土蝶形洼地		流水聚集，使黄土层内发生湿陷或潜蚀，引起地面下沉后的一种直径数米至数十米的凹地，它是陷穴和冲沟发育的初期标志
	黄土陷穴		地表水沿黄土孔隙、裂隙下渗侵蚀形成的黄土洞穴。若成串分布，则称为串珠状陷穴
	黄　土　井		黄土陷穴向下发展，形成深度大于宽度若干倍的洞穴
	黄　土　桥		两个黄土陷穴之间被水流串通，在陷穴崩塌之后残存的土体呈桥状洞穴
	黄　土　柱		黄土沿垂直节理崩塌后残存的土柱
重力地貌	崩塌堆积体		由于黄土冲沟深切，岸坡高陡，土体突然迅速地向下崩落，在坡脚下形成的地貌形态
	黄土滑坡		黄土斜坡地段，土体在重力和地下水作用下产生山坡变形的地貌形态

图 1-1-1　陕西的黄土"梁"（左）和甘肃的黄土"峁"（右）

1.2　黄土隧道建设历史与现状

1.2.1　铁路黄土隧道建设历史[2]

100 年来，在我国黄土分布地区修建了大量的铁路干线、支线和专用线，如横贯东西的陇海线、兰新线、京包线、京承线、京原线、石太线、邯长线、大秦线、侯月线；纵穿南北的北同蒲线、南同蒲线、包兰线、西延线、太焦线、宝中线等。铁路穿越黄土塬、梁的边缘，由于下伏基岩的起伏，黄土层厚度不一，铁路隧道有全部洞身断面通过黄土，有仅在隧道上部断面或在进口、出口部分段落穿过黄土。铁路黄土隧道主要集中在河南、山西、陕西、甘肃等省的铁路线上，其修建和分布情况统计如表 1-2-1 所示。

表 1-2-1 铁路黄土隧道修建和分布情况[2]

序号	线别	隧道座数	单线隧道		双线隧道		修建年代
			座数	长度(m)	座数	长度(m)	
1	石太线	5	5	529.8			1904,1959
2	陇海线	50	36	14608.6	14	7720.13	1904,1952~1960
3	兰银线	6	6	919			1956
4	铜王线	1	1	460			1957~1958
5	南—陇联络线	7	7	3653.9			1967~1969
6	良陈线	1	1	136.2			1970~1972
7	侯西线	7	7	2061.6			1970~1972
8	京原线	2	2	2375.2			1971
9	丰沙线	4	4	735.2			1971
10	太焦线	5	5	1674.5			1974~1976
11	京通线	2	2	140.0			1975~1976
12	太岚线	4	4	689.5			1974~1979
13	西延线	9	9	2239			1973~1978
14	邯长线	8	8	2813.6			1979~1981
15	南同蒲线	1	1	40.0			1985
16	大秦线	2			2	905	1986~1988
17	侯月线	26	15	4344.7	11	2576.5	1992~1995
18	宝中线	18	18	12999.0			1992~1993
19	神朔线	10	8	1841.0	2	427.0	1992~1993
20	司古联络线	1	1	430.0			1994
21	丰准线	1	1	436.0			1994
22	三门峡水电专用铁路	3	3	840.0			1959~1960
合计		173	144	53979.8	29	11628.63	

1950 年前黄土隧道施工方法采用单工序作业,先拱后墙法,全依靠人工开挖、搬运。隧道拱圈衬砌用白灰砂浆筑砌青砖,边墙用石料砌筑。

20 世纪 50~70 年代,黄土隧道的施工采用上导坑法、上下导坑法。开挖以手工工具为主,用铣、镐开挖。支撑主要是木支撑,导坑采用框架式,扩大采用扇形支撑,洞内运输主要用人力推轻轨土斗车、架子车、手推车等。黄土隧道没有标准设计图,而是套用一般土质隧道的衬砌断面,其结构形式不完全适应黄土的特性,衬砌厚度偏大而且不完全合理。

20 世纪 80 年代成功地采用新奥法修建了大秦铁路黄土地段的军都山隧道和神朔线黄土地段的蛇口峁隧道。例如,军都山隧道采用了近似圆形的蛋形断面的复合式衬砌结构,采用非爆破大断面长台阶开挖,断面分为上、中、下三个台阶,自上而下开挖,上、中层台阶开挖采用平行作业,下台阶则与上、中台阶开挖采用交替作业。此后修建的黄土隧道基本上是采用以喷锚网为初期支护,模筑混凝土为二次衬砌的施工方法。

20 世纪 90 年代是铁路建设高潮期之一,新的干线铁路及路网建设加快,这一时期在黄土地区修建的铁路有侯月线、宝中线、神朔线、神延线、朔黄线等。我国在早期修建的黄土隧道均为普速铁路单线或者双线隧道,隧道的开挖面积为 50~120 m^2。受经济、技术水平的限制,黄土隧道一般较短,大部分穿越新黄土,埋深较浅。建设过程中为了解决黄土隧道特有的问题,广大隧道工程建设者有针对性地开展了大量的试验研究工作。代表性的科研项目主要有:西延线崾岘河隧道(单线)《黄土隧道减薄衬砌试验研究》、侯月线百家垣隧道《双线铁路老黄土隧道衬砌设计与施工研究试验》、宝中线老头沟隧道《黄土偏压

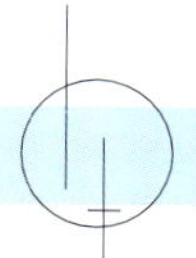

单线铁路隧道受力特性及设计施工技术》、宝中线大寨岭隧道(单线)《宝中线大寨岭隧道新奥法施工验证试验》、神延线马家岔、折家坪隧道(单线)《神延铁路土质隧道衬砌断面优化设计研究》、神延线宋家坪隧道(单线)《水平旋喷预支护技术研究》、宝兰二线码头隧道《双线隧道软弱围岩双层模筑复合式衬砌试验研究》等。上述科研项目分别对黄土隧道以及地表的变形特性、隧道的围岩压力分布特征、支护结构类型和参数、施工方法等方面进行了研究,并取得了一定的成果,指导了当时黄土隧道的建设。

1.2.2 公路黄土隧道建设历史

根据资料记载,在陕西北部黄土高原修建的第一座隧道是黑山寺隧道,位于咸阳至宋家川公路的子长县黑山寺沟,单车道、青砖衬砌,净空为 0.35 m + 3.5 m + 0.35 m,限界高 4 m,全长 250 m。该隧道 1958 年开始试验性修建,1965 年正式建成。

由于大跨径、大断面和扁坦状等特点,早期黄土公路隧道的施工方法主要是单侧壁和双侧壁导坑法,进入 20 世纪 90 年代后普遍采用环形开挖留核心土法,对于三车道和加宽带一般采用三台阶七部环形开挖法。

随着我国改革开放的不断深入和经济的快速发展,高速公路的建设得到了迅猛的发展,修建了大量的黄土公路隧道(表 1-2-2 和表 1-2-3)。目前,修建的黄土公路隧道最大跨度为 17.66 m(西安绕城高速公路南段的马腾空隧道);最大开挖断面为 171 m^2(陕西榆林—商洛线神木至府谷高速公路的墩梁隧道,开挖高度为 12.19 m,最大开挖跨度达 17.32 m);西北地区第一长黄土隧道是羊泉隧道(长 6 146 m);我国第一条黄土连拱隧道是离石隧道(青岛至银川国道山西省汾阳—离石高速公路,长 180 m),隧道开挖宽度达 24.4 m,开挖高度达 10.05 m(含仰拱),总开挖面积为 224.4 m^2。

表 1-2-2 部分公路黄土隧道数量

序 号	线 别	隧道座数	长度(m)	修建年代
1	陕西咸阳—宋家川公路	1	250	1958 ~ 1965
2	国道 312 线甘肃段	2	1 520	1993 ~ 1995
3	国道 312 线陕西段	1	1 238	1997 ~ 1998
4	国道 310 线甘肃天水—巉口公路	1	820	1998 ~ 2000
5	甘肃馋口—柳沟河高速公路	8	9 856.8	1999 ~ 2001
6	陕西铜川—黄陵公路	2	1 445	1999 ~ 2000
7	山西祁县—临汾高速公路	1	556	2001 ~ 2002
8	甘肃兰州—海石湾高速公路	2	730	2001 ~ 2003
9	西安绕城高速公路(南段)	2	1 000	2001 ~ 2003
10	陕西 205 省道公路	1	590	2002 ~ 2003
11	陕西榆林靖边—安塞高速公路	4	2 116	2003 ~ 2005
12	陕西黄陵—延安高速公路	2	2 910	2002 ~ 2004
13	山西汾阳—离石高速公路	1	180	2004 ~ 2005
14	陕西吴堡—子洲高速公路	2	2 516	2005 ~ 2006
15	山西离石—军渡高速公路	1	212.5	2006 ~ 2007
16	宝鸡—天水高速公路	2	3 420	2006 ~ 2008
17	甘肃平凉罗汉洞—定西高速公路	8	13 227	2006 ~ 2008
18	甘肃天水—定西高速公路	2	2 505	2008 ~ 2009
19	青岛—兰州高速公路陕西段	8	25 859	2008 ~ 2010
20	甘肃临洮县康家崖—临夏高速公路	2	6 618	2007 ~ 2010
21	西宁西过境公路	2	5 081	2007 ~ 2010

续上表

序号	线别	隧道座数	长度(m)	修建年代
22	太原—佳县高速公路	6	16 251	2009 ~ 2010
23	延志吴(延安安塞经志丹至吴起)高速公路	4	2 499	2009 ~ 2010
24	天水过境段高速公路	2	3 472	2009 ~ 2010
25	陕西神木—府谷高速公路	2	2 743	2009 ~ 2011

表 1-2-3　部分公路黄土隧道概况

隧道名称	长度(m)	线别	贯通时间	备注
羊泉隧道	6 146 m	青(岛)至兰(州)高速公路陕西段	2010 年 8 月 7 日	目前西北地区第一长黄土隧道
南阳山隧道[20]	上行线长 3 290 m,下行线长 3 328 m	兰(州)磨(憨)西部大通道临洮县康家崖至临夏高速公路	2010 年 11 月 9 日	
墩梁隧道	左线全长 1 328 m,右线长 1 415 m	陕西榆(林)商(洛)线神木至府谷高速公路	2010 年 12 月 28 日	隧道开挖高度为 12.19 m,最大开挖跨度达 17.32 m,开挖断面达 171 m^2
土家湾隧道	上行线长 1 289.5 m,下行线长 1 210 m	连云港至霍尔果斯国道主干线馋(口)柳(沟河)高速公路	2001 年 5 月 11 日	
赵家楞杆梁隧道	上行线长 973.3 m,下行线长 995 m	甘肃馋(口)柳(沟河)高速公路	2000 年 10 月	
新庄岭隧道	上行线长 1 455 m,下行线长 1 422 m	甘肃馋(口)柳(沟河)高速公路	2000 年 12 月 10 日	
白虎山隧道	上行线长 1 235 m,下形线长 1 277 m	甘肃馋(口)柳(沟河)高速公路	2000 年	
大有山隧道[21]	左线全长 2 553 m,右线全长 2 528 m	西宁西过境公路	左线 2010 年 4 月 27 日,右线 2010 年 3 月 30 日	
离石隧道	全长 180 m	青岛至银川国道山西省汾阳—离石高速公路	2005 年	我国第一条黄土连拱隧道
临县 3 号隧道	左线长 3 408 m,右线长 3 413 m	太佳高速公路吕梁段	2010 年 4 月 28 日	
静宁隧道[22]	上行线长 2 600 m,下行线长 2 679 m	甘肃平凉(罗汉洞)至定(西)高速公路	上行线 2008 年 8 月 15 日,下行线 2008 年 10 月 26 日	
卧龙隧道[23]	上行线长 1 402 m,下行线全长 1 336 m	甘肃平凉(罗汉洞)至定(西)高速公路	上行线 2009 年 9 月 5 日,下行线 2007 年 11 月 12 日	
老君隧道	下行线长 1 270 m,上行线 1 180 m	甘肃平凉(罗汉洞)至定(西)高速公路	2008 年 6 月 26 日	
青岚隧道	上行线全长 1 345 m,下行线全长 1 415 m	甘肃平凉(罗汉洞)至定(西)高速公路	2008 年	
雷家碛 3 号隧道	右线全长 1 420 m,左线长 1 455 m	太(原)佳(县)高速公路	右线 2010 年 2 月 24 日,左线 2010 年 4 月 30 日	
西凌井隧道	右线全长 3 280 m,左线长 3 275 m	太(原)佳(县)高速公路东段	右线 2010 年 7 月 19 日,左线 2010 年 7 月 31 日	V 级黄土围岩长 1 713 m
善化隧道	左线长 1 666 m,右线长 1 660 m	青兰高速公路陕西段	2009 年 10 月 20 日	

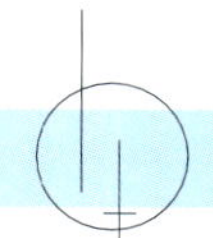

续上表

隧道名称	长　度(m)	线　别	贯通时间	备　注
柯家庄隧道	左线长 2 528 m,右线长 2 598 m	青兰高速公路陕西段	2009 年 11 月 20 日	Ⅴ级黄土围岩长 1 550 m
中梁隧道	左线长 400 m,右线长 396 m	延志吴(延安安塞经志丹至吴起)高速公路	2010 年 11 月 10 日	
营盘峁 2 号隧道	全长 1 703 m	延志吴高速公路	2010 年 12 月 31 日	
梁家山隧道	下行线长 1 744 m,上行线长 1 729 m	天水过境段高速公路	2010 年 9 月 24 日	
道南隧道[24]	全长 2 910 m	黄陵至延安高速公路	2004 年 3 月 22 日	
吉家村隧道	左线长 2 575 m,右线长 2 540 m	青(岛)至兰(州)高速公路陕西段	左线 2010 年 7 月 30 日,右线 2010 年 5 月 1 日	
问沟隧道	右线隧道长 1 208 m,左线隧道长 1 308 m	青(岛)银(川)陕西㙟内吴堡至子洲高速公路	2006 年 8 月 24 日 2006 年 10 月 6 日	
王家会隧道	长 212. 5 m	青岛至银川国道主干线山西省离石—军渡段高速公路	2007 年	是目前国内最长的黄土双连拱隧道
青土岘隧道	左线长 300 m,右线长 430 m	兰州—海石湾高速	2003 年	
天赐湾隧道	上、下行线长均 465 m	陕西榆林靖(边)安(塞)高速	上行线 2004 年 9 月 21 日,上行线 2004 年 10 月 10 日	
马腾空隧道	全长 1 000 m	西安绕城高速公路(南段)	2003 年	最小埋深仅为 6 m,最大埋深为 30 m,最大跨度为 17. 66 m,最大开挖高度为 12. 8 m
甘泉隧道[25]	全长 1 710 m	宝鸡天水高速公路	2008 年 11 月 15 日	
定西隧道	全长 2 505 m	定西市至天水市高速公路	2009 年 11 月 10 日	
太峪隧道[26]	全长 1 238 m	国道 312 线陕西段	1998 年	
楼子沟隧道[27]	上行线长 725 m,下行线长 720 m	铜黄公路(铜川—黄陵)	2000 年	
马路山隧道	上、下行线全长 1 186 m	陕西靖(边)安(塞)高速公路	2005 年	
鲍家河隧道	全长 590 m	205 省道	2003 年 5 月 31 日	
祁家大山隧道[28]	全长 860 m	国道 312 线甘肃段	1995 年 10 月	
燕家岭隧道	全长 556 m	山西省祁(祁县)临高速公路	2002 年 11 月	
车道岭隧道	全长 660 m	国道 312 线甘肃段	1995 年	
王甫梁隧道	全长 820 m	G310 线天水—巉口公路	2000 年 4 月	
黑山寺隧道	全长 250 m	咸阳至宋家川公路	1965 年	单车道,青砖衬砌,是陕西北部黄土高原修建的第一座隧道

注:表中数据为网上调查资料,与实际情况可能有出入。

1.2.3 黄土隧道建设现状

进入21世纪以来,我国又开始了大规模的铁路建设,一批高标准、高速度的铁路项目建成投产,其中有不少黄土隧道。如已经通车的郑西高速铁路、石太客运专线、包头至西安铁路,在建的如大西客运专线、西安至平凉铁路、天水至平凉铁路、太原至兴县铁路等,均设计有不少的黄土隧道。其中郑西高速铁路大断面黄土隧道和石太客运专线黄土隧道的建设成果,代表了现阶段黄土隧道技术的进步。

(1)郑西高速铁路大断面黄土隧道概况

郑州至西安高速铁路正线全长458 km,设计行车速度目标值为350 km/h。新建隧道38座,总延长为76 879 m,隧线比为16.8%。其中黄土隧道28座,总长53 061 m,占全线隧道总长的69%。郑西高速铁路河南境内隧道全长63 050 m,其中黄土隧道39 263 m,占河南段隧道长度的62.1%;陕西境内隧道全长13 798 m,均为黄土隧道。全线最长黄土隧道为函谷关隧道,长7 851 m;其次为秦东隧道,位于河南与陕西两省分界处,长度为7 684 m。函谷关和秦东隧道也是目前中国最长的两座黄土隧道。郑西高速铁路黄土隧道分布如表1-2-4所示。

表1-2-4 郑西高速铁路黄土隧道分布

序号	段别	线路长度(km)	按隧道长度(L)分类的数量(座/m)				隧线比(%)
			$L\leqslant500$ m	500 m $<L\leqslant$ 3 000 m	$L>$ 3 000 m	合计	
1	郑州至渑池段	164	2/336	1/557	1/3 368	4/4 261	2.6
2	渑池至灵宝段	154	6/1 805	10/9 611	4/23 586	20/35 002	22.7
3	灵宝至西安段	140	—	2/2 297	2/11 501	4/13 798	9.9
合计		458	8/2 141	13/12 465	7/38 455	28/53 061	11.6

郑西高速铁路隧道均为双线隧道,线间距为5.0 m,双线隧道净空有效面积为100 m^2。开挖断面积达164 m^2,属特大断面(开挖断面积大于等于140 m^2)隧道,铺设无砟轨道。

郑西高速铁路隧道各类黄土分布长度如表1-2-5所示,黄土段隧道各种施工方法如表1-2-6所示。郑西高速铁路黄土隧道如表1-2-7所示。

表1-2-5 郑西高速铁路隧道各类黄土分布

黄土性质	Q_1 黏质	Q_1 砂质	Q_2 黏质	Q_2 砂质	Q_3 黏质	Q_3 砂质	饱和黄土	合计
长度(m)	8 158	2 635	7 336	7 737	2 897	11 803	7 212	47 778
比例(%)	17.1	5.5	15.4	16.2	6.1	24.7	15.1	100

注:不含张茅隧道5 283 m的岩石段。

表1-2-6 郑西高速铁路黄土段隧道施工方法

施工方法	台阶法	双侧壁导坑法	CRD法	CD法	明挖法	合计
长度(m)	35 955	472	10 037	330	984	47 778
比例(%)	75.3	1	21.0	0.7	2.0	100

注:不含张茅隧道5 283 m的岩石段。

表 1-2-7 郑西高速铁路黄土隧道表

序号	隧道名称	隧道长度(m)	隧道埋深(m)	黄土性状及分布	施工方法	开挖断面积(m^2)	支护结构类型			预留变形量(cm)	与周边环境的关系
							初期支护	超前支护	二次衬砌厚度(cm)		
1	吴沟隧道	178	10~26	表层为 Q_3 砂质黄土，洞身为 Q_2 黏质黄土	CRD 法	164	I 25a 钢架 + 锚网喷	大管棚、小导管	60	15	
2	杨里隧道	557	20~36	表层为 Q_3 砂质黄土，洞身为 Q_2 黏质黄土	CD 法、CRD 法、台阶法、明挖法	162~164	I 22a 钢架、I 25a 钢架 + 锚网喷	大管棚、小导管	55,60	12~15	
3	山神庙隧道	158	15	Q_3 砂质黄土	明挖法、CRD 法	164	I 25a 钢架 + 锚网喷	大管棚、小导管	60	15	
4	巩义隧道	3 368	35~45	Q_3 砂质黄土:1 018 m；Q_2 黏质黄土:2 350 m	明挖法、双侧壁导坑法、CRD 法、CD 法、台阶法	157~164	I 22a 钢架、I 25a 钢架 + 锚网喷	大管棚、小导管	55,60	12~15	下穿 310 国道及城区
5	张茅隧道	8 483	100	Q_2 黏质黄土	三台阶七步开挖法	160~170	喷 35 + I 25a 型钢，间距 0.8 m	ϕ50 小导管，每根长 5.0 m	50~60	12~15	地下水位线下
6	坳渠 1 号隧道	276	30	Q_2 黏质黄土	三台阶七步开挖法	170	喷 30 + I 20a 型钢，间距 0.8 m	ϕ50 小导管，每根长 5.0 m	50~60	12~15	
7	坳渠 2 号隧道	278	50	Q_2 黏质黄土	三台阶七步开挖法	160~170	喷 30 + I 20a 型钢，间距 0.8 m	ϕ50 小导管，每根长 5.0 m	50~60	12~15	
8	交口隧道	4 012	135	Q_2 黏质黄土	三台阶七步开挖法	160~170	喷 35 + I 25a 型钢，间距 0.8 m	ϕ50 小导管，每根长 5.0 m	50~60	12~15	地下水位线下
9	南交口 1 号隧道	520	80	Q_2 黏质黄土	三台阶七步开挖法	160~170	喷 30 + I 20a 型钢，间距 0.8 m	ϕ50 小导管，每根长 5.0 m	50~60	12~15	地下水位线下
10	南交口 2 号隧道	505	70	Q_2 黏质黄土	三台阶七步开挖法	160~170	喷 30 + I 20a 型钢，间距 0.8 m	ϕ50 小导管每根长 5.0 m	50~60	12~15	
11	南交口 3 号隧道	238	35	Q_2 黏质黄土	三台阶七步开挖法	160~170	喷 30 + I 20a 型钢，间距 0.8 m	ϕ50 小导管，每根长 5.0 m	50~60	12~15	
12	朱家沟 1 号隧道	171	20	Q_2 黏质黄土	三台阶七步开挖法	160~170	喷 30 + I 20a 型钢，间距 0.8 m	ϕ50 小导管，每根长 5.0 m	50~60	12~15	
13	朱家沟 2 号隧道	960	45	Q_2 黏质黄土	三台阶七步开挖法	160~170	喷 30 + I 20a 型钢，间距 0.8 m	ϕ50 小导管，每根长 5.0 m	50~60	12~15	
14	师家沟隧道	1 332	80	Q_2 黏质黄土	三台阶七步开挖法	160~170	喷 30 + I 20a 型钢，间距 0.8 m	ϕ50 小导管，每根长 5.0 m	50~60	12~15	有砂层

续上表

序号	隧道名称	隧道长度(m)	隧道埋深(m)	黄土性状及分布	施工方法	开挖断面积(m^2)	支护结构类型			预留变形量(cm)	与周边环境的关系
							初期支护	超前支护	二次衬砌厚度(cm)		
15	富村1号隧道	672	75	Q_2 黏质黄土	三台阶七步开挖法	160~170	喷 30 + I 20a 型钢,间距 0.8 m	ϕ50 小导管,每根长 5.0 m	50~60	12~15	
16	富村2号隧道	639	70	Q_2 黏质黄土	三台阶七步开挖法	160~170	喷 30 + I 20a 型钢,间距 0.8 m	ϕ50 小导管,每根长 5.0 m	50~60	12~15	
17	贺家庄隧道	1 815	40	Q_2 黏质黄土	三台阶七步开挖法	160~170	喷 30 + I 20a 型钢,间距 0.8 m	ϕ50 小导管,每根长 5.0 m	50~60	12~15	
18	黄龙村隧道	400	11	Q_2 黏质黄土	三台阶七步开挖法	160~170	喷 35 + I 25a 型钢,间距 0.8 m	ϕ50 小导管,每根长 5.0 m	50~60	12~15	
19	吕家崖隧道	776	30	Q_2 砂质黄土	CRD	160~170	喷 35 + I 25a 型钢,间距 0.8 m	ϕ50 小导管,每根长 5.0 m	50~60	12~15	
20	函谷关隧道	7 851	210	Q_2 及 Q_3 砂质黄土	CRD + 三台阶开挖法	160~170	喷 35 + I 25a 型钢,间距 0.8 m	ϕ50 小导管,每根长 5.0 m	50~60	12~15	
21	阌乡隧道	770	20	Q_3 砂质黄土	CRD + 双侧壁法	175	下穿高速公路段双层初支	双层大管棚	55	12~15	长距离下穿连霍高速公路
22	盘东隧道	3 240	95	Q_3 砂质黄土	CRD + 三台阶开挖法	160~170	喷 35 + I 25a 型钢,间距 0.8 m	ϕ50 小导管,每根长 5.0 m	50~60	12~15	两次下穿 310 国道
23	盘西隧道	442	50	Q_3 砂质黄土	CRD	170	喷 35 + I 25a 型钢,间距 0.8 m	ϕ50 小导管,每根长 5.0 m	50~60	12~15	
24	台村隧道	1 622	30	Q_3 砂质黄土	CRD	170	喷 35 + I 25a 型钢,间距 0.8 m	ϕ50 小导管,每根长 5.0 m	50~60	12~15	
25	秦东隧道	7 684	210	进出口 Q_3 砂质黄土;洞身为 Q_1 粉质黏土、Q_1 砂质黄土	三台阶法、双侧壁、CRD	155~164	型钢钢架 + 锚网喷	ϕ108 大管棚,ϕ42 小导管	50~60	10	
26	潼洛川隧道	3 817	155	进出口 Q_3 砂质黄土;洞身为 Q_1 黏质、Q_2 砂质黄土	三台阶法、CRD	155~164	型钢钢架 + 锚网喷	ϕ108 大管棚、ϕ42 小导管	50~60	10	
27	高桥隧道	1 458	110	进出口 Q_3 砂质黄土;洞身为 Q_2 砂质黄土	三台阶法、CRD 以及双层支护台阶法	155~171	型钢钢架 + 锚网喷	ϕ108、159 大管棚、ϕ42 小导管	50~60	10	下穿南同蒲铁路
28	凤凰岭隧道	839	100	进出口 Q_3 砂质黄土;洞身为 Q_2 砂质黄土	三台阶法、CRD	155~164	型钢钢架 + 锚网喷	ϕ108 大管棚、ϕ42 小导管	50~60	10	

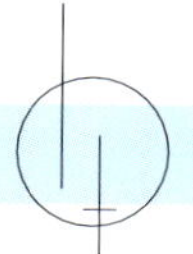

(2)石太客运专线黄土隧道概况

石家庄至太原客运专线全长 190 km,设计速度目标值为 250 km/h,全线共有 20 座隧道,其中黄土隧道 14 座,黄土段长度约 5 200 m,均为双线隧道,有效净空面积为 92 m^2,开挖面积达 150 m^2,为特大断面黄土隧道。石太客运专线黄土隧道如表 1-2-8 所示。

表 1-2-8 石太客运专线黄土隧道

序号	隧道名称	长度(m)	地质情况	施工方法
1	上安隧道	360	Q_3 和 Q_2 黏质黄土	弧形导坑留核心土法
2	东进山隧道	493	洞口上部 Q_3 黏质黄土	三台阶七步开挖法
3	寺南隧道	540	Q_3 砂质和 Q_2 黏质黄土	三台阶七步开挖法
4	南庄隧道	3 345	大段落 Q_2 黄土隧道(比例约 67%)	中隔壁法、三台阶七步开挖法 三台阶七步开挖法
5	花沟 2 号隧道	569	洞口黄土	三台阶七步开挖法
6	峪儿 1 号隧道	201	洞口黄土	三台阶七步开挖法
7	李虎坪隧道	245	洞口黄土	三台阶七步开挖法
8	牛家滩 1 号隧道	287	Q_2 黏质黄土	明挖法
9	牛家滩 2 号隧道	500	Q_2 黏质黄土	明挖法、三台阶七步开挖法
10	红沟 1 号隧道	112	Q_2 黏质黄土	明挖法
11	红沟 2 号隧道	250	Q_2 黏质黄土	明挖法
12	红沟 3 号隧道	190	Q_2 黏质黄土	明挖法、三台阶七步开挖法
13	红沟 4 号隧道	195	Q_2 黏质黄土	明挖法
14	岗底隧道	1 090	Q_2 黏质黄土	明挖法、中隔壁、三台阶七步

1.3 黄土隧道断面等级和跨度的划分

1.3.1 黄土隧道断面等级划分

关于隧道断面等级的划分,目前我国还没有统一的标准。国际隧道协会(ITA)建议根据隧道横断面积大小将隧道分为五个等级,分别为极小断面隧道、小断面隧道、中等断面隧道、大断面隧道和特大断面隧道,其划分标准如表 1-3-1 所示。

表 1-3-1 国际隧道协会建议的隧道断面划分标准[6]

断面等级	横断面积(m^2)
极小断面	<3
小断面	3 ~ 10
中等断面	10 ~ 50
大断面	50 ~ 100
特大断面	>100

日本根据本国公路隧道情况制定的隧道断面划分标准如表 1-3-2 所示。

表 1-3-2 日本隧道断面划分标准[6]

断面等级	横断面积(m^2)	说明
标准断面	70 ~ 80	双车道
大断面	100 ~ 120	有人行道的双车道
超大断面	>140	三车道

国际隧道协会建议的隧道断面划分标准是针对各个行业所有类型的隧道，而日本制定的断面划分标准主要偏向于公路隧道。我国铁路隧道，尤其是近年来大量涌现出的高速铁路隧道，因围岩等级、运营速度目标值以及单双线类型等条件的差异，出现了各种面积大小的断面形式，如表 1-3-3 ~ 表 1-3-5 所示。因此，我们有必要根据我国铁路隧道断面的特征，制定中国铁路隧道断面等级划分标准。

表 1-3-3　单线铁路隧道有效净空及开挖断面积（不含黄土隧道）

设计运营速度(km/h)	140	160	200	250	350
有效净空面积(m^2)	31	42	52	58	70
围岩级别	开挖断面积(m^2)				
Ⅱ	41.89	59.93	70.61	75.35	100.00
Ⅲ	44.84	63.36	78.33	82.38	103.00
Ⅳ$_a$	47.75	65.70	81.66	84.70	106.00
Ⅳ$_b$	52.92	68.11	83.10	87.62	107.00
Ⅴ$_a$	53.55	70.45	86.28	90.64	110.00
Ⅴ$_b$	55.64	72.13	87.74	91.33	112.00

表 1-3-4　双线铁路隧道有效净空及开挖断面积（不含黄土隧道）

设计运营速度(km/h)	140	160	200	250	350
有效净空面积(m^2)	62	76	80	92	100
围岩级别	开挖断面积(m^2)				
Ⅱ	84.46	108.11	120.98	128.42	135.71
Ⅲ	97.81	114.82	127.06	135.91	142.40
Ⅳ$_a$	100.73	118.79	131.99	141.26	147.03
Ⅳ$_b$	101.25	119.55	133.19	143.37	148.91
Ⅴ$_a$	102.62	122.73	137.14	146.05	152.40
Ⅴ$_b$	104.46	123.27	137.14	148.22	152.40

表 1-3-5　黄土铁路隧道有效净空及开挖面积

设计运营速度(km/h)		140	160	200	250	350
有效净空面积(m^2)	单　线	31	42	52	58	70
	双　线	62	76	80	92	100
围岩级别	单双线	开挖断面积(m^2)				
Ⅳ$_a$	单　线	52.25	64.22	76.14	86.24	104.28
	双　线	101.37	118.78	133.94	143.98	155.08
Ⅳ$_b$	单　线	55.01	65.86	79.70	88.92	105.78
	双　线	101.59	120.11	135.94	145.18	156.81
Ⅴ$_a$	单　线	57.07	69.95	82.23	91.43	110.67
	双　线	107.18	122.94	139.18	149.51	161.57
Ⅴ$_b$	单　线	58.49	69.95	84.12	93.27	112.4
	双　线	107.18	123.65	139.18	151.57	164.3

从表 1-3-3 ~ 表 1-3-5 中可以看出，根据列车设计运营速度和围岩等级，单线隧道开挖断面由 41.89 m^2 增大至 112.4 m^2，双线隧道开挖断面由 84.46 m^2 增大至 164.3 m^2。鉴于开挖断面积的大小对隧道稳定性及施工方法的选择具有重要影响，因此，根据我国铁路隧道建设现状，按照开挖面积将

隧道断面划分为四个等级：小于 70 m^2 为小断面，70～100 m^2 为中断面，100～140 m^2 为大断面，大于 140 m^2 为特大断面，如表 1-3-6 所示。

表 1-3-6 铁路隧道断面分级标准建议

断面类别	小断面	中断面	大断面	特大断面
开挖断面积(m^2)	<70	70～100	100～140	>140
适用隧道	时速小于等于 160 km 的单线隧道	时速小于 140 km Ⅱ～Ⅱ级围岩双线隧道，时速 200 km 和 250 km 单线隧道	时速 300～350 km 单线隧道、时速小于 160 km 的Ⅳ～Ⅴ级围岩双线隧道，时速 160 km、200 km 的双线隧道，时速 250 km 的Ⅱ、Ⅲ级围岩双线隧道，时速 300～350 km 的Ⅱ级围岩双线隧道	时速 250 km 的Ⅳ、Ⅴ级围岩双线隧道，时速 300～350 km 的Ⅲ～Ⅴ级围岩双线隧道

1.3.2 黄土隧道跨度分级

隧道跨度的划分，目前我国也没有统一的标准。隧道开挖跨度因隧道用途、隧道围岩级别等因素而异，显而易见，对开挖跨度合理分级，决定其对应的支护结构参数，是在控制技术研究中必须解决的问题。日本新的公路隧道技术标准将开挖跨度分为三级：5～8 m 为小跨度、8～12.5 m 为中跨度，12.5～14.0 m为大跨度，如表 1-3-7 所示。王梦恕院士根据隧道跨度将地下工程规模分为三类[6]，如表 1-3-8 所示。

表 1-3-7 日本新的公路隧道技术标准(构造篇)

跨度分类	小跨度	中跨度	大跨度
开挖跨度(m)	5～8	8～12.5	12.5～14.0

表 1-3-8 地下工程规模分类

规模分类	小断面	中断面	大断面
开挖跨度(m)	<6	6～10	>10
说明	各种地下电力、通讯、热力管道	城市地铁区间隧道；地下过街通道；煤炭、冶金、采矿巷道	地下商业街；地下仓库；地下停车场、地下水电厂房、地铁车站

目前，我国铁路隧道断面设计，根据列车运营速度和围岩级别，单线铁路隧道的开挖跨度由 6.16 m增大至 11.40 m，双线铁路隧道的开挖跨度由 10.30 m 增大至 15.2 m，如表 1-3-9～表 1-3-11 所示。因此，建议将隧道跨度划分为 4 个等级，小于 8.5 m 为小跨度，8.5～12 m 为中跨度，12～14 m 为大跨度，大于 14 m 为特大跨度，如表 1-3-12 所示。

表 1-3-9 单线铁路隧道净空跨度及开挖跨度(不含黄土隧道)

设计运营速度(km/h)	140	160	200	250	350
净空跨度(m)	5.26	6.98	8.00	8.50	9.90
围岩级别	开挖跨度(m)				
Ⅱ	6.16	7.68	8.04	9.10	10.60
Ⅲ	6.20	7.84	8.86	9.40	10.80
Ⅳa	6.36	8.02	9.04	9.51	11.10
Ⅳb	6.56	8.24	9.26	9.86	11.16
Ⅴa	6.70	8.34	9.36	9.86	11.26
Ⅴb	6.82	8.38	9.40	10.01	11.40

表 1-3-10　双线铁路隧道净空跨度及开挖跨度(不含黄土隧道)

设计运营速度(km/h)	140	160	200	250	350
净空跨度(m)	10.06	11.42	12.06	12.82	13.30
围岩级别	开挖跨度(m)				
Ⅱ	10.30	12.22	12.86	13.62	14.10
Ⅲ	11.12	12.46	13.32	13.86	14.34
$Ⅳ_a$	11.22	12.78	13.42	14.22	14.70
$Ⅳ_b$	11.22	12.78	13.42	14.22	14.70
$Ⅴ_a$	11.36	12.92	13.60	14.38	14.86
$Ⅴ_b$	11.46	12.96	13.60	14.38	14.86

表 1-3-11　黄土铁路隧道净空跨度及开挖跨度

设计运营速度(km/h)		140	160	200	250	350
净空跨度(m)	单　线	5.26	6.98	8.0	8.50	9.90
	双　线	10.06	11.42	12.06	12.82	13.30
围岩级别	单双线	开挖跨度(m)				
$Ⅳ_a$	单　线	6.36	8.02	9.04	9.51	11.10
	双　线	11.22	12.78	13.42	14.36	14.84
$Ⅳ_b$	单　线	6.56	8.24	9.26	9.86	11.16
	双　线	11.22	12.78	13.42	14.42	14.90
$Ⅴ_a$	单　线	6.70	8.34	9.36	9.86	11.26
	双　线	11.60	12.92	13.60	14.62	15.10
$Ⅴ_b$	单　线	7.02	8.38	9.40	10.01	11.40
	双　线	11.46	12.96	13.60	14.72	15.20

表 1-3-12　铁路隧道跨度分级标准建议

断面类别	小跨度	中跨度	大跨度	特大跨度
开挖跨度(m)	5.0～8.5	8.5～12.0	12.0～14.0	14.0～16.0
适用隧道	时速小于等于160 km 单线隧道	时速 200 km、250 km 单线隧道,时速 140 km 的双线隧道	时速 300～350 km 单线隧道,时速 160 km、200 km 双线隧道,时速 250 km的Ⅱ、Ⅲ级围岩双线隧道,时速 300～350 km 的单线隧道	时速 250 km 的Ⅳ、Ⅴ级围岩双线隧道,时速 300～350 km 的双线隧道

1.4　黄土隧道建设技术问题

黄土隧道,特别是大断面、特大断面的黄土隧道,由于其自身的特点(施工变形量大、地表沉降量大、新黄土湿陷性等)在建设中主要存在以下几个技术问题。

(1)大断面黄土隧道的工程特性和变形机理问题

大断面和特大断面黄土隧道的工程特性和变形机理不同于小断面和中断面的黄土隧道。对于黄土的基本特征和小断面黄土隧道的工程特性、变形机理等,过去已有比较深入的研究,取得了很多共识。但是实践证明,在大断面或特大断面条件下,有些成果和共识已不能成立,或需要修正。因此,有必要研究提出大断面和特大断面黄土隧道的工程特性和变形机理,并以此作为建立大断面黄土隧道

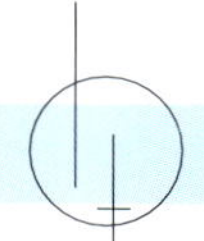

建设技术的基础。

(2)适用于黄土隧道的支护结构问题

目前,黄土隧道的支护结构构成基本上与一般围岩隧道的支护结构构成相同,但从大断面和特大断面黄土隧道施工的实绩看,系统锚杆的效果存在疑虑,格栅钢架和型钢钢架何者为宜?如何理解二次衬砌的安全储备?二次衬砌是否承载?以及控制支护脚部下沉的技术等一系列问题都与支护结构有关。

可见,加深对各种支护措施的作用机理研究,选择经济合理的黄土隧道的支护结构是一个值得研究的重要问题。

(3)黄土隧道地表沉降控制和地表裂缝技术问题

黄土隧道一般埋深较浅,个别隧道下穿既有建(构)筑物,施工过程中,易产生地表裂缝,如何控制地表的沉降和裂缝,是黄土隧道需要解决的重要技术问题。

当前研究成果表明,浅埋黄土隧道的地表沉降和开裂一般具有以下规律:在隧道开挖后,即发生沉降,地表出现纵向和横向裂缝,裂缝一般超前掌子面。因此,应控制隧道的施工变形,减少黄土隧道施工地表裂缝,确保黄土隧道结构的稳定和运营的安全。

(4)黄土隧道拱脚稳定性问题

考虑到施工工序的影响,黄土隧道拱脚部位受力比较复杂,一般拱脚围岩的承载力不足,容易发生屈服形成塑性区,拱脚沉降和收敛变形大,易因拱脚变形过大导致隧道整体下沉及失稳。

由监控量测结果表明,拱脚变形较大地段,其地表沉降和拱顶下沉也较大,两者完全对应,并且两者发生突变时间同步,变化的幅度也同步。可见如何采取有效控制拱脚变形的措施,以有利于控制拱顶沉降和地表下沉,是需要深化研究解决的问题。

(5)湿陷性黄土隧道地基处理技术问题

我国已在黄土地区修建了大量的铁路隧道,由于列车运行速度低,对工后地基沉降控制要求不高,除将位于湿陷性黄土地层的洞门或洞身基础进行换填处理外,一般情况下没有对基础做特殊处理。

高速铁路黄土隧道内铺设无砟轨道,要求隧道内线路有高度的平顺性,基底工后沉降不大于15 mm,不同结构物间的差异沉降不应大于5 mm。设计标准高,而隧道进出口段基底多位于湿陷性黄土地层中,必须采用有效基底处理措施,严格控制工后沉降。在隧道以外的土木工程中,就湿陷性黄土地基处理而言,我国有较为成熟的技术和实践经验,主要的处理方法有:碾压、换填、强夯、振动挤密桩、静力挤密桩、CFG 桩、树根桩、注浆、高压灌浆、高压旋喷桩等。这些技术绝大部分尚缺乏在隧道开挖后洞内处理实施的实践经验。

以往隧道地基处理的目的多集中在工后沉降控制方面,但是在湿陷性黄土隧道施工时往往在仰拱设置前由于边墙基底应力集中使墙脚处应力远超过黄土的容许承载力,导致基底和衬砌发生大的变形,造成施工过程中拱顶下沉量过大(有些可达 20 ~ 30 cm 甚至更多),地面出现裂缝、错台等,发展到最严重时会出现隧道冒顶的大事故。高速铁路对隧道工程的质量要求更高、沉降控制更严,以往的湿陷性地基处理科研成果远不能满足当前高速铁路黄土隧道的修建要求。

(6)大断面和特大断面黄土隧道安全快速施工技术问题

大断面和特大断面黄土隧道施工以往通常采用侧壁导坑法、CRD 法、CD 法、上台阶留核心土环形开挖法等。这些施工方法主要基于将大断面隧道分隔成及时封闭的小断面施工,施工工序多、对各小断面支护结构连接的工艺要求高,施工进度慢、变形量难以控制。例如侧壁导坑法尤其是双侧壁和CRD 法,由于施工中需要架设和拆除大量临时支撑,工序比较多,容易相互影响,特别是作业空间狭小不利于机械化施工。调查显示,三车道公路隧道(开挖宽度 15 m)采用双侧壁的施工进度约 30 m/月,CD 法为 45 m/月;铁路双线隧道采用 CRD 的施工进度平均约 40 m/月。留核心土导坑法的施工速度比较快,调查显示,该方法在普速双线电气化铁路黄土隧道(开挖面积 120 m^2)中月进度可以达到

90 m，明显高于双侧壁和 CRD 法。

调查显示，国内针对大断面和特大断面黄土隧道主要采用侧壁导坑法和留核心土台阶法施工，是比较成功和成熟的施工方法。截至 2005 年郑西高速铁路开始修建前，国内建成的黄土隧道最大开挖断面积为 140 m^2。其中，留核心土台阶法主要应用于老黄土，尚缺乏应用于新黄土尤其是浅埋新黄土以及高速铁路大断面和特大断面隧道的经验。

意大利 ADECO-RS 法具有较强的控制掌子面稳定性的能力，但引入国内时间很短，并且缺乏黄土隧道围岩变形控制的工程实践。

郑西高速铁路大断面黄土隧道开挖面积较以往黄土隧道大幅度提高至 164 ~ 171 m^2，开挖宽度和高度分别达到 15 m 和 13 m。修建如此大断面黄土隧道，如何确保隧道施工安全，并在此基础上实现快速、经济建设，对大断面黄土隧道的施工方法提出了创新要求。

(7) 黄土隧道洞口边仰坡稳定技术问题

我国虽然修建了很多黄土隧道，但对于洞口边仰坡稳定性的研究还不够深入，通常发生一些洞口边坡垮塌影响隧道正常运营的事故。针对高速铁路大断面黄土隧道的特点，需要根据黄土的直立性特点和大断面隧道的变形特征，分析其与一般围岩或其他土质边坡在稳定性方面的差异，以及大断面隧道洞口边仰坡稳定性与普通隧道的差异，提出大断面黄土隧道洞口位置选择和边仰坡设计的原则。

(8) 单洞双线和双洞单线方案的施工风险和效益问题

郑西高速铁路设计为双线，通过采用单洞双线隧道（简称一双方案）和两座单线隧道（简称两单方案）的方案比较，最后综合运营舒适度、施工风险、相关工程影响、投资影响等因素的比较分析，均选择采用单洞双线隧道方案。采用一双方案隧道形式后，隧道横断面积要比两单方案隧道横断面积总和小，高速铁路空气动力学特性好，节省了投资，但特大断面隧道施工风险和难度大幅增加，所以修建黄土隧道时，应综合比选确定合理的隧道断面。

1.5 郑西高速铁路大断面黄土隧道建设的主要成果

针对郑西高速铁路黄土隧道带来的技术问题与挑战，铁道部组织建设、设计、施工和科研院所等部门联合攻关，立项开展了《郑西客运专线大断面黄土隧道设计与施工技术研究》、《郑西客运专线大断面黄土隧道地表裂缝控制技术研究》、《大断面黄土隧道建设技术深化研究》等一系列科研项目，采用理论分析、室内试验、现场试验等综合手段，在黄土围岩工程特性、设计理念、施工技术和众多科学问题方面取得了重大进步，获得了一批有价值的科研成果，为我国黄土隧道的成功建设作出了积极贡献，丰富和发展了我国黄土隧道建设技术，推动了我国乃至世界隧道建设技术的进步。

主要表现在以下几个方面[3-5]。

(1) 提出隧道断面和跨度大小分级标准的建议

根据列车运营速度和围岩等级，建议按照开挖面积将隧道断面划分为四个等级：小于 70 m^2 为小断面，70 ~ 100 m^2 为中断面，100 ~ 140 m^2 为大断面，大于 140 m^2 为特大断面。

建议将铁路隧道跨度划分为四个等级：小于 8.5 m 为小跨度，8.5 ~ 12.0 m 为中跨度，12.0 ~ 14.0 m为大跨度，大于 14.0 m 为特大跨度。

(2) 掌握特大断面黄土隧道围岩的工程特性并进行了黄土隧道围岩分级

郑西高速铁路隧道穿越的黄土地层主要为 Q_1 黄土（占穿越黄土地层总长的 22.6%）、Q_2 黄土（31.6%）和 Q_3 黄土（30.7%），Q_4 黄土及饱和黄土（15.1%）。

通过大量室内与现场试验，统计提出了 Q_1、Q_2 和 Q_3 黄土物理力学指标及统计特征，现场载荷试验和统计分析提出了黄土围岩变形与力学指标。

黄土隧道围岩具有区别于其他类型围岩的地质特征和物理力学性质。结合郑西高速铁路黄土隧道围岩物理力学性质实测结果，提出影响黄土围岩工程特性的主要因素为：含水率、各向异性和原生

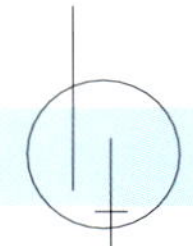

竖直节理。

黄土与一般土的显著差异表现在黄土的构造特性和湿陷性上。构造特性主要表现在黄土的垂直节理发育(直立性)和其物理力学性质的各向异性。通过钻探及其实地测试,其水平方向的力学指标大于水平方向。

《铁路隧道设计规范》(TB 10003—2005)仅将黄土按照时代成因定性划分为Ⅳ级(老黄土 Q_1、Q_2)和Ⅴ级(新黄土 Q_3、Q_4)。随着黄土工程的增加,出现大量工程性质差异极大的黄土地层,为完善现有黄土围岩分级,在现有铁路隧道围岩分级基础上,按照黄土物理力学参数统计特征,对规范中的黄土(Ⅳ、Ⅴ级围岩)进行亚级细分,并将软塑—流塑状黄土定为需要特殊设计的Ⅵ级围岩,同时给出具体的设计指标。

(3)掌握大断面黄土隧道的变形动态及其地表裂缝发生的规律

大断面黄土隧道的变形动态与一般土的变形动态,基本上是相同的,但由于其构造特性和湿陷性的特点,显示出比一般土易于出现更大的沉降和整体下沉的现象。

黄土隧道开挖后易于产生地表裂缝,是黄土隧道施工一个重要的、不容忽视的现象。通过对郑西高速铁路大断面黄土隧道施工现场调查、综合物探、坑探测试、理论分析和模型试验等综合方法,揭示了黄土隧道施工地表裂缝的形成机理与裂缝规律。

郑西高速铁路黄土隧道现场调查统计裂缝多发生埋深小于 60 m 的隧道段,在倾斜地形条件下部分埋深大于 60 m 的隧道地表也有出现;数值计算结果多发生在埋深小于 50 m 的地表;室内模型试验结果多在 57 m 以内。因此,认为大断面黄土隧道施工出现地表裂缝的隧道覆土埋深多在 60 m 以内。

在隧道两侧和掌子面前方 45°~60°出现地表裂缝,裂缝位置与滑动楔形体的滑面、地面最大水平位移、地表沉降曲线反弯点的位置相对应;而黄土隧道坍塌面多为沿隧道最大开挖跨度的近乎直立面。纵向裂缝成对出现,一般为 1 对或 2 对;横向裂缝出现在掌子面前方,隧道通过后不再发展甚至闭合;地表裂缝与地表沉降关系密切,控制隧道施工变形即可控制施工裂缝。地表可见裂缝深度有限,一般不会到达隧道顶部,对隧道长期稳定有一定影响。

(4)确定大断面黄土隧道深浅埋分界和围岩压力

通过对郑西高速铁路地表裂缝发生规律及现场量测数据的分析,建议黄土隧道的深浅埋分界深度为 $1.4\sim2.1(H+B)$;新黄土(Q_3、Q_4)隧道可取上限 $2\sim2.1(H+B)$,老黄土(Q_1、Q_2)隧道取下限 $1.3\sim1.7(H+B)$。

通过郑西高速铁路大断面黄土隧道工程地表裂缝调查、围岩及支护受力的现场实测,推测黄土隧道围岩破坏模式,提出了浅埋隧道和深埋隧道的设计荷载。

(5)形成大断面黄土隧道设计理念

根据黄土隧道围岩压力的特性和已建成黄土隧道经验与教训,经论证最终确定双线大断面黄土隧道内轮廓,在轨面以上按单心圆、边墙与仰拱采用圆顺连接、隧底结构设置仰拱的断面形式。

复合式衬砌结构具有防水性能好、能适应围岩变形和充分发挥围岩自身的承载能力、结构安全高的特点,大断面黄土隧道应采用复合式衬砌。

根据初期支护承担施工阶段全部荷载,二次衬砌承担由于初期支护劣化、地层蠕变、环境条件变化等引起的附加荷载以及作为安全储备的设计原则。经过大量论证和工程试验,确定了大断面黄土隧道较大刚度的支护、衬砌参数,支护喷射混凝土中掺加合成纤维,隧道均采用有仰拱结构,且仰拱厚度较拱墙衬砌大,二次衬砌均采用钢筋混凝土结构,提高了支护、衬砌结构的安全、可靠性。

(6)明确了黄土隧道锚杆的作用

大量的工程实践说明,在岩石隧道中,锚杆对于控制围岩变形、增强隧道稳定性方面具有重要作用。但在大断面黄土隧道的初期支护中的锚杆,通过工程试验和模型试验证实,在下列场合,可以不设置锚杆。

①浅埋隧道或上方围岩可能产生整体下沉的拱部；

②设置长管棚超前支护的范围内。

（7）形成了特大断面黄土隧道施工技术

郑西高速铁路黄土隧道开挖断面积超过 160 m^2，属于特大断面隧道，开挖宽度和高度分别达到15 m 和 13 m，属特大跨度隧道。根据黄土的工程特性，考虑隧道埋深、含水率及新老黄土地层差异，综合考虑郑西高速铁路隧道的工期要求和工法的经济合理性，在特大断面黄土隧道中分别采用了三台阶七步开挖法、弧形导坑法、CD 法、CRD 法及双侧壁导坑法。其中新黄土地段、洞口浅埋偏压地段主要采用 CRD 工法或双侧壁导坑法。而在洞身长大段落的老黄土地段采用三台阶七步开挖法、弧形导坑法。

不管何种方法，均采用了留核心土、小导管超前支护、大拱脚、加肋钢支撑、锁脚锚杆等对策，起到了良好的控制变形的效果。

通过试验及测试，明确了采用的各种工法的力学动态、变形规律以及各种支护措施的效果等，提出了各种工法的适用性、应用条件以及具体的施工工艺要求和保证施工安全的措施。

通过试验段施工和量测，揭示出特大断面黄土隧道的一些重要特征。

①弧形导坑拱部下沉中，拱脚下沉尤为显著，浅埋时接近或达到拱顶下沉水平。这是大断面黄土隧道开挖后易于产生拱部围岩整体下沉现象的基本原因，因此必须采取控制脚部下沉的对策。

②大断面黄土隧道在开挖初期和台阶开挖前后的位移速度很大，位移呈急剧增长的趋势。最大位移速率达到 35～40 mm/d，必须采取控制初期位移速度的对策，控制初期位移速度的增长。

③量测表明，在各种工法中，钢架均显著承载，采用型钢钢架时最大压应力达到或超过（深埋时）Q235 钢的屈服强度。这意味着，型钢钢架对控制急剧发生的变形的作用显著。

④不管是锁脚锚杆还是大拱脚，对提高拱脚附近围岩的承载力和控制拱脚下沉具有重要的作用。

⑤“预支护、短进尺、短台阶、快闭合”是大断面黄土隧道施工的基本原则。

预支护：开挖前采取如超前小导管、大管棚、掌子面或地表加固等，是提高围岩强度、确保掌子面稳定、控制可能发生的过大变形的基本对策。

短进尺：一方面可减小一次暴露土体的长度，提高空间效应，另一方面可减少一次开挖量和出渣量，缩短开挖与支护间的衔接时间，达到早闭合的目的。

短台阶：采用短台阶开挖，有利于上台阶及时出渣，加快进度，并有利于缩短支护封闭距离。实践表明，是一种行之有效的控制黄土围岩变形的对策。

快封闭：包括开挖后对掌子面立即进行初喷混凝土（浅埋砂质新黄土）、及时施做横撑（双侧壁、CRD）和仰拱（弧形导坑）以及及时封闭基底（CD）。

⑥为避免出现过大的变形，必须设定比较严格的控制变形的基准。

（8）形成黄土隧道基底处理技术

高速铁路隧道内铺设无砟轨道，要求隧道内线路的工后沉降不大于 15 mm，不同结构物间的差异沉降不应大于 5 mm。因此对具有湿陷性的黄土必须进行基底处理。

通过比较认为冲击挤密水泥土桩法，施工方便、经济适用、质量可控性强。因此在隧道内进行了采用水泥土挤密桩消除黄土湿陷性的试验研究。通过试验解决了挤密桩振动控制标准，桩径、桩间距及冲击能等关键技术，并提出了隧道内挤密桩作业的成套设计方法和施工工艺。

运用自行研发的 DTS-1 型高速列车激振试验系统，首次在黄土隧道内进行现场激振试验，掌握了富水黄土隧道及围岩在高速列车动载下的动力特性和变形规律，得出了隧道工后沉降能满足高速铁路运营要求的结论。

（9）形成特大断面黄土隧道下穿构筑物的近接施工技术

郑西高速铁路黄土隧道多次下穿既有铁路和公路，隧道埋置深度不同，黄土地层性质不同，为保证既有铁路运营安全和快速施工需要，分别采取不同技术、方法实现了安全施工，取得了良好效果。

浅埋黄土隧道下穿既有铁路段，采用 ϕ159 大管棚超前预支护、双层钢架喷混凝土支护、弧形导坑

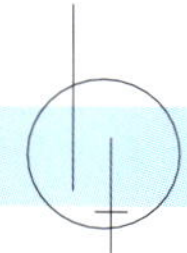

法施工、及时对线路整道的综合施工技术，使下穿施工既有线轨道沉降控制在安全范围。四个月完成 90 m 下穿段施工，对比采用双侧壁导坑法，既保证了新建隧道施工工期，又缩短了施工对既有线铁路运营的影响时间。

浅埋黄土隧道下穿既有高速公路段，采用 ϕ89 大管棚超前支护，CRD 法开挖施工，施工中隧道拱顶下沉平均 5 cm、最大下沉量 6.9 cm，净空收敛平均 3 cm、最大收敛 4 cm，公路路面下沉平均 4 cm、最大下沉量 5.9 cm。

深埋黄土隧道下穿既有公路段，采用拱部 135°范围内采用 ϕ159 双层大管棚超前加强支护，台阶法开挖，双层钢拱架进行初期支护。施工实测路面最大下沉量 2.9 cm，拱顶下沉 3.0 cm，收敛 2.0 cm，仰拱最大下沉 0.5 cm。

在黄土内管棚钻孔施工不能采用给水钻孔工艺，否则易塌孔或黄土湿陷软化而导致管棚向下挠侵限，故下穿段采用"风动导向跟管钻进"一次成孔的施工方法进行管棚施工，即将 ϕ159 mm 钢管加工成每节 6 m 的钻杆，利用水平导向钻机将 ϕ159 mm 的钻杆分节钻入。钻孔时利用空气压缩机产生的高压空气将钻渣吹出孔外，利用有线导向仪器控制钢管的打设精度。

(10) 提出黄土隧道洞口边仰坡合理坡率及防护技术参数

受工程地质条件及人为活动等因素影响，黄土隧道洞口边坡、仰坡易出现开裂、失稳等病害。由于隧道洞口的稳定性问题在很大程度上直接影响工程建设及运营的安全，做好黄土隧道洞口的边仰坡安全防护是非常重要的。

通过现场调查、理论分析、数值计算等方法，总结了郑西高速铁路黄土隧道洞口边仰坡的类型，提出了黄土边、仰坡合理坡率，分析提出了边、仰坡稳定防护技术参数。

参考文献

[1] 中华人民共和国铁道部. TB 10038—2001　铁路工程特殊岩土勘察规程[S]. 北京：中国铁道出版社，2001.

[2] 中国铁路隧道史编辑委员会. 中国铁路隧道史[M]. 北京：中国铁道出版社，2004.

[3] 铁道第一勘察设计院，等. 郑西铁路客运专线大断面黄土隧道施工方法与监控技术成果报告[R]. 2009.

[4] 铁道第二勘察设计院，等. 郑西铁路客运专线大断面黄土隧道合理支护参数及地表沉降控制技术研究成果报告[R]. 2009.

[5] 铁道部经济规划研究院，等. 郑西高速铁路大断面黄土隧道工程技术研究报告[R]. 2010.

[6] 王梦恕. 地下工程浅埋暗挖技术通论[M]. 合肥：安徽教育出版社，2004.

[7] 喻渝. 挤压性围岩支护大变形的机理及判定方法[J]. 世界隧道，1998(1)：46-51.

[8] 张祉道. 关于挤压性围岩隧道大变形的探讨与研究[J]. 现代隧道技术，2003，40(2)：5-12.

[9] 刘志春，朱永全，李文江，刘洋兴. 挤压性围岩隧道大变形机理及分级标准研究[J]. 岩土工程学报，2008，30(5)：690-697.

[10] 陶振宇，张黎明. 地应力与地壳岩石强度之间关系的研究[J]. 水文地质工程地质，1990，(6)：27-30.

[11] E. Hoek, J. Bray. Rock Slope Engineering[M]. Revised second edition. The Institution of Mining and Metallurgy, London, 1977.

[12] 中华人民共和国铁道部. TB 10003—2005　铁路隧道设计规范[S]. 北京：中国铁道出版社，2005.

[13] Wickham G. E., Tiedemann H. R. and Skinner E. H. 1972. Support determination based on geologic predictions. In Proc. North American rapid excav. tunneling conf., Chicago, (eds K. S. Lane and L. A. Garfield), 43-64. New York: Soc. Min. Engrs, Am. Inst. Min. Metall. Petrolm Engrs.

[14] Bieniawski Z. T. Engineering Rock Mass Classifications[M]. Wiley, New York. 251 pages.

[15] Bieniawski Z. T. 1976. Rock mass classification in rock engineering. In Exploration for rock engineering, proc. of the symp., (ed. Z. T. Bieniawski) 1, 97-106. Cape Town: Balkema.

[16] Barton N. R., Lien R. and Lunde J. Engineering classification of rockmasses for the design of tunnel support[J]. Rock Mech, 1974, 6(4): 189-239.

[17] 中华人民共和国建设部. GB 50287—99 水利水电工程地质勘察规范[S]. 北京:中国计划出版社,1999.
[18] 中华人民共和国水利部. GB 50218—94 工程岩体分级标准[S]. 北京:中国计划出版社,1995.
[19] 中华人民共和国铁道部. TB 10108—2002 铁路隧道喷锚构筑法技术规范[S]. 北京:中国铁道出版社,2002.
[20] 鲁海峰. 隧道围岩监控量测技术在南阳山隧道施工中的应用[J]. 科技信息,2010(9):356-358.
[21] 肖安. 西宁西过境高速公路大有山隧道左线贯通[J]. 筑路机械与施工机械化,2010,27(6):3-3
[22] 刘杰. 静宁隧道黄土层富水段施工技术与工艺[J]. 甘肃科技纵横,2010(6):147-150.
[23] 言西早. 平定高速公路卧龙隧道上行线贯通[J]. 筑路机械与施工机械化,2009(10):1-1.
[24] 郭强. 黄延高速公路道南施工[J]. 科技情报开发与经济,2005,15(6):272-273.
[25] 汪惠文,李华. 甘泉隧道出口砂层富水地段设计及施工对策[J]. 甘肃科技纵横,2010(2):147-148.
[26] 常艄东. 太峪隧道衬砌补强加固方法[J]. 工程力学,1999,1(1):781-785.
[27] 邵丽霞,王超. 铜黄公路楼子沟隧道防排水[J]. 华东公路,2001(6):65-67.
[28] 刘平,王琪. 祁家大山隧道道路面修复及洞身钢拱架补强加固[J]. 山西建筑,2006,32(21):324-326.

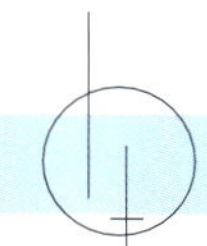

第 2 章 黄土隧道围岩工程特性

黄土隧道围岩具有区别于其他类型围岩的地质特征和物理力学性质。本章在郑西高速铁路黄土隧道围岩物理力学性质实测结果统计的基础上，结合有关黄土力学与工程研究方面的成果，讨论黄土作为特殊性土和黄土隧道围岩的几个基本性质：强度特性、变形特性和构造特征，并分析影响黄土围岩工程特性的主要因素：含水率、各向异性和黄土节理。

2.1 物理力学特性

2.1.1 物理力学参数指标

不同的黄土围岩，其物理力学特性有较大的差别，通常用物理力学参数指标来表述黄土的性质。常用的物理力学参数有：天然含水率（w）、天然密度（ρ）、干密度（ρ_d）、孔隙比（e）、饱和度（S_r）、液限（w_L）、塑限（w_p）、塑性指数（I_p）、液性指数（I_L）统称为黄土的物理参数；压缩系数（$a_{1\text{-}2}$）、压缩模量（E_a）、黏聚力（c）、内摩擦角（φ）、单轴抗压强度（R_b）和抗拉强度（R_t）、弹性抗力系数（K）等称为黄土的力学参数。不同形成年代的黄土，其物理力学性质有显著的不同，如表 2-1-1 所示。不同的地区，黄土的物理力学性质指标也有一定的规律，如表 2-1-2 和表 2-1-3 所示。研究黄土物理力学特性对研究黄土隧道的工程地质特性有重要的指导作用。

（1）不同形成年代黄土的物理力学性质

表 2-1-1 不同形成年代黄土的物理力学性质[1]

地质年代	物理性质		力学性质		
	干密度 ρ_d	孔隙比 e	压缩性	渗透性	抗剪强度
Q_4	小	大	高	强	低
Q_3	较小	较大	较高	较强	较低
Q_2	较大	较小	较低	较弱	较高
Q_1	大	小	低	弱	高

（2）个别地区或城市黄土的物理力学性质指标

表 2-1-2 黄河中游地区黄土的物理力学性质指标[2]

性质指标	单　位	变化范围	平 均 值
孔隙比 e	—	0.67 ~ 1.13	0.92
孔隙率 n	%	40.1 ~ 53.1	47.8
含水率 w	%	10.7 ~ 23.4	18.0
干密度 ρ_d	g/cm^3	1.10 ~ 1.68	1.45
液限 w_L	%	25.4 ~ 32.1	28.7
塑限 w_p	%	15.4 ~ 20.5	18.5
塑性指数 I_p	—	8.2 ~ 14.0	11.7
液性指数 I_L	—	<0.1	—

续上表

性质指标	单　位	变化范围	平 均 值
压缩系数 $a_{1\text{-}2}$	(1/MPa)	0.02～0.90	0.43
渗透系数 k_{10}	cm/s	4.8×10^{-4}～5.8×10^{-5}	1.5×10^{-4}
黏聚力 c	kPa	21～76	45.0
内摩擦角 φ	(°)	20.6～33.6	27.0

表 2-1-3　我国西部四个城市湿陷性黄土的性质指标[2]

性质指标		单　位	兰　州	太　原	西　安	洛　阳
年降雨量		mm	330	500	600	650
相对湿度		%	60	60	65	71
颗粒组成	>0.05 mm	%	20～29	17～25	11～25	11～18
	0.05～0.005 mm		58～72	55～65	52～64	53～66
	<0.005 mm		8～15	18～20	19～25	19～26
天然密度 ρ		g/cm³	1.33～1.69	1.45～1.72	1.50～1.67	1.60～1.80
含水率 w		%	9.2～18.0	11.0～20.0	15.0～22.0	16.0～24.0
饱和度 S_r		%	27～40	25～46	48～60	50～60
孔隙比 e			0.9～1.0	0.9～1.2	0.8～1.1	0.8～1.1
液限 w_L		%	23.0～28.5	25.0～31.0	26.0～31.0	26.0～32.0
塑性指数 I_p			8～11	9.5～11	9.5～12	10～13
湿陷土层厚度		m	5～20	2～15	5～12	4～8
湿陷系数 δ_s			0.03～0.11	0.03～0.07	0.03～0.08	0.02～0.05
湿陷起始压力 p_{sh}		kPa	25～50	50	80～100	100～120
湿陷等级			Ⅲ～Ⅳ	Ⅱ	Ⅱ～Ⅲ	Ⅰ～Ⅱ
湿陷性质			强烈	中等	中等	弱

(3)郑西高速铁路黄土隧道围岩物理力学参数指标

根据郑西高速铁路20座黄土隧道土工试验资料的调查收集以及现场取样,对郑西高速铁路黄土隧道不同地质时代黄土围岩的物理力学参数进行统计,其结果如表2-1-4～表2-1-9所示。

统计共涉及三种地质时代黄土:Q_1 砂质和黏质黄土(总样本数 $n=42$ 组),Q_2 砂质和黏质黄土($n=366$ 组),Q_3 砂质和黏质黄土($n=601$ 组)。其中,砂、黏质按塑性指数分类:$I_p\leq10$ 为砂质黄土,$I_p>10$ 为黏质黄土。

表 2-1-4　郑西高速铁路 Q_1 砂质黄土物理力学参数统计值

黄土物理力学参数		样本组数 n	最大值	最小值	平均值 $\bar{x}$	标准差 s	变异系数 C_v	标准值 x_s
物理参数	含水率 w(%)	27	20.8	4.8	14.1	3.7	0.26	12.9
	天然密度 ρ(g/cm³)	27	2.08	1.42	1.80	0.21	0.116	1.73
	干密度 ρ_d(g/cm³)	27	1.75	1.25	1.57	0.16	0.100	1.52
	孔隙比 e	27	1.158	0.543	0.733	0.184	0.252	0.671
	饱和度 S_r(%)	27	99.0	14.2	56.3	22.1	0.39	48.9
	液限 w_L(%)	27	29.0	23.7	26.6	1.0	0.04	27.0
	塑限 w_p(%)	27	19.4	16.3	17.7	0.8	0.05	17.4
	塑性指数 I_p	27	9.7	5.7	8.9	0.8	0.09	8.7
	液性指数 I_L	27	0.49	-1.37	-0.38	0.44	-1.135	-0.53

续上表

黄土物理力学参数		样本组数 n	最大值	最小值	平均值 $\bar{x}$	标准差 s	变异系数 C_v	标准值 x_s
力学参数	压缩系数 $a_{1\text{-}2}$(1/MPa)	18	0.87	0.09	0.31	0.25	0.824	0.20
	压缩模量 E_a(MPa)	18	17.3	2.3	8.6	4.7	0.55	6.6
	黏聚力 c(kPa)	7	92.5	17.8	34.0	28.8	0.85	12.7
	内摩擦角 φ(°)	7	25.4	15.8	21.1	3.3	0.16	18.7

注:(1)由于样本数较少,未按界限含水率分别统计;

(2)变异系数 $C_v = s/\bar{x}$,标准值 $x_s = [1 - C_v(1.704/\sqrt{n} + 4.678/n^2)]\bar{x}$,后同。

表 2-1-5 郑西高速铁路 Q_1 黏质黄土物理力学参数统计值

黄土物理力学参数		样本组数 n	最大值	最小值	平均值 $\bar{x}$	标准差 s	变异系数 C_v	标准值 x_s
物理参数	含水率 w(%)	15	24.7	5.2	14.6	4.4	0.30	12.6
	天然密度 ρ(g/cm³)	15	2.16	1.46	1.88	0.23	0.123	1.77
	干密度 ρ_d(g/cm³)	15	1.85	1.37	1.64	0.16	0.096	1.56
	孔隙比 e	15	0.969	0.458	0.666	0.173	0.259	0.586
	饱和度 S_r(%)	15	100	14.8	65.2	27.9	0.43	52.3
	液限 w_L(%)	15	32.0	27.0	29.1	1.6	0.06	28.3
	塑限 w_p(%)	15	19.6	16.2	17.8	1.0	0.06	17.3
	塑性指数 I_p	15	12.7	10.2	11.3	0.8	0.07	10.9
	液性指数 I_L	15	0.41	−1.08	−0.29	0.36	−1.227	−0.46
力学参数	压缩系数 $a_{1\text{-}2}$(1/MPa)	8	0.35	0.09	0.21	0.10	0.464	0.15
	压缩模量 E_a(MPa)	8	18.8	5.5	9.6	4.7	0.49	6.4
	黏聚力 c(kPa)	5	64.2	20.5	37.3	21.3	0.57	17.0
	内摩擦角 φ(°)	5	25.8	17.9	22.4	3.3	0.15	19.3

表 2-1-6 郑西高速铁路 Q_2 砂质黄土物理力学参数统计值

黄土物理力学参数		样本组数 n	最大值	最小值	平均值 $\bar{x}$	标准差 s	变异系数 C_v	标准值 x_s
物理参数	含水率 w(%)	20	27.4	18.3	21.8	2.7	0.12	20.7
		12	17.7	10.7	14.4	2.4	0.17	13.2
	天然密度 ρ(g/cm³)	20	2.06	1.82	1.95	0.08	0.039	1.92
		12	2.16	1.77	1.93	0.14	0.070	1.86
	干密度 ρ_d(g/cm³)	20	1.72	1.51	1.60	0.07	0.043	1.58
		12	1.88	1.56	1.69	0.11	0.067	1.63
	孔隙比 e	20	0.789	0.580	0.689	0.070	0.102	0.662
		12	0.738	0.444	0.611	0.104	0.170	0.557
	饱和度 S_r(%)	20	96.4	70.0	86.1	10.3	0.12	82.0
		12	91.9	43.5	65.8	16.2	0.25	57.3

续上表

黄土物理力学参数		样本组数 n	最大值	最小值	平均值 $\bar{x}$	标准差 s	变异系数 C_v	标准值 x_s
物理参数	液限 w_L(%)	20	30.6	25.6	28.0	1.3	0.05	27.5
		12	29.3	25.6	27.1	1.0	0.04	26.6
	塑限 w_p(%)	20	21.7	17.1	18.7	1.4	0.07	18.2
		12	19.3	16.8	17.5	0.8	0.05	17.1
	塑性指数 I_p	20	9.8	8.5	9.3	0.4	0.04	9.1
		12	10.0	8.8	9.6	0.4	0.04	9.4
	液性指数 I_L	20	0.94	0.00	0.32	0.26	0.810	0.22
		12	-0.07	-0.68	-0.32	0.22	-0.692	-0.44
力学参数	压缩系数 $a_{1\text{-}2}$(1/MPa)	20	0.27	0.06	0.13	0.06	0.434	0.11
		12	0.22	0.06	0.122	0.06	0.46	0.09
	压缩模量 E_a(MPa)	20	24.84	6.21	15.61	6.00	0.384	13.26
		12	26.44	7.43	15.93	6.66	0.418	12.43
	黏聚力 c(kPa)	17	66.6	14.6	30.2	12.4	0.41	24.8
		8	57.1	14.5	28.1	13.7	0.49	18.8
	内摩擦角 φ(°)	17	33.8	18.5	28.0	4.1	0.15	26.3
		8	32.0	25.1	27.9	2.1	0.07	26.5

注:(1)18.1% 为 $I_L=0$ 时 Q_2 砂质黄土的界限含水率,25.6% 为其饱和含水率;

(2)每项参数第一行为 $w>18.1\%$ 的统计值,第二行为 $w\leqslant18.1\%$ 的统计值;

(3)样本中仅有 3 组含水率大于饱和含水率 25.6%。

表 2-1-7　郑西高速铁路 Q_2 黏质黄土物理力学参数统计值

黄土物理力学参数		样本组数 n	最大值	最小值	平均值 $\bar{x}$	标准差 s	变异系数 C_v	标准值 x_s
物理参数	含水率 w(%)	229	26.3	18.5	21.3	1.9	0.09	21.1
		101	18.4	10.5	16.6	1.8	0.11	16.3
	天然密度 ρ(g/cm^3)	229	2.19	1.77	1.98	0.08	0.042	1.97
		101	2.16	1.67	1.94	0.12	0.061	1.92
	干密度 ρ_d(g/cm^3)	229	1.83	1.44	1.64	0.08	0.046	1.63
		101	1.83	1.44	1.67	0.10	0.058	1.65
	孔隙比 e	229	0.880	0.484	0.665	0.077	0.115	0.657
		101	0.893	0.477	0.637	0.099	0.155	0.620
	饱和度 S_r(%)	229	111.7	63.8	87.7	9.5	0.11	86.7
		101	101.4	37.4	72.6	13.3	0.18	70.4
	液限 w_L(%)	229	38.9	26.6	31.5	3.2	0.10	31.2
		101	35.5	26.6	30.0	2.1	0.07	29.7
	塑限 w_p(%)	229	23.5	14.6	18.9	1.8	0.09	18.7
		101	21.2	15.6	18.0	1.2	0.07	17.9
	塑性指数 I_p	229	17.7	10.1	12.7	2.0	0.16	12.4
		101	17.0	10.1	11.9	1.5	0.13	11.7
	液性指数 I_L	229	0.80	-0.30	0.20	0.19	0.957	0.18
		101	0.18	-0.69	-0.13	0.19	-1.43	-0.16

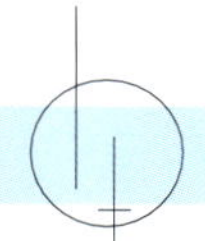

续上表

黄土物理力学参数		样本组数 n	最大值	最小值	平均值 $\bar{x}$	标准差 s	变异系数 C_v	标准值 x_s
力学参数	压缩系数 a_{1-2}(1/MPa)	144	0.39	0.05	0.15	0.08	0.524	0.14
		62	0.37	0.05	0.15	0.08	0.503	0.13
	压缩模量 E_a(MPa)	144	34.78	4.57	13.76	6.02	0.437	12.91
		62	29.77	4.71	13.39	6.05	0.452	12.07
	黏聚力 c(kPa)	96	101.5	19.0	49.7	20.5	0.05	46.1
		37	91.8	20.8	48.7	16.5	0.34	44.0
	内摩擦角 φ(°)	96	35.7	8.7	23.8	6.3	0.27	22.7
		37	41.9	12.0	27.2	5.6	0.21	25.6

注:(1)18.4% 为 $I_L=0$ 时 Q_2 黏质黄土的界限含水率,25.6% 为其饱和含水率;
(2)每项参数第一行为 $w>18.4\%$ 的统计值,第二行为 $w\leqslant18.4\%$ 的统计值;
(3)样本中仅有 6 组含水率大于饱和含水率 25.6%。

表 2-1-8　郑西高速铁路 Q_3 砂质黄土物理力学参数统计值

黄土物理力学参数		样本组数 n	最大值	最小值	平均值 $\bar{x}$	标准差 s	变异系数 C_v	标准值 x_s
物理参数	含水率 w(%)	60	21.4	17.1	18.9	1.1	0.06	18.7
		435	17.0	3.2	10.4	3.2	0.31	10.2
	天然密度 ρ(g/cm³)	61	1.97	1.50	1.72	0.15	0.085	1.69
		435	1.95	1.3	1.57	0.12	0.077	1.56
	干密度 ρ_d(g/cm³)	60	1.67	1.28	1.44	0.12	0.084	1.42
		435	1.77	1.21	1.42	0.10	0.073	1.41
	孔隙比 e	60	1.110	0.610	0.880	1.151	0.171	0.848
		435	1.238	0.529	0.909	0.134	0.148	0.898
	饱和度 S_r(%)	60	85.9	41.8	59.7	11.8	0.20	57.1
		435	69.2	10.8	31.6	10.8	0.34	30.7
	液限 w_L(%)	61	29.9	25.0	26.6	1.2	0.05	26.3
		435	29.7	23.6	26.3	1.2	0.05	26.2
	塑限 w_p(%)	61	20.8	16.0	17.5	1.4	0.08	17.2
		435	20.7	15.2	17.3	1.0	0.06	17.2
	塑性指数 I_p	61	10.0	7.5	9.1	0.6	0.06	8.9
		435	10.0	7.4	9.1	0.5	0.06	9.0
	液性指数 I_L	60	0.51	-0.32	0.15	0.21	1.380	0.10
		435	0.10	-1.65	-0.76	0.39	-0.510	-0.77
力学参数	压缩系数 a_{1-2}(1/MPa)	22	1.00	0.08	0.27	0.21	0.76	0.19
		345	1.10	0.04	0.21	0.20	0.918	0.19
	压缩模量 E_a(MPa)	22	21.98	2.08	9.29	4.68	0.504	7.55
		345	45.90	1.81	14.35	7.96	0.555	13.62
	黏聚力 c(kPa)	32	48.0	8.1	18.8	10.4	0.55	15.6
		233	56.7	3.0	21.0	12.3	0.584	19.7
	内摩擦角 φ(°)	32	32.7	18.4	24.2	4.7	0.19	22.8
		233	36.4	19.4	26.8	3.8	0.14	26.4

注:(1)17.3% 为 $I_L=0$ 时 Q_3 砂质黄土的界限含水率;
(2)每项参数第一行为 $w>17.3\%$ 的统计值,第二行为 $w\leqslant17.3\%$ 的统计值。

表 2-1-9 郑西高速铁路 Q_3 黏质黄土物理力学参数统计值

黄土物理力学参数		样本组数 n	最大值	最小值	平均值 $\bar{x}$	标准差 s	变异系数 C_v	标准值 x_s
物理参数	含水率 w(%)	111	18.3	5.1	11.1	2.7	0.24	10.7
	天然密度 ρ(g/cm^3)	111	1.90	1.30	1.58	0.11	0.071	1.56
	干密度 ρ_d(g/cm^3)	111	1.70	1.17	1.45	0.10	0.068	1.40
	孔隙比 e	111	1.303	0.584	0.914	0.133	0.146	0.892
	饱和度 S_r(%)	111	67.4	18.2	33.5	9.7	0.29	31.9
	液限 w_L(%)	111	31.1	26.4	28.9	1.0	0.03	28.8
	塑限 w_p(%)	111	20.2	16.0	18.2	0.7	0.04	18.1
	塑性指数 I_p	111	12.3	10.1	10.7	0.5	0.05	10.6
	液性指数 I_L	111	0.13	-1.22	-0.66	0.26	-0.393	-0.71
力学参数	压缩系数 a_{1-2}(MPa)	96	0.44	0.07	0.17	0.10	0.567	0.15
	压缩模量 E_a(MPa)	96	23.3	4.6	14.1	5.3	0.38	13.1
	黏聚力 c(kPa)	53	55.9	7.1	31.1	11.4	0.37	28.4
	内摩擦角 φ(°)	53	32.8	15.4	25.1	3.6	0.15	24.3

注：样本中仅有二组含水率大于 $I_L=0$ 时的界限含水率 18.1%。

2.1.2 弹性参数统计

(1)平板载荷试验统计的弹性参数

根据郑西高速铁路秦东隧道 1 号和 3 号斜井工区现场平板载荷试验得出的黄土围岩弹性参数(弹性模量 E、弹性抗力系数 K,均为水平方向),如表 2-1-10 所示。该试验共做了 3 组共 9 个试验点的水平方向平板载荷试验,承压板面积为 0.25 m^2,黄土类型为 Q_1 砂质黄土、Q_2 砂质黄土和 Q_3 砂质黄土。

表 2-1-10 根据平板载荷试验统计的弹性参数

黄土类型	弹性模量 E		弹性抗力系数 K (MPa/m)
	应力水平(kPa)	弹性模量(MPa)	
Q_1 砂质黄土	<200	50~100	126.2
	300~800	150~200	
	1 000~1 800	230~320	
Q_2 砂质黄土	<200	50	119.9
	300~700	100~150	
	800~1 600	170~210	
	1 700~1 900	250~330	
Q_3 砂质黄土	<100	50	55.3
	≥100	100~150	

(2)位移反分析统计的弹性参数

根据秦东和潼洛川隧道净空位移测试资料,对黄土围岩弹性参数(弹性模量 E、泊松比 μ)进行位移反分析,结果如表 2-1-11~表 2-1-14 所示。

本次位移反分析包括两座隧道共 11 个断面测试资料,涉及双侧壁法(2 个断面)、CRD 法(2 个断面)和弧形导坑法(7 个断面)三种施工方法,断面埋深 16~176 m,实测含水率 8%~17%,所处黄土类型为 Q_1 砂质和黏质黄土以及 Q_3 砂质黄土。计算引用的地层参数(密度 ρ、黏聚力 c、内摩擦角 φ),取自本工程黄土围岩物理力学参数统计值。

表 2-1-11　秦东隧道进口双侧壁工法围岩弹性参数位移反分析结果

测试断面	E(MPa)		μ		平均含水率(%)	埋深(m)	地层描述
	Q_3 砂 1	Q_3 砂 2	Q_3 砂 1	Q_3 砂 2			
DK333 +450	44	34	0.44	0.41	8.4	16	浅埋 Q_3 砂质黄土
DK333 +460	45	44	0.42	0.43	11.2	19	
平　均	42		0.43		9.8	18	

注：根据两组 Q_3 砂质黄土参数统计值进行计算：Q_3 砂 1：$\rho = 1.72\ g/cm^3$，$c = 18.8\ kPa$，$\varphi = 24.2°$；Q_3 砂 2：$\rho = 1.57\ g/cm^3$，$c = 21.0\ kPa$，$\varphi = 26.8°$。

表 2-1-12　秦东隧道 3 号斜井工区弧形导坑工法围岩弹性参数位移反分析结果

测试断面	E(MPa)		μ		平均含水率(%)	埋深(m)	地层描述
	Q_1 砂	Q_1 黏	Q_1 砂	Q_1 黏			
DK339 +387	471	540	0.36	0.35	14.6	176	深埋 Q_1 砂质黄土中，基底衔接粉质黏土
DK339 +409	486	536	0.33	0.30	15.7	176	
DK339 +453	486	538	0.32	0.33	14.3	176	
DK339 +490	471	529	0.34	0.36	16.8	175	
DK339 +497	517	544	0.32	0.32	16.7	175	
平　均	486	537	0.33	0.33	15.6	176	

注：根据以下两组 Q_1 黄土参数统计值进行计算：Q_1 砂：$\rho = 1.77\ g/cm^3$，$c = 30.8\ kPa$，$\varphi = 22.0°$；Q_1 黏：$\rho = 1.88\ g/cm^3$，$c = 37.3\ kPa$，$\varphi = 22.4°$。

表 2-1-13　秦东隧道出口 CRD 工法围岩弹性参数位移反分析结果

测试断面	E(MPa)			μ			平均含水率(%)	埋深(m)	地层描述
	Q_1 砂 1	Q_1 砂 2	Q_3 砂	Q_1 砂 1	Q_1 砂 2	Q_3 砂			
DK340 +845	325	280	72	0.35	0.35	0.38	9.4	35	位于从 Q_3 砂进入 Q_1 砂的浅埋地段
DK340 +855	200	200	65	0.34	0.35	0.38	9.3	30	
DK340 +845	303		68	0.35		0.38	9.3	≤35	
DK340 +855	200			0.35					

注：根据以下三组砂质黄土参数统计值进行计算：Q_1 砂 1：$\rho = 1.77\ g/cm^3$，$c = 30.8\ kPa$，$\varphi = 22.0°$；Q_1 砂 2：$\rho = 1.77\ g/cm^3$，$c = 25.0\ kPa$，$\varphi = 23.5°$；Q_3 砂 3：$\rho = 1.57\ g/cm^3$，$c = 21.0\ kPa$，$\varphi = 26.8°$。

表 2-1-14　潼洛川隧道进口弧形导坑工法围岩弹性参数位移反分析结果

测试断面	E(MPa)		μ		平均含水率(%)	埋深(m)	地层描述
	Q_1 砂	Q_1 黏	Q_1 砂	Q_1 黏			
DK341 +508	186	233	0.35	0.33	9.4	30	浅埋、偏压 Q_1 黏质黄土
DK341 +606	180	188	0.34	0.34	8.3	30	
平　均	197		0.34		8.9	30	

注：根据以下两组 Q_1 参数统计值进行计算：Q_1 砂：$\rho = 1.65\ g/cm^3$，$c = 30.0\ kPa$，$\varphi = 20.0°$；Q_1 黏：$\rho = 1.88\ g/cm^3$，$c = 37.3\ kPa$，$\varphi = 22.4°$。

2.2　强度特性

黄土的强度根据其受力特点可分为抗剪强度、无侧限抗压强度和抗拉强度三种。一般的，黄土的抗剪强度参数是各类工程建筑进行计算设计所需的主要参数，因而研究资料非常丰富，而无侧限抗压强度和抗拉强度方面的研究则相对较少。大量的研究资料表明，黄土的强度受很多因素的影响，诸如时代成因、颗粒组成、矿物成分、黏粒和可溶盐含量、含水率、密实程度、埋深等[3,4]，其中，影响最大的是含水率和密实程度，后者可用其干容重或孔隙比表示。

2.2.1 抗剪强度

黄土的抗剪强度除与土的颗粒组成、矿物成分、黏粒和可溶盐含量等有关外，主要取决于土的含水率和密实程度（用干密度表示）。

（1）含水率的影响

当黄土的含水率低于塑限时，水分变化对强度的影响较大，直剪仪中用慢剪法得出的试验结果表明，对于塑限为18.2%~20.7%的黄土，当含水率由7.8%增加到18.2%时，内摩擦角和黏聚力都降低约1/4左右；当含水率超过塑限时，抗剪强度降低幅度相对较小；而超过饱和含水率后，抗剪强度变化不大。

（2）干密度的影响

当土的含水率相同时，土的干密度越大，则抗剪强度就越高，如表2-2-1所示。

表2-2-1 黄土在不同干密度不同含水率的抗剪强度指标[4]

干密度（g/cm³）	含水率（%）	内摩擦角（°）	黏聚力（kPa）
1.25~1.27	3.9	39.3	70
	8.6	33.5	52
	14.5	31.3	32
	19.2	30.2	21
	23.8	26.3	6
	27.9	26	2
1.36~1.38	6.1	36.8	80
	9.5	35	65
	12.8	31.3	46
	15.1	29	35
	20.6	28.3	20
	25.4	26.5	10
	26.5	25.3	5
1.42~1.44	7	34.2	96
	12.1	28.8	58
	15.5	28.5	46
	18.3	29.3	40
	21.9	27	26
	23.3	26.5	20
	25.6	25.8	10
1.48~1.50	7.8	37.2	157
	10	33	120
	14.4	28.3	80
	18.5	26.5	52
	24.4	26	20
1.53~1.55	14.3	36.2	132
	17.7	34.5	100
	21.6	31.3	70
	23.9	26.2	42
	25.6	25.7	31
	26.8	25.2	26

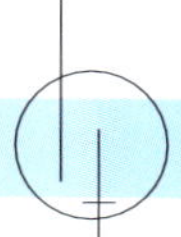

(3)郑西高速铁路黄土隧道围岩抗剪强度统计分析

黄土抗剪强度的试验研究大多采用直接剪切和三轴剪切两种方法。目前在国内设计和施工单位也广泛使用直剪试验获得的岩土抗剪强度参数,并且就黄土隧道工程而言,能够较好地反映开挖施工引起的黄土瞬时力学行为的试验方法也是直剪试验[5]。因此,黄土隧道和地下工程中使用直剪试验方法是合理和可以接受的。表 2-2-2 为郑西高速铁路黄土隧道围岩抗剪强度参数及其他主要物性参数的统计结果,其试验方法为快剪试验。

由表 2-2-2 的统计结果可知,郑西高速铁路黄土隧道围岩的黏聚力变异性很大,其变异系数大多大于 0.3,而内摩擦角的变异系数则相对较小,基本都小于 0.3。同时,新老黄土黏聚力的平均值的差异性较为显著,但内摩擦角则相对差异较小。

表 2-2-2　郑西高速铁路黄土抗剪强度指标统计

统计参数 \ 黄土类型		Q_1 黄土		Q_2 黄土		Q_3 黄土	
		砂质黄土	黏质黄土	砂质黄土	黏质黄土	砂质黄土	黏质黄土
密度 ρ (g/cm^3)	最大值	2.08	2.16	2.16	2.19	1.97	1.90
	最小值	1.42	1.46	1.77	1.67	1.30	1.30
	平均值	1.80	1.88	1.94	1.97	1.59	1.58
	统计个数	27	15	32	330	496	111
	标准差	0.21	0.23	0.10	0.10	0.13	0.11
	变异系数	0.12	0.12	0.05	0.05	0.08	0.07
含水率 w (%)	最大值	20.8	24.7	27.4	26.3	21.4	18.3
	最小值	4.8	5.2	10.6	10.5	3.2	5.1
	平均值	14.1	14.6	19.0	19.9	11.5	11.1
	统计个数	27	15	32	330	495	111
	标准差	3.72	4.4	4.4	2.8	4.13	2.65
	变异系数	0.26	0.30	0.23	0.14	0.36	0.24
孔隙比 e	最大值	1.158	0.969	0.790	0.893	1.238	1.303
	最小值	0.543	0.458	0.443	0.477	0.527	0.584
	平均值	0.733	0.666	0.634	0.656	0.906	0.914
	统计个数	27	15	32	330	495	111
	标准差	0.184	0.173	0.095	0.085	0.136	0.133
	变异系数	0.25	0.26	0.06	0.13	0.15	0.15
饱和度 S_r (%)	最大值	99.0	100	96.4	100	85.9	67.4
	最小值	14.2	14.8	43.5	37.4	10.8	18.2
	平均值	56.3	65.2	78.4	83.1	35.0	33.5
	统计个数	27	15	32	330	495	111
	标准差	22.1	27.9	16.1	12.8	14.3	9.7
	变异系数	0.39	0.43	0.21	0.15	0.41	0.29
黏聚力 c (kPa)	最大值	92.5	64.2	66.6	101.5	56.7	55.9
	最小值	17.8	20.5	14.5	19.0	3.0	7.1
	平均值	34.0	37.3	29.5	49.3	20.8	31.1
	统计个数	7	5	25	134	262	53

续上表

统计参数 \ 黄土类型		Q_1 黄土 砂质黄土	Q_1 黄土 黏质黄土	Q_2 黄土 砂质黄土	Q_2 黄土 黏质黄土	Q_3 黄土 砂质黄土	Q_3 黄土 黏质黄土
黏聚力 c (kPa)	标准差	28.8	21.3	12.6	19.4	12.1	11.4
	变异系数	0.848	0.573	0.426	0.394	0.582	0.368
	标准值	12.7	17.0	25.1	46.4	26.1	28.4
内摩擦角 φ(°)	最大值	25.4	25.8	33.8	41.9	36.4	32.8
	最小值	15.8	17.9	18.5	8.7	18.4	15.4
	平均值	21.1	22.4	28.0	24.7	26.5	25.1
	统计个数	7	5	25	134	262	53
	标准差	3.277	3.33	3.53	6.3	4.0	3.6
	变异系数	0.155	0.148	0.126	0.255	0.150	0.145
	标准值	18.7	19.3	26.8	23.8	26.1	24.3

黄土的抗剪强度参数与其初始含水率和含水率的变化量密切相关，对同一种土，含水率变化引起的黏聚力的变化要远大于内摩擦角的变化。而就郑西高速铁路黄土强度参数的统计值来看（表 2-2-2），由于参与统计的试样是来自西安到郑州之间不同的地貌单元、不同的形成条件和不同的沉积地质环境中的黄土，离散性较大，目前尚难以给出强度参数值与含水率或干密度的定量关系，如表 2-2-3 和表 2-2-4。

表 2-2-3　老黄土力学参数与物性参数的相关性分析

参数类型	统计特征	密度 ρ	含水率 w	孔隙比 e	孔隙率 n	饱和度 S_r	液限 w_L	塑限 w_p	塑性指数 I_p	液性指数 I_L	干密度 ρ_d
黏聚力 c	Pearson 相关性	0.381	0.156	−0.266	−0.251	0.391	0.501	0.296	0.515	−0.031	0.263
	显著性水平	0.000	0.023	0.000	0.001	0.000	0.000	0.000	0.000	0.349	0.000
内摩擦角 φ	Pearson 相关性	0.066	−0.150	−0.148	−0.149	−0.036	0.210	0.253	0.117	−0.326	0.150
	显著性水平	0.200	0.028	0.029	0.029	0.322	0.004	0.001	0.068	0.000	0.028
强度参数样本容量		163									

注：(1) Pearson 相关系数反映了自变量 x 和因变量 y 之间的线性关系的密切程度。设有 n 对观测数据，即 (x_1,y_1)、$(x_2,y_2)\cdots(x_n,y_n)$，则自变量 x 和因变量 y 之间的 Pearson 相关系数为：$r_{xy}=\dfrac{\sum_{i=1}^{n}(x_i-\bar{x})(y_i-\bar{y})}{\sqrt{\sum_{i=1}^{n}(x_i-\bar{x})^2}\sqrt{\sum_{i=1}^{n}(y_i-\bar{y})^2}}$，其中，$\bar{x}=\dfrac{1}{n}\sum_{i=1}^{n}x_i$，$\bar{y}=\dfrac{1}{n}\sum_{i=1}^{n}y_i$。

(2) 显著性水平取为 0.05，即在 0.05 的置信度下，当 Pearson 相关性系数大于对应的显著性水平值时，所做的线性回归才有意义。下同。

表 2-2-4　新黄土力学参数与物性参数的相关性分析

参数类型	统计特征	密度 ρ	含水率 w	孔隙比 e	孔隙率 n	饱和度 S_r	液限 w_L	塑限 w_p	塑性指数 I_p	液性指数 I_L	干密度 ρ_d
黏聚力 c	Pearson 相关性	0.090	−0.129	−0.137	−0.142	−0.012	0.465	0.407	0.337	−0.177	0.149
	显著性水平	0.056	0.011	0.007	0.006	0.413	0.000	0.000	0.000	0.001	0.004
内摩擦角 φ	Pearson 相关性	0.125	−0.340	−0.278	−0.279	−0.136	0.054	0.222	−0.212	−0.400	0.285
	显著性水平	0.013	0.000	0.000	0.000	0.008	0.169	0.000	0.000	0.000	0.000
强度参数样本容量		316									

由此可知，从单个因素分别来看，对老黄土而言，与黏聚力相关性最好的是塑性指数，与内摩擦角相关性最好的是液性指数；而对新黄土，则与黏聚力相关性最好的是液限，与内摩擦角相关性最好的是液性指数。两者与含水率的关系都较弱。总体而言，强度参数与物性参数的相关性都较差。不过应该注意的是，无论是对老黄土，还是对新黄土，与其内摩擦角相关关系最好的都是液性指数，而液性指数的含义就是黏性土在其含水率变化时物理状态的改变，可依据其含水率距离塑限和液限的远近分别处于固态或半固态、塑态及液态。由于对同种黏性土而言，其塑限和液限通常是较为固定的常数，因此，液性指数的变化也就更多反映了土的含水率变化引起土的物理状态及其力学性质的变化。

2.2.2　无侧限抗压强度

土的无侧限抗压强度常用作计算和判定黏性土结构性和灵敏度的参数。表 2-2-5 给出了我国黄土地层划分及主要参数性质[6]。由表 2-2-5 可见，黄土的无侧限抗压强度变化范围大，同时老黄土和新黄土的在量级上的差别还是很明显的。

表 2-2-5　我国黄土地层的划分[6]

<table>
<tr><th colspan="2">地质时代</th><th colspan="2">地层名称</th><th>分布厚度</th><th>主要物理力学性质</th></tr>
<tr><td rowspan="2">全新世 Q_4</td><td>近期，$Q_4^{3\text{-}4}$</td><td>新近堆积黄土</td><td rowspan="3">新黄土具湿陷性</td><td rowspan="2">一般 3 ~ 8 m，最厚可达 15 ~ 20 m</td><td>q_u = 37 ~ 160 kPa，一般值 65 kPa
ρ_d = 1.12 ~ 1.5 g/cm³，一般值 1.30 g/cm³</td></tr>
<tr><td>早期，$Q_4^{1\text{-}2}$</td><td>黄土状土</td><td>q_u = 52 ~ 300 kPa，一般值 90 kPa
ρ_d = 1.16 ~ 1.58 g/cm³，一般值 1.35 g/cm³</td></tr>
<tr><td colspan="2">晚更新世 Q_3</td><td>马兰黄土</td><td>约 10 ~ 30 m，分布面积广</td><td>q_u = 52 ~ 127 kPa，一般值 70 kPa
ρ_d = 1.16 ~ 1.58 g/cm³，一般值 1.35 g/cm³</td></tr>
<tr><td colspan="2">中更新世 Q_2</td><td>离石黄土</td><td rowspan="2">老黄土不具湿陷性</td><td>50 ~ 70 m，黄河中游地区最厚可达 170 m</td><td>q_u = 73 ~ 327 kPa，一般值 150 kPa
ρ_d = 1.4 ~ 1.6 g/cm³，一般值 1.45 g/cm³</td></tr>
<tr><td colspan="2">早更新世 Q_1</td><td>午城黄土</td><td>40 ~ 100 m</td><td>—</td></tr>
</table>

注：q_u—无侧限抗压强度（kPa）；ρ_d—干密度。

表 2-2-6 是 1975 年版的《铁路工程地质手册》[7]中有关黄土无侧限抗压强度及其他物理力学性质的汇总，其试验方法未知。回归分析结果表明，无侧限抗压强度与黏聚力的相关性最好，如表 2-2-7 所示。

表 2-2-6　黄土物理力学性质汇总表[7]

w (%)	ρ (g/cm³)	e	S_r (%)	w_L (%)	w_p (%)	φ (°)	c (kPa)	q_u (kPa)	q_{uc} (kPa)	备注	
18.8	1.55	1.080	48.1	31.7	19.5	35.83	33.0	48	129	Q_4	宁夏固原
8.9	1.41	1.080	22.2	26.1	18.7	29.92	6.5	45	22	Q_3	青海互助
8.2	1.40	1.080	20.4	25.5	18.2	28.80	10.0	51	34		青海互助
9.1	1.41	1.090	22.5	26.4	16.9	27.17	18.0	83	59		青海互助
9.6	1.50	0.978	26.6	26.8	16.3	22.30	24.0	86	72		青海互助
8.3	1.45	1.020	22.0	26.3	18.1	30.50	36.2	91	127		青海互助
7.2	1.52	0.913	21.4	26.9	15.9	28.80	53.0	158	179		青海互助
9.0	1.39	1.130	21.6	26.5	15.1	24.72	11.0	50	34		甘肃榆中
4.7	1.36	1.090	11.7	24.2	15.3	26.58	11.0	71	36		甘肃榆中
10.7	1.34	1.240	23.3	28.5	17.1	28.40	9.0	93	30		甘肃榆中

续上表

w (%)	ρ (g/cm^3)	e	S_r (%)	w_L (%)	w_p (%)	φ (°)	c (kPa)	q_u (kPa)	q_{uc} (kPa)	备注	
10.4	1.34	1.250	22.8	28.9	16.9	24.65	21.7	89	68	Q_3	甘肃榆中
10.6	1.43	1.095	26.2	28.3	17.0	21.80	36.0	122	106		甘肃榆中
6.0	1.41	1.040	15.6	24.1	13.3	27.00	25.0	131	82		甘肃榆中
7.1	1.41	1.060	18.2	26.6	14.2	25.27	68.0	290	215		甘肃榆中
14.3	1.67	0.865	46.0	30.1	17.2	35.50	64.5	310	250	Q_2^2	宁夏固原
10.1	1.63	0.670	41.0	28.9	17.3	38.33	135.0	653	558		宁夏固原
15.0	1.90	0.647	63.0	28.8	16.7	33.42	128.0	562	476	Q_2^1	陕西永寿
22.7	1.96	0.708	87.7	34.9	19.7	41.50	91.5	590	406		陕西永寿

注：S_r—饱和度；w_L—液限；w_p—塑限；q_u—无侧限抗压强度；q_{uc}—为根据黄土黏聚力和内摩擦角求得的计算无侧限抗压强度，即 $q_{uc}=2c\tan\left(45°+\frac{\varphi}{2}\right)$；其余符号含义同前。

表 2-2-7　黄土无侧限抗压强度与其他物理力学之间的关系

序　号	回归方程	相关系数 R^2
1	$q_u=4.8577c-15.155$	0.9147
2	$q_u=-1011.6e+1209.4$	0.7872
3	$q_u=1430.7\rho_d-1746.9$	0.7347
4	$q_u=925.61\rho-1196.8$	0.6864

注：样本容量 18；相关系数起码值为 $R^2=0.2190$。这里的相关系数起码值为相应于 5% 置信度的起码值，若线性回归的相关系数小于此起码值则说明回归变量之间无直接关系。

黄土的无侧限抗压强度能够较准确地反映黄土的结构性特点及其结构性强度随含水率变化的规律，并且与黄土的黏聚力具有很高的相关关系。黄土的无侧限抗压强度对其含水率的变化最为敏感，但老黄土和新黄土的无侧限抗压强度所表现出来的随含水率变化的关系却有着显著的区别，其主要原因在于新老黄土的干密度的差异，或者是孔隙比大小的差异。例如，对于兰州黄土而言，Q_1 黄土的密度基本在 1.7 g/cm^3 以上，Q_2 黄土在 1.4 ~ 1.7 g/cm^3 之间，而 Q_3 黄土则大多小于 1.4 g/cm^3，其孔隙比在 1.0 左右，已经超过了球体在理论上孔隙比为 0.89 的最松散的排列情况[8]。而老黄土的孔隙比则小得多，甚至可能会小于 0.6。

2.2.3　抗拉强度

一般认为，土的抗拉强度很小或小得几乎可以忽略，故对于大多数土而言，都将其抗拉强度取为 0。由于黄土是具有显著结构性特点的特殊土，因而对其抗拉强度的研究也积累了不少的研究成果。

表 2-2-8 是早期有关黄土抗拉强度研究的主要结果[2]。从表中可以看出，Q_2 黄土的极限抗拉强度的变化范围为 7.3 ~ 46.5 kPa，Q_3 黄土的极限抗拉强度为 9.3 ~ 29.0 kPa，其主要影响因素为含水率和土中的裂隙。

表 2-2-8　黄土极限抗拉强度变化范围[2]

土样编号	含水率 (%)	干密度 (g/cm^3)	极限抗拉强度 (kPa)	受裂隙影响的极限抗拉强度(kPa)
A1Q_2	16.4 ~ 17.5	1.60 ~ 1.67	37 ~ 46.5	23 ~ 25.7
B2Q_2	10.4 ~ 16.2	1.50 ~ 1.57	11.5 ~ 56	7.3
B1Q_2	10.4 ~ 14.4	1.30 ~ 1.36	10.5 ~ 21.0	
78 ~ EQ_3	8.1	1.57 ~ 1.63	14.7 ~ 29.0	9.3

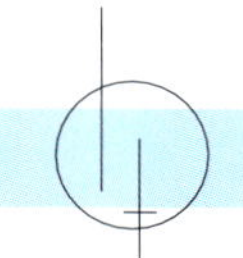

表 2-2-9 和图 2-2-1 是 Q_3 原状黄土抗拉强度与其饱和度的关系。从试验结果可知：含水率对黄土抗拉强度的影响非常明显，含水率愈小则抗拉强度愈大，曲线由陡变缓，同时也说明含水率变化对抗拉强度的影响在低含水率时大于在高含水率时[10]。

表 2-2-9　原状黄土抗拉强度试验结果[10]

含水率 w(%)	8	14	19	21	23	25	备　注
抗拉强度 σ_t(kPa)	72.2	28.0	23.7	18.2	18.6	13.3	$\rho_d = 1.30\ g/m^3, e = 1.085$ $I_p = 11.9$
饱和度 S_r(%)	20.0	34.0	47.0	51.2	57.4	62.4	

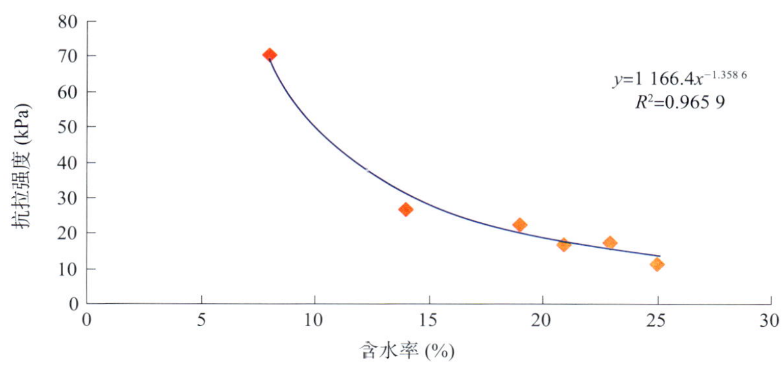

图 2-2-1　Q_3 原状黄土抗拉强度与含水率关系[10]

图 2-2-2 是陕西关中地区 Q_3 黄土在不同含水率情况下的单轴抗拉应力—应变曲线，其物性参数为：含水率 16.3%，干密度 1.38，孔隙比 0.96，液限 32.3%，塑性指数 13.6。试验观察发现，试样从开始拉伸至破坏均无颈缩现象，其变形只沿加荷轴方向发生，无侧向变形[11]。

可见，非饱和原状黄土抗拉强度随含水率增加而降低，而破坏应变则随含水率的增加而增加，但最大值也小于 0.25%。拉应力应变曲线为硬化型，破坏机制为脆性破坏。其抗拉强度与含水率的变化关系为：$\sigma_t = 559\,073w^{-3.277}$。而对陕西渭河台塬坡地 Q_3 黄土抗拉强度和含水率变化关系的回归分析结果则为：$\sigma_t = 263\,158w^{-3.037}$，相关系数为：$R = 0.985$[12]。但 Q_2 黄土含水率与抗拉强度基本上呈线性关系，随着含水率的增长抗拉强度降低，其线性方程式为 $\sigma_t = 106.4 - 5.13w$(kPa)，相关系数 $R = -0.913$[2]。这种 Q_2 黄土和 Q_3 黄土单轴抗拉强度与含水率的变化规律似乎与前述 Q_2 黄土和 Q_3 黄土无侧限抗压强度随含水率变化的规律相反，其主要原因可能在于受力方向的不同。

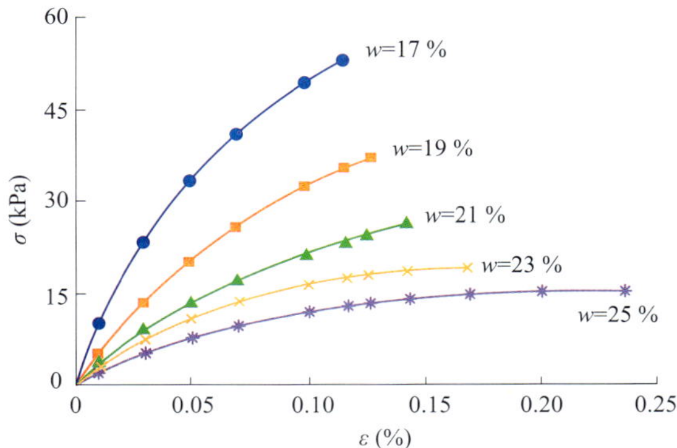

图 2-2-2　Q_3 黄土不同含水率情况下的单轴抗拉应力—应变曲线[11]

黄土的单轴抗拉强度与其黏聚力也有很好的相关性。表 2-2-10 是部分黄土抗剪强度参数与实测抗拉强度及其计算抗拉强度的比较，图 2-2-3 是黄土抗拉强度与黏聚力的相关关系。

表 2-2-10　实测抗拉强度与抗剪强度指标 c、φ 的对比（据文献[2]，有补充）

土样编号	A-4	A-7	B_2-7	B_2-9	B_1-3	B_1-4	78-E
黏聚力 c(kPa)	95.0	73.0	60.0	46.5	38.0	37.0	41.0
摩擦角 φ(°)	37.23	38.26	30.97	25.87	25.65	24.70	31.80
抗拉强度 σ_u(kPa)	46.5	40.0	41.2	26.0	16.0	14.7	26.4
计算抗拉强度 σ_{uc}(kPa)	94.3	70.8	67.9	58.3	47.8	47.4	45.6
σ_u/σ_{uc}	0.49	0.56	0.61	0.45	0.33	0.31	0.58

注：σ_{uc} 为计算抗拉强度，系按摩尔库仑准则求得：$\sigma_{uc}=2c\cdot\tan\left(45°-\frac{\varphi}{2}\right)$。

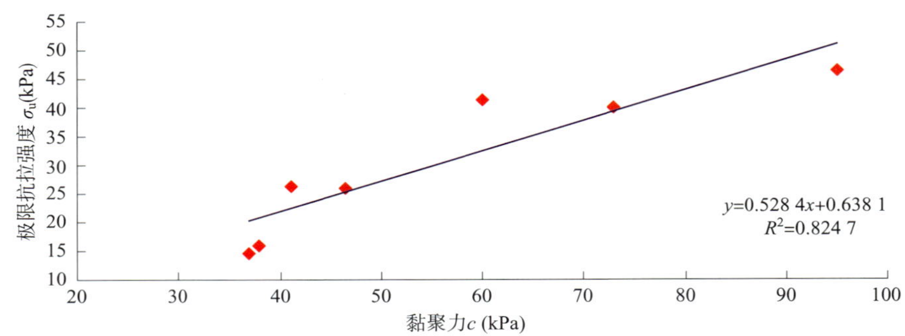

图 2-2-3　黄土抗拉强度与黏聚力的相关关系（据表 2-2-10 数据计算）

黄土的抗拉强度与其黏聚力具有较好的相关关系，可用于近似估计黄土的黏聚力。实测所得的抗拉强度要远小于计算抗拉强度，实测与计算抗拉强度的比值平均为 0.48。

根据有关黄土抗剪强度、无侧限抗压强度和单轴抗拉强度试验研究的成果可知，黄土的干密度和含水率是对其强度特性影响最大的两个物性参数。但需要说明的是，由于上述有关黄土强度随含水率变化的试验研究均采用人工改变含水率的方法，而且不论是何种黄土，抑或是埋深多少，均是取样进行室内的小试样试验，因此，只能代表天然土层在含水率快速提高后变形刚刚达到稳定时的情况。显然，由人工加水使含水率达到某一数值的土样不能等同于原有该天然含水率数值的土。与此同时，天然土层含水率若提高时，是在有覆盖和周围土的压力下进行的，而试验时给土样加水则是独立个体，没有围压的作用；并且，含水率提高的过程中黄土的体积要缩减，而室内试验时则是加水后变形稳定的土样，加水过程中的体积变化没有考虑在内，故变形稳定下来的含水率到达定值后土的性质完全不会和人工制备的土样相同[13]。因此，人工室内改变黄土含水率的方法无法考虑试样增湿过程中的变形及强度的变化，这与现场的黄土含水率变化时既有围压又有湿度变化引起变形的实际情况有所差别。

2.3　变形特性

黄土隧道围岩的变形特性与黄土本身的变形性质相关，也与黄土隧道的洞室大小、支护措施、施工工法等密切相关，本节重点研究室内试验得出的黄土变形特性，黄土隧道围岩的其他变形特性在后面结合郑西高速铁路黄土隧道中原位载荷试验的结果进行介绍。

黄土变形特性依据试验研究方法可分为室内固结试验、室内三轴压缩试验、无侧限压缩试验和现场载荷试验。

2.3.1　固结试验、压缩系数和压缩模量

固结试验常用于评价土在一维压缩时、应力区间在 100 ~ 200 kPa 之间的变形性质，压缩系数和压

缩模量是主要的评价指标[14]，适合于绝大多数的地基基础工程。但在其他类型的工程勘探中，压缩系数和压缩模量也是最常用的指标之一。表 2-3-1 是郑西高速铁路黄土隧道围岩的压缩系数与压缩模量的统计。

表 2-3-1　郑西高速铁路黄土压缩系数和压缩模量统计

统计参数 \ 黄土类型		Q_1 黄土		Q_2 黄土		Q_3 黄土	
		砂质黄土	黏质黄土	砂质黄土	黏质黄土	砂质黄土	黏质黄土
压缩系数 $a_{1\text{-}2}$(1/MPa)	最大值	0.87	0.35	0.27	0.334	0.350	0.440
	最小值	0.09	0.09	0.06	0.050	0.057	0.070
	平均值	0.307	0.213	0.125	0.14	0.143	0.168
	统计个数	18	8	31	198	306	96
	标准差	0.253	0.099	0.056	0.064	0.065	0.095
	变异系数	0.824	0.446	0.446	0.453	0.455	0.567
	标准值	0.412	0.279	0.143	0.148	0.149	0.152
压缩模量 E_a(MPa)	最大值	17.3	18.8	26.4	29.8	32.9	23.3
	最小值	2.30	5.5	6.2	4.9	5.3	4.6
	平均值	8.57	9.6	15.8	13.3	15.7	14.1
	统计个数	18	8	31	198	306	96
	标准差	4.7	4.7	6.2	5.4	6.5	5.27
	变异系数	0.550	0.493	0.394	0.396	0.417	0.375
	标准值	6.6	6.4	13.9	13.0	15.0	13.1

由表 2-3-1 中数据可知，压缩系数与压缩模量的变异系数均很大，表明其参与统计的样本参数的离散性很大。从其平均值看，新黄土与老黄土的压缩系数大多在 0.1～0.4 之间，属典型的中等压缩性土。压缩系数的分布范围、平均值及变异情况均难以体现出新黄土和老黄土的差异性，甚至新黄土的压缩性优于老黄土，如 Q_3 黄土的压缩系数要小于 Q_1 黄土的相应值，这既体现了参与统计的黄土试样来源的广泛性和不均匀性的客观实际，也可能与 Q_1 黄土的样本数量太小有关。而 Q_2 黄土与 Q_3 黄土的整体差异性还是明显的，即 Q_2 黄土的压缩性比 Q_3 黄土的小，这是符合一般规律的：即老黄土的压缩系数中等偏小，而新黄土的压缩系数中等偏高。

如表 2-3-2 所示，从压缩性参数与物性参数的回归分析看，压缩系数和压缩模量与物性参数不是线性相关的，新黄土与压缩系数相关性最好的是孔隙比，与压缩模量相关性最好的是塑性指数。老黄土与压缩系数和压缩模量相关性最好的均是密度。

表 2-3-2　郑西高速铁路黄二压缩性参数与物性参数的回归分析

黄土类型	参　数	回 归 方 程	相关系数	样本容量
老黄土	压缩系数	$a_{1\text{-}2}=-0.224\rho+0.589$	$R=0.303$	227
	压缩模量	$E_a=17.087\rho-20.617$	$R=0.259$	
新黄土	压缩系数	$a_{1\text{-}2}=0\ 117e+0.041$	$R=0.228$	393
	压缩模量	$E_a=-1.410w_p+40.343$	$R=0.193$	

2.3.2 黄土的三轴压缩和单轴压缩变形性质

原状黄土因其具有较大的结构强度，其应力—应变曲线随着成因时代和受力状态不同而有所差异，一般呈现为三种类型和五种形式，即脆性破坏型、塑性破坏型和理想塑性型，其中脆性破坏型又可细分为强软化和弱软化两种形式，塑性破坏型可细分为强硬化和弱硬化两种形式。Q_1 黄土和 Q_2 黄土的应力—应变关系曲线均呈不同程度的软化型，破坏峰值高，破坏应变小，峰值前的应力—应变关系曲线近似直线，具有线性变形性质，峰值后强度软化，土体呈脆性断裂或塑性破坏；Q_3 黄土和 Q_4 黄土质地较松软且孔隙发育，当湿度较小时仍具有较高的结构强度，其破坏形式受侧向应力 σ_3 的影响较大。当 σ_3 小于其结构强度(p_s)时，应力—应变关系曲线呈软化型或弱硬化型，视土样在剪切过程中剪胀、剪缩情况而异，反之，当 σ_3 大于其结构强度(p_s)时，土的结构在均压固结时就遭到部分破坏，剪缩现象显著，其应力—应变关系曲线一般呈强硬化型。土的强度随着塑性体应变增大而提高。当 $\sigma_3 = p_s$ 时，土在剪切过程中剪胀、剪缩现象较小，应力—应变关系曲线呈理想塑性型[2,15]。

例如，对兰州古城黄土，当三轴压缩试验的围压小于 100 kPa 时，应力—应变曲线均有明显的峰值破坏点，超过此点应力降低，试样有明显的破裂面，破坏时的轴向应变很小，约为 0.4%～0.8%；超过 100 kPa 的围压后，应力随应变逐渐增加，呈硬化型塑性破坏模式，试样呈中部膨胀的桶形压缩，无明显的破裂面，破坏应变甚至可高达 20%。但围压大于 100 kPa 的应力—应变曲线均在 1% 应变处应力—应变曲线有转折。因此，呈现这个转折的围压即体现了黄土的结构性强度[3]。

黄土三轴等压试验结果表明(图 2-3-1)，在小于 150 kPa 时，围压与体积应变曲线近似直线变化，而超过 150 kPa 时，体积压缩则有明显的增加，且呈非线性。这个 150 kPa 的转折点即代表着黄土的结构强度，该围压对应的体积应变约为 1%。在围压超过结构强度后，黄土原生结构遭到破坏，其变形迅速增大[2,16]。

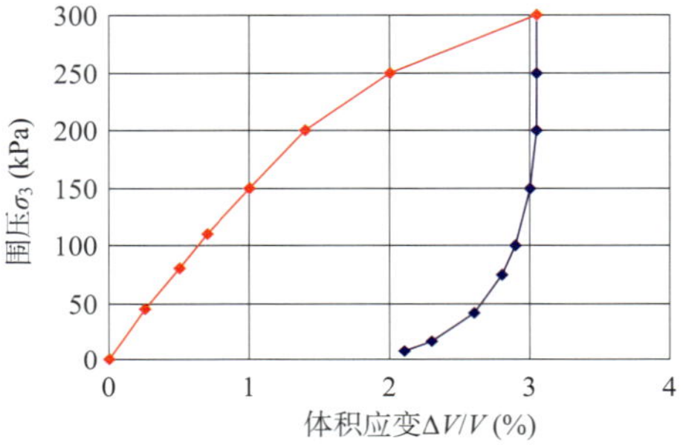

图 2-3-1　兰州古城黄土三向等压围压与体积应变关系[2,16]

原状黄土的单轴压缩应力—应变曲线同样具有一个明显峰值，其峰值应力对应的破坏应变在含水率变化时均小于 0.8%。这个峰值则代表了黄土在无侧限约束的单向受力情况下的结构强度[17]。

如前所述，黄土的抗拉应力—应变曲线虽然属于硬化型，但其破坏应变很小，大致不超过 0.25%，如图 2-2-2[11] 所示。综合原状黄土在三轴压缩、单轴压缩、等向压缩和单轴拉伸等各种受力情况下的变形特点可知，黄土的结构强度通常在较小的应变时就发挥了。单轴抗压和拉伸强度与其黏聚力很高的相关性说明，这种小应变时发挥的结构强度主要是其颗粒原生连接产生的黏聚力强度部分，然后则是其颗粒咬合作用产生的剪胀强度，最后发挥的则是颗粒摩擦产生的摩擦强度，如图 2-3-2[18] 所示。由此可知，一般所认为的围压对黄土应力—应变曲线的影响其实是围压与黄土结构强度之间相互关系的表现，视围压与结构强度的相对大小，决定了在不同的应变水平上黄土变形及其最终强度的性质。黄土的结构性及其结构强度才是根本性的因素。

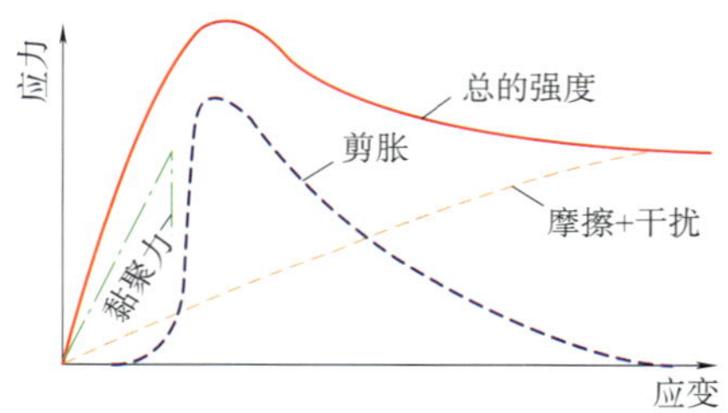

图 2-3-2　黏性土抗剪强度的组成及其随应变的发挥程度[18]

黄土的应力—应变关系由试验成果可拟合为相应的数学模式，并可按弹性非线性增量的 $E—u$ 模型、$K—G$ 模型去求取相应的参数[19]。常见的变形参数主要有弹性模量、变形模量。后者一般取应力—应变曲线峰值应力一半(或三分之一)的应力值所对应点的割线模量[14]。

2.3.3　现场载荷试验及变形参数

平板载荷试验(Plate Loading Test,简称 PLT)是一种传统的、目前广泛应用的土工原位测试方法。试验时在板底平整的刚性承压板上加荷,荷载通过承压板均匀传递给地基土,以测定天然埋藏条件下地基土的变形特性,能够比较直观地反映地基土的变形特性,用于评定地基土的承载力、计算地基土的变形模量并预估实体基础的沉降量[20]。

在郑西高速铁路黄土隧道及斜井中进行了多组水平方向的平板载荷试验,试验测试及安装如图 2-3-3 所示。

其中 Q_1 黄土在秦东隧道 3 号斜井,Q_2 和 Q_3 黄土在秦东隧道 1 号斜井中进行。试验采用的钢承压板直径为 0.564 m,面积为 0.25 m^2,试验方法及操作严格按照我国《铁路工程地质原位测试规程》(TB 10041—2003)[21]进行。试验洞开挖时同步取原状黄土进行室内土工试验,主要物理力学参数如表 2-3-3所示。采用千斤顶加荷,加荷等级为:对 Q_3 黄土采用 10～25 kPa,Q_1、Q_2 黄土采用 20～50 kPa。

图 2-3-3　黄土隧道平板载荷试验

表 2-3-3　黄土隧道围岩平板载荷试验点概况

试验点编号	埋深(m)	地层岩性	密度(g/cm^3)	含水率(%)	饱和度(%)	孔隙比	液限(%)	塑限(%)	塑性指数	液性指数	压缩系数(MPa^{-1})	黏聚力(kPa)	内摩擦角(°)
1	10	Q_3^{eol} 黏质黄土	1.43	4.9	13.7	0.983	28.6	16.9	11.7	-1.01	—	—	—
2	15	Q_3^{eol} 黏质黄土	1.51	5.4	17.7	0.847	30.2	16.9	13.3	-0.87	0.175	17	25.4
3	20	Q_3^{eol} 黏质黄土	1.63	10.6	34.9	0.84	30.9	18.5	12.4	-0.64	—	52.2	21
4	113	Q_2^{eol} 黏质黄土	1.86	13.1	54.7	0.645	30.1	17.3	12.8	-0.34	0.058	63.4	26.9
5	158.1	Q_2^{eol} 黏质黄土	1.97	16.9	71.2	0.585	28.9	16.7	12.3	-0.22	0.040	53.3	28.8
6	161.2	Q_2^{eol} 黏质黄土	1.95	14.9	80.0	0.585	30.2	17.1	13.1	-0.165	0.038	42.9	34.6
7	105	Q_1^{eol} 黏质黄土	2.02	15.8	77.4	0.550	29.2	17.2	12.0	-0.12	0.007	39.6	21.6
8	106	Q_1^{eol} 黏质黄土	1.98	15.8	73.0	0.585	29.9	18.3	11.6	-0.22	0.019	42.4	24.4
9	107	Q_1^{eol} 黏质黄土	1.85	10.7	46.9	0.625	28.4	18.5	10.0	-0.775	—	92.5	25.4

注:表中的物理力学参数值是试验点多组室内试验实测值的平均值。

平板载荷试验所求取的参数主要有:黄土的变形模量、弹性模量、地基承载力和弹性抗力系数。其基本原理是按照布西内斯克土体应力分布计算公式、配合土的材料常数(变形模量 E_0 和泊松比 μ)建立半无限体表面局部荷载作用下地基土的沉降量 s 计算公式[20,21]:

$$s = 0.79\frac{(1-\mu^2)}{E_0}dp \quad \text{(承压板为圆形)} \tag{2-3-1}$$

$$s = 0.89\frac{(1-\mu^2)}{E_0}Bp \quad \text{(承压板为方形)} \tag{2-3-2}$$

式中　d——圆形承压板直径(cm);

B——方形承压板宽度(cm);

p——p—s 直线段内任一点的压力(kPa);

μ——土的泊松比；

E_0——土的变形模量(kPa)；

s——p 值对应的圆形或方形承压板的沉降量(cm)。

由式(2-3-1)、式(2-3-2)就可从荷载试验 p—s 曲线上直线比例段反求出土的变形模量。若以弹性变形代入，即可求得弹性模量。

黄土承载力按以下方法确定。若 p—s 曲线存在拐点，则第一拐点对应压力为比例界限 p_a，第二拐点对应压力为极限承载力 p_u。当 $p_u \leqslant 1.5p_a$ 时，取 $\sigma_0 = p_u/2$；当 $p_u > 1.5p_a$ 时，取 $\sigma_0 = p_a$。若 p—s 曲线呈圆弧形，无明显拐点，可按下述方法确定：

①在绘制的 $\lg p$—$\lg s$ 或 p—$\Delta s/\Delta p$ 曲线上，取第一转折点所对应的荷载强度为 σ_0；

②取相对沉降 s/b 值所对应的荷载强度为 σ_0，各类土的 s/b 按规程采用；

③由双曲线拟合法确定 p_u 值，取 $\sigma_0 = p_u/F$(F 为安全系数)，可视地基工程性质取 F 为 2～3。

当衬砌发生向围岩方向变形时，围岩对衬砌的反力即为弹性抗力。从压应力 p 与沉陷位移关系曲线上，可用局部变形理论来推求黄土地层的弹性抗力系数，即

$$K_{sa} = \frac{p_a}{s_a} \tag{2-3-3}$$

载荷试验测得的荷载与承压板位移数据一元非线性回归方程回归分析，即

$$p = u/(a + bu) \tag{2-3-4}$$

$$u = u' - u_0 \tag{2-3-5}$$

式中 u_0——位移修正量；

a,b——曲线拟合参数，即回归系数，曲线拟合时，应试取 u_0 值达最佳拟合为止；

u'——实测承压板位移。

求回归系数 a、b 的方法有：化成直线型的变量代换法；两倍时差法；单因数优选法。采用单因数优选法求回归系数 a、b。单因数优选法的基本原理是逐组选取回归系数 a、b 值，用回归精度控制，当达到最高回归精度时，其相应的回归系数即为所求之值。求解步骤为：

①在方程 $u = f(a,b,u)$ 中令 $b = b_0$(b_0 为初始值，可取任意值，一般取 $b_0 = 1$)，并令 $y = \phi(b_0,u)$，则 $u = f(a_0,y)$；

②按公式 $a_0 = \dfrac{\sum py}{\sum y^2}$ 计算出 a_0，此时回归方程为：$p = f(a_0, b_0, u)$，回归精度为：$s_0 = \sqrt{\dfrac{1}{n-2}\sum(p - p_{回})^2}$；

③再令 $b_1 = b_0 + \Delta b$(Δb 为步长系数，可取 $\Delta b = \pm 0.1, \pm 0.01, \pm 0.001$)计算 a_1, s_1；

④同理可求得 $b_2, a_2, s_2, \cdots, b_i, a_i, s_i, \cdots, b_n, a_n, s_n$，若其中 $s_i = s_{min}$，则其相应的 a_i、b_i 即为所求之回归系数值。

用相关系数 R 值来选取与散点图拟合的最佳的回归方程，即当相关系数 R 值愈接近于 1 时，回归效果最佳，回归方程与散点图的拟合程度也就愈好。相关系数 R 值由下式确定：

$$R = \sqrt{\frac{\sum(p_{回} - \bar{p})^2}{\sum(p - \bar{p})^2}} \tag{2-3-6}$$

式中 $\bar{p}$——量测数据的平均值；

$p_{回}$——回归方程计算值；

p——实测数据。

采用 FORTRAN 语言编写了回归分析程序并计算了有关参数。图 2-3-4～图 2-3-6 为不同类型黄

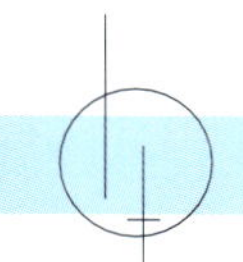

土的载荷试验的 p—s 曲线。图 2-3-7 ~ 图 2-3-9 为其滞回曲线。

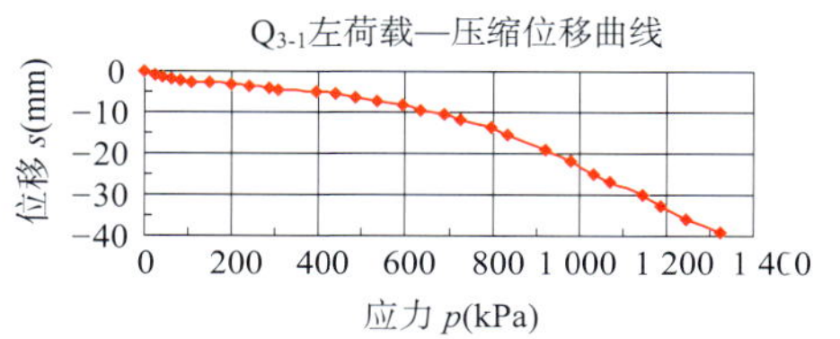

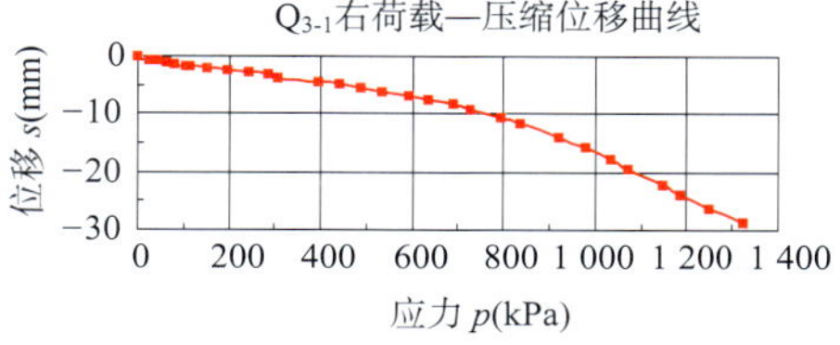

图 2-3-4　Q_3 黄土的 p—s 曲线

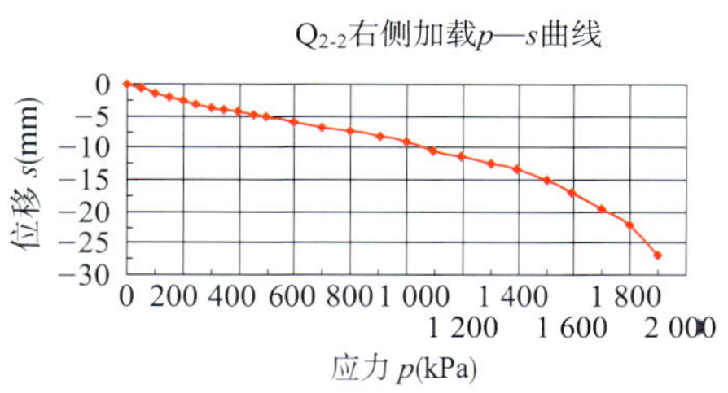

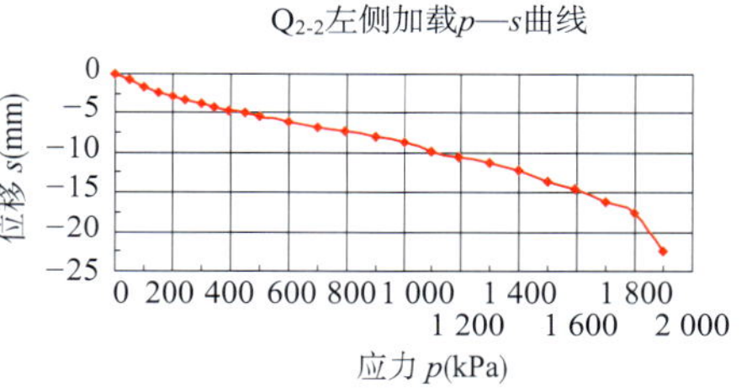

图 2-3-5　Q_2 黄土的 p—s 曲线

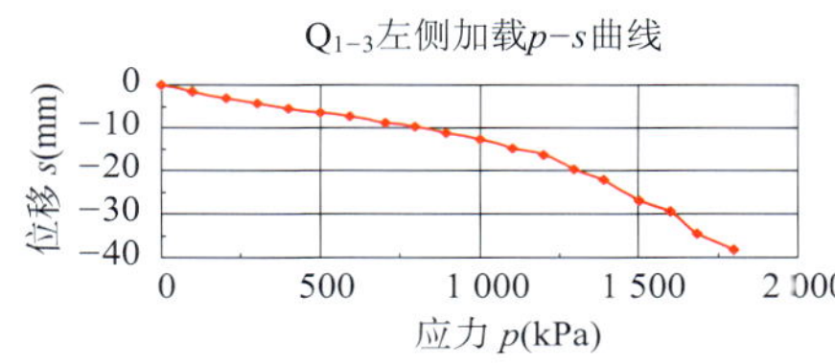

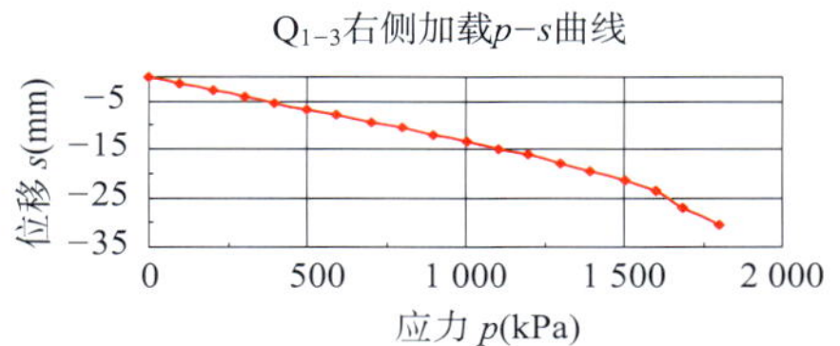

图 2-3-6　Q_1 黄土的 p—s 曲线

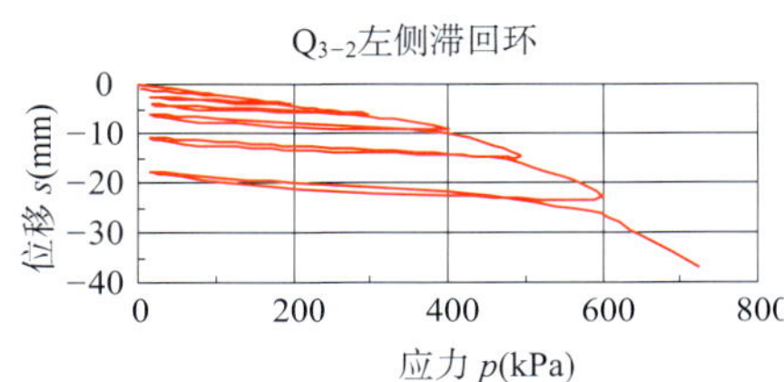

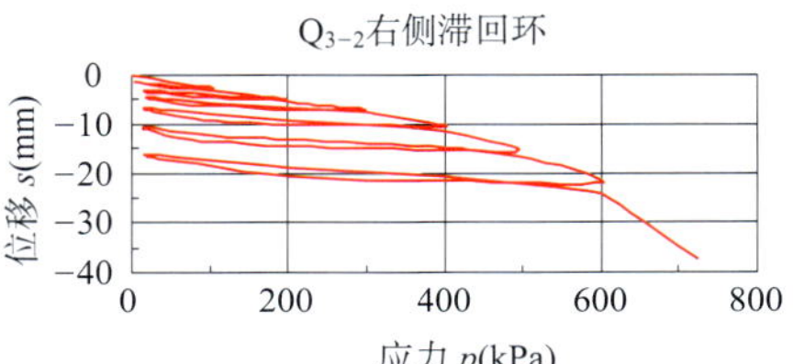

图 2-3-7　Q_3 黄土滞回曲线

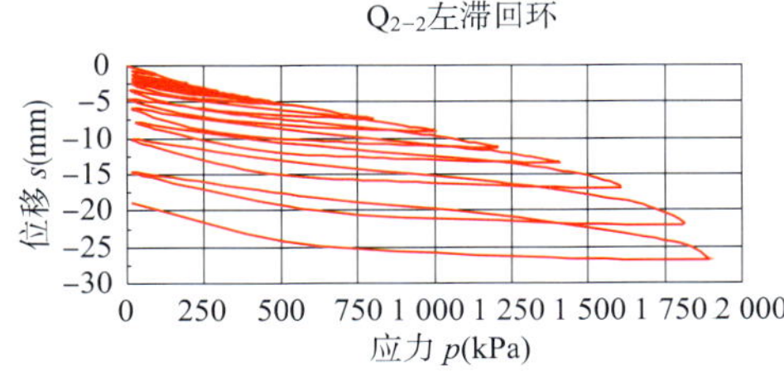

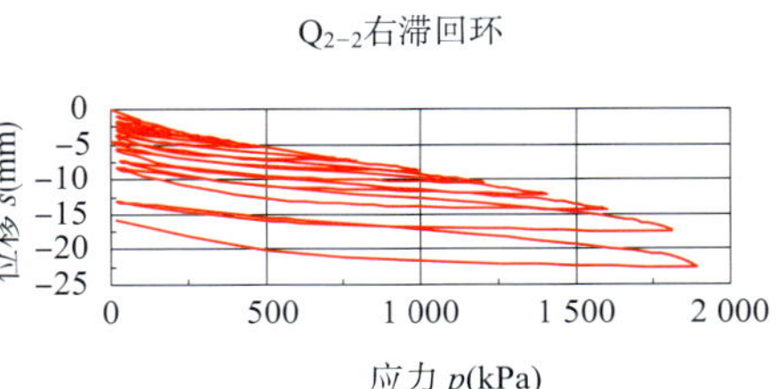

图 2-3-8　Q_2 黄土滞回曲线

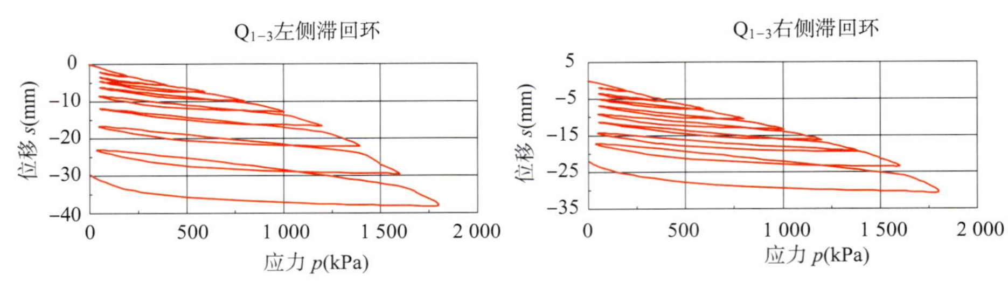

图 2-3-9　Q_1 黄土滞回曲线

表 2-3-4 为根据上述计算方法和试验数据得出的水平方向的计算参数建议值。从上述不同类型黄土载荷试验的结果看，新老黄土的差异是非常明显的，其承载力、变形模量和弹性抗力系数均差一倍左右，但 Q_2 黄土和 Q_1 黄土的差异较小，甚至 Q_2 黄土的变形性质及承载力略优于 Q_1 黄土。这可能与 Q_2 黄土的埋深大于 Q_1 黄土的埋深有关。

表 2-3-4　不同类型黄土载荷试验主要成果汇总

建议参数 \ 黄土类型	Q_3^{eol} 黏质黄土	Q_2^{eol} 黏质黄土	Q_1^{eol} 黏质黄土
极限承载力(kPa)	450	1 600	1 500
基本承载力(kPa)	250	800	750
比例界限压力(kPa)	300	900	1 000
变形模量(MPa)	13	28	30
弹性抗力系数(MPa/m)	55. 3	119. 9	126. 2
弹性模量(MPa)	50(σ_{sl} < 100 kPa) 100 ~ 150(σ_{sl} > 100 kPa)	50(σ_{sl} < 200 kPa) 100 ~ 150(σ_{sl} = 300 ~ 700 kPa) 170 ~ 210(σ_{sl} = 800 ~ 1 600 kPa) 250 ~ 330(σ_{sl} = 700 ~ 1 900 kPa)	50(σ_{sl} < 200 kPa) 100 ~ 150(σ_{sl} = 300 ~ 800 kPa) 230 ~ 320(σ_{sl} = 000 ~ 1 800 kPa)

注：σ_{sl}为应力水平。

2. 4　构造特征

2. 4. 1　黄土垂直节理发育特征

按孙广忠先生关于土体结构力学的思想，可将黄土在不同层次上的结构及其对黄土工程性质的影响概括为黄土的结构及构造具有级序性，大体上可分为微结构、显结构及宏观结构三级。黄土的湿陷性主要受微结构控制，如黄土的颗粒形态、颗粒排列形式、孔隙性质和颗粒接触关系等[22]。黄土体力学性质受肉眼可见的显结构控制，例如黄土的裂隙等。而黄土中的节理及喀斯特、地裂缝属于宏观显结构。如果将后两者统一称之为黄土节理或黄土结构面的话，那么，它才是控制黄土地基、边坡和地下工程破坏机制与稳定性的主要因素。

根据王景明教授的研究，黄土中的节理可分为黄土原生节理、黄土风化节理、黄土滑塌节理和湿陷节理、黄土卸荷节理和黄土构造节理等五种类型。其中，黄土构造节理和黄土原生节理遍布于黄土地层中，具有区域性特点。而风化节理、卸荷节理只展布在暴露于黄土沟谷陡崖表层几米厚之内的黄土中，范围较小。黄土的滑崩和湿陷节理分布区最小，是地方性的、局部性的，它们只局限在滑坡崩塌和湿陷区小小的范围内[23]。

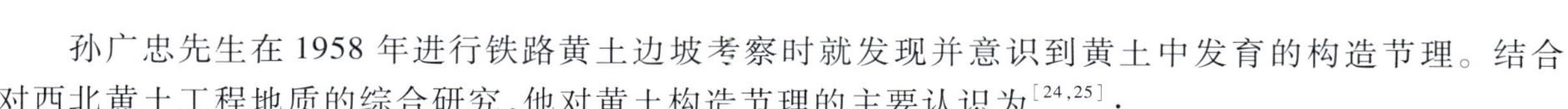

孙广忠先生在 1958 年进行铁路黄土边坡考察时就发现并意识到黄土中发育的构造节理。结合对西北黄土工程地质的综合研究，他对黄土构造节理的主要认识为[24,25]：

①西北黄土中的构造节理主要发育在老黄土中，新黄土中发育的主要是柱状节理，未发现构造节理，无论是新黄土中的柱状节理还是老黄土中的构造节理，都具有等间距分布的特征。

②老黄土中的构造节理既可以是直立产出，也可以是斜交产出，平面分布上则为"X"形，多呈成对出现，显扭性或压扭性。

③黄土的构造节理具有优势发育产状，例如，山西和陕西境内黄土节理主要有 N—S、E—W、NW—W 和 N—E 四组，控制着该区主要冲沟和地裂缝的方向，且不受地形的影响。

④黄土的冲沟分布极有规律，不仅具有优势分布的几组产状，而且是等间距分布的，其间距大约为 400 ~ 500 m。这种等间距分布的冲沟其实就是黄土构造节理形成的黄土喀斯特所致。

黄土原生节理的产状较为复杂，即有的与黄土分层层理垂直、有的近于平行、有的则斜交，其走向变化无常，又常常具有弯曲的面，从而构成不规则的复杂形状。黄土原生节理一般不切穿它所在的黄土分层，只局限于其中。黄土的构造节理则方向性很强，不受岩性和地形的控制(图 2-4-1)，一般上下贯穿黄土各分层，是水下渗的通道，成为地下洞穴、井、盲沟的构造基础。一般的，Q_1 午城黄土和 Q_2 离石黄土的构造节理面较平整、清晰，其特征与岩石的扭节理相近，间距多在 0. 8 m 以上，密度较稀，上下延伸切穿各分层多在 3 m 以上；Q_3 马兰黄土的扭节理其节理面不平似断口状，间距多在 0. 5 m 以下，较密集，上下延伸短多在 1 m 以内，行迹多在分层之内；Q_3 黄土状土扭节理则不清晰[23]。

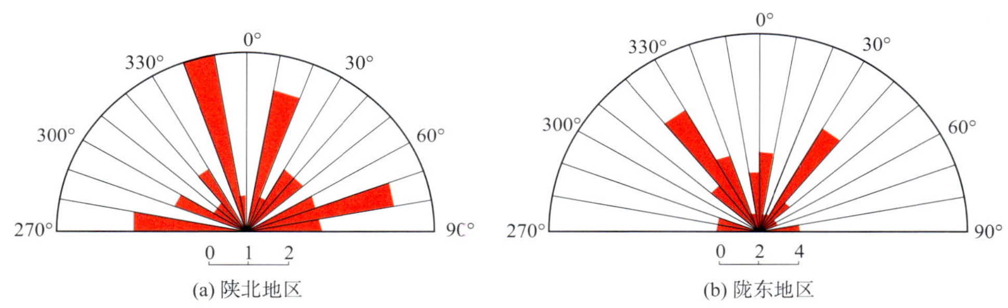

图 2-4-1　黄土构造节理走向玫瑰花图[23,26]

2.4.2　黄土结构和构造特征对强度的影响

T. A. Dijkstra 等分别采用现场直接剪切试验、室内直接剪切和环剪试验等方法，对比分析了离石黄土和午城黄土中原生节理对其强度特性的影响认为，黄土中的原生节理首先使得室内试验的试样具有较大的离散性[27]；其次，使得现场试验得到的强度较低。室内试验的试样因不受黄土原生节理的影响，故能较好地反映黄土的结构强度，而现场试验因试样尺寸较大，里面包含了较多黄土的原生节理，能更接近黄土的实际情况[8]。此外，黄土中原生节理的存在使得黄土在法向应力小于 200 kPa 时，其表观有效内摩擦角增大而有效黏聚力降低，但在超过 200 kPa 后，则其有效黏聚力和内摩擦角均与无节理和未扰动黄土的数值接近，如图 2-4-2 所示，在小于 200 kPa 时，黄土中不连续的原生节理的效应是很显著的[27]。

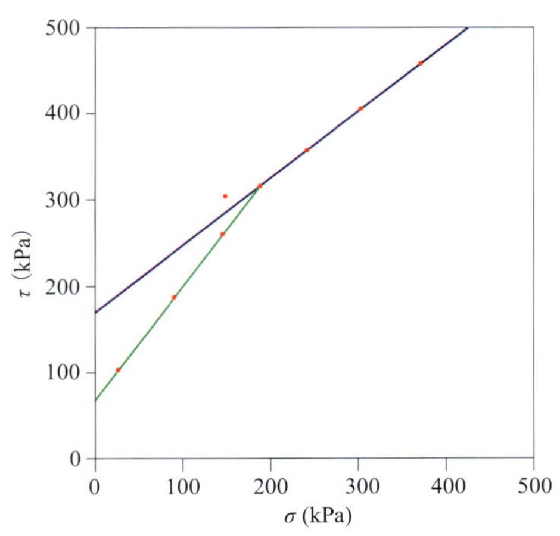

图 2-4-2　午城黄土的剪切应力与法向应力的关系[27]

黄土抗剪强度参数的双线性特征虽然早有人注意到[3]，但都是基于室内试验结果的，多半是从其微观结构和结构强度角度进行分析。但从黄土原生节理和结构强度的角度来说明产生这种特征，只有通过大尺寸直剪试验和室内试验的对比分析，结合黄土原生节理这一重要的地质特征来说明。只是这方面的资料太少。

对郑西高速铁路重塑黄土裂缝和重塑均质黄土的对比试验结果表明，黄土裂缝剪切强度基本接近黄土自身的残余强度。其中，研究用重塑土按干密度 1.55 g/cm^3、含水率 2% 制样，然后切开后合并进行黄土裂缝和均质黄土的力学性质试验。

直接剪切试验得到的不同法向压力时剪应力与剪应变关系如图 2-4-3。其中 wj 为重塑均质黄土，yj 为黄土裂缝。试验得出的强度参数如表 2-4-1 所示。从直剪试验求得的均质黄土平均黏聚力为 14.6 kPa，平均内摩擦角为 36.9°；黄土裂缝的平均黏聚力为 1.7 kPa，平均内摩擦角 35.9°。

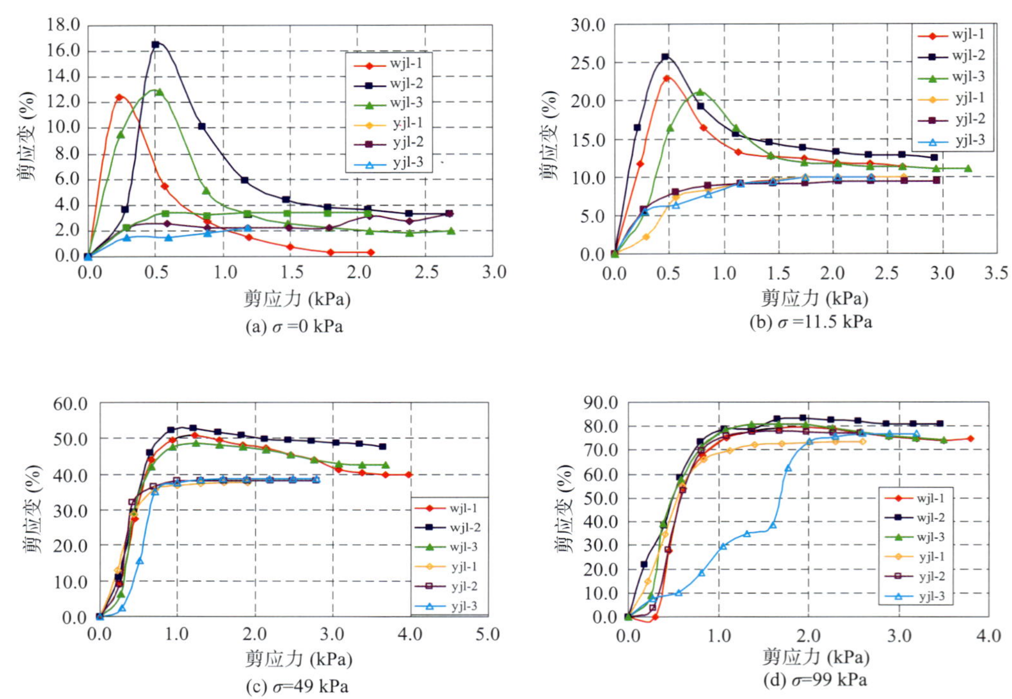

图 2-4-3　直剪试验应力应变关系曲线

表 2-4-1　裂隙黄土强度特征

介质类型	试样编号	黏聚力(kPa)	内摩擦角(°)
均质黄土	wjl-1	13.4	37.7
	wjl-2	16.7	36.3
	wjl-3	13.8	36.6
黄土裂缝	yjl-1	2.1	35.3
	yjl-2	1.8	35.8
	yjl-3	1.1	36.7

重塑均质黄土和重塑裂缝黄土三轴剪切试验的应力应变曲线如图 2-4-4，试验结果汇总如表 2-4-2。不同试验方法得出的黄土裂缝的强度都很低，其黏聚力不大于 5 kPa，由于千帕是一个很小的应力单位，可以认为黄土裂隙几乎没有黏聚力强度部分，主要是摩擦强度部分。均质黄土和黄土裂缝

用直剪试验方法得出的内摩擦角差值仅 1°，而用三轴剪切方法得出的相差 2.7°。

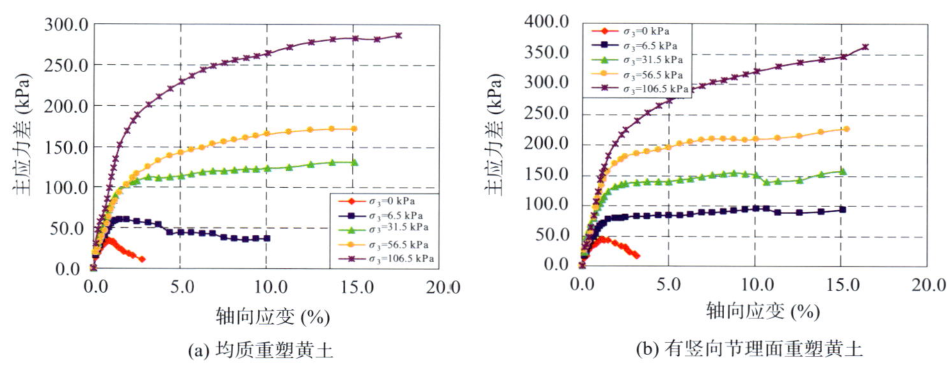

(a) 均质重塑黄土　　(b) 有竖向节理面重塑黄土

图 2-4-4　重塑黄土和有竖向重塑黄土三轴应力应变曲线

表 2-4-2　各围压下黄土的峰值抗压强度

参数		围压 σ_3(kPa)					黏聚力(kPa)	内摩擦角(°)
		0	6.5	31.5	56.5	106.5		
峰值强度(kPa)	均质黄土	48.6	99.2	186.3	273.7	457.5	12.8	33.4
	有裂缝黄土	32.0	74.0	152.0	228.1	394.2	3.6	30.7
强度损失比(%)		34.2	25.4	18.4	16.7	13.8	—	—

2.4.3　黄土力学性质的各向异性

表 2-4-3 和图 2-4-5 是兰州(七里河苃苃墩圵)黄河南岸三级台地黄土物性参数和无侧限抗压强度随深度的关系。由此可以看出，黄土的无侧限抗压强度随深度的增加有逐渐增大的趋势，但在 10 m 以内的深度内，波动性较大，增加趋势不明显，而超过 10 m 后增大的趋势较为显著。这可能与近地表的黄土易受外界条件扰动而较难以保持原生结构性的完整有关。同时，垂直向试样获取的无侧限抗压强度要大于水平向试样的无侧限抗压强度，垂直向和水平向无侧限抗压强度比值的平均值为 1.31，变异系数仅 0.08，且随深度没有明显的增加或降低趋势。

表 2-4-3　兰州黄土物性参数和无侧限抗压强度随深度的关系[3]

深度(m)	含水率(%)	密度(g/cm³)	无侧限抗压强度(kPa)			土对锥形探头的阻力 p_c(kPa)
			垂直方向 q_{uv}	水平方向 q_{uh}	q_{uv}/q_{uh}	
1.5	—	—	74	55	1.35	2050
2.0	7.3	1.39	59	51	1.16	2120
2.5	—	—	68	46	1.48	2060
3.0	8.6	1.40	59	45	1.31	1970
3.5	—	—	65	51	1.27	1970
4.0	7.5	1.41	65	54	1.20	2080
4.5	—	—	68	45	1.51	2250

续上表

深度(m)	含水率(%)	密度(g/cm^3)	无侧限抗压强度(kPa)			土对锥形探头的阻力 p_c(kPa)
			垂直方向 q_{uv}	水平方向 q_{uh}	q_{uv}/q_{uh}	
5.0	6.8	1.40	45	43	1.05	2210
5.5	—	—	51	41	1.24	2180
6.0	8.0	1.41	59	45	1.31	2130
6.5	—	—	57	48	1.19	2480
7.0	7.8	1.41	61	46	1.33	2590
7.5	—	—	63	46	1.37	2850
8.0	8.0	1.42	65	51	1.27	2910
8.5	—	—	66	48	1.38	3060
9.0	7.3	1.39	60	46	1.30	3230
9.5	—	—	59	47	1.26	3460
10.0	7.6	1.41	70	51	1.37	3490
10.5	—	—	80	59	1.36	3510
11.0	8.1	1.44	84	71	1.18	4010
11.5	—	—	88	64	1.38	4110
12.0	7.3	1.43	79	67	1.18	4820
12.5	—	—	96	67	1.43	5310
13.0	7.4	1.49	89	66	1.35	4740
13.5	—	—	100	71	1.41	4760

中铁西北研究院曾在南同蒲铁路辛置附近取样进行试验，结果表明，黄土在不同受压方向上的无侧限抗压强度，不分土层和成因，皆为垂直方向最大，45°方向次之，水平方向最小。陕西省交通设计院的试验结果，也得出了相同的结论，并得出了垂直方向的抗压强度约为其水平方向抗压强度的1.2倍[28]，这与前述兰州黄土的结果较为接近。

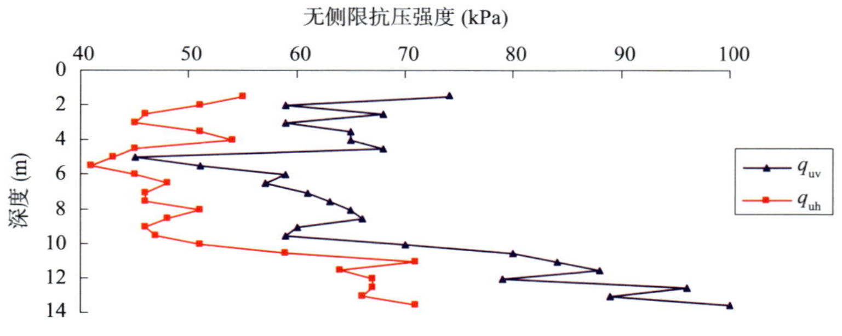

图 2-4-5　兰州黄土垂直和水平无侧限抗压强度随深度的关系

Dusan Milovic 利用无侧限抗压强度试验得到的黄土垂直向和水平向变形模量的比值则在1.30～1.60之间[29]。郑西高速铁路不同类型黄土的水平向与垂直向的变形特性差异明显，其垂直向的弹性抗力系数和变形模量约为其水平向相应值的2倍，如表2-4-4[30]所示。

表 2-4-4 郑西高速铁路黄土不同方向弹性抗力系数与变形模量建议值[30]

土层	埋深（m）	加载方向	弹性抗力系数（MPa/m）	变形模量（MPa）	主要物性参数					
					密度（g/cm^3）	含水率（%）	孔隙比	饱和度（%）	液限（%）	塑性指数
Q_3^{eol+al}	20～40	水平	40～60	15～20	1.55	9.8	0.910	29.1	21.9	7.3
		竖向	80～120	30～50						
Q_3^{eol}	10～30	水平	35～55	15～25	1.51	6.5	0.903	20.5	29.7	12.4
Q_2^{eol}	120～160	水平	70～100	30～40	1.92	15.0	0.615	68.8	29.7	12.7
		竖向	160～190	60～80						
Q_1^{eol}	90～120	水平	70～100	25～40	1.95	14.1	0.584	65.8	29.2	11.2

这种各向异性相比现场平板载荷试验得出的垂直和水平向变形模量相差 2 倍左右要小得多。一方面可能与黄土试样的差异性有关，但从另一个方面也可以揭示出黄土原生节理的影响。室内试验的试样直径大多在 10 mm 之内，而载荷板的尺寸则大得多，如本书现场载荷试验的载荷板直径为 564 mm，因此试验过程中受力部分的黄土所包含的原生节理和及其物性成分的差异性也增多，故垂直和水平向的差异性较大，而室内小试件一般在制样时有严格的密度和含水率控制标准，试样的性质更为均匀，包含原生节理的可能性也很小。

对郑西高速铁路三门峡段贺家庄隧道出口洞顶黄土水平向和垂直向力学特性的对比试验结果如表 2-4-5 所示，取样方法为开挖人工探坑取样，探坑深度 11 m，坑内侧壁刻取原状样，每米同一高度取样四块，共计完成探坑取样 80 块。其黄土基本物理性质如表 2-4-6 所示。

表 2-4-5 原状黄土湿陷性试验结果

土样编号	浸水前变形量 /0.01 mm	浸水后变形量 /0.01 mm	湿陷性系数	平均值
4-5 横	62.8	103.2	0.0202	0.019
2-3 横	72.6	109.8	0.0186	
1-4 横	186.6	219.0	0.0162	
1-4 横	110.6	148.2	0.0188	
1-3 横	48.4	94.0	0.0228	
1-2 横	51.2	88.3	0.0186	
1-3 竖	46.8	101.4	0.0273	0.026
1-3 竖	58.9	109.2	0.0252	
2-4 竖	75.2	115.3	0.0201	
2-4 竖	81.0	120.2	0.0196	
4-5 竖	147.2	204.2	0.0285	
1-2 竖	67.3	136.4	0.0346	

如表 2-4-7，原状黄土均具有湿陷性，黄土的竖向湿陷性系数平均值为 0.026，明显大于横向湿陷平均值 0.019，二者存在明显差异。而且试验中发现土体浸水后，在 60 s 左右湿陷变形立即开始增加，很快稳定下来。

表 2-4-6　原状黄土物理性质指标

土样深度(m)	含水率(%)	天然密度(g/cm^3)	干密度(g/cm^3)	液限(%)	塑限(%)	塑性指数	颗粒比重
1.0	16.3～17.1	1.55～1.70	1.33～1.45	28.8	18.7	10.1	2.706
2.0	15.2～16.4	1.49～1.56	1.33～1.37	27.8	19.8	8.0	2.695
3.0	9.4～16.9	1.53～1.58	1.39～1.41	28.4	20.2	8.2	2.696
4.0	8.9～12.7	1.47～1.64	1.34～1.43	28.1	20.3	7.8	2.694
5.0	16.2～17.8	1.49～1.61	1.30～1.39	30.7	18.1	12.6	2.718

从黄土直接剪切试验结果看，如表2-4-7两个方向的土体内摩擦角统计标准值相等，均为21.7°；而黏聚力二者有差异，横向黏聚力统计标准值为34.7 kPa，竖向黏聚力统计标准值为29.4 kPa，横向较竖向约大5.3 kPa。

此外，从土样剪切破坏位移来看，法向荷载在150 kPa及以下情况，对应峰值强度位移均小于1 mm，这有别于一般的粉土、粉质黏土，这些土的剪切破坏变形一般出现在2～4 mm左右，这说明贺家庄隧道洞顶黄土的结构性特点较为明显，由于该类黄土抗剪强度黏聚力值较一般土类小，说明其黏粒含量低，在剪切变形很小时，就可能发生剪切破坏。因此，在黄土隧道施工时，控制其初期变形量对于洞室围岩的稳定性至关重要。

表 2-4-7　直接剪切试验结果汇总

取土点	竖向抗剪强度		横向抗剪强度		天然密度(g/cm^3)	含水率(%)	干密度(g/cm^3)
	c(kPa)	φ(°)	c(kPa)	φ(°)			
1号坑5 m-1	35.7	24.4	41.4	25.5	1.52	16.3%	1.30
1号坑5 m-2	47.5	23.0	52.2	21.6	1.56	16.4%	1.34
1号坑5 m-3	47.0	22.7	47.7	22.3	1.56	16.3%	1.34
1号坑5 m-4	28.2	26.2	31.0	28.0	1.60	17.8%	1.36
2号坑5 m-1	40.4	21.1	40.0	22.9	1.58	17.1%	1.35
2号坑5 m-2	30.4	26.9	47.0	21.6	1.59	16.2%	1.37
2号坑5 m-3	40.9	20.6	40.4	24.2	1.59	16.6%	1.36
2号坑5 m-4	33.9	26.5	37.6	25.1	1.56	16.9%	1.34
1号坑4 m-1	28.2	24.7	34.8	22.9	1.51	10.5%	1.36
标准差	7.48	2.32	6.67	2.14	0.03	0.02	0.02
平均值	36.9	24.0	41.3	23.8	1.56	0.16	1.35
标准值	29.4	21.7	34.7	21.7	—	—	—

常规三轴试验采用天然含水率下不固结不排水快剪指标，按照总应力法分析。所得强度参数如表2-4-8和表2-4-9所示。从数据来看，与直剪结果较为一致，无论内摩擦角、黏聚力均是水平方向较大。但直剪试验的黏聚力明显高于三轴试验指标。原因是原状黄土在直剪试验过程中由于法向加载作用导致土体被压密，提高了黄土的自身强度，导致强度指标提高。

表 2-4-8　水平取样常规三轴试验结果

土样编号	切线法		中点法	
	c(kPa)	φ(°)	c(kPa)	φ(°)
1号-1 m-横向	24.5	23.2	22.5	21.5
1号-2 m-横向	22.3	24.4	20.3	22.4

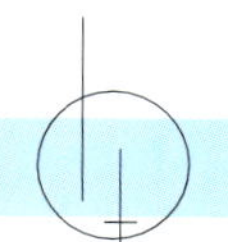

续上表

土样编号	切线法		中点法	
	c(kPa)	φ(°)	c(kPa)	φ(°)
1 号-3 m-横向	27.1	28.7	23.7	25.6
1 号-4 m-横向	32.0	26.7	28.6	24.2
3 号-1 m-横向	26.8	23.9	24.5	22.1
3 号-2 m-横向	34.5	28.2	30.4	25.3
3 号-3 m-横向	39.5	26.0	35.5	23.6
3 号-4 m-横向	22.3	27.9	19.7	25.1
3 号-5 m-横向	42.9	22.1	39.8	20.6
4 号-5 m-横向	15.0	29.9	13.0	26.5
统计个数	10	10	10	10
最大值	42.9	29.9	39.8	26.5
最小值	15.0	22.1	13.0	20.6
平均值	28.7	26.1	25.8	23.7
标准差	8.5	2.6	7.9	2.0
变异系数	0.30	0.10	0.31	0.08
标准值	23.7	24.6	21.2	22.6

表 2-4-9　竖向取样常规三轴试验结果

土样编号	切线法		中点法	
	c(kPa)	φ(°)	c(kPa)	φ(°)
1 号-1 m-竖向	5.6	21.0	5.2	19.7
1 号-2 m-竖向	27.6	23.5	25.3	21.7
1 号-3 m-竖向	29.9	29.3	26.0	26.1
1 号-4 m-竖向	23.3	27.2	20.7	24.5
3 号-1 m-竖向	22.6	24.0	20.6	22.1
3 号-2 m-竖向	36.4	24.7	33.0	22.7
3 号-3 m-竖向	38.4	27.0	34.3	24.4
3 号-4 m-竖向	36.2	26.4	32.5	24.0
3 号-5 m-竖向	47.9	25.8	43.1	23.5
4 号-5 m-竖向	29.9	28.5	26.3	25.5
统计个数	9	9	9	9
最大值	47.9	29.3	43.1	26.1
最小值	22.6	23.5	20.6	21.7
平均值	26.2	25.2	23.6	23.0
标准差	8.1	2.0	7.3	1.5
变异系数	0.31	0.08	0.31	0.06
标准值	21.2	24.0	19.0	22.1

压缩试验结果如表 2-4-10 所示。从压缩试验结果看，试验数据的离散性较大，水平方向压缩模量 $E_{1\sim2}$平均值在 6.83 MPa，竖直方向的压缩模量 $E_{1\sim2}$平均值在 5.82 MPa，横向压缩模量大于竖向的。两

个方向的压缩模量均不大，证明两个方向的土体孔隙比均较大。横向孔隙比在 0.94 ~ 1.02 之间，竖向孔隙比在 1.0 ~ 1.04，说明土体骨架不密实，受水后土体易发生湿陷变形，同时导致土体强度降低。

表 2-4-10　黄土压缩试验结果

土样编号	压缩模量 $E_{1\sim2}$(MPa)	平均值(MPa)
1-4 横	8.6	6.83
1-4 横	5.5	
1-4 横	5.8	
2-3 横	5.1	
2-3 横	7.2	
2-3 横	8.8	
1-3 竖	8.1	5.82
2-4 竖	3.4	
4-5 竖	5.8	
1-4 竖	5.8	
1-3 竖	6.2	
2-4 竖	5.6	

对上述几项水平向和垂直向对比试验的结果汇总如表 2-4-11 所示。从横向和水平向主要力学参数的比值看，除了湿陷系数和直剪试验的内摩擦角之外，其余参数如压缩模量、黏聚力和内摩擦角均小于 1，说明黄土垂直方向的力学强度和变形特性均低于其水平方向。但湿陷性却是垂直方向大很多，这显然与黄土风成沉积的成因及位于地表浅表层的堆积环境有关，也恰好体现了黄土作为特殊性土，除了湿陷性、结构性和垂直节理发育之外的另一个典型特征，即力学性质的各向异性。但这里给出的仅仅是新黄土的试验结果，老黄土力学性质的各向异性还有待于进一步研究。

表 2-4-11　物理和变形参数试验结果统计值汇总

类　别	湿陷系数	压缩模量(MPa)	三轴试验		直剪试验	
			c(kPa)	φ(°)	c(kPa)	φ(°)
水平方向	0.019	6.83	23.7	24.6	34.7	21.7
竖直方向	0.026	5.82	21.2	24.0	29.4	21.7
竖向/水平	1.368	0.852	0.895	0.976	0.847	1.00

2.4.4　黄土构造特征对隧道稳定性的影响

对于黄土隧道而言，除了浅埋地段和隧道进出口段可能受黄土风化节理、滑塌节理、湿陷节理和卸荷节理的影响之外，对大多数深埋段黄土隧道，黄土原生节理和构造节理因其发育和分布较为普遍，主要受黄土原生节理和构造节理的影响，而具有比其他类型节理更重要的工程实践意义。

对于浅埋黄土隧道及其洞口段，由于已有的原生节理及卸荷节理等，再加上施工开挖产生的隧道周边裂隙及地表沉降裂缝，将成为地表水下渗的通道，使得水流在隧道围岩中的不透水或弱透水界面处如黄土与泥岩交界面处汇集[31]，形成局部的饱和黄土区，导致黄土围岩软化，强度大幅度下降乃至丧失并形成局部的地下水压力，从而对隧道衬砌形成较大的附加应力和集中荷载，导致黄土隧道衬砌的开裂。这不仅会影响隧道安全施工和围岩稳定性，也将会形成运营阶段的隧道病害，例如连霍国道主干线土家湾隧道进口段[32]。

对于深埋黄土隧道，黄土的构造斜节理、层面、垂直节理等软弱结构面，在地下洞室开挖后，尤其在大跨度洞室或隧道中，可能切割土体面在洞室周边形成不稳定结构体，造成衬砌的集中荷载（模筑

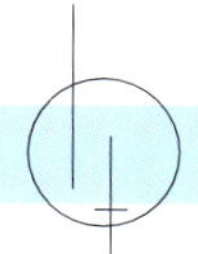

衬砌)或局部应力集中(喷混凝土初期支护),从而使得初期支护产生裂缝,如山西万家寨引黄工程隧洞、神延铁路七楞山隧道、羊马河隧道、关路坡隧道、翅膀沟隧道等[31]。严重时甚至可能导致隧道的坍塌等[23,24]。因此,从工程设计和施工角度,黄土隧道应尽量采取能减少围岩扰动的施工方式,并做好防排水措施,特别是对洞口段及浅埋段地表裂缝的及时处理和洞内地下水的防治。

参考文献

[1]工程地质手册编写委员会. 工程地质手册[M]. 4 版. 北京:中国建筑工业出版社,2007.

[2]刘祖典. 黄土力学与工程[M]. 西安:陕西科学技术出版社,1997.

[3]中国科学院土木建筑研究所土力学研究室. 黄土基本性质的研究[M]. 北京:科学出版社,1961.

[4]钱鸿缙,王继堂,罗宇生,等. 湿陷性黄土地基[M]. 北京:中国建筑工业出版社,1985.

[5]凌荣华,韩贝传,曲永新. 大跨度深埋黄土隧洞的开挖效应研究[J]. 工程地质学报,1996,4(3):65-70.

[6]冯连昌,郑晏武. 中国湿陷性黄土[M]. 北京:中国铁道出版社,1982.

[7]交通部第一铁路设计院. 铁路工程地质手册[M]. 北京:人民交通出版社,1975.

[8]T. A. Dijkstra. Geotechnical thresholds in the Lanzhou loess of China[J]. Quaternary International, 2001,76(77):21-28.

[9]何红前,陈志新,叶万军,等. 黄土高边坡变形破坏的基本形式及其机理分析[J]. 西部探矿工程,2005,11:109-111.

[10]邢义川,骆亚生,李振. 黄土的断裂破坏强度[J]. 水力发电学报,1999,4:36-44.

[11]党进谦,郝月清,李靖. 非饱和黄土抗拉强度的研究[J]. 河海大学学报,2001,29(6):106-108.

[12]党进谦,李靖,张伯平. 黄土单轴拉裂特性的研究[J]. 水力发电学报,2001,4:44-48。

[13]吴炳琨. 吴炳琨土力学与基础工程论文选集[M]. 北京:中国铁道出版社,1998.

[14]陈仲颐,周景星,王洪瑾. 土力学[M]. 北京:清华大学出版社,1994.

[15]谢定义. 试论我国黄土力学研究中的若干新趋向[J]. 岩土工程学报,2001,23(1):3-13.

[16]Tan Tjong Kie. Fundamental properties of loess from Northwestern China[J]. Engineering Geology, 1988,25:103-122.

[17]谢星,赵法锁,王艳婷,等. 结构性 Q_2,Q_3 黄土的力学特性对比研究[J]. 西安科技大学学报,2006,26(4):451-455,468.

[18]屈智炯. 土的塑性力学[M]. 成都:成都科技大学出版社,1987.

[19]谢定义. 黄土力学特性与应用研究的过去、现在与未来[J]. 地下空间,1999,19(4):273-284.

[20]唐贤强,谢瑛,谢树彬,等. 地基工程原位测试技术[M]. 北京:中国铁道出版社,1993.

[21]中华人民共和国铁道部. TB 10041—2003　铁路工程地质原位测试规程[S]. 北京:中国铁道出版社,2003.

[22]胡瑞林. 粘性土微结构定量模型及其工程地质特征研究[M]. 北京:地质出版社,1995.

[23]王景明. 黄土构造节理的理论及其应用[M]. 北京:中国水利水电出版社,1996.

[24]孙广忠. 孙广忠地质工程文选[M]. 北京:兵器工业出版社,1997.

[25]孙广忠,孙毅. 地质工程学原理[M]. 北京:地质出版社,2004.

[26]姜海波,苏生瑞,倪万魁. 陕北地区黄土节理对公路边坡稳定性的影响[J]. 工程地质学报,14(3):360-364.

[27]T. A. Dijkstra, C. D. F. Rogers, I. J. Smalley, et al. The loess of north-central China: Geotechnical properties and their relation to slope stability[J]. Engineering Geology,1994,36:153-171.

[28]乔平定,李增均. 黄土地区工程地质[M]. 北京:水利电力出版社,1990.

[29]Dusan Milovic. Stress deformation properties of macroporous loess soils[J]. Engineering Geology, 1988,25:283-302.

[30]方钱宝,马建林,喻渝,等. 大断面黄土隧道围岩弹性抗力系数、变形模量与压缩模量试验研究[J]. 岩石力学与工程学报,2009,28(增 2):3932-3937.

[31]王亚琼,谢永利,晏长根. 黄土公路隧道病害治理实例研究[J]. 工程地质学报,2008,16(4):557-562.

[32]吉武军. 黄土隧道工程问题调查分析[J]. 岩土力学,2009,30(增 2):387-390.

第 3 章　黄土隧道围岩分级

本章在郑西高速铁路黄土隧道围岩物理力学参数统计分析的基础上,考虑影响黄土围岩力学性质和稳定性的主要影响因素,提出黄土隧道围岩分级的方案,并给出相应的分级建议参数值,为相关的理论研究和工程设计及施工实践提供参考。

3.1　影响黄土隧道稳定的因素

我国在多年的黄土隧道建设过程中,积累了相当丰富的工程实践经验。对黄土隧道围岩稳定性影响方面,主要有以下几个方面的认识:

(1)在黄土地层自下而上的 Q_1、Q_2、Q_3、Q_4 变化中,Q_1 黄土因其土质密实,埋藏深,对一般隧道而言,稳定性较好;Q_4 黄土因其土质疏松,强度低,具湿陷性,故修建隧道出现的问题较复杂;而 Q_2 和 Q_3 黄土,不仅有一定深度,而且分布广,厚度大,土质较密,湿度较低,强度较高,湿陷性较低,它是黄土洞室埋置的主要地层。对黄土隧道洞口段或浅埋段,则须分特殊情况处理。

(2)地层年代对黄土工程性质影响明显。已建成隧道的实践证明,在 Q_1、Q_2 地层中修建的黄土隧道,稳定性较好。Q_4、Q_3 黄土土体疏松、大孔隙发育、柱状节理发育、渗透性强,对洞身影响较大,施工中易出现塌方、变形、地表开裂等现象。

(3)黄土的含水率对隧道的稳定性影响显著。在隧道勘察中应十分注意洞身黄土地层的含水情况及水文地质条件的细微变化。在对黄土隧道围岩进行分级时,应考虑含水率的影响。

(4)人为活动影响在黄土地区十分明显。窑洞、水窖、淘沙洞等是黄土地区常见的人为坑洞,应查明其开挖特点、分布及对隧道洞口、洞身的影响程度,并采取针对性措施[1,2]。

(5)表 3-1-1 和 3-1-2 分别是 20 世纪 70 年代后期建筑和铁道部门提出有关黄土围岩分类表[3,4]。从这两个表给出的不同类型黄土的参数来看,其方法和参数范围及平均值大致相近。从主要参数量值范围看,含水率、黏聚力和内摩擦角的数值存在交叉现象,即类别较低的黄土也可能具有类别较高的黄土的参数值,而干密度、强度比例极限、变形模量和无侧限抗压强度则界限范围很清楚,不存在交叉现象。结合前面有关讨论可知,黄土的含水率与其强度参数具有更密切的关系,而干密度则与其变形特征相关。表 3-1-1 和表 3-1-2 的分类较为客观和准确地反映了影响黄土围岩稳定的主要的内因:黄土的天然含水率及其干密度。

3.2　分级指标体系

岩土的分类或分级可从不同的角度选取不同的参数进行,例如成因、矿物成分、密度、粒径、孔隙率、渗透性、波速特性、风化程度等,但当这种分类或分级针对特定的岩土力学与工程问题时,则必须以其强度或模量为基础进行,以表示其稳定性或变形程度。划分在同一级的岩土体必须具有类似的工程特性,并能为工程设计提供准确的技术参数。

从黄土分级方法看,为了有效地应用岩土分级的成果,分级方法必须简便、易于理解和便于使用。

从分级参数的选取而言,对岩土而言,只有那些固有的、有显著影响的参数才可考虑作为分级的

表 3-1-1　黄土围岩分类[3]

特征 / 分类	工程地质特征			物理力学性质									毛洞围岩稳定情况
	地　貌	地　层	构　造	含水率（%）	干密度（g/cm^3）	黏聚力（kPa）	内摩擦角（°）	无侧限抗压强度（kPa）	强度比例极限（kPa）	变形模量（MPa）	侧压力系数	湿陷性	
甲类黄土	一般出露在沟底基岩之上。沟壁陡峭，一般大于45°～70°	一般为老黄土下部（Q_2^1）	一般夹有数层至十来层古土壤，下部钙质结核密集成层，层位比较复杂，节理多	17～24① 20②	1.45～1.66 1.57	49～160 90	24.8～33.4 30.1	270～650 460	1 000～1 700	60～130	0.21～0.31	无	埋深≤10 m，毛洞稳定时间较长；进深小于4 m，可暂时稳定
乙类黄土	一般出露在沟壁，有少量潜蚀溶洞，沟壁较陡，一般大于30°～45°	一般为老黄土上部（Q_2^2）	一般夹有数层古土壤，钙质结核一般不成层，层间较疏，层位稳定，节理较多	11～22 18	1.34～1.59 1.47	35～85 62	22.8～31.6 26.3	130～230 180	400～700	30～60	0.30～0.36	轻微～无	埋深≤10 m，毛跨≤3 m时，毛洞稳定时间较长；毛跨为6 m，进深小于3 m，可暂时稳定
丙类黄土	一般出露地表，常见潜蚀溶洞，沟壁较缓	一般为新黄土（Q_3）	一般无层理，节理少	10～20 16	1.16～1.36 1.26	21～27 24	26.7～31.5 28.5	10～160 100	100～300	5～20		一般～强烈	埋深≤10 m，毛跨≤3 m时，毛洞稳定时间较长；毛跨小于4 m，进深小于2 m，可暂时稳定

注：表中数据分别为范围（如①）和平均值（如②）。

表 3-1-2　黄土洞室的工程地质类型[4]

类别	地质特征			物理力学性质										
	地　貌	地　层	构　造	含水率（%）		干密度（g/cm^3）		黏聚力（kPa）		内摩擦角（°）		强度比例极限（kPa）	变形模量（MPa）	湿陷性
				一　般	平　均	一　般	平　均	一　般	平　均	一　般	平　均			
甲类黄土	一般出露在沟底基岩之上。沟壁陡峭，几乎直立	Q_1 及 Q_2 老黄土下部	夹有数层至多层古土壤，下部钙质结核密集成层，层位比较复杂，节理多	17～24	21	1.45～1.65	1.54	49～160	99	21.8～33.1	27.4	>800	>70	无
乙类黄土	一般出露在沟壁，有少量潜蚀溶洞，沟壁陡峭	Q_2 老黄土上部	夹有数层古土壤和钙质结核层，层间较疏，层位比较稳定，节理较多	11～22	17	1.34～1.59	1.46	40～85	64	21.6～29.0	24.8	400～700	30～60	轻微～无
丙类黄土	出露地表，常见潜蚀溶洞，沟壁较缓	Q_3 新黄土	无层理，节理少	10～19	16	1.18～1.36	1.26	21～27	24	27.3～31.5	28.5	100～250	5～20	一般～强烈

指标，这些指标也是对其工程特性具有最大影响的，且参数各自独立。同时，参数能够易于测取且能反映岩土的强度和模量。

从分级参数获取的方法看，岩土的分级必须在其最简单的状态下进行，换言之，是在无围压的条件下获取。而初始应力、地下水等其他环境因素的影响可在进行岩土稳定性分析时适当考虑[5]。

针对特定的工程问题，其主要物理力学参数的获取及统计分析应以国家或行业当前规范为准，以适应当前的勘察设计和施工技术水平，并便于为设计和施工技术人员较为容易地理解和掌握。

如前所述，黄土工程性质与黄土的地质时代、塑性指数和黄土的含水率影响最为敏感。而黄土的节理中只有原生节理和构造节理具有普遍意义。其中，原生节理只出现在新黄土的浅表部，而老黄土中则以构造节理为主。显然，距离地表越近，黄土的含水率和原生结构就越容易受外部环境的影响而产生变化，这种变化的黄土层可称为“活动层”，其下部则为含水率及其结构等不受环境条件影响的“静止层”[6]。从这个角度看，黄土的埋深对其物理力学参数及其节理的发育都具有重要影响。

3.2.1 形成年代对黄土分级的影响

不同形成年代的黄土，其表现出不同的野外特征和工程特征，如表 3-2-1 所示，与黄土隧道围岩的分级有着直接的影响。

表 3-2-1 不同地质时代黄土的特征[7]

地层及时代					颜 色	土层特征及包含物	古土壤层	沉积环境	开 挖
全新统 Q_4	近期 Q_4^2	新近堆积黄土		新黄土	浅褐至深褐色，或黄至黄褐色	土质松软不均，多虫孔，最大孔径 0.5～2 cm，孔壁分布较多虫屎，多植物根孔，孔壁常有白色粉末状碳酸盐结晶，在深色土中呈菌丝状或条纹状，含少量小砾石、钙质结合，有时有砖瓦碎块及朽木等人类活动遗物	无	河漫滩低级阶地，山间洼地的表面，黄土塬、梁、峁的坡脚、洪积扇或山前坡积地带，老河道及已填塞的沟槽、洼地的上部	锹挖极为容易，进度很快
全新统 Q_4	早期 Q_4^1		一般湿陷性黄土	新黄土	褐黄至黄褐色	具有大孔隙、虫孔及植物根孔，含少量小的钙质结核，小砾石，有时有人类活动遗物，土质较均匀，稍密至中密	无	河流的低阶地和高阶地的上部，Q_4^2 的下部	锹挖容易，但进度稍慢
上更新统 Q_3		马兰黄土	一般湿陷性黄土	新黄土	浅黄、灰黄及黄褐色	土质均匀，大孔隙发育，具垂直节理，有虫孔及植物根孔，易产生天桥及陷穴，有少量小的钙质结核，呈零星分布，稍密至中密	底部有一层古土壤，作为与 Q_2 黄土的分界	较高的河岸阶地，塬坡、梁峁的上部，以及黄土高原与河谷平原的过渡地带，下为 Q_2 黄土	锹、镐开挖不困难
中更新统 Q_2		离石黄土		老黄土	深黄、棕黄及微红	有少量大孔隙，土质紧密，具柱状节理，抗侵蚀力强，土质较均匀，不见层理，上部钙质结核少而小，古土壤层下钙质结核粒径为 5～20 cm，且成层分布，或成钙质胶结层，下部有砂砾及小石子分布	有数层至十余层古土壤，上部间距 2～4 m，下部 1～2 m，每层厚约 1 m	常出露于山西高原，豫西山前高地，渭北高原，陕甘和陇西高原的梁峁丘陵地形深切冲沟的两侧，上覆 Q_3，下伏 Q_1 黄土或第三系红黏土或砂砾层	锹、镐开挖困难
早更新统 Q_1		午城黄土		老黄土	微红及棕红等	无大孔隙，土质紧密至坚硬，颗粒均匀，柱状节理发育，不见层理，钙质结核含量较 Q_2 内少，成层或零星分布于土层内，粒径 1～3 cm，有时夹砂及砾石等粗粒土夹层	古土壤层不多，呈棕红及褐红色	位于 Q_2 黄土之下，其底部与第三系红黏土或砂砾层接触	锹、镐开挖很困难

3.2.2 含水率对力学性质的影响

郑西高速铁路所有黄土隧道围岩物理力学参数的统计回归分析表明：老黄土通常埋置深度较新黄土大，其饱和度也远大于新黄土。从实测数据组成看，Q_2 黄土的数据量接近 90%，其饱和度平均超过 85%，且以黏质黄土居多。所以可以近似认为老黄土的饱和度接近 100%，表现出饱和土的性质，因此，变形时饱和度的变化不大，压缩变形时仅引起含水率的变化，进而直接引起密度的变化。因此，

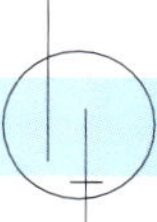

变形参数与密度关系最为密切。强度参数则与塑性指数和液性指数有关,即与其弱结合水含量和物理状态有关。

对于新黄土,其平均饱和度不足 35% ,大多属于非饱和黄土,样本中以 Q_3 砂质黄土居多。在压缩变形过程中,含水率变化不明显,但孔隙比和饱和度的变化却很显著,因此,变形参数与孔隙比关系密切。而对于强度参数,不仅液性指数即物理状态有影响,并且与土体呈塑性变形性质的最大含水率有关。

在与黄土力学性质密切相关的物理性质参数中,含水率、饱和度、塑性指数和液性指数等是较为敏感的指标。饱和度变化的临界值(从非饱和土到饱和土的 100%)是黄土力学性质变化的临界值之一,物理状态变化的临界值也是其力学性质变化的临界值之一,直接影响这两个参数变化的最直接、最活泼的因素是含水率。而在黄土物理力学性质的所有参数中,较易于获得的参数也恰是含水率。因此,通过实测数据的回归统计确定这些临界值所对应的含水率是进行黄土分级的关键。表 3-2-2 分别是对老黄土和新黄土的实测数据按照地质年代和砂质($I_P \leqslant 10$)、黏质($I_P > 10$)进行线性回归的结果。

表 3-2-2　郑西高速铁路黄土饱和度和液性指数与含水率的关系

黄土类型		回归方程	相关系数	界限含水率	样本容量	相关系数起码值
Q_1	全　部	$S_r = 5.5183w - 19.53$	0.8917	$w_{S_r=100\%} = 21.66\%$	42	0.304
		$I_L = 0.0987w - 1.7651$	0.9538	$w_{I_L=0} = 17.88\%$;$w_{I_L=1} = 28.02\%$		
	黏　质	$S_r = 5.8991w - 21.127$	0.9361	$w_{S_r=100\%} = 20.53\%$	15	0.514
		$I_L = 0.0795w - 1.4572$	0.9754	$w_{I_L=0} = 18.33\%$;$w_{I_L=1} = 30.91\%$		
	砂　质	$S_r = 5.1474w - 16.491$	0.8656	$w_{S_r=100\%} = 22.63\%$	27	0.381
		$I_L = 0.1129w - 1.9797$	0.9650	$w_{I_L=0} = 17.53\%$;$w_{I_L=1} = 26.39\%$		
Q_2	全　部	$S_r = 2.8388w + 26.432$	0.7534	$w_{S_r=100\%} = 25.92\%$	366	0.113
		$I_L = 0.0728w - 1.3427$	0.8918	$w_{I_L=0} = 18.44\%$;$w_{I_L=1} = 32.18\%$		
	黏　质	$S_r = 2.9249w + 25.02$	0.7588	$w_{S_r=100\%} = 25.64\%$	330	0.113
		$I_L = 0.0697w - 1.2856$	0.8115	$w_{I_L=0} = 18.44\%$;$w_{I_L=1} = 32.79\%$		
	砂　质	$S_r = 2.8606w + 24.015$	0.7884	$w_{S_r=100\%} = 25.56\%$	32	0.349
		$I_L = 0.0868w - 1.5704$	0.9589	$w_{I_L=0} = 18.09\%$;$w_{I_L=1} = 29.61\%$		
Q_3	全　部	$S_r = 3.071w - 0.2337$	0.8861	$w_{S_r=100\%} = 32.64\%$	601	0.098
		$I_L = 0.1093w - 1.8959$	0.9682	$w_{I_L=0} = 17.35\%$;$w_{I_L=1} = 26.49\%$		
	黏　质	$S_r = 3.0039w + 0.1579$	0.8250	$w_{S_r=100\%} = 33.34\%$	111	0.195
		$I_L = 0.0953w - 1.7211$	0.9679	$w_{I_L=0} = 18.06\%$;$w_{I_L=1} = 28.55\%$		
	砂　质	$S_r = 3.0777w + 0.2558$	0.8920	$w_{S_r=100\%} = 32.57\%$	496	0.098
		$I_L = 0.1104w - 1.9111$	0.9690	$w_{I_L=0} = 17.31\%$;$w_{I_L=1} = 26.37\%$		

注:相关系数及其起码值为相应于5% 置信度的起码值。

由表 3-2-2 中的计算结果可知:对于 Q_1 黄土,其饱和含水率约为 22% ~ 23% ,脆塑性转折点的界限含水率即固态进入可塑态的界限含水率约为 18% ,进入流塑态的界限含水率为 26% ~ 32% 。对于 Q_2 黄土,其饱和含水率约为 25% ~ 26% ,脆塑性转折点的界限含水率约为 18% ,进入流塑态的界限含水率为 29% ~ 33% 。对于 Q_3 黄土,其饱和含水率约为 33% ,脆塑性转折点的界限含水率约为 17% ~ 18% ,进入流塑态的界限含水率为 26% ~ 29% 。

总体而言,对老黄土,脆塑性转折点的界限含水率基本接近,相当于 18% 左右,并且其液限含水率或从塑态进入流塑态的界限含水率远大于其饱和含水率,说明在进入饱和状态后仍然处于塑态而未进入流塑状态,原因就在于老黄土的固结程度高,孔隙比较小,故饱和度高,结构性强。因此对老黄土，分级时选择的界限含水率应分别是脆塑性转折点含水率和饱和含水率。

对新黄土，与老黄土恰好相反，即饱和含水率远大于其液限含水率或从塑态进入流塑态的界限含水率，说明新黄土在远未达到饱和状态时就已经进入流塑状态，这与其孔隙比高，饱和度小和固结程度低有关。故而对新黄土，分级时选择的界限含水率应分别是脆塑性转折点含水率和液限含水率。

上述认识也从另一个侧面间接反映了新老黄土的变形和强度性质与物性参数之间不同的相关关系。说明对于老黄土和新黄土，其力学性质随物理性质的变化具有不同的特征，应分别选择不同的特征参数。

我国黄土含水率的变化范围在 3.3% ~ 40% 之间，相比于其他类型特殊土则明显偏低。表3-2-3是对我国黄土的含水率与饱和度和稠度状态的对比关系表[8]，可见，表 3-2-2 中郑西高速铁路黄土围岩的界限含水率与表 3-2-3 中的界限值较为接近。

表 3-2-3　黄土含水率与饱和度和稠度状态对比关系表[8]

天然含水率 w(%)		分　类		饱和度 S_r(%)	稠度状态
$w<18$		含水率很低		<65	坚　硬
$18<w<22$		低含水率		—	硬　塑
$22<w<w_L$	$22<w<25$	中等含水率	中低含水率	65 ~ 75	可　塑
	$25<w<w_L$		中高含水率	>75	软 可 塑
$w \geq w_L$		高含水率		>80	流　塑

注：本表主要适用于 Q_4 ~ Q_3 新黄土，Q_2^2 及其以前老黄土可参考使用。

3.2.3　埋深对物性参数的影响

以下讨论的埋深对黄土物性参数的影响主要是基于郑西线黄土的实测结果。图 3-2-1 分别为 Q_3 黄土的密度、含水率、孔隙比和饱和度随深度的变化关系（数据点为 60 个），各图中三角形数据点代表每 10 m 范围的平均值，其回归方程均是平均值的最佳拟合方程。可见，虽然这些物理参数的实测值离散性很大，某些深度处的数据点较少，但其不同深度处平均值随埋深的变化关系却具有很强的规律性（除了含水率的相关性稍差外）。密度、含水率和饱和度均随深度的增加而增加，而孔隙比则随深度的增加而降低。

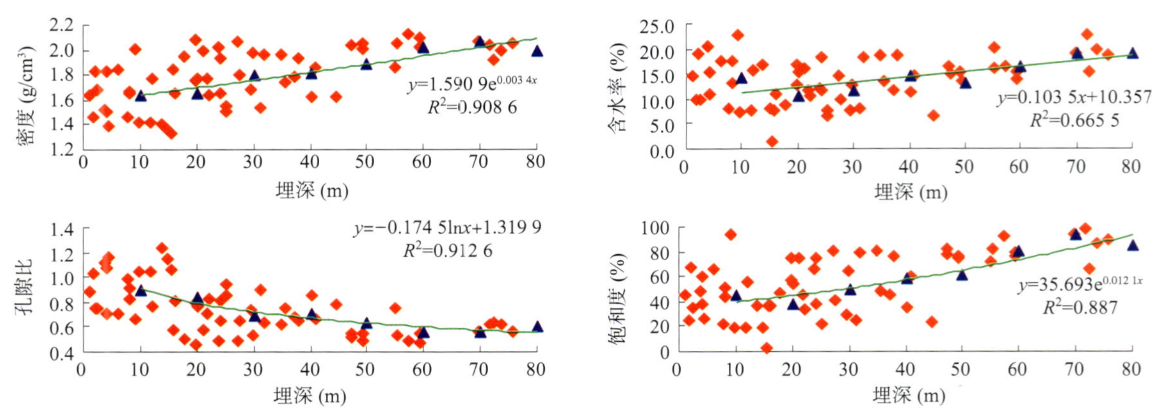

图 3-2-1　Q_3 黄土物性参数随埋深变化（三角形数据点为每 10 m 深度的平均值，下同）

图 3-2-2 是 Q_1 和 Q_2 老黄土的物性参数随深度的变化关系，其数据点为 127 个，其中 Q_1 黄土数据点 33 个。其变化趋势与上述 Q_3 黄土的类似，孔隙比的相关性稍差。

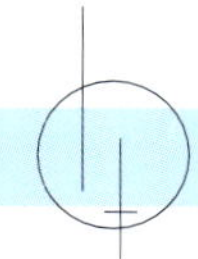

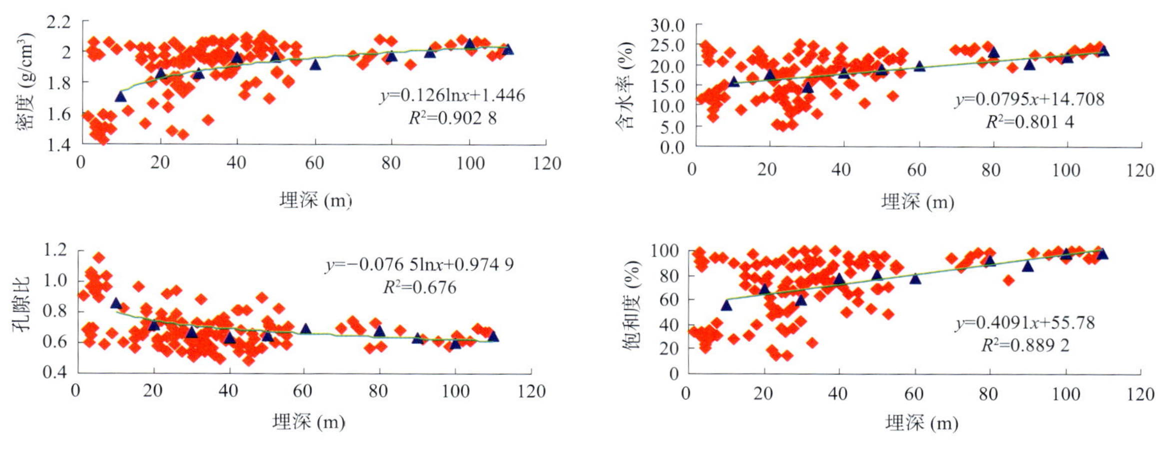

图 3-2-2　Q_1 和 Q_2 黄土物性参数随埋深变化

图 3-2-3 为 Q_3 黄土不同深度处物性参数的归一化平均值与埋深的关系，其中横轴为埋深(m)，纵轴为各自参数的平均值与该参数最大平均值的比值(%)，即 $x_i/\max(x_i)$。可见，40 m 深度处以下，含水率、密度和饱和度分别大于各自最大值的 70%、88% 和 63%，而孔隙比则小于其最大值的 78%。结合图 3-2-1 的数据可知，40 m 以后的 Q_3 黄土的含水率大多在 15% 以上，密度大多在1. 80 g/cm³以上，而孔隙比大多在 0. 6 以下，相应的饱和度也基本在 80% 以上，属于饱和土范围。

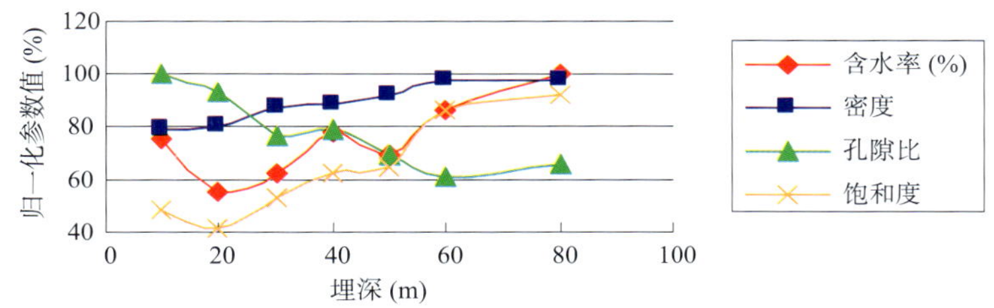

图 3-2-3　Q_3 黄土不同深度处物性参数的归一化平均值与埋深的关系

图 3-2-4 是 Q_3 黄土不同深度范围内物性参数的变异系数随深度的变化关系，可见，在 40 m 以下，除饱和度外，密度、含水率和孔隙比的变异系数均小于 0. 3，说明其物性参数的离散性较小，性质趋于稳定，变化也较小。

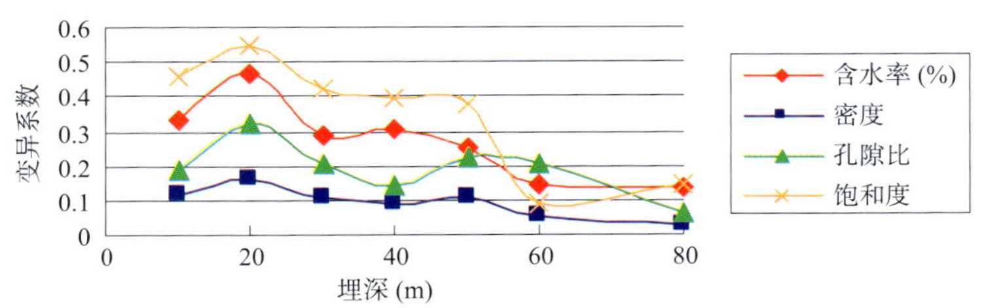

图 3-2-4　Q_3 黄土不同深度处物性参数的变异系数与埋深的关系

图 3-2-5 是 Q_1 和 Q_2 黄土归一化物性参数平均值随深度的变化关系。可见，在 30 m 之后，密度的平均值大于其最大值的 90%，含水率和饱和度均大于其最大值的 60%~70%，孔隙比则小于其最大值的 80%。而从实测值看(图 3-2-2)，在 30 m 以后，其含水率基本在 15% 以上；密度大多在1. 90 g/cm³ 以上，孔隙比在 30 m 以后大多在 0. 6 以下，而饱和度则大多接近或超过 80%。

图 3-2-6 是老黄土在不同深度范围内物性参数的变异系数随深度的变化关系，可见，在约 30 m

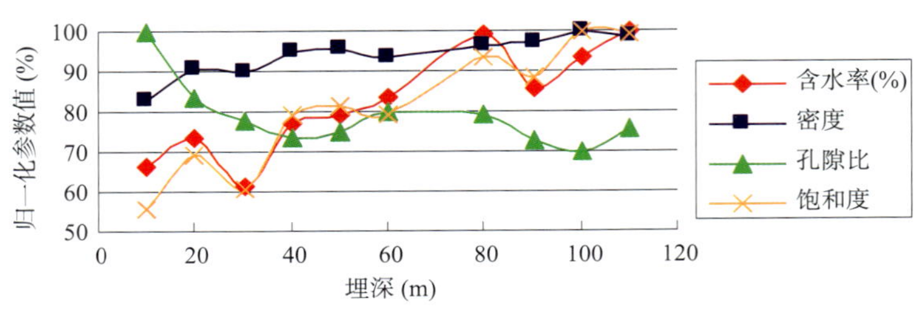

图 3-2-5 Q_1 和 Q_2 黄土不同深度处物性参数的归一化平均值与埋深的关系

以下,饱和度和含水率的变异系数均小于 0.3,而密度和孔隙比的变异系数则更小。考虑到数据点在不同区间的分布较不均匀,即某些区间集中,而某些区间又偏少,可将 30 m 作为老黄土深埋浅埋界限。

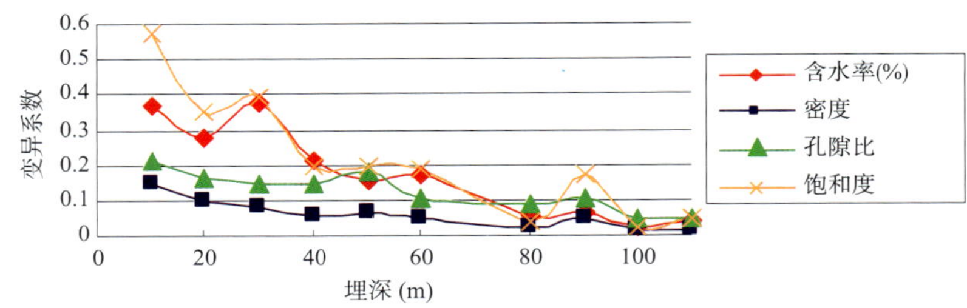

图 3-2-6 Q_1 和 Q_2 黄土不同深度处物性参数的变异系数与埋深的关系

通过以上分析可知,老黄土埋深变化时物理性质趋于均匀、变异较小的界限深度为 30 m,新黄土为 40 m。因此,在黄土隧道围岩分级中,同种类型的黄土,可将埋深小于 40 m 的新黄土或埋深小于 30 m的老黄土降低一个亚级别,即围岩质量变差一个亚级。例如,若 Q_2 黄土埋深大于 30 m 时为Ⅳa,而当其埋深小于 30 m 时,则为Ⅳb。

3.2.4 物理力学指标的变异性

统计显示,不同地质时代的黄土围岩物理力学参数中,干密度 ρ_d、液限 w_L、塑限 w_p 的变异性很小($c_v<0.1$),天然密度 ρ、孔隙比 e、塑性指数 I_p、内摩擦角 φ 的变异性小到中等($0.1\leqslant C_v<0.3$),液性指数 I_L、压缩系数 a_{1-2}、黏聚力 c、压缩模量 E_a 等 4 个参数的变异性很大($C_v\geqslant0.3$),而饱和度 S_r 和含水率 w 的变异性则因黄土地质年代而各有不同,其中 Q_2 黄土中两者变异性均较小,Q_1 和 Q_3 黄土中变异性则较大。总体而言,物理性质参数相对于力学性质参数,变异性较小。因此,宜选择变异性较小的物理参数作为黄土性质变化的定量指标。

3.3 围岩分级

3.3.1 分级思路及分级指标的确定

基于对现有黄土的认识,从影响围岩力学性质的程度以及参数的变异性和获取的难易性等方面综合考虑,对黄土各项参数进行筛选和比较,确定黄土隧道围岩的分级思路及分级指标:以黄土的时代成因为基础,重点选择塑性指数和含水率两个指标,并对埋深影响进行修正,然后给出主要设计指标(图 3-3-1)。

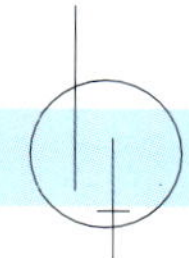

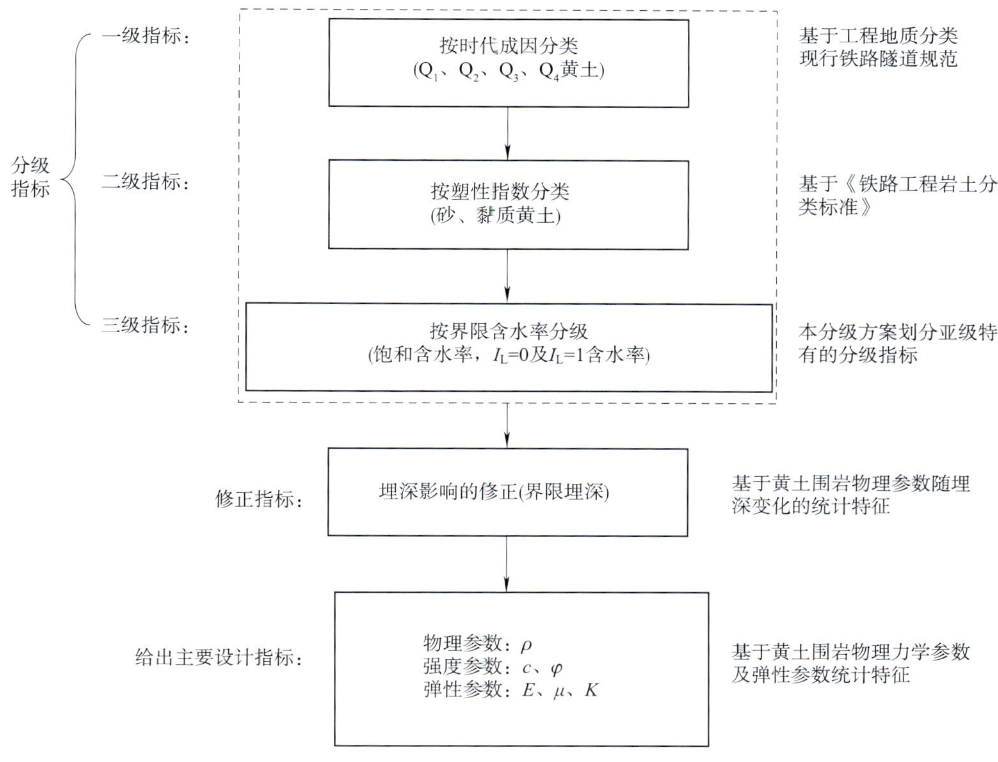

图 3-3-1　黄土隧道围岩分级思路及分级指标

(1)时代成因：基于黄土的工程地质分类的主要指标，也是现行《铁路隧道设计规范》(TB 10003—2005)[9]对黄土围岩分级的主要依据，作为本黄土围岩分级的第一级指标。考虑到老黄土中的砂质黄土力学强度较低，故根据其初始含水率酌情划分至Ⅴ级围岩。

表 3-3-1　黄土围岩按时代成因的分级设置

围　岩　分　级	Ⅳ	Ⅴ
黄土隧道围岩分级	Q_1、Q_2 老黄土	Q_1、Q_2 老黄土和 Q_3、Q_4 新黄土

(2)塑性指数：与黄土的含黏土量、变形强度有密切关系，同时变异性较小，是较容易准确获取的参数，在建筑地基基础设计规范中是黄土分类的主要指标，作为黄土围岩分级的第二级指标，用于砂、黏质黄土分类的依据。参考相关规范，黄土围岩按塑性指数分类为：砂质黄土 $I_P \leqslant 10$，黏质黄土 $I_P > 10$[10]。

(3)含水率：含水率的大小以及饱和程度是隧道开挖后影响围岩稳定性的重要因素，是影响黄土物理力学性质最为活跃的参数，也是黄土所有物理参数中较容易获取的参数，作为黄土围岩分级的第三级指标，具体考虑如下：

对老黄土，选择塑限含水率 w_p 和饱和含水率 $w_{S_r=100}$ 作为分级的界限含水率，当 $w < w_p$ 为 a 级，$w_p \leqslant w < w_{S_r=100}$ 则减弱一个亚级为 b 级。

对新黄土，选择塑限含水率 w_p 和由塑性进入流塑性($I_{L=1}$)的含水率即液限含水率 w_L 作为分级的界限含水率，当 $w < w_p$ 为 a 级，$w_p \leqslant w < w_L$ 减弱一个亚级为 b 级，如表 3-3-2 所示。

表 3-3-2　黄土隧道围岩考虑界限含水率的亚级设置

围岩分级	Ⅳ		Ⅴ	
铁路隧道设计规范	Q_1、Q_2 老黄土		Q_3、Q_4 新黄土	
黄土隧道围岩分级方案	Q_1、Q_2 黄土		Q_1、Q_2、Q_3、Q_4	
	Ⅳa	Ⅳb	Ⅴa	Ⅴb
	$w < w_p$	$w_p \leqslant w < w_{Sr=100}$	$w < w_p$	$w_p \leqslant w < w_L$

(4)考虑埋深影响的修正：浅埋隧道能利用的围岩自承能力有限，其围岩稳定性不如深埋隧道，因此在围岩分级上按减弱1个亚级修正。一般而言，深浅埋隧道分界深度与地层条件、隧道开挖宽度以及施工方法有关。对于黄土隧道，从黄土物理性质随埋深变化角度，统计得出了郑西客运专线黄土隧道围岩物理性质发生明显改变的界限埋深。显然，黄土围岩工程性质的改变，对其自承能力的影响具有内在的联系。从这一角度出发，上述根据物性变化统计的界限埋深可作为考虑埋深影响对黄土围岩分级进行修正时的一个参考依据。具体方案为：对 Q_1、Q_2 老黄土当埋深≤30 m、对 Q_3、Q_4 新黄土当埋深≤40 m 时，可视情况将黄土围岩分级减弱一个亚级。

(5)给出设计指标：根据上述3项分级指标和黄土围岩物理力学参数统计值，即可给出工程适用的设计指标如天然密度 ρ、强度指标 c 和 φ、弹性指标 E、μ 和 K 等。

3.3.2　围岩分级

综上所述，对黄土隧道围岩的分级如表3-3-3所示。

表 3-3-3　黄土隧道基本围岩分级表

围岩分级		黄土类型	围岩主要工程地质条件	围岩开挖后的稳定状态(中跨)	围岩弹性纵波波速 v_p(km/s)
Ⅳ	Ⅳa	老黄土(Q_1、Q_2)	土体坚硬为主；夹多层古土壤层，层位稳定；钙质含量高，钙质结核局部成层；节理不发育	拱部无支护时掉块、小坍塌	1.5～3.0
	Ⅳb		土体硬塑为主；夹多层古土壤层，层位不甚稳定；土层含钙质相对较少，钙质结核零星分布；节理较发育	拱部无支护时除掉块、坍塌；侧壁有时失稳	
Ⅴ	Ⅴa	新黄土(Q_3、Q_4)	土体坚硬—硬塑；相对疏松；节理不发育	拱部易坍塌，处理不当会出现大坍塌；侧壁易坍塌	1.0～2.0
		老黄土(Q_1、Q_2)	土体硬塑为主；夹多层古土壤层，层位不稳定；土层钙质含量少；节理发育		
	Ⅴb	新黄土(Q_3、Q_4)	土体硬塑—软塑；疏松；节理发育	拱部和侧壁易坍塌，处理不当会出现大坍塌；浅埋时易出现地表下沉(陷)或塌至地表	
		老黄土(Q_1、Q_2)	土体硬塑—软塑；夹多层古土壤层，层位很不稳定；土层钙质含量少；节理发育		
Ⅵ		软塑—流塑状新黄土(Q_3、Q_4)	土体软塑—流塑；多呈易蠕动的松软结构	极易坍塌、变形；易出现地表下沉(陷)或塌至地表	<1.0

注：黄土塑性状态的划分：坚硬 $I_L \leqslant 0$；硬塑 $0 < I_L \leqslant 0.5$；软塑 $0.5 < I_L \leqslant 1$；流塑 $I_L > 1$。

各级黄土围岩的物理力学指标标准值应按试验资料确定，无试验资料时可按表3-3-4选用。

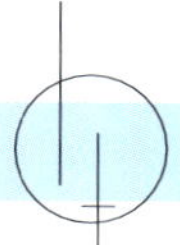

表 3-3-4　黄土围岩物理力学指标

分级	黄土类型	含水率（%）	天然密度（g/cm^3）	黏聚力（kPa）	内摩擦角（°）	弹形模量（MPa）	泊松比	弹性抗力系数（MPa/m）
Ⅳa	Q_1 黏质黄土	—	1.98 1.90～2.05	60 50～70	28.5 27～30	280 240～320	0.30	黏质黄土 120
	Q_2 黏质黄土	<18.4	1.85 1.75～1.95					
Ⅳb	Q_2 黏质黄土	>18.4	1.98 1.90～2.05	40 29～49	24.5 23～26	200 160～240	0.32	黏质黄土 55
	Q_1 砂质黄土	<17.5	1.85 1.75～1.95					
Ⅴa	Q_1 砂质黄土	>17.5	1.98 1.90～2.05	25 22～28	20.5 19～22	120 80～160	0.35	
	Q_2 砂质黄土	<18.1	1.85 1.75～1.95					
	Q_3 黏质黄土	<18.1	1.56 1.45～1.60					
Ⅴb	Q_2 砂质黄土	>18.1	1.98 1.90～2.05	18 15～21	16.5 15～18	65 50～80	0.38	—
	Q_3 黏质黄土	>18.1	1.69 1.60～1.75					
	Q_3 砂质黄土	<11.0	1.56 1.45～1.60					
Ⅵ	软塑—流塑状黄土		1.69 1.60～1.75	<15	<15	25 <50	0.42	—
			1.42 ≤1.55					

注：表中下划线数值为建议范围，可根据含水率大小酌情选取，一般含水率高时密度取较大值，力学参数取较小值。

参考文献

[1]谢定义．黄土力学特性与应用研究的过去、现在与未来[J]．地下空间，1999，19(4)：273-284.

[2]中华人民共和国铁道部．TB 10055—98　铁路工程地质黄土地区勘测规则[S]．北京：中国铁道出版社，1999.

[3]王永焱，林在贯，等．中国黄土的结构特征及物理力学性质[M]．北京：科学出版社，1990.

[4]铁道部第二设计院．铁路工程设计技术手册·隧道[M]．北京：人民铁道出版社，1978.

[5]T. Ramamurthy. A geo-engineering classification for rocks and rock masses[J]. International Journal of Rock Mechanics & Mining Sciences，2004，41：89-101.

[6]A. A 穆斯塔伐耶夫．湿陷性黄土上地基与基础的计算[M]．张中兴，译．北京：水利电力出版社，1984.

[7]工程地质手册编写委员会．工程地质手册[M]. 3 版．北京：中国建筑工业出版社，1992.

[8]徐洪安，张玲．关于黄土含水率划分的讨论[J]．西安地质学院学报，1991，12(2)：65-68.

[9]中华人民共和国铁道部．TB 10003—2005　铁路隧道设计规范[S]．北京：中国铁道出版社，2005.

[10]中华人民共和国铁道部．TB 10077—2001　铁路工程岩土分类标准[S]．北京：中国铁道出版社，2005.

第 4 章　黄土隧道施工地表变形与裂缝规律

众所周知，黄土地基承载力低、隧道拱脚和墙脚稳定性差，隧道施工变形大，容易发生支护下沉和洞室坍塌，影响施工安全；浅埋黄土隧道施工地表沉降量大，易产生地表裂缝，对地表环境和建(构)筑物影响大。因此，应控制隧道的施工变形，减少黄土隧道施工地表裂缝，确保黄土隧道结构的稳定和运营的安全。本章重点研究黄土隧道施工的变形特征和地表裂缝的发展规律，以及相应的对策措施。

4.1　黄土隧道施工变形特征

黄土隧道施工变形主要表现在拱脚和拱顶变形沉降量大、变形时间长，浅埋隧道地表易发生裂缝、变形释放快等特性。黄土隧道施工变形的影响因素主要与黄土本身物理特性、围岩级别、隧道埋深、施工方法、支护措施等有关，尤其是隧道埋深的影响最为显著。

4.1.1　变形与埋深的关系

隧道位移是隧道围岩和支护结构相互作用最明显、最直观的反映，同时相对于其他观测参数更容易获得。因此，调查、搜集大量已建和在建黄土隧道的变形监测数据，对整理和分析黄土隧道围岩变形的规律和特征具有重要作用。下面重点分析地表沉降、拱顶沉降、拱脚沉降、拱脚收敛值与埋深的关系。

(1)地表沉降的影响

根据所收集调查得到的数据，将埋深与施工地表沉降如图 4-1-1 所示。埋深小于 35 m 时地表沉降数据较为离散，埋深大于 35 m 时地表沉降随埋深逐渐趋于稳定，埋深大于 75 m 后表沉降随埋深逐渐减小。

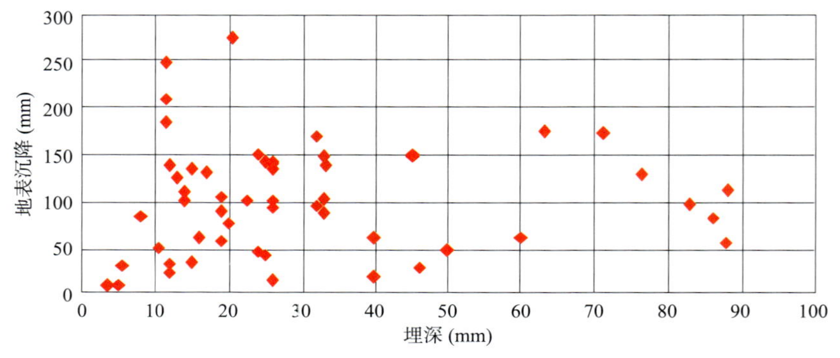

图 4-1-1　地表沉降与埋深的关系

(2)拱顶沉降的影响

拱顶沉降与埋深的关系如图 4-1-2 所示，二者的关系极为离散，反映出拱顶沉降与地层性质、埋深、支护参数和施工方法的相关性，单一参数的隧道埋深与拱顶沉降关系不明显。

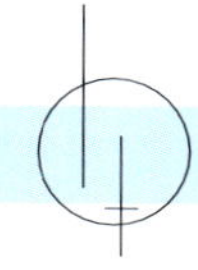

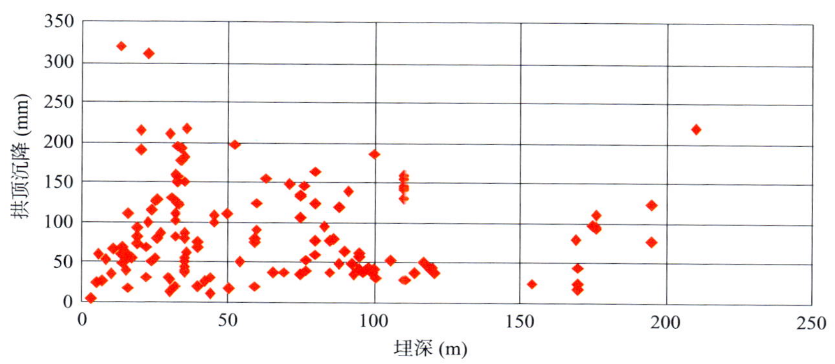

图 4-1-2　拱顶沉降与埋深的关系

(3)拱脚沉降的影响

拱脚沉降与埋深变形的关系如图 4-1-3 所示,在埋深小于 35 m 时数据离散,埋深大于 35 m 时拱脚沉降随埋深的增加而增大。这反映出黄土隧道拱脚地层较软弱,随埋深增大拱脚稳定性问题更加突出。

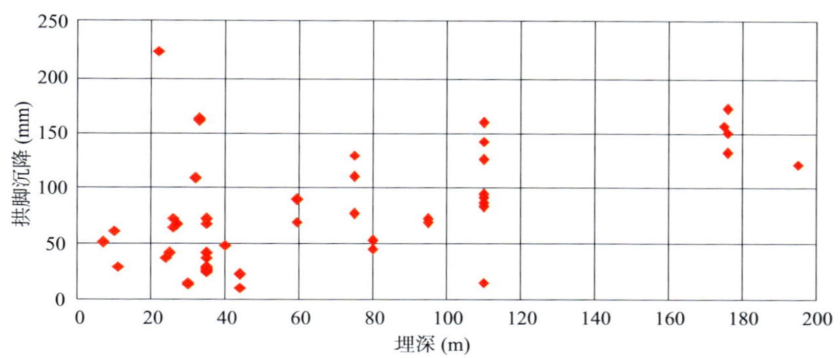

图 4-1-3　拱脚沉降与埋深的关系

(4)拱脚收敛的影响

应用郑西线、宝中线、宝兰二线等共计 117 个监测断面的数据,形成拱脚收敛与埋深关系如图 4-1-4 所示。数据较为离散,反映出拱脚收敛与地层性质、埋深、支护参数和施工方法的复杂关性;拱脚收敛隧埋深的增大而增大,也反映出黄土隧道拱脚地层较软弱,随埋深增大拱脚稳定性问题。

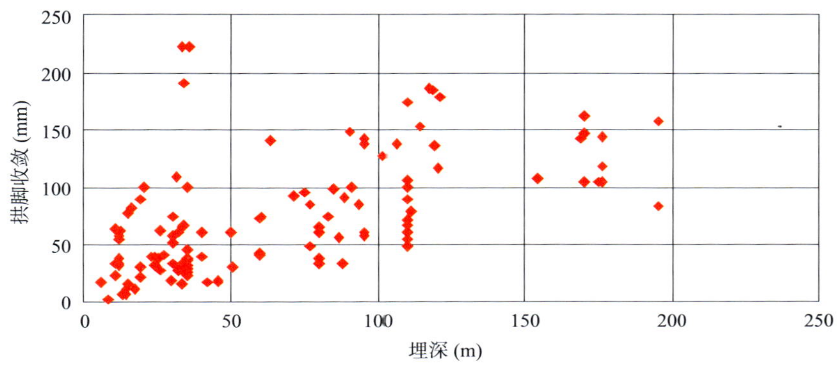

图 4-1-4　拱脚收敛与埋深的关系

(5)墙腰收敛的影响

墙腰通常指边墙处隧道最大宽度位置,根据127个黄土隧道墙腰收敛监测断面数据分析,如图4-1-5所示。数据较为离散,反映出墙腰收敛与地层性质、埋深、支护参数和施工方法的复杂关性。

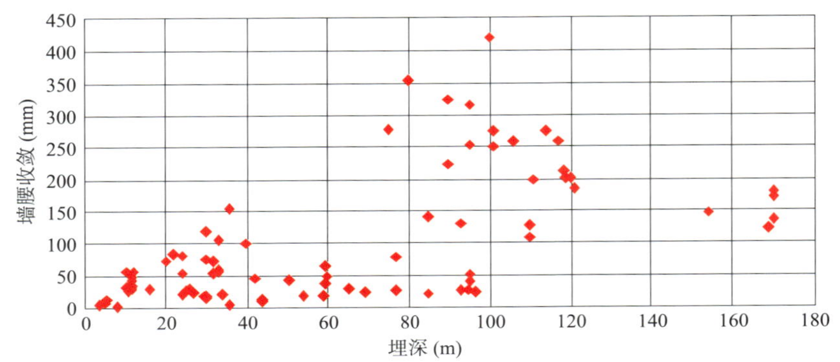

图 4-1-5　墙腰收敛与埋深的关系

4.1.2　变形与工序的关系

(1)地表沉降变形与开挖工序的关系

根据变形观测资料显示,隧道开挖工序与地表沉降变形有直接关系,例如在台阶法开挖中,隧道地表沉降在上半断面掌子面施工后1~3 d变化较大,约4~8 mm/d,之后变化减少,但仍以1~2 mm/d的速度下沉,下半断面开挖最大沉降速率8 mm/d,平均沉降速率2 mm/d,最大沉降量14 mm,平均下沉量10 mm,仰拱开挖最大沉降速率4 mm/d,平均沉降速率2 mm/d;最大沉降量9 mm,平均下沉量6 mm,仰拱完成后基本趋于稳定。

(2)拱顶下沉与工序的关系

根据隧道拱顶监控量测资料表明,在掌子面开挖完成后的2~3 d时间内,下沉比较显著,平均5 mm/d;之后下沉量逐渐渐少,但仍有下沉趋势,下导坑开挖最大下沉速率6 mm/d,平均下沉速率2 mm/d,最大下沉量21 mm,平均下沉量13 mm,仰拱开挖最大沉降速率7 mm/d,平均沉降速率3 mm/d;最大沉降量27 mm,平均下沉量10 mm。在仰拱施工完毕后基本趋于稳定。

为控制隧道拱顶下沉,仰拱尽快施作很有必要,只有仰拱完成隧道才能形成封闭的受力结构,拱顶下沉才能趋于稳定。

(3)收敛变形与工序的关系

根据监控量测资料表明洞内收敛在开挖初期3~4天较为明显,平均2~3 mm/d,随后每天的变化基本上在1 mm左右,1 mm以下的变化居多。并与开挖面的远近、是否下雨无多大关系,基本上在20天到30天时间范围内趋于稳定。收敛值基本在5 cm以内,这与黄土的直立性能好有直接的关系。

4.1.3　地表沉降变形与雨水的关系

地表下沉在下雨期间较为明显,个别点平均下沉达到10 mm/d。即使当隧道处于稳定时,一遇下雨,地表下沉仍在1~3 mm/d。可见雨水对隧道地表沉降有直接关系,雨水会造成地表覆盖层重量加大,加速隧道下沉,因此需对浅埋段地表进行全覆盖防水处理。

由于浅埋段隧道地质基本属于湿陷性黄土,地基承载力较弱,在支护封闭成环以前由于覆盖层自身重量会造成隧道的整体下沉,因此,要尽可能缩短仰拱施工时间,改善隧道整体受力结构,减少隧道的整体下沉量。

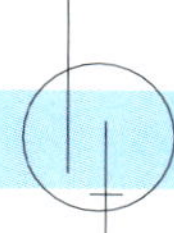

4.1.4　变形特征

(1)新黄土隧道变形释放快、破坏具突然性

新黄土(Q_3、Q_4)大孔隙发育,具有垂直节理,土质结构比较松散,含水率较小,一般为 5%~15%,覆盖于地表,厚度一般 30~50 m。由于其垂直节理发育,在垂直节理面上因节理切割形成竖向软弱面,软弱面之间黏聚力很小,在下部开挖隧道时形成临空面,受开挖扰动,在重力的作用下棱体塌落,地表会随掌子面产生纵向裂缝和环向裂缝,易形成塌方。根据对其变形分析,在新黄土(Q_3、Q_4)地层,围岩变形释放快、破坏具突然性。

(2)老黄土隧道拱脚稳定性问题突出

老黄土一般覆于新黄土之下,埋深较大,含水率为 10%~40%,与隧道位置原始地应力相比,其围岩强度低,拱脚围岩容易发生屈服形成塑性区,拱脚沉降和收敛变形大,易因拱脚变形过大导致隧道失稳。

(3)黄土隧道变形量大

由调查的 12 座黄土隧道施工变形可知,多数隧道地表沉降大于 100 mm,最大地表沉降达600 mm;多数隧道开挖内轮廓变形大于 100 mm,最大变形达 600 mm。

采用不同施工方法的试验段的量测数据也表明,其变形相对均较大,如表 4-1-1 所示。双侧壁导坑工法主要用于埋深小于 20 m 的洞口浅埋段,以新黄土地层为主,CRD 和 CD 工法也用于埋深 30~35 m的洞口浅埋段,弧形导坑工法则分别在浅埋和深埋段进行了试验施工。大断面隧道在大型施工装备、工期要求条件下,多分部工法工艺熟练程度不足,CRD 和 CD 工法隧道施工变形大于弧形导坑工法。

表 4-1-1　陕西境内三座黄土隧道净空位移及地表下沉实测最大值

工　法	拱部下沉		水平收敛		地表下沉(mm)	埋深(m)	黄土类型	含水率(%)
	最大值(mm)	速率(mm/d)	最大值(mm)	速率(mm/d)				
双侧壁	95~117	9~15	92~95	10~12	59	15~20	Q_3 砂质	8~12
CRD	132~152	16~19	124~134	15~40		30~35	Q_1 砂质	6~10
CD	226~227	13~16	143~223	15~25		30~35	Q_1 黏质	11
弧形导坑	122~172	24~36	126~167	19~35		175	Q_1 砂质	14~17
	90~92	25~28	44~54	7~9		30	Q_1 黏质	8~9
	109~163	12~25	54~60	10~14	86~169	30~35	Q_3 砂质	11~12

注:(1)双侧壁法水平收敛为两侧导坑的数据,其余为全断面数据。
(2)双侧壁、CRD、CD 法拱部下沉均含拆撑之后的位移。
(3)弧形导坑法净空位移含支护封闭阶段,其拱部下沉包括拱顶和拱脚。
(4)CD 法净空位移为非正常情况,中壁出现裂缝。

(4)黄土隧道变形时间长

根据监控量测资料表明洞内收敛在开挖初期 3~4 d 较为明显,随后每天的变化基本上在 1 mm 左右,持续时间基本上在 20~30 d,即隧道支护封闭后趋于稳定。

支护封闭后的黄土浅埋段隧道,下雨期间地表沉降变形较为明显,沉降量可达 1~3 mm/d。

(5)浅埋黄土隧道施工易产生地表裂缝

黄土隧道浅埋段,隧道开挖后在地表易出现纵向和横向的地表裂缝,且裂缝随着开挖面向前发展,直至隧道支护闭合后裂缝发展方可稳定。

4.2 施工地表裂缝形成机理

4.2.1 围岩构造特征

按照土体结构力学的思想，黄土的颗粒形态、颗粒排列形式、孔隙性质和颗粒接触关系等确定了的黄土湿陷性，而黄土中的节理及结构面是控制黄土隧道工程施工地表裂缝形成机制与隧道稳定性的主要因素。

黄土中的节理可分为原生、风化、滑塌及湿陷、卸荷和构造节理等五种类型。其中，黄土构造节理和黄土原生节理遍布于黄土地层中，而风化节理、卸荷节理只展布在暴露于黄土沟谷陡崖表层几米厚之内的黄土中。对于黄土隧道，除了浅埋段和隧道进出口段可能受黄土风化节理、滑塌节理、湿陷节理和卸荷节理的影响之外，对大多数深埋段黄土隧道，主要受黄土原生节理和构造节理的影响。

黄土原生节理的产状较为复杂，有的与黄土分层层理垂直、有的近于平行、有的则斜交，其走向变化无常，又常常具有弯曲的面，从而构成不规则的复杂形状。黄土的构造节理则方向性很强，一般上下贯穿黄土各分层，是水下渗的通道，成为地下洞穴、井、盲沟的构造基础。

黄土构造中的层面、垂直节理等软弱结构面，在隧道开挖后，在洞室周边形成不稳定结构体，导致塌方和片帮。在浅埋黄土隧道施工后隧道上方地层形成滑动趋势面的地表部分，因拉应力超过土体抗拉强度而破坏，因直立性较好而形成可见裂缝，开裂后应力释放和施工过程应力累积在已形成裂缝施工前方再次形成裂缝。

4.2.2 各向异性力学性质

为测试黄土的各向异性，在郑西高速铁路贺家庄隧道出口洞顶场地，采用人工探坑深度达 11 m，从坑内侧壁取原状土样，每米同一高度取样四块（前后左右各 1 样），开展室内竖直和水平方向试件制作与试验。

（1）竖向和水平方向其含水率、天然密度、液塑限值等物理指标较为一致。

（2）水平方向压缩模量 E_{1-2} 平均值在 6.83 MPa，竖直方向的压缩模量 E_{1-2} 平均值在 5.82 MPa；竖向湿陷性系数平均值为 0.026，明显大于横向湿陷平均值 0.019；抗剪强度无论三轴试验，还是直接剪切试验，横向黏聚力均大于竖向的，内摩擦角变化不大，如表 4-2-1 所示。

（3）常规三轴试验结果与卸荷三轴试验变形破坏机理有较大差异。常规三轴试验的应力—应变曲线很好地符合双曲线形式，呈现弱应变硬化特征，邓肯—张模型较为适用；而卸荷三轴试验结果表明，当自重应力不变，围压较大时，土体轴向变形量不大，而且易于稳定，变形与主应力差呈现线弹性变化规律，当围压减小至 0 ~ 90 kPa 时，迅速发生破坏，破坏时位移在 0.4 ~ 2.8 mm 之间，破坏时应变在 0.5% ~ 3.5% 左右，破坏形式几乎均为剪切破坏模式。

表 4-2-1 黄土水平和竖向物理力学性质

类别	湿陷性系数	压缩模量（MPa）	三轴压缩试验		直剪试验		三轴卸载试验	
			c（kPa）	ϕ（°）	c（kPa）	ϕ（°）	变形（mm）	应变（%）
水平方向	0.019	6.83	23.7	24.6	34.7	21.7	1.2	1.5
竖直方向	0.026	5.82	21.2	24.0	29.4	21.7	1.0	1.2
水平/竖向之比	0.73	1.17	1.12	1.03	1.18	1.00	1.2	1.25

因此，与一般土相比黄土抗拉强度大，具有显著变形与力学各向异性。黄土竖向与水平方向压缩模量差 15%；黄土竖向与水平方向黏聚力差 10%，分别为 21.2 kPa 和 23.7 kPa。

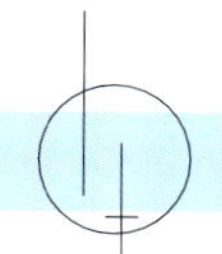

4.2.3　施工地表裂缝形成机理

浅埋黄土地层隧道施工中，随着地层应力状态的改变和调整，引起地层和地表位移与变形。这种施工变形可在较短时间、地表一定范围内形成不均匀的沉降凹槽。这就在隧道开挖的上方形成具有滑动趋势楔形体。黄土隧道室内模型试验显示，施工中隧道中心两侧地表存在水平位移，且水平位移方向均指向隧道中心线；在隧道中心线两侧存在一个水平位移最大点，且位于地表竖直位移反弯点位置。

滑动趋势楔形体有向开挖临空面滑动趋势，当滑动趋势面拉应力或剪应力大于土体强度时形成实际破坏面。滑动楔形体向下滑动的同时，滑动体自重力对两侧土体产生推挤作用，深部实际破坏面不会张开而观察不到。

滑动趋势面的地表部分，因拉应力超过土体抗拉或抗剪强度而破坏，因其直立性较好而形成可见裂缝，而一般砂性土难以形成直立面，在有显著沉降槽时而见不到地表宽大裂缝。

4.3　施工地表裂缝形成规律研究

4.3.1　地表裂缝调查

为研究黄土隧道施工地表裂缝的状况，对部分黄土公路隧道、运营中的陇海线既有铁路黄土隧道，以及郑西高速铁路黄土隧道在施工过程中进行了地表裂缝现场调查。

黄土隧道地表裂缝调查主要针对以下几个方面：①地质资料的收集。主要包括隧道的设计图、施工方法（开挖方法）、地表沉降、拱顶下沉、洞内收敛量测记录资料、掌子面里程、地下水状况等。②施工隧道原始地貌的调查。开挖前地表对应位置是否存在地表裂缝，以及裂缝的情况、原始地貌（冲沟、冲槽、冲缝等）、偏压情况，裂缝的分布与原始地貌和偏压的关系等。③施工裂缝特征调查。主要包括裂缝形式（纵向与环向），每条裂缝的方向、宽度、可见深度，纵向裂缝与隧道中线距离，环向裂缝与环向裂缝间的距离等，以此掌握裂缝的形成规律。

（1）公路黄土隧道施工地表裂缝资料调查

通过文献调查隧道工程地质、施工方法、施工变形和地表裂缝情况，经收集整理，部分黄土隧道施工地表裂缝调查结果如表 4-3-1 所示。

表 4-3-1　已建公路黄土隧道施工地表裂缝调查汇总

序　号	隧道名称	隧道长度(m)	施工方法	埋深(m)	异常情况	土质情况
1	蟣柳高速公路新庄岭隧道	上行 1 455 下行 1 422	先拱后墙	<120	两侧地表裂缝	新黄土、饱和黄土、老黄土
2	平定高速公路静宁隧道	上行 2 600 下行 2 679	双侧壁导坑	61	地表裂缝	新黄土、饱和黄土、老黄土、泥岩
3	平定高速公路卧龙隧道	上行 1 402 下行 1 336	上下台阶法	20～120	裂缝贯通	新黄土、饱和黄土、泥岩
4	平定高速公路老君隧道	上行 1 180 下行 1 270	上下台阶法	20～120	地表裂缝	新黄土、饱和黄土、泥岩
5	平定高速公路太平隧道		上下台阶	20～120	地表裂缝	新黄土、饱和黄土、泥岩
6	平定高速公路青岚隧道	上行 1 345 下行 1 415	上下台阶法	20～120	地表裂缝	黄土、饱和黄土、老黄土

续上表

序　号	隧道名称	隧道长度(m)	施工方法	埋深(m)	异常情况	土质情况
7	鲍家河隧道	590	上中下导坑分层施工		冒顶塌方 地表陷坑	黄土状粉性土、黄土质黏土
8	引大入秦东二干渠14A隧洞	134	人工导洞	3.3～3.6	地表沉陷 开裂	新黄土
9	西过境公路大有山隧道	上行2 553 下行2 528	上下台阶法留核心土	7～23	地表裂缝 支护开裂	新黄土
10	张承高速公路草帽山隧道	1 557	双侧壁导坑	35	地表开裂 支护开裂	新黄土、碎石
11	祁临高速公路燕家岭隧道	上行676 下行556	弧形导坑 留核心土		地表裂缝 坍方	老黄土，夹卵石、钙质结构透镜体
12	汾柳高速公路离石隧道	180	中导洞双侧壁三导洞法	3～46	无	老黄土
13	吴子高速公路刘家坪3号隧道	左线103 m， 右线187 m	三台阶 留核心土	44	无	离石组老黄土
14	吴子高速公路刘家坪2号隧道	全长340 m	三台阶 留核心土	7～10	无	次生黄土 离石组老黄土
15	吴子高速公路刘家坪4号隧道	左线1 914 m， 右线1 865 m	上下台阶 留核心土		左洞进口 地表裂缝	马兰组新黄土 离石组老黄土
16	抽黄灌溉工程汉村隧洞	1 275	人工导洞	10～11	无	新黄土 老黄土
17	靖安高速公路天赐湾隧道	465 m	正台阶法、核心土、双侧壁	17～91	变形大	新黄土 老黄土
18	吴子高速公路闫家沟3号隧道	左线815 m 右线667 m	上下台阶 扇形支撑	＜80	地表裂缝	马兰组新黄土 黄土状亚黏土
19	黄延高速公路汉寨隧道	891 m	二台阶五分步开挖		无	老黄土
20	延安市鲍家河隧道	590	先拱后墙法	10～140	冒顶塌方， 地表陷坑	马兰黄土

(2)运营陇海铁路黄土隧道地表裂缝调查情况

早在20世纪60年代中期，陇海铁路三门峡—潼关段隧道发现有不同程度的地表裂缝。铁道部成立调查组，对河南、甘肃黄土单双线47座隧道进行了地表裂缝调查的工作。调查结论(铁道部黄土双线隧道现场设计研究组，陇海线黄土双线隧道试验报告，1966年12月)如下：

①洞顶地表裂缝。单线隧道洞顶产生裂缝，双线隧道洞顶普遍产生裂缝。

②洞顶土体产生裂缝的隧道埋深一般在38～80 m。

③裂缝与隧道中线大致平行，地表裂缝宽2～3 cm。

④黄土隧道地表裂缝倾角在58°～63°。

⑤陇海线郑洛段单线隧道衬砌裂缝墙部较多，拱部多发生于洞口。

⑥陇海线三门峡至临潼段双线黄土隧道除采用钢筋混凝土衬砌的隧道外，于起拱线以上0.5～2.5 m处普遍出现了纵向裂缝。

(3)郑西高速铁路黄土隧道裂缝调查结果

郑西高速铁路隧道施工地表裂缝调查如表4-3-2所示，部分隧道地表裂缝如图4-3-1～图4-3-7

所示。

表 4-3-2　郑西高速铁路黄土隧道施工地表裂缝调查表

隧道名称	位　置	地　质	埋深(m)	最大地表变形(mm)	最大洞内变形(mm)	裂缝描述
潼洛川隧道	进口段	Q_3 砂质新黄土	15 ~ 31	175	155	多可观测到隧道中线两侧的纵向裂缝，裂缝宽度 0.2 ~ 15 mm，主裂缝位置为隧道开挖边线外侧 3 ~ 5 m，两侧的主裂缝相距约 40 m。横向裂缝宽度 0.2 ~ 30 mm
凤凰岭隧道	进口段		13 ~ 57	43	130	地表纵向主裂缝 2 条，位于洞顶天沟处，宽度 10 ~ 90 mm，且有多条细小的环向小裂缝
	出口段		14 ~ 96			两侧 2 对纵向裂缝，宽度 0.5 ~ 40 mm，洞口横向裂缝宽度 0.2 ~ 2 mm
高桥隧道	出口段	Q_2 砂质老黄土	36 ~ 61	80	167	地表沿隧道走向的纵向裂缝发生在隧道出口右侧(地形山坡外侧)，距离隧道中线约 16 ~ 37 m位置。埋深 60 m 时仍可见地表裂缝。地表阶梯地形地貌，且呈现单侧斜坡
黄龙村隧道	出口段	Q_2 砂质老黄土	11 ~ 18	252		洞口仰坡及地表出现 4 条平行于隧道中线的纵向裂缝，调研段地表沉降在 157 ~ 252 mm 之间，结合高密度电法、探地雷达法、瑞雷波法以及坑探法等，综合推断平行隧道的地表裂缝深度为 11 m，基本达到隧道埋深(11 ~ 12 m)
贺家庄隧道	出口段	Q_2 黏质老黄土	18 ~ 31	140	224	洞顶右侧两条裂缝，宽度 10 ~ 30 mm，最长纵向地表主裂缝长度近 75 m，局部形成约 10 cm 错台。地表渗水段横向裂缝宽度 2 ~ 30 mm
长山隧道	进口段			22		未发现纵向裂缝，洞口横向裂缝宽度约 20 ~ 30 mm
函谷关隧道	出口居民区	Q_3 砂质新黄土	26 ~ 40	250	230	地表主裂缝 2 条，位于线路方向右侧
	出口段庄稼地	Q_3 砂质新黄土	26 ~ 40			地形起伏，调研断面均为单侧出现裂缝，且分布规律性不规则
	下穿连霍高速	Q_3 砂质新黄土	7 ~ 40			地形起伏大，地表裂缝分布规律性不明显，主要为纵向裂缝，分布呈不对称性，右侧裂缝距离隧道中线的距离在 20 m 左右
吕家崖隧道	进口段	Q_2 砂质老黄土	约 11	200		隧道两侧的纵向裂缝基本沿隧道中线平行发展，距离隧道中线在 18 m 左右，现场调研裂缝宽度最大达到约 20 cm
阌乡隧道	进口段	Q_3 砂质新黄土	16 ~ 23	210		上部为松软土，隧道两侧形成沿隧道走向的纵向主裂缝，基本成对称分布，距离隧道中线的距离为 17 ~ 18 m，且地表裂缝以纵向裂缝为主，最大裂缝宽度达到约 12 cm
	下穿高速公路		约 12			边坡及公路水沟多条裂缝
台村隧道	进口段	Q_3 砂质新黄土	14 ~ 25	600	604	隧道两侧的纵向裂缝基本沿隧道中线平行发展，开始两侧为两条纵向裂缝，裂缝宽度 90 ~ 200 mm，后续段为两边各一条主裂缝
盘东隧道	进口下穿公路	Q_3 砂质新黄土	9.5 ~ 19			盘东隧道进口即下穿公路，由于隧道下穿，公路开裂，过公路后台地段裂缝成对出现
	出口段		29 ~ 35			隧道左右两侧纵向裂缝呈对称分布，左侧有两条纵向裂缝，右侧有三条纵向裂缝，相互间相距较近，基本上距离隧道中线 21 m 左右，现场调研裂缝宽度达到 6 cm

图 4-3-1　高桥隧道出口地表裂缝照片

图 4-3-2　黄龙村隧道出口地表裂缝照片

图 4-3-3　函谷关下穿连霍高速路基左侧平地裂缝

图 4-3-4　吕家崖隧道进口地表裂缝

图 4-3-5　下穿连霍高速路边林地裂缝错台

图 4-3-6　函谷关下穿连霍高速路面裂缝

图 4-3-7　盘东隧道进口公路地表开裂

(4)出现施工地表裂缝与埋深和变形调查统计

将出现地表裂缝情况时的地表沉降、拱脚沉降、拱顶沉降与埋深进行对比分析,如图 4-3-8 ~ 图 4-3-10所示。

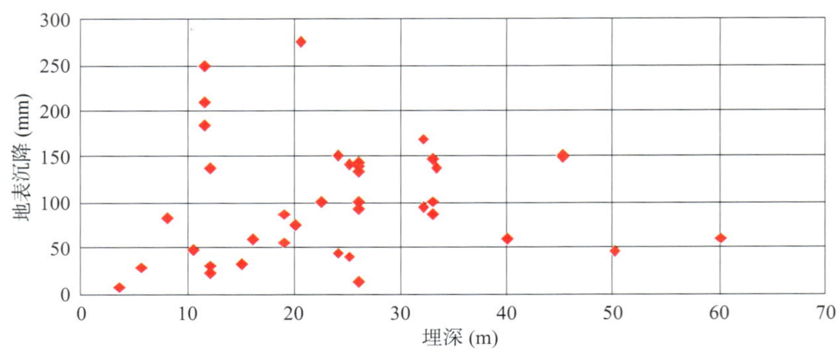

图 4-3-8　出现施工地表裂缝时地表沉降与埋深的关系

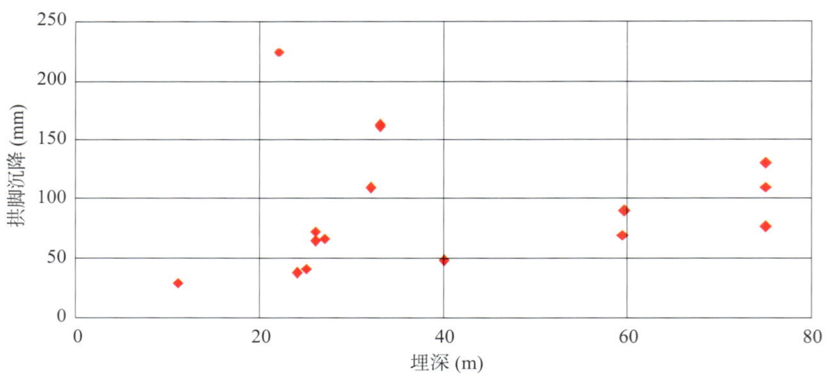

图 4-3-9　出现施工地表裂缝时拱脚沉降与埋深的关系

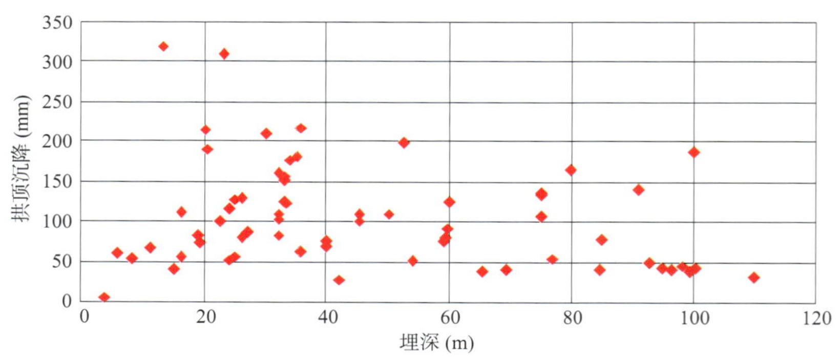

图 4-3-10　出现施工地表裂缝时拱顶沉降与埋深的关系

由图 4-3-8 可知,出现施工地表裂缝时的地表沉降数值分散,多数在 50 mm 以上,平均约100 mm。出现地表施工裂缝的隧道覆土埋深在 60 m 以下。

由图 4-3-10 可知,出现施工地表裂缝时的拱顶下沉数值分散,多数在 50 mm 以上,平均约 100 mm。

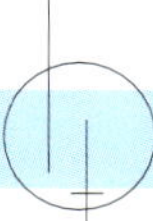

4.3.2　裂缝规律物理探测

(1)测试方法

针对不同的地形条件和隧道埋深,选择高密度电法、探地雷达法、地质地震映像法、面波法、瑞雷波法等物探方法。

(2)测试地点

物探测试工作选择潼洛川隧道进口 DK341 + 396 ~ DK341 + 401(埋深 27 m)、高桥隧道出口 DK349 + 365 ~ DK349 + 370(埋深 34 m)和黄龙村隧道出口 DK244 + 387.5(埋深 11 ~ 12 m)。

针对不同的地形条件,潼洛川隧道进口采用高密度电法、探地雷达、地质地震映像法,高桥隧道出口采用高密度电法、探地雷达、地质地震映像和面波法,黄龙村隧道出口采用高密度电法、探地雷达、地震反射和瑞雷波法,各工点物探测线布置如表 4-3-3 所示。

表 4-3-3　裂缝现场物探测试测点布置

方法 隧道	高密度电法(m/条)	探地雷达(m/条)	地震反射(m/条)	地震映像(m/条)	瑞雷波(点/条)
潼洛川进口	140/2	96/3	—	30/1	—
高桥出口	48/1	64/2	—	30/1	6/1
黄龙村出口	180/2	80/2	142/2	—	15/1
合　　计	368/5	240/7	142/2	60/2	21/2

其中潼洛川隧道进口地表施工裂缝物探方法测试结果如图 4-3-11 所示。

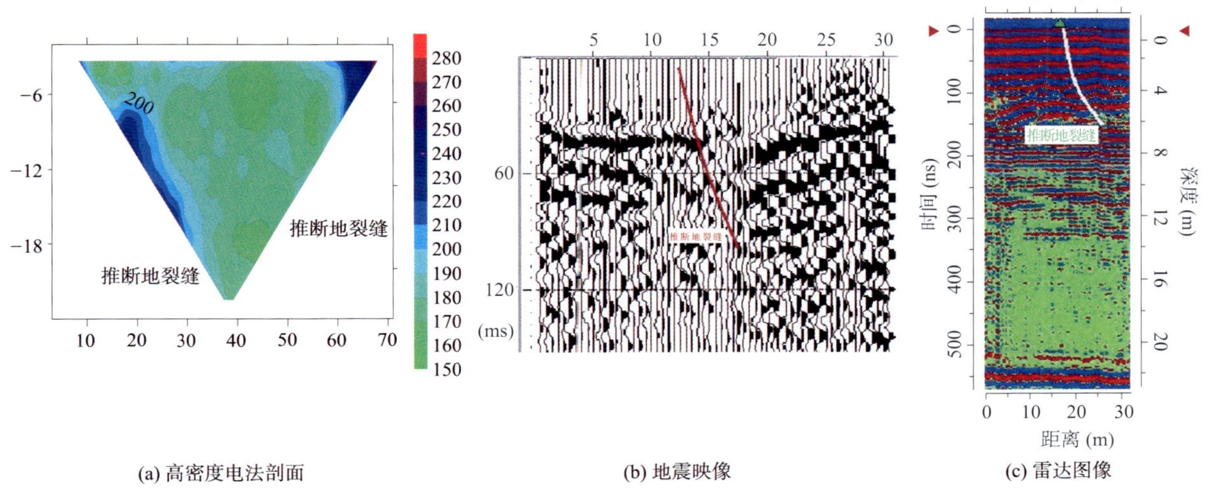

图 4-3-11　潼洛川隧道进口地表裂缝不同物探方法测试结果

①针对潼洛川隧道进口 DK341 + 396 ~ DK341 + 401 平行隧道走向两侧地表裂缝,开展了高密度电法、探地雷达和地震映像三种方法测试,不同方法裂缝深度推断分别为 18 m、7 m 和 15 m,综合推断平行隧道走向的两侧裂缝深度为 15 m,小于隧道覆土埋深(27 m)。

②针对高桥隧道出口右侧 DK349 + 365 ~ DK349 + 370(地形山坡外侧)平行隧道走向的施工裂缝或固有滑坡裂缝,开展了高密度电法、探地雷达、地震映像和面波勘探四种方法测试,各种方法推断裂缝深度分别为 10 m、5 m、12 m 和 15 m,综合推断该平行隧道右侧(山坡外侧)裂缝深度为 10 ~ 12 m,小于隧道埋深(34 m)。

③针对黄龙村隧道出口 DK244 + 387.5 区域横裂缝和纵向裂缝,开展了高密度电法、探地雷达、地震反射波和瑞雷波四种方法的裂缝深度测试。该区段横向裂缝不同方法测试推断裂缝深度为 11 m、

7 m和 11 m，综合判断为 11 m，达到隧道埋深。纵向不同方法测试推断裂缝深度为 14 ~ 10 m、7 ~ 8 m 和 12 ~ 9 m，综合判断为 10 m 左右，基本达到隧道埋深（11 ~ 12 m）。

4.3.3 裂缝规律坑探测试

（1）坑探测试情况

坑探测试裂缝是在较明显裂缝位置灌注白色双飞粉搅拌液，然后用洛阳铲等工具进行探坑开挖，开挖至不见白色颜料为止，测试裂缝深度、裂缝宽度和走向趋势的方法。坑探测试方法是最直观、最可靠的测试地表施工裂缝的方法。

①潼洛川隧道进口

潼洛川隧道进口地表为 Q_3 风积砂质黄土，以下为 Q_2 黄土黏质黄土。隧道埋深 15 ~ 150 m，隧道开挖范围内无地下水出露，洞口地表裂缝如图 4-3-12 所示，两条纵向裂纹明显，呈贯穿趋势，由洞门—天沟—洞身，最大裂缝宽度约 2 ~ 4 cm，无明显错台现象。裂缝从进口洞门向掘进方向发展，裂缝间距呈扩大趋势。里程 DK341 + 400 处，左右两侧裂缝距中线距离大致相等，均为 21 m 左右，平行于线路中线呈对称形分布。

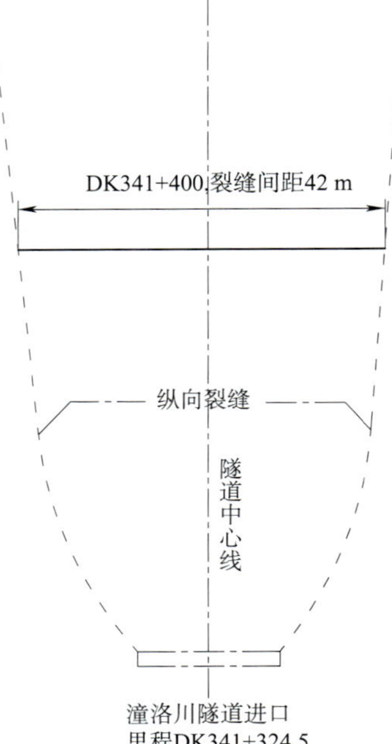

图 4-3-12 潼洛川隧道进口洞口地表裂缝

探坑如图 4-3-13 所示，探坑横向布置于里程 DK341 + 400 处。坑探结果显示：地表裂缝宽 4 cm，垂直下挖至 1.5 m 后裂缝逐渐向隧道内方向倾斜；埋深 0 ~ 1.5 m 裂缝宽度为 3 ~ 4 cm，1.5 m 后裂缝宽度减小为 1 ~ 1.5 cm，深度为 3.5 ~ 4.5 m 后裂缝宽 0.2 ~ 0.3 cm，裂缝再难以看见。

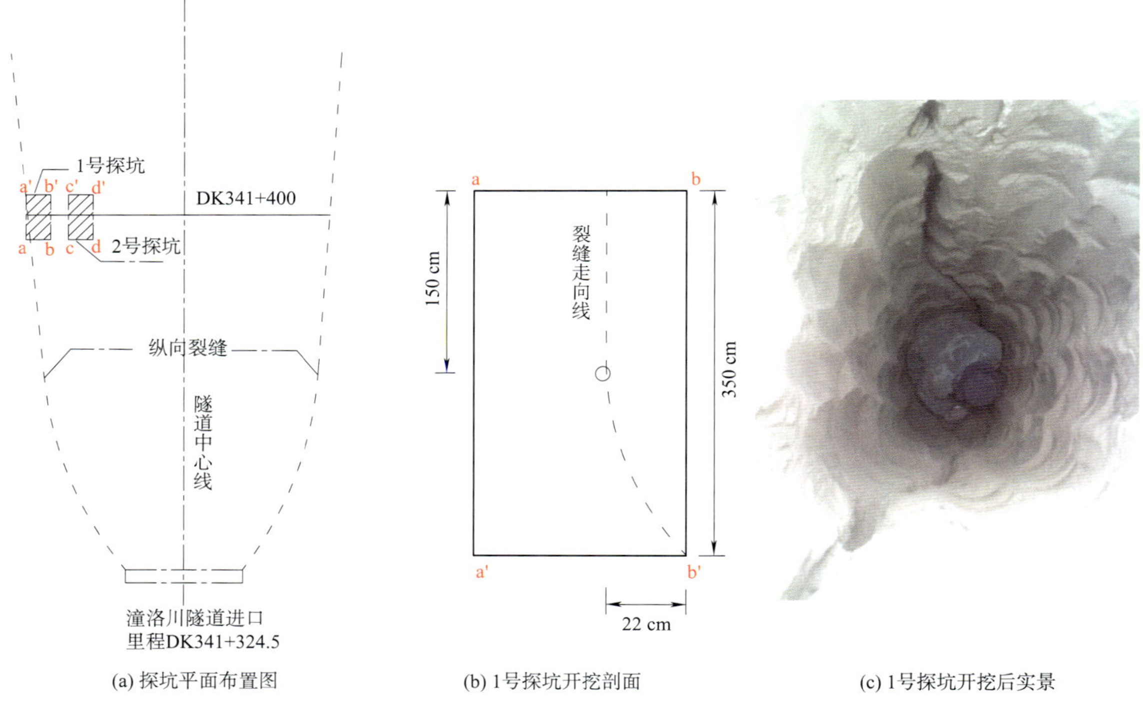

(a) 探坑平面布置图 (b) 1号探坑开挖剖面 (c) 1号探坑开挖后实景

图 4-3-13 潼洛川隧道进口坑探示意图

②高桥隧道出口

高桥隧道洞身穿越地层主要为第四系中更新统风积砂质黄土及黏质黄土，地下水不发育，从现场

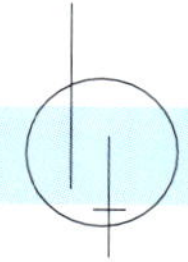

调查情况看,隧道上方山体坡面出现多个滑动裂缝,距拱顶约 20 m 左右,三级平台出现 8 条裂缝。高桥隧道出口地表裂缝实测结果如表 4-3-4 和图 4-3-14 所示。

表 4-3-4　高桥隧道出口裂缝探坑实测结果

隧道名称	测点深度(m)	裂缝宽度(cm)
高桥隧道	0.3	4 ~ 5
	1.4	3 ~ 4
	2.2	0.5
	2.7	0.3 ~ 0.5
	3.7	0.2 ~ 0.3
	4.4	0.2 ~ 0.3

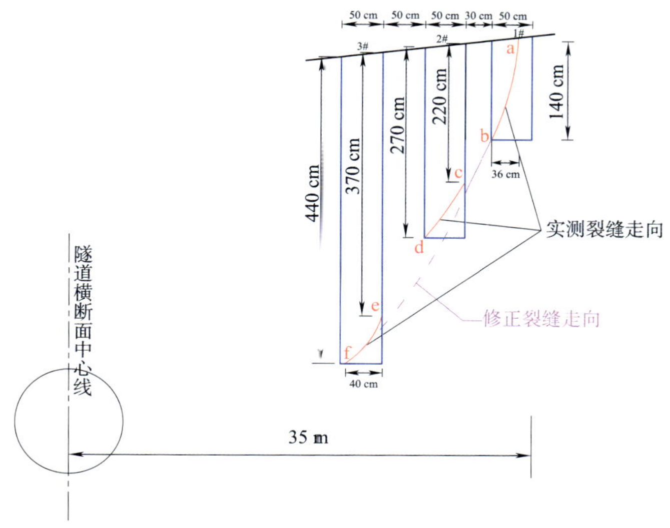

图 4-3-14　高桥隧道探坑深度及裂缝走向

③黄龙村隧道出口

黄龙村隧道出口,地表为 $Q_3^{(2-1)}$ 黏质黄土,下伏地层为 $Q_3^{(2-2)}$ 砂质黄土,隧道埋深 11 ~ 18 m,地表为农民种植的果园,场地平整,属浅埋隧道。地表共形成四条纵向裂缝,裂缝发展明显,已贯穿整座隧道,最大裂缝宽度约 2 ~ 4 cm,无明显错台现象。裂缝从出口洞门向掘进方向发展,洞门位置为陡峭边坡,由于洞门处采用管棚支护,裂缝扩展范围较小,但纵向裂缝间距仍呈现扩大趋势,距出口洞门约 23 m 后,裂缝间距变得较为稳定。四条地表纵向裂缝在隧道两侧基本对称分布,如图 4-3-15 所示。地表裂缝1.5 cm,深度从 0.3 m 处以下裂缝逐渐向隧道内方向倾斜,埋深 0 ~ 1.1 m 裂缝宽度裂缝宽度为 1.5 cm,几乎没有变化;深度为 1.1 ~ 1.5 m裂缝宽度减小为 0.5 ~ 0.3 cm;深度为 1.5 ~ 2.0 m 裂缝宽度约 0.3 ~ 0.2 cm;深度 2.0 ~ 2.8 m 裂缝宽度 0.2 ~ 0.1 cm,裂缝再难以看见。

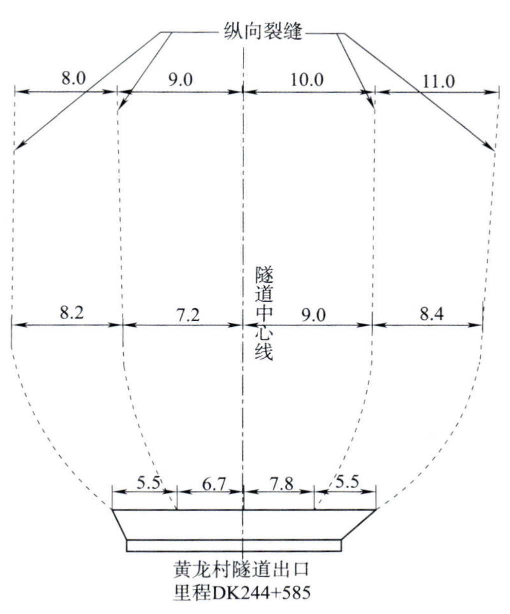

图 4-3-15　黄龙村隧道纵向裂缝及探坑(单位:m)

(2)施工地表裂缝坑探测试结果分析

①从坑探情况看,黄土的原生竖向节理特征明显,但垂直节理表面不规则。地表一般存在原生节理、风化节理和卸荷节理,它们共同组合切割黄土,将黄土体分裂切割成碎块的节理网,当含水率较低时,如同松散的软岩,但由于黄土的特殊性而具有一定的结构强度。而高桥隧道出口的多阶滑坡可视为构造节理所产生的,由于施工扰动破坏其天然应力状态导致黄土边坡构造节理的扩大而形成的。

②从潼洛川隧道和黄龙村隧道的裂缝形状来看,黄土物理力学性质对裂缝的产生和发展有着重要影响。黏质黄土由于含有较多的黏土颗粒,结构体内黏聚力较大,其形成的裂缝地表层垂直深度较大,类似于黏土边坡破坏情况,且裂缝表面不规则。而砂质黄土中黏粒含量相对较少,结构体内黏聚力也比较小,因此节理面强度与结构体内强度相差不大,其产生的竖向垂直裂缝深度一般较小或没有。

③黄土地区隧道施工中一般出现的地表裂缝有两种类型:一是平行线路走向的纵向裂缝;二是垂直于线路走向的环向裂缝。纵向裂缝和环向裂缝出现的位置和宽度取决开挖断面形状和大小、土体自身的物理力学性质(尤其是黄土结构特性)、隧道所处的场地工程地质条件(特别是覆盖层厚度)以及具体的施工方法有关。潼洛川隧道覆盖层厚度为30 m,纵向裂缝间距为42 m,并且是随着覆盖层厚度的增大而逐渐增大。黄龙村隧道覆盖层厚度约11 m,上台阶开挖时,内侧纵向裂缝间距仅为19 m。下台阶施工后形成外侧纵向裂缝间距为38 m。

④关于裂缝的发展深度问题。通过实际调查发现,黄土体由于隧道施工的扰动,土体内部会产生破坏滑动面,当滑动面较陡时(近似垂直),由于土体内部产生的拉应力和竖向节理作用,而发生张开裂缝,当滑动面逐渐变缓时,由于土体竖向自重应力作用,不可能产生裂缝,但滑动面可能仍然存在。

4.3.4 裂缝规律有限元分析

黄土隧道施工地表裂缝的发展趋势可以采用有限元方法进行分析,而裂缝的发展过程应采用离散元法进行。

(1)原　　理

有限元的研究对象为连续体,黄土裂缝形成后是非连续体,因此黄土隧道施工地层裂缝有限元分析目的是分析隧道开挖后产生裂缝的趋势和大致发展范围。在连续体的条件下,可能产生裂缝的位置判断主要依据是:①剪应力大于地层抗剪强度;②相同埋深下水平位移最大点连线(位移突变点);③竖直位移反弯点连线。

(2)黄土隧道施工裂缝趋势分析

计算分析采用ANSYS平面应变有限元分析模型,两侧面边界为水平位移约束,底面边界为竖向位移约束,模型上部边界为自由边界。初期支护采用BEAM3梁单元,围岩采用PLANE42平面实体单元。有限元分析模型和网格划分如图4-3-16所示。

根据黄土隧道现场试验资料,围岩与初期支护的计算参数如表4-3-5所示。

表4-3-5　围岩及材料物理力学指标

材　　料	含水率(%)	重度(g/cm^3)	黏聚力(kPa)	内摩擦角(°)	μ	弹性模量(MPa)	基床系数(MPa/m)
新黄土(较干)	12.0	1.54	25.2	19.4	0.3	43.2	42.0
新黄土(较湿)	25.0	1.95	10.0	15.0	—	29.2	18.0
老黄土(较干)	19.2	2.0	35.0	25.6	0.3	45.0	80.0
老黄土(较湿)	29.0	2.15	15.0	21.0	—	30.0	40.0
支护喷混凝土	—	2.0	1 030	30	0.2	29 500	—

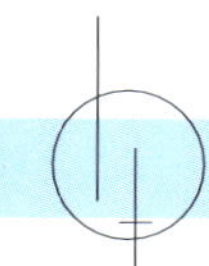

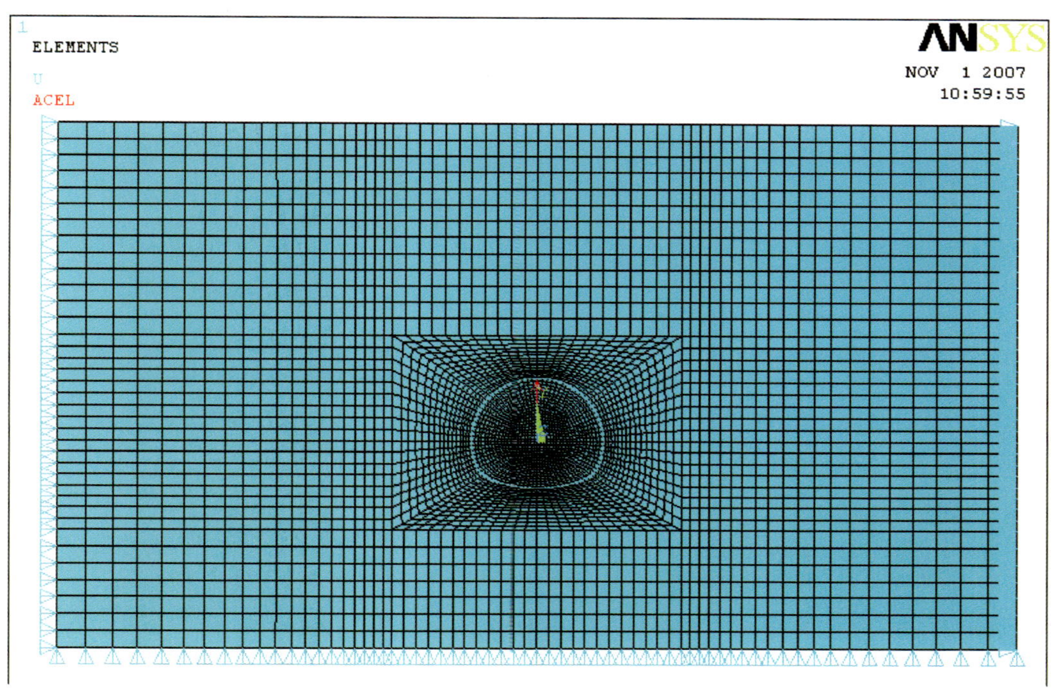

图 4-3-16　有限元分析模型和网格划分

隧道埋深 30 m,全断面开挖方法条件下,经过计算得到围岩在同一深度下地层水平位移、竖直位移、剪应力及它们与距隧道中心距离的关系曲线分别如图 4-3-17 ~ 图 4-3-19 所示。隧道中线拱顶以地层竖向位移与深度的关系曲线如图 4-3-20 所示。

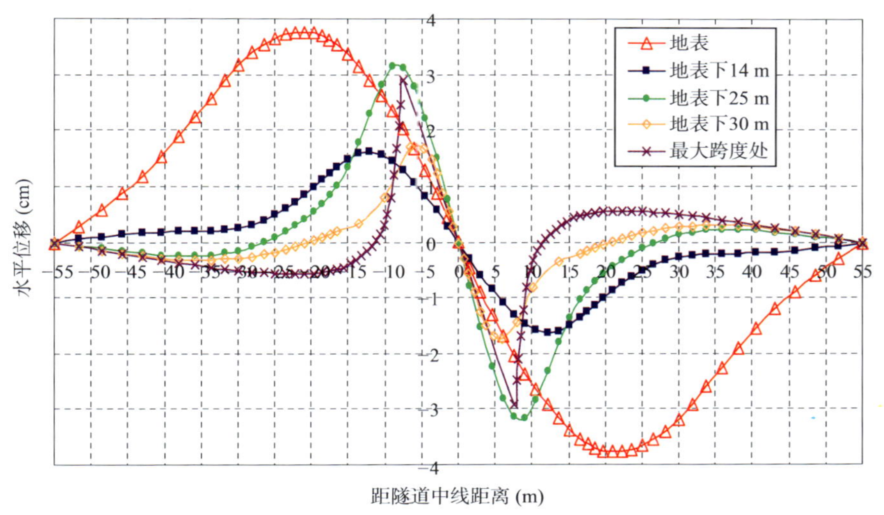

图 4-3-17　隧道埋深 30 m 地层水平位移与隧道中心距离的关系曲线

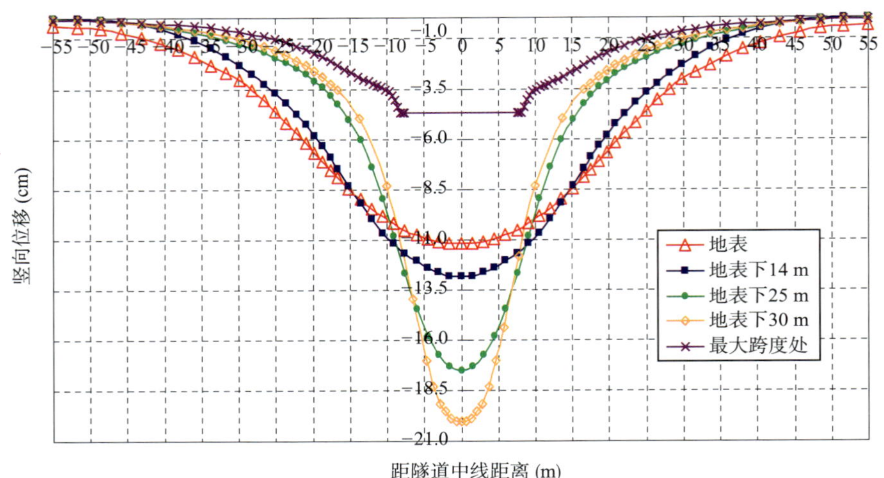

图 4-3-18　隧道埋深 30 m 地层竖直位移与隧道中心距离的关系曲线

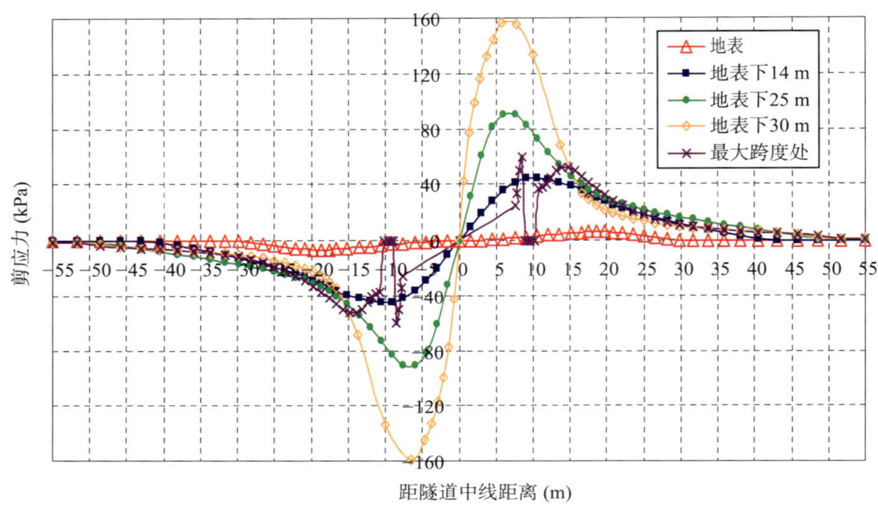

图 4-3-19　隧道埋深 30 m 地层剪应力与隧道中心距离的关系曲线

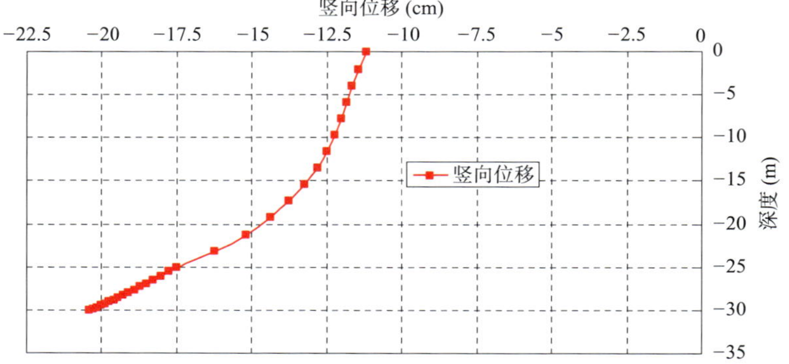

图 4-3-20　埋深 30 m 隧道中线拱顶以上地层竖向位移与深度的关系曲线

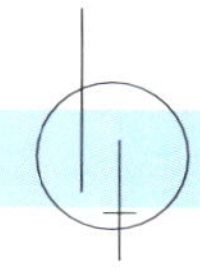

依据同一埋深条件下地层水平位移的最大值连线、剪应力大于黏聚力连线和竖向位移反弯点连线的规律，裂缝位置和深度范围如图 4-3-21 所示。

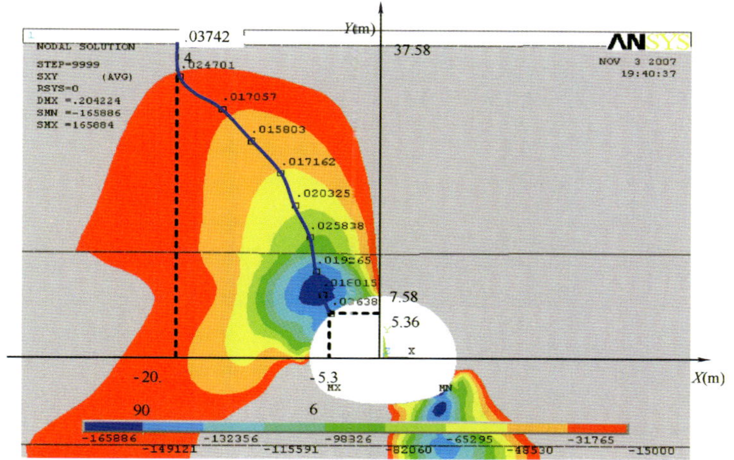

图 4-3-21　隧道埋深 30 m 裂缝趋势线

地表 27 m 新黄土、以下为老黄土地层，隧道埋深 30 m 条件下，施工地表纵向裂缝位于轴线两侧 20. 90 m 附近，该处最大水平位移 3. 7 cm，裂缝以倾角约 64. 3°向隧道内侧，直到隧道拱腰（拱顶下 2. 22 m）。隧道拱顶下沉 20. 4 cm，水平收敛 3. 8 cm。

针对不同开挖方法和隧道埋深也进行了上述分析，不同埋深、全断面法开挖的地层裂缝发生趋势是：当隧道埋深小于 50 m 时，地层纵向裂缝能够到达地表，埋深增加裂缝深度、裂缝距隧道中心距离均增大，裂缝倾角有变化，范围在 56° ~67°之间；而埋深大于 50 m 后，地层裂缝不能发展到地表，且裂缝发展范围从拱顶向地表发展，地表附近滑动趋势变小，而裂缝距离隧道中心距离不变，深度增加，倾角变大。

不同埋深、台阶法开挖的地层裂缝发生趋势是：当隧道埋深小于 40 m 时，地层纵向裂缝能够到达地表，埋深增加裂缝深度、裂缝距隧道中心距离均增大，裂缝倾角也增大，范围在 56° ~62°之间；而埋深大于 40 m 后，裂缝从拱顶向地表发展，地表附近滑动趋势变小，地层裂缝不能发展到地表，裂缝距离隧道中心距离基本不变，深度增加，倾角变大。

全断面施工与台阶法施工相比较，在相同埋深时地层纵向裂缝距隧道中心距离基本相同，而全断面法施工的地层裂缝深度、裂缝倾角、裂缝最低点到拱顶距离要大，隧道拱顶下沉和水平收敛值均要大。全断面法施工时，埋深大于 50 m 时，裂缝不能达到地表，台阶法时埋深大于 40 m 时裂缝不能达到地表。因此从控制地层裂缝方面看，台阶法优于全断面法。

不同埋深、不同施工方法，地层纵向裂缝位置和范围分别如表 4-3-6 和表 4-3-7 所示。

表 4-3-6　全断面施工地层纵向裂缝位置和范围

埋　深（m）	裂缝与隧道中心距离（m）	裂缝深度（m）	裂缝倾角（°）	裂缝最低点到拱顶距离（m）	变形最大值（cm）	
					拱　顶　下　沉	水　平　收　敛
10	12. 1	11. 5	55. 3	1. 5	23. 8	5. 5
20	15. 6	22. 7	64. 5	2. 7	18. 3	5. 7
30	20. 9	32. 2	64. 3	2. 2	20. 4	3. 8
40	26. 5	42. 7	64. 1	2. 7	22. 7	5. 5
50	28. 2	52. 7	65. 0	2. 7	24. 8	5. 3
80	25. 0	53. 1	68. 3	2. 2	33. 3	5. 1
100	25. 0	60. 7	71. 7	1. 8	35. 3	5. 4

表 4-3-7　台阶法施工地层纵向裂缝位置和范围

埋　深(m)	裂缝与隧道中心距离(m)	裂缝深度(m)	裂缝倾角(°)	裂缝最低点到拱顶距离(m)	变形最大值(cm)	
					拱 顶 下 沉	水 平 收 敛
10	12.1	11.5	55.3	1.5	14.2	3.0
20	15.6	21.8	61.9	1.8	13.5	3.2
30	20.9	31.8	63.3	1.8	15.8	2.2
40	26.5	41.5	62.0	1.5	15.2	2.3
50	26.5	35.0	58.5	1.5	18.3	2.7
80	25.0	50.1	65.2	1.1	25.8	2.9
100	25.0	54.5	68.7	1.1	30.6	2.8

(3)宏观各向异性黄土介质的有限元分析

根据裂缝形成机理,浅埋黄土隧道施工后隧道上方地层形成滑动趋势面的地表部分,因拉应力或剪应力超过土体强度而破坏,因直立性较好而形成可见裂缝。其裂缝以向内倾斜的竖直裂缝为主,因此,在宏观各向异性分析中,黄土竖直方向力学性质取表 4-2-1 相同数值,水平方向的力学参数增大 10%,水平方向的变形参数增大 15%。

选择各向同性介质相同计算模型,不同埋深时全断面法施工和台阶法施工时,地层裂缝参数分别如表 4-3-8 和 4-3-9 所示。

表 4-3-8　宏观各向异性时全断面施工地层裂缝参数

埋　深(m)	裂缝与隧道中心距离(m)	裂缝深度(m)	裂缝倾角(°)	剪应力大于黏聚力范围至地表距离(m)	裂缝最低到拱顶距离(m)	变形最大值(cm)	
						拱 顶 下 沉	水 平 收 敛
20	15	18.19	58.2	2.5	1.19	15.4	3.1
30	19	25.83	61.1	5.5	1.83	18.3	3.25
40	22	32.83	63.3	8.5	1.83	24.78	4.86
50	24	40.83	66.8	11	1.83	31.83	6.28
70	25	50.83	71.2	21	1.83	46.5	8.7

表 4-3-9　宏观各向异性时台阶法施工地层裂缝参数

埋　深(m)	裂缝与隧道中心距离(m)	裂缝深度(m)	裂缝倾角(°)	剪应力大于黏聚力范围至地表距离(m)	裂缝最低到拱顶距离(m)	变形最大值(cm)	
						拱 顶 下 沉	水 平 收 敛
20	15	19.49	58.2	1.5	1.49	19.1	5.3
30	20	27.83	60.4	4	1.83	20.9	5.4
40	23	35.83	63.3	6	1.83	27.9	8.23
50	25	43.83	64.9	11.8	1.83	35.78	10.95
70	26	57.83	71.3	14	1.83	52.3	16.3

4.3.5　裂缝发展规律离散元分析

(1)原　　理

离散单元法是将所研究的区域划分成一个个分离的多边形块体单元,单元之间可以看成角—角接触、角—边接触或边—边接触,而且随着单元的平移和转动,允许调整各单元之间的接触关系。最终,块体单元达到平衡状态,也可能一直运动下去。离散单元法理论基础是结合不同本构关系的牛顿第二运动定律,因而可以采用动态松弛法和静态松弛法进行迭代求解。

3DEC 程序是以二维的 UDEC 应用程序为基础，用离散单元法（Discrete Element Method，DEM）写成的数值分析程序，可仿真三维节理岩体的力学行为。

3DEC 将岩体视为由许多完整岩块所组成，各完整岩块间由岩体中不连续面分隔，而各完整岩块间之接触面视为岩块边界。完整岩块可被模拟成刚体（rigid block）或可变形体（deformable block）。3DEC 在模拟可变形岩块时，将岩块自动分割成许多次级块体（sub-block），每个次级块体可配合所选用的材料类型组成在外力作用下的变形体。在节理的模拟方面，主要根据位移—作用力法则，计算岩块在节理面上的剪应力和法向应力，作为岩块的应力边界条件，因此可模拟岩块大位移与转动的情况。

因此可以针对不同地层节理深度、不同隧道埋深、新黄土或老黄土、洞室形状和施工方法等（表 4-3-10），对黄土隧道施工地层裂缝发展规律进行系统研究。

表 4-3-10　离散元分析研究内容

原始节理深度	5 m	15 m	20 m	25 m	至拱顶	至拱腰	至隧底
隧道埋深	20 ~ 100 m						
节理方向	与隧道方向平行的纵向垂直节理、与隧道方向垂直的横向垂直节理						
黄土性质	新黄土、老黄土、上新下老黄土						
洞室形状	圆形、马蹄形						
施工方法	全断面法、台阶法						

（2）黄土隧道施工裂缝发展规律分析

黄土地层和地层原始纵、横向垂直节理的 3DEC 隧道模型如图 4-3-22 所示。

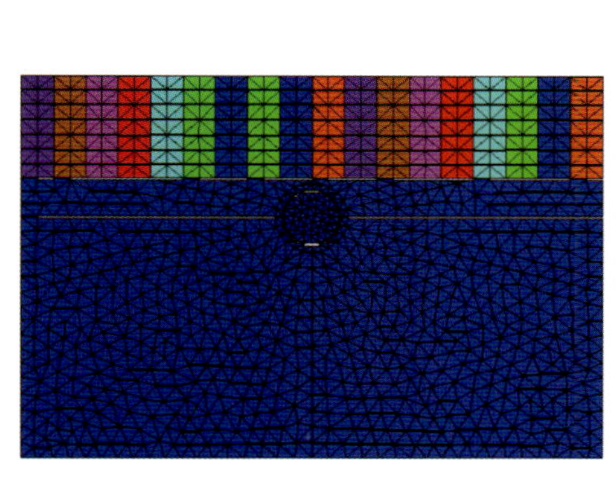

(a) 原始纵向垂直节理隧道模型

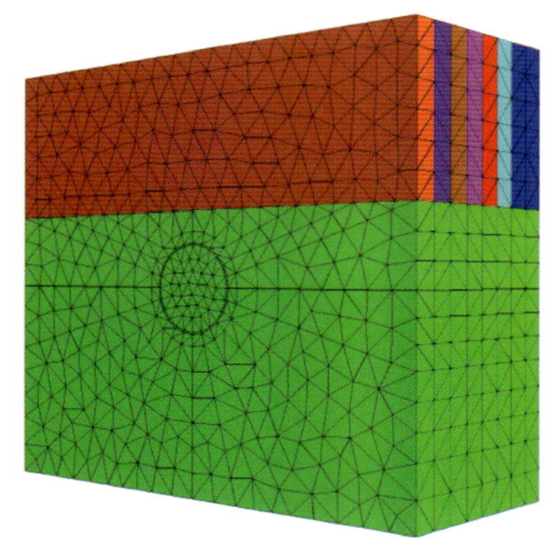

(b) 原始横向垂直节理隧道模型

图 4-3-22　原始纵向和横向垂直节理 3DEC 隧道模型

①上覆新黄土地层存在纵向原始垂直节理、圆形隧道，施工地层裂缝规律

设隧道埋深 5 m，纵向原始垂直节理深 5.0 m，隧道全断面施工计算结果如图 4-3-23 所示（以模型左侧 $x<0$ 半结构为例）。

隧道中轴线两侧 32 ~ 40 m 处垂直节理地表张开最大，裂缝宽度 1.8 mm；轴线两侧 48 ~ 64 m 垂直节理地表张开逐渐减小，缝宽 0.7 ~ 1.3 mm；轴线两侧 16 m 以内垂直节理地表受挤压、不形成裂缝，因此最有可能形成地表裂缝位置在隧道中轴线两侧 32 ~ 40 m 处，最大地表裂缝宽度为 1.8 mm。各节理张开量随着深度增加逐渐减小，说明裂缝宽度随深度增加逐渐减小。

②不同条件下地表裂缝发生位置和宽度

假定地表 20 m 为新黄土、以下为老黄土，上覆新黄土地层存在纵向原始垂直节理、圆形隧道，不同

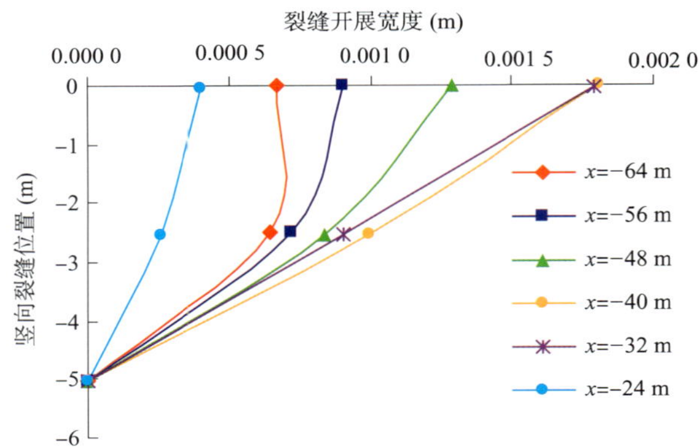

图 4-3-23　节理和深度 5 m 时地层裂缝规律

隧道埋深和支护封闭时机条件下，施工地层裂缝最可能发生位置、最大地表裂缝宽度和最大地表沉降之间的关系如表 4-3-11 所示。

表 4-3-11　不同条件下地表裂缝发生位置和宽度

隧道埋深	仰拱施作时机	地表裂缝最可能发生位置（距隧道中线）(m)	最大地表裂缝宽度(mm)	最大地表沉降(cm)
30 m	仰拱支护落后拱墙支护 1 m	32	1.3	6.2
	仰拱支护落后拱墙支护 8 m	24 ~ 32	2.8	9.3
	无仰拱支护	32 ~ 40	3.5	10.8
50 m	仰拱支护落后拱墙支护 1 m	56 ~ 64	2.1	6.6
	仰拱支护落后拱墙支护 1 m	56 ~ 64	3.4	10.8
	无仰拱支护	56 ~ 64	3.8	12.0
100 m	仰拱支护落后拱墙支护 1 m	>64	0.3	2.1
	仰拱支护落后拱墙支护 1 m	>64	0.4	2.7
	无仰拱支护	>64	0.5	3.4

地表裂缝最可能发生位置，随着隧道埋深增加至隧道轴线的距离变大。隧道埋深较浅时，地表裂缝宽度随埋深增加而增加；隧道埋深大于某一深度时，地表裂缝宽度随埋深增加反而减小。黄土原始垂直节理裂缝开展宽度，在地表最大，地表以下逐渐减小。隧道正上方，对应地表沉降槽底部范围内原始垂直节理由于受扰动地层的挤压作用，不形成裂缝。最大地表裂缝宽度与施工地表沉降有一定的对应关系，地表沉降越大，地表裂缝宽度相应增大。

施工地表裂缝最可能发生的位置与地表沉降曲线中的拐点位置接近。同一埋深条件下，地表沉降曲线越平缓，地表裂缝宽度越小。

③上覆新黄土地层存在横向原始垂直节理，施工地层裂缝规律

设隧道埋深和横向原始垂直节理深 30 m，计算结果如图 4-3-24 所示。开挖过程中 $z=4$ m、$z=8$ m、$z=12$ m、$z=16$ m 位置处预设的横向垂直节理不能产生地表裂缝或者产生很微小的裂缝，可忽略；开挖过程中 $z=20$ m 处预设的横向垂直节理在地表产生裂缝，随着开挖步的增加，裂缝宽度逐渐扩展，最大可达到 0.5 mm，之后裂缝宽度开始收敛，逐渐闭合为 0 mm；开挖过程中 $z=24$ m 处预设的横向垂直节理在地表产生裂缝，随着开挖步的增加，裂缝宽度先逐渐扩展，最大可达到 1.7 mm，之后裂缝宽度开始收敛，逐渐闭合为 0 mm。

开挖过程中 $z=28$ m 处预设的横向垂直节理在地表产生明显裂缝，随着开挖步的增加，裂缝宽度逐渐扩展，隧道开挖至 $z=18$ m 时，即开挖面距离该横向节理 10 m 时，裂缝宽度可达到最大值 4.5 mm，之后裂缝宽度开始收敛，当隧道开挖至 $z=26$ m 时，即开挖面落后该横向节理 2 m 时，闭合为 0 mm。

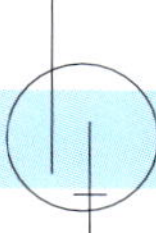

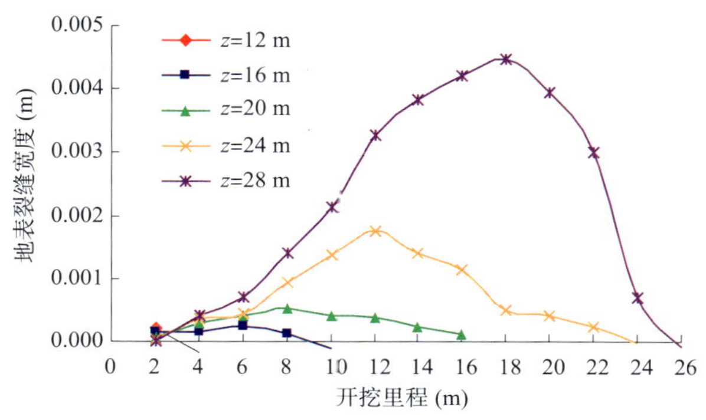

图 4-3-24 埋深 30 m 时横向地表裂缝随开挖过程变化规律

4.3.6 裂缝形成规律

通过以上对黄土隧道地表裂缝的调查、物探和坑探成果的研究，结合地表裂缝形成机理的分析，总结出以下有关黄土隧道地表裂缝的形成规律。

(1)地表裂缝出现的时间

在黄土隧道洞口浅埋段，隧道开挖半个月左右，洞口仰坡隧道范围外两侧喷混凝土面出现纵向裂缝；洞顶地表平坦没有偏压的，30 ~ 45 d 后地表中线两侧各出现 1 ~ 2 条与隧道中心线平行的纵向裂缝，而且随着开挖的推进，裂缝也向前发展，如果开挖暂停 3 d 以上，则对应掌子面前方地表处会出现 1 条横向裂缝，与纵向裂缝联通，形成怀抱式横向裂缝。

(2)地表裂缝出现的隧道埋深

黄土隧道洞口浅埋区段地表多可见裂缝，调研隧道裂缝出现断面埋深一般小于 2 ~ 3 倍洞径，最大可达 4 倍洞径，如郑西高速铁路高桥隧道(埋深 60 m)仍出现地表裂缝。在部分倾斜地形条件下，也有可能大于 4 倍洞径的埋深时，地表仍有可见裂缝。

(3)地表裂缝出现位置

裂缝位置为隧道洞顶中线两侧形成纵向裂缝，裂缝方向均向内倾斜，两纵向裂缝中间伴随一些横向裂缝。开挖掌子面前方已有可见裂缝产生，随着隧道开挖裂缝不断向前延伸发展。裂缝由地表浅层垂直，逐渐以曲面倾向于隧道中心，实测裂缝面倾角 57° ~ 73°(裂缝与隧底的夹角)。

(4)地表裂缝深度

黄土隧道施工地表裂缝是因楔形滑动体滑动面剪裂或拉裂，并且首先开裂是从隧道周边开始逐渐向外或向上发展。地表裂缝随楔形滑动体变形而张开，在地层内部主要表现为错动。其中横向裂缝在开挖面前先张开，在开挖面到达和通过后随地层变形裂缝又闭合。

地表可测试的可见裂缝深度有限，约为 3 ~ 5 m，当黄土隧道埋深小于 1 倍洞径时，地表裂缝与隧道呈贯通趋势。

(5)地表裂缝出现的变形

大量黄土隧道施工资料显示，出现施工地表裂缝时的地表沉降、拱顶下沉数值分散，多数在 50 mm 以上，平均约 100 mm；郑西高速铁路大断面黄土隧道施工地表沉降监测记录为 90 ~ 252 mm，地表可见裂缝或宽大裂缝多发生于地表沉降值在 80 mm 以上。因此，控制地表裂缝的发生，可以通过控制地表沉降量实现。

(6)地表裂缝与坍塌漏斗

在支护不及时时，黄土隧道开挖中易发生围岩坍塌并可到地表，而坍塌面多为沿隧道最大开挖跨度的近乎直立面，少见由楔形滑动面的坍塌。

(7)地表裂缝宽度

坑探显示地表处裂缝宽度最大，随深度增加裂缝宽度逐渐减小。纵向裂缝宽度大于横向裂缝。

4.4 黄土隧道施工地层裂缝规律室内模型试验

黄土隧道施工地层裂缝模型试验，主要目的是分析在不同埋深和隧道施工方法条件下的黄土隧道施工地表裂缝的形成条件、裂缝发生、发展与分布规律。试验要考虑的主要影响因素有：①裂隙（缝）黄土工程地质特征；②黄土隧道的覆土深度；③黄土隧道施工方法。

4.4.1 模型试验相似比的确定

隧道开挖导致黄土体内出现暴露的临空面，在地层荷载和施工重分布荷载作用下，地层产生变形以至破坏。裂缝的产生和发展与围岩变形关系密切，而地层变形与土体颗粒间的惯性力、摩擦力、黏聚力和土体的重力、弹性力、应力及外力等有关。此外，摩擦力、黏着力、弹性力及黏性力要受到土体的变形、变形速度及土体失水而使土体相对变硬（强度提高）等因素的影响，还有湿度、温度等许多参数对土体的影响等，情形较为复杂。因此，影响围岩变形和地层裂缝的物理量有：

$$\left.\begin{aligned}&\text{惯性力}:F_1=\rho L^2v^2\\&\text{重力}:F_g=\rho gL^3\\&\text{黏聚力}:F_c=cL^2\\&\text{内摩擦力}:F_f=N\mu=N\cdot\tan\varphi\\&\text{外力}:F\\&\text{弹性力}:F_e=L^2E\varepsilon\\&\text{变形速率}:\varepsilon^\circ=\frac{\varepsilon}{L}\\&\text{面力}:F_\sigma=\sigma L^2\end{aligned}\right\}\tag{4-4-1}$$

式中 ρ 为土体的密度；c 为土体的黏聚力；μ 为土体的内摩擦系数；φ 为土体的内摩擦角，假定它是与土体变硬程度、变形及变形速度无关的常数；L 为长度；v 为速度；N 为压力；g 为重力加速度；E 为土体的弹性模量；ε 为土体的应变；σ 为应力。

在隧道二维平面上，破裂滑动面如图 4-4-1 所示。

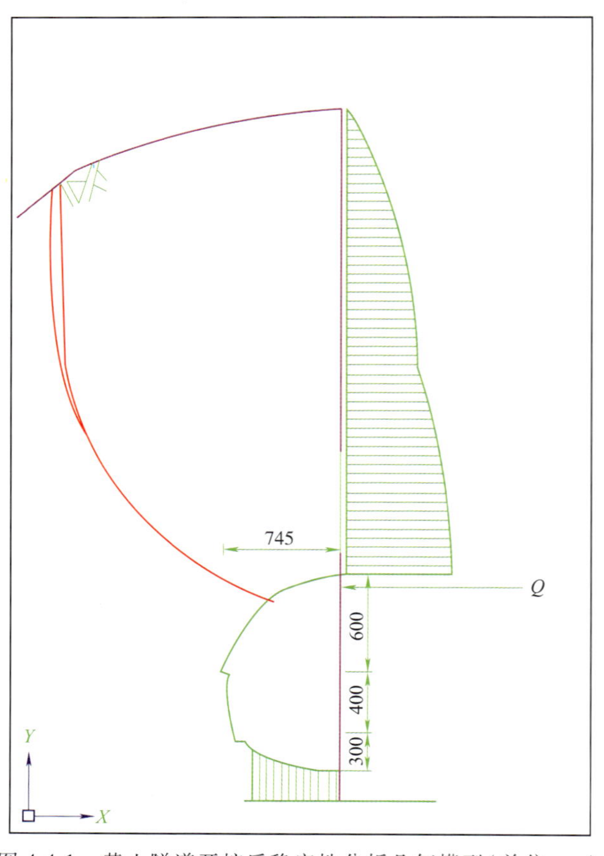

图 4-4-1　黄土隧道开挖后稳定性分析几何模型（单位：cm）

根据上述分析及所建模型，施工地层裂缝主要相关参数有含水率 w（或干密度 ρ_d）、埋深 H、隧道开挖断面的宽度 B、地层变形模量 E、泊松比 ν、内摩擦角 φ 和黏聚力 c。

考虑到土的变形模量 E，泊松比 ν 以及土体中的应力 σ 与土的含水率 w、干密度 ρ_d 以及埋深 H 相关，故可将其中的 ρ_d、H、φ、c 视为独立变量。

即裂缝：

$$d=f(\rho_d,c,E,l,w,\varphi)\tag{4-4-2}$$

根据相似理论量纲分析得相似判据：

$$\pi_1=\frac{\rho_d\cdot d}{c},\pi_2=\frac{\rho_d\cdot l}{c},\pi_3=w,\pi_4=\varphi$$

确定模型几何相似比后，据此计算各物理量的相似比。

4.4.2　模型试验装置

黄土隧道施工地层裂缝试验可以根据几何相似比的大小在模型槽（图 4-4-2）或模型箱（图4-4-3）内进行。

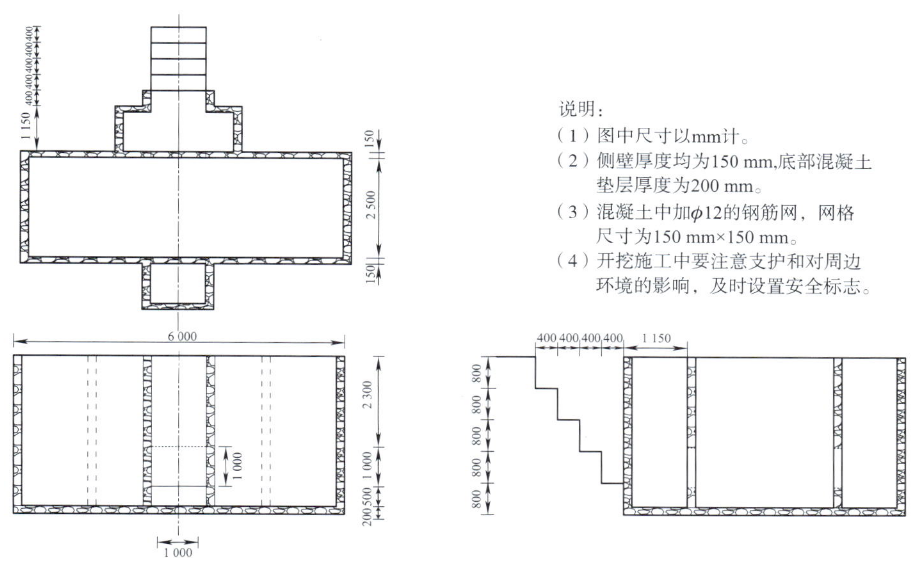

图 4-4-2　模型试验槽构造尺寸

图 4-4-3　模型试验箱（3 m × 2 m × 1 m）

隧道采用人工开挖，初期支护采用石膏，喷射浆体采用自制压浆机，喷射压力 0.1 MPa。模型槽壁在填土使用前用薄塑料板贴面，减少端部摩擦应力。

4.4.3 模型试验相似材料选择

(1)黄土裂缝性能试验

根据郑西高速铁路隧道的试验数据黄土干密度 1.55 g/m^3,含水率 w = 12.0% 的统计值,按相同干密度和含水率进行室内重塑,土样采用分块制样,后将两块土样合并的方法进行黄土裂缝试验。直剪试验结果如表 4-4-1 所示,黄土剪切平均 c 值为 14.6 kPa,平均 φ 值为 36.9°;黄土裂缝剪切平均 c 值为 1.7 kPa,平均 φ 值为 35.9°。黄土裂缝剪切强度基本接近黄土自身的残余强度。

表 4-4-1　黄土裂缝直剪试验参数

性　　能	黏聚力 c(kPa)	内摩擦角 φ(°)
黄　　土	14.6	36.9
裂　　缝	1.7	35.9

黄土裂缝三轴试验,土样采用制样器后(分三层击实)再用钢片切割形成裂缝,试验结果如表 4-4-2所示,均质黄土 c = 12.8 kPa,φ = 33.4°;黄土裂缝 c = 3.6 kPa,φ = 30.7°。

表 4-4-2　不同围压下黄土的峰值抗压强度

围压 σ_3(kPa)		0	6.5	31.5	56.5	106.5
峰值抗压强度平均值(Pa)	均 质 黄 土	48.6	99.2	186.3	273.7	457.5
	裂 隙 黄 土	32.0	74.0	152.0	228.1	394.2
强度损失比(%)		34.2	25.4	18.4	16.7	13.8

(2)地层黄土模型材料性能试验

黄土模型试验材料可用黄土状粉土 + 滑石粉或黄土状粉土 + 滑石粉 + 细砂,对其进行力学性能试验,确定合理配合比。

模型材料在相同干密度条件下,压缩模量与含水率呈递减关系,含水率越高则压缩模量越低。不同配比材料在不同密实度下,材料性能影响显著,最后确定的黄土隧道模型试验材料参数如表 4-4-3 所示。

表 4-4-3　不同干密度下的压缩模量、黏聚力和内摩擦角试验数据

干密度(g/cm^3)	1.55	1.50	1.45	1.35	1.28
压缩模量 E_{s1-2}(MPa)	3.8	3.4	3.0	2.6	2.4
黏聚力 c(kPa)	12.0	9.1	6.0	2.5	1.6
内摩擦角 φ(°)	31.1	30.8	30.2	29.1	26.8

(3)支护喷射混凝土石膏模型材料性能试验

不同水膏比、通过掺加不同比例(0.05%、0.025%、0.015%)柠檬酸,试验石膏初凝时间,并确定缓凝剂掺量。

应用正交试验方法,减少试验组数。通过采用不同水膏比分析石膏模型材料力学性能(不同养护时间),并确定合理水膏比。通过大量的试验最终确定了模型材料参数如表 4-4-4 所示。

表 4-4-4　模型试验材料基本力学性能

模型黄土	液限(%)	塑限(%)	塑性指数	含水率(%)	密度(g/cm^3)
	22.50	16.80	5.70	10.0±1.0	1.36±0.03
	黏聚力 c(kPa)	内摩擦角(°)	压缩模量 $E_{s0.0\sim0.05}$	基床系数(MPa/m)	
	1.0±1.2	30.0±3.0	0.43	2.1	
模型支护(石膏)	水膏比	黏聚力(kPa)	内摩擦角(°)	弹性模量(MPa)	抗压强度(MPa)
	1.0	250	48	2.7×10^3	1.2

4.4.4　室内模型试验工况

完成不同工况的模型试验共计 15 组，具体安排如表 4-4-5 所示。实验重点对隧道施工中产生地表裂缝的位置、深度、宽度和地表沉降以及支护封闭滞后的影响进行试验研究。

表 4-4-5　试验分组一览表

试验序号	模型比	试验编号	试验日期	埋深(cm)	节理情况	试验目的
1	20	CW-286	07.7.28～7.3	286	无	模型黄土拌和、填筑试验以及开挖。
2			07.7.19～7.22	84	无	破坏性试验
3		CW-84	07.7.23～7.26	84	无	获取实验数据
4		CW-50	07.7.27～9.4	50	无	获取实验数据
5		CY-50	07.9.5～9.10	50	有	获取实验数据
6		CY-150	07.9.11～9.18	150	有	获取实验数据
7		CW-150	07.9.21～9.26	150	无	获取实验数据
8		CW-250	07.9.27～10.5	250	无	获取实验数据
9	40	XW-25	07.10.13～10.16	25	无	破坏性试验
10		XW-25	07.10.17～10.18	25	无	获取实验数据
11		XW-75	07.10.19～10.21	75	无	获取实验数据
12		XY-25	07.10.22～10.25	25	有	获取实验数据
13		XY-75	07.10.26～10.30	75	有	获取实验数据
14		XW-T25	07.11.1～11.4	25	无	偏压隧道情况
15		XY-SH75	07.11.5～11.15	75	有	围岩浸水情况

试验编号说明：C 表示大模型槽；X 表示大模型箱；W 表示地层中无节理情况；Y 表示地层中有节理情况；“-25”等数值表示埋深；T 表示斜坡最小埋深；SH 表示地层浸水。

4.4.5　室内模型试验成果

(1)变形结果与分析

①隧道施工地表沉降与埋深的关系

每组试验按一次(拱、墙、底)同时支护、支护仰拱滞后和无支护等三种情形分别进行，对比分析施工过程中地层的变形发展以及地层破坏情况。按一次同时支护、支护仰拱滞后、无支护的毛洞三种不同条件，出现裂缝时刻最大地表沉降情况进行汇总。不同比例模型试验结果如表 4-4-6 和表 4-4-7 所示。

表 4-4-6　不同支护封闭时机 1:20 模型试验最大地表沉降汇总

试验分类	埋深(m)	出现裂缝时刻最大地表沉降(mm)	一次同时支护(mm)	支护仰拱滞后(mm)	无支护(mm)
CW-50	10	50.0	75.4	93.4	116.4
CW-84	16.8	104.0	66.6	97.4	165.0
CW-150	30	77.7	76.6	98.1	123.9
CW-250	50	138.7	125.7	149.0	200.0
CY-50	10	57.4	138.0	159.4	179.4
CY-150	30	55.1	92.1	144.2	198.3

表 4-4-7　不同支护封闭时机 1:40 模型试验最大地表沉降汇总

试验分类	埋深(m)	出现裂缝时刻最大地表沉降(mm)	一次同时支护(mm)	支护仰拱滞后(mm)	无支护(mm)
XW-75	30	73.5	28.8	52.4	145.6
XW-25	10	75.4	4.0	11.2	80.8
XY-25	10	36.9	5.2	17.6	123.2
XY-75	30	75.6	24.8	38.0	93.2

根据表 4-4-6 和表 4-4-7 数据可以看出，一次同时支护、支护封闭滞后、无支护等不同支护时机下，一次同时支护时地表沉降最小，支护仰拱滞后时次之，无支护时地表沉降最大。相同支护时机下，10～50 m埋深试验范围内，随着隧道埋深的增加，地表沉降值增大。相同条件下，黄土具有原生垂直节理时比无原生垂直节理施工沉降变形大。

以 1:20 模型试验为例，无原生节理时，当埋深在 30 m 以内，最大地表沉降达到 50.0～104.0 mm 左右时，土体内部就有可能产生裂缝。当埋深达到 50 m 时，地表中心沉降在 138.7 mm 左右才能产生裂缝，也就是说，当隧道埋深比较大时，如果控制好施工过程中的变形，则其地表裂缝难以产生。有原生节理时，当埋深在 30 m 以内，最大地表沉降达到 55.1～57.4 mm 左右时，土体内部就有可能产生裂缝，比无原生节理时更易产生地表裂缝。

②隧道地表的水平位移

地表的水平位移测试仅进行了 CY-150、CW-150 以及 CW-250 等三组。测试采用内径千分尺，观测桩打入地表下 10 cm，测试结果如表 4-4-8 所示。无论黄土体内部有无原生节理，施工中隧道中心两侧地表位移方向均指向隧道中心线；从 CY-150 的数据显示，相对水平位移值并不是越靠近中心越大，而是在隧道中心线两侧存在一个水平位移最大点。相同埋深条件下，具有原生节理的黄土体比无原生节理的黄土体产生的水平位移要大；相同支护封闭时机条件下，10～50 m 埋深试验范围内，随着隧道埋深的增加，地表水平位移值也增大。

表 4-4-8　1:20 模型试验地表最大水平位移汇总

试验分类	埋　深(m)	测点编号	初　值(mm)	终　值(mm)	相对水平位移(mm)	水平位移平均值(mm)
CY-150	30	A	4886.3	4849.6	36.7	38.4
		A′	5243.3	5203.2	40.2	
		B	10361.9	10297.7	64.2	61.9
		B′	10465.2	10405.6	59.6	
		C	20049.2	19986.9	62.3	61.9
		C′	20292.6	20231.1	61.5	

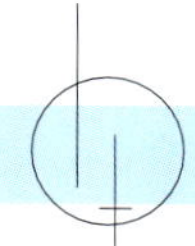

续上表

试验分类	埋　深(m)	测点编号	初　值(mm)	终　值(mm)	相对水平位移(mm)	水平位移平均值(mm)
CW-150	30	C	19 536.8	19 468.3	68.5	57.6
		C′	19 919.8	19 873.2	46.6	
CW-250	50	B	9 863.1	9 756.2	106.8	106.4
		B′	9 884.6	9 778.4	106.2	
		C	19 891.9	19 817.6	74.2	82.2
		C′	20 078.0	19 987.8	90.2	

③隧道洞内收敛变形

洞内收敛测试仅进行了 CY-150、CW-84 以及 CW-250 等三组。洞内收敛测线位置具体布置如图 4-4-4所示，测试采用内径千分尺，观测点采用方木楔中心钉小铁钉的方法，木楔打入围岩内5 cm。测试结果如表 4-4-9 所示。

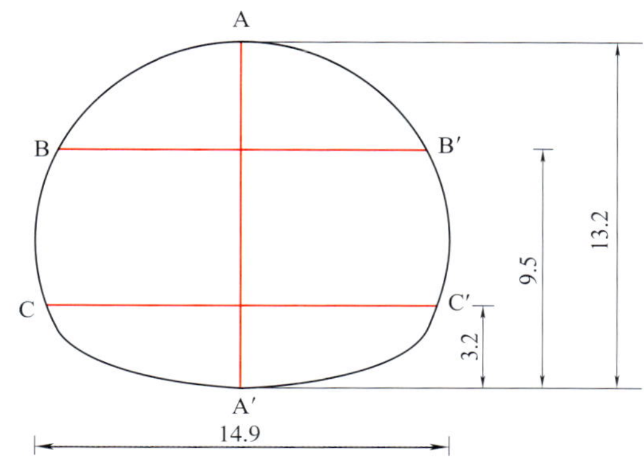

图 4-4-4　洞内收敛测线布置(单位:m)

表 4-4-9　不同支护封闭时机 1∶20 模型试验洞内收敛值汇总

试 验 分 类	埋　深(m)	测 线 编 号	一次同时支护(mm)	支护仰拱滞后(mm)	无 支 护(mm)
CW-84	16.8	AA′	24.3	36.9	60.7
		BB′	9.5	15.4	23.1
		CC′	8.5	11.8	17.8
CY-150	30	AA′	81.1	125.4	—
		BB′	11.3	24.0	—
		CC′	2.6	19.2	—
CW-250	50	AA′	65.8	80.4	162.7
		BB′	45.4	55.4	90.5
		CC′	37.4	52.0	78.4

由表 4-4-9 数据可知，随着隧道埋深的增大，各个测线位置的收敛值明显增大；同一埋深条件下，拱顶相对变形比墙身位置收敛值大很多，黄土隧道的拱顶下沉量比一般隧道的拱顶下沉量要大；存在原生节理的黄土隧道，拱顶下沉量比墙身位置的收敛值要大 10 倍之多，比无原生节理的黄土隧道的拱顶下沉量要大，而墙身的收敛值则较小。说明存在原生节理的黄土隧道在施工过程中更容易发生拱顶塌陷，这与沉降槽的变化趋势相吻合。

(2)地层应力和围岩压力分析

埋深 10 m 无原生节理模型试验围岩压力量测结果如表 4-4-10 所示。

表 4-4-10　埋深 10 m 无原生节理模型不同支护情况最大围岩压力值(单位:MPa)

工况分类 \ 压力盒编号	右墙腰	左墙腰	拱　顶	右拱腰	左拱腰
一次同时支护	0.074	0.078	0.142	0.116	0.091
支护仰拱滞后	0.110	0.114	0.161	0.106	0.137
无支护(破坏)	0.148	0.146	0.196	0.133	0.165

相同埋深条件下,一次同时支护、支护仰拱滞后和无支护三种不同工况产生的围岩压力规律性明显,一次同时支护围岩压力较小,仰拱支护滞后次之,无支护情况(毛洞)产生的围岩压力最大。相同埋深条件下,存在原生节理的黄土隧道施工过程中,产生的围岩压力较均质黄土体内产生的要大。

(3)隧道施工产生地表裂缝分析

①施工地表裂缝机理分析

通常人眼所能鉴别的裂缝宽度约为 0.2 mm,试验中裂缝的实际产生时间必然比观察到它的时间要早。通过对位移沉降时程曲线的分析发现,远离隧道中心点在地表裂缝被观察到之前,沉降位移计读数常有不同程度的起伏变化,甚至出现地表隆起现象,如图 4-4-5 所示。

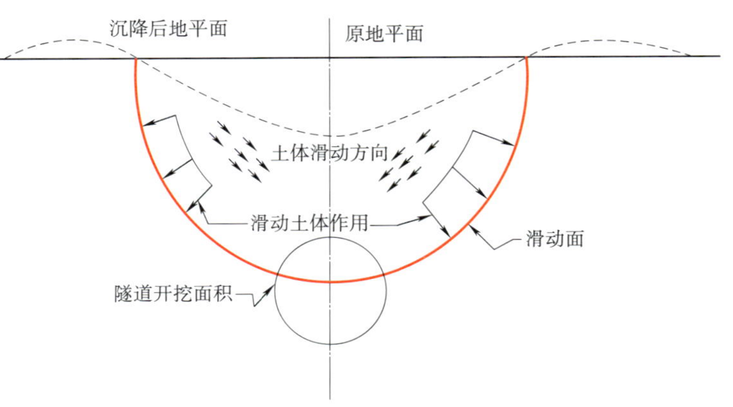

图 4-4-5　施工地层裂缝形成机理示意

土体内部发生剪切破坏时,滑动面内部的土体有向开挖临空面滑动趋势,滑动楔形体向下滑动的同时,滑动体自重力对两侧土体产生推挤作用,滑动楔面分力作用使滑动面外侧表层土体产生隆起现象。而远处土体受到扰动小而保持稳定不动,当滑动趋势面剪应力大于土体抗剪强度时,形成剪切破坏,产生剪断或拉断裂缝。

图 4-4-6　隧道坍塌后实际破裂面的位置

无论从地表位移或是围岩压力的分析可以看出,隧道开挖后黄土体内部滑动趋势的产生或滑动面的形成,滑动面的下缘基本上都处现在墙腰与拱腰之间,破坏性试验结果基本都如此,如图 4-4-6 所示。

②施工地表裂缝与地表沉降关系

地表裂缝的形成与黄土体内部的应力状态有关,当某一点的剪应力值达到黄土体自身的抗剪强度值或黄土体内产生的拉应力超过自身的抗拉强度时,土体内部或表面则形成剪切滑动或拉断,这都有一个变形过程,变形则是黄土体内部力学机制的表观反应。因此,可以通过变形分析找到控制大断面黄土隧道施工地表裂缝形成的方法和手段。显然,控制地表沉降是一个有效的方法和途径。

如前所述,无原生节理时,当埋深在 30 m 以内时,最大地表沉降达到 50.0 ~ 104.0 mm 时,土体内部就有可能产生裂缝。当埋深达到 50 m 时,地表中心沉降在 138.7 mm 左右才能产生裂缝,也就是说,

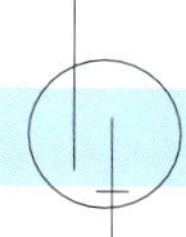

当隧道埋深比较大时，如果控制好施工过程中的变形，则其地表裂缝难以产生。

模型试验中，无论黄土体内部有无原生节理面，当隧道埋深大于 10 m 时，一次同时支护，则未发现地表裂缝产生。因为埋深越大，产生地表裂缝所需的沉降变形也越大，现场实际施工若能严格实现一次及时支护，则可以控制其地表变形量，也就可以控制地表裂缝的形成。当隧道埋深较浅时（$D \leqslant$ 10 m），由于应力传递很快达到地表，黄土体内部不能形成承载拱，无论黄土体内部有无原生节理面，在一次同时支护条件下都产生了地表裂缝，特别是有原生节理存在时，无论是 1∶20 或 1∶40 模型试验，10 m 埋深时地表都产生了可见裂缝。

③地表裂缝位置与埋深关系

当隧道埋深不同，在隧道断面大小、形状和施工方法相同条件下，上述滑动楔形体形状则基本相同，反应到地表的施工裂缝位置有其基本规律。对表 4-4-11 中的数据进行分析，将每组试验中产生的裂缝位置与埋深进行对比发现，埋深与裂缝距离存在如下关系：

$$D_{\mathrm{P}}(\text{相关系数 } R_2 = \mathrm{C}.98) = 0.0502 \times L_{\mathrm{P}}^{1.7956} \tag{4-4-3}$$

式中　D_{P}——隧道埋深（cm）；

L_{P}——裂缝至隧道中心线的水平距离。

以黄龙村隧道为例，黄龙村隧道地表较平坦，土类为黏质黄土，覆盖层深度为 11 ~ 12 m，地表裂缝距隧道中心线 17 ~ 21 m。利用拟合公式计算得到地表裂缝距中心线水平距离在 20 ~ 21 m，与现场情况极为吻合。

表 4-4-11　各组试验地表裂缝位置

试验分类	埋深（m）	两侧裂缝距最大开挖边界水平距离（m）		平均裂缝位置（m）	试验分类	埋深（m）	两侧裂缝距最大开挖边界水平距离（m）		平均裂缝位置（m）
CW-84	16.8	西 1	14.2	18.2	XW-75	30	西 1	47.8	51.5
		东 1	22.2				东 1	55.2	
CW-50	10	东 2	11.7	19.5	XW-25	10	西 3	23	22.6
CW-250	50	西 1	40.2	40.7			东 3	22.2	
		东 1	41.2		XY-25	10	西 1	24.2	23.2
CW-150	30	西 1	24.6	24.6			东 1	22.2	
		东 1			XY-75	30	西 1	57	56.2
CY-50	10	西 4	15.2	15.4			东 1	55.4	
		东 4	15.6						
CY-150	30	西 1	22.2	22.2					
		东 1	22.2						

④黄土隧道围岩破裂角统计

隧道工程实践表明，当隧道埋深较小时，开挖影响将波及地表，无法形成承载拱。浅埋隧道开挖后塌滑范围由传统定义破裂角 β（图 4-4-7）来描述，β 的定义为地表裂缝点与同侧墙脚连线的夹角，按 $\beta = \cot(h/x)$ 求得。其中埋深 h 为地表至隧道底的深度，x 表示地表最初出现的裂缝至开挖面边墙的水平距离。

曲墙式隧道实际破裂面往往发生在最大开挖跨度处。图 4-4-7 中的 β' 为按现场实测破裂面下缘位置计算出实际破裂角，计算方法同定义的破裂角，只是高度发生了变化。

按照实测破裂面计算的破裂角 β' 为 42.1° ~ 59.4°，平均值为 52.2°左右；按照地面裂缝与墙角计算的破裂角 β 为 50.0° ~ 62.8°，平均值为 57.6°左右，如表 4-4-12 所示。

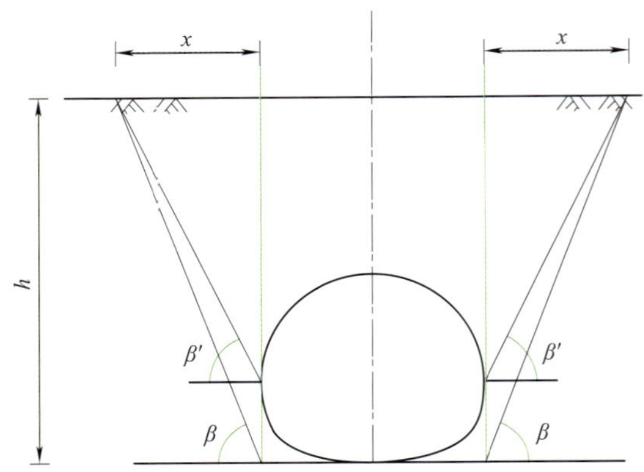

图 4-4-7　破裂角计算示意

表 4-4-12　模型试验破裂角统计

试验日期	净高(cm)	埋深(m)	裂隙状态	施工方法	裂缝位置(m)	破裂面至墙腰高度(m)	地表至仰拱底高度(m)	实际破裂角 β'(°)	传统定义破裂角 β(°)
2007.8.24	66	16.8	无	全断面	18.2	24.4	30.0	53.3	58.8
2007.8.28	66	10	无	台阶法(先拱后墙法)	19.5	17.6	23.2	42.1	50.0
2007.9.28	66	50	无	全断面	40.7	57.6	63.2	54.8	57.2
2007.9.22	66	30	无	全断面	24.6	37.6	43.2	56.8	60.3
2007.9.6	66	10	有	台阶法(先拱后墙法)	15.4	17.6	23.2	48.8	56.4
2007.9.14	66	30	有	全断面	22.2	37.6	43.2	59.4	62.8
平均值								52.5	57.6

注:表中数据为 1:20 模型试验结果。

对 1:20 模型破裂角,在埋深 30 m 内逐渐增大,但超过这一埋深,则几乎没有变化。在进行浅埋隧道的设计时,埋深小的破裂角可取小值,埋深大的破裂角可取大值。

⑤浅埋偏压与地表裂缝的关系

在较浅偏压时,由于山体偏压造成的沿坡体向下的横向位移,更易产生施工地表裂缝。

⑥地层浸水与地表裂缝的关系

由地表开始地层浸水后,地表沉降变形急剧增加,形成明显的湿陷性整体下陷,并在地表面形成多条纵向和横向沉降拉裂缝。

4.5　地表裂缝对隧道长期稳定性影响

浅埋黄土隧道施工地表沉降显著,而过大的地表沉降会引起地表裂缝。过大、贯通形地表裂缝易造成地表水汇集,使深部黄土含水率显著增加,降低黄土物理力学性质,引起地表坍陷,地表裂缝扩展,增加已建隧道结构附加应力,降低结构安全和可靠性。在假定隧道施工地表纵横裂缝分布范围、深度和分布区域的地层渗水饱和条件下,应用有限元理论分析地表地层浸水后对隧道结构安全及耐久性的影响。

4.5.1　分析模型

黄土隧道施工地表裂缝浸水对隧道长期稳定性影响分析,可用 ANSYS、MIDAS 或其他有限元软件,采用荷载—结构模型(图 4-5-1)和地层—结构模型(图 4-5-2)进行分析。

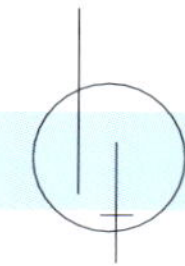

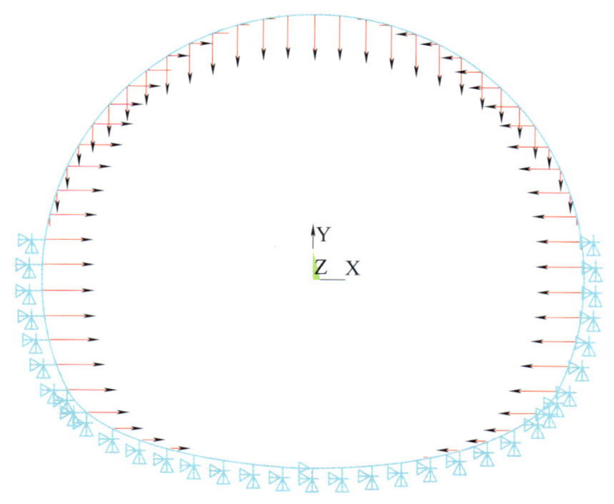

图 4-5-1　荷载—结构 ANSYS 平面模型

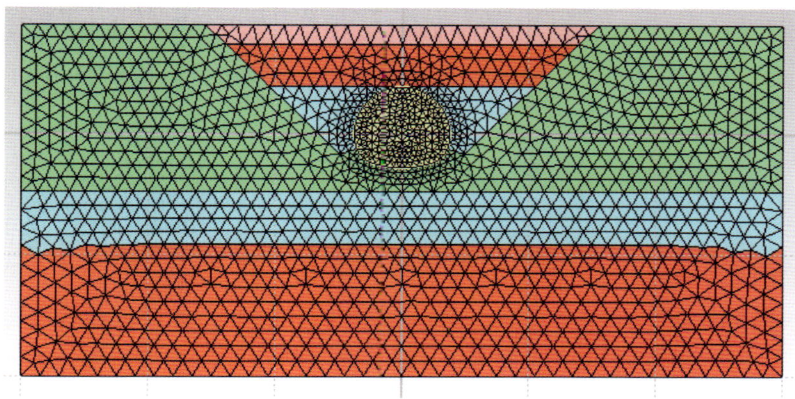

图 4-5-2　地层—结构 MIDAS 平面模型

4.5.2　计算结果

图 4-5-3 为隧道埋深 50 m，裂缝浸水后衬砌结构内力，表 4-5-1 为埋深 50 m 时衬砌结构关键截面安全系数及结构裂缝宽度。

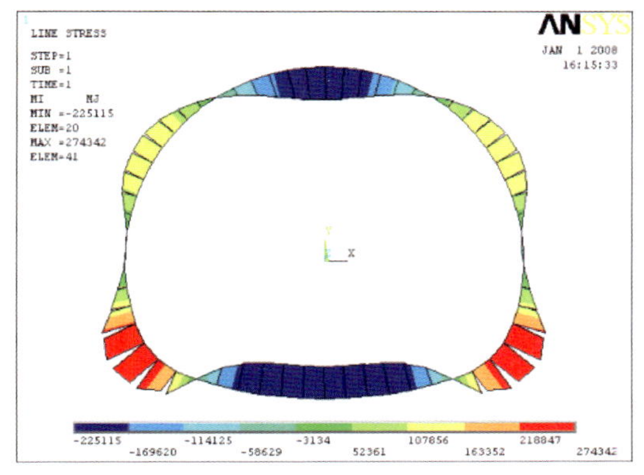

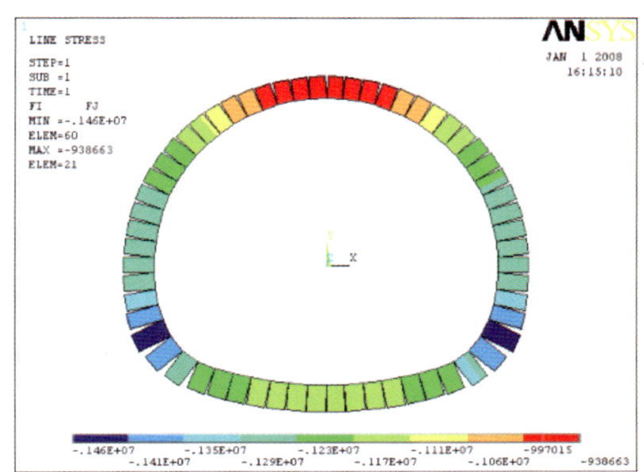

图 4-5-3　埋深 50 m 浸水后衬砌结构内力

表 4-5-1 埋深 50 m 时衬砌结构关键截面安全系数及结构裂缝宽度

位置		轴力(N)	弯矩(N·m)	安全系数	裂缝宽度(mm)
天然	拱顶	-789 930	-213 360	9.48	0.064
	拱腰	-970 400	70 467	15.16	0.021
	拱脚	-1 099 100	13 140	9.18	0.004
	墙脚	-1 087 500	152 160	8.14	0.046
	仰拱	-958 230	-98 618	11.06	0.030
浸水	拱顶	-938 660	-225 120	8.44	0.067
	拱腰	-1 112 100	48 291	13.71	0.014
	拱脚	-1 236 400	41 418	9.16	0.012
	墙脚	-1 280 700	250 640	6.22	0.075
	仰拱	-1 143 200	-224 250	7.46	0.067

由计算可以看出,在天然条件下衬砌结构的安全系数均较大,裂缝浸水后地层自重增加、引起的地基弹性抗力系数下降后,对衬砌结构的受力产生了一定的影响,但结构的安全系数以及裂缝仍能满足规范规定的要求。

4.5.3 浸水影响分析

(1)浸水对黄土性质的影响

过大、贯通形地表裂缝造成地表水汇集,使深部黄土含水率显著增加,降低黄土物理力学性质,新黄土地层弹性抗力系数由 42 MPa 降低到 18 MPa,老黄土地层弹性抗力系数由 80 MPa 降低到 40 MPa。

(2)浸水对变形的影响

地表裂缝浸水地层软化后,地表的竖向位移明显增加。如黄土隧道在埋深 10 m 时,当地表以下 2 m地层浸水软化后,地表附加竖向位移为 3.1 mm;当地表以下 10 m(拱顶以上)地层浸水软化后,地表附加竖向位移为 9.6 mm;当地表以下及边墙两侧破裂区地层浸水软化后,地表附加竖向位移为 13.6 mm。在隧道埋深 50 m 时,当地表以下 2 m 地层浸水软化后,地表附加竖向位移为 4.6 mm;当地表以下 10 m 地层浸水软化后,地表附加竖向位移为 21.7 mm。

(3)地层浸水后对隧道结构的影响

在裂缝深度超过 10 m,若裂缝浸水地层完全软化后,仅从衬砌结构强度(荷载—结构模式)考虑衬砌结构安全。但从结构刚度(地层—结构模式)考虑时,若浸水深度大于 10 m,不仅地层附加位移大,而且结构附加内力大,导致结构安全系数的迅速降低。

4.6 地表裂缝施工预防控制与处理技术

4.6.1 防止地表裂缝形成的施工控制标准

黄土隧道采用“快开挖、强支护、快封闭”施工原则,使支护封闭距离小于 1 倍隧道跨度,施工地表沉降变形小于 80 mm,可有效防止出现施工地表裂缝。

支护封闭距离小于 2 倍隧道跨度,施工地表沉降变形小于 100 mm,可防止出现宽大施工地表裂缝。

4.6.2 减少地表裂缝危害性的洞外施工措施

完善地表排水系统,对洞顶冲沟、陷穴等及时回填处理。为了防止地表水沿裂缝下渗,对已形成的裂缝采用注浆和回填灰土的方法进行及时封闭。

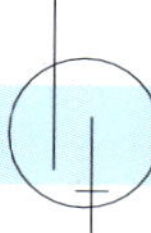

4.6.3　防止地表裂缝形成的洞内施工措施

（1）加强施工现场用水管理，严禁浸泡初期支护基础造成拱顶下沉。

（2）控制开挖进尺及步长，如采用弧形导坑法施工的上中下三部分步长控制在 3 ~ 5 m，上导坑每次开挖 1 榀钢架的距离，中下部根据地质情况可一次开挖 1 ~ 2 榀钢架的间距，仰拱开挖控制在 3 ~ 5 m；采用 CRD 法施工左右侧开挖的间距控制在 10 m 左右。

（3）保证锁脚锚管的施工质量，增加锚管数量。根据实际变形情况，认真施作锁脚锚杆，保证质量，在每分节处可增设 2 根锁脚锚杆。监控量测结果显示，该措施对控制初支变形效果显著。

（4）扩大拱墙脚，增加拱墙脚的稳定性，从而控制初支拱顶变形量和收敛值。

（5）加强地基承载力，采用在拱墙脚下垫设槽钢或混凝土垫块，增加初支拱墙脚受力面积，减小初期支护闭合前的整体下沉量。

（6）加强钢拱架间的纵向连接，加密初期支护钢拱架的纵向连接钢管，提高钢架间的整体受力能力。

（7）保证钢拱架与围岩密贴，开挖时严格控制超欠挖，若钢拱架背后与围岩不密贴可采用同级混凝土垫块填塞密实或采用注浆保证初期支护钢拱架背后无空洞，有利于钢拱架和围岩形成联合支护体系共同受力。

（8）严格钢拱架的制作安装质量，严格控制钢拱架的加工和安装质量，使其线形圆顺避免应力集中。另外钢架拱间连接要牢固，必要时可加焊钢筋。

（9）仰拱及时封闭，仰拱及回填混凝土要紧跟掌子面的距离控制在 30 m 以内，以利于尽早形成完整的封闭环。根据监控量测数据及时跟进二衬的施工，以利于尽早形成完整的隧道受力结构，一般距离控制在距掌子面 60 m 以内。

（10）加强对围岩的保护，机械开挖时预留 30 cm 由人工开挖，减少对围岩的扰动，并保证岩面圆顺，并及时初喷 4 cm 混凝土以封闭暴露围岩，增强岩体的整体性，为初期支护的后续工作争取安全时间。施工时初喷是在开挖的渣堆上进行的，待把未被渣堆覆盖的开挖面初喷完成后再出渣。

4.6.4　地表裂缝的处理措施

为了保证隧道结构长期的运营安全，需要对地表裂缝进行妥善处理，保证隧道的覆盖层密实无潜在的空洞和裂缝，否则在雨水的长期侵蚀下和冲刷下，容易在覆盖层深处沿着裂缝形成陷穴等，导致雨水能直接侵蚀隧道主体并降低了围岩的承载能力，影响隧道的长期稳定性。

（1）三七灰土换填

沿地表裂缝开挖深度 50 cm，宽 50 cm 的沟槽，将挖出的黄土按体积比为 7∶3 的比例和石灰粉进行充分拌和，采用小型夯实机械或人工石锤进行分层夯实，机械夯实分层厚度不大于 30 cm，人工石锤夯实分层厚度不大于 20 cm，并且高出原地面 10 cm。沟槽开挖完成后必须及时回填，避免雨水浸泡。

（2）水泥浆灌注

对于裂缝宽度 2 cm 以上的地表裂缝，在沿裂缝开挖沟槽以后，以 10 m 左右的间距采用漏斗自重法对裂缝直接灌注 1∶1 的水泥浆，待水泥浆灌满凝固后，再移位进行补灌。当灌注量较大时，应停止灌注，待灌进的水泥浆凝固后再继续灌浆。

参考文献

[1] 铁道部第一勘察设计院，等．郑西客运专线大断面黄土隧道施工方法与监控技术研究阶段成果报告[R]．西安：铁道部第一勘察设计院，2007.

[2] 铁道部第二勘察设计院．郑西客运专线大断面黄土隧道合理支护参数及地表沉降控制技术研究第二阶段成果报

告[R]. 成都:铁道部第二勘察设计院,2007.
[3]石家庄铁道大学,等. 郑西客运专线大断面黄土隧道地表裂缝控制措施研究阶段报告[R]. 石家庄:石家庄铁道大学,2007.
[4]铁道部第二勘察设计院. TB 10003—2001 铁路隧道设计规范[S]. 北京:中国铁道出版社,2001.
[5]朱永全,宋玉香. 隧道工程[M]. 北京:中国铁道出版社,2005.
[6]铁道部工程设计鉴定中心. 高速铁路隧道[M]. 北京:中国铁道出版社,2006.
[7]王晓州,赵永明,等. 大断面湿陷性黄土隧道施工技术[C]//中国高速铁路隧道国际技术交流会论文集. 北京:中国铁道出版社,2006.
[8]王晓州,丁维利,等. 浅埋大断面黄土隧道下穿既有铁路施工技术[J]. 铁道标准设计,2007,增刊.
[9]丁维利. 大断面黄土隧道二台阶四步开挖施工技术[J]. 铁道标准设计,2007,增刊.
[10]谭忠盛,喻渝,王明年,等. 大断面浅埋黄土隧道锚杆作用效果的试验研究[J],岩土力学,2008(2).
[11]杨建民,喻渝. 浅埋大断面黄土隧道初期支护研究[J]. 现代隧道技术,2008,(6).
[12]李东平. 大断面黄土隧道施工技术探讨[J]. 山西建筑,2008,2.
[13]高树峰. 客运专线大断面黄土隧道浅埋偏压施工技术[J]. 铁道工程学报,2008,12.
[14]周小宾. 大跨富水黄土隧道的工程特性与施工技术研究[D]. 北京:北京交通大学,2008.
[15]董晓波. CRD 与双侧壁工法在铁路客运专线湿陷性黄土大断面隧道施工中的应用[J]. 铁道标准设计,2008(10).
[16]初厚永. 短台阶弧形导坑法在浅埋大断面黄土隧道Ⅴ级围岩段中的应用[J]. 铁道标准设计,2008(11).
[17]罗国君. 弧形导坑法在黄土隧道Ⅴ级围岩段中的应用[J]. 山西建筑,2008(10).
[18]刘旭全,王永玺,雷向锋,等. 监控量测技术在客运专线大断面黄土隧道中的应用[J]. 铁道工程学报,2007(12).
[19]中铁第一勘察设计院集团有限公司郑西客运专线大断面黄土隧道施工方法与监控技术研究阶段成果报告[R]. 2008.
[20]张春光. 大断面黄土隧道塌方处理[J]. 现代交通技术,2007(10).
[21]王国军,徐冲. 大断面黄土隧道施工监控与分析[J]. 山西建筑,2007(11).
[22]郝东周,孟飞彪,谢福明,等. 巩义隧道下穿 310 国道施工技术[J]. 铁道工程学报,2007(12).
[23]王伟. 浅埋大断面黄土隧道下穿高速公路的地表沉降控制[D]. 北京:北京交通大学,2007.
[24]杨建民. 函谷关隧道砂质黄土地层支护受力测试分析[J]. 铁道工程学报,2008.
[25]孟庆明,杨林浩. 函谷关隧道下穿连霍高速公路施工技术[J]. 铁道标准设计,2007(增).
[26]赵勇,王树强,李本. 郑西客运专线砂质黄土大断面隧道浅埋暗挖法施工技术[J]. 铁道标准设计,2007(增).
[27]谭忠盛,喻渝,王明年,等. 大断面深埋黄土隧道锚杆作用效果的试验研究[J]. 岩石力学与工程学报,2008(8).
[28]唐培连. 大断面深埋黄土隧道锚杆支护作用研究[D]. 北京:北京交通大学,2008.
[29]中铁二院工程集团有限公司. 郑西客运专线大断面黄土隧道设计与施工技术——隧道合理支护参数及地表沉降控制技术研究第二阶段成果报告[R]. 2008.
[30]杨邦升,刘卫铭. 大寨岭土质长隧道新奥法施工[J]. 铁道建设,1992(2).
[31]盛仁声. 土质深埋长隧道成功地采用新奥法的实例——宝中铁路大寨岭隧道[J]. 铁道建设,1996(3).
[32]罗传义. 宝中线大寨岭单线土质长隧道施工方案选定[J]. 铁道建设,1992(2).
[33]盛仁声. 监控量测在大寨岭隧道出口新奥法施工中的应用[J]. 铁道建设,1992(2).
[34]刘卫铭. 大寨岭土质隧道新奥法施工二次衬砌施作时间的探讨[J]. 铁道建设,1992(2).
[35]陈江. 黄土隧道施工中坍方的预防与处理[J]. 铁道建设,1997(9).
[36]冯卫星,徐大均. 某隧道现场量测资料分析[J]. 石家庄铁道学院学报,1994(9).
[37]许志仁,刘昌用,蒋中庸. 军都山隧道黄土段施工方法探讨[J]. 铁道建筑,1986(11).
[38]朱家桥,朱维申. 军都山隧道黄土试验段垂直位移观测及分析[J]. 岩土力学,1988(3).
[39]盛仁声. 行车线下修建黄土浅埋双线隧道[J]. 隧道建设,2001(2).
[40]CRD 法穿越既有铁路路基下双线软岩隧道施工技术[J]. 铁道标准设计,2006(6).
[41]管振祥. 富水土质隧道变形规律的试验研究[J]. 石家庄铁路工程职业技术学院学报,2003(6).
[42]马学宁,邢立军,韩峰. 兰青二线高庙黄土隧道开挖支护变形分析[J]. 铁道标准设计,2007(6).
[43]邢利军,王法岭. 浅埋砂黄土隧道开挖支护施工技术[J]. 现代隧道技术,2008(增).
[44]顾军,魏宝存. 翅膀沟隧道出口病害成因及整治[J]. 西部探矿工程,2001(1).
[45]李冠明. 隧道纵向开裂加固施工技术,[J]. 科技咨询导报,2007(9).

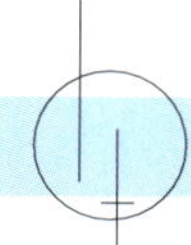

[46]许恺,周顺华. 翅膀沟铁路隧道施工变形监测网方案分析[D]. 上海:华东交通大学,2003(4).
[47]牛天武. 软塑状土质隧道施工技术[J]. 陕西煤炭,2004(3).
[48]朱泽兵,张东明. 浅埋、富水、软弱黄土地段隧道施工技术[J]. 地下空间,2001,(6).
[49]沈卫平. 浅埋黄土隧道施工方法及支护受力研究[J]. 岩土工程界,2004,(4).
[50]沈卫平. 黄土隧道施工方案比选及优化[J]. 铁道建筑,2000,(6).
[51]李俊,邱春海. 寺则河隧道塌方分析与处理[C]//全国矿山建设学术会议论文选集. 中煤第五建设公司第二工程处.
[52]卢智强. 浅埋黄土隧道施工探讨[J]. 隧道与地下工程,1997(4).
[53]胡亮. 浅埋大断面黄土隧道监控量测及施工优化控制研究[J]. 交通世界,2008(9).
[54]张云刚,蒲建军,樊文斌. 论软黄土地层中施作超浅埋隧洞实例分析[J]. 甘肃水利水电技术,1996(3).
[55]武长贵. 湿陷性黄土隧道浅埋段围岩变形治理[J]. 青海交通科技,2008(4).
[56]刘甩利. 隧道围岩变形及裂缝原因浅析[J]. 山西建筑,2008(4).
[57]丁兆民,杨晓华. 某黄土隧道病害原因分析及处治措施[J]. 工程地质学报,2009(1).
[58]彭鸿烈,郭增玉,刘孟彬,等. 高湿度黄土隧洞的监测分析与施工稳定控制[J]. 陕西水力发电,1997,1.
[59]朱成钢. 陕北黄土隧道施工技术[J]. 西部探矿工程,2005(增).
[60]孙斌科. 燕家岭黄土隧道的塌方处理[J]. 西部探矿工程,2002(6).
[61]王发旺,薛振勇. 黄土洞体冒顶塌陷的探析与对策——以静宁隧道为例[J]. 建筑设计管理,2009(1).
[62]姚惠发,刘新荣,钟祖良等. 黄土连拱隧道施工方法探讨[J]. 地下空间与工程学报,2007(8).
[63]姜久纯. 黄土隧道初期支护结构受力特性研究[J]. 岩土工程界,2009(12).
[64]陈建勋,姜久纯,罗彦斌,等. 黄土隧道洞口段支护结构的力学特性分析[J]. 中国公路学报,2008(5).
[65]轩俊杰,胡健. 刘家坪黄土隧道监控量测成果回归分析与应用[J]. 公路隧道,2008(1).
[66]陈建勋,姜久纯,王梦恕. 黄土隧道网喷支护结构中锚杆的作用[J]. 中国公路学报,2007(5).
[67]王礼刚. 新黄土隧道洞口段施工实例浅析[J]. 甘肃科技,2008(5).
[68]齐战国. 老黄土隧道施工技术研究[D]. 上海:同济大学,2007.

第 5 章 黄土隧道深浅埋分界及设计荷载

黄土隧道的深浅埋分界及设计荷载是由黄土的物理力学性质和隧道的开挖断面大小决定的。本章通过郑西高速铁路大断面黄土隧道工程地表裂缝调查、围岩及支护受力的现场实测，推测黄土隧道围岩破坏模式，对深浅埋隧道分界作出界定，在此基础上提出了浅埋隧道和深埋隧道的设计荷载。

5.1 黄土隧道围岩破坏模式

5.1.1 黄土隧道围岩破坏模式调查

对郑西高速铁路黄土隧道地表裂缝调研可知[3,9]，当隧道埋深小于 40 ~ 60 m 时，隧道地表将出现裂缝，此时认为隧道为浅埋。浅埋隧道围岩破坏模式，是特指隧道上部围岩下沉导致隧道两侧地表开裂条件下上覆土的破坏。根据地表裂缝调查，纵向地表裂缝分布在隧道中线两侧，现场调查典型裂缝情况如图 5-1-1 所示，理论破坏模式如图 5-1-2 所示。

由调查结果可知：

(1)地表裂缝基本对称分布在隧道中线两侧，与浅埋隧道围岩理论破坏模式的对称围岩破裂面情况相似。

(2)地表裂缝离隧道中线的距离随隧道埋深增加而增大，与浅埋隧道围岩理论破坏模式的发展趋势一致。

综合以上分析，初步推断浅埋黄土隧道的围岩破坏模式可按规范规定的浅埋隧道围岩理论破坏模式描述。

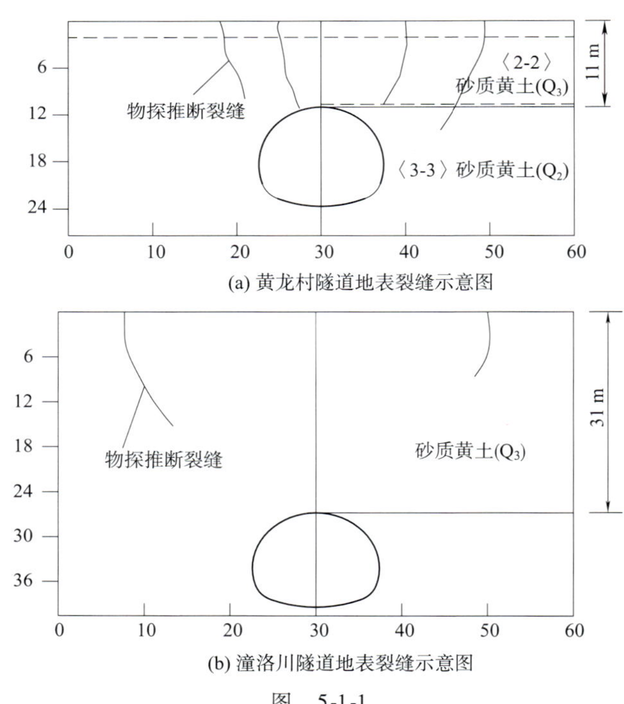

图 5-1-1

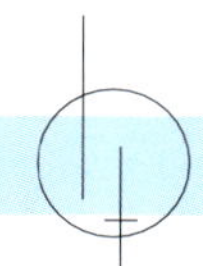

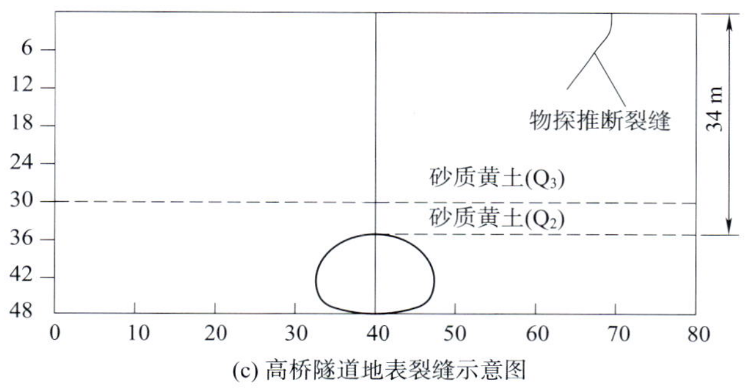

(c) 高桥隧道地表裂缝示意图

图 5-1-1　部分隧道现场调查裂缝典型剖面图

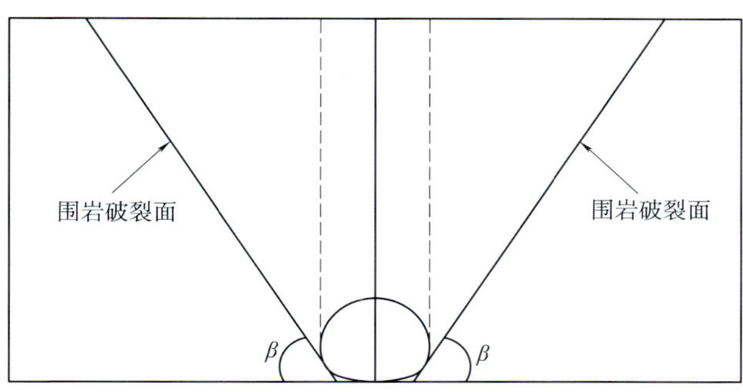

图 5-1-2　浅埋隧道围岩理论破坏模式

5.1.2　黄土隧道围岩破裂角现场调查

根据现场调查初步推断规范浅埋隧道围岩理论破坏模式适用于浅埋黄土隧道，假定在毛洞（无支护）情况下地表裂缝向隧道边墙部延伸并最终形成贯通破裂面，推断浅埋黄土隧道的实际破裂角。实际破裂角与规范浅埋破坏模式的理论破裂角进行对比分析，最终确定浅埋黄土隧道的围岩破坏模式。

实际破裂角推断过程如下：根据现场调查确定地表裂缝距离隧道中线的平面位置，以该位置为起点，连接到隧道的墙脚处，该连线即为假定的实际破裂面，该实际破裂面与水平线夹角，即为实际破裂角。对于隧道实际断面形状，由于破裂面在隧道边墙下部（最大宽度至仰拱）穿越隧道内部空间，因此该段破裂面实际是不存在的，所以，实际破裂面从地表开始到隧道边墙（最大宽度处）为止。隧道实际破裂角如图 5-1-3 和图 5-1-4 所示。

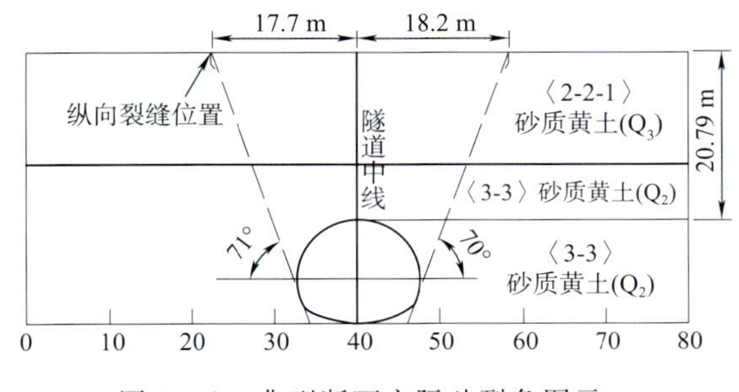

图 5-1-3　典型断面实际破裂角图示一

图 5-1-4　典型断面实际破裂角图示二

郑西高速铁路黄土隧道各研究断面的实际破裂角按新老黄土分类统计，统计结果如表 5-1-1 所示。

表 5-1-1　郑西高速铁路部分黄土隧道实际破裂角统计表

地质分类	隧道名称	研究断面	埋深(m)	地表土质	隧道所处地质	左、右侧破裂角(°)	实际破裂角平均值(°)
老黄土	贺家庄	DK243 +374	29.4	Q_3 砂质	Q_2 黏质	75(左侧)	75.5
		DK243 +339	24.6	Q_3 砂质	Q_2 黏质	76(左侧)	
	吕家岩	DK249 +080	20.39	Q_3 砂质	Q_2 砂质	70、65	70.0
		DK249 +100	20.79	Q_3 砂质	Q_2 砂质	71、70	
		DK249 +120	21.22	Q_3 砂质	Q_2 砂质	73、72	
	潼洛川	DK341 +399	31.0	Q_3 砂质	Q_2 黏质	69、72	70.5
新黄土	函谷关	DK270 +453.5	20.6	Q_3 砂质	Q_3 砂质	77、70	71.4
		DK270 +715	40	Q_3 砂质	Q_3 砂质	73、76	
		DK277 +628	40	Q_3 砂质	Q_3 砂质	61	
	台村	DK316 +628	15.82	Q_3 砂质	Q_3 砂质	75、64	68.5
		DK316 +713	17.0	Q_3 砂质	Q_3 砂质	69、66	
	阌乡	DK298 +520	20.6	Q_3 砂质	Q_3 砂质	72、72	71.75

根据规范计算的理论破裂角与根据地表裂缝获得的实际破裂角对比，结果如表 5-1-2 所示。

表 5-1-2　浅埋黄土隧道破裂角对比分析

地质分类	隧道名称	埋深(m)	隧道所处地质	实际破裂角平均值(°)	内摩擦角 φ(°)	理论破裂角(°)	差　值
老黄土	吕家岩	约 21.0	Q_2 砂质	70.0	25	70.9	-0.9
	贺家庄	约 25.0	Q_2 黏质	75.5	23.93	71.8	3.7
	潼洛川	约 31.0	Q_2 黏质	70.5	21	69.9	0.6
新黄土	台村	约 16.0	Q_3 砂质	68.50	26.5	68.1	0.4
	阌乡	约 20.0	Q_3 砂质	71.75	28.5	68.8	2.95
	函谷关	20 ~ 40	Q_3 砂质	71.40	27.6	68.4	3.0

注：差值一栏中数值为实际破裂角减去理论破裂角的差值。

由表 5-1-2 可知，浅埋黄土隧道的实际破裂角与根据规范计算的理论破裂角值相差较小，差值范围为 -0.9° ~ 3.7°，均值为 -0.9° ~ 2.1°。

通过以上调查及理论分析，可以得出以下初步结论：

(1)地表裂缝基本对称分布在隧道中线两侧，与理论浅埋破坏模式的对称围岩破裂面情况相同；地表裂缝距隧道中线距离随隧道埋深增加而增加，与理论浅埋破坏模式的发展趋势一致，故初步推断浅埋黄土隧道的围岩破坏模式可按规范浅埋理论破坏模式描述。

(2)浅埋黄土隧道实际破裂角与理论破裂角相差较小，差值范围 -0.9° ~ 3.7°，均值为 -0.9° ~ 2.1°，量值较小。这说明浅埋黄土隧道实际破裂角可按规范浅埋破坏模式进行计算。

5.2　黄土隧道深浅埋界定依据

5.2.1　理论假定

确定黄土隧道深、浅埋临界深度时采用如图 5-2-1 所示计算模式，计算时采用了适当假定条件和理论判据[1,5,10]。

(1)假定在土体中形成的破裂滑面是一与水平面呈 β 角的斜直面，如图 5-2-1 中的 AC、BD。

(2)滑移面 FH、EG 并非破裂滑移面。

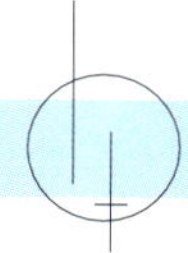

(3)假定洞顶上覆土柱 $FEGH$ 下沉，从而带动两侧土体 ACE 及 BDF 下沉，出现 AC 及 BD 破裂面。当土柱 $FEGH$ 下沉时，两侧土体对它施加有摩阻力 T_1。而当破裂面间的土体 $ABDC$ 下沉时，又受到未扰动土体(两破裂面之外的土体)的阻碍。

由此，在整个土体 $ABDC$ 下沉时，其作用与反作用力为：洞顶上方岩体 $FEGH$ 自重 W_1，形成最大破裂面的两侧三棱体 ACE 及 BDF 的自重 W_2；两三棱柱施加与土柱的摩阻力 T_1；两破裂面 AC、BD 外侧土体给予的阻力 F。F_y 为 F 在 Y 方向的分量。

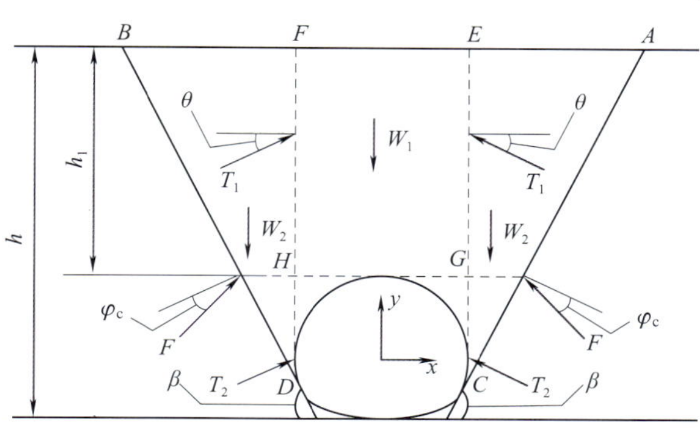

图 5-2-1　浅埋破坏模式开挖滑动体受力分析

根据力学平衡条件，浅埋隧道荷载采用下式计算：

$$\psi = W_1 + 2W_2 - 2F_y \tag{5-2-1}$$

5.2.2　深浅埋界定判据

当 $\psi = 0$，即

$$W_1 + 2W_2 = 2F_y \tag{5-2-2}$$

为深浅埋判据。

5.2.3　深浅埋分界深度

利用理论推导深浅埋判定式〔式(5-2-1)〕，结合调研隧道地质参数进行计算，根据室内三轴试验以及地质资料，选取贺家庄、吕家崖隧道、台村隧道、阌乡隧道、潼洛川隧道、函谷关隧道的计算参数如表 5-2-1 所示。

表 5-2-1　计算参数表

土样位置	围岩性质	密度(g/cm^3)	黏聚力(kPa)	内摩擦角 φ(°)	计算摩擦角 φ_c(°)	破裂角 β(°)	θ(°)	围岩级别
贺家庄	Q_2 黏质	1.73	131.78	23.93	31.32	75.5	25.06	Ⅳ
吕家崖	Q_2 砂质	1.72	39.25	25	27.27	70.0	21.81	Ⅳ
潼洛川	Q_2 黏质	1.88	21.03	21	22.30	70.5	17.84	Ⅳ
台　村	Q_3 砂质	1.57	18.2	26.5	27.53	68.5	19.27	Ⅴ
阌　乡	Q_3 砂质	1.56	33	28.5	30.29	71.75	21.21	Ⅴ
函谷关	Q_3 砂质	1.57	20.86	27.6	28.76	71.4	20.13	Ⅴ

根据隧道两破裂面之间的土柱平衡理论，由理论推导式(5-2-1)，结合地质计算参数表，计算结果如表 5-2-2 所示。分析图示如图 5-2-2 所示。

表 5-2-2　规范浅埋计算模式计算临界深度情况

隧道名称	围岩级别	围岩性质	开挖高跨(m)	计算临界深度 h_1(m)
贺 家 庄	Ⅳ	Q_2 黏质	13/15	38.0
吕 家 崖	Ⅳ	Q_2 砂质	13/15	39.7
潼 洛 川	Ⅳ	Q_2 黏质	13/15	45.4
台　　村	Ⅴ	Q_3 砂质	13/15	58.2
阌　　乡	Ⅴ	Q_3 砂质	13/15	57.4
函 谷 关	Ⅴ	Q_3 砂质	13/15	57.7

注：黏质老黄土按Ⅳ级围岩考虑，砂质新黄土按Ⅴ级围岩计算。

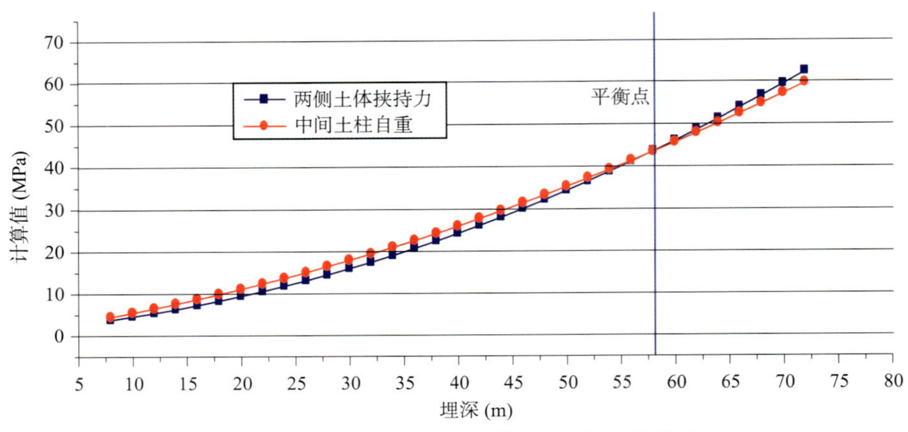

图 5-2-2　规范浅埋计算模式计算图示(阌乡隧道进口)

由以上的计算结果可知:

(1)老黄土隧道的计算临界深度范围在 38.0 ~ 45.4 m,深浅埋临界深度取 1.36 ~ 1.62($H+B$),式中 H 和 B 分别为隧道横断面的开挖高度和宽度。

(2)新黄土隧道的计算临界深度范围在 57.4 ~ 58.2 m,深浅埋临界深度取 2.06 ~ 2.08($H+B$),式中 H 和 B 意义同上。

(3)从理论分析结果可以看出,调查结论与理论推导结论基本一致,故黄土分界深度为 1.3 ~ 2.1($H+B$)。

综合以上分析,建议黄土隧道的深浅埋分界深度为 1.4 ~ 2.1($H+B$);新黄土(Q_3、Q_4)隧道可取上限 2 ~ 2.1($H+B$),老黄土(Q_1、Q_2)隧道取下限 1.3 ~ 1.7($H+B$)。

5.3　黄土隧道的设计荷载

5.3.1　黄土隧道围岩压力计算理论

对于黄土隧道,既有围岩压力理论计算模式如表 5-3-1 所示。对于浅埋黄土隧道采用计算模式一和计算模式二,对于深埋黄土隧道,采用计算模式二到计算模式五。

表 5-3-1　黄土隧道围岩压力理论计算模式[1,4,5,10]

<table>
<tr><td rowspan="2">计算模式一</td><td>θ, T, q, h, hᵢ, e₁, eᵢ, e₂, H, β, B</td><td>根据规范浅埋计算方法:
(1)垂直围岩压力计算式:
$q=\gamma h\left(1-\dfrac{\lambda h\tan\theta}{B}\right)$
(2)水平围岩压力计算式
$e_i=\lambda\gamma h_i$
$e_1=\lambda\gamma h$
$e_2=\lambda\gamma(h+H)$</td></tr>
<tr><td colspan="2">式中　B——坑道宽度(m);
γ——围岩重度(kN/m^3);
h——隧道顶至地面高度及隧道开挖高度(m);
θ——顶板土柱两侧摩擦角(°),经验数值(按《铁路隧道设计规范》选取);
λ——侧压力系数,$\lambda=\dfrac{\tan\beta-\tan\varphi_c}{\tan\beta[1+\tan\beta(\tan\varphi_c-\tan\theta)+\tan\varphi_c\tan\theta]}$;
φ_c——围岩计算摩擦角(°);
β——产生最大推力时的破裂角(°),$\tan\beta=\tan\varphi_c+\sqrt{\dfrac{(\tan^2\varphi_c+1)\tan\varphi_c}{\tan\varphi_c-\tan\theta}}$;
h_i——内外侧任意点至地面的距离(m);
e_1,e_2——隧道衬砌上、下缘水平荷载值(kPa)。</td></tr>
</table>

续上表

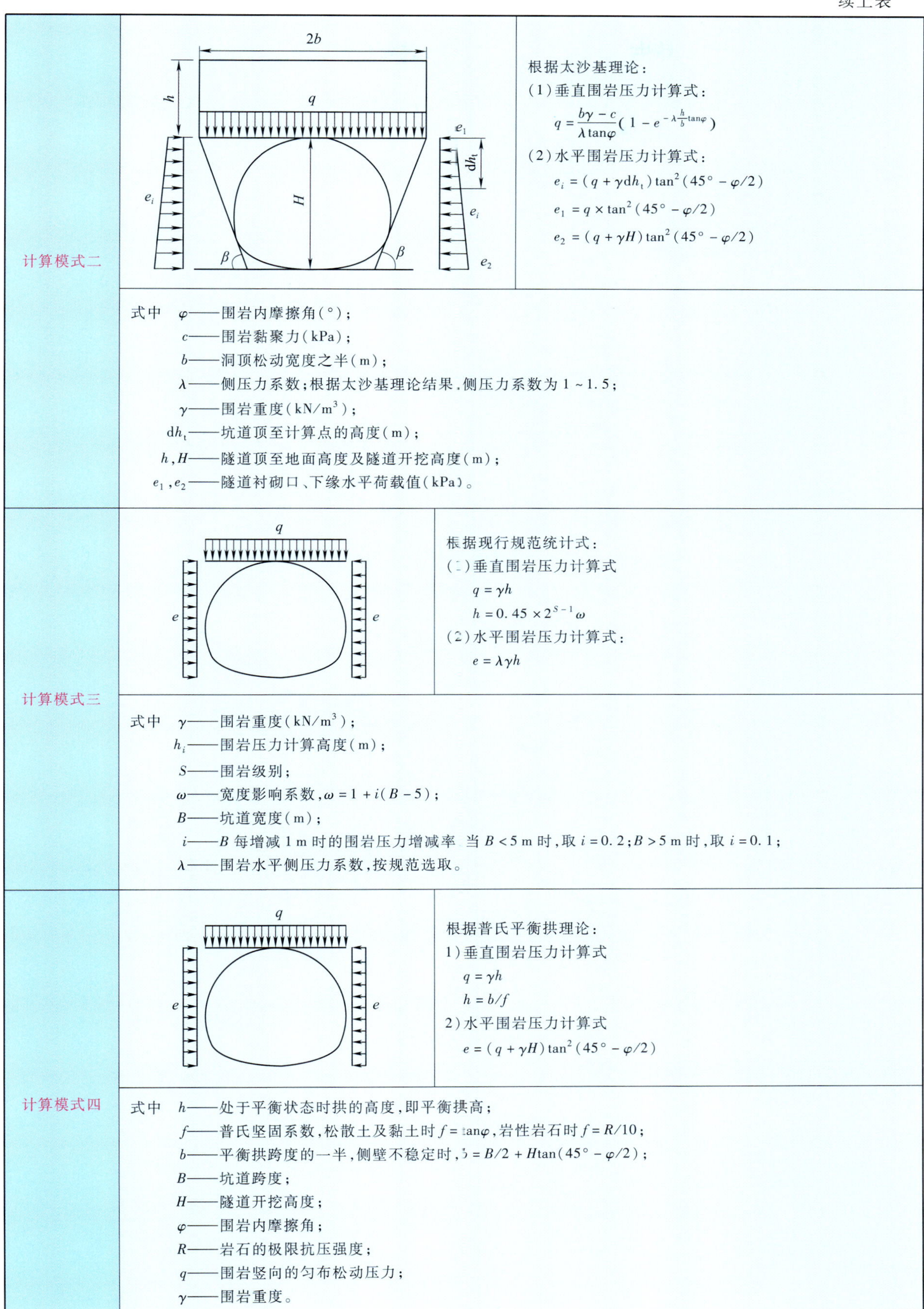

计算模式	计算公式
计算模式二	根据太沙基理论： (1)垂直围岩压力计算式： $q=\dfrac{b\gamma-c}{\lambda\tan\varphi}(1-e^{-\lambda\frac{h}{b}\tan\varphi})$ (2)水平围岩压力计算式： $e_i=(q+\gamma \mathrm{d}h_t)\tan^2(45°-\varphi/2)$ $e_1=q\times\tan^2(45°-\varphi/2)$ $e_2=(q+\gamma H)\tan^2(45°-\varphi/2)$
	式中 φ——围岩内摩擦角(°)； c——围岩黏聚力(kPa)； b——洞顶松动宽度之半(m)； λ——侧压力系数；根据太沙基理论结果，侧压力系数为 1～1.5； γ——围岩重度(kN/m^3)； $\mathrm{d}h_t$——坑道顶至计算点的高度(m)； h，H——隧道顶至地面高度及隧道开挖高度(m)； e_1，e_2——隧道衬砌口、下缘水平荷载值(kPa)。
计算模式三	根据现行规范统计式： (1)垂直围岩压力计算式 $q=\gamma h$ $h=0.45\times 2^{S-1}\omega$ (2)水平围岩压力计算式： $e=\lambda\gamma h$
	式中 γ——围岩重度(kN/m^3)； h_i——围岩压力计算高度(m)； S——围岩级别； ω——宽度影响系数，$\omega=1+i(B-5)$； B——坑道宽度(m)； i——B 每增减 1 m 时的围岩压力增减率 当 $B<5$ m 时，取 $i=0.2$；$B>5$ m 时，取 $i=0.1$； λ——围岩水平侧压力系数，按规范选取。
计算模式四	根据普氏平衡拱理论： 1)垂直围岩压力计算式 $q=\gamma h$ $h=b/f$ 2)水平围岩压力计算式 $e=(q+\gamma H)\tan^2(45°-\varphi/2)$
	式中 h——处于平衡状态时拱的高度，即平衡拱高； f——普氏坚固系数，松散土及黏土时 $f=\tan\varphi$，岩性岩石时 $f=R/10$； b——平衡拱跨度的一半，侧壁不稳定时，$b=B/2+H\tan(45°-\varphi/2)$； B——坑道跨度； H——隧道开挖高度； φ——围岩内摩擦角； R——岩石的极限抗压强度； q——围岩竖向的匀布松动压力； γ——围岩重度。

续上表

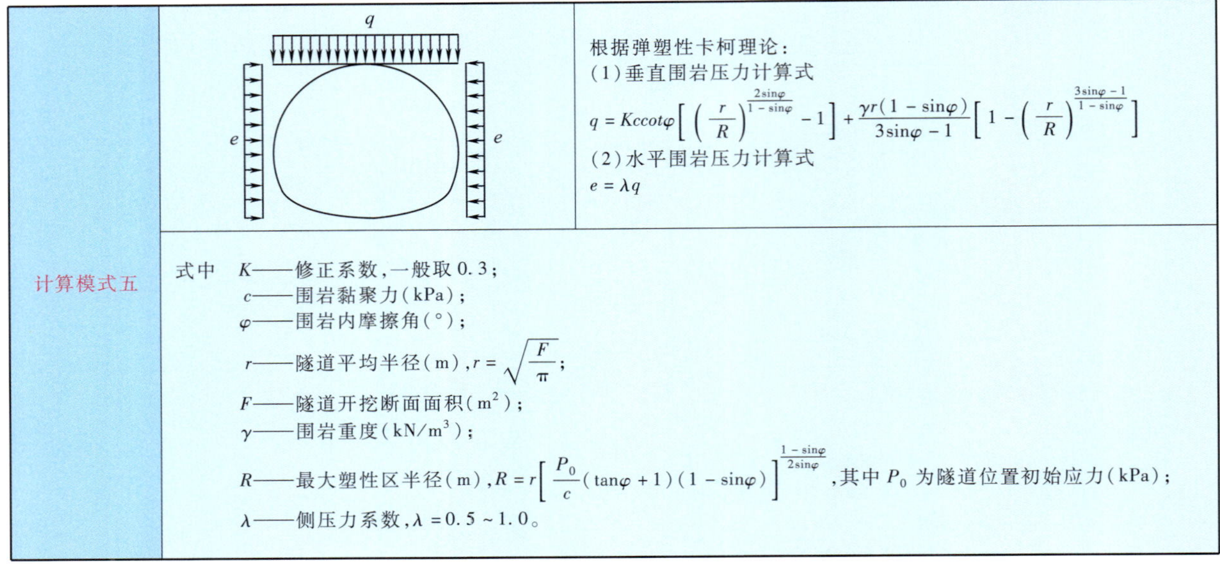

计算模式五

根据弹塑性卡柯理论：

(1)垂直围岩压力计算式

$$q = Kc\cot\varphi\left[\left(\frac{r}{R}\right)^{\frac{2\sin\varphi}{1-\sin\varphi}} - 1\right] + \frac{\gamma r(1-\sin\varphi)}{3\sin\varphi - 1}\left[1 - \left(\frac{r}{R}\right)^{\frac{3\sin\varphi - 1}{1-\sin\varphi}}\right]$$

(2)水平围岩压力计算式

$$e = \lambda q$$

式中 K——修正系数,一般取 0.3；

c——围岩黏聚力(kPa)；

φ——围岩内摩擦角(°)；

r——隧道平均半径(m)，$r = \sqrt{\frac{F}{\pi}}$；

F——隧道开挖断面面积(m^2)；

γ——围岩重度(kN/m^3)；

R——最大塑性区半径(m)，$R = r\left[\frac{P_0}{c}(\tan\varphi + 1)(1-\sin\varphi)\right]^{\frac{1-\sin\varphi}{2\sin\varphi}}$，其中 P_0 为隧道位置初始应力(kPa)；

λ——侧压力系数，$\lambda = 0.5 \sim 1.0$。

5.3.2 黄土隧道围岩压力实测数据分析

1)初期支护围岩压力监测

为了分析大断面黄土隧道荷载,在郑西高速铁路贺家庄、函谷关和张茅等隧道进行了初期支护围岩压力(初期支护与围岩之间的接触压力)的现场实测。初期支护围岩压力监测断面布置如图 5-3-1 所示,具体数据统计如表5-3-2 所示。

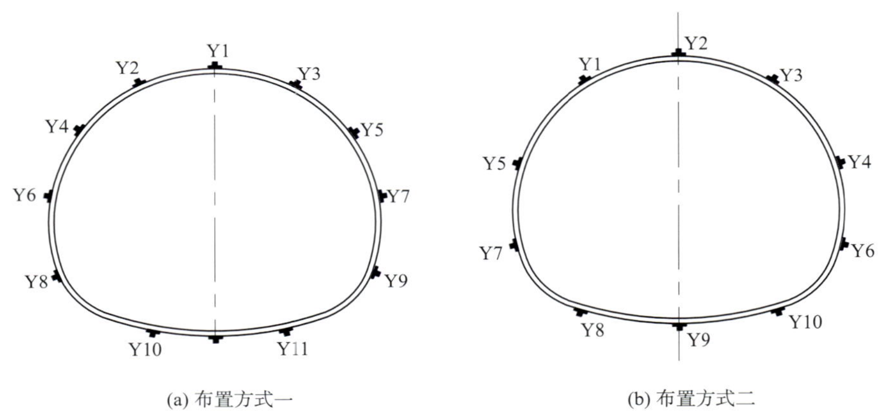

图 5-3-1 试验段围岩压力测点布置图

表 5-3-2 围岩压力测试数据统计

试 验 段	埋 深	断面位置	围岩压力数据(个)
函谷关隧道	27 m	DK270 +504	301
		DK270 +515	334
		DK270 +520	165
贺家庄隧道	35 m	DK243 +009	370
		DK242 +987	250
		DK242 +960	176
		DK242 +945	183

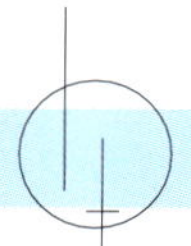

续上表

试验段	埋　深	断面位置	围岩压力数据(个)
贺家庄隧道	43 m	DK241 +962	351
		DK241 +980	199
		DK242 +063	205
		DK242 +073	107
张茅隧道	95 m	DK225 +145	364
		DK225 +945	369
函谷关隧道	110 m	DK273 +005	420
		DK273 +015	334
		DK273 +040	401
		DK273 +055	245
监测断面总数:17 个,监测围岩压力数据总数:4 774 个。			

对监测断面进行统计,整理后得到各断面不同埋深的围岩压力(初期支护与围岩的接触压力)包络图如图 5-3-2 ~ 图 5-3-9 所示。

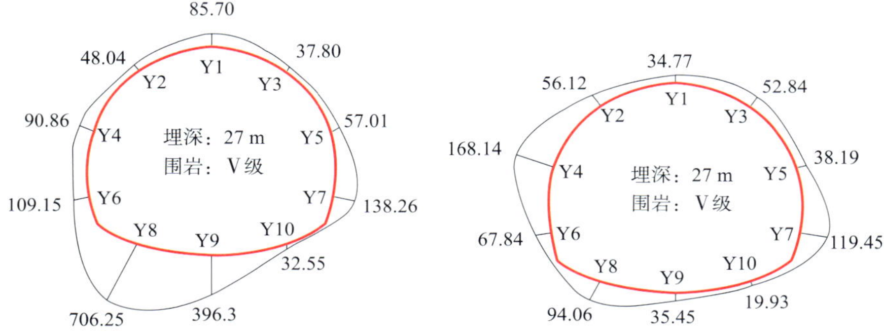

图 5-3-2　函谷关 DK270 +504、DK270 +515 断面初期支护围岩压力分布图(埋深:27 ~ 35 m,单位:kPa)

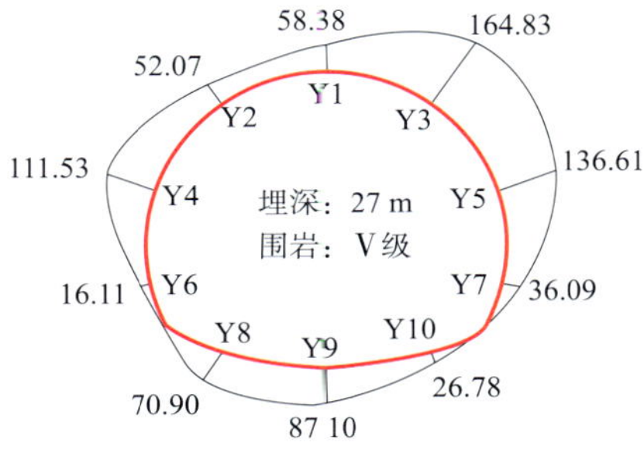

图 5-3-3　函谷关 DK270 +525 断面初期支护围岩压力分布图(埋深:27 ~ 35 m,单位:kPa)

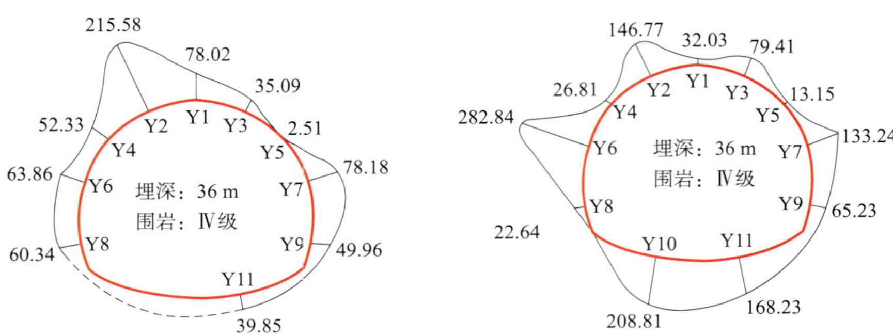

图 5-3-4 贺家庄 DK242 + 945、DK242 + 960 断面围岩—初期支护压力分布图(埋深:27 ~ 35 m,单位:kPa)

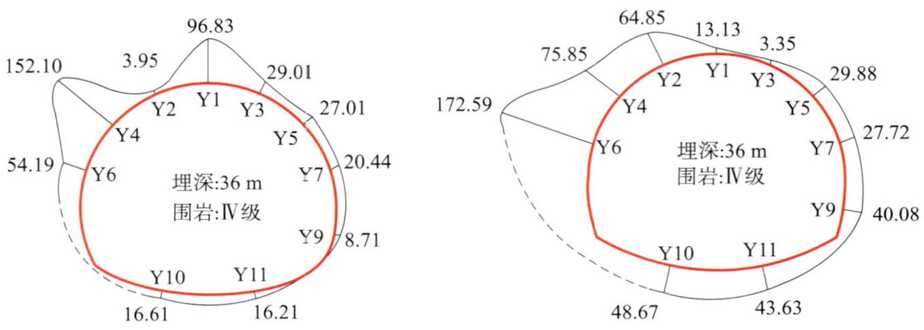

图 5-3-5 贺家庄 DK242 + 987、DK243 + 009 断面围岩—初期支护接触压力分布图(埋深:27 ~ 35 m,单位:kPa)

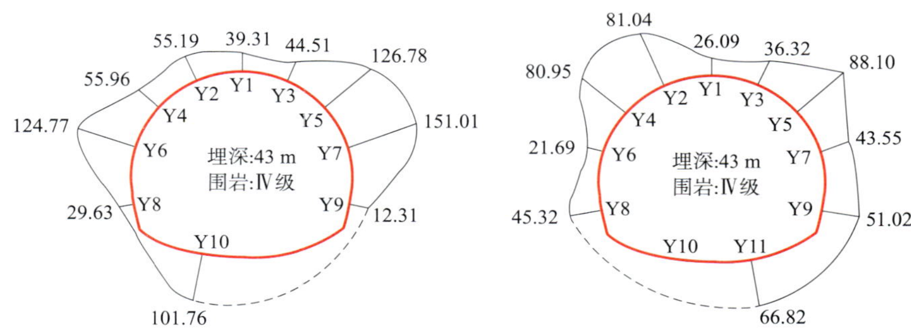

图 5-3-6 贺家庄 DK241 + 962、DK241 + 980 断面围岩—初期支护压力分布图(埋深:43 ~ 110 m,单位:kPa)

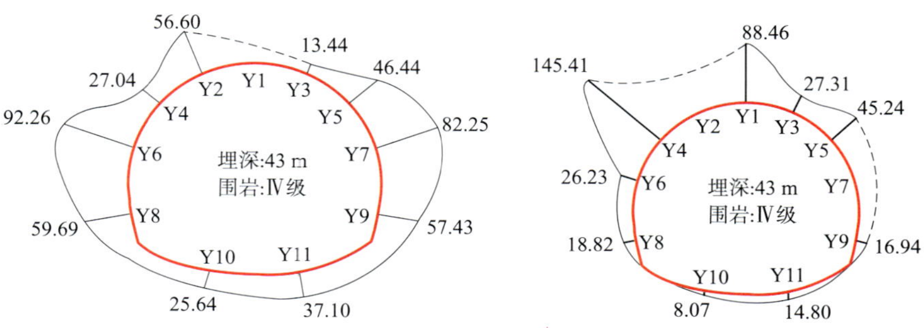

图 5-3-7 贺家庄 DK242 + 063、DK242 + 073 断面初期支护围岩压力分布图(埋深:43 ~ 110 m,单位:kPa)

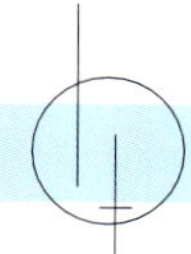

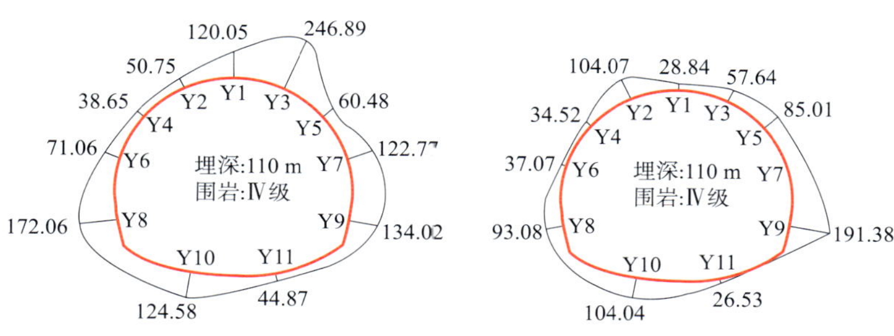

图 5-3-8　函谷关 DK273 + 005、DK273 + 015 断面围岩压力分布图(埋深:43 ~ 110 m,单位:kPa)

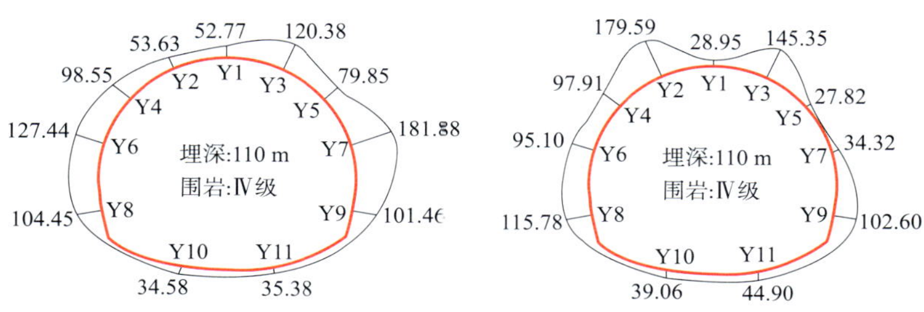

图 5-3-9　函谷关 DK273 + 040、DK273 + 055 断面围岩压力分布图(埋深:43 ~ 110 m,单位:kPa)

2)二次衬砌围岩压力及内力监测

为了分析二次衬砌承受的围岩压力(二次衬砌与初期支护之间的接触压力)及其内力,同时在上述三座隧道的 3 个试验段进行了二次衬砌钢筋内力的监测,测试数据统计如表 5-3-3 所示。

表 5-3-3　二次衬砌测试数据统计表

隧道名称	断　面	围岩压力数据(个)	钢筋应力数据(个)	混凝土应力数据(个)	备　注
函谷关隧道	DK273 + 005	—	260	—	—
	DK273 + 040	—	270	—	—
	DK270 + 515	149	—	373	混凝土应力监测两年
张茅隧道	DK225 + 145	63	215	—	钢筋应力监测一年
	DK225 + 953	89	219	—	钢筋应力监测一年
合　计		301	964	273	—

(1)函谷关隧道斜井工区

二次衬砌内力以及围岩压力监测断面布置如图 5-3-10 所示,断面外环及内环钢筋应力时程曲线如图 5-3-11、图 5-3-12 所示。图中字母 WG 表示外层钢筋测点,NG 表示内层钢筋测点。

从时程曲线图 5-3-11、图 5-3-12 可以看出:

①二衬断面钢筋大部分受压,只有个别点在开始时受拉;二衬钢筋应力测量一周后基本稳定。

②二衬钢筋压力比较小,仰拱部位压力值比其他部位要大,最大值在 6 MPa 左右,其余部位压力值比较小,大部分点的压力小于 2 MPa。

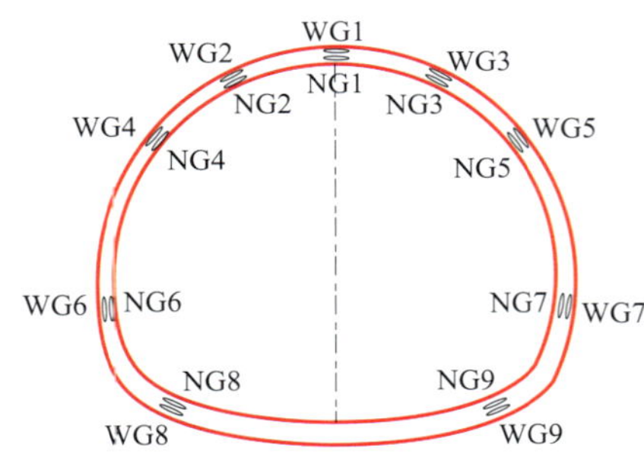

图 5-3-10 函谷关隧道试验段二衬内力测点布置图

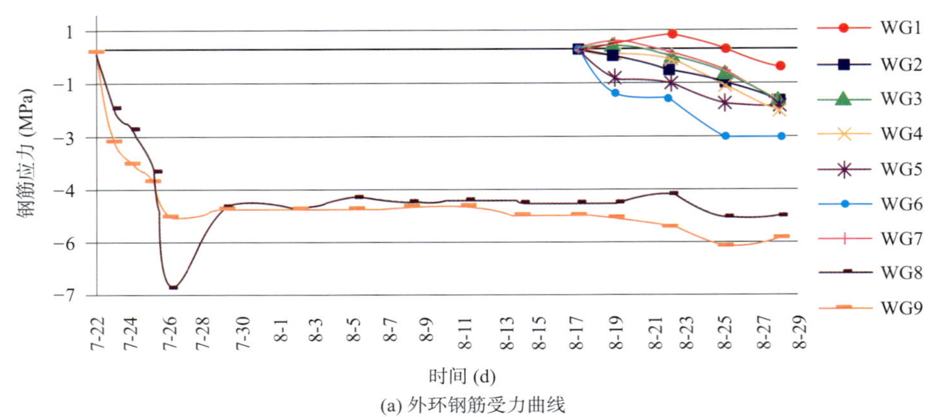

(a) 外环钢筋受力曲线

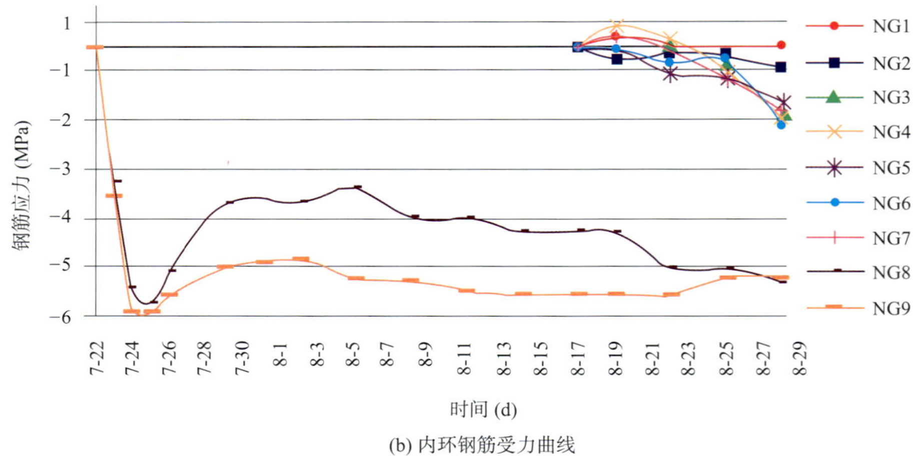

(b) 内环钢筋受力曲线

图 5-3-11 DK273 + 005 断面二衬钢筋应力时程曲线图

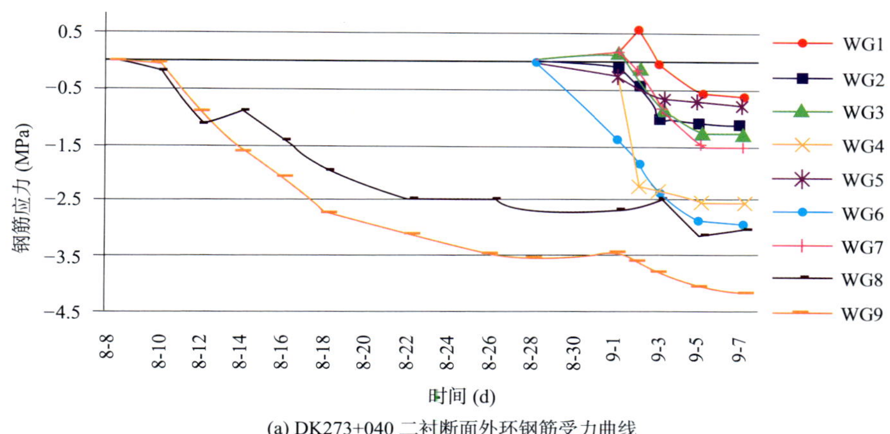

(a) DK273+040 二衬断面外环钢筋受力曲线

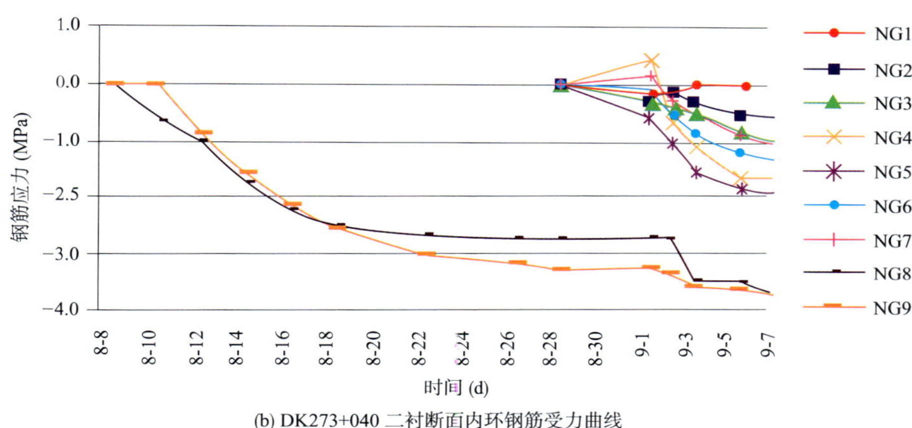

(b) DK273+040 二衬断面内环钢筋受力曲线

图 5-3-12　DK273+040 断面二衬钢筋应力时程曲线图

(2)函谷关隧道进口工区

二次衬砌内力以及围岩压力监测断面布置如图 5-3-13 所示,断面时程曲线如图 5-3-14～图 5-3-16 所示。

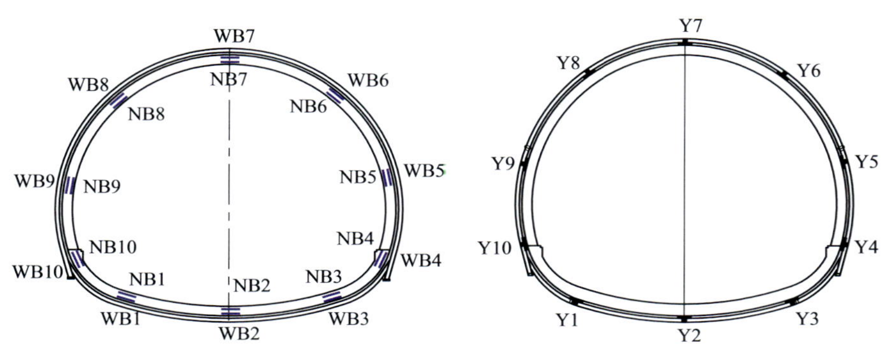

图 5-3-13　函谷关隧道二衬内力及围岩压力测点布置图

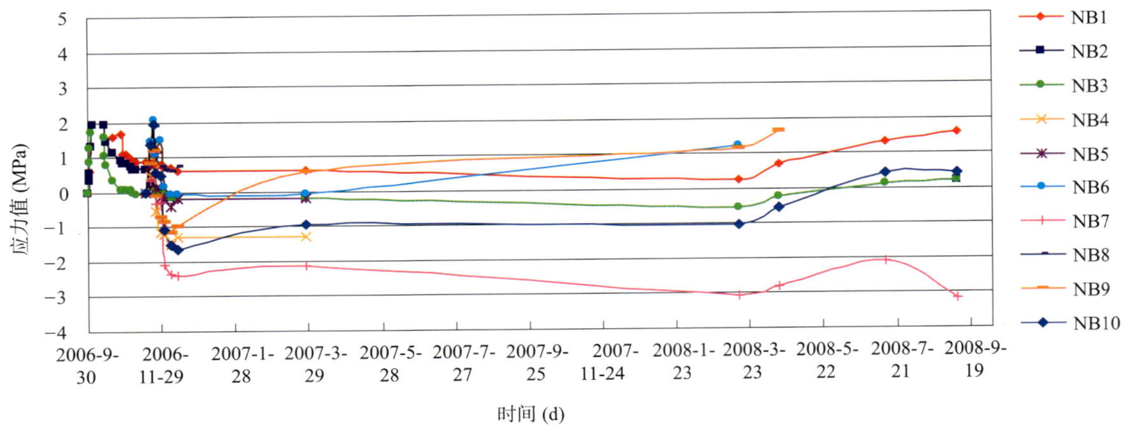

图 5-3-14　函谷关隧道 DK270 + 515 断面二衬内侧混凝土应力时程曲线图

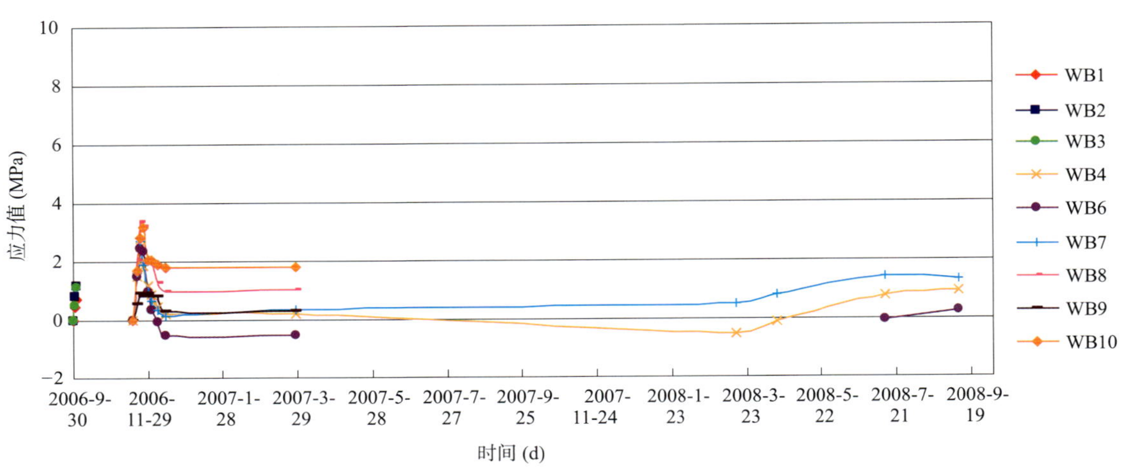

图 5-3-15　函谷关隧道 DK270 + 515 断面二衬外侧混凝土应力时程曲线图

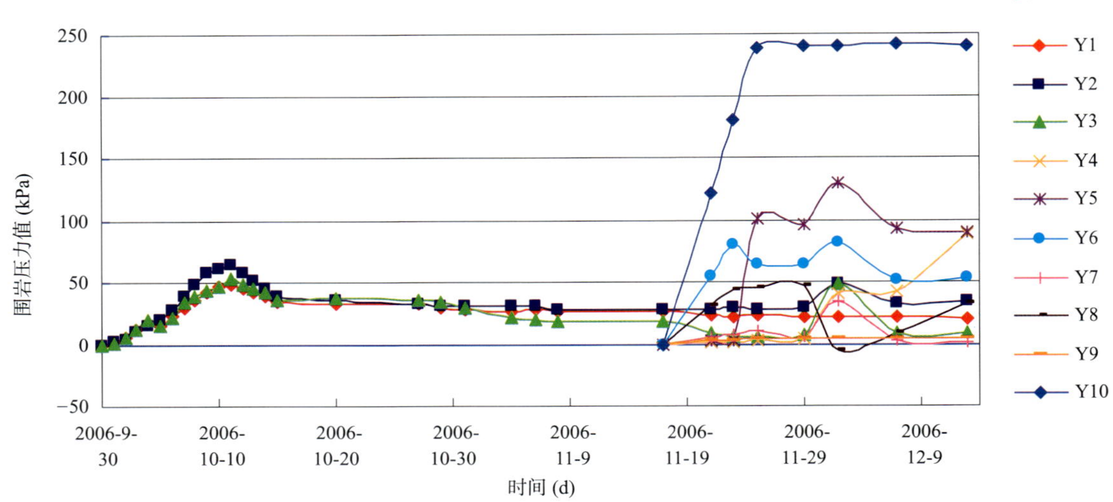

图 5-3-16　函谷关隧道 DK270 + 515 断面二衬围岩压力时程曲线图

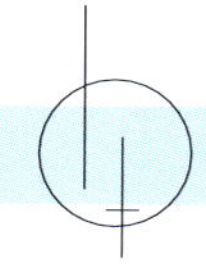

从时程曲线图 5-3-14 ~ 图 5-3-16 可以看出：

①二衬混凝土应力最大压应力为 3 MPa 左右，最大拉应力约 1.6 MPa。

②二衬围岩压力在仰拱处较大，约 250 kPa，其余点压力量值不大。

(3)张茅隧道斜井工区

张茅隧道斜井工区试验段二次衬砌内力以及围岩压力监测断面布置如图 5-3-17 所示，断面时程曲线如图 5-3-18 ~ 图 5-3-23 所示。

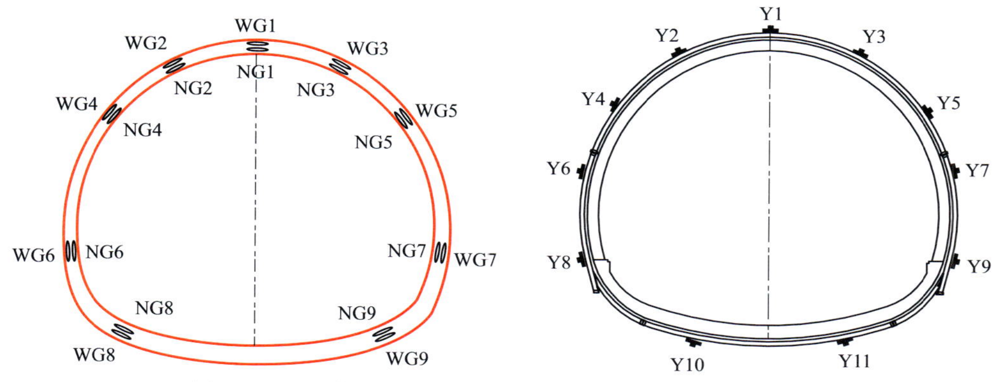

图 5-3-17　张茅隧道试验段二衬内力及围岩压力测点布置图

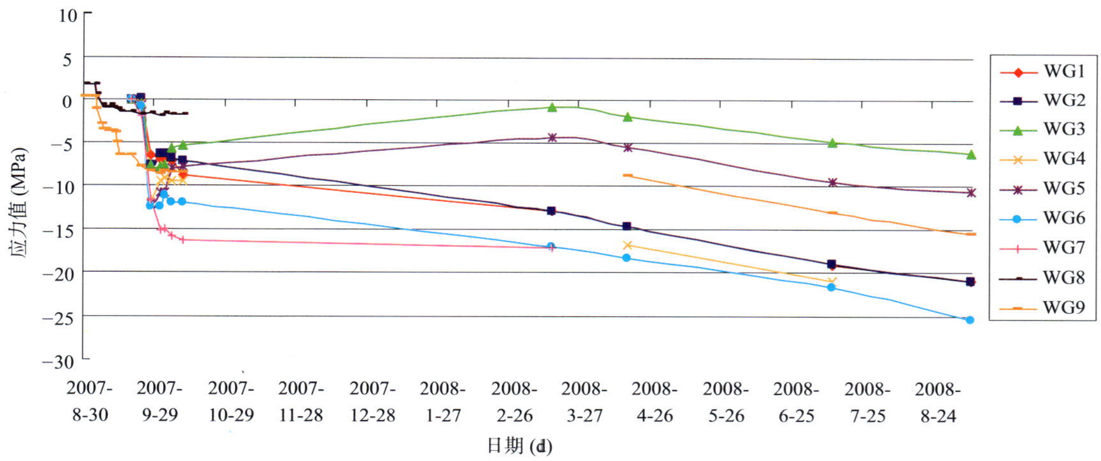

图 5-3-18　张茅隧道 DK225 + 145 二衬外侧钢筋应力图

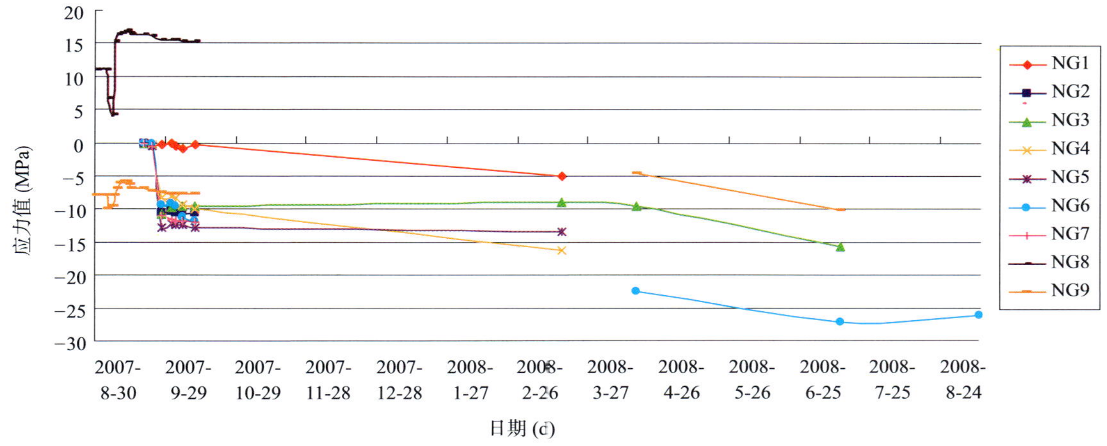

图 5-3-19　张茅隧道 DK225 + 145 二衬内侧钢筋应力图

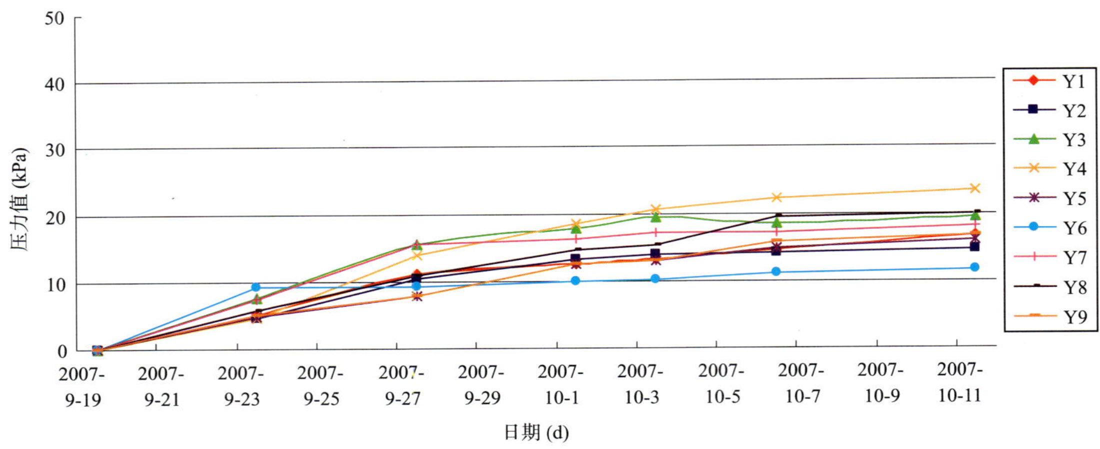

图 5-3-20 张茅隧道 DK225 + 145 二衬围岩压力时程曲线图

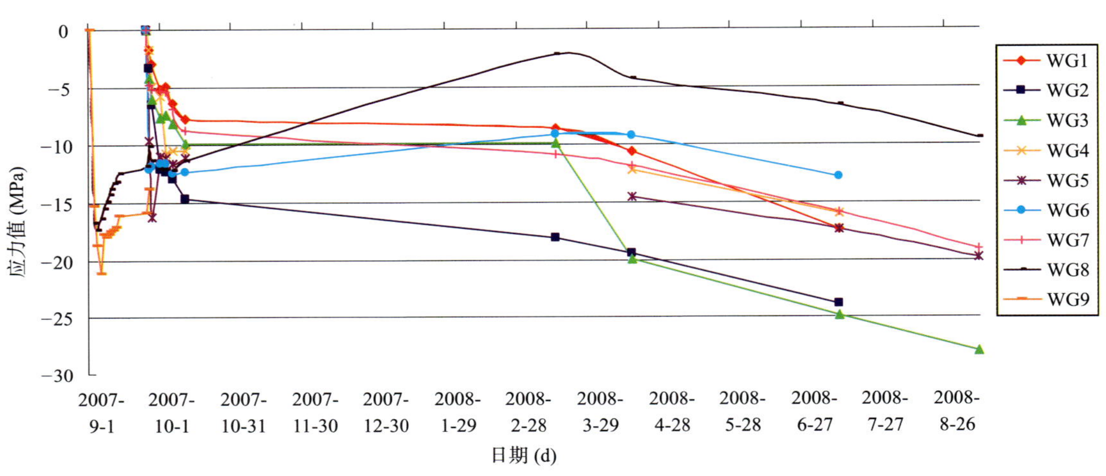

图 5-3-21 张茅隧道 DK225 + 953 二衬外侧钢筋应力图

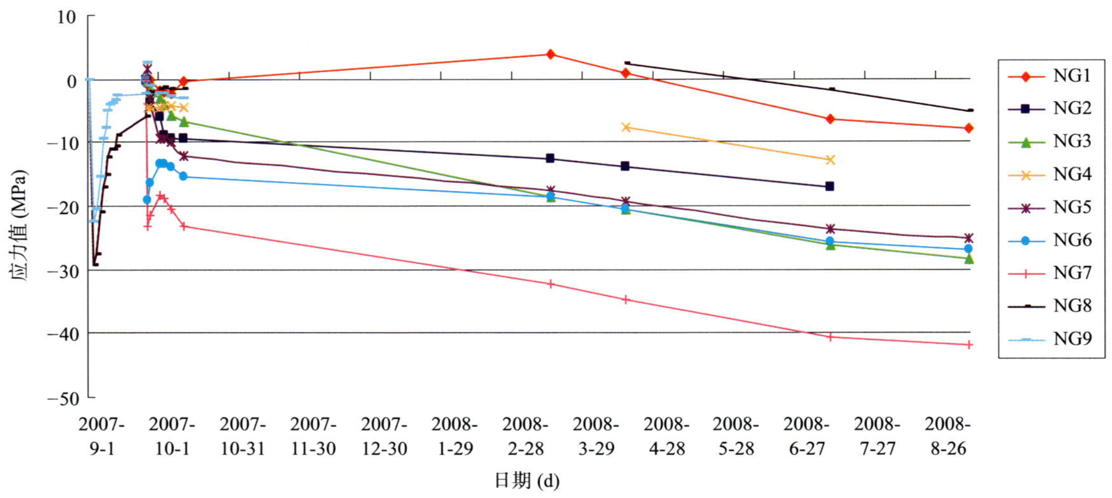

图 5-3-22 张茅隧道 DK225 + 953 二衬内侧钢筋应力图

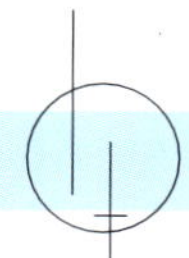

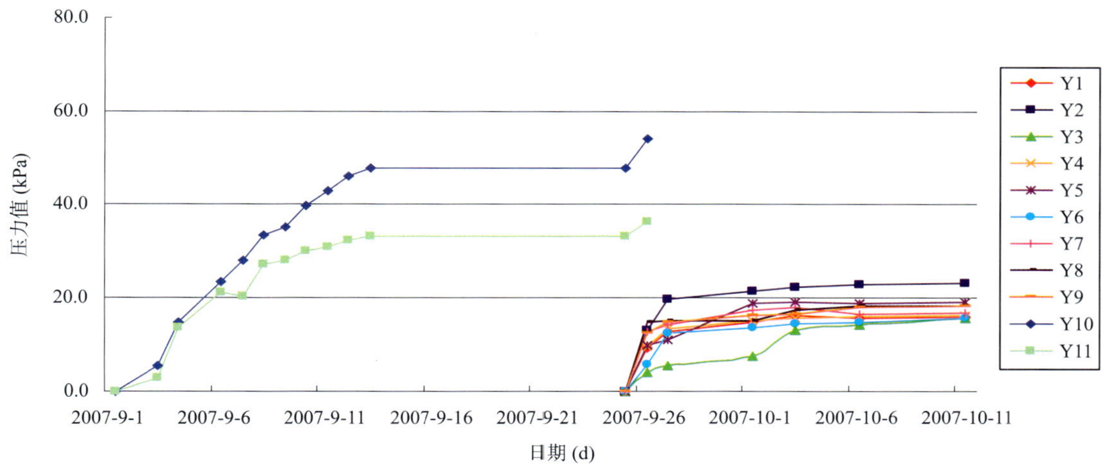

图 5-3-23　张茅隧道 DK225 +953 断面二衬围岩压力时程曲线图

从时程曲线图 5-3-18 ~ 图 5-3-23 可以看出：

①二衬断面钢筋应力除个别点受拉外，其余点均受压应力，最大压应力约为 40 MPa，最大拉应力达到约 15 MPa。

②二衬断面围岩压力监测两月后基本稳定，最大围岩压力在仰拱处，达到约 55 kPa，其余各点围岩压力量值不大。

现场测试数据为径向围岩压力，将径向围岩压力转换为垂直围岩压力、水平围岩压力，按竖向及水平围岩压力平均值进行统计，统计结果如表 5-3-4 和表 5-3-5 所示。

表 5-3-4　浅埋隧道试验段测试断面围岩压力平均值统计

隧道名称	研究断面	埋深(m)	竖向压力均值(kPa)	水平压力均值(kPa)
贺家庄隧道	DK242 +987	35.6	41.3	25.13
	DK243 +009	35.4	23.87	46.56
	DK242 +945	35.6	70.65	42.99
	DK242 +960	35.8	56.12	70.18
函谷关隧道	DK270 +504	29.7	46.66	66.77
	DK270 +515	27.7	35.96	62.1
	DK270 +525	26.8	62.07	43.88

表 5-3-5　深埋隧道试验段围岩压力平均值统计

隧道名称	研究断面	埋深(m)	竖向压力均值(kPa)	水平压力均值(kPa)
贺家庄隧道	DK241 +962	42.9	41.387	53.786
	DK241 +980	43.2	38.781	37.458
	DK242 +063	42.4	23.829	42.066
	DK242 +073	42.3	51.699	28.104
张茅隧道	DK225 +145	95	163.28	133.79
	DK225 +965	95	138.39	102.7
函谷关隧道	DK273 +005	109.7	92.899	79.595
	DK273 +015	109.8	45.418	66.276
	DK273 +040	109.9	58.653	79.322
	DK273 +055	110.0	76.299	63.636

另外,根据在秦东隧道、潼洛川等隧道的监测资料,对各监测断面进行统计,得到各断面的围岩压力分布如表5-3-6所示。

表5-3-6 浅埋隧道试验段测试断面围岩压力统计

隧道	断面里程	埋深(m)	仰拱(kPa)		边墙(kPa)		拱部(kPa)		
			仰中	仰腰	墙脚	墙腰	拱脚	拱腰	拱顶
秦东隧道	DK333 +450	16	23.3	38.3	28.9	41.9	26.8	15.9	9.3
	DK333 +460	19	68.2	45.5	34.0	44.2	18.7	21.2	10.0
潼洛川隧道	DK341 +420	34	231.5	381.2	360.2	236.1	224.4	144.7	48.5
	DK341 +606	30	406.3	361.0	455.2	329.0	202.7	349.3	22.1
高桥隧道	DK348 +469	32	240.0	330.1	406.5	147.2	77.7	35.9	33.2
	DK349 +432	11	498.6	408.6	83.1	403.2	165.8	212.9	177.3
	DK349 +439	11	—	450.4	124.1	221.2	133.9	243.2	371.0
与水平夹角(°)			-90	-80	-15	0	30	60	90

表中数据为径向围岩压力,将径向围岩压力转换为垂直围岩压力、水平围岩压力,按竖向及水平围岩压力平均值进行统计,统计结果如表5-3-7所示。

表5-3-7 浅埋隧道试验段测试断面围岩—压力平均值统计

隧道	断面里程	埋深(m)	竖向压力均值(kPa)	水平压力均值(kPa)
秦东隧道	DK333 +450	16	11.59	22.19
	DK333 +460	19	12.74	22.42
潼洛川隧道	DK341 +420	34	94.06	184.85
	DK341 +606	30	161.2	232.12
高桥隧道	DK348 +469	32	31.35	133.55
	DK349 +432	11	144.3	162.87
	DK349 +439	11	199.88	127.15

5.3.3 理论计算与实测压力对比分析

1)浅埋隧道理论计算与实测压力分析

(1)计算参数

根据室内三轴试验及地质资料,贺家庄隧道出口、函谷关隧道进口浅埋黄土隧道的计算参数如表5-3-8所示。

表5-3-8 计算参数表

土样位置	埋深(m)	密度(g/cm^3)	黏聚力(kPa)	内摩擦角 φ(°)	计算摩擦角 φ_c(°)	破裂角 β(°)	θ(°)	围岩级别
贺家庄	36	1.73	131.78	23.93	31.32	75.5	25.06	Ⅳ
函谷关	27	1.57	20.86	27.6	28.76	71.4	20.13	Ⅴ

(2)计算结果

计算模式一与模式二计算值与实测最值对比如表5-3-9～表5-3-10所示。理论计算值与实测围岩压力值对比包络图如图5-3-24～图5-3-27所示。

表 5-3-9　计算模式一计算值与实测最值比较表格

位置 \ 量值	埋深(m)	实测值(kPa)		模式一计算值(kPa)		比值(后者/前者)	
		竖　向	水　平	竖　向	水　平	竖　向	水　平
贺家庄	36	186.69	273.20	290.61	386.29	156%	141%
函谷关	27	126.26	162.41	286.30	291.35	227%	179%

表 5-3-10　计算模式二计算值与实测最值比较表格

位置 \ 量值	埋深(m)	实测值(kPa)		模式二计算值(kPa)		比值(后者/前者)	
		竖　向	水　平	竖　向	水　平	竖　向	水　平
贺家庄	36	186.69	273.20	174.76	167.08	94%	61%
函谷关	27	126.26	162.41	245.63	162.31	195%	100%

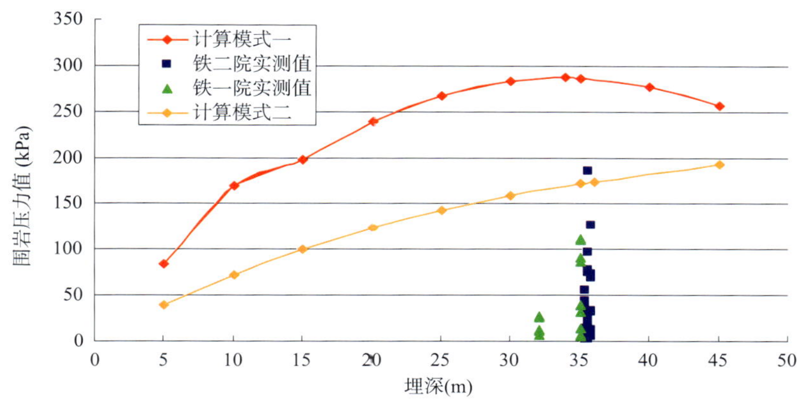

图 5-3-24　黏质黄土隧道(贺家庄隧道参数)垂直围岩压力对比分析图示

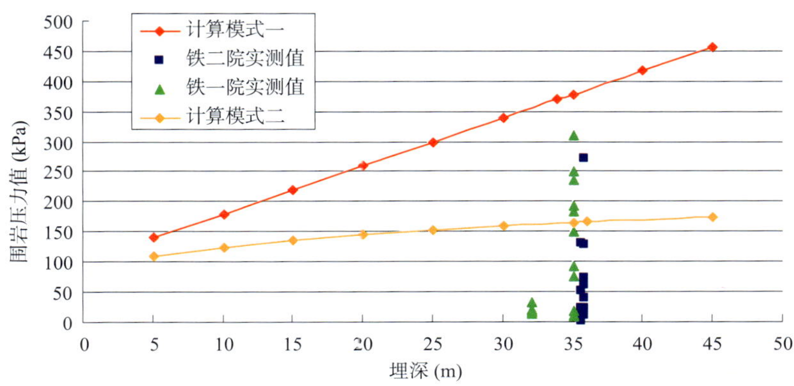

图 5-3-25　黏质黄土隧道(贺家主隧道参数)水平围岩压力对比分析图示

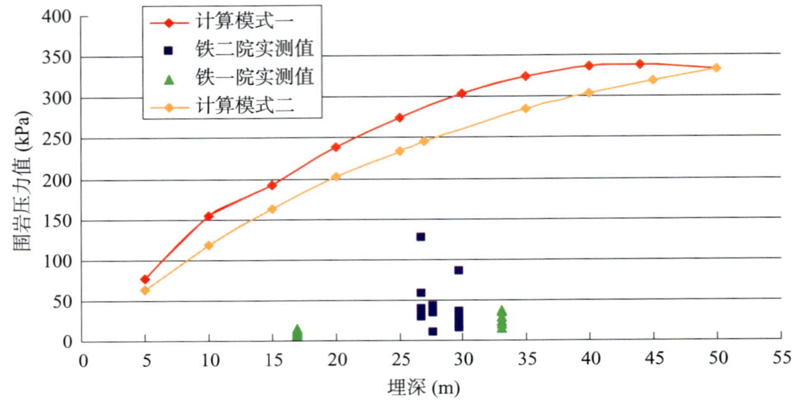

图 5-3-26　砂质黄土隧道(函谷关隧道参数)垂直围岩压力对比分析图示

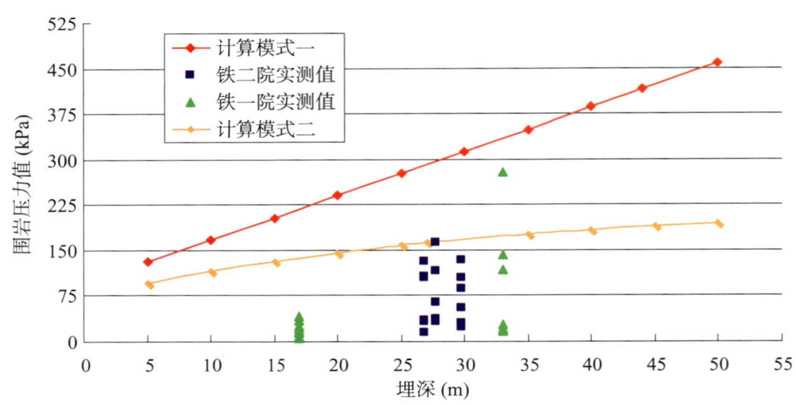

图 5-3-27　砂质黄土隧道(函谷关隧道参数)水平围岩压力对比分析图示

由计算结果可知,现行规范公式计算结果可以包络浅埋黄土隧道的实测围岩压力,其计算公式如下:

①垂直围岩压力

$$q = \gamma h\left(\frac{1-\lambda h\tan\theta}{B}\right) \tag{5-3-1}$$

②水平围岩压力

$$e_i = \gamma h_i \lambda \tag{5-3-2}$$

$$\lambda = \frac{\tan\beta - \tan\varphi_c}{\tan\beta[1+\tan\beta(\tan\varphi_c - \tan\theta)+\tan\varphi_c\tan\theta]}$$

$$\tan\beta = \tan\varphi_c + \sqrt{\frac{(\tan^2\varphi_c + 1)(\tan\varphi_c)}{\tan\varphi_c - \tan\theta}}$$

2)深埋隧道理论计算与实测压力分析

(1)计算参数

根据室内三轴试验及地质资料,贺家庄进口,函谷关隧道斜井以及张茅隧道的计算参数如表5-3-11所示。

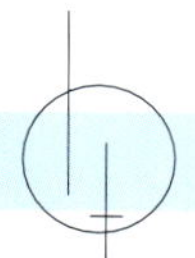

表 5-3-11　计算参数表

土样位置	埋　深	密度(g/cm³)	内摩擦角 φ(°)	黏聚力 c(kPa)	围岩级别
贺家庄	43	1.80	23.99	145	Ⅳ
函谷关	110	1.81	25.8	155	Ⅳ
张茅隧道	95	2.1	33.2	155	Ⅴ

(2)计算结果

计算模式二～计算模式五理论计算值与实测最值对比如表 5-3-12～表 5-3-15 所示。

理论计算值与实测围岩压力值对比包络图如图 5-3-28～图 5-3-31 所示。

表 5-3-12　计算模式二计算值与实测最值比较分析表格

量值 / 位置	埋深(m)	实测值(kPa)		计算值(kPa)		比值(后者/前者)	
		竖向	水平	竖向	水平	竖向	水平
函谷关	110	213.81	184.86	245.21	187.22	115%	101%
张茅隧道	95	238.62	302.97	216.99	141.64	91%	47%
贺家庄	43	88.46	145.86	185.8	175.12	210%	120%

表 5-3-13　计算模式三计算值与实测最值比较分析表格

量值 / 位置	埋深(m)	实测值(kPa)		计算值(kPa)		比值(后者/前者)	
		竖向	水平	竖向	水平	竖向	水平
函谷关	110	213.81	184.86	127.71	38.31	60%	21%
张茅隧道	95	238.62	302.97	293.53	146.76	123%	48%
贺家庄	43	88.46	145.86	127.01	38.10	144%	26%

表 5-3-14　计算模式四计算值与实测最值比较分析表格

量值 / 位置	埋深(m)	实测值(kPa)		计算值(kPa)		比值(后者/前者)	
		竖向	水平	竖向	水平	竖向	水平
函谷关	110	213.81	184.86	454.00	224.00	212%	121%
张茅隧道	95	238.62	302.97	389.99	153.11	163%	51%
贺家庄	43	88.46	145.86	497.38	258.20	562%	177%

表 5-3-15　计算模式五计算值与实测最值比较分析表格

量值 / 位置	埋深(m)	实测值(kPa)		计算值(kPa)		比值(后者/前者)	
		竖向	水平	竖向	水平	竖向	水平
函谷关	110	213.81	184.86	69.99	52.49	33%	28%
张茅隧道	95	238.62	302.97	50.18	37.64	21%	12%
贺家庄	43	88.46	145.86	96.45	72.34	109%	50%

注:卡柯公式侧压力系数取 0.75。

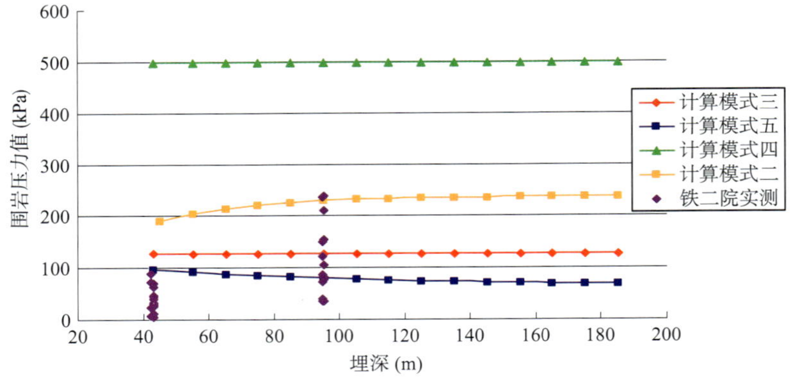

图 5-3-28　黏质黄土隧道(贺家庄隧道参数)垂直围岩压力对比分析图示

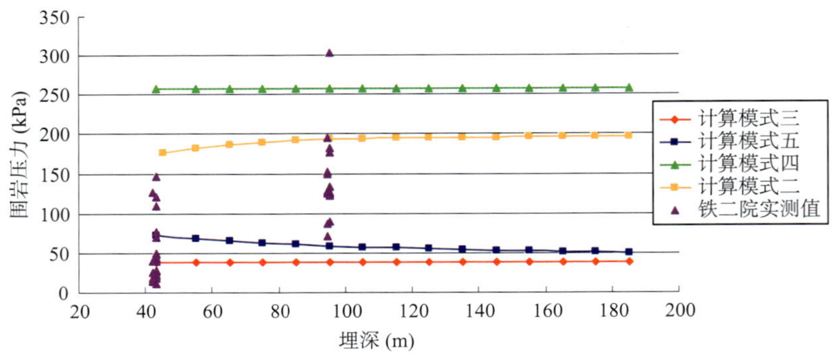

图 5-3-29　黏质黄土隧道(贺家庄隧道参数)水平围岩压力对比分析图示

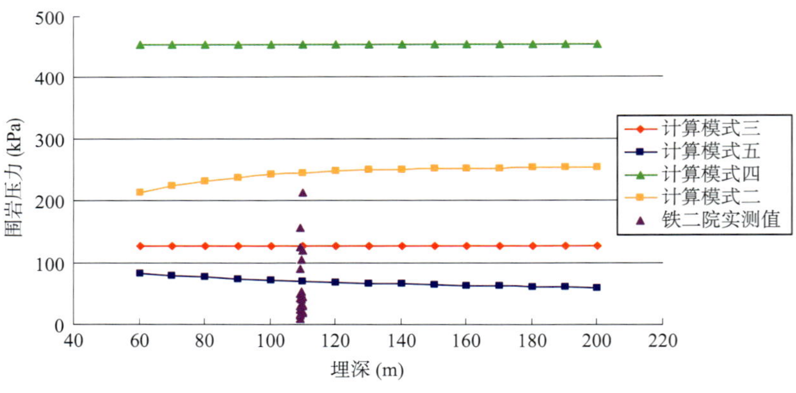

图 5-3-30　砂质黄土隧道(函谷关隧道参数)垂直围岩压力对比分析图示

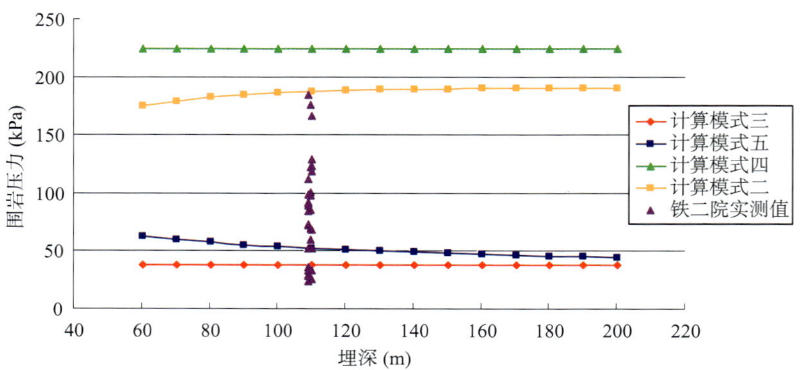

图 5-3-31　砂质黄土隧道(函谷关隧道参数)水平围岩压力对比分析图示

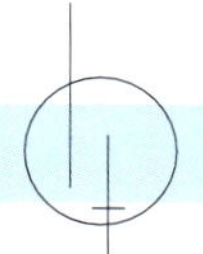

由表 5-3-12 ~ 表 5-3-15 及图 5-3-28 ~ 图 5-3-31 可知：

计算模式二（太沙基理论）可以包络深埋大断面黄土隧道的实测围岩压力，为便于计算，对以上公式进行改进，改进后的理论计算公式如下：

①垂直围岩压力：

$$q = \frac{b\gamma - c}{\lambda \tan\varphi} \tag{5-3-3}$$

用改进后的公式，以贺家庄隧道和函谷关隧道为例计算其垂直围岩压力，并和原公式对比，计算参数如表 5-3-16 所示，分析结果对比如表 5-3-17、表 5-3-18 和图 5-3-32、图 5-3-33 所示。

表 5-3-16　计算参数表

土样位置	密度（g/cm^3）	内摩擦角 φ（°）	破裂角 β（°）	黏聚力 c（kPa）	侧压力系数 λ
贺家庄隧道	1.80	23.99	75	145	1.3
函谷关隧道	1.81	25.8	70	155	1.3

表 5-3-17　贺家庄隧道计算围岩压力对比表

埋深（m）		40	50	60	70	80	90	100	110	120	130	140	150
围岩压力（kPa）	太沙基理论	80.4	85.01	87.71	89.31	90.2	90.81	91.1	91.33	91.4	91.51	91.6	91.58
	改进公式	91.6	91.6	91.6	91.6	91.6	91.6	91.6	91.6	91.6	91.6	91.6	91.6
相对误差（%）		13.9	7.771	4.451	2.584	1.51	0.887	0.52	0.308	0.18	0.107	0.06	0.037

表 5-3-18　函谷关隧道计算围岩压力对比表

埋深（m）		40	50	60	70	80	90	100	110	120	130	140	150
围岩压力（kPa）	太沙基理论	91.4	96.76	99.97	101.9	103	103.7	104	104.4	105	104.6	105	104.7
	改进公式	104.7	104.7	104.7	104.7	104.7	104.7	104.7	104.7	104.7	104.7	104.7	104.7
相对误差（%）		14.6	8.238	4.764	2.792	1.65	0.979	0.58	0.347	0.21	0.124	0.07	0.044

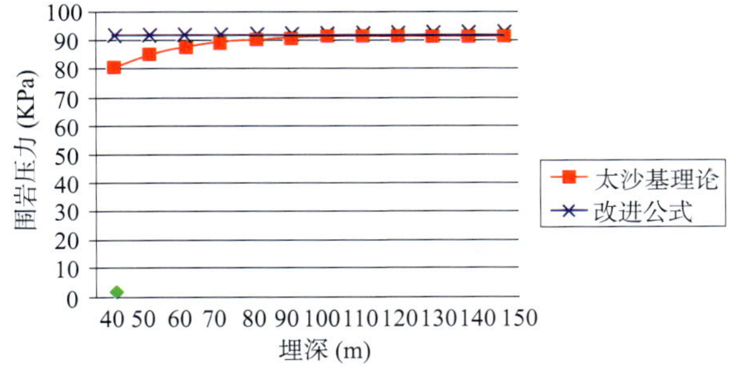

图 5-3-32　贺家庄隧道计算围岩压力对比

图 5-3-33　函谷关隧道计算围岩压力对比

由上面的计算分析可知，随着隧道埋深的增加，改进后的公式和太沙基理论公式所计算围岩压力逐渐接近，当埋深大于 60 m 时，其相对误差已经小于 5%，并且偏于安全，故用改进后的公式计算垂直围岩压力是可行的。

②水平围岩压力

$$e = (q + \gamma d h_1)\tan^2(45° - \varphi/2) \tag{5-3-4}$$

5.3.4 围岩压力分布形式

1)浅埋黄土隧道围岩压力分布形式

(1)垂直围岩压力分布

典型断面围岩—初期支护压力分布如图 5-3-34 所示,垂直围岩压力分布如表 5-3-19 和表 5-3-20 所示。各研究断面汇总分析表格如表 5-3-21 和表 5-3-22 所示。

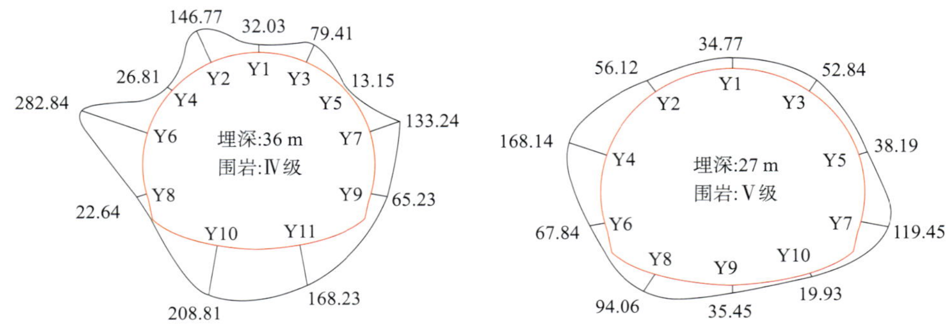

图 5-3-34 贺家庄 DK242 +960、函谷关 DK270 +515 断面围岩—初期支护压力分布图(单位:kPa)

表 5-3-19 贺家庄隧道测试断面 DK242 +960 竖向围压分布形式分析

围压位置 / 围压数值	拱顶围压 Y1 测点	左右侧 30°处 Y2、Y3 测点	左右侧 60°处 Y4、Y5 测点	左右侧 75°处 Y6、Y7 测点
围压值(kPa)		146. 77	26. 81	282. 84
	32. 03	79. 41	13. 15	133. 24
转换为竖向压力(kPa)		127. 10	13. 40	73. 20
	32. 03	68. 77	6. 57	34. 48
与拱顶围压比值(%)		397	42	229
		215	21	108

表 5-3-20 函谷关隧道测试断面 DK270 +515 竖向围压分布形式分析

围压位置 / 围压数值	拱顶围压 Y1 测点	左右侧 40°处 Y2、Y3 测点	左右侧 75°处 Y4、Y5 测点
围压值(kPa)		56. 12	168. 14
	34. 77	52. 84	38. 19
转换为竖向压力(kPa)		42. 99	43. 52
	34. 77	40. 48	9. 88
与拱顶围压比值(%)		124	125
		116	28

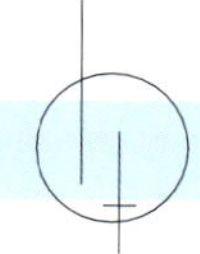

表 5-3-21　汇总贺家庄隧道各测试断面竖向围压分布形式分析

<table>
<tr><th colspan="2">围压位置
围压数值</th><th colspan="2">左右侧 30°处
Y2、Y3 测点</th><th colspan="2">左右侧 60°处
Y4、Y5 测点</th><th colspan="2">左右侧 75°处
Y6、Y7 测点</th></tr>
<tr><td rowspan="3">与拱顶围压比值(%)</td><td rowspan="2">DK242 +987</td><td colspan="2">4</td><td colspan="2">79</td><td colspan="2">14</td></tr>
<tr><td colspan="2">26</td><td colspan="2">14</td><td colspan="2">5</td></tr>
<tr><td>DK243 +009</td><td colspan="2">428</td><td colspan="2">289</td><td colspan="2">340</td></tr>
<tr><td rowspan="4">与拱顶围压比值(%)</td><td rowspan="2">DK242 +945</td><td colspan="2">239</td><td colspan="2">34</td><td colspan="2">21</td></tr>
<tr><td colspan="2">39</td><td colspan="2"></td><td colspan="2">26</td></tr>
<tr><td rowspan="2">DK242 +960</td><td colspan="2">397</td><td colspan="2">42</td><td colspan="2">229</td></tr>
<tr><td colspan="2">215</td><td colspan="2">21</td><td colspan="2">108</td></tr>
<tr><td colspan="2" rowspan="6">与拱顶围压比值范围及分布情况(%)
(参考《铁路隧道设计手册》分区)</td><td>100 以下</td><td>4</td><td>100 以下</td><td>5</td><td>100 以下</td><td>5</td></tr>
<tr><td>100 ~ 150</td><td>0</td><td>100 ~ 150</td><td>1</td><td>100 ~ 150</td><td>1</td></tr>
<tr><td>150 ~ 200</td><td>0</td><td>150 ~ 200</td><td>0</td><td>150 ~ 200</td><td>0</td></tr>
<tr><td>200 ~ 250</td><td>2</td><td>200 ~ 250</td><td>0</td><td>200 ~ 250</td><td>1</td></tr>
<tr><td>250 ~ 300</td><td>0</td><td>250 ~ 300</td><td>1</td><td>250 ~ 300</td><td>0</td></tr>
<tr><td>300 以上</td><td>2</td><td>300 以上</td><td>0</td><td>300 以上</td><td>1</td></tr>
<tr><td colspan="2">百分比平均值(%)</td><td colspan="2">171</td><td colspan="2">85</td><td colspan="2">100</td></tr>
</table>

表 5-3-22　汇总函谷关隧道各测试断面竖向围压分布形式分析

<table>
<tr><th colspan="2">围压位置
围压数值</th><th colspan="2">左右侧 40°处
Y2、Y3 测点</th><th colspan="2">左右侧 75°处
Y4、Y5 测点</th></tr>
<tr><td rowspan="6">与拱顶围压比值(%)</td><td rowspan="2">DK270 +504</td><td colspan="2">43</td><td colspan="2">27</td></tr>
<tr><td colspan="2">34</td><td colspan="2">17</td></tr>
<tr><td rowspan="2">DK270 +515</td><td colspan="2">124</td><td colspan="2">125</td></tr>
<tr><td colspan="2">116</td><td colspan="2">28</td></tr>
<tr><td rowspan="2">DK270 +525</td><td colspan="2">68</td><td colspan="2">49</td></tr>
<tr><td colspan="2">216</td><td colspan="2">61</td></tr>
<tr><td colspan="2" rowspan="6">与拱顶围压比值范围及分布情况(%)
(参考《铁路隧道设计手册》分区)</td><td>100 以下</td><td>3</td><td>100 以下</td><td>5</td></tr>
<tr><td>100 ~ 150</td><td>2</td><td>100 ~ 150</td><td>1</td></tr>
<tr><td>150 ~ 200</td><td>0</td><td>150 ~ 200</td><td>0</td></tr>
<tr><td>200 ~ 250</td><td>1</td><td>200 ~ 250</td><td>0</td></tr>
<tr><td>250 ~ 300</td><td>0</td><td>250 ~ 300</td><td>0</td></tr>
<tr><td>300 以上</td><td>0</td><td>300 以上</td><td>0</td></tr>
<tr><td colspan="2">百分比平均值(%)</td><td colspan="2">101</td><td colspan="2">52</td></tr>
</table>

注:拱顶垂直围岩压力按 100% 考虑。

根据浅埋黄土隧道垂直围岩压力理论计算公式[式(5-3-1)],以总竖向压力 $Q_{理论} = Q_{实际}$,结合垂直围岩压力实际分布规律,其中理论计算荷载为均匀分布,得到垂直围岩压力分布具体如图 5-3-35 所示。

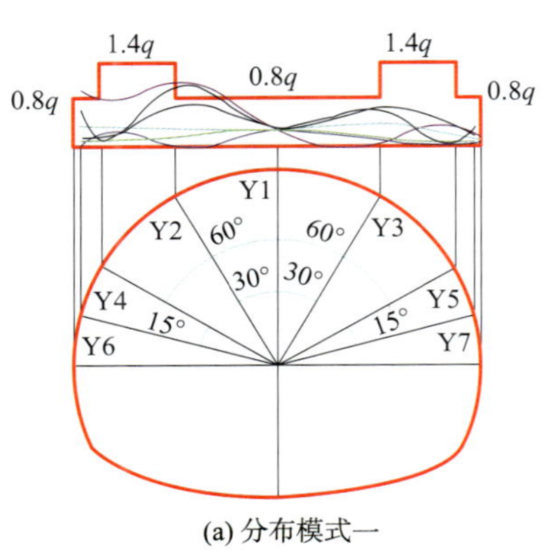

(a) 分布模式一

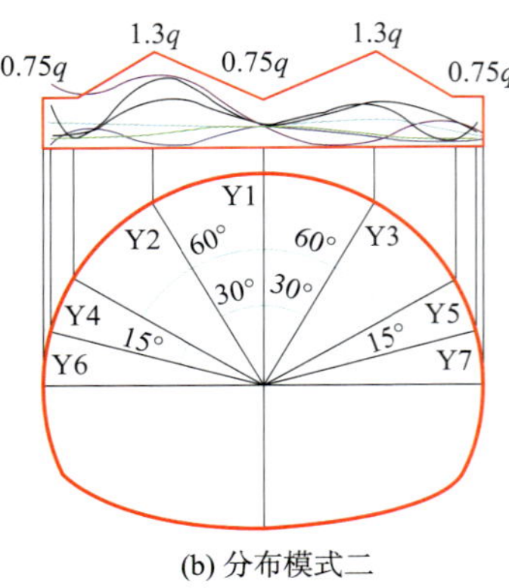

(b) 分布模式二

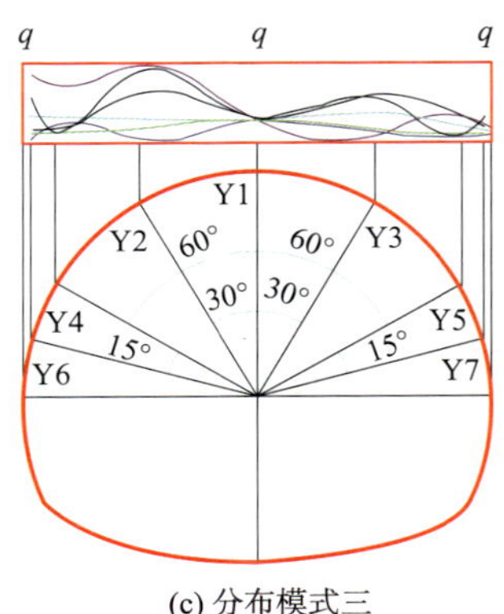

(c) 分布模式三

图 5-3-35　理论与实测垂直围岩压力分布包络图

(2)水平围岩压力分布

典型断面水平围岩压力分布如表 5-3-23 和表 5-3-24 所示。

表 5-3-23　贺家庄测试 DK242 +960 断面水平围压分布形式分析

围压数值 \ 围压位置		30°处 Y2、Y3 测点	60°处 Y4、Y5 测点	75°处 Y6、Y7 测点	墙角 Y8、Y9 测点	仰拱 Y10、Y11 测点
围压值(kPa)		146. 77	26. 81	282. 84	22. 64	208. 81
		79. 41	13. 15	133. 24	65. 23	168. 23
转换为水平压力(kPa)		73. 38	23. 22	273. 20	21. 87	36. 26
		39. 70	11. 39	128. 70	63. 01	29. 21

表 5-3-24　函谷关测试 DK270 +515 断面水平围压分布形式分析

围压数值 \ 围压位置	40°处 Y2、Y3 测点	75°处 Y4、Y5 测点	墙角 Y6、Y7 测点	仰拱 Y8、Y10 测点
围压值(kPa)	56. 12	168. 14	67. 84	94. 06
	52. 84	38. 19	119. 45	19. 93
转换为水平压力(kPa)	36. 07	162. 41	65. 53	16. 33
	33. 96	36. 89	115. 38	3. 46

结合浅埋黄土隧道水平围岩压力理论计算公式[式(5-3-2)],其中理论计算水平荷载为梯形分布,e_1、e_2 分别为衬砌上、下缘水平荷载值,将理论计算值与实测水平围岩压力(各测点最值)进行包络图分析,具体如图 5-3-36 所示。

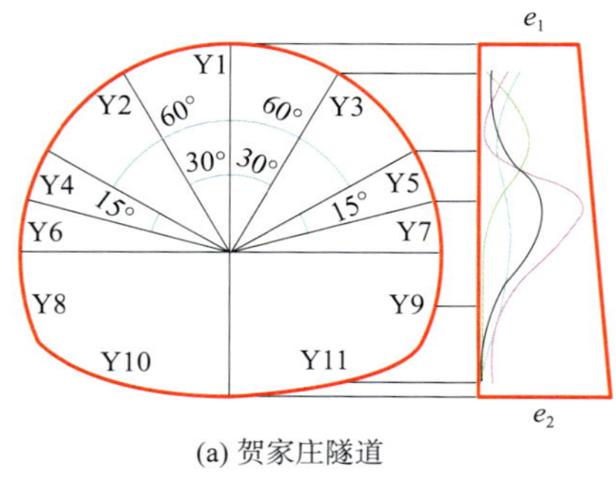

(a) 贺家庄隧道

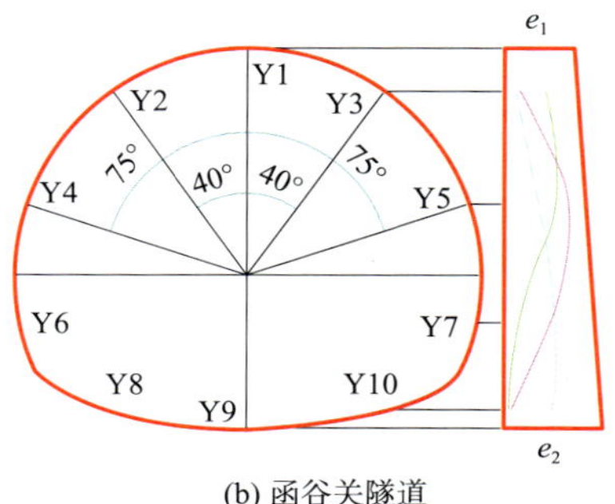

(b) 函谷关隧道

图 5-3-36　理论与实测水平围岩压力包络图

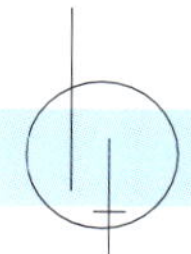

由图 5-3-36 可知，理论围岩压力梯形分布模式包络实测水平围岩压力，故浅埋大断面黄土隧道水平围岩压力按梯形分布。

(3)围岩压力分布模式确定

根据浅埋隧道围岩压力计算公式及几种分布形式，选取函谷关隧道浅埋段，利用荷载—结构模型，对三种垂直围岩压力分布模式和一种水平围岩压力分布模式进行计算，计算工况如表 5-3-25 所示。对计算结果进行对比分析，选择引起隧道结构内力最大或结构内力分布最不均匀的围岩压力分布形式为建议围岩压力分布模式。

表 5-3-25　计算工况表

计算工况	垂直围岩压力分布形式	水平围岩压力分布形式
工况一	分布模式一(马鞍形)	梯形分布
工况二	分布模式二(对称梯形)	梯形分布
工况三	分布模式三(均布)	梯形分布

计算结果如表 5-3-26 所示。

表 5-3-26　计算内力结果

项目 / 隧道	计算工况	M_{max} (kN·m)	N_{max} (kN)	Q_{max} (kN)	最大位移 (cm)	最小安全系数	最不利位置	控制标准
函谷关	工况一	362.5	−3 183.2	−398.7	1.2	4.61	拱脚	压
	工况二	−407.4	−3 237	−406.8	1.4	1.70	拱腰	拉
	工况三	430.5	−3 229.5	409.6	1.4	1.09	拱顶	拉

由表 5-3-25 及表 5-3-26 可见：

围岩压力竖向均布荷载与水平梯形荷载组合最为不利，为此，推荐这种模式为浅埋隧道设计围岩压力分布模式，如图 5-3-37 所示。

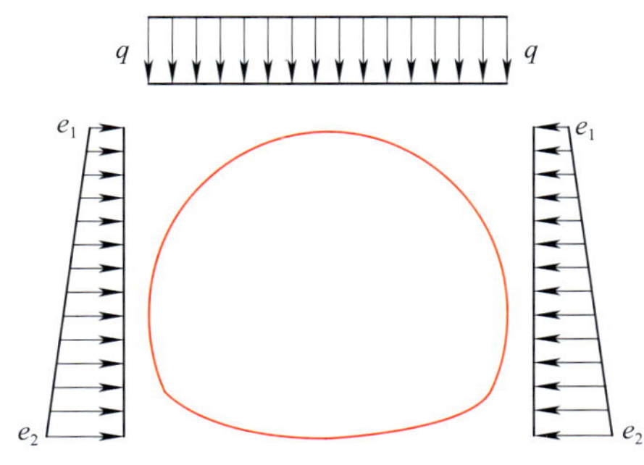

图 5-3-37　隧道竖向、水平围岩压力分布图示

根据表 5-3-4 和表 5-3-7 的统计数据，统计得到为水平压力平均值与竖向压力平均值比如表 5-3-27 所示。

表 5-3-27　黄土隧道侧压力系数统计表

隧道	断面里程	黄土性质	e	q	λ
贺家庄隧道	DK242 + 987	Q_2 黏质	25.13	41.3	0.608
	DK243 + 009	Q_2 黏质	46.56	23.87	1.951
	DK242 + 945	Q_2 黏质	42.99	70.65	0.608
	DK242 + 960	Q_2 黏质	70.18	56.12	1.251

续上表

隧　道	断面里程	黄土性质	e	q	λ
函谷关隧道	DK270 +504	Q_3 砂质	66.77	46.66	1.431
	DK270 +515	Q_3 砂质	62.1	35.96	1.727
	DK270 +525	Q_3 砂质	43.88	62.07	0.707
秦东隧道	DK333 +450	Q_3 砂质	22.19	11.59	1.915
	DK333 +460	Q_3 砂质	22.42	12.74	1.76
潼洛川隧道	DK341 +420	Q_1 黏质	184.85	94.06	1.965
	DK341 +606	Q_1 黏质	232.12	161.2	1.44
高桥隧道	DK348 +469	Q_3 砂质	133.55	31.35	4.26
	DK349 +432	Q_3 砂质	162.87	144.3	1.129
	DK349 +439	Q_3 砂质	127.15	199.88	0.636

通过以上分析可知,浅埋黄土隧道水平压力平均值与竖向压力平均值比介于0.6~2.0之间,新、老黄土水平压力平均值与竖向压力平均值比大小差别不大。

根据以上研究,建议浅埋大断面黄土隧道围岩压力计算采用规范公式,围岩压力竖向为均布荷载,水平为梯形荷载。

即浅埋隧道围岩压力计算公式:

垂直压力
$$q=\gamma h\left(1-\frac{\lambda h\tan\theta}{B}\right) \tag{5-3-5}$$

水平压力
$$e_1=\lambda\gamma h \tag{5-3-6}$$
$$e_2=\lambda\gamma(h+H) \tag{5-3-7}$$

式中　B——隧道开挖宽度(m);

γ——围岩重度(kN/m^3);

h,H——隧道顶至地面高度及隧道开挖高度(m);

θ——顶板土柱两侧摩擦角(°),经验数值(按《铁路隧道设计规范》选取);

λ——侧压力系数,按《铁路隧道设计规范》取值;

e_1,e_2——隧道衬砌上、下缘水平荷载值(kPa)。

2)深埋黄土隧道围岩压力分布形式

同浅埋隧道围岩压力分布形式分析方法,同理可以推断深埋隧道围岩压力分布形式如图5-3-38所示。

根据以上的研究分析,建议深埋大断面黄土隧道围岩压力计算采用太沙基理论公式,围岩压力竖向为均布荷载,水平为梯形荷载。即深埋隧道围岩压力计算公式:

垂直压力
$$q=\frac{b\gamma-c}{\lambda\tan\varphi} \tag{5-3-8}$$

水平压力
$$e_1=q\times\tan^2(45°-\varphi/2) \tag{5-3-9}$$
$$e_2=(q+\gamma H)\tan^2(45°-\varphi/2) \tag{5-3-10}$$

式中　φ——围岩内摩擦角(°);

c——围岩黏聚力(kPa);

b——洞顶松动宽度之半(m);

λ——侧压力系数,根据太沙基理论结果,侧压力系数为1~1.5,且认为砂性土的侧压力系数取1.0;

γ——围岩重度(kN/m^3);

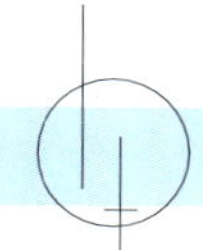

h，H——隧道顶至地面高度及隧道开挖高度（m）；

e_1，e_2——隧道衬砌上、下缘水平荷载值（kPa）。

参考文献

[1]铁道第二勘察设计院．铁路工程设计技术手册·隧道[M]．北京：中国铁道出版社，1999.

[2]铁道第二勘察设计院．郑西客运专线黄土段隧道设计图纸及设计说明．2006.

[3]石家庄铁道学院．郑西客运专线大断面黄土隧道地表裂缝控制措施研究阶段报告[R]．石家庄：石家庄铁道学院，2007.

[4]中华人民共和国铁道部．TB 10003—2005　铁路隧道设计规范[S]．北京：中国铁道出版社，2005.

[5]谢家烋．浅埋隧道的地层压力[J]．土木工程学报，1964，10(6)：58-70.

[6]铁道部黄土双线隧道现场设计研究组．陇海线黄土双线隧道试验报告[R]．1966.

[7]方正昌．黄土洞室地层压力的统计分析[J]．岩体工程学报，1981，3(1)：28-35.

[8]铁道第一勘察设计院．郑西客运专线大断面黄土隧道施工方法与监控技术研究总报告[R]．西安：铁道第一勘察设计院，2008.

[9]罗禄森．郑西客运专线大断面黄土隧道二次衬砌设计方法研究[D]．成都：西南交通大学，2008.

[10]李志业，曾艳华．地下结构设计原理与方法[M]．成都：西南交通大学出版社，2003.

第6章　黄土隧道支护设计

本章重点说明黄土隧道支护设计中的几个问题,其中包括系统锚杆作用机理、钢架作用机理、超前支护效果、预留变形量分析以及二次衬砌的受力特征和设计思路,最后结合黄土隧道的跨度分级给出不同跨度隧道的支护结构参数。

6.1　黄土隧道支护设计原则

我国在黄土地区已建成大量隧道,如郑西高速铁路、黄陵至延安高速公路、神木至延安铁路、宝兰铁路复线黄土隧道群等。这些黄土隧道的修建,使我们积累了很多成功的经验,同时也有很多失败的教训,如神延线七楞山隧道为一条在新黄土、老黄土和黏土中开挖的浅埋铁路隧道,施工方案为正台阶先拱后墙法开挖,地下水主要为黏土层裂隙水,进洞100 m时即发生初期支护喷射混凝土开裂,格栅严重变形现象。该线上的羊马河隧道施工过程中发现开挖后围岩不能自稳,变形很大,曾发生过多次塌方事故。从既有的施工经验可见,黄土隧道施工具有初期支护变形大,浅埋段黄土隧道施工引起的地表沉降量大,而且难以控制,容易发生坍方等特点。

针对黄土隧道以上的变形特征,为确保施工与运营安全,总结形成如下支护设计原则:

(1)设置超前预支护,控制开挖掌子面前方的变形

黄土隧道的地表沉降在开挖掌子面前方即表现明显,为控制地表沉降和掌子面挤出位移,需要采取掌子面前方的超前支护措施,包括超前管棚,必要时可以设置掌子面超前锚杆。

(2)加强初期支护,控制开挖掌子面后方变形

掌子面后方围岩的变形越大,黄土围岩的稳定性就越差。所以对于黄土隧道,要制定严格的变形控制基准,采用刚度较大的喷混凝土 + 钢架联合支护体系,控制黄土隧道初期支护的变形。

(3)采用辅助支护措施,控制初期支护的拱脚位移

采用扩大拱脚、设置锁脚锚管等,提高拱脚附近围岩的承载力,控制拱脚下沉,从而控制黄土隧道初期支护体系的整体沉降,减少地表裂缝的发生。

(4)采用复合式衬砌,合理预留二次衬砌的安全储备

黄土隧道二次衬砌建成后,可能出现后荷现象,使作用荷载增加,二次衬砌应具有相应的力学功能设计,原则上宜采用钢筋混凝土或纤维混凝土衬砌。

6.2　黄土隧道系统锚杆的作用机理分析

6.2.1　浅埋隧道系统锚杆现场试验

为研究黄土隧道锚杆的作用机理,结合郑西高速铁路黄土隧道的建设,在部分黄土隧道中进行了有、无锚杆的现场试验。对锚杆作用的综合效果进行评价。

1)试验内容及方法

浅埋隧道现场试验在贺家庄隧道进行,隧道位于黄土台塬地区,隧道长1 834 m,洞身段地形平坦。地层有第四系全新统塌滑堆积 Q_4 黏质黄土、上更新统(Q_3)黏质黄土、中更新统黏质黄土、砂质黄土。

隧道试验段里程为 DK243 +009 ~ DK242 +932，埋深约 35 m，为 Q_3 和 Q_2 黏质黄土，非湿陷性，属Ⅳ级围岩。有锚杆试验段和无锚杆试验段隧道穿越的黄土物理力学性质指标基本相同，含水率为 13.8%，重度为 17.4 KN/m^3，液限 26.6%，塑限 9.5%，塑性指数 17.1，液性指数 0.1，黏聚力 162 kPa，内摩擦角 11.9°。

贺家庄隧道初期支护参数：钢拱架为Ⅰ20a，间距为 0.8 m；钢筋网直径 ϕ8 mm，间距为 20 cm × 20 cm；喷混凝土强度 C25，厚 30 cm；系统锚杆长 3.5 m，间距为 1.0 m × 1.0 m，且拱脚及边墙处设置锁脚锚杆。

贺家庄隧道试验段采用短台阶七步开挖法施工，具体施工流程如下：1 步是进行拱部超前支护后，开挖弧形导坑，及时进行喷、锚、网系统支护，架设工字钢架并复喷至设计厚度；2 步和 3 步分别开挖、支护中台阶左右侧边墙；4 步和 5 步分别开挖支护下台阶左右侧边墙；6 步开挖中部上中下台阶核心土；7 步开挖仰拱并及早封闭成环。贺家庄隧道有、无锚杆段的开挖进尺均为 1.6 m，即一次开挖 2 榀钢架，锚杆长度 3.5 m。施工流程如图 6-2-1 所示。

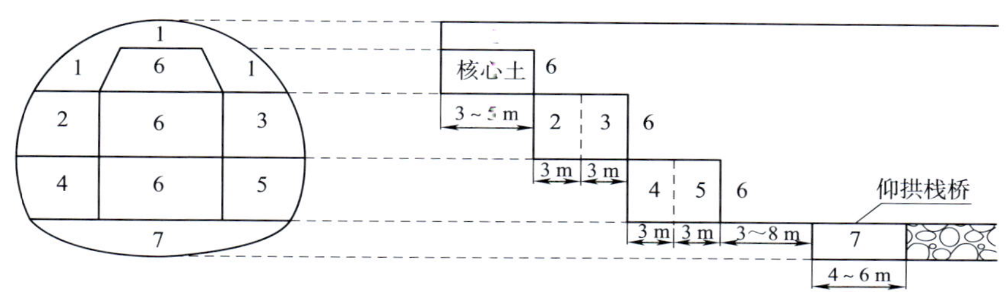

图 6-2-1　贺家庄隧道试验段短台阶七步开挖法开挖步序图

（1）试验段断面布置

贺家庄隧道试验段长度为 87 m，有系统锚杆试验段 49 m，共布设 4 个测试断面，里程分别为：DK243 +009、DK243 +005、DK242 +987 和 DK242 +980。无系统锚杆试验段 38 m，共布设 4 个测试断面，里程分别为：DK242 +958、DK242 +960、DK242 +945 和 DK242 +942。测试项目：DK243 +009 和 DK242 +987 断面测试拱顶沉降、水平收敛、围岩压力、钢架应力和锚杆轴力；DK242 +960 和 DK242 +945 断面测试内容为拱顶沉降、水平收敛、围岩压力、钢架应力，其余断面只测试拱顶沉降和水平收敛。浅埋现场试验断面布置情况如表 6-2-1 所示。

表 6-2-1　浅埋现场试验监测断面布置情况

地质概况及埋深	Q_2 老黄土Ⅳ级围岩，埋深 35 m							
段落长度	49 m				38 m			
断面里程	DK243 +009	DK243 +005	DK242 +987	DK242 +980	DK242 +960	DK242 +958	DK242 +945	DK242 +942
锚杆设置	拱墙设置 3.5 m 长药包锚杆 每段拱架各设置 2 根锁脚锚杆				拱墙均不设置 每段拱架各设置 2 根锁脚锚杆			
施工方法	短台阶七步开挖法				短台阶七步开挖法			
开挖进尺	1.6 m（两榀钢架），每天约 2 个循环				1.6 m（两榀钢架），每天 2 个多循环			

（2）测点布置

拱顶沉降和水平收敛测点布置如图 6-2-2 所示，图中 GD1 为拱顶沉降测点，GJ1、GJ2 为拱脚沉降测点，DSL1 ~ DSL4 为绝对水平位移测点，SL1、SL2 为相对收敛测点；围岩压力测点布置如图 6-2-3 所示；钢拱架应力测点如图 6-2-4 所示；锚杆轴力测点如图 6-2-5 所示。

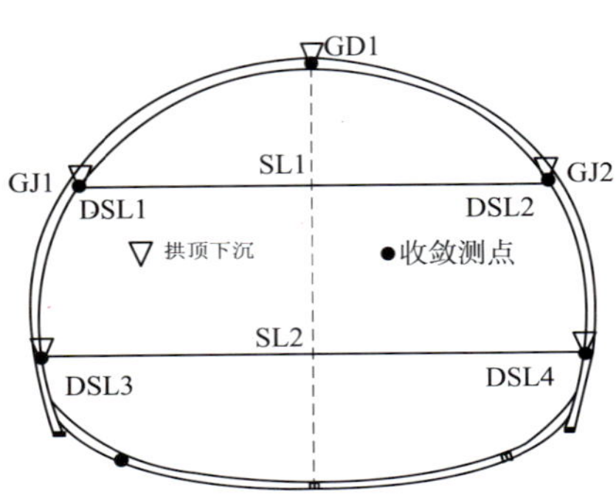

图 6-2-2　位移测点布置

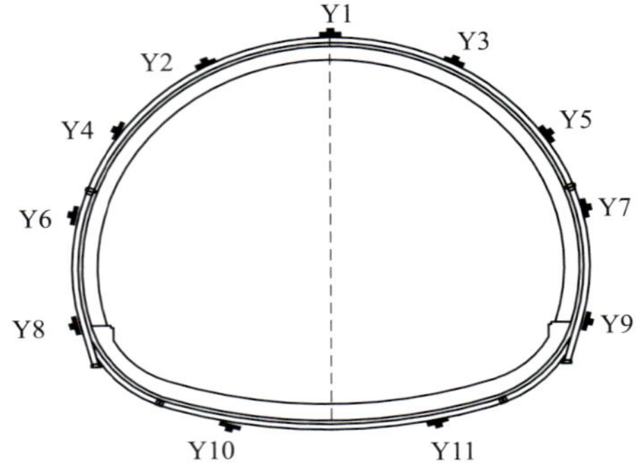

图 6-2-3　围岩压力测点布置

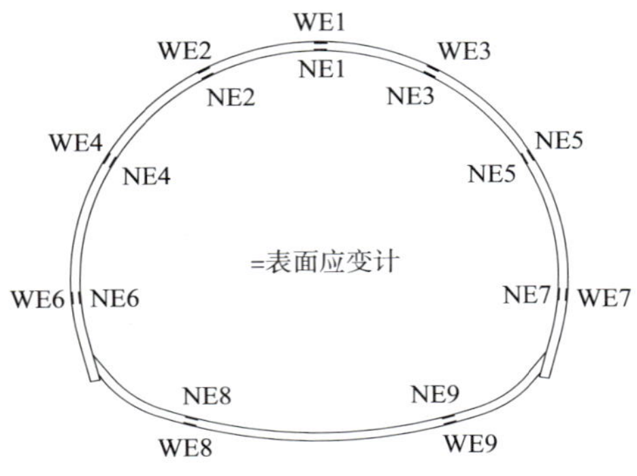

图 6-2-4　钢拱架应力测点布置

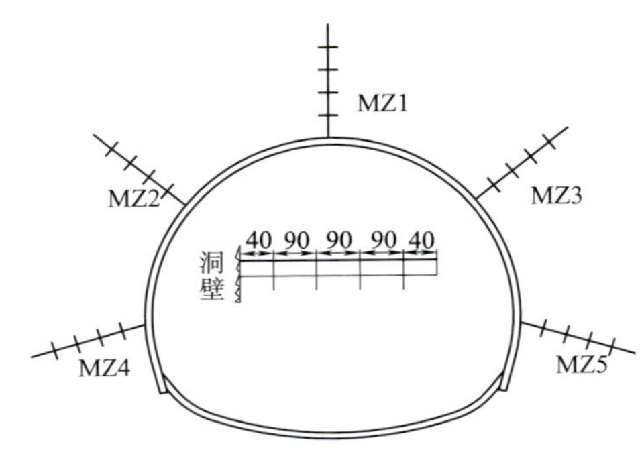

图 6-2-5　锚杆轴力测点布置(单位:cm)

(3)试验仪器及量测方法

①净空周边绝对位移:采用三维非接触量测方法,系统由高精度的全站仪和反射膜片组成,通过精密测角和测距求得净空三维绝对位移的变化值。

②围岩压力及接触压力:采用振弦式压力盒及 ZXY-2 型频率读数仪。

③钢架应力:采用 EBJ-57 型表面应变计及 ZXY-2 型频率读数仪。

④锚杆轴力:采用 CL-XZ-B 型钢筋应力计。

2)试验结果及分析

(1)拱顶及拱脚沉降对比分析

将有、无锚杆两试验段的拱顶、拱脚沉降进行对比分析。各测点的时程曲线如图 6-2-6 ~ 图 6-2-8 所示,图中 WMG 表示"无锚杆段",YMG 表示"有锚杆段",字母后面的数字为断面的自然编号。封闭时的拱顶、拱脚沉降值对比如表 6-2-2 所示,有、无锚杆试验段初期支护各台阶施工引起沉降占总沉降的比例如表 6-2-3 所示。

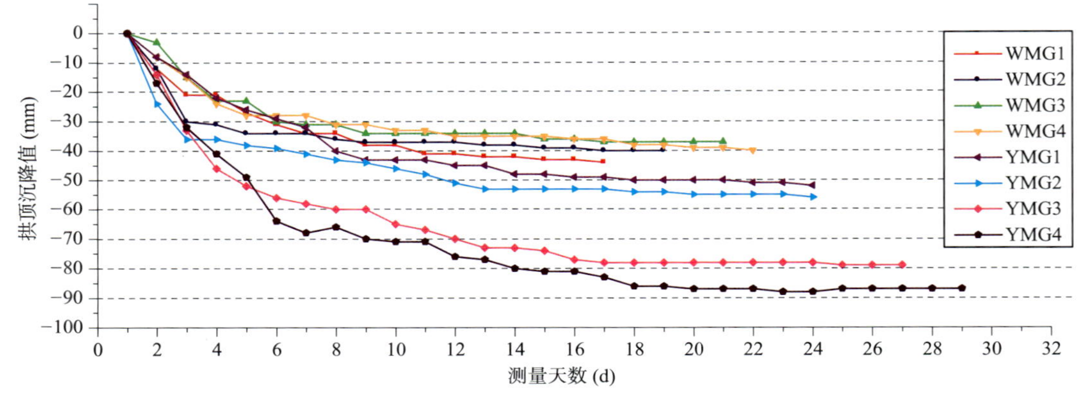

图 6-2-6　有、无锚杆段研究断面初支拱顶沉降(测点 GD1)对比分析

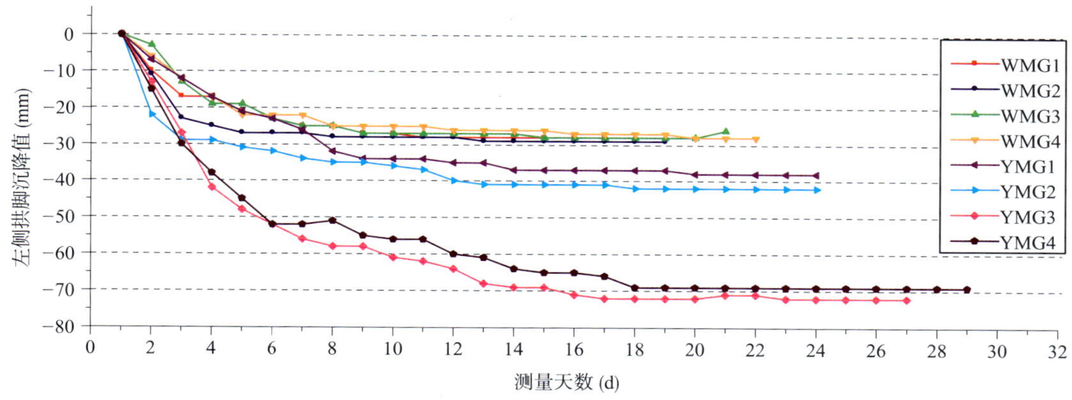

图 6-2-7　有、无锚杆段研究断面初支拱脚沉降(测点 GJ1)对比分析

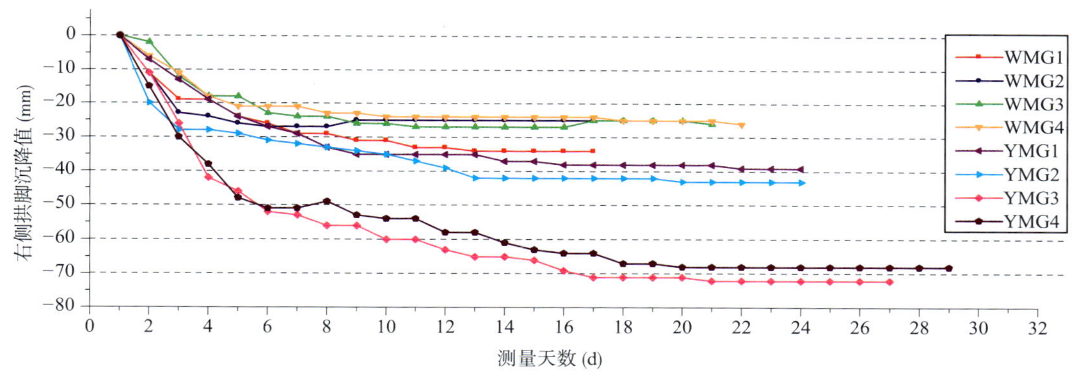

图 6-2-8　有、无锚杆段研究断面初支拱脚沉降(测点 GJ2)对比分析

表 6-2-2　有、无锚杆段各断面封闭时拱顶、拱脚沉降值(单位:mm)

试验段	隧道断面	GD1	GJ1	GJ2
有锚杆段	DK242 + 980	-40.0	-32.0	-33.0
	DK242 + 987	-43.0	-35.0	-33.0
	DK243 + 005	-65.0	-61.0	-60.0
	DK243 + 009	-80.0	-64.0	-61.0
无锚杆段	DK242 + 942	-31.0	-23.0	-26.0
	DK242 + 945	-36.0	-28.0	-27.0
	DK242 + 958	-30.0	-23.0	-23.0
	DK242 + 960	-28.0	-22.0	-21.0

表 6-2-3　有、无锚杆段各台阶施工拱顶沉降占拱顶总沉降比例

试验段	测试断面	项　目	上台阶沉降比例(%)	中台阶沉降比例(%)	下台阶沉降比例(%)
有锚杆段	DK242 + 980	GD1	42	13	21
	DK242 + 987	GD1	43	34	
	DK243 + 005	GD1	23	28	32
	DK243 + 009	GD1	37	16	39
无锚杆段	DK242 + 942	GD1	48	14	9
	DK242 + 945	GD1	75	2	13
	DK242 + 958	GD1	41	22	19
	DK242 + 960	GD1	60	10	0

由试验结果可知：

①有锚杆试验段初期支护的拱顶沉降在支护封闭时为40～80 mm，平均值为57 mm。无锚杆试验段初期支护的拱顶沉降在支护封闭时为28～36 mm，平均值为31 mm。可见，在隧道围岩稳定的条件下，有锚杆试验段的拱顶沉降大于无锚杆试验段的拱顶沉降。原因主要由于锚杆施作一方面延长了封闭时间（有锚杆试验段封闭时间一般为7～13 d，无锚杆试验段封闭时间一般为5～7 d），另一方面增加了工序，并且锚杆施工可能对黄土围岩产生扰动。

②有锚杆试验段各台阶施工引起的沉降比较均匀，无锚杆试验段上台阶开挖对拱顶下沉起控制作用。支护封闭时沉降发生的比例两者相差不大，如表6-2-4所示。

表6-2-4　各台阶开挖引起拱顶下沉情况

项　　目	有锚杆试验段（范围/均值）	无锚杆试验段（范围/均值）
上台阶的沉降比例（%）	（23～43）/33	（41～75）/56
中台阶的沉降比例（%）	（13～34）/20	（2～22）/12
下台阶的沉降比例（%）	（21～39）/32	（0～19）/10
支护封闭时沉降比例（%）	（77～92）/84	（70～90）/78
支护封闭后沉降比例（%）	（8～23）/16	（10～30）/22

（2）水平绝对收敛对比分析

两试验段的水平绝对收敛时程曲线如图6-2-9～图6-2-12所示，其中，图中的字母WMG表示“无锚杆试验段”，YMG表示“有锚杆试验段”，字母后面的数字为断面的自然编号。封闭时的绝对收敛值对比如表6-2-5所示。

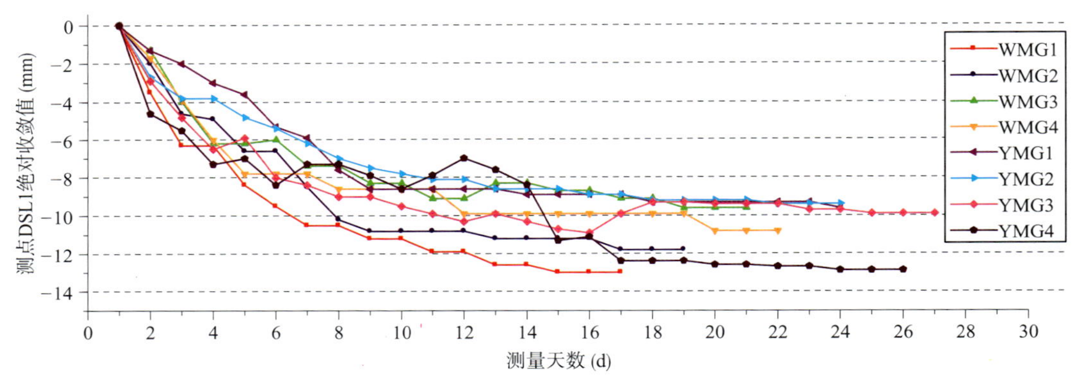

图6-2-9　有、无锚杆段研究断面初支绝对水平收敛（测点DSL1）对比分析

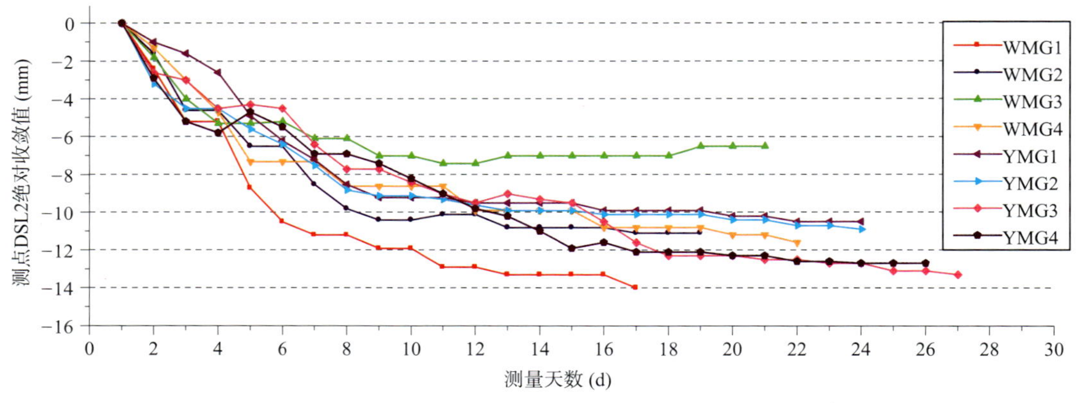

图6-2-10　有、无锚杆段研究断面初支绝对水平收敛（测点DSL2）对比分析

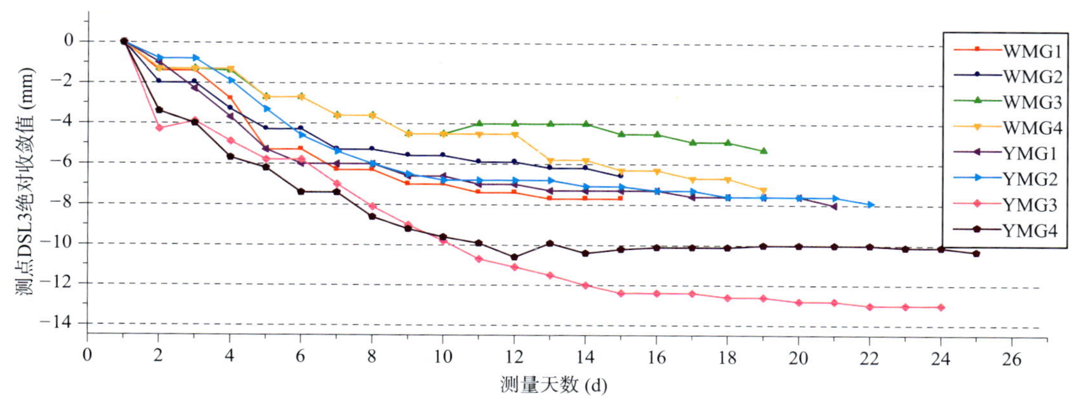

图 6-2-11　有、无锚杆段研究断面初支绝对水平收敛(测点 DSL3)对比分析

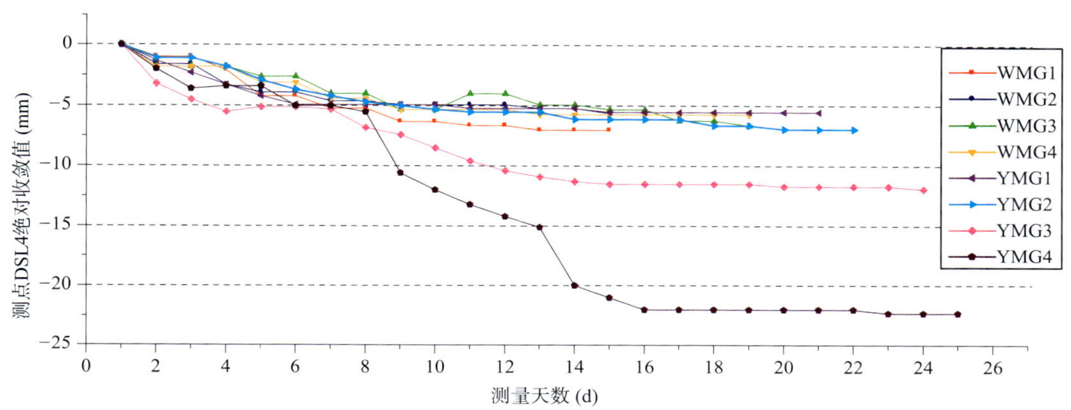

图 6-2-12　有、无锚杆段研究断面初支绝对水平收敛(测点 DSL4)对比分析

表 6-2-5　有、无锚杆段初支绝对水平收敛各断面封闭时收敛值统计分析(单位:mm)

试验段	隧道断面	DSL1	DSL2	差异值	DSL3	DSL4	差异值
有锚杆段	DK242 + 980	-7.6	-8.5	0.9	-5.3	-4.2	1.1
	DK242 + 987	-7.0	-8.8	1.8	-4.6	-3.7	0.9
	DK243 + 005	-9.5	-8.4	1.1	-7.0	-5.3	1.7
	DK243 + 009	-7.9	-9.0	1.1	-9.6	-12.0	2.4
	平均值			1.2			1.5
无锚杆段	DK242 + 942	-9.5	-10.5	1.0	-2.8	-2.1	0.7
	DK242 + 945	-10.2	-9.8	0.4	-3.3	-3.3	0.0
	DK242 + 958	-6.0	-5.2	0.8	-1.4	-1.8	0.4
	DK242 + 960	-7.8	-7.3	0.5	-1.3	-1.8	0.5
	平均值			0.7			0.4

注:累计收敛值向洞内方向为负,反之为正。

由试验结果可知:

①有锚杆段拱脚初期支护的绝对收敛值在 -9.4 ~ -13.3 mm 之间;无锚杆段拱脚初期支护的绝对收敛值在 -6.5 ~ -13.6 mm 之间。两者相差不大,而且量值也不大。

②有、无锚杆段,除个别点外,大部分拱脚的绝对收敛的量值比边墙的绝对收敛的量值略大。

③有锚杆段拱脚两侧收敛差异值最大为 3 4 mm,占总收敛量的 15% 左右,边墙两侧收敛差异值

最大为 12 mm，占总收敛量的 37% 左右，可见，有锚杆时隧道左、右拱脚及边墙收敛具有不对称性。无锚杆段拱脚两侧收敛差异值最大为 3.5 mm，占总收敛量的 21% 左右，墙两侧收敛差异值最大为1.5 mm，占总收敛量的 12% 左右，可见，无锚杆时隧道左、右拱脚及边墙收敛也具有不对称性。两者相差不大。

（3）水平相对收敛对比分析

两试验段的水平相对收敛时程曲线如图 6-2-13、图 6-2-14 所示，其中，图中的字母 WMG 表示“无锚杆段”，YMG 表示“有锚杆段”，字母后面的数字为断面的自然编号。

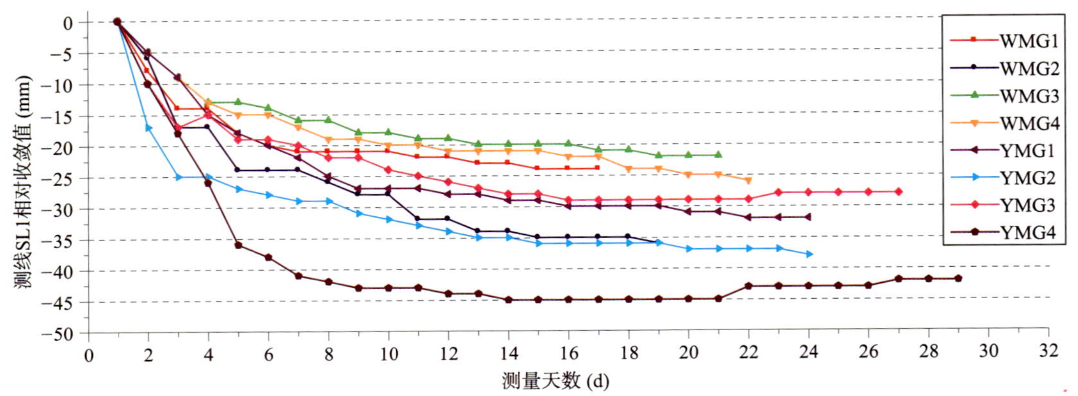

图 6-2-13　有、无锚杆段研究断面初支相对水平收敛（测线 SL1）对比分析

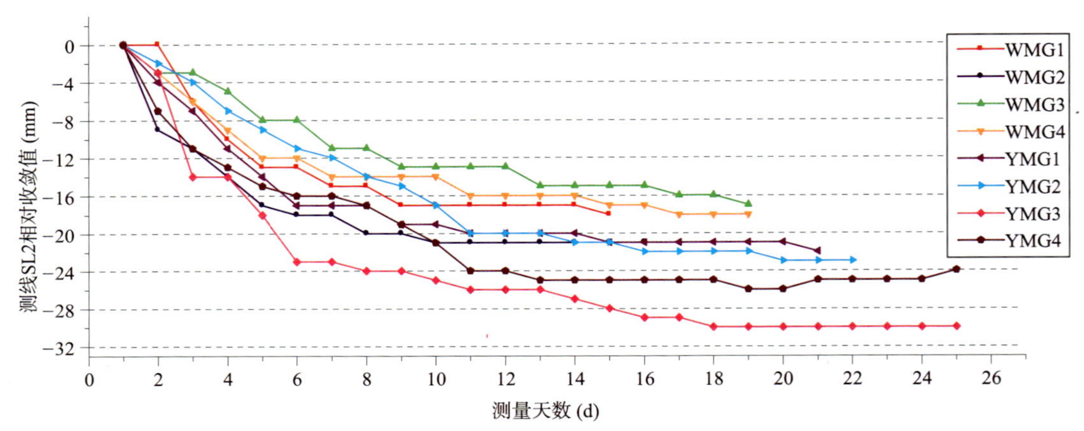

图 6-2-14　有、无锚杆段研究断面初支相对水平收敛（测线 SL2）对比分析

结合前面分析结果，通过对比分析可见：

①有锚杆段拱脚的相对收敛为 -28 ～ -42 mm，无锚杆段拱脚的相对收敛为 -22 ～ -36 mm，前者略大于后者；有锚杆段边墙的相对收敛在 -22 ～ -30 mm，无锚杆段边墙的相对收敛在 -17 ～ -21 mm，前者略大于后者。

②两者拱脚的相对收敛均略大于边墙的相对收敛。

③相对收敛比例见表 6-2-6，有锚杆段拱脚水平相对收敛在各台阶分配比例较均匀，但无锚杆段上台阶水平收敛比例突出。支护封闭时有锚杆试验段水平相对收敛比例较无锚杆试验段水平相对收敛比例高。

表 6-2-6　各台阶开挖引起相对收敛情况

项　　目	有锚杆试验段（范围/均值）	无锚杆试验段（范围/均值）
上台阶的拱脚收敛比例（%）	(39 ~ 47)/43	(41 ~ 58)/49
中台阶的拱脚收敛比例（%）	(14 ~ 43)/26	(0 ~ 18)/11
下台阶的拱脚收敛比例（%）	(0 ~ 32)/16	(5 ~ 25)/12

续上表

项　目	有锚杆试验段(范围/均值)	无锚杆试验段(范围/均值)
支护封闭时拱脚收敛比例(%)	(76－100)/85	(64－83)/71
支护封闭时边墙收敛比例(%)	(48－87)/70	(29－81)/54

(4)围岩—初期支护接触压力对比分析

由于监测断面的围岩—初期支护接触压力的离散性较大,试验对有、无锚杆试验段的各测点接触压力利用最大值包络图进行比较,见图 6-2-15。

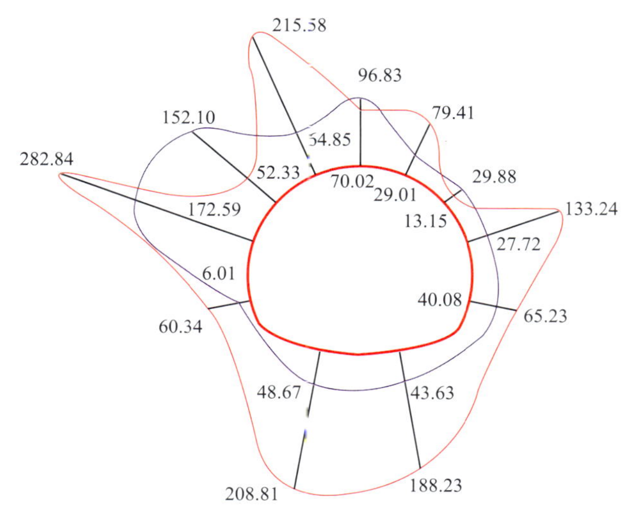

图 6-2-15　试验段断面围岩—初期支护接触压力最大值对比图(单位:kPa)

注:图中的红色线为无锚杆试验段实测值,蓝色线为有锚杆试验段实测值,以下各图同)。

由试验结果可知:

①从分布形式看,有、无锚杆试验段的围岩—初期支护接触压力分布均具有不对称(偏压)特征,但无锚杆试验段的围岩—初期支护接触压力分布更为不均匀。

②从量值看,无锚杆试验段的围岩—初期支护接触压力大都大于有锚杆试验段的围岩—初期支护接触压力。两者最大值比为 1.6(282.84 MPa/172.59 MPa)。

(5)钢架应力对比分析

为了进一步进行有、无锚杆试验段的钢架应力的对比分析,利用两试验段断面的各部的钢架应力最大值进行比较,内、外侧的钢架应力包络图如图 6-2-16 所示,根据钢架的内外侧应力计算内力及偏心距,利用两试验段的最大值进行比较,钢架内力最值包络图见图 6-2-17,偏心距最值包络图如图 6-2-18 所示。

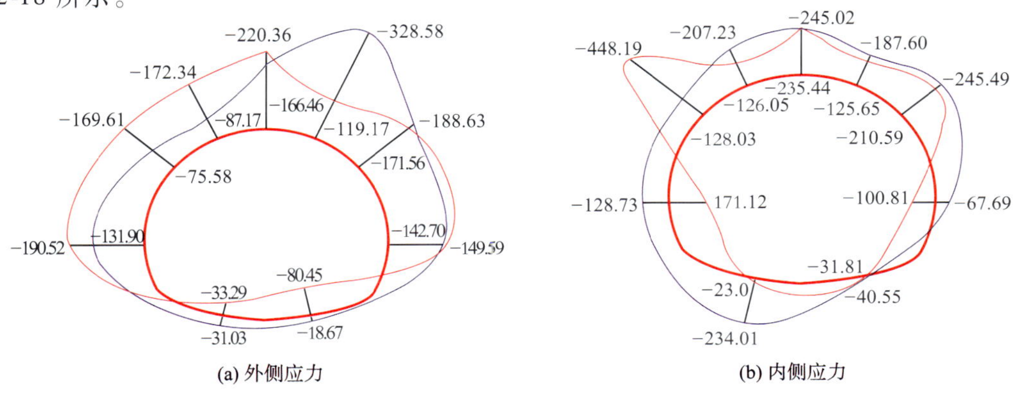

图 6-2-16　有、无锚杆试验段断面钢架内侧应力最大值对比图(单位:MPa)

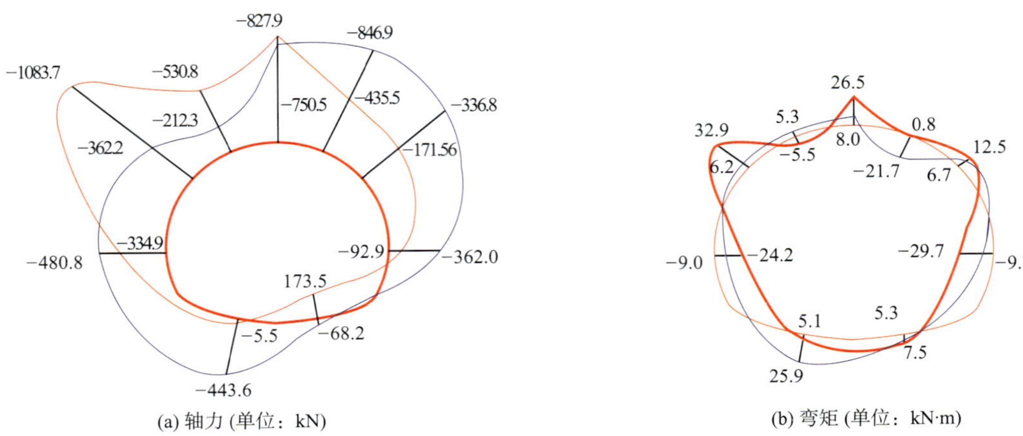

图 6-2-17　有、无锚杆试验段断面钢架内力最大值对比图

（注："＋"为拉力、"－"为压力）

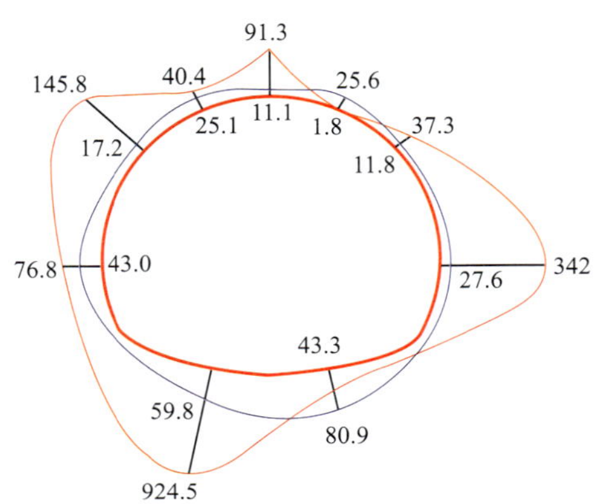

图 6-2-18　有、无锚杆试验段断面钢架偏心距最大值对比图（单位：mm）

由图 6-2-16 ~ 图 6-2-18 分析可得：

①有、无锚杆试验段钢架应力分布都不均匀，大多数情况下拱部应力大于边墙和仰拱应力。

②有锚杆试验段钢架外侧压应力最大值为 －250 MPa（只有一点达到 －329.58 MPa），内侧最大值为 －245.48 MPa，内外侧的最大的拉应力为 26.60 MPa。无锚杆试验段钢架外侧压应力最大值为 －220.36 MPa（施工过程中曾达到 －313.37 MPa），内侧最大值为 －245.5 MPa（只有一点达到了 －446.19 MPa），外侧的最大的拉应力为 105.9 MPa，内侧的最大的拉应力为 219.9 MPa。两者拱架应力都小于《钢结构设计规范》（GB 50017—2003）中规定的 Q235 钢材的抗拉、抗压极限强度 375 MPa。两者对比可见，有、无锚杆试验段钢架内外侧压应力相当，但无锚杆试验段钢架内外侧拉应力大于有锚杆试验段钢架内外侧拉应力。

③有锚杆试验段在施工过程中，钢架除仰拱一个测点为较小拉应力外，其余全部为压应力，从监测日期的钢架的内力来看，轴力均为压力，最大值达 －846.9 kN，弯矩总体较小，最大值达 25.9 kN · m，最大偏心距为 8.1 cm。无锚杆试验段在施工过程中，钢架的拱部和仰拱出现拉应力，边墙基本为压应力，从监测日期的钢架的内力来看，轴力均为压力，最大值达 －827.9 kN，弯矩总体较小，最大值达 29.7 kN · m，最大偏心距有三点超过 10 cm 以外（分别为 92.5 cm、34.2 cm、14.5 cm），其余均较小。两者比较来看，有、无锚杆对钢架受力影响不大。

④对各台阶施工引起的拱部钢架应力增长比例进行分析，有锚杆试验段上台阶的比例在 45% 左右，中台阶的比例在 26% 左右，下台阶的比例在 20% 左右，故上台阶施工引起的钢架应力最大，中、下

台阶施工引起的钢架应力相当。无锚杆试验段上台阶的比例在50%左右,中台阶的比例在10%左右,下台阶的比例在20%左右,故上台阶施工引起的钢架应力最大,下台阶施工引起的钢架应力次之,中台阶施工引起的钢架应力最小。

⑤有锚杆试验段初期支护封闭后钢架的应力还有一定的增长,增长比例在25%左右,拱部钢架的应力增长小于隧道边墙钢架的应力增长比例。无锚杆试验段初期支护封闭后钢架的应力还有一定的增长,拱部钢架的应力增长大于隧道边墙钢架的应力增长比例。

(6)锚杆轴力对比分析

本次试验对有系统锚杆试验段DK242+987、DK243+009两个断面的锚杆轴力进行了量测,锚杆轴力分布如图6-2-19所示。

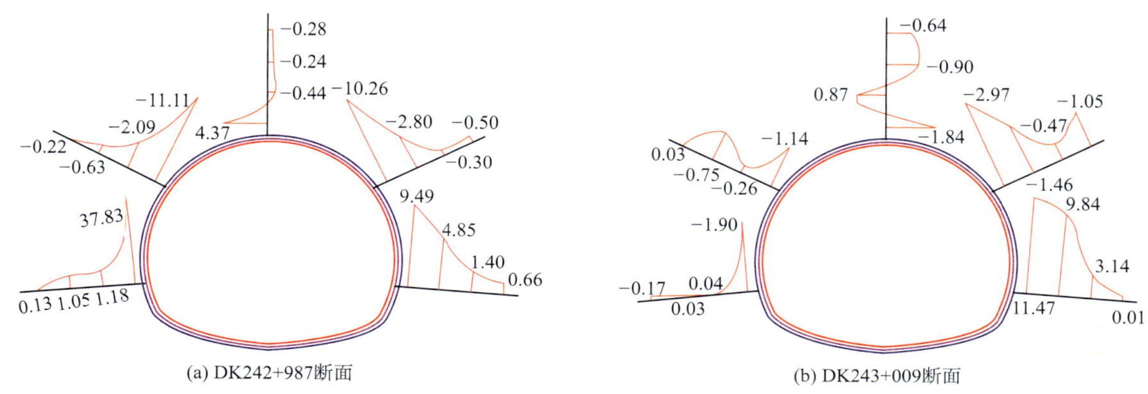

图6-2-19 研究断面锚杆轴力测试示意图

注:"+"为拉力、"-"为压力。

由试验结果可知:

①拱部锚杆均受压,边墙部位锚杆大部分受拉;

②锚杆轴力普遍很小,拱部最大值小于12 kN,边墙最大值一般为10 kN左右,只有一个点达到37 kN;拉拔试验的最终结果表现为锚杆最终被拔出而杆体依然完整,这种现象与岩质体中部分拉拔试验不一致,岩质体中,当浆体与岩体间黏结较强时,拉拔试验的破坏多为杆体材料的拔出或拉断。而在黄土隧道中,由于杆体与浆体间黏结强度较强,而浆体与黄土围岩的黏结较弱,破坏仅仅发生在浆体与围岩间的界面上,所以锚杆轴力普遍较小。

③每根锚杆的最大轴力位于靠近隧道面的测点。

(7)测试数据汇总

汇总4个主断面的测试数据(表6-2-7),表中数据为断面中各测点的最大值。

表6-2-7 有、无系统锚杆试验段试验结果统计

断 面	拱顶下沉(mm)	相对收敛(mm)	围岩压力(kPa)	钢架应力(MPa)	锚杆轴力(kN)
DK243+009	87	45	175	220	13
DK243+987	56	38	167	313	38
DK242+960	40	26	300	283	
DK242+945	40	36	280	175	

有系统锚杆试验段比无系统锚杆试验段的拱顶沉降值大40%左右、水平收敛大25%左右,两者的土压力和钢架应力相差不大;锚杆轴力较小,一般不超过12 kN,且拱部受压。分析数据可发现,拱部锚杆的支护效果并不明显。

6.2.2 深埋隧道系统锚杆现场试验

选取函谷关隧道1号斜井工区为深埋隧道试验工点，函谷关隧道位于黄土台塬地区，地形平坦，地层为第四系全新统塌滑堆积层（Q_4），上更新统（Q_3）风积与冲积层的黄土、砂层，中更新统（Q_2）黄土、砂层、砾石层。隧道穿越地层为Q_3的砂质黄土，非湿陷性，属Ⅳ级围岩。隧道长7 851 m，开挖跨度达15.2 m，高度13.2 m，试验段隧道埋深为110 m左右，根据前面研究的黄土隧道深浅埋划分标准，试验段属深埋隧道。试验段里程位于DK272 +085 ~ DK273 +075，试验段内黄土的物理力学性质指标基本相同，其含水率$w = 11.8\%$，重度$\gamma = 16.1\ kN/m^3$，液限$w_L = 26.5\%$，塑限$w_p = 17.1\%$，塑性指数$I_p = 9.4$，液性指数$I_L = -0.77$，黏聚力$c = 24\ kPa$，内摩擦角$\varphi = 26.5°$。

函谷关隧道初期支护参数：钢拱架为Ⅰ20a型工字钢，间距0.8 m；钢筋网直径为ϕ8 mm，间距20 cm × 20 cm；喷混凝土强度等级为C25，厚30 cm；系统锚长3.5 m，间距1.0 m×1.0 m，且拱脚及边墙处设锁脚锚杆。衬砌为C35的钢筋混凝土，厚0.5 m。

在浅埋隧道与深埋隧道试验段内，均采用短台阶开挖法施工，循环进尺0.8 m，函谷关隧道比贺家庄隧道多一个台阶数，施工流程图如图6-2-20所示。

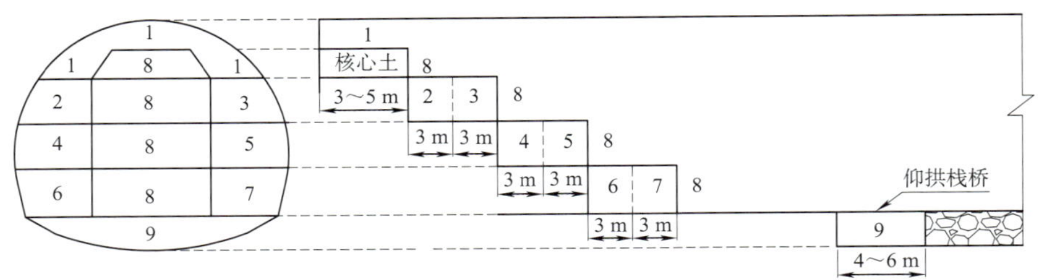

图6-2-20 函谷关隧道试验段台阶开挖步序图

1）现场试验内容及方法

函谷关隧道试验段长度为87 m，其中有锚杆段长度45 m，共布设3个测试断面分别为DK273 +005、DK273 +015及DK273 +020；无锚杆段长度42 m，分别为DK273 +040、DK273 +055及DK273 +062。测试项目包括：DK273 +005和DK273 +015断面测试拱顶沉降、水平收敛、围岩压力、钢架应力和锚杆轴力；DK273 +040和DK273 +055断面测试内容为拱顶沉降、水平收敛、围岩压力、钢架应力。浅埋现场试验断面布置情况如表6-2-8所示。测点布置与测试方法与浅埋隧道试验段相同。

表6-2-8 深埋对比试验监测断面布置情况

地质及埋深	Q_3砂质黄土，属Ⅳ级围岩，埋深110 m（自拱顶算起）							
段落长度	有锚杆试验段45 m				无锚杆试验段42 m			
断面里程	DK273 +005	DK273 +015	DK273 +020	DK273 +030	DK273 +040	DK273 +045	DK273 +055	DK273 +062
锚杆设置	拱墙设置3.5 m长药包锚杆 每段钢架各设置2根锁脚锚杆				拱、墙均不设置锚杆 每段钢架各设置2根锁脚锚杆			
施工方法	弧形导坑法				弧形导坑法			
开挖进尺	0.8 m（一榀钢架），每天约两个循环				0.8 m（一榀钢架），每天约两个循环			
测试频率	初期：每天测2次 后期：每天测1次				初期：每天测2次 后期：每天测1次			

2）试验结果及分析

（1）拱顶及拱脚沉降对比分析

将有、无锚杆两试验段的拱顶、拱脚沉降进行对比分析。现将各测点的时程曲线绘于图6-2-21 ~ 图6-2-23，其中，图中的字母WMG表示“无锚杆试验段”，YMG表示“有锚杆试验段”，字母后面的数字为断面的自然编号。封闭时的拱顶、拱脚沉降值对比如表 6-2-9 所示，各台阶施工引起沉降占总沉降的比例如表 6-2-10 所示。

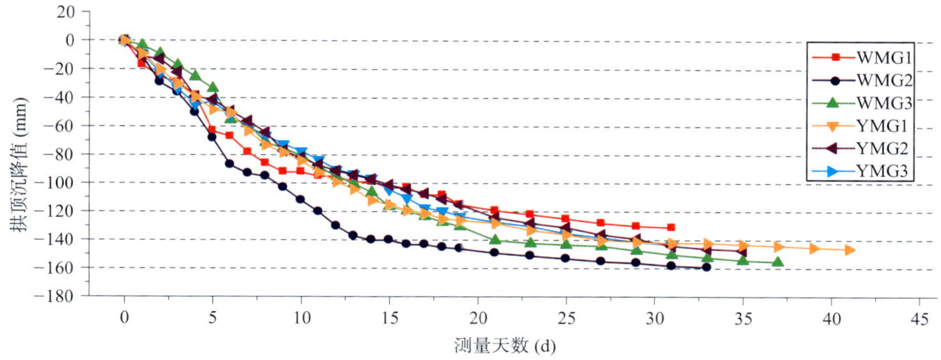

图 6-2-21　有、无锚杆段研究断面初支拱顶沉降(测点 GD1)对比分析

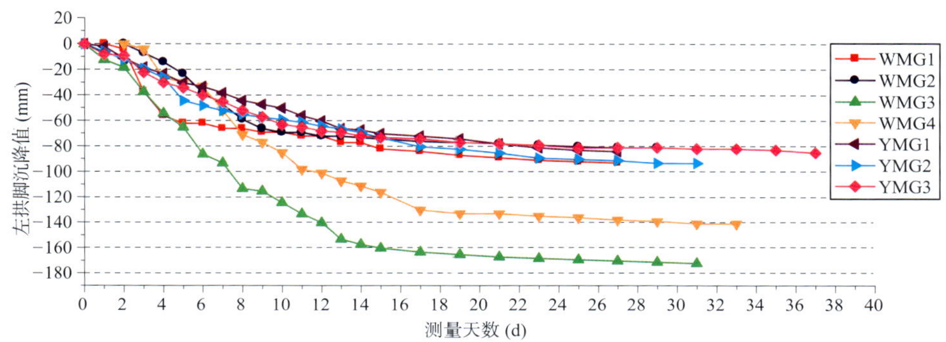

图 6-2-22　有、无锚杆段研究断面初支左拱脚沉降(测点 GJ1)对比分析

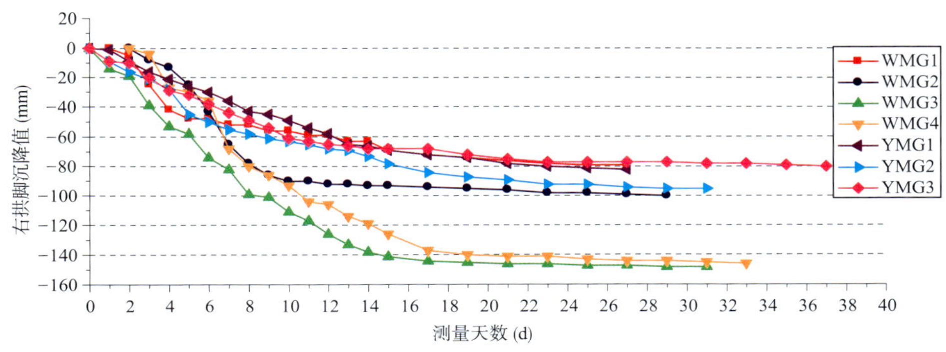

图 6-2-23　有、无锚杆段研究断面初支右拱脚沉降(测点 GJ2)对比分析

表 6-2-9　有、无锚杆段各断面封闭时拱顶、拱脚沉降值(单位：mm)

试 验 段	隧道断面	GD1	GJ1	GJ2
有锚杆段	DK273 + 005	-146.0	-85.0	-80.0
	DK273 + 015	-147.0	-93.0	-95.0
	DK273 + 020	-143.0	-84.0	-82.0
无锚杆段	DK273 + 040	-155.0	-141.0	-146.0
	DK273 + 045	测点破坏	-172.0	-148.0
	DK273 + 055	-159.0	-81.0	-100.0
	DK273 + 062	-131.0	-93.0	-79.0

表 6-2-10　有、无锚杆段各台阶施工拱顶沉降占拱顶总沉降比例

试验段	测试断面	项　目	上台阶	中台阶	下台阶	仰拱开挖
有锚杆段	DK273 +005	GD1	27%	27%	18%	22%
	DK273 +015	GD1	27%	21%	14%	31%
	DK273 +020	GD1	31%	21%	20%	22%
试验段	测试断面	项　目	上台阶	中台阶	下台阶	仰拱开挖
无锚杆段	DK273 +040	GD1	35%	15%	9%	35%
	DK273 +045	GD1	—	—	—	—
	DK273 +055	GD1	55%	12%	14%	16%
	DK273 +062	GD1	48%	27%		12%

由试验结果可知：

①有锚杆试验段拱顶沉降在初支封闭时为 133 ~ 136 mm，平均值为 135 mm。无锚杆试验段拱顶沉降在初支封闭时为 115 ~ 153 mm，平均值为 138 mm。可见，有锚杆试验段的拱顶沉降与无锚杆试验段的拱顶沉降基本相等。这主要是由于有、无锚杆试验段的封闭时间均较长，大部分在 24 ~ 28 d 左右。

②有锚杆试验段各台阶施工引起的沉降比较均匀，无锚杆试验段上台阶开挖对拱顶下沉起控制作用。初支封闭时沉降发生的比例两者相差不大，如表 6-2-11 所示。

表 6-2-11　各台阶开挖引起拱顶下沉情况

项　目	有锚杆试验段(范围/均值)	无锚杆试验段(范围/均值)
上台阶的沉降比例(%)	(27 ~ 31)/28	(35 ~ 55)/46
中台阶的沉降比例(%)	(21 ~ 27)/23	(12 ~ 27)/18
下台阶的沉降比例(%)	(14 ~ 20)/17	(9 ~ 27)/17
仰拱开挖沉降比例(%)	(22 ~ 31)/25	(12 ~ 35)/21
初支封闭时沉降比例(%)	(93)/93	(88 ~ 96)/93
初支封闭后沉降比例(%)	(7)/7	(4 ~ 12)/7

(2)水平相对收敛对比分析

两个试验段的水平相对收敛时程曲线如图 6-2-24、图 6-2-25 所示，其中，图中的字母 WMG 表示“无锚杆试验段”，YMG 表示“有锚杆试验段”，字母后的数字为断面的自然编号。

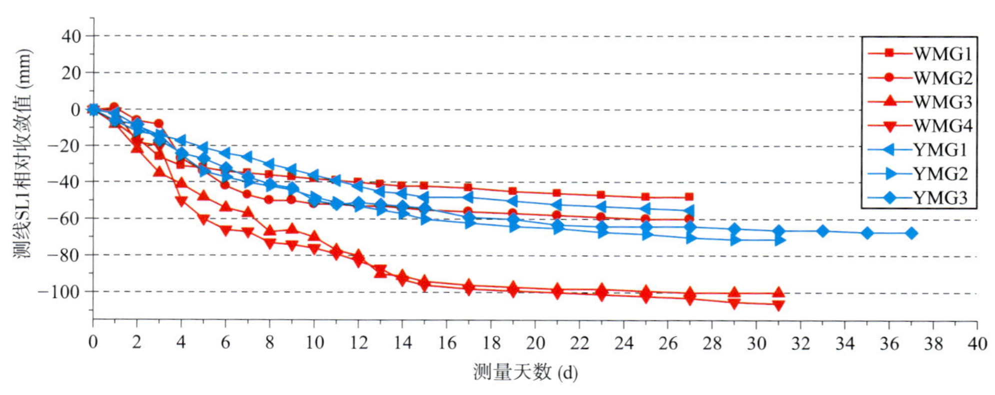

图 6-2-24　有、无锚杆段研究断面初支相对水平收敛(测线 SL1)对比分析

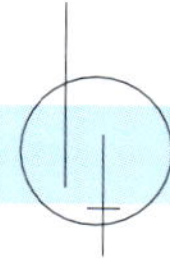

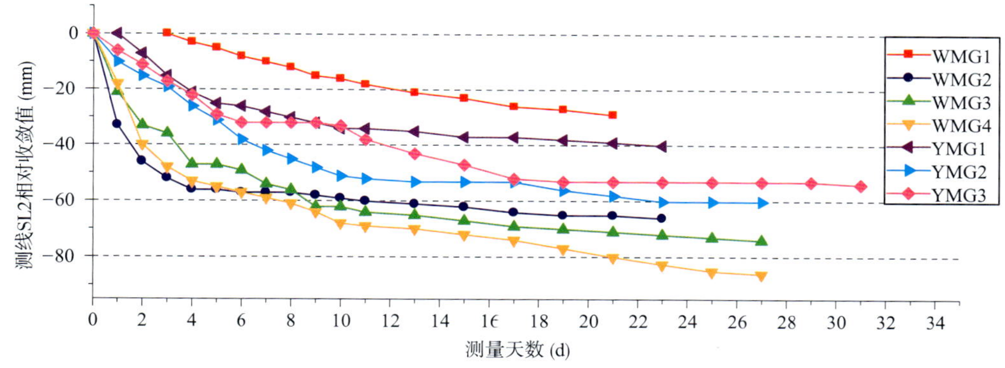

图 6-2-25　有、无锚杆段研究断面初支相对水平收敛(测线 SL2)对比分析

由试验结果可知:

①有锚杆段拱脚相对收敛为 -55 ~ -71 mm,无锚杆段拱脚相对收敛为 -48 ~ -106 mm,前者略小于后者。

②有锚杆段边墙相对收敛在 -40 ~ -60 mm,无锚杆段边墙相对收敛在 -29 ~ -86 mm,前者略小于后者。

③两者拱脚相对收敛均略大于边墙的相对收敛。

④有、无锚杆段相对收敛比例如表 6-2-12 所示。由表 6-2-12 可见,有锚杆试验段各台阶施工引起的拱脚水平相对收敛比较均匀,但无锚杆试验段上台阶开挖对拱脚水平相对收敛起控制作用。初支封闭时有锚杆试验段水平相对收敛比例较无锚杆试验段水平相对收敛比例高。

表 6-2-12　各台阶开挖引起相对收敛情况

项　　目	有锚杆试验段(范围/均值)	无锚杆试验段(范围/均值)
中台阶的拱脚收敛比例(%)	(35 ~ 42)/39	(34 ~ 75)/48
下台阶的拱脚收敛比例(%)	(24 ~ 27)/25	(20 ~ 75)/38
仰拱开挖的拱脚收敛比例(%)	(24 ~ 35)/30	(13 ~ 34)/27
初支封闭时拱脚收敛比例(%)	(93 ~ 94)/93	(87 ~ 98)/94
初支封闭时边墙收敛比例(%)	(87 ~ 93)/91	(52 ~ 94)/82

(3)围岩—初期支护接触压力对比分析

由于监测断面的围岩—初期支护接触压力的离散性较大,本次对有、无锚杆试验段的各测点接触压力利用最大值包络图进行比较,如图 6-2-26 所示。

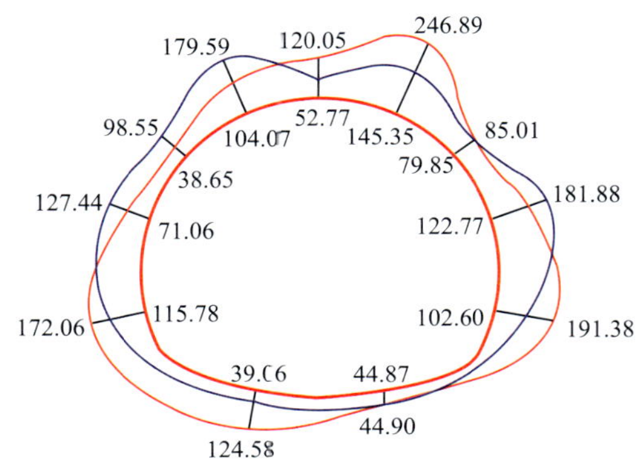

图 6-2-26　有、无锚杆试验段断面初期支护—围岩接触压力最大值对比图(单位:kPa)

注:图中的红色线为无锚杆段的钢拱架轴力,蓝色线为有锚杆段的。

由试验结果可知：

①从分布形式看，有、无锚杆试验段的围岩—初期支护接触压力分布均具有偏压特征，但有锚杆试验段的围岩—初期支护接触压力分布更为不均匀。

②从量值看，有、无锚杆试验段的围岩—初期支护接触压力互有大小，总体而言，有锚杆试验段略大。两者最大值比为 1.4（即 246.89 MPa/181.88 MPa）。

（4）钢架应力对比分析

为了进一步进行有、无锚杆试验段的钢架应力的对比分析，利用两试验段断面的各部的钢架应力最大值进行比较，外侧、内侧钢架应力包络图见图 6-2-27。

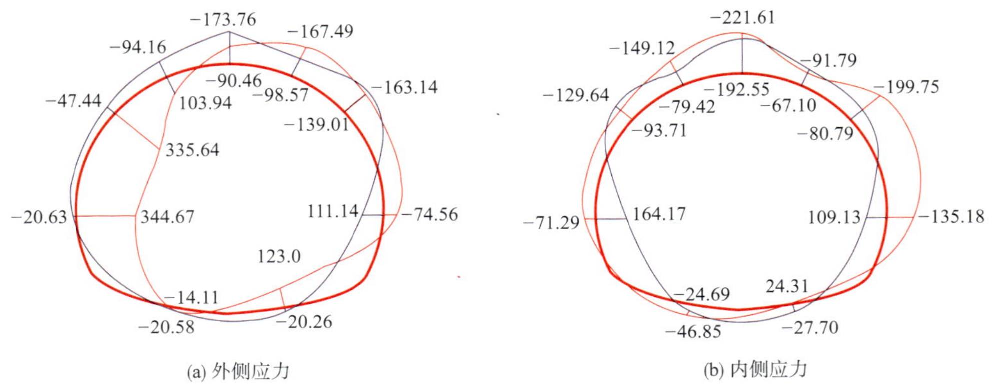

图 6-2-27　有、无锚杆试验段断面钢架应力最大值对比图（单位：MPa）

注：图中的红色线为有锚杆段的钢架外侧应力，蓝色线为无锚杆段的。

由试验结果可知：

①有、无锚杆试验段钢架应力分布都不均匀，大多数情况下拱部应力大于边墙和仰拱应力。

②有锚杆段钢架外侧压应力最大值为 −167.5 MPa，内侧最大值为 −221.6 MPa；外侧的最大的拉应力为 335.6 MPa（施工中外侧有两点达到约 360 MPa），内侧的最大的拉应力为 24.3 MPa（施工中外侧有一点达到约 91.6 MPa）。无锚杆段钢架外侧压应力最大值为 −173.8 MPa，内侧最大值为 −192.5 MPa，外侧的最大的拉应力为 111.1 MPa，内侧的最大的拉应力为 164.17 MPa，两者钢架应力都小于《钢结构设计规范》（GB 50017—2003）中规定的 Q235 钢材的抗拉、抗压极限强度 375 MPa。两者对比可见，有、无锚杆试验段钢架内外侧压应力相当，但有锚杆试验段钢架外侧拉应力大于无锚杆试验段钢架外侧拉应力。

③从施工过程以及量值来看，无锚杆试验段受力更有利。

（5）二衬钢筋应力对比分析

有锚杆试验段与无锚杆试验段二衬钢筋应力分布如图 6-2-28 所示，对比分析如图 6-2-29 所示。

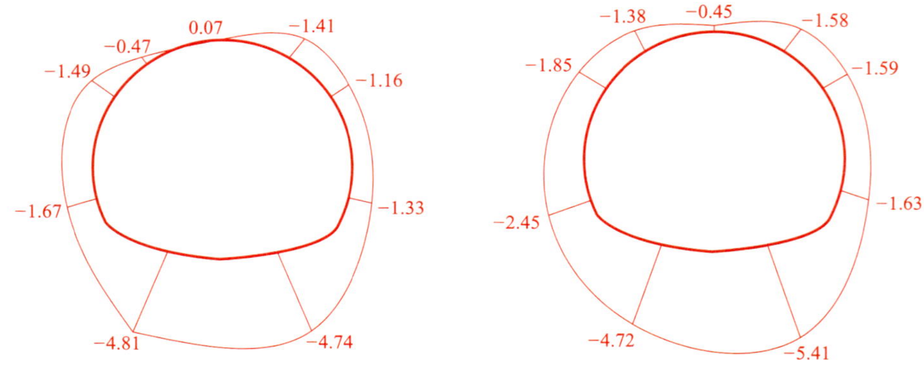

图　6-2-28

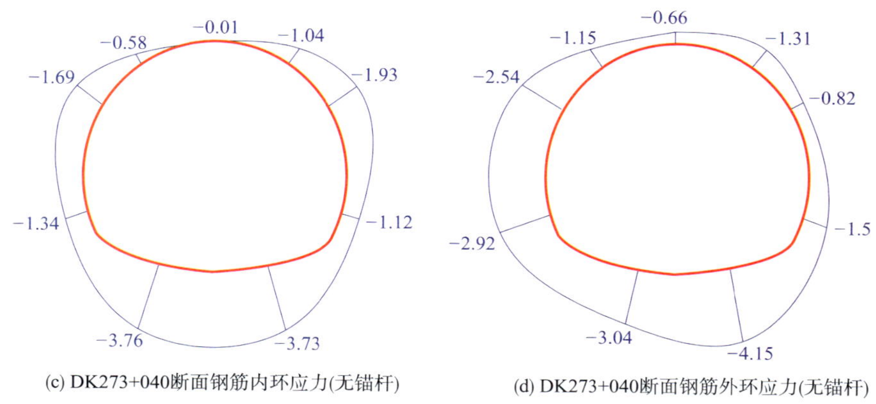

(c) DK273+040断面钢筋内环应力(无锚杆)　　(d) DK273+040断面钢筋外环应力(无锚杆)

图 6-2-28　二衬钢筋应力分布(单位:MPa)

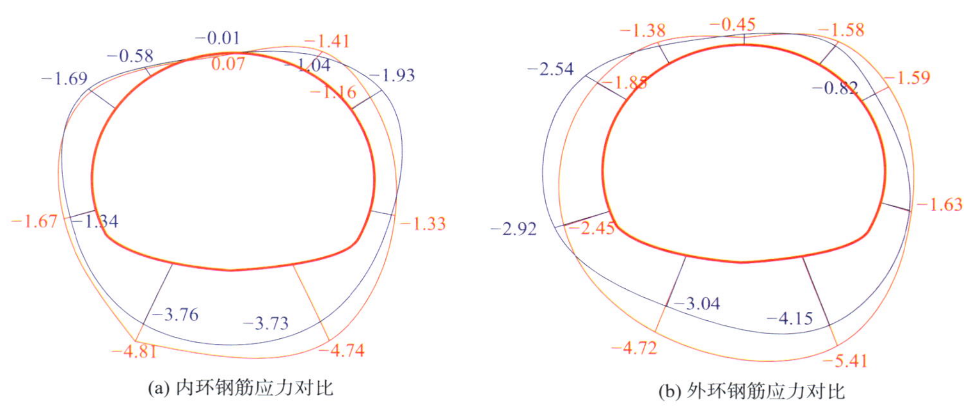

(a) 内环钢筋应力对比　　(b) 外环钢筋应力对比

图 6-2-29　有锚杆段与无锚杆段钢筋应力对比(单位:MPa)

注:红色线为有锚杆,蓝色线为无锚杆。

可以看出,有、无锚杆情况下,拱顶部位钢架应力的大小都基本相同,总体上看有、无锚杆对其影响不大。

(6)锚杆轴力对比分析

在有系统锚杆试验段对 DK273+005、DK273+015 两个断面的锚杆轴力进行了量测,锚杆轴力的时程曲线如图 6-2-30、图 6-2-31 所示,锚杆最终轴力分布如图 6-2-32 所示。

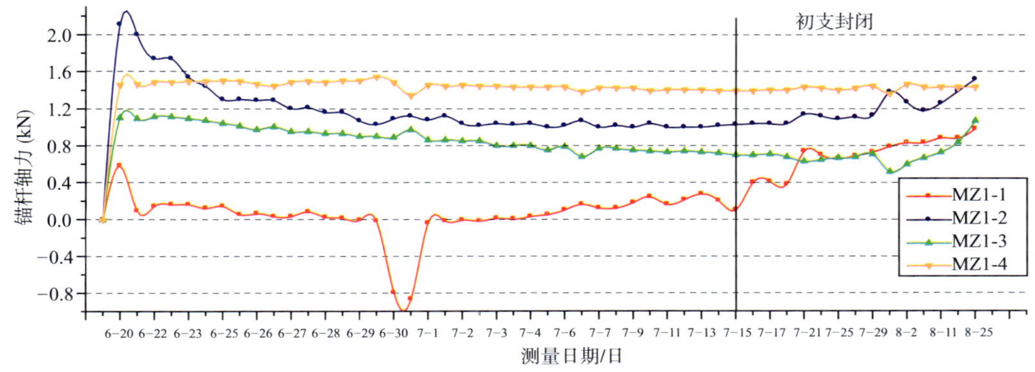

图 6-2-30　DK273+005 断面拱顶锚杆轴力曲线图

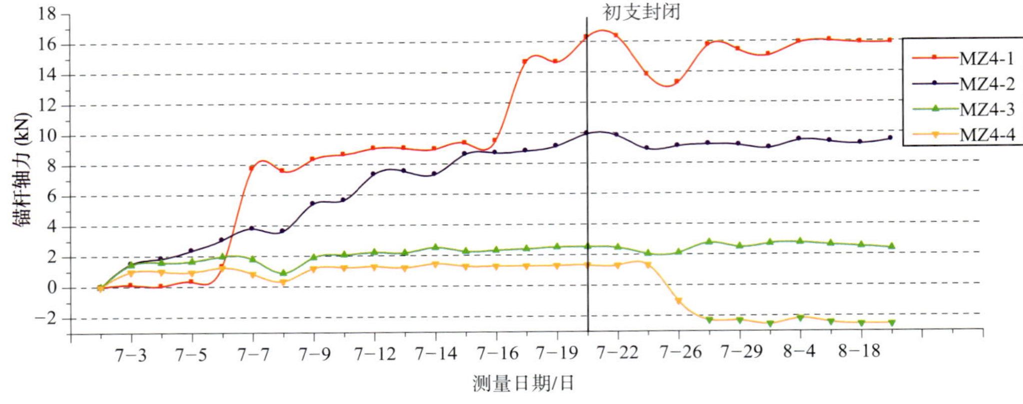

图 6-2-31　DK273 +015 断面左侧墙中锚杆轴力曲线图

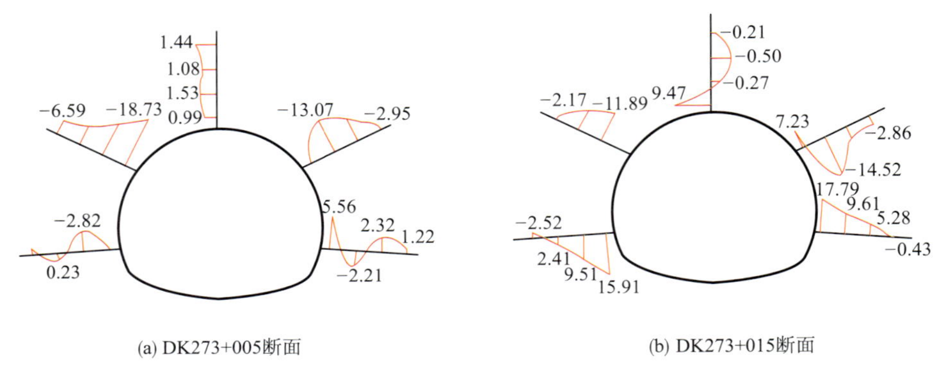

图 6-2-32　锚杆轴力分布示意图

由试验结果可得出：

①拱部锚杆均受压，并且从历时曲线可以看出，在整个施工过程中压力逐渐增大，最后趋于稳定。

②边墙部位锚杆大部分受拉，并且从历时曲线可以看出，在开挖过程锚杆拉力逐渐增大，当断面封闭以后锚杆拉力逐渐减小，最后趋于稳定，这说明边墙锚杆在施工过程发挥了一定的作用。

③最终的锚杆轴力普遍很小，拱部最大值小于 −19 kN，边墙最大值一般小于 10 kN，只有两个点最大，分别为 15.9 kN 和 17.8 kN。

④每根锚杆的最大轴力位于靠近隧道边墙底的测点。

(7)测试数据汇总

有、无系统锚杆试验段 6 测试断面试验数据如表 6-2-13 所示，表中数据为断面中各测点的最大值。

表 6-2-13　有、无系统锚杆试验段试验结果统计

断　面	拱顶下沉 (mm)	拱脚沉降 (mm)	相对收敛 (mm)	围岩压力 (kPa)	钢架应力 (MPa)	锚杆轴力 (kN)
DK273 +005	146	85	67	247	220	19
DK273 +015	147	93	71	191	345	18
DK273 +020	143	84	55			
DK273 +040	155	141	106	182	174	
DK273 +055	159	81	60	180	193	
DK273 +062	131	93	48			

有系统锚杆试验段与无系统锚杆试验段的拱顶沉降值、拱脚沉降值及水平收敛值基本相等；两试验段的土压力和钢架应力相差不大；锚杆轴力较小，一般不超过 12 kN，且拱部受压，边墙受拉。分析

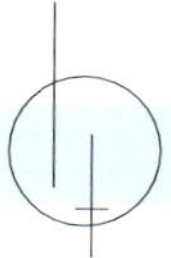

数据可发现拱部系统锚杆的支护效果不明显。

6.2.3　黄土隧道锚杆作用机理分析

1)既有理论基础

(1)中性点假设

Stillborg 认为,隧道中的锚杆界面上具有两种性质的剪应力,一种是岩石变形引起的变形剪应力,另一种是由于变形剪应力的拉拔作用而产生的拉拔剪应力,且二者方向相反。Freeman(1978)通过对锚杆受荷过程及沿着锚杆应力分布的观测,提出了中性点、锚固长度和拉拔荷载的概念。在锚杆长度不太长的条件下,中性点具有以下性质:①中性点处的锚杆剪应力为 0,而轴力最大。②如图 6-2-33 所示,中性点左右两侧的剪应力方向相反——中性点至锚杆外端点的杆体受到围岩施加的指向隧道中心的剪应力,而中性点至锚杆内端点的杆体受到围岩施加的背离隧道中心的剪应力。整个锚杆的总剪力之和为 0。③中性点处的锚杆与围岩无相对位移,以及与围岩共同变形。

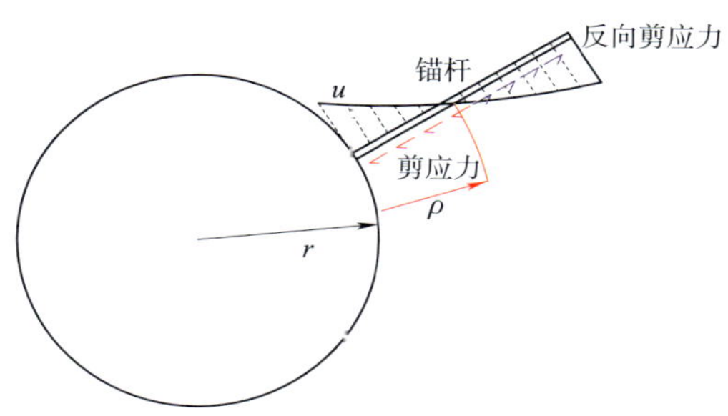

图 6-2-33　围岩位移及锚杆剪应力方向示意图

(2)理论公式

根据性质②,锚杆长度上的总剪力和为 0,则有

$$\int_0^l \tau \mathrm{d}x = 0 \tag{6-2-1}$$

式中　τ——单位长度上的剪力(N/m)。

由性质③可知,锚杆对围岩的相对位移 Δu 等于某点处围岩的位移 u 和中性点的位移 u_ρ 之差,再减去锚杆各点相对于中性点的伸长量 δ,用公式表达为

$$\Delta u = u - u_\rho - \delta \tag{6-2-2}$$

若围岩(例如黄土)的模量与锚杆的模量相差 100 倍以上,则锚杆本身的伸长量 δ 与 Δu 相比很微小,可忽略不计,在简化计算中可略去 δ,于是

$$\Delta u = u - u_\rho \tag{6-2-3}$$

式中　Δu——围岩与锚杆间的相对位移。

而锚杆—围岩界面的单位剪力 τ 与相对位移呈线性比例关系

$$F = K\Delta u \tag{6-2-4}$$

式中　K——界面剪切刚度(Pa)。

K 值一般按式 $K_1K_2/(K_1+K_2)$ 计算,其中 K_1、K_2 分别为围岩与注浆体的剪切刚度。在围岩刚度很弱的情况下(例如黄土),K 可取为围岩的剪切刚度 K_1。K_1 可按经验估计,或通过有限元数值计算得到。

将式(6-2-3)及(6-2-4)代入式(6-2-1),得

$$\int_0^l K(u - u_\rho)\mathrm{d}x = 0 \tag{6-2-5}$$

简化为

$$\int_0^l u\mathrm{d}x = u_\rho l \tag{6-2-6}$$

可知，u_p 实际上代表了位移在锚杆长度上的平均值。

由式(6-2-4)可知，要求得单位剪力 τ 的分布，需要知道围岩径向位移 u 的表达式。对于常规隧道而言，很难得到围岩位移的理论解析解，这给分析带来了困难。为了得到大断面黄土隧道的径向位移，采用以下方法：通过三维数值计算模拟现场实际开挖过程，获得围岩的位移场；然后，分别提取拱顶、边墙(位置在边墙处偏上，以下同)等部位不同深度范围的离散点径向位移数据，采用合适的公式进行曲线拟合，得到径向位移 u 随深度变化的显式解析式，以此进行锚杆受力的分析。

对黄土隧道而言，由于围岩强度应力比较小，浅埋与深埋均为不利情况，下面分别按浅、深埋研究隧道中锚杆的受力情况。

2)黄土隧道围岩位移衰减模式

(1)浅埋黄土隧道

以贺家庄隧道试验段为对象，采用 FLAC3D 对该段施工进行了三维仿真计算。仿真后得到的围岩位移等值线如图 6-2-34 所示。由等值线图可知，拱部与边墙的位移衰减程度不一致：边墙水平位移等值线较密，衰减快；拱部围岩位移等值线稀疏，衰减慢。

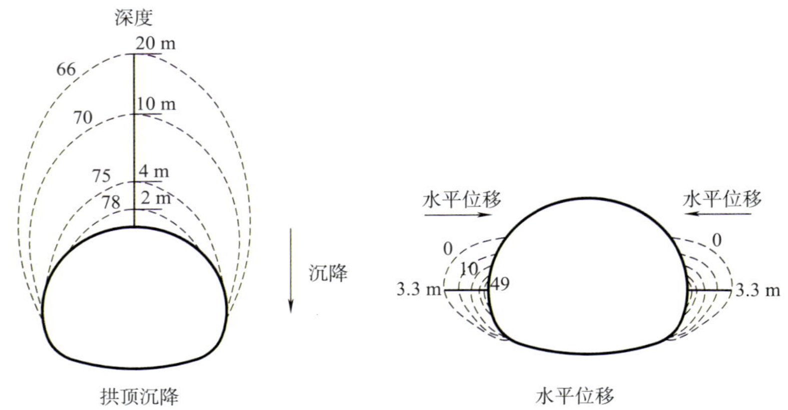

图 6-2-34　浅埋黄土隧道围岩位移等值线图(单位：mm)

依据计算结果，分别提取拱部与边墙两部位沿隧道径向不同深度上的点的位移，得到如图 6-2-35 所示的拱部、边墙的位移衰减模式(曲线)。从该图也可以看出黄土隧道拱部与边墙位移衰减程度的差别。

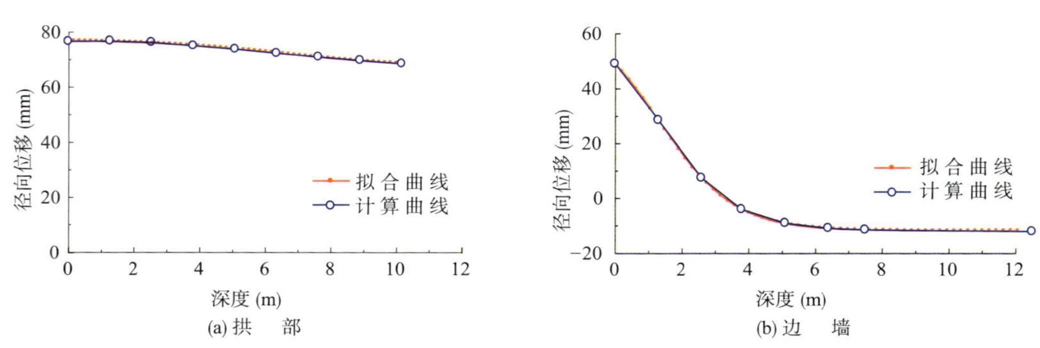

图 6-2-35　浅埋黄土隧道径向位移衰减曲线及其拟合

采用 Boltzmann 函数对浅埋的各部位位移衰减曲线进行拟合，得浅埋隧道拱顶位移的拟合函数为

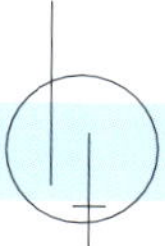

$$u = 67.231 + \frac{10.261}{1 + \exp\left(\frac{x - 6.482}{2.077}\right)} \tag{6-2-7}$$

浅埋隧道边墙位移的拟合函数为

$$u = -11.665 + \frac{79.122}{1 + \exp\left(\frac{x - 1.342}{1.113}\right)} \tag{6-2-8}$$

(2)深埋黄土隧道

以函谷关隧道试验段为对象,采用 FLAC3D 对该段施工进行三维仿真计算。依据计算结果,分别提取拱部与边墙两部位沿隧道径向不同深度上的点的位移,得到图6-2-36 所示的拱部、边墙的位移衰减模式(曲线)。根据该两图亦能看出,在深埋条件下,大断面黄土隧道的拱部围岩位移衰减缓慢,而边墙围岩位移衰减较快。

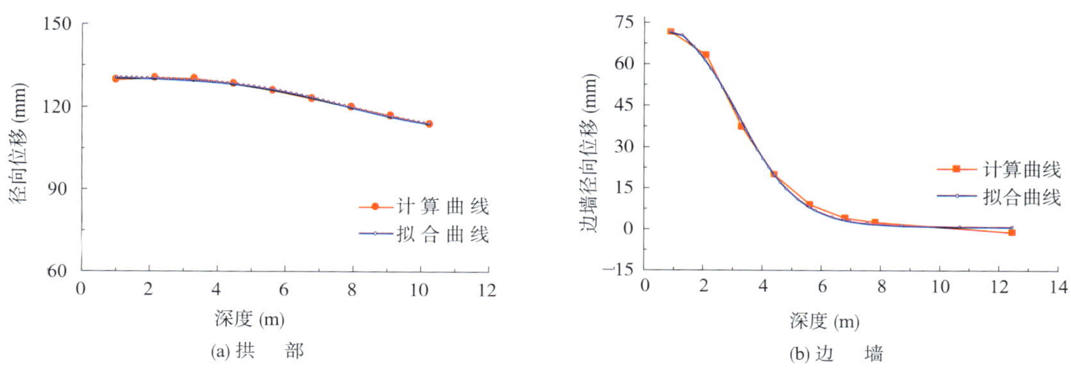

图 6-2-36　深埋大断面黄土隧道径向位移衰减曲线及其拟合

同样采用 Boltzmann 函数对深埋的各部位位移衰减曲线进行拟合。得深埋隧道拱顶位移的拟合函数为

$$u = 109.506 + \frac{22.009}{1 + \exp\left(\frac{x - 7.318}{1.811}\right)} \tag{6-2-9}$$

深埋隧道边墙位移的拟合函数为

$$u = -2.453 + \frac{87.832}{1 + \exp\left(\frac{x - 2.502}{1.104}\right)} \tag{6-2-10}$$

3)锚杆内力计算方法

假定锚杆的受力模型如图 6-2-37 所示,根据锚杆微元水平方向的受力平衡并结合数值计算得出的隧道围岩深部位移的解析表达式,即可推导出锚杆内力的理论表达式,锚杆轴向应力、轴力、剪力解析式可写成如下形式:

$$\sigma(x)\pi R^2 - [\sigma(x) + \mathrm{d}\sigma(x)]\pi R^2 - \tau(x)2\pi R\mathrm{d}x = 0 \tag{6-2-11}$$

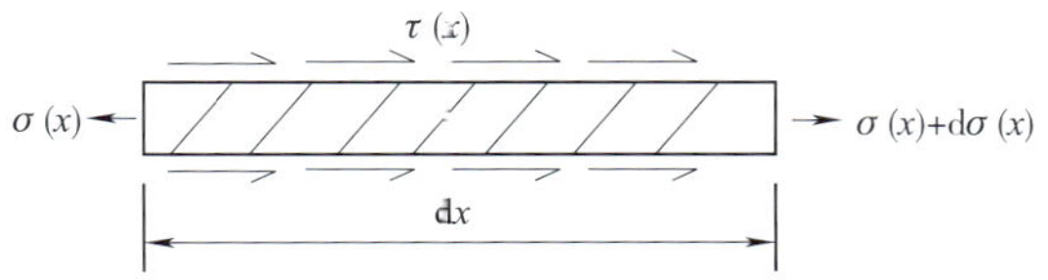

$\tau(x)$

$\sigma(x)$　　$\sigma(x)+\mathrm{d}\sigma(x)$

$\mathrm{d}x$

图 6-2-37　锚杆微元受力模型

$$\sigma(x) = \frac{K}{\pi R^2}(u_{\mathrm{p}} - A_1)x + \frac{K}{\pi R_2}(A_1 - A_2)d_x\left[\ln\left(e^{\frac{x-x_0}{d_x}} + 1\right) - \ln\left(e^{\frac{-x_0}{d_x}} + 1\right)\right] \tag{6-2-12}$$

锚杆轴力 $N = \sigma(x)\pi R^2 = K(u_\rho - A_1)x + K(A_1 - A_2)d_x[\ln(e^{\frac{x-x_0}{d_x}} + 1) - \ln(e^{\frac{-x_0}{d_x}} + 1)]$ (6-2-13)

锚杆剪应力 $\tau(x) = \dfrac{F}{2\pi R} = \dfrac{K}{\pi D}(A_1 - u_\rho) + \dfrac{K}{\pi D}(A_2 - A_1)[1 -] \dfrac{1}{1 + e^{\frac{x-x_0}{d_x}}}$ (6-2-14)

式(6-2-12)~(6-2-14)即黄土隧道中锚杆的应力、轴力、表面剪应力计算式。其中 D 为锚杆直径；A_1、A_2、x_0、d_x 均为拟合常数。

4)锚杆内力计算结果

(1)浅埋黄土隧道锚杆

分别将浅埋隧道拱顶与边墙的位移拟合常数代入式(6-2-13)及(6-2-14),可求得浅埋黄土隧道的轴力与剪应力,如图6-2-38所示。在此,剪切刚度系数 K 经有限元计算后取为0.57 MPa/m。

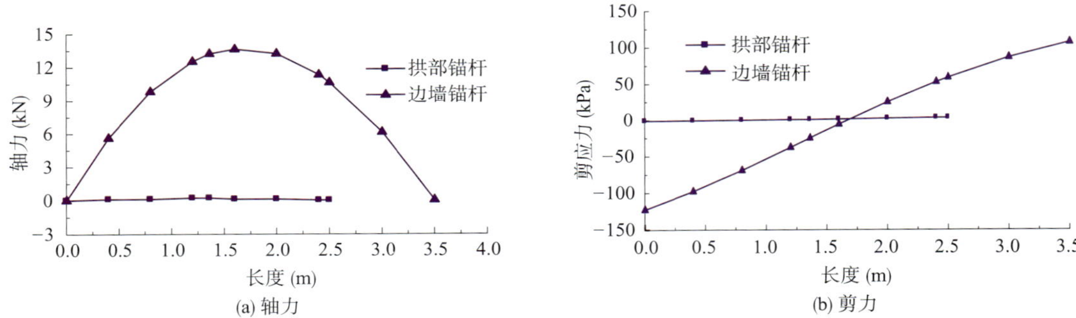

图 6-2-38 浅埋隧道锚杆内力图

由计算结果可知,拱部锚杆受力小,边墙锚杆受力较大。具体表现为:

①拱部锚杆受力很小,最大轴力0.154 kN(拉力),边墙锚杆受力较大,最大拉力13.6 kN,量值比拱顶部锚杆轴力大很多。

②拱部锚杆所受剪应力小,外端点剪应力1.7 kPa,内端点剪应力2.3 kPa;边墙部锚杆外端点剪应力123 kPa,内端点剪应力106 kPa,其量值比拱顶锚杆的剪应力大很多。

(2)深埋黄土隧道锚杆

与浅埋同样的计算过程,得到如图6-2-39所示深埋下不同部位的锚杆的内力。

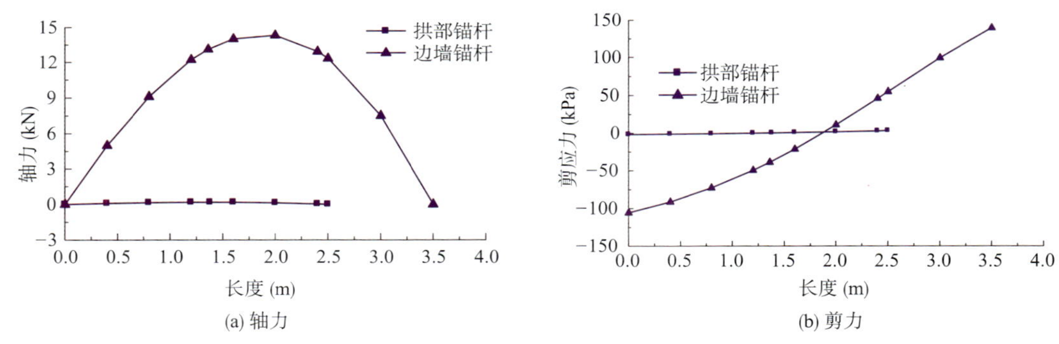

图 6-2-39 深埋隧道锚杆内力图

由计算结果可知,深埋情况下锚杆受力规律与浅埋类似,具体表现为:

①拱顶处锚杆受力很小,最大轴力0.184 kN(拉力),边墙锚杆受力较大,最大拉力14.3 kN,量值比拱顶部轴力大很多。

②拱部锚杆受剪应力小,外端点剪应力1.9 kPa,内端点剪应力2.9 kPa,而边墙部锚杆外端点剪应力105.6 kPa,内端点剪应力138.4 kPa,其量值也比拱顶锚杆相应点处的剪应力大很多。

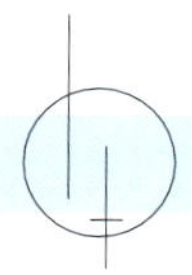

5）锚杆受力原因分析

根据上文分析，拱部与边墙系统锚杆的受力情况完全不同，拱部小，而边墙大。之所以出现这种情况，原因在于拱部与边墙部位的围岩变形模式不一致（图 6-2-40），从而导致锚杆的受力情况不同。

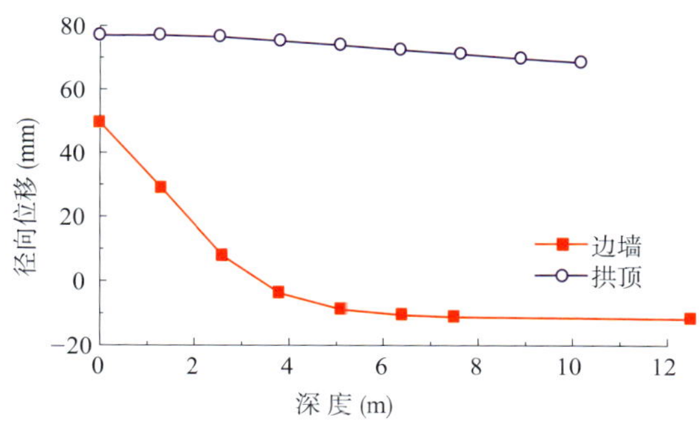

图 6-2-40　浅埋隧道拱部径向位移衰减曲线及其拟合

以浅埋的情况为例进行说明。浅埋大跨度黄土隧道在开挖后，围岩因自承载能力低而发生较大变形，拱顶、边墙洞壁处的径向位移分别达到 78.7 mm、49.2 mm。

由图 6-2-40 可知：(1) 拱顶围岩的位移沿深度方向平缓衰减，相对位移（即 Δu）很小，即拱部围岩一定深度范围内存在整体下沉移动。(2) 边墙部围岩的位移则沿深度方向迅速衰减，梯度 $\Delta u/\Delta x$ 很大，则相对位移 Δu 大，即边墙围岩不发生整体移动。由于相对位移存在巨大差异，根据式（6-2-3）可知，锚杆对围岩的相对位移 Δu 边墙 $\gg \Delta u$ 拱顶，进而根据式（6-2-4）计算得到的剪力 $F_{边墙} \gg F_{拱顶}$，最后得到的轴力 $N_{边墙} \gg N_{拱顶}$。对于深埋黄土隧道也存在类似的受力机制。

综上所述，围岩的位移模式是导致拱顶与边墙处系统锚杆受力产生巨大差异的关键因素，而黄土隧道拱部发生整体沉降则是锚杆受力小的直接原因。

根据本节研究可知，拱部锚杆的支护效果并不明显，建议黄土隧道拱部 120°范围内不设置锚杆，该范围以下至墙脚设置全长黏结型锚杆。

6.3　黄土隧道钢架作用机理分析及效果评价

为提高初期支护的刚度，有效控制黄土隧道的变形，通常采用钢架喷混凝土作为主要初期支护结构。一般认为型钢钢架具有刚度大、抗变形能力强、受力快等特点，但是型钢与喷射混凝土黏结差，钢架背后喷射混凝土易产生孔洞等现象；而格栅钢架具有质量轻，与喷射混凝土结合条件好，共同形成柔性初期支护体系，与围岩密贴性好，加工安装方便等特点，但是格栅钢架柔性大，喷射混凝土早期强度低，初期支护初期变形大等不足。通常在软岩隧道中，型钢钢架和格栅钢架大量采用，但对于黄土隧道，采用哪种钢架形式更有利于控制黄土隧道变形，更利于保证初期支护质量，需要对钢架的作用机理和应用效果进行综合比选。

6.3.1　喷射混凝土早期强度与弹模试验

铁道部课题组在函谷关隧道开展了喷射混凝土强度现场试验，共取样 3 组，每组 6 个试件。试件大小为 15 cm × 15 cm × 15 cm，每组试件在标准条件下养护，而后在试验机上加载。试验结果如表 6-3-1 所示，强度增长曲线如图 6-3-1 所示。

表 6-3-1　喷射混凝土强度试验表

第　一　组		第　二　组		第　三　组	
试验时间	强度（MPa）	试验时间	强度（MPa）	试验时间	强度（MPa）
2h50min	0.7	3h10min	1.0	3 h	1.2

续上表

第一组		第二组		第三组	
试验时间	强度(MPa)	试验时间	强度(MPa)	试验时间	强度(MPa)
5 h	2.2	5 h	2.7	5h30min	2.7
8 h	4.6	8 h	4.8	8 h	5.9
13 h	7.6	12 h	7.0	12 h	7.1
18 h	10.7	18 h	9.8	18 h	9.8
24 h	12.4	24 h	11.7	24 h	12.0

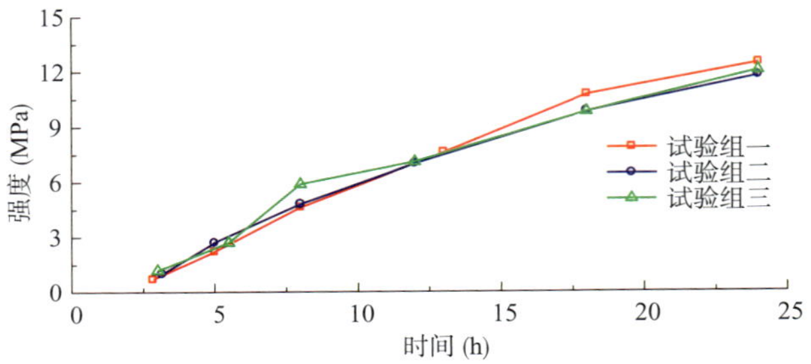

图 6-3-1 喷射混凝土强度增长曲线

由表 6-3-1 和图 6-3-1 可知,喷射混凝土强度试验值离散程度小,试验效果良好。其龄期强度,在 24 h 时能够达到 12 MPa 的水平,表明其强度增长较快。

参考 Weber(1979) & Potter(1990)等人研究成果,喷射混凝土强度与弹模的增长关系按下式表达:

$$E_{shot,t} = E_{shot,0}(1 - e^{-\alpha t}) \tag{6-3-1}$$

$$\sigma_{c,t} = \sigma_{c,0}(1 - e^{-\beta t}) \tag{6-3-2}$$

式中 $E_{shot,0}$——喷射混凝土最终弹模值;

α,β——时间常数,不少学者建议取 $\alpha=\beta$。

结合现场实测数据,采用 Weber 方程对强度增长规律进行预测,得到 $\sigma_{c,0}=25.5$ MPa,$\beta=0.027$。则

$$\sigma_{c,t} = 25.5(1 - e^{-0.027t}) \tag{6-3-3}$$

说明当时间 $t\to\infty$ 时,极限抗压强度达到 25.5 MPa,达到了 C25 的喷射混凝土设计强度要求。

由于现场试验条件的不具备,未能给出喷射混凝土弹模与时间的关系曲线。而目前关于喷射混凝土弹性模量随时间的增长规律研究还很少见,特别是 1 d 龄期内的资料更为少见。实际上,弹性模量增长快于强度增长,常庭燕(1992)给出一个喷射混凝土抗压强度与弹模随时间变化的统计图,如图 6-3-2 所示。

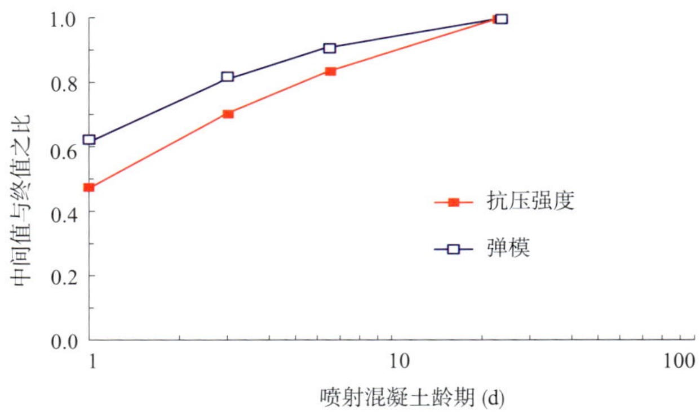

图 6-3-2 弹模和强度与其 28 d 龄期值之比的变化曲线

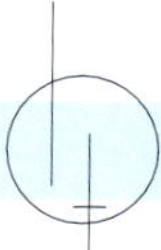

根据图 6-3-2 的统计规律，大致确定 0.66 为函谷关喷射混凝土材料 1 d 龄期模量与 28 d 龄期模量的比值，此时，可得到硬化时间参数 $\alpha = 0.045$。弹性模量 $E_{\text{shot},0}$ 可根据《公路隧道设计规范》（JTGD 70—2004）查取，其中 C25 混凝土弹性模量 $E_{\text{shot},0} = 23\ \text{GPa}$，则

$$E_{\text{shot},t} = 23(1 - e^{-0.045t}) \tag{6-3-4}$$

式(6-3-4)可作为格栅钢架—喷射混凝土复合体的弹性模量增长表达式，对于Ⅰ20a 规格的型钢，如果按 EI 等效，则表达式为

$$\overline{E} = 22.61(1 - e^{-0.045t}) + 3.58 \tag{6-3-5}$$

6.3.2　三维数值模拟及分析

1）模拟对象及方法

模拟对象：选取贺家庄隧道 DK241 + 952 ~ DK242 + 085 段作为计算分析对象，该段埋深 43 m。

模拟方法：黄土隧道试验段的现场施工中，每一个标准循环（进尺 1.6 m，两榀钢架）被分解为四个作业工序：开挖、架设钢支撑及挂网、施作锚杆、喷射混凝土。前 3 个工序均按上、中、下三个台阶分部完成，待支护均做好后，第 4 个工序在上、中、下三个台阶一次性喷射完成。各工序所占用时间分别如图 6-3-3 所示。数值分析中，在分段基础上按每一个循环周期更新一次已架设的钢架组合体的刚度值（按 Weber 硬化方程计算），以此来对时间因素进行考虑。

开挖	初凝混凝土	架设钢架及挂网	施作锚杆	喷射混凝土
约 2 ~ 3 h	约 1.5 ~ 2 h	约 3.5 h	约 5 ~ 7 h	约 2 ~ 4 h

图 6-3-3　一个标准循环各工序耗时图

2）钢架组合体数值分析结果

设定型钢和格栅组合体保持同一硬化速度，即时间常数 α 均为 0.045，分别对其进行了三维计算。下面从围岩塑性区、初支位移、应力等方面进行分析，比较两种钢架组合体在大断面黄土隧道中的支护性能与支护效果。

（1）围岩变形及塑性区

围岩的变形场与塑性区的范围表征了大断面黄土隧道的力学形态。图 6-3-4 分别给出了型钢与格栅支护下围岩的剪切应变云图，该图揭示了围岩发生破坏的范围和大小。

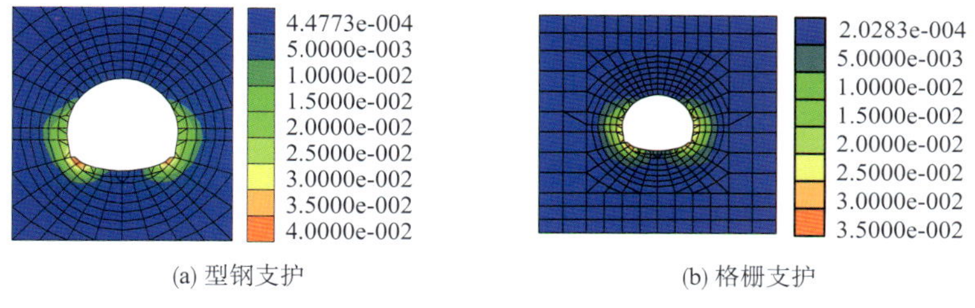

(a) 型钢支护　　(b) 格栅支护

图 6-3-4　型钢及格栅支护时围岩的剪切应变分布

由图 6-3-4 中可以看出：无论量值还是分布范围，在型钢组合体支护下的围岩剪应变均较之格栅组合体的小，其中，剪应变最大值减少 16.7%，而延伸范围减少 20% 以上。

由图 6-3-5 可知：格栅组合体支护造成的塑性区范围稍大；总体而言，两种支护情况下的围岩塑性区分布形态及范围大致相当，拱顶延伸超过 10 m，墙脚约 45°方向超过 20 m。

（2）计算支护位移

在数值分析中，为凸显型钢与格栅的对比支护效果，不直接比较位移绝对值大小，而只比较相对值大小。以格栅的支护位移为基准，型钢采用比例系数表示。计算支护位移仍分析拱顶/拱脚的整体沉降与

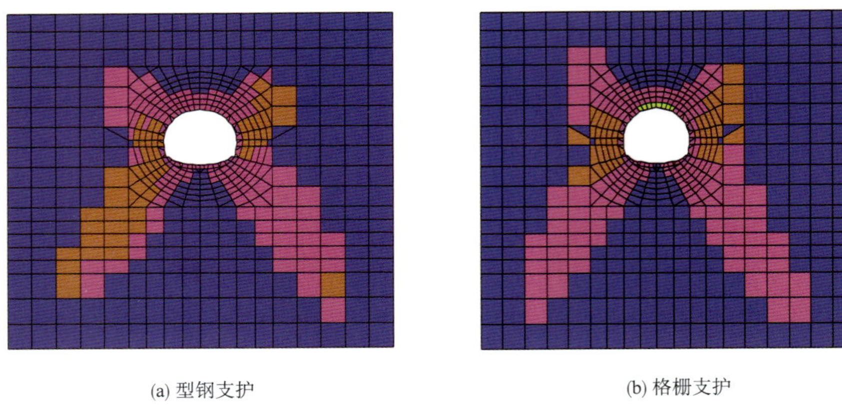
(a) 型钢支护　　(b) 格栅支护

图 6-3-5　型钢及格栅支护时围岩塑性区分布

差异、边墙的相对水平位移，监测位置见实测布置。型钢、格栅的支护位移计算结果对比如图 6-3-6 所示。

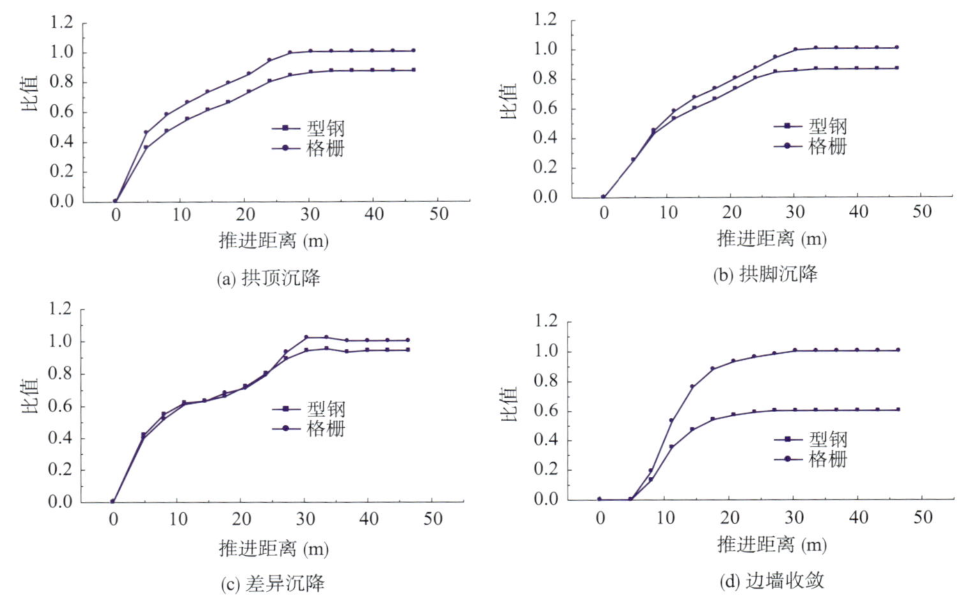

(a) 拱顶沉降　　(b) 拱脚沉降　　(c) 差异沉降　　(d) 边墙收敛

图 6-3-6　贺家庄隧道格栅支护下位移—距离图

表 6-3-2 给出了两种钢架支护下各位移项目的对比表。

表 6-3-2　型钢与格栅支护位移比列表

支护形式	拱　顶		拱　脚		差异沉降	边墙水平收敛
格　栅	GD1	1.0	GJ1	1.0	1.0	1.0
型　钢	GD1	0.87	GJ1	0.86	0.94	0.6
减　比	GD1	13%	GJ1	14%	6%	40%

注：以格栅为基准，基准比为 1.0。

从表 6-3-2 可以看出：

①总体而言，型钢—喷混组合体支护位移更小。较之格栅，型钢支护下拱部沉降减幅 13% ~ 14%，差异沉降减幅 6%，因而，沉降差距不大。

②对于边墙水平收敛，型钢—喷混支护下减幅达 40%，说明型钢—喷混组合体对边墙水平位移的支护能力更强。

以上结论与实测结果分析相同，即钢架类型对黄土隧道拱部沉降影响不大，而主要影响边墙水平

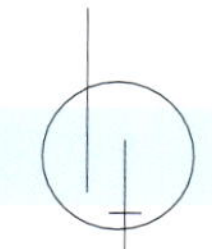

收敛,型钢对边墙水平收敛的约束能力较格栅强。

③喷射混凝土支护单元的受力对比

考察钢架的支护效果,其本身的安全性也是需考虑的重要一环,考虑到所采用的计算模拟方法,取两种钢架支护条件下的喷射混凝土单元应力进行分析。表 6-3-3 给出了喷射混凝土单元的最小主应力值大小。

表 6-3-3　喷混凝土支护单元最小主应力列表(单位:MPa)

量测位置	支护类型	拱　顶	拱　肩	拱　脚	边　墙	墙　脚	仰　拱
喷射混凝土外侧	型　钢	3.83	3.53	13.96	10.15	6.25	0.62
	格　栅	5.73	5.21	10.91	10.39	6.6	0.51
喷射混凝土内侧	型　钢	4.43	6.5	18.07	12.95	8.69	0.64
	格　栅	6.47	8.28	14.92	12.39	8.25	0.52

分析表 6-3-3 可知:考虑喷射混凝土时间硬化因素时,型钢钢架作为初期支护的骨架而承受了较大一部分围岩压力,使得拱部喷射混凝土单元应力小于格栅支护下的喷射混凝土应力;除拱脚外,两者的喷射混凝土单元受力大小基本一致,说明边墙以下两种钢架本身的安全性能区别不大;两者的最大应力均小于喷射混凝土的极限强度(25 MPa),满足安全性要求。

④喷射混凝土的早期强度对支护效果影响

前已叙及,混凝土的硬化对钢架组合体的支护性能有较大影响。硬化速度取决于时间常数 a,下面分别对该参数的影响进行三维数值研究。由于格栅钢架更依赖于喷射混凝土的强度与刚度,其本身刚度贡献较小,因此仅研究格栅组合体的支护性能。计算了两个时间常数 $a=0.045$、0.01,分别对应于快速硬化和缓慢硬化的工况,计算结果如图 6-3-7、表 6-3-4 所示。

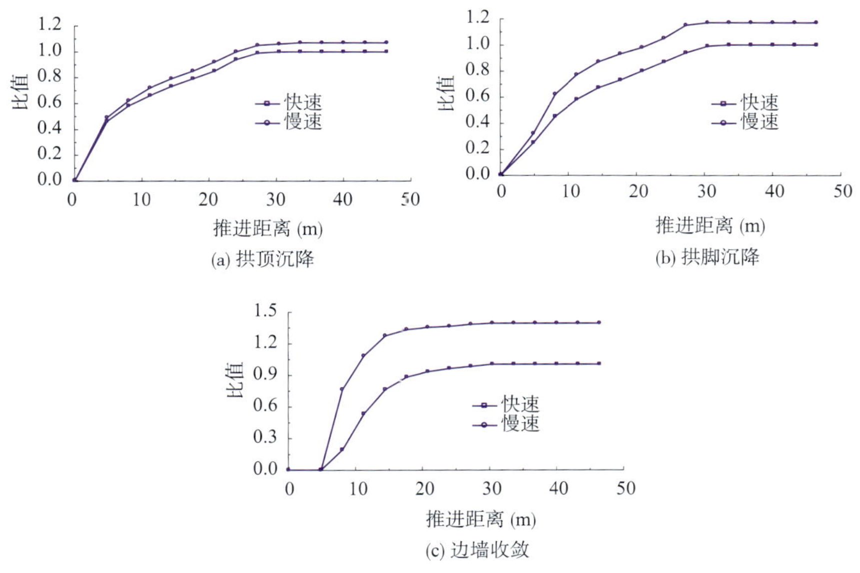

图 6-3-7　贺家庄隧道格栅—喷混不同硬化速度下支护位移对比图

表 6-3-4　不同硬化速度时计算位移对比列表

硬化速度	拱顶沉降	拱脚沉降	边墙水平收敛
$a=0.045$	1.0	1.0	1.0
$a=0.01$	1.07	1.17	1.39
增 加 比	6.8%	17.4%	39.4%

注:0.045 对应于郑西现场实际硬化速度,为比例基准。

由表 6-3-4 可知：

①硬化速度不同时，拱部沉降有一定程度减少，拱顶沉降减少 6.8%，效果不明显，拱脚减幅 17.4%，有一定作用。

②与慢速硬化($a=0.01$)相比，快速硬化时($a=0.045$)边墙水平位移减少了 39.4%，表明喷射混凝土硬化速度对约束大断面黄土隧道边墙水平位移效果显著。因此，为防止围岩产生有害松弛并进而危害隧道稳定性，应首选刚度较强的型钢—喷混组合支护；如选用格栅—喷混支护，应保证早期支护刚度而选用快速硬化喷射混凝土。硬化较慢时，格栅—喷射混凝土支护能力相对不足，产生的位移增加，并不可取。

根据现场试验及理论计算，当时间硬化常数 $a \geqslant 0.045$ 时(对应于混凝土 24 h 的早期强度达到 12 MPa)，格栅—喷射混凝土已能满足大断面黄土隧道的稳定性及支护安全要求。

6.3.3 钢架作用机理及评价

1)钢架作用机理

为了研究钢架的作用机理，首先推导黄土围岩特征曲线方程，然后基于喷混凝土的时间硬化规律推求钢架和喷混组合体的支护特征曲线，最后考虑隧道开挖面的“虚拟支护”效应，采用收敛—约束法研究钢架组合体的支护作用，绘制出黄土隧道格栅与型钢支护的收敛—约束曲线。

(1)黄土围岩特征曲线

特征曲线即洞周位移与围岩压力的关系式。鉴于洞室在开挖前存在一个初始应力而无初始位移，黄土隧道洞周位移的求解需要考虑叠加原理，利用前面已经得出的应力场方程，分两步求解。

①初始应力场引起的位移 u'_{R_1}

如图 6-3-8 所示，设塑性区Ⅱ的塑性半径 R_1 处的位移为 u_{R_1}，则初始应力场引发的 R_1 处径向位移为 u'_{R_1}。

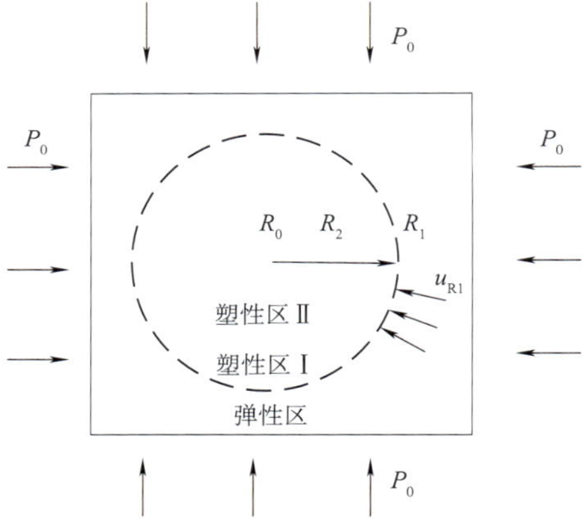

图 6-3-8 初始应力场及位移示意图

根据拉梅公式，初始应力场中弹性区应力为

$$\begin{cases} \sigma_{r0}^{\mathrm{I}} = P_0\left(1 - \dfrac{R_1^2}{r^2}\right) - P_0 = \dfrac{R_1^2}{r^2}P_0 \\ \sigma_{\theta e}^{\mathrm{I}} = P_0\left(1 + \dfrac{R_1^2}{r^2}\right) - P_0 = \dfrac{R_1^2}{r^2}P_0 \end{cases} \tag{6-3-6}$$

而根据 Hooke 定律有

$$\varepsilon_0 = \frac{1-\mu^2}{E}\left(\sigma_{\theta e}^{\mathrm{I}} - \frac{\mu}{1-\mu}\sigma_{re}^{\mathrm{I}}\right) \tag{6-3-7}$$

根据几何关系

$$\varepsilon_0 = \frac{u}{r} \tag{6-3-8}$$

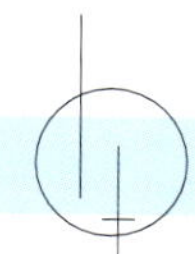

联立(6-3-6)~(6-3-8),可解得

$$u'_{R_1}=\frac{1+\mu}{E}P_0R_1 \tag{6-3-9}$$

②支护应力场引起的塑性半径 R_1 处的位移 u''_{R_1}

支护应力场指存在支护阻力 P_i 时的应力场。同理,据拉梅公式可写出

$$\sigma_{re}^{\mathrm{I}}=\sigma_{\mathrm{rp}_i}\frac{R_1^2}{r^2},\qquad \sigma_{\theta e}^{\mathrm{I}}=-\sigma_{\mathrm{rp}_i}\frac{R_1^2}{r^2}$$

则

$$u''_{R_1}=-\frac{1+\mu}{E}\sigma_{\mathrm{rp}_i}R_1 \tag{6-3-10}$$

③洞壁处径向位移 u_0

将式 u'_{R_1}与 u''_{R_1}相加,即得开挖后塑性半径 R_1 处的径向位移 u_{R_1}

$$u_{R_1}=u'_{R_1}+u''_{R_1}=\frac{1+\mu}{E}R_1(P_0-\sigma_{\mathrm{rp}_i}) \tag{6-3-11}$$

σ_{rp_i}由式 $\sigma_{\mathrm{rp}_i}=\dfrac{2p_0+2c_1\cot\varphi_1}{1+N_{\varphi1}}-c_1\cot\varphi_1$ 求出,代入上式得

$$u_{R_1}=\frac{1+\mu}{E}R_1\frac{N_{\varphi1}-1}{N_{\varphi1}+1}(P_0+c_1\cot\varphi_1) \tag{6-3-12}$$

以上为塑性区与弹性区交界处的位移。设洞周径句位移为 u_0,若假定塑性变形时体积不变,而只发生形状变化,则有

$$u_0=u_{R_1}\frac{R_1}{R_0} \tag{6-3-13}$$

将式(6-3-12)代入式(6-3-13)得

$$u_0=\frac{1+\mu}{E}\frac{R_1^2}{R_0}\frac{N_{\varphi}-1}{N_{\varphi1}+1}(P_0+c_1\cot\varphi_1) \tag{6-3-14}$$

将式 $R_1=R_0\left[\dfrac{c_2\cot\varphi_2-c_1\cot\varphi_1}{P_i+c_2\cot\varphi_2}\dfrac{N_{\varphi1}-1}{N_{\varphi1}-N_{\varphi2}}\right]^{\frac{1}{M_{\varphi2}}}\left[\dfrac{2P_0+2c_1\cot\varphi_1}{c_2\cot\varphi_2-c_1\cot\varphi_1}\dfrac{N_{\varphi1}-N_{\varphi2}}{(N_{\varphi2}-1)(1+N_{\varphi1})}\right]^{\frac{1}{M_{\varphi1}}}$ 带入上式,得

$$u_0=\frac{1+\mu}{E}\frac{N_{\varphi1}-1}{N_{\varphi1}+1}(P_0+c_1\cot\varphi_1)R_0\left[\frac{c_2\cot\varphi_2-c_1\cot\varphi_1}{P_i+c_2\cot\varphi_2}\frac{N_{\varphi1}-1}{N_{\varphi1}-N_{\varphi2}}\right]^{\frac{2}{M_{\varphi2}}}\cdot$$
$$\left[\frac{2P_0+2c_1\cot\varphi_1}{c_2\cot\varphi_2-c_1\cot\varphi_1}\frac{N_{\varphi1}-N_{\varphi2}}{(N_{\varphi2}-1)(1+N_{\varphi1})}\right]^{\frac{2}{M_{\varphi1}}} \tag{6-3-15}$$

该式即黄土的洞周处塑性收敛位移。

式(6-3-15)仅给出黄土的塑性收敛曲线,当支护阻力较大时,围岩仍有可能处于弹性状态。

④围岩特征曲线

假定初始应力场处于弹性状态,则仅当洞周位移超过一定量值后围岩才进入塑性受力状态。对于普通岩土材料而言,特征曲线存在两个收敛段:当支护阻力 P_i 较大时(接近原始应力 P_0),围岩处于弹性变化;支护阻力 P_i 较小时,围岩处于塑性变化状态。弹性段与塑性段的分界点由塑性半径 $R_{\mathrm{P}}=R_0$ 求得。这样,围岩特征曲线由两段分片曲线构成。

对于黄土,围岩特征曲线由三个分片曲线构成,如图 6-3-9 所示。

(2)钢架组合体支护曲线求解

对于喷射混凝土和钢架的组合体,其径向位移 u_i 与支护上作用的压力 P_{s}(或称为支护抗力)之间的关系满足

$$u_i=\frac{P_{\mathrm{s}}}{K_{\mathrm{c}}}R_0 \tag{6-3-16}$$

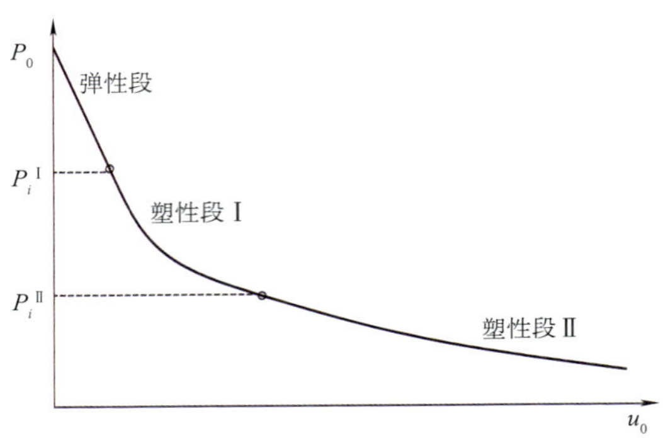

图 6-3-9　结构性黄土围岩特征曲线图

式中　R_0——隧道半径；

K_c——组合体支护刚度，由下式求得：

$$K_c = \frac{E_c}{1+\mu_c}\frac{R_0^2-(R_0-d)^2}{(1-2\mu_c)R_0^2+(R_0-d)^2} \tag{6-3-17}$$

其中　d——喷混凝土厚度

μ_c——泊松比

E_c——混凝土弹性模量。

当考虑喷射混凝土随时间的硬化时，假定泊松比保持不变，则 K_c 为

$$K_c(t) = \frac{E_c(t)}{1+\mu_c}\frac{R_0^2-(R_0-d)^2}{(1-2\mu_c)R_0^2+(R_0-d)^2} \tag{6-3-18}$$

式中，E_c 可采用表征喷混凝土与型钢和格栅钢架组合体的弹模表达式 $E_{shot,t}=23(1-e^{-0.045t})$ 或 $\overline{E}=22.61(1-e^{-0.045t})+3.58$ 求解。

(3) 收敛－约束法支护作用机理

当考虑喷混凝土的时间硬化时，围岩和支护的特征曲线方程均需表示成时间的增量形式，以便在离散化的时间域内进行求解。

①支护特征曲线的增量形式

对于支护特征曲线方程式(6-3-18)求微分并表示成增量的形式，得

$$\Delta u_i = \frac{R_0\dot{P}_s(t)}{K_c(t)}\Delta t \tag{6-3-19}$$

在此，$P_s(t)$ 是围岩作用在支护上压力，是时间 t(或距离 x)的函数，与开挖面推进有关。

支护阻力 $P_i(t)$ 与支护上的压力 $P_s(t)$ 及虚拟支撑力 $P_f(t)$ 三者间的关系为

$$P_i(t) = P_s(t) + P_f(t) \tag{6-3-20}$$

微分得

$$\Delta P_i(t) = \Delta P_s(t) + \Delta P_f(t) \tag{6-3-21}$$

其几何关系如图 6-3-10 所示。

②黄土围岩特征曲线的增量形式

对黄土围岩特征曲线方程式(6-3-15)求微分，并表示成增量形式

$$\Delta u_0 = -\Delta P_i\frac{R_0}{G}\frac{\sin\varphi_1}{M_{\varphi 2}}\frac{N_{\varphi 1}-1}{N_{\varphi 1}-N_{\varphi 2}}\frac{(c_2\cot\varphi_2-c_1\cot\varphi_1)(P_0+c_1\cot\varphi_1)}{(P_i+c_2\cot\varphi_2)^2}\cdot$$

$$\left[\frac{2P_0+2c_1\cot\varphi_1}{c_2\cot\varphi_2-c_1\cot\varphi_1}\frac{N_{\varphi 1}-N_{\varphi 2}}{(N_{\varphi 1}+1)(N_{\varphi 2}-1)}\right]^{\frac{2}{M\varphi 1}}\cdot\left[\frac{c_2\cot\varphi_2-c_1\cot\varphi_1}{P_i+c_2\cot\varphi_2}\frac{N_{\varphi 1}-1}{N_{\varphi 1}-N_{\varphi 2}}\right]^{\frac{2}{M\varphi 2}-1} \tag{6-3-22}$$

式(6-3-22)示出了塑性条件下黄土隧道支护阻力增量与位移增量间的关系。

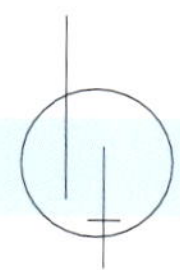

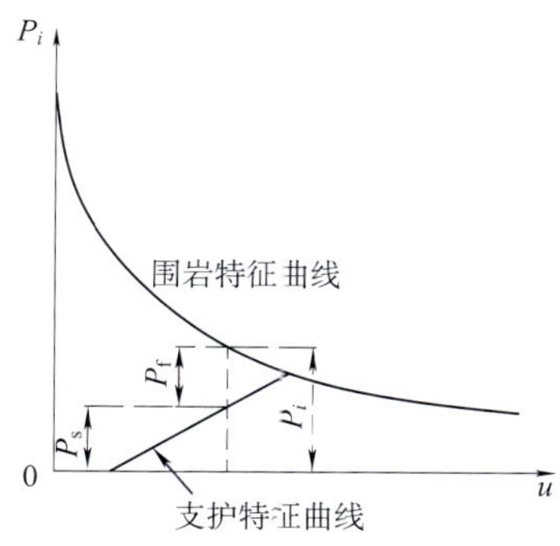

图 6-3-10　P_i、P_s 及 P_f 之间的关系

③收敛—约束法求解

当表示为增量时，$\Delta u_i=\Delta u_0$，即支护位移增量与围岩位移增量相等，满足位移协调条件。将式(6-3-19)～(6-3-21)代入式(6-3-22)并整理得

$$\Delta P_s=-\dot{P}_f(t)\Delta t\left\{1+\frac{G}{K_c(t)}\frac{M_{\varphi 2}}{\sin\varphi_1}\frac{N_{\varphi 1}-N_{\varphi 2}}{N_{\varphi 1}-1}\frac{(P_s+P_f+c_2\cot\varphi_2)^2}{(c_2\cot\varphi_2-c_1\cot\varphi_1)(P_0+c_1\cot\varphi_1)}\cdot\left[\frac{2P_0+2c_1\cot\varphi_1}{c_2\cot\varphi_2-c_1\cot\varphi_1}\frac{N_{\varphi 1}-N_{\varphi 2}}{(N_{\varphi 1}+1)(N_{\varphi 2}-1)}\right]^{-\frac{2}{M\varphi_1}}\cdot\left[\frac{c_2\cot\varphi_2-c_1\cot\varphi_1}{P_s+P_f+c_2\cot\varphi_2}\frac{N_{\varphi 1}-1}{N_{\varphi 1}-N_{\varphi 2}}\right]^{1-\frac{2}{M\varphi_2}}\right\}^{-1} \tag{6-3-23}$$

式(6-3-23)给出支护压力增量 ΔP_s 与虚拟支撑力 ΔP_f 之间的关系式。若已知 P_f 表达式，则可求得 ΔP_s 与 P_s。由于式(6-3-23)太复杂，不能按解析方法求解，可采用数值迭代法求解。而 P_s 的求解采用下式

$$P_s=\sum_{t=0}^{t_1}\Delta P_s \tag{6-3-24}$$

式中，以开挖面进至研究断面时开始计时，则该时刻记为 $t_0=0$，而 t_1 为开挖面推进至对研究断面无影响时刻。对上式进行迭代，直至虚拟支撑力增量 $\Delta P_s=0$ 为止，此时达到围岩与支护两特征曲线的交点。

根据式(6-3-23)、(6-3-24)对函谷关隧道的收敛—约束曲线进行迭代求解，得到其收敛－约束曲线如图 6-3-11 所示。

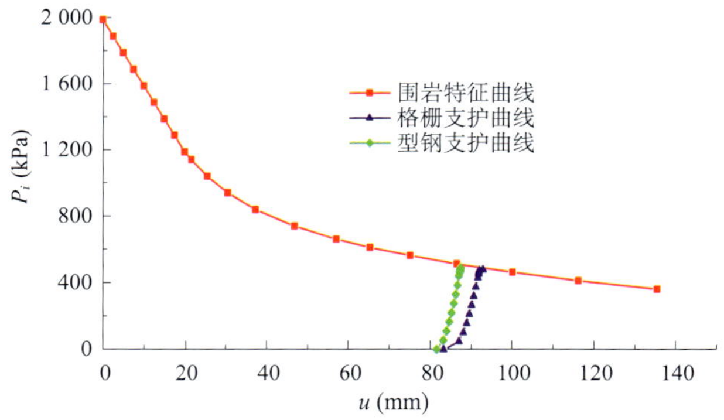

图 6-3-11　函谷关隧道格栅与型钢支护的收敛—约束曲线

由以上分析可以看出，当隧道开挖后，在隧道周边设置钢架等形成支护结构，就会对岩体的位移产生阻力，形成约束。相应的，钢架也将承受围岩所给予的作用力，并产生变形。钢架结构变形后所能提供的阻力会有所增加，而围岩却在变形过程中释放了部分能量，进一步变形的趋势有所减弱，需要钢架提供的阻力以及钢架所承受的作用力都将降低。这种围岩和钢架的相互作用会一直延续到钢

架所提供的阻力与围岩作用力之间达到平衡为止，从而形成一个力学上稳定的隧道结构体系。

2）型钢及格栅钢架组合支护效果评价

（1）现场对比试验结果表明，两种钢架初期支护变形相当；两种钢架的应力均在允许值范围之内，但格栅钢架应力较小；格栅钢架围岩—初期支护接触压力分布较均匀。

（2）现场对比试验结果表明，两种钢架组合支护在控制黄土隧道拱顶下沉方面无明显差异，型钢钢架组合支护在控制隧道初期支护水平收敛位移方面具有一定优势。

（3）纵向连接筋应力均不大，最大值 20 MPa 左右，说明初期支护沿隧道纵向受力小，但纵向连接筋有助于控制钢架纵向失稳。

（4）由喷射混凝土早期强度对组合体支护效果的影响可知，在黄土隧道尤其是大断面黄土隧道中，两种钢架的差别主要体现在对水平位移的约束上，刚度更大的型钢组合体对水平位移的约束作用更大；尽管刚度不一，但两者的各阶段位移比例大致相当，这一结果与现场试验结论相符。

通过本节的系统研究，得出了如下结论：

①型钢、格栅钢架在控制黄土隧道拱顶下沉方面无明显差异，型钢钢架组合支护在控制隧道初期支护水平收敛位移方面具有一定优势。

②喷射混凝土硬化速度对约束黄土隧道边墙水平位移效果显著，当时间硬化常数 $a \geqslant 0.045$ 时（对应于混凝土 24 h 的早期强度达到 12 MPa），格栅—喷射混凝土已能满足黄土隧道的稳定性及支护安全要求。

③在保证喷射混凝土早期强度的条件下，Ⅳ级黏质黄土地层中可优先采用格栅钢架支护。

6.4 黄土隧道超前支护作用效果分析

郑西高速铁路黄土隧道断面属于特大断面（最大接近 170 m^2），隧道结构需要承受较大的围岩压力。隧道开挖后时空效应十分明显，形成承载拱的时间不长，虽然掌子面稳定性较好，但黄土围岩开挖暴露后易松动掉块，进而导致坍塌。因此，一般要对隧道进行超前支护，以保证掌子面及围岩的稳定，控制围岩的变形。

在郑西高速铁路隧道施工中，采用超前小导管进行超前预加固，在阌乡、观音堂等下穿连霍高速公路隧道中采用管棚工法。这几种超前支护方法作为黄土隧道施工的辅助工法，在避免因围岩过度松弛造成的局部失稳坍塌、有效地限制隧道变形，特别在下穿既有结构物的隧道施工中发挥了重要作用。

在郑西高速铁路黄土隧道施工中，结合现场隧道施工进展情况，选取函谷关隧道、阌乡隧道作为试验对象，开展黄土隧道大管棚控制变形效果研究。试验内容包括：大管棚纵向变形量测及土体水平位移量测。通过分析及对比试验数据，并对小导管的作用机制及在郑西全线的运用情况进行研究，得到大管棚、小导管在黄土隧道围岩及支护中的作用，同时通过结构力学分析，得到大管棚、小导管的作用机理。

6.4.1 小导管作用效果分析

1）小导管作用机理

在隧道开挖以后，洞周围岩将改变原来的初始应力状态，进行应力重分布，形成二次应力状态。小导管在隧道开挖前就相应改变了围岩的初始应力状态，因此直接影响二次应力状态的结果。在形成二次应力过程中，小导管将起到支撑梁和支撑拱的作用，因而诱导改变二次应力分布状态，产生有别于未加固围岩的二次应力状态；另外，超前支护也改变了开挖掌子面的应力状态，提高了掌子面的稳定性。

（1）小导管的承载环作用

通过布置有规律的小导管，将隧道四周一定深度的围岩进行挤压、黏结加固，形成一个承载环。这样就对隧道开挖轮廓外的围岩起到预加固作用，提高了围岩的稳定性。

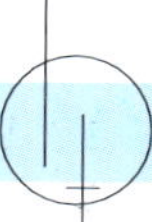

(2)小导管的棚架作用

小导管的棚架作用主要表现在小导管施作完成以后,进行洞室的开挖时,小导管以靠近掌子面的钢支撑和前方未开挖的部分的围岩为支点,在纵向支撑起中间部分的松弛围岩,起纵向梁作用。

2)黄土隧道小导管设计参数

小导管的设计参数由地质情况、开挖长度和断面尺寸决定。在施工过程中,一般根据地质情况的相对好坏确定采用单排管还是双排管。如果双排管还不能满足施工要求,则说明小导管作为超前支护不合理,应该选用其他预加固措施。

(1)直　　径

由于超前小导管的长度、直径、刚度都较小,即超前小导管本身承受荷载较小,因此改变超前小导管的管径对掌子面的受力影响很小。通常在综合考虑施工技术及经济因素的前提下,在黄土隧道中小导管采用 $\phi 42$ mm、$\phi 50$ mm 的热轧钢管制成,一端封闭并制成尖状,可用锤击直接打入。

(2)长　　度

小导管长度由隧道一次开挖长度和掌子面围岩的自稳能力来确定,围岩的自稳能力由岩体的内摩擦角 φ 来确定,小导管的长度可按下式计算:

$$L = 1 + H\cot\varphi + 0.5 \tag{6-4-1}$$

式中　L——小导管的长度(m);

φ——围岩的塌落角度(°);

H——围岩的塌落度(m)。

φ 角反映了掌子面岩体的稳定性,φ 角越大,说明岩体的自稳能力越强。在 φ 角确定的情况下,H 越大,掌子面处岩体的坍塌可能性越大。

在郑西线黄土隧道小导管施工中,根据其围岩物性指标及稳定情况不同,并考虑到小导管一定要穿过掌子面前方的破裂面一定距离,小导管长度在 3.5 ~ 5 m 之间。围岩较差时,长度取大值,围岩相对较好时,长度取小值。在处理塌方时,以小导管的最大打入长度为设计长度,小导管越长越有利于施工。

(3)环向间距

在处理塌方体时,小导管间距宜以密排为原则,并参照塌体颗粒决定。在进行围岩预加固施工时,若岩体非常破碎,则采用密排原则,在断裂破碎带地段取 0.3 m 左右。在黄土隧道中,环向间距一般取 0.3 ~ 0.4 m,老黄土取上限值。

(4)环向范围

一般拱脚以上部分为环向加固范围,在围岩具有膨胀性或侧压力比较大的情况下考虑在侧墙部分设置小导管。对大断面黄土隧道而言,在拱部 120°范围施作的超前小导管,应当说是一种技术经济效益比较好的支护手段。

3)小导管支护工程应用

函谷关隧道线路前进方向左侧 DK271 + 100 横洞采用台阶法施工,人工配合挖掘机开挖,每循环进尺 0.8 ~ 1 m,上下台阶间距 4 ~ 6 m。横洞进口 10 m 及横洞与隧道连接处 25 m 分别采用工字钢架加强支护,设置 I12.6 钢架,钢架纵向间距 1.0 m;正洞喷锚支护,拱部 $\phi 22$ 砂浆锚杆长 2.5 m,边墙 $\phi 22$ 砂浆锚杆长 3.0 m,间距 1.0 m × 1.0 m。拱部设 $\phi 42$ 超前小导管加强支护,$\phi 42$ 超前小导管每根长 3.5 m,纵向间距 2.4 m,环向间距 0.4 m。

函谷关隧道 1 号、2 号及 3 号斜井除部分段采用明挖法外,其余均采用台阶法施工。台阶法施工时,每循环进尺 0.8 ~ 1 m,上下台阶间距 4 ~ 6 m。斜井段设置 I16 钢架及拱部 $\phi 42$ 超前小导管加强支护;$\phi 42$ 超前小导管每根长 3.5 m,纵向间距 2.4 m,环向间距 0.4 m;钢架纵向间距 1.0 m;正洞喷锚支护,拱部 $\phi 22$ 砂浆锚杆长 2.5 m,边墙 $\phi 22$ 砂浆锚杆长 3.0 m,间距 1.0 m × 1.0 m。

函谷关隧道Ⅳ级围岩地段,当地下水较大、土体垂直节理发育、稳定性较差时采用 CD 法开挖,锚、网、喷初期支护,拱部设系统 $\phi 22$ 药包锚杆,锚杆长 2.5 m,纵横间排距 1.0 m × 1.0 m;边墙设系统

$\phi22$ 砂浆锚杆，锚杆长 3.5 m，纵横间排距 1.0 m × 1.0 m；拱墙网喷纤维混凝土支护，并辅以拱部 $\phi50$ 小导管注浆超前支护及全环钢架加强支护。超前小导管长 4.5 m，环向间距 0.4 m，纵向间距采用 3.2 m，小导管具体布置如图 6-4-1 所示；格栅钢架纵向间距为 0.8 m。每榀钢架在上断面齿槽和墙脚处分别用 $\phi42$ 锁脚锚管加固，并与钢架焊接牢固，锁脚锚管长 4.5 m，采用 $\phi42$ 钢花管，并注水泥砂浆。超前支护及加强支护具体设置可根据施工揭示地质情况作调整。

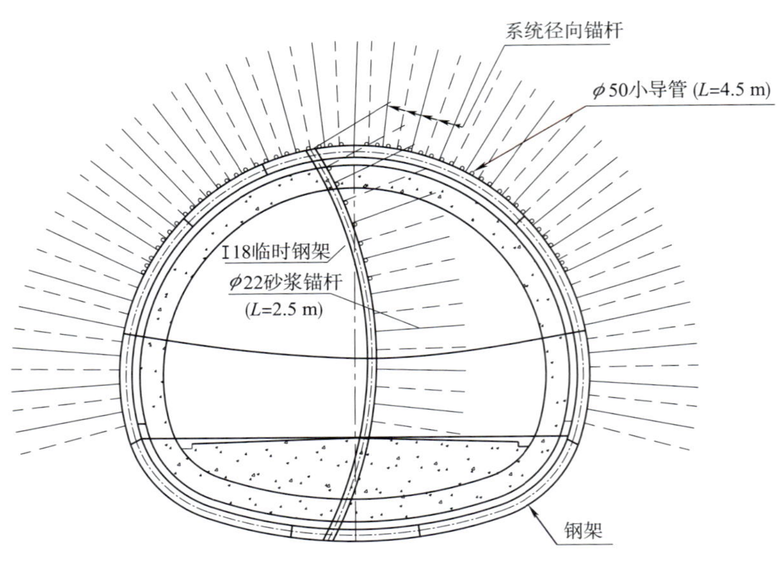

图 6-4-1　CD 法施工支护设置图

函谷关主洞施工采用 CRD 法时，超前小导管作为其施工工序之一，对进一步改善土体加固效果、保证开挖断面的完整性，也起到重要作用。函谷关隧道Ⅴ级围岩全长 3 501 m，Ⅴ级围岩及隧道埋深较浅、洞室稳定性差时采用 CRD 法开挖，锚、网、喷初期支护，拱部设系统 $\phi22$ 药包锚杆，锚杆长 2.5 m，纵横间排距 1.0 m × 1.0 m；边墙设系统 $\phi22$ 砂浆锚杆，锚杆长 4.0 m，纵横间排距 0.8 m × 1.0 m；拱墙网喷纤维混凝土支护，并辅以拱部 $\phi50$ 超前小导管及全环钢架加强支护。超前小导管长 4.5 m，环向间距 0.4 m，纵向间距采用 3.2 m，小导管具体布置如图 6-4-2 所示；钢架纵向间距为 0.6 m。每榀钢架在上断面齿槽和墙脚处分别用 $\phi42$ 锁脚锚管加固，并与钢架焊接牢固，锁脚锚管长 4.5 m，采用 $\phi42$ 钢花管，并注水泥砂浆。

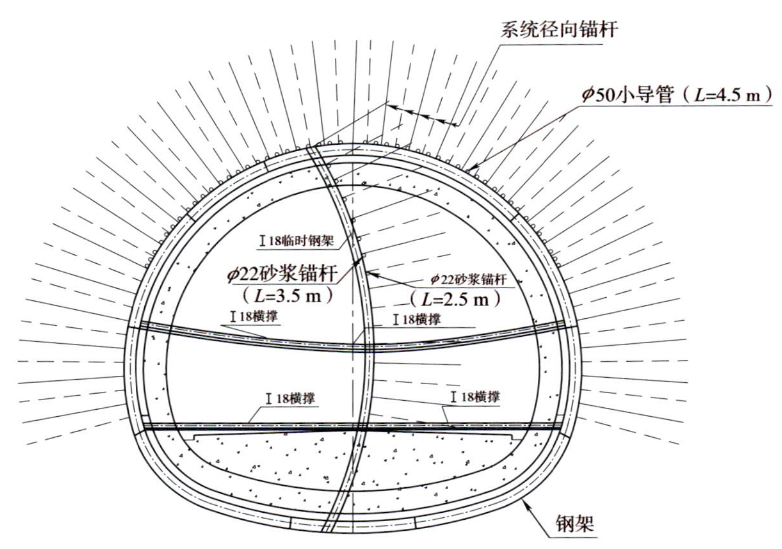

图 6-4-2　CRD 法施工支护设置图

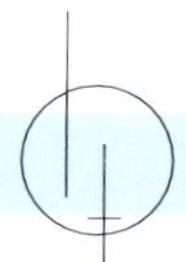

6.4.2　大管棚作用效果分析

1）黄土隧道大管棚作用机理

大管棚工法是在隧道开挖之前，沿隧道开挖断面外轮廓，以一定间隔与隧道轴线成 1°～3°夹角的钻孔，插入钢管，再从插入的钢管内压注充填水泥砂浆，来增加钢管的刚性，并对管棚周围的围岩进行加固，使钢管与围岩一体化，由管棚和围岩构成的棚架支撑体系减小围岩下沉。大管棚控制变形主要是通过提高管棚和支撑梁的刚度来实现，其作用机理在于其形成棚架体系及其荷载调节机制。

（1）棚架原理

在隧道拱部的管棚，要形成“棚”必须具备两个方面的条件：①管间的软弱围岩形成承载拱；②具有足够数量能扩散或传递围岩压力的杆件结构。

如图 6-4-3 所示是一般管棚预支护正台阶施工方法。台阶每一开挖步长 Δl_i 仅 0.5～1.0 m，开挖面前方的管棚埋入围岩之中，起到约束已开挖区管棚的变形作用，同时，埋入段对掌子面前方的围岩具有加固作用，这一作用使开挖释放应力也随之减少。围岩压力通过管棚传递到钢架之上，管棚和钢架支撑着围岩。而喷射混凝土的存在又进一步起到了补充作用。在开挖阶段，管棚和钢架形成鱼刺骨架模型，如图 6-4-4 所示，管棚与拱架间由喷射混凝土填充，喷射混凝土和拱架形成均匀受力体系，用以支撑四周的围岩压力。

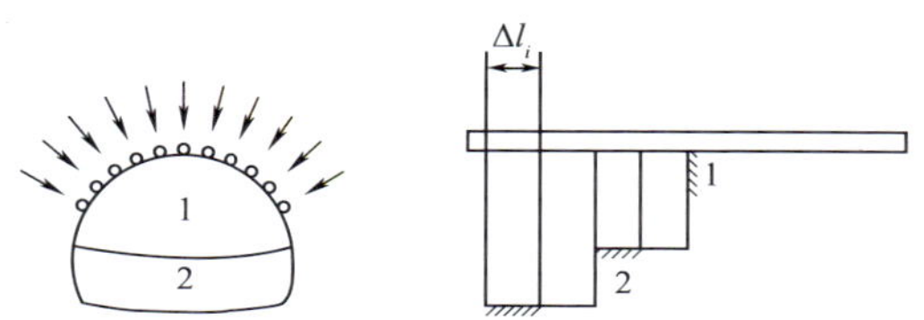

图 6-4-3　管棚台阶法施工示意图

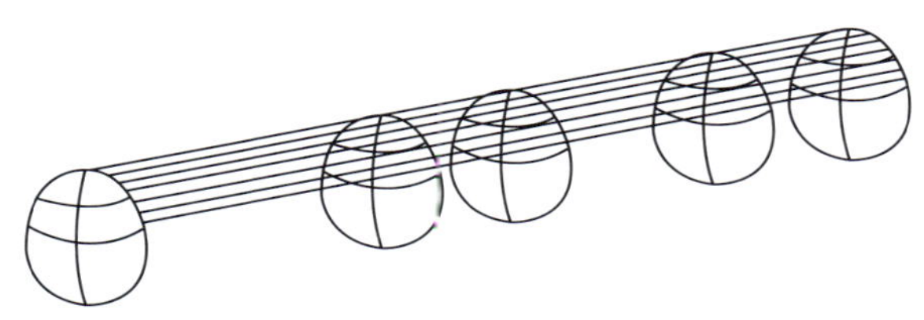

图 6-4-4　空间模型图

（2）管棚荷载调节机制

管棚对开挖区域坍塌预防和地层沉降控制功能主要通过荷载传递、调节作用得到实现，开挖释放的荷载直接作用在管棚上面，并通过管棚向掌子面前、后进行传递，一般在工程措施合理有效时，支护结构完成后刚度比较大，从而可有效控制开挖释放荷载引起的地层位移。

开挖释放荷载通过管棚作用主要由刚度较大的支护体系区域承担，由于位移得到有效控制，开挖区域土体（管棚上部土体）没有较大的扰动，受管棚支撑，应力状态基本仍保持原有的三向受力状态。在黄土隧道中，因为黄土土质比较松散，开挖后易形成分层坍塌，层厚一般为 20～60 cm 之间，故需较强的支护体系。管棚可以提高地层的刚度和承载能力，在管棚中注浆能有效地增强管棚的抗弯和抗剪强度，可以一定程度上控制地表的沉降。

2）现场试验内容及方法

为探索黄土隧道中管棚的作用机理及实际受力状况，选择阌乡隧道作为现场试验工点。

阌乡隧道地层从上到下分别为：<1-3>砂质黄土、<2-1>砂质黄土、<2-2>砂质黄土、<2-3>砂质黄土。各土层的物理力学性质指标如表 6-4-1 所示。根据洞内取样进行土工试验，得到试验结果如表 6-4-2 所示。

表 6-4-1 各土层的物理力学性质指标

地层	时代成因	岩性	状态	密度(g/cm³)	含水率(%)	孔隙比 e	饱和度(%)	液限 W_L	塑限 W_P	塑性指数 I_P	液性指数 I_L	干密度(g/cm³)
<1-3>	Q_4^{del}	砂质黄土	松散	1.5	—	—	—	—	—	—	—	—
<2-1>	Q_3^{eol+ol}	砂质黄土	松散	1.49	9.08	0.97	25.44	26.3	17.1	9.2	-0.87	1.38
<2-2>	Q_3^{eol+ol}	砂质黄土	稍密	1.5	8.26	0.96	24.34	27.1	17.85	9.25	-1.02	1.38
<2-3>	Q_3^{eol+ol}	砂质黄土	中密	1.73	10.5	0.72	41	25.94	17.08	8.86	-0.8	1.6

表 6-4-2 隧道黄土围岩的物理力学性质指标

黄土类型	密度(g/cm³)	含水率(%)	弹性模量(MPa)	泊松比	黏聚力(kPa)	内摩擦角(°)
Q_3 砂质黄土	1.55	10.3	65	0.3	53.0	26.1°

(2)设计参数

阌乡隧道下穿高速公路段最大开挖跨度 15.6 m、高 13.6 m,最大开挖面积达 175 m^2,属于特大断面隧道。试验段具体的支护参数如下:

①初期支护

采用Ⅰ25a 型钢钢架、挂网喷混凝土,钢架间距为 0.8 m。在边墙采用 ϕ22 药包锚杆加强支护,药包锚杆长 4 m,间距 1.0 m,梅花形布置。

②超前支护

采用壁厚 8 mm 的 ϕ159 单层大管棚,管棚间距 40 cm,在拱顶 110°范围施作,长度为 70 m,如图 6-4-5 所示。

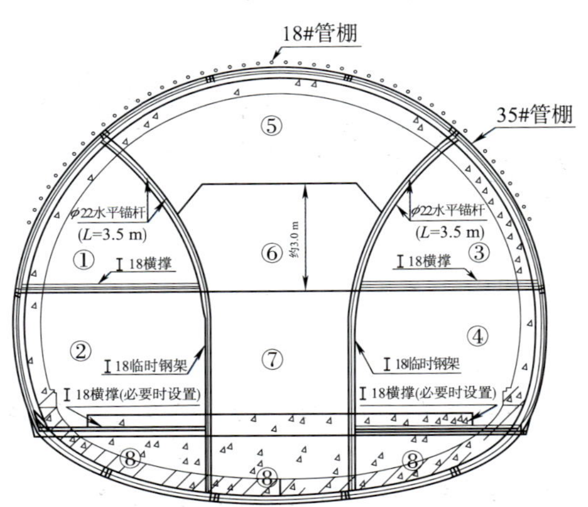

图 6-4-5 管棚布置图

(3)施工方法

在试验段起始段将隧道的施工工法进行转换,改 CRD 法为双侧壁导坑法。双侧壁导坑法的施工开挖分为 7 个工序。具体工序如下:

①先开挖右导坑上台阶,开挖高度 7 m,每次进尺 0.8 m,开挖后立即支护。仰拱开挖后立即支护闭合,并及时回填。

②开挖左导坑,开挖方法与左侧相同,开挖面与右侧维持 10 m 左右的间距。

③开挖中间部分土体,采用台阶法开挖,每次进尺 0.8 m,台阶长度 4 m 左右,开挖约 2 m 后,下台阶与仰拱一次开挖,并及时闭合仰拱及回填。

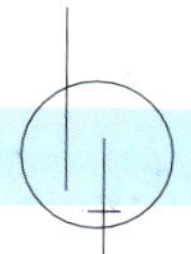

(4)试验内容及方法:在隧道中侧导坑拱顶 18 号管棚中 DK298 + 775.8(3、6)、DK298 + 779.6(2、5)、DK298 + 783.8(1、4)位置分别埋设了共计 6 个应变计,应变计布置位置靠近管棚施作所在掌子面。右侧导坑拱顶 35 号管棚中 DK298 + 777.05(3、6)、DK298 + 781.1(2、5)、DK298 + 785.3(1、4)位置分别埋设了共计 6 个应变计,其中 1 号、2 号、3 号点为隧道断面的管棚上侧测点,4 号、5 号、6 号点分别为隧道断面的管棚下侧测点,应变计测试方式采用 ZXY-2 型频率读数仪进行测量;测量频率 1 次/d,具体测点布置图如图 6-4-6 和图 6-4-7 所示。

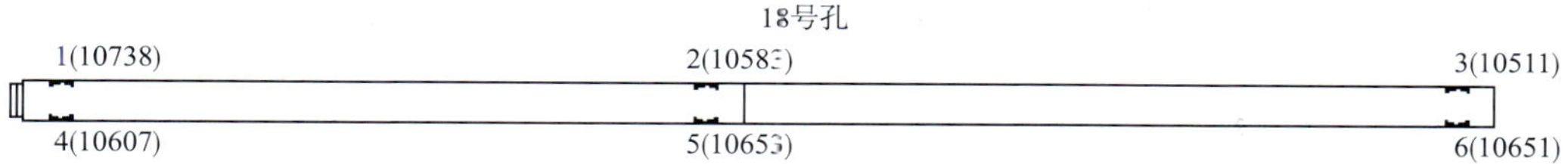

图 6-4-6　18 号管棚应变计分布图(隧道拱顶)

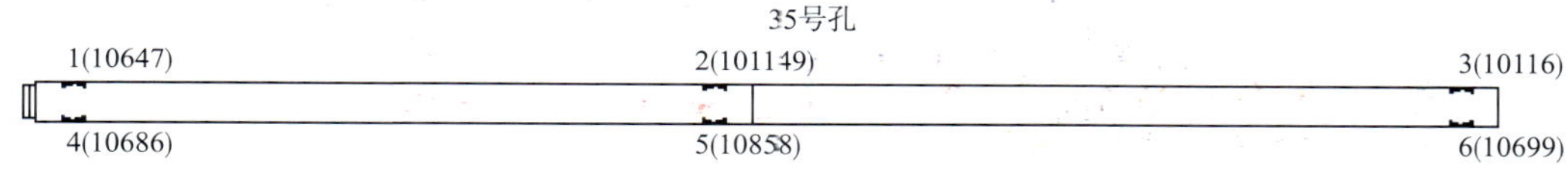

图 6-4-7　35 号管棚应变计分布图(右导洞拱顶)

3)试验结果及分析

所测管棚应力及应变的时间历时曲线如图 6-4-8 ~ 图 6-4-11 所示。

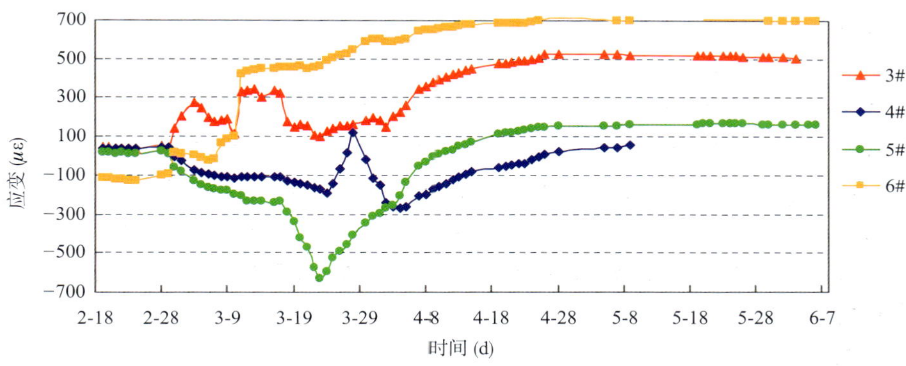

图 6-4-8　35 号管棚各测点应变时态曲线(右侧导洞的拱顶)

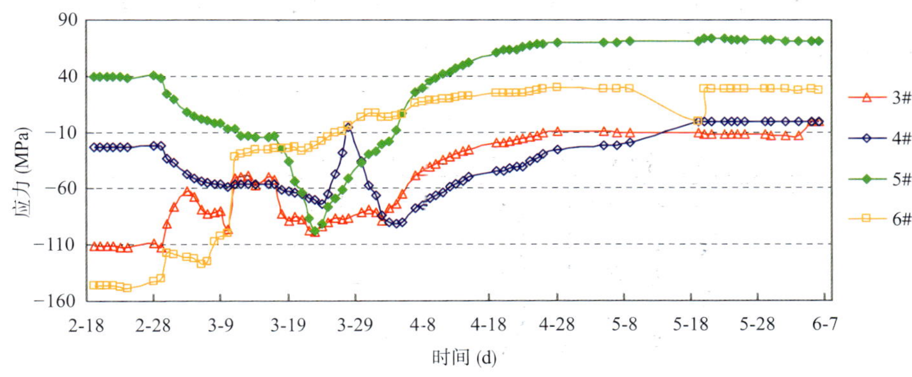

图 6-4-9　35 号管棚各测点应力时态曲线(右侧导洞的拱顶)

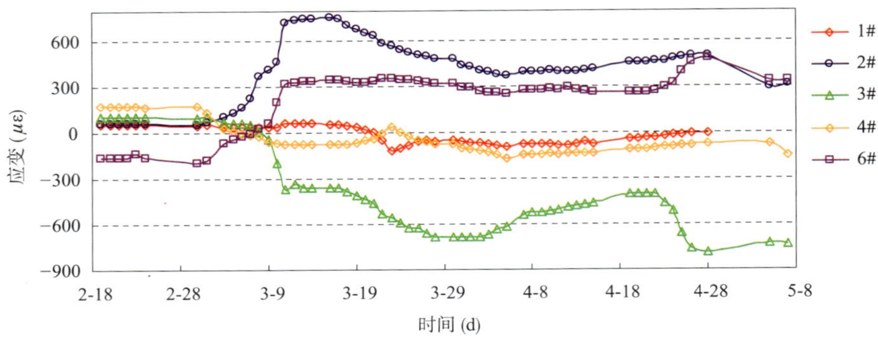

图 6-4-10　18 号管棚各测点应变时态曲线(隧道中线的拱顶)

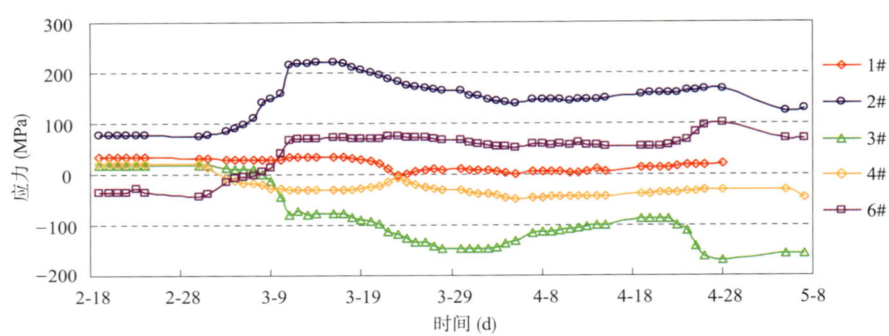

图 6-4-11　18 号管棚各测点应力时态曲线(隧道中线的拱顶)

由管棚的应力时态曲线可以看出:

(1)施工过程中管棚的受力较大,35 号管棚最大拉应力达 80 MPa,最大压应力达 -150 MPa;18 号管棚最大拉应力 210 MPa,最大压应力 -150 MPa。管棚作用效果较明显。

(2)分析 18 号、35 号管棚受力规律可知,掌子面前方大约 15 m 处,管棚开始受力,掌子面过后大约 15 m,管棚的受力趋于稳定,掌子面处管棚受力最大,说明隧道开挖纵向影响范围约 1 倍开挖跨度。

(3)当隧道开挖面通过第一个测点一定距离,隧道初期支护施作以后,管棚应变变化速率明显减小,并且出现小范围回弹,说明在管棚的保护下进行隧道开挖,隧道围岩及管棚均处于弹性状态,管棚起到了较好的超前支护作用。

4)大管棚的受力分析

(1)双参数地基梁模型的建立

根据监测数据及分析结果可知,对管棚而言,位于开挖面附近的钢管纵向应变最大,其内力最大,当隧道开挖一个进尺且未支护的条件下管棚受力最为不利。因此可将单根管棚作为研究对象,采用双参数弹性地基梁模拟管棚的受力,受力简图如图 6-4-12 所示。

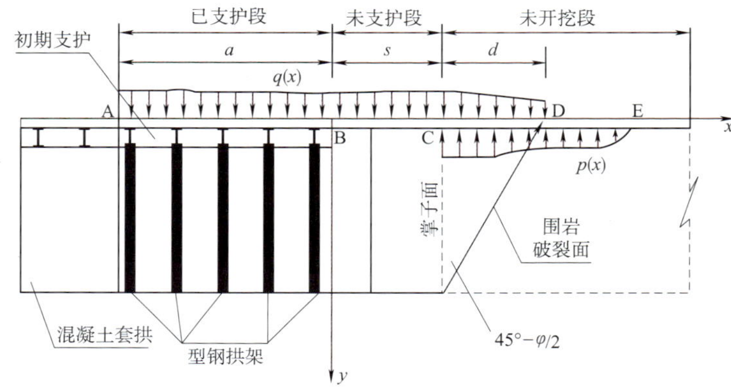

图 6-4-12　隧道开挖过程中管棚受力简图

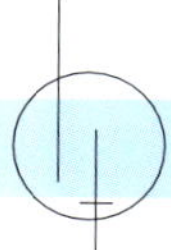

分析中不考虑管棚上部土体与管棚的相互作用，认为已开挖段管棚承受上覆土重。未开挖段，由实测数据可知围岩变形始于掌子面前方一定范围，隧道掌子面处围岩已经发生松动和变形，在掌子面前方形成一个松弛区，因此该段范围内管棚仍将受到围岩压力。

由受力简图可知，管棚全段主要由四部分组成。AB 段：将已开挖支护的 AB 段的 B 端看作具有一定竖向位移 ω_0 和转角 θ_0 的弹性固定端；BC 段：对于已开挖但未支护 BC 段，围岩压力 $q(x)$ 完全由管棚承担；CD 段：在掌子面前方松弛区范围 CD 段，管棚既受围岩压力 $q(x)$，同时还受到弹性抗力 $p(x)$；DE 段：在破裂面前方围岩未受扰动的 DE 段，管棚仅受变形引起的地基弹性抗力 $p(x)$。因此，可建立相应的管棚受力模型，其中以隧道初期支护施作端 B 作为坐标原点，隧道开挖高度为 h，已开挖支护 AB 段长度为 a，已开挖未支护 BC 段长度为 s，掌子面前方松弛范围 CD 段长度 $d = h \cdot \tan(45° - \varphi/2)$，管棚受力模型如图 6-4-14 所示。在隧道开挖过程中，相当于该模型随掌子面逐步推进而不断向前移动。

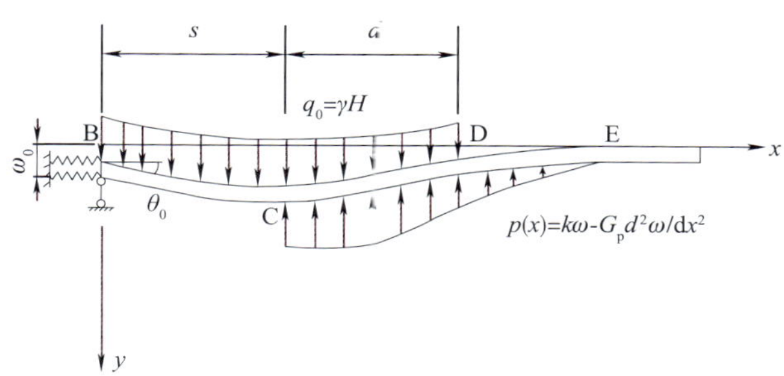

图 6-4-13　管棚受力模型

地基反力采用双参数模型中的 Pasternak 模型进行计算，由弹性地基梁理论可得地基反力及管棚挠曲微分方程：

$$p(x) = k\omega(x) - G_p \frac{d\omega^2(x)}{dx^2} \tag{6-4-2}$$

①在 BC 段，围岩压力 $q(x) = \gamma H$，地基反力 $p(x) = 0$，其控制方程为

$$EI\frac{d\omega^4(x)}{dx^4} = b\gamma H \tag{6-4-3}$$

②在 CD 段，围岩压力 $q(x) = \gamma H$，地基反力 $p(x) = k\omega(x) - G_p \frac{d\omega^2(x)}{dx^2}$，其控制方程为

$$EI\frac{d\omega^4(x)}{dx^4} - G_p b^* \frac{d\omega^2(x)}{dx^2} + kb^*\omega(x) = b\gamma H \tag{6-4-4}$$

③在 DE 段，围岩压力 $q(x) = 0$，可得地基反力 $p(x) = k\omega(x) - G_p \frac{d\omega^2(x)}{dx^2}$，其控制方程为

$$EI\frac{d\omega^4(x)}{dx^4} - G_p b^* \frac{dw^2(x)}{dx^2} + kb^*\omega(x) = 0 \tag{6-4-5}$$

式中　b^*——考虑双参数地基连续性情况下梁的等效宽度，且 $b^* = b \times [1 + (G_p/k)^{1/2}/b]$（m）；

b——弹性地基梁宽度（m）；

E——管棚的弹性模量（kN/m^2）；

I——管棚的惯性矩（m^4）；

$\omega(x)$——管棚的挠度（m）；

G_p——地基剪切模量，与地基的剪切变形有关（kN/m^2）；

k——基床系数。

在掌子面附近较短范围，隧道埋深 H 变化不大情况下，将围岩压力 $q(x)$ 视为均布荷载 q_0，如图

6-4-14 所示,由此可知各段控制方程。

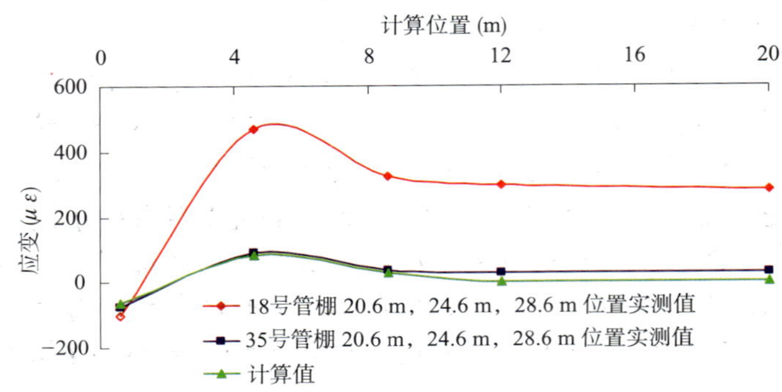

图 6-4-14 管棚纵向应变计算曲线图

(2)管棚挠度及内力计算

隧道开挖过程管棚力学模型的计算中,根据管棚的受力特点,将管棚分两段来进行受力分析,坐标原点取在管棚的最末端,在开挖面的前方地层的管棚末端到掌子面处的部分作为 CD 段,可以认为是有限长地基梁,从掌子面到与掌子面最近的钢架为 BC 段。

①BC 段控制方程式[式(6-4-3)]的通解为

$$\omega_1(x) = \frac{q_0}{24EI}x^4 + B_1x^3 + B_2x^2 + B_3x + B_4 \tag{6-4-6}$$

式中 B_1, B_2, B_3, B_4 均为待定系数。

②CD 段控制方程式[式(6-4-4)]的通解为

$$\omega_2(x) = C_1\cos(\alpha x)\mathrm{sh}(\beta x) + C_2\cos(\alpha x)\mathrm{ch}(\beta x) + C_3\sin(\alpha x)\mathrm{ch}(\beta x) + C_4\sin(\alpha x)\mathrm{sh}(\beta x) + \omega_2^* \tag{6-4-7}$$

式中 C_1, C_2, C_3, C_4——待定系数;

ω_2^*——与荷载 $q(x)$ 及边界条件有关的特解,根据 D 点的边界条件可得:

$$\begin{aligned}
\omega_2^* &= \frac{q}{kb^*}[1 - \mathrm{ch}\lambda(x - s - d)\cos\lambda(x - s - d)] \\
\alpha &= \lambda\left[1 + \left(\frac{G_p\lambda^2}{k}\right)\right]^{1/2} \\
\beta &= \lambda\left[1 - \left(\frac{G_p\lambda^2}{k}\right)\right]^{1/2} \\
\lambda^4 &= \frac{kb^*}{4EI}
\end{aligned} \tag{6-4-8}$$

③DE 段控制方程式[式(6-4-5)]的通解为

$$\omega_3(x) = e^{\alpha x}[C_1\cos(\beta x) + C_2\sin(\beta x)] + e^{-\alpha x}[C_3\cos(\beta x) + C_4\sin(\beta x)] \tag{6-4-9}$$

根据 A、B、C 端的边界条件及上述 3 个控制微分方程[9],可组成如下方程组:

$$\begin{bmatrix} 0 & 0 & 0 & 1 & 0 & 0 \\ 0 & 0 & 1 & 0 & 0 & 0 \\ s^3 & s^2 & s & 1 & a_{35} & a_{36} \\ 3s^2 & 2s & 1 & 0 & a_{45} & a_{46} \\ 6s & 2 & 0 & 0 & a_{55} & a_{56} \\ 6 & 0 & 0 & 0 & a_{65} & a_{66} \end{bmatrix} \begin{Bmatrix} B_1 \\ B_2 \\ B_3 \\ B_4 \\ C_3 \\ C_4 \end{Bmatrix} = \begin{Bmatrix} \omega_0 \\ \theta_0 \\ \psi_4 \\ \psi_3 \\ \psi_2 \\ \psi_1 \end{Bmatrix} \tag{6-4-10}$$

a_{35}、a_{36}、a_{45}、a_{46}、a_{55}、a_{56}、a_{65}、a_{66}、ψ_1、ψ_2、ψ_3、ψ_4 为已知函数，其表达式为：

$$a_{35} = -e^{-\alpha s}\cos(\beta s)$$

$$a_{36} = -e^{-\alpha s}\sin(\beta s)$$

$$a_{45} = -e^{-\alpha s}[-\beta\sin(\beta s) - \alpha\cos(\beta s)]$$

$$a_{46} = -e^{-\alpha s}[-\beta\cos(\beta s) - \alpha\sin(\beta s)]$$

$$a_{55} = -e^{-\alpha s}[2\alpha\beta\sin(\beta s) + (\alpha^2 - \beta^2)\cos(\beta s)]$$

$$a_{56} = -e^{-\alpha s}[-2\alpha\beta\cos(\beta s) + (\alpha^2 - \beta^2)\sin(\beta s)]$$

$$a_{65} = -e^{-\alpha s}[(\beta^2 - 3\alpha^2\beta)\sin(\beta s) - (\alpha^3 - 3\alpha\beta^2)\cos(\beta s)]$$

$$a_{66} = -e^{-\alpha s}[(\beta^2 - 3\alpha^2\beta)\cos(\beta s) + (\alpha^3 - 3\alpha\beta^2)\sin(\beta s)]$$

$$\psi_4 = -\frac{q_0}{24EI}s^4 + \frac{q_0}{kb^*}[1 - \cos(\beta d)\mathrm{ch}(\beta d)]$$

$$\psi_3 = -\frac{q_0}{6EI}s^3 + \beta\frac{q_0}{kb^*}[\cos(\beta d)\mathrm{sh}(\beta d) - \sin(\beta d)\mathrm{ch}(\beta d)]$$

$$\psi_2 = -\frac{q_0}{2EI}s^2 + 2\beta^2\frac{q_0}{kb^*}\sin(\beta d)\mathrm{sh}(\beta d)$$

$$\psi_1 = -\frac{q_0}{2EI}s - 2\beta^3\frac{q_0}{kb^*}[\sin(\beta d)\mathrm{ch}(\beta d) + \cos(\beta d)\mathrm{sh}(\beta d)] \tag{6-4-11}$$

由边界条件可求出全部待定系数，将其带入控微分方程中，即可得到管棚各段挠度方程，根据公式：

$$\theta(x) = \frac{\mathrm{d}\omega(x)}{\mathrm{d}x}$$

$$M(x) = -EI\frac{\mathrm{d}\omega^2(x)}{\mathrm{d}x^2}$$

$$Q(x) = -EI\frac{\mathrm{d}\omega^3(x)}{\mathrm{d}x^3} + \frac{G_p}{d}\frac{\mathrm{d}\omega(x)}{\mathrm{d}x} \tag{6-4-12}$$

可分别计算管棚的转角、弯矩和剪力。

(3)管棚挠度及纵向应变求解

根据对梁单元的模拟，可推出钢管管内壁纵向应变计算公式为

$$\varepsilon(x) = \left(\frac{D}{2} - \delta\right)\frac{\mathrm{d}\omega^2(x)}{\mathrm{d}x^2} \tag{6-4-13}$$

式中　D——管棚外直径；

　　δ——钢管厚度。

根据阌乡隧道的实际工程特性，围岩参数：围岩基层系数为 $k = 3.5\times10^4$ kN/m³，围岩剪切模量 $G_p = 2.5\times10^6$ N/m，容重 $\gamma = 8.58$ kN/m³，内摩擦角 $\varphi = 26.1°$；管棚参数：管棚的弹性模量 E = 210 GPa，梁宽度与管棚直径相等，$b = d_0 = 159$ mm，管棚间距 $b^* = 0.4$ m；隧道参数：隧道埋深 $H = 24$ m，每环进尺 $s = 0.8$ m，上台阶开挖高度 $h = 7$ m。当隧道上台阶开挖 24 m 时，以开挖支护端作为管棚计算零点，计算范围取 $x = 0 \sim 20$ m，管棚与初期支护连接处 B 端的初始竖向位移 $\omega_0 = 50$ mm、初始转角 $\theta = 1°$，隧道初期支护按承担围岩全部荷载设计，而模型计算时仅考虑上台阶开挖，故荷载释放率取 50%，采用 Matlab 语言编程进行计算所得管棚纵向应变曲线如图 6-4-13 所示。

由计算结果与实测数据对比可知：

①管棚纵向最大应变相对于实测值较小，这主要由于实际管棚施工时停工两个月，在打入管棚的过程中管棚即开始受力，并产生一定程度的变形，但计算并没有考虑到时间效应。

②施工过程中，管棚最大变形发生在隧道掌子面附近，与实测结果一致。计算结果显示，在掌子

面前方 15 m 处管棚开始发生变形，但变形量较小，掌子面过后约 15 m 之后管棚变形趋向稳定，说明隧道开挖纵向影响范围约 1 倍开挖跨度，其变形发展规律与实测结果有较好的一致性。

③通过双参数地基梁模型分析黄土隧道管棚受力机制，与实际工程经验对比可知，管棚变形除了与围岩、管棚的物理力学参数相关，还与隧道施工中的开挖面位置、开挖进尺及开挖高度等相关，为阌乡隧道下穿段管棚工法及施工方案的优化设计提供理论基础。

5）大管棚支护工程应用

利用前述管棚作用机制及力学计算模型分析阌乡隧道试验段大管棚受力，为保证隧道成功下穿高速公路，优化管棚工法，具体方案为：双层 ϕ159 大管棚布设于边墙最大跨度处以上的拱部，外插角 1°，壁厚 8 mm，长 38 ~ 60 m，环向间距 0.4 m，管内插入 3 根 ϕ18 的钢筋，管内压注水泥浆，每环共计 127 根，具体布置如图 6-4-15 所示，采用优化方案后，地表沉降得到了有效控制，如图 6-4-16、图 6-4-17 所示。

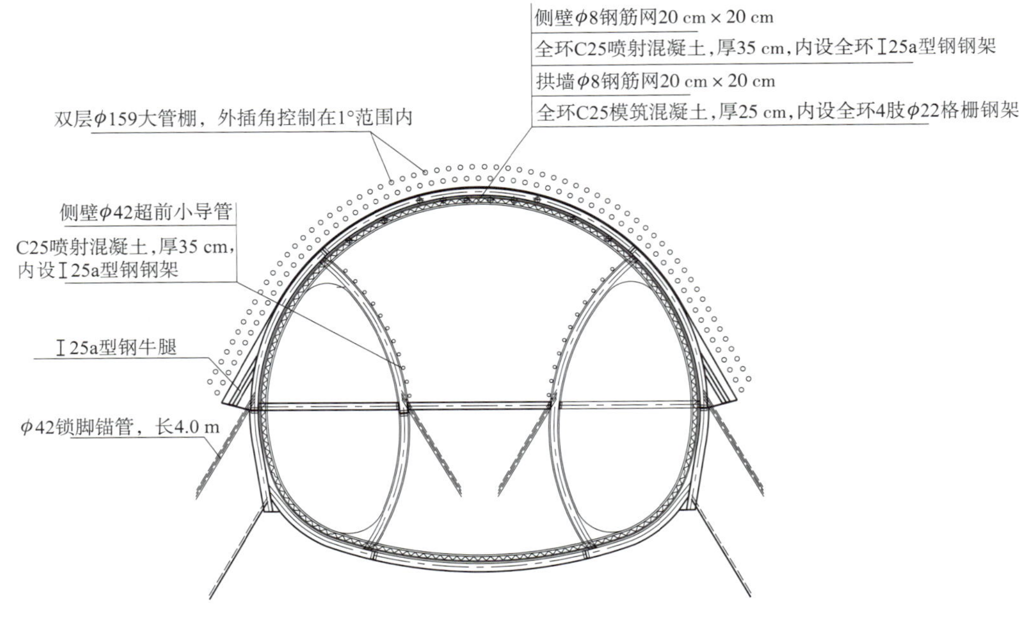

图 6-4-15　下穿高速公路段超前支护设置

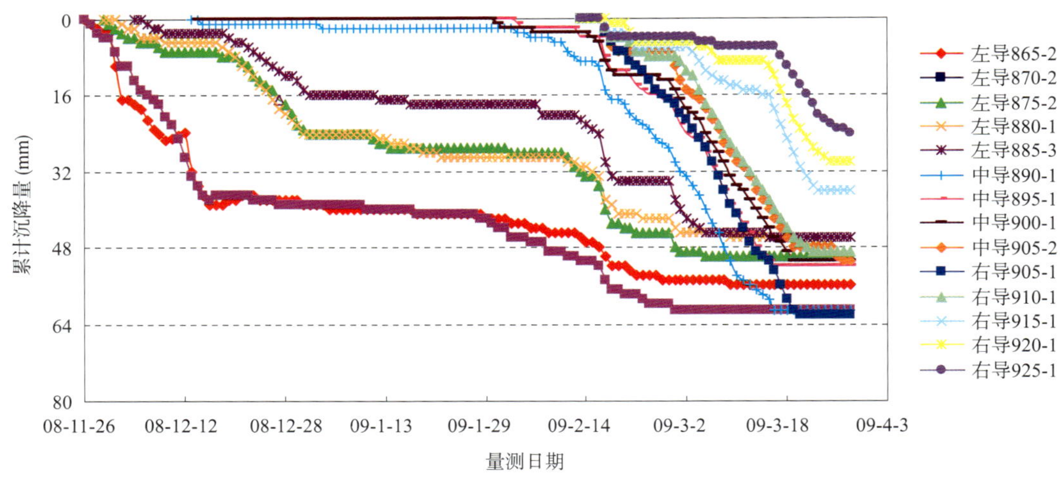

图 6-4-16　高速公路路面测点沉降历时曲线

由图中数据分析可以得到：截止阌乡隧道顺利贯通，测点的地表沉降最大值在为 56 mm（因为下穿高速公路段施工施作双层管棚，所以停工一月，处于正上方 DK298 + 885 处地表沉降累积值较大），

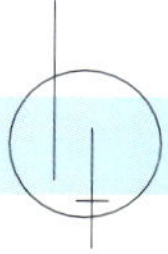

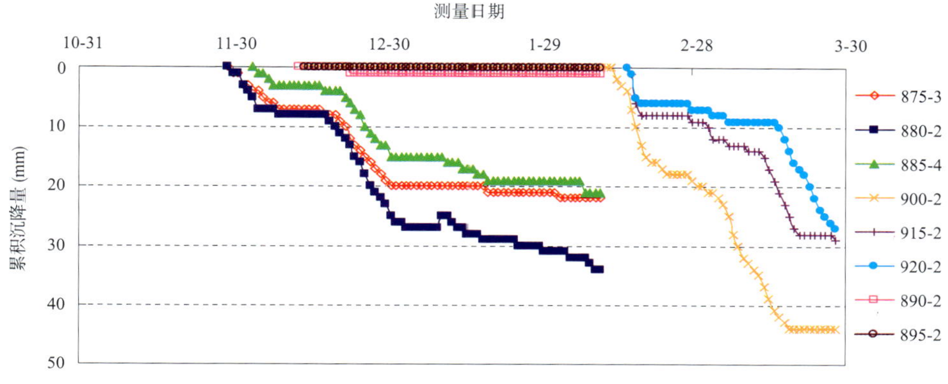

图 6-4-17　高速公路隔离带测点沉降历时曲线

沉降最大的测点距隧道全断面封闭距离为 20 m，并且收敛较快，在开挖后两倍开挖跨度距离处收敛稳定，不再发生较大的变化，满足行车要求。

6.5　黄土隧道预留变形量分析

合理的隧道预留变形量值是设计和施工中的关键参数，但在黄土隧道修建过程中缺乏对预留变形量值的现场统计和专门的研究。为确定特大断面黄土隧道合理预留变形量值，首先对隧道变形量进行统计分析，基于保证率[变形量小于给定值的断面(或测点)个数占统计断面(或测点)总数比例]的概念，确定了大断面黄土隧道预留变形量的大小。

6.5.1　Ⅳ级围岩隧道初期支护变形统计

1)Ⅳ级围岩区段量测数据

在以老黄土为主的Ⅳ级围岩区段，收集到 303 个断面的隧道初期支护拱顶下沉量测数据，其中贺家庄隧道 41 个量测断面，南交口隧道 17 个量测断面，交口隧道二号横洞正洞 79 个量测断面，交口隧道一号横洞正洞 78 个量测断面，张茅隧道 5 个量测断面，坳渠二号隧道出口 4 个量测断面，交口隧道进口 72 个量测断面，函谷关隧道 7 个量测断面。

另收集到 273 个断面的水平收敛量测数据。其中贺家庄隧道 28 个量测断面，南交口二号隧道 30 个量测断面，交口隧道二号横洞正洞 59 个断面，交口隧道一号横洞正洞 75 个断面，张茅隧道 5 个量测断面，坳渠二号隧道出口 3 个断面，交口隧道 73 个断面。

2)现场量测数据分析

Ⅳ级围岩老黄土隧道中所有量测断面拱顶下沉及水平收敛实测值与断面埋深之间的关系如图 6-5-1 和图 6-5-2 所示。

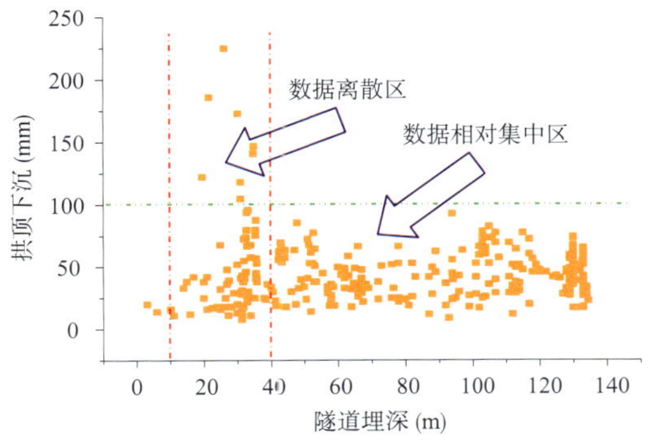

图 6-5-1　Ⅳ级围岩条件下隧道拱顶下沉与埋深关系

由图 6-5-1 可知，从沉降与埋深的关系来看，埋深小于 40 m 的研究断面沉降较大（贺家庄隧道量测断面），该埋深段隧道拱顶下沉量的实测值离散性也较大。除了上述埋深以外的区段，隧道拱顶下沉量实测值相对集中，均在 100 mm 以内。

由图 6-5-2 可见，从收敛与埋深的关系来看，二者相关性不明显。各个断面不同测线水平收敛位移最大值分布相对比较集中，绝大部量测断面水平收敛位移小于 75 mm。

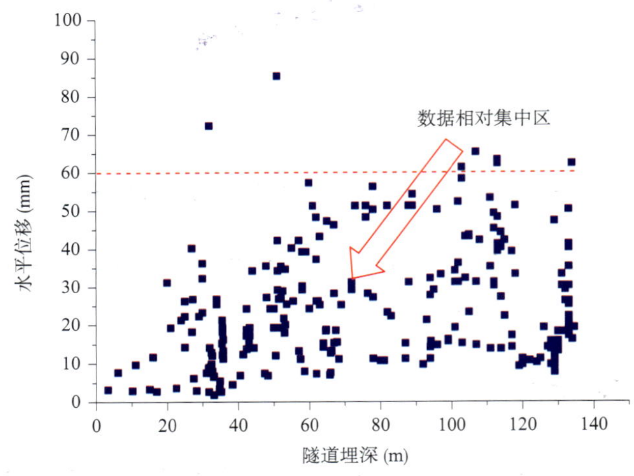

图 6-5-2　Ⅳ级围岩条件下水平收敛与埋深关系

6.5.2　Ⅴ级围岩隧道初期支护变形统计

1）Ⅴ级围岩区段量测数据

在以新黄土为主的Ⅴ级围岩区段，共收集到 83 个断面的隧道初期支护拱顶下沉和水平收敛量测数据。其中阌乡隧道 13 个量测断面，台村隧道进口 31 个量测断面，函谷关隧道进口 4 个量测断面，盘东隧道进口 33 个量测断面，秦东隧道 2 个量测断面，水平收敛量测断面与拱顶下沉量测断面相同。

2）现场量测数据分析

Ⅴ级围岩新黄土隧道中所有量测断面拱顶下沉及水平收敛实测值与断面埋深之间的关系如图 6-5-3 和图 6-5-4 所示。

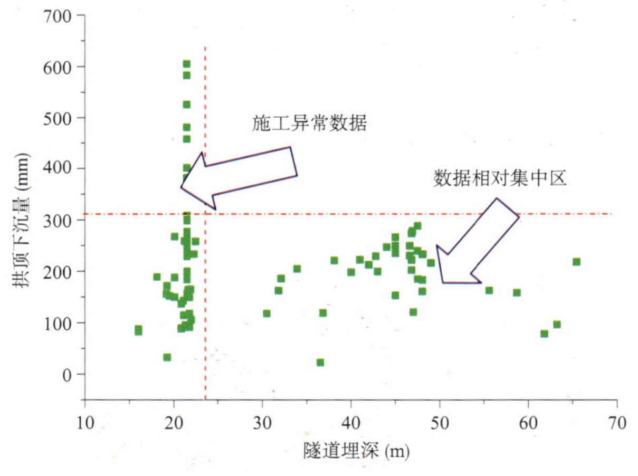

图 6-5-3　Ⅴ级围岩条件下隧道拱顶下沉与埋深关系

由图 6-5-3 可见，从沉降与埋深的关系来看，埋深小于 25 m 的台村隧道由于施工工艺未控制好，实测部分断面拱顶下沉量相对较大，该隧道实测数据离散性也相对较大，因此该隧道的数据不具有普遍代表性。实测断面中，除了台村隧道外，其他隧道量测断面拱顶下沉量均小于 30 cm，从拱顶下沉量与隧道埋深的关系来看，二者相关性不明显。由图 6-5-4 可知，从收敛与埋深的关系来看，二者相关性不明显。各个断面不同测线水平收敛位移最大值分布相对比较集中。由于Ⅴ级围岩条件下，隧道采用 CRD 法或双侧壁导坑法施工，因此实测水平收敛未能真实地反映隧道水平位移情况。

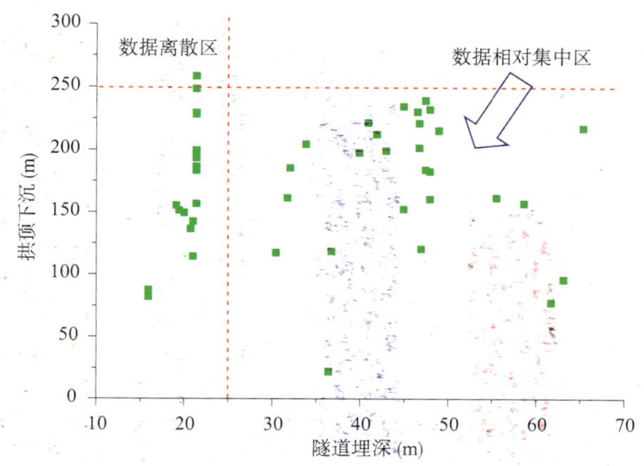

图 6-5-4　Ⅴ级围岩条件下隧道水平收敛与埋深关系

6.5.3　Ⅳ级围岩隧道预留变形量确定

由于隧道支护与黄土地层相互作用关系的复杂性以及与隧道初期支护变形相关因素的不确定性，现场实测数据或多或少会有一定程度的离散性，为考虑这些因素得出与现场条件相匹配的预留变形量，采用一定保证率条件下范围值。当给定的预留变形量对应保证率大于 80% 时，则认为该预留变形是合适的。考虑到所有量测数据中拱顶下沉均大于相应断面的水平收敛，因此最终预留变形量的确定以拱顶下沉量测数据为依据。Ⅳ级围岩条件下，如以拱顶下沉量测数据为依据，则当给定不同的预留变形量时，其对应的保证率关系如图 6-5-5 所示。

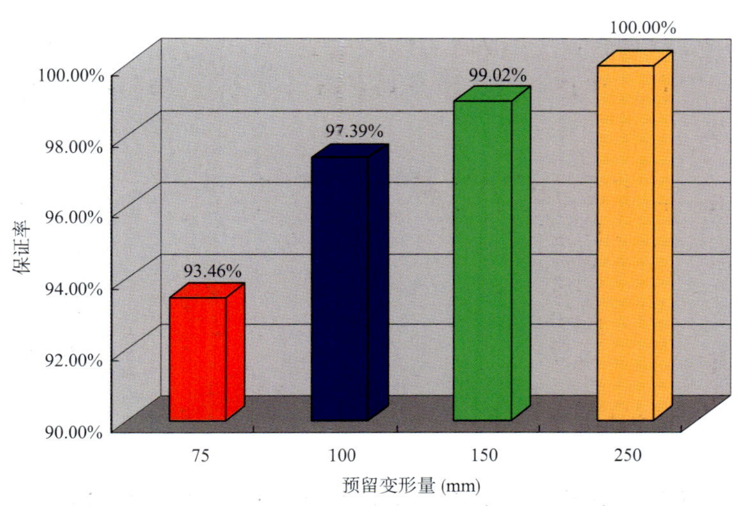

图 6-5-5　依据拱顶下沉确定预留变形量时对应保证率(Ⅳ级围岩)

由图 6-5-5 可知，当设计预留变形量分别取 75 mm、100 mm 和 250 mm 时，其保证率分别为 93.46%、97.39% 和 100%。考虑现场量测数据的离散性(图 6-5-4)，同时隧道的开挖断面积，兼顾较高的保证率，Ⅳ级围岩老黄土区段，隧道设计预留变形量取值范围可取 100 ~ 150 mm。

6.5.4 Ⅴ级围岩隧道预留变形量确定

Ⅴ级围岩条件下，以拱顶下沉量测数据为依据，则当给定不同的预留变形量时，其对应的保证率关系如图 6-5-6 所示。

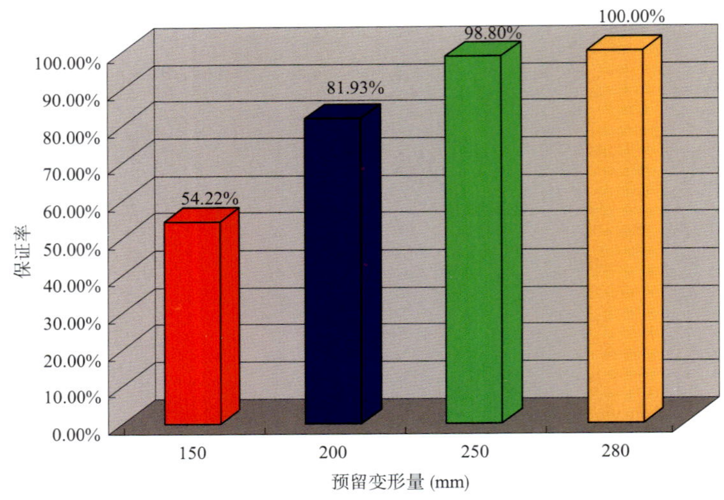

图 6-5-6　依据拱顶下沉确定预留变形量时对应保证率（Ⅴ级围岩）

由图 6-5-6 可知，当设计预留变形量分别取 200 mm、250 mm 和 280 mm 时，其保证率分别为 81.93%、98.80% 和 100%。考虑现场量测数据的离散性，同时兼顾较高的保证率，建议采用Ⅴ级围岩新黄土区段，隧道设计预留变形量取值范围可取 200 ~ 250 mm。

6.6 黄土隧道二次衬砌受力特征及设计思路

6.6.1 二次衬砌荷载分配比例

对实测初期支护及二次衬砌背后接触压力进行分析，以断面围岩压力竖向、水平合力进行比例分析，确定二次衬砌承受的荷载分担比例。各断面初期支护及二次衬砌围岩压力合力具体统计如表 6-6-1 ~ 表 6-6-3 所示。

表 6-6-1　浅埋隧道试验段测试断面围岩—压力合力统计

<table>
<tr><td rowspan="2">垂直围岩压力合力 Q
（kPa · m）</td><td>初期支护</td><td>495.47</td><td>—</td><td rowspan="2">51%</td></tr>
<tr><td>二次衬砌</td><td>254.81</td><td>—</td></tr>
<tr><td rowspan="2">水平围岩压力合力 E
（kPa · m）</td><td>初期支护</td><td>—</td><td>702.40</td><td rowspan="2">53%</td></tr>
<tr><td>二次衬砌</td><td>—</td><td>369.36</td></tr>
<tr><td>比　例　范　围</td><td colspan="4">51% ~53%</td></tr>
</table>

注：二衬压力监测 3 月（函谷关隧道进口）。

表 6-6-2　深埋隧道试验段测试断面 DK225 +965 围岩—压力合力统计

<table>
<tr><td rowspan="2">垂直围岩压力合力 Q
（kPa · m）</td><td>初期支护</td><td>1 922.56</td><td>—</td><td rowspan="2">10%</td></tr>
<tr><td>二次衬砌</td><td>187.29</td><td>—</td></tr>
<tr><td rowspan="2">水平围岩压力合力 E
（kPa · m）</td><td>初期支护</td><td>—</td><td>1 177.99</td><td rowspan="2">13%</td></tr>
<tr><td>二次衬砌</td><td>—</td><td>148.03</td></tr>
<tr><td>比　例　范　围</td><td colspan="4">10% ~13%</td></tr>
</table>

注：二衬压力监测 1 月（张茅隧道斜井段）。

表 6-6-3 深埋隧道试验段测试断面 DK225 +145 围岩—压力合力统计

垂直围岩压力合力 Q（kPa·m）	初期支护	2 265.157	—	8%
	二次衬砌	180.958	—	
水平围岩压力合力 E（kPa·m）	初期支护	—	—	—
	二次衬砌	—	—	
比例范围	约 8%			

注:二衬压力监测 1 月(张茅隧道斜井工区)。

由表 6-6-1 ~ 表 6-6-3 分析可见:

(1)按竖向、水平围岩压力合力比算法,浅埋黄土隧道二次衬砌荷载分担比例在 51% ~ 53% 之间,平均荷载分担比例约为 50% 。

(2)按竖向、水平围岩压力合力比算法,深埋黄土隧道二次衬砌荷载分担比例在 8% ~ 13% 之间,平均荷载分担比例约为 10% 。以上数据均为在隧道施工完成早期测得。对于黄土隧道,由于支护整体下沉量大,随着时间的推移,隧道拱部围岩压力会有所增大,而且,黄土隧道围岩有一定的流变效应,可见,黄土隧道二次衬砌上的荷载分担比例必然会增大。

6.6.2 弹性抗力系数现场试验确定

弹性抗力系数的确定通过现场的荷载板试验,即平板静力荷载试验(PLT)。其方法是在保证地基的天然状态下,在一定面积的承压板上向地基土逐级施加荷载,并观测每级荷载下地基土变形特性。试验所反映的是承压板以下大约 1.5 ~ 2 倍承压板宽的深度内土层的应力—应变—时间关系的综合性状。

铁二院在郑西高速铁路隧道进行现场平板静荷载试验,试验隧道分别为阌乡隧道以及函谷关隧道 3 号斜井段,试验选取 0.25 m^2 圆形承压板,试验工点的情况如表 6-6-4 所示。

试验曲线如图 6-6-1 ~ 6-6-4 所示,试验成果如表 6-6-5 所示。

表 6-6-4 试验工点情况

试验点编号	隧道名称	埋深(m)	试验点地层岩性
1	阌乡隧道	24	Q_3 砂质黄土
2	函谷关 3 号斜井	100	Q_2 砂质黄土

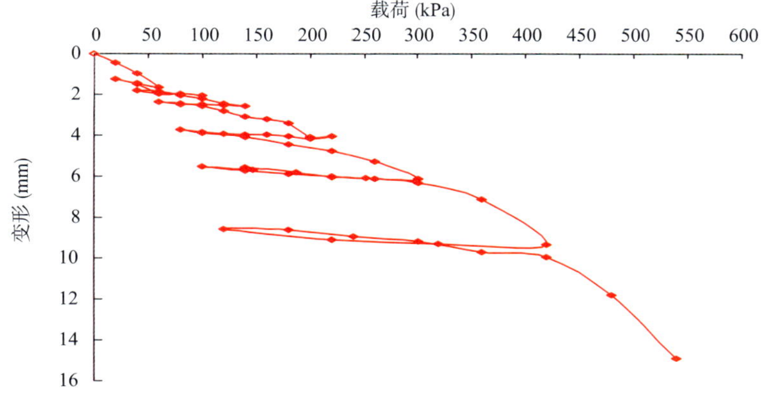

图 6-6-1 阌乡隧道水平荷载试验压力 P—沉降 S 关系曲线图

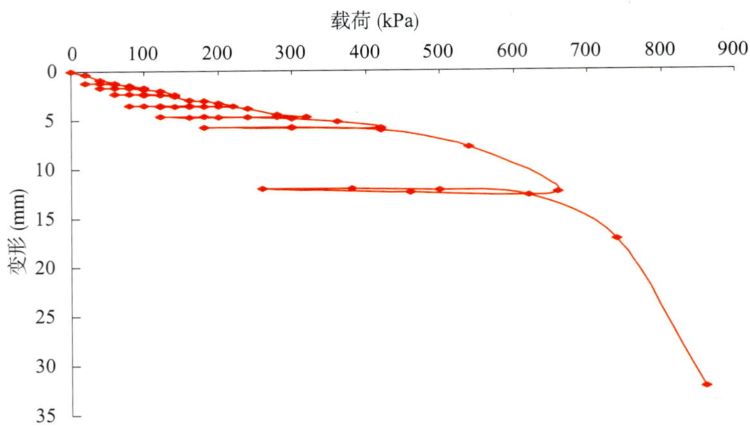

图 6-6-2　阌乡隧道竖向荷载试验压力 P—沉降 S 关系曲线图

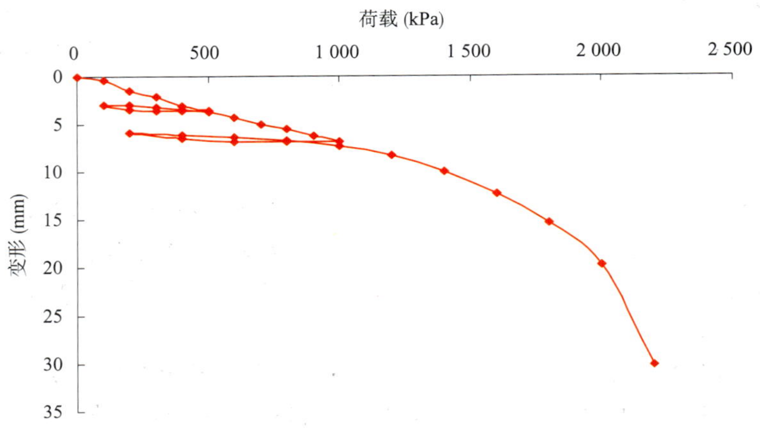

图 6-6-3　函谷关隧道竖向荷载试验压力 P—沉降 S 关系曲线图

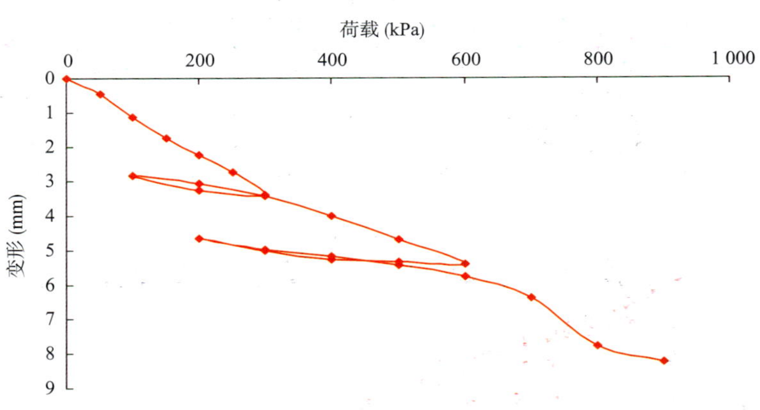

图 6-6-4　函谷关隧道水平荷载试验压力 P—沉降 S 关系曲线图

表 6-6-5　弹性抗力系数成果表

隧道名称	阌乡隧道		函谷关隧道	
基准弹性抗力系数(MPa/m)	水　平	竖　直	水　平	竖　直
	50.5	55	115.5	129.8

秦东隧道 1 号及 3 号斜井进行荷载板试验，共做了 3 组载荷试验，每组 3 个点，试验工点的情况如

表 6-6-6 所示。试验成果如表 6-6-7 所示。

表 6-6-6　试验工点情况

试验点编号	斜井编号	斜井里程	埋深(m)	试验点地层岩性
1	1 号斜井外侧	SK0 + 11	10	Q_3^{eol} 砂质黄土
2	1 号斜井外侧	SK0 + 22	15	Q_3^{eol} 砂质黄土
3	1 号斜井外侧	SK0 + 28	20	Q_3^{eol} 砂质黄土
4	1	XK0 + 802	113	Q_2^{eol} 砂质黄土
5	1	XK0 + 710	158.1	Q_2^{eol} 砂质黄土
6	1	XK0 + 702	161.2	Q_2^{eol} 砂质黄土
7	3	XK0 + 184	105	Q_1^{eol} 砂质黄土
8	3	XK0 + 178	106	Q_1^{eol} 砂质黄土
9	3	XK0 + 172	107	Q_1^{eol} 砂质黄土

表 6-6-7　试验成果表

试验洞编号	Q_{3-1}	Q_{3-2}	Q_{3-3}	Q_{2-1}	Q_{2-2}	Q_{2-3}
基准弹性抗力系数(MPa/m)	水　平	水　平	水　平	水　平	水　平	水平
	118.6	75.8	55.3	174.4	182.9	119.9
试验洞编号	Q_{1-1}		Q_{1-2}		Q_{1-3}	
基准弹性抗力系数(MPa/m)	水　平		水　平		水　平	
	134.7		141.1		126.6	

由表 6-6-5 ~ 表 6-6-7 和图 6-6-6 ~ 图 6-6-9 可见：

(1)新黄土(Q_3)弹性抗力系数建议取值范围为 50 ~ 120 MPa/m,根据埋深变化选取。

(2)老黄土(Q_2、Q_1)弹性抗力系数建议取值范围为 125 ~ 180 MPa/m,根据埋深变化选取。

6.6.3　黄土隧道二次衬砌设计思路

黄土隧道二次衬砌设计方法思路流程图如图 6-6-5 所示。

图 6-6-5 黄土隧道二次衬砌设计方法中,主要包括：

1)黄土隧道设计条件确定

根据隧道所处地段的工程和水文地质条件及地形地貌条件等确定黄土隧道的围岩级别和洞身的埋深等设计条件。

2)拟定黄土隧道二次衬砌断面形式及尺寸

根据隧道行车标准,由黄土隧道的设计条件,并考虑隧道施工方法,结合工程经验等确定隧道二次衬砌断面的形式及尺寸。

3)确定黄土隧道深浅埋分界高度

由第 5 章 5.2.3 节可知,黄土隧道的深浅埋分界深度为 1.4 ~ 2.1($H+B$);新黄土(Q_3、Q_4)隧道可取上限 2 ~ 2.1($H+B$),老黄土(Q_1、Q_2)隧道取下限 1.3 ~ 1.7($H+B$)。

4)计算黄土隧道围岩压力

由第 5 章 5.3.3 节式(5-3-1) ~ 式(5-3-4)可知：

(1)浅埋隧道围岩压力计算公式

垂直压力：

$$q = \gamma h\left(1 - \frac{\lambda h\tan\theta}{B}\right) \tag{6-6-1}$$

水平压力：

$$e_1 = \lambda\gamma h \tag{6-6-2}$$

$$e_2 = \lambda\gamma(h + H) \tag{6-6-3}$$

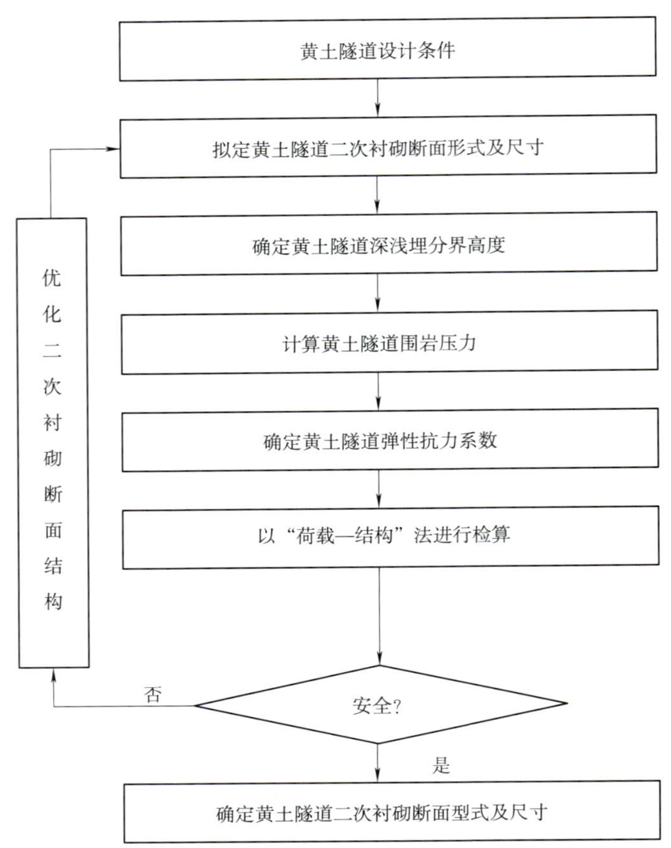

图 6-6-5　黄土隧道二次衬砌设计方法思路流程图

式中　B——坑道宽度(m);

γ——围岩重度(kN/m^3);

h,H——隧道顶至地面高度及隧道开挖高度(m);

θ——顶板土柱两侧摩擦角(°),经验数值(按《铁路隧道设计规范》选取);

λ——侧压力系数;

e_1,e_2——隧道衬砌上、下缘水平荷载值(kPa)。

(2)深埋隧道围岩压力计算公式

垂直压力:
$$q = \frac{b\gamma - c}{\lambda \tan\varphi} \tag{6-6-4}$$

水平压力:
$$e_1 = q \times \tan^2(45° - \varphi/2) \tag{6-6-5}$$

$$e_2 = (q + \gamma H)\tan^2(45° - \varphi/2) \tag{6-6-6}$$

式中　φ——围岩内摩擦角(°);

c——围岩黏聚力(kPa);

b——洞顶松动宽度之半(m);

λ——侧压力系数;

γ——围岩重度(kN/m^3);

h,H——隧道顶至地面高度及隧道开挖高度(m);

e_1,e_2——隧道衬砌上、下缘水平荷载值(kPa)。

5)确定黄土隧道弹性抗力系数

由本章 6.6.2 节可知,黄土隧道弹性抗力系数取值如下:

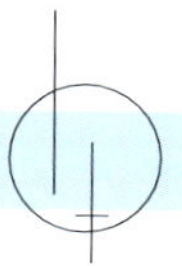

(1)新黄土(Q_3)弹性抗力系数建议取值范围为 50 ~ 120 MPa/m,根据埋深变化选取。

(2)老黄土(Q_2、Q_1)弹性抗力系数建议取值范围为 125 ~ 180 MPa/m,根据埋深变化选取。

6)以“荷载—结构”法进行检算

根据以上公式,确定隧道的围岩压力,并计算出隧道二次衬砌分配的荷载,再考虑结构自重,求出荷载的最不利组合。

根据图 6-6-6 计算简图建立荷载—结构模型进行求解计算,求得结构各截面内力。

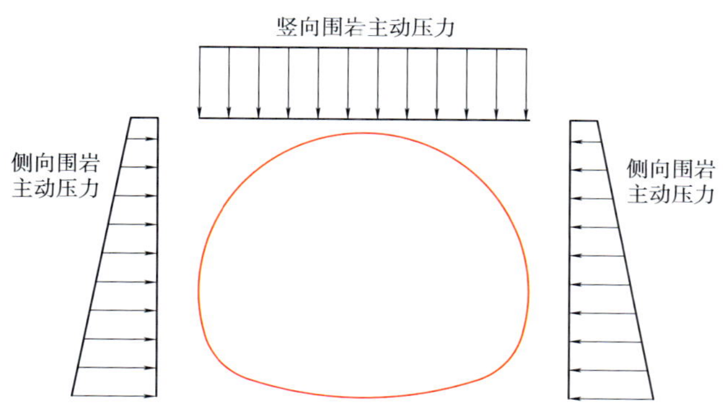

图 6-6-6　载荷—结构模型计算简图

7)按承载力标准评价二次衬砌安全性

按破损阶段法进行构件截面强度检查,根据结构所受的不同荷载组合,在计算中应分别选用不同的安全系数,并不应小于表 6-6-8 和表 6-6-9 所列数值。按所采用的施工方法检算施工阶段强度时,安全系数可采用表列“主要荷载 + 附加荷载”栏内数值乘以折减系数 0.9。

表 6-6-8　混凝土结构的强度安全系数

材料各类		混凝土	
荷载组合		主要荷载	主要荷载 + 附加荷载
破坏原因	混凝土或砌体达到抗压极限强度	2.4	2.0
	混凝土达到抗拉极限强度	3.6	3.0

表 6-6-9　钢筋混凝土结构的强度安全系数

荷载组合		主要荷载	主要荷载 + 附加荷载
破坏原因	钢筋达到计算强度或混凝土达到抗压或抗剪极限强度	2.0	1.7
	混凝土达到抗拉极限强度	2.4	2.0

6.7　黄土隧道合理支护参数

黄土作为一种特殊围岩,其工程性质和普通围岩有较大差异,设计支护参数也有较大的不同。根据近年来对黄土地区按复合式衬砌修建的单线铁路隧道,双车道高速公路隧道的支护参数进行的调研和总结,对大断面和特大断面高速铁路黄土隧道支护参数进行了现场试验和优化,在此基础上,结合第 1.3 节黄土隧道断面等级和跨度的划分提出了黄土隧道建议的支护参数建议,如表 6-7-1 ~ 表 6-7-4所示。

表 6-7-1　小跨度(跨度 5~8.5 m)黄土隧道支护参数表

围岩级别	初期支护									二衬厚度(cm)
	喷混凝土厚度(cm)	预留变形量(cm)	边墙锚杆			钢筋网		钢架		
			直径(mm)	长度(m)	环纵间距(m)	直径(mm)	间距(cm)	型号	间距(m)	
Ⅳ	15~17	5~7	22	2.5	1.2×1.2	6	25×25	格栅或Ⅰ12.6	1.0~1.2	30~35
Ⅴ	18~20	7~10	22	3.0	1.2×1.0	6	20×20	格栅或Ⅰ16	0.8~1.0	35~40

表 6-7-2　中跨度(跨度 8.5~12 m)黄土隧道支护参数表

围岩级别	初期支护									二衬厚度(cm)
	喷混凝土厚度(cm)	预留变形量(cm)	边墙锚杆			钢筋网		钢架		
			直径(mm)	长度(m)	环纵间距(m)	直径(mm)	间距(cm)	型号	间距(m)	
Ⅳ	18~20	8~10	22	3.0	1.2×1.2	8	25×25	格栅或Ⅰ16	0.8~1.0	40~45
Ⅴ	20~22	10~15	22	3.5	1.2×1.0	8	20×20	Ⅰ16 或Ⅰ18	0.6~0.8	45~50

表 6-7-3　大跨度(跨度 12~14 m)黄土隧道支护参数表

围岩级别	初期支护									二衬厚度(cm)
	喷混凝土厚度(cm)	预留变形量(cm)	边墙锚杆			钢筋网		钢架		
			直径(mm)	长度(m)	环纵间距(m)	直径(mm)	间距(cm)	型号	间距(m)	
Ⅳa	20~22	10~12	22	3.5	1.2×1.2	8	25×25	格栅或Ⅰ18	0.8~1.0	45~50*
Ⅳb	22~24	10~12	22	3.5	1.2×1.2	8	25×25	格栅或Ⅰ20a	0.8~1.0	45~50*
Ⅴa	24~26	15~17	22	4.0	1.2×1.0	8	20×20	Ⅰ20a 或Ⅰ22a	0.6~0.8	50~55*
Ⅴb	26~28	15~17	22	4.0	1.2×1.0	8	20×20	Ⅰ22a	0.6	50~55*

表 6-7-4　特大跨度(跨度 14~16 m)黄土隧道支护参数表

围岩级别	初期支护									二衬厚度(cm)
	喷混凝土厚度(cm)	预留变形量(cm)	边墙锚杆			钢筋网		钢架		
			直径(mm)	长度(m)	环纵间距(m)	直径(mm)	间距(cm)	型号	间距(m)	
Ⅳa	24~26	10~15	22	3.5	1.2×1.2	8	20×20	格栅或Ⅰ22a	0.6~0.8	50~55*
Ⅳb	26~28	10~15	22	3.5	1.2×1.2	8	20×20	格栅或Ⅰ22a	0.6~0.8	50~55*
Ⅴa	28~30	20~25	22	4.0	1.2×1.0	8	20×20	Ⅰ22a 或 H150	0.6	55~60*
Ⅴb	30~35	20~25	22	4.0	1.2×1.0	8	20×20	Ⅰ25a 或 H175	0.6	55~60*

注:* 为钢筋混凝土或纤维混凝土、喷混凝土宜采用早强喷混凝土。

参考文献

[1]中华人民共和国铁道部. TB 10003—2005　铁路隧道设计规范[S]. 北京:中国铁道出版社,2005.

[2]中华人民共和国建设部. GB 50010—2002　混凝土结构设计规范[S]. 北京:中国建筑工业出版社,2002.

[3]中华人民共和国建设部. GB 50157—2003　地铁设计规范[S]. 北京:中国计划出版社,2003.

[4]铁道第二勘察设计院. 铁路工程设计技术手册·隧道[M]. 北京:中国铁道出版社,1999.

[5]铁道第二勘察设计院. 郑西客运专线黄土段隧道设计图纸及设计说明[R]. 成都:铁道第二勘察设计院,2006.

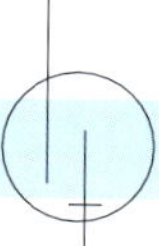

[6]铁道第二勘察设计院．西安轨道交通一号线初步设计图．成都:铁道第二勘察设计院,2005.
[7]喻渝,杨建民．黄土隧道衬砌设计及工法研究科研报告[R]．成都:铁道第二勘察计院,2005.
[8]高扬,喻渝,陈赤坤．黄土隧道下穿高速公路科研报告[R]．成都:铁道第二勘察计院,2005.
[9]关宝树．隧道工程施工要点集[M]．北京:人民交通出版社,2003.
[10]赵东平,喻渝,王明年,杨建民．大断面黄土隧道变形规律及预留变形量研究[J]．现代隧道技术,2009.
[11]时亚昕,陶德敬,王明年．大断面浅埋暗挖隧道施工引起的地表移动及变形预测[J]．岩土力学,2008,29(2):465-474.
[12]铁道第一勘察设计院．黄土隧道设计施工难点[R]．西安:铁道第一勘察设计院,2006.
[13]中国科学院土木建筑研究所土力学研究室．黄土基本性质的研究[R]．北京:科学出版社,1961.
[14]夏旺民,郭增玉．Q_1 黄土的弹塑性软化模型[J]．西安理工大学学报,2004,20(3):241-244.
[15]夏旺民,郭增玉．Q_1 黄土的非线性弹性模型[J]．工程力学,2002,23(增刊).
[16]夏旺民,郭增玉．Q_1 黄土的弹塑性损伤模型[J]．岩土力学,2004,25(9):1423-1426.
[17]中铁二局集团有限公司．铁路隧道施工规范[S]．北京:中国铁道出版社,2002.
[18]中铁二院工程集团有限责任公司．铁路隧道监控量测技术规程[S]．北京:中国铁道出版社,2007.
[19]何思明,李新坡．预应力锚杆作用机制研究[J]．岩石力学与工程学报,2006,25(9):1876-1880.
[20]刘新荣,等．黄土连拱隧道二次衬砌的结构分析与监测研究[J]．岩体工程学报,2005. 27(6):695-697.
[21]铁道第二勘察设计院,北京交通大学,西南交通大学,等．浅埋黄土隧道支护结构中锚杆的作用研究[R]．成都,2007.
[22]杨其新,仇文革,关宝树．格栅钢架的特征曲线分析[J]．铁道标准设计,1995,1:45-47.
[23]常燕庭．喷射混凝土早期材料性质对支护效果的影响[J]．长江科学院院报,1992,9(3):8-16.
[24]铁道第二勘察设计院,北京交通大学,西南交通大学,等．大断面黄土隧道支护结构中型钢钢架和格栅钢架的适用性条件研究[R]．成都:铁道第二勘察设计院,等,2007.
[25]郭军．客运专线大断面黄土隧道施工力学及支护设计理论研究[D]．成都:西南交通大学,2008.
[26]王明恕．全长锚固锚杆机理的探讨[J]．煤炭学报,1983,(1):40-47.

第7章 黄土隧道施工方法及关键技术

本章结合以往黄土隧道建设经验和郑西高速铁路科研成果，分析了各种施工方法的力学特性，重点阐述大断面黄土隧道的施工方法适用性及其关键技术，详细介绍三台阶七步开挖法施工技术，提出施工的变形控制基准和监测方法等，供施工参考。

7.1 黄土隧道施工方法概述

黄土隧道的传统施工通常采用台阶法、上导坑先拱后墙法，大断面黄土隧道通常采用双侧壁导坑法(both side drift method)、交叉中隔壁法(center cross diaphragm method，简称CRD法)、预留核心土台阶法(benching method with the core)等多分部施工方法(sequential excavation method，简称SEM)。截至2005年郑西高速铁路修建前，国内已成功应用双侧壁、预留核心土短台阶等方法解决开挖面积达140 m^2 的大断面黄土隧道的施工，以及采用交叉中隔壁法解决浅埋新黄土下穿既有铁路的铁路双线隧道施工。表7-1-1列出1980~2005年国内典型大断面黄土隧道施工例。

表7-1-1 国内典型大断面黄土隧道施工例(1980年~2005年)

隧道名称	黄土类型	建成年份	最大开挖面积(m^2)	最大开挖宽度(m)	施工方法
大秦铁路西坪隧道(出口段)	上新黄土 下老黄土	1987	140	13.7	双侧壁导坑
大秦铁路军都山隧道(进口段)	老黄土	1988	120	12.7	三台阶(上台阶预留核心土)
侯月铁路百家垣隧道	老黄土	1993	112	12.7	弧形导坑
神朔铁路蛇口峁隧道(洞口段)	老黄土	1994	120	13.6	弧形导坑+管棚
神朔铁路霍家梁隧道(进口段)	部分新黄土	1995	141	—	台阶法(预留核心土)
陇海铁路宝兰二线新曲儿岔隧道(下穿段)	新黄土	2002	120	13	交叉中隔壁法
陇海铁路宝兰二线码头隧道	新黄土	2002	117	12.7	超短台阶+双层衬砌
黄延高速公路道南隧道(紧急停车带)	富水老黄土	2004	138	15	短台阶七步流水+管棚

注：(1)表中所列为20世纪80年代以来修建的开挖面积110 m^2 以上的铁路双线以及公路三车道典型大断面黄土隧道施工例。
(2)根据《中国铁路隧道史》，20世纪80年代开始采用新奥法原则修建的铁路双线黄土隧道数量为：大秦铁路2座，神朔铁路2座，侯月铁路11座。另据资料(来源：铁一院)，宝兰二线铁路双线黄土隧道有6座。
(3)1980~2005年公路三车道(含双车道紧急停车带断面)黄土隧道施工例很少，表中仅给出一例。双车道黄土隧道则有多座，分布在黄延、铜黄、馋兰、馋柳、靖安等高速公路上，最大开挖面积100~107 m^2，多采用双侧壁、弧形导坑等方法施工。

(1)侧壁导坑法

侧壁导坑法是一种基于在开挖断面中设置支撑壁的分部顺序开挖方法，可衍化成中隔壁法(center diaphragm method，简称CD法)、交叉中隔壁法和双侧壁导坑法等形式。其实质是用临时支撑壁将大断面分隔成若干小断面施工，由于小断面变形远较大断面容易控制，同时临时支撑壁的设置增加了支护的整体刚度，因此是较好解决浅埋大断面施工安全的方法。国内外工程实践表明，侧壁导坑法尤其是双侧壁开挖引起的地表沉降量比较小。该方法关键是要做到各分断面的及时封闭，如果做不到，其安全性将大受影响，尤其是中隔壁的稳定性容易受后续开挖影响。

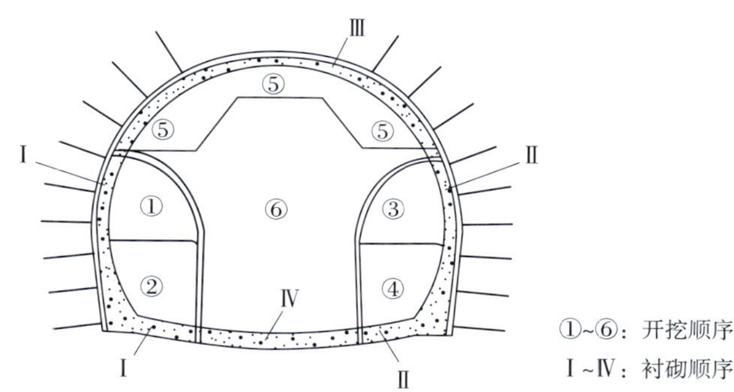

图 7-1-1　双侧壁导坑法施工示意图[18]

图 7-1-1 为大秦铁路西坪隧道出口黄土段采用双侧壁导坑法的施工示意图（开挖面积约 140 m^2，开挖宽度 13.7 m）。这是国内首次采用双侧壁导坑法（曾称为“眼镜法”）修建大断面隧道的典型施工例，控制拱顶下沉速率最大为 14 mm/d。该项技术获 1988 年铁道部科技成果三等奖，并被确定为 1991 年度国家级工法（YJGF10-91 隧道与地下“眼镜法”工法）。

图 7-1-2 为陇海铁路宝兰二线新曲儿岔隧道下穿既有铁路段采用交叉中隔壁法断面图（开挖面积 120 m^2，开挖宽度 13 m）。这是国内首次采用交叉中隔壁法在浅埋新黄土地层成功下穿既有铁路的大断面黄土隧道典型施工例，有效控制地表沉降在 80 mm 以内，证实交叉中隔壁法是一种适合西北新黄土地层的浅埋大断面隧道施工方法。该项技术获 2003 年甘肃省科技进步三等奖，并被确定为 2002 年度国家级工法（YJGF12-2002 中隔墙法穿越既有线软岩双线铁路隧道施工工法）。

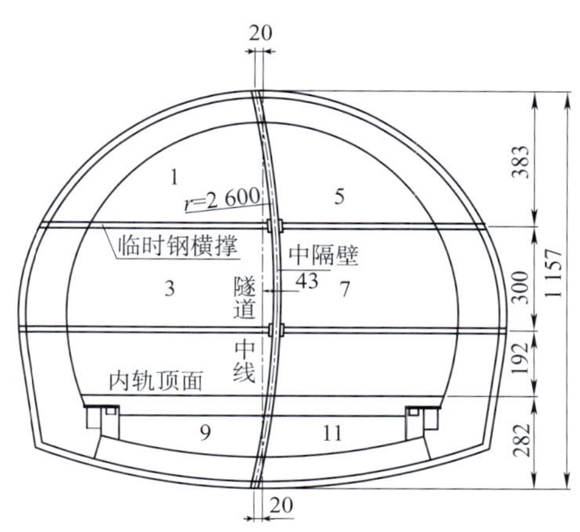

图 7-1-2　浅埋新黄土下穿段 CRD 法断面图[19]（单位：cm）

侧壁导坑法的施工速度比较慢，尤其是双侧壁和交叉中隔壁法，由于施工中需要架设和拆除大量临时支撑，工序比较多容易相互影响，另外作业空间狭小不利于大型机械施工。调查显示，三车道公路隧道（开挖宽度 15 m）采用双侧壁的施工进度约 25 m/月，中壁法为 40 m/月。铁路双线隧道采用交叉中隔壁法的施工进度平均约 30 m/月。

（2）预留核心土台阶法

预留核心土台阶法是一种基于掌子面预留核心土台阶分部开挖的顺序施工方法，由于采用上台阶环核心土开挖先行，所以也称为“弧形导坑法”，在《客运专线铁路隧道工程施工技术指南》（TZ 214—2005）中称为“环形开挖预留核心土法”。相对侧壁导坑法，该方法不需要架设大量的临时支撑，作业空间大、便于机械快速施工，在施工成本和效率上均优于前者。经过优化和改进，该工法控制围岩变形的能力有了大幅提高，近年来在大断面隧道施工中使用逐渐多了起来。

图 7-1-3 为侯月铁路百家垣隧道采用弧形导坑法的施工示意图（开挖面积 112 m^2，开挖宽度 12.7 m）。该隧道为 1990 ~ 1992 年铁路首次开展双线老黄土隧道衬砌设计与施工研究项目的试验工点，目的是研究摸索适应老黄土地层的初期支护和衬砌断面以及相适应的施工方法。

黄延高速公路道南富水老黄土隧道曾采用短台阶七步流水作业法，分层预留核心土短台阶开挖，图 7-1-4 为其施工示意图。该隧道紧急停车带处相当三车道断面，最大开挖面积 138 m^2，黄土天然含水率达到 23.0% ~ 28.0%。施工采用短台阶七步流水作业法和大管棚，同时用 4 m 锁脚锚杆加固拱脚。现场监测表明，虽然拱顶下沉达到 150 mm，但水平收敛只有 20 mm，喷层无开裂。该方法于 2000 年被铁道部确定为部级工法（TLEJGF-99.00-36 大跨度软岩公路隧道短台阶七步平行流水作业工

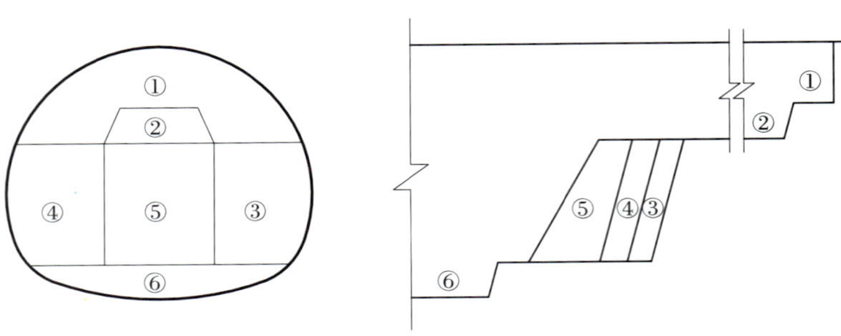

图 7-1-3　弧形导坑法施工示意图[19]

法)。根据围岩情况和断面大小,该工法可设置2、3层台阶,甚至4台阶。其中,三台阶七步开挖可适用于具备一定自稳条件的Ⅳ、Ⅴ级围岩大断面隧道的施工。

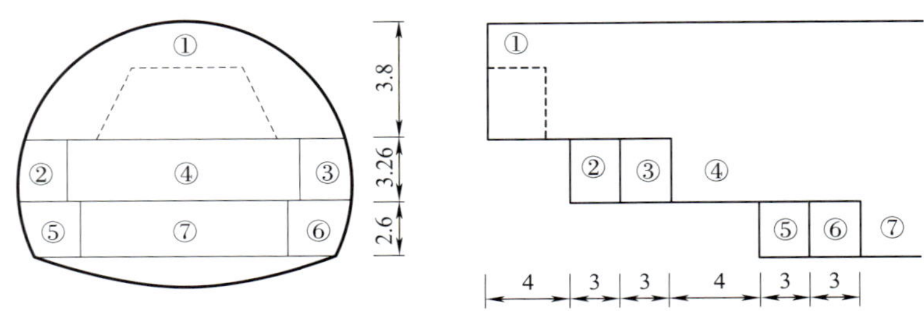

图 7-1-4　短台阶七步流水作业法施工示意图[23](单位:m)

对大断面采取预留核心土台阶分层顺序作业,其施工速度比较快。调查显示,预留核心土台阶法在双线电气化铁路黄土隧道(开挖面积120 m^2)中月进度可以达到70 m以上,明显高于双侧壁和交叉中隔壁法。

上述台阶法的实质是在掌子面后方预留足够的核心土作为稳定掌子面的支撑手段,辅助拱脚加固、仰拱超前封闭,必要时喷射混凝土封闭掌子面。该方法强调分部顺序作业的重要性。针对大断面隧道施工,在对地表沉降要求不是很严的情况下,该方法不失为一种较高效率和快捷的施工方法,相对侧壁导坑法可有效提高施工速度、降低成本。截至郑西高速铁路修建前,在大断面黄土隧道施工中,预留核心土台阶法主要用于老黄土,尚缺乏新黄土尤其是浅埋新黄土大断面隧道的施工经验。

(3)郑西高速铁路黄土隧道施工方法

郑西高速铁路黄土隧道开挖面积较以往铁路双线和公路三车道黄土隧道大幅度提高至164～175 m^2,开挖宽度和高度分别达到15 m和13 m以上,图7-1-5为其典型衬砌断面(Ⅴ级围岩)。郑西高速铁路全线黄土隧道涉及多种类型黄土,主要分布有Q_1、Q_2、Q_3砂质和黏质黄土,且埋深及含水率变化大。修建如此特大断面黄土隧道,设计上针对不同类型黄土分别提出双侧壁、交叉中隔壁、中隔壁和预留核心土台阶等多种施工方法。

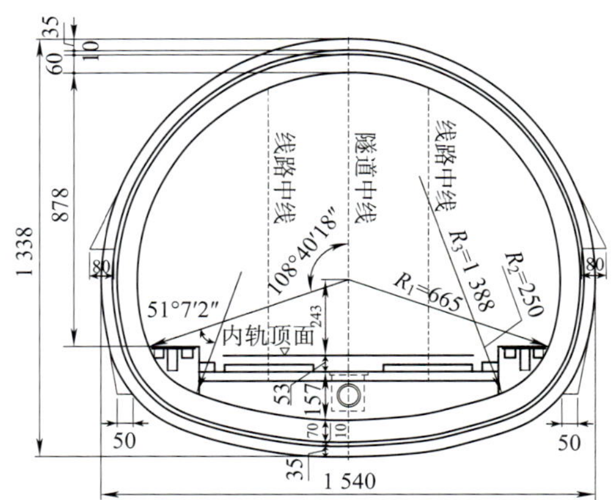

图 7-1-5　郑西高速铁路特大断面黄土隧道典型衬砌断面图(Ⅴ级围岩,单位:cm)

如上所述,铁路特大断面黄土隧道的开挖面积较以往黄土隧道大幅度提高,施工难度和风险显著增大,尤其是缺乏在浅埋新黄土中修建特大断面隧道的经验。这种情况下,如何确保郑西高速铁路黄土隧道的施工安全,并在此基础上实现快速修建,需要对上述工法的适用性进行分析和评价,并针对适用性技术关键提出解决途径以指导大断面黄土隧道的施工。为此,铁道部依托郑西高速铁路建设开展大断面黄土隧道工法适用性试验研究,在掌握不同工法施工过程力学特性基础上,对各种工法的适用性进行分析和评价,重点提出浅埋新黄土大断面开挖的适用工法的关键技术,解决双侧壁法、交叉中隔壁法难以实现快速施工的问题,力争在大断面黄土隧道施工技术上有所突破和创新。

7.2　不同工法施工过程的力学特性

7.2.1　双侧壁导坑法力学特性

试验数据取自郑西高速铁路陕西段秦东隧道进口双侧壁试验段,埋深 16 ~ 19 m,Q_3 砂质黄土,实测含水率 7.7% ~ 12.2% 。图 7-2-1 为该试验段纵断面图,测试断面里程 DK333 + 450、+460。图 7-2-2 和图 7-2-3 为试验段双侧壁施工顺序图,采用挖掘机开挖。该段初期支护及临时支撑钢架均采用 I25a 型钢,中洞未架设底部横撑。挖掘机开挖时两侧导坑上横撑架设均比较晚,一般滞后上台阶开挖面 10 ~ 13 m。而底撑则在下台阶开挖后即架设,其封闭距离与台阶长度相同。

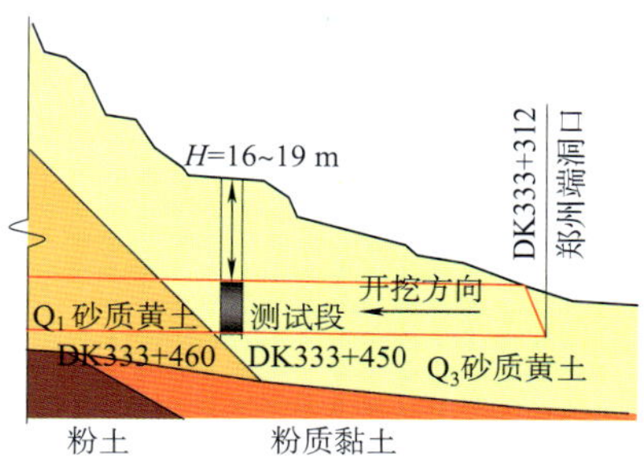

图 7-2-1　秦东双侧壁试验段纵断面

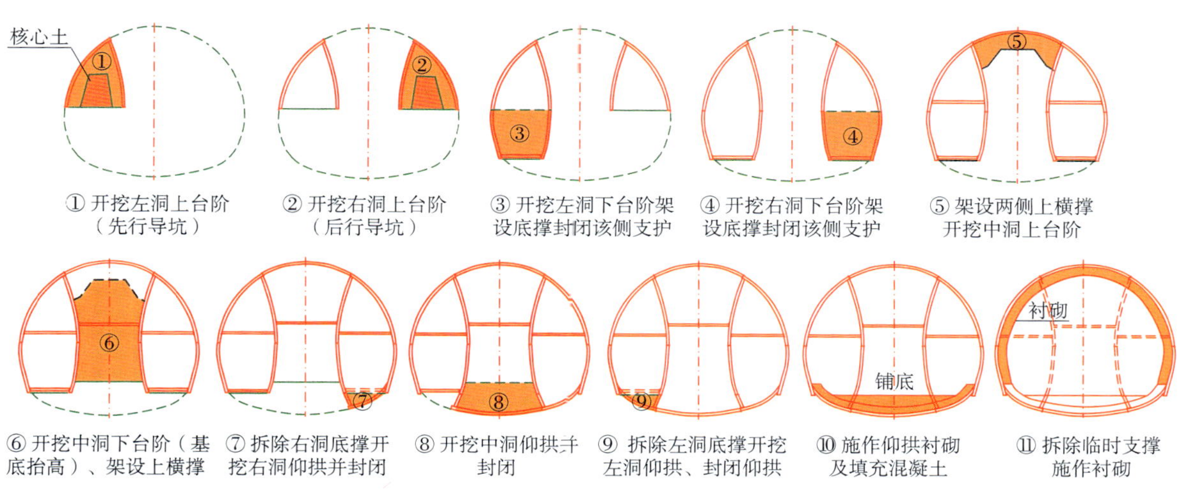

图 7-2-2　DK333 + 450 施工顺序图

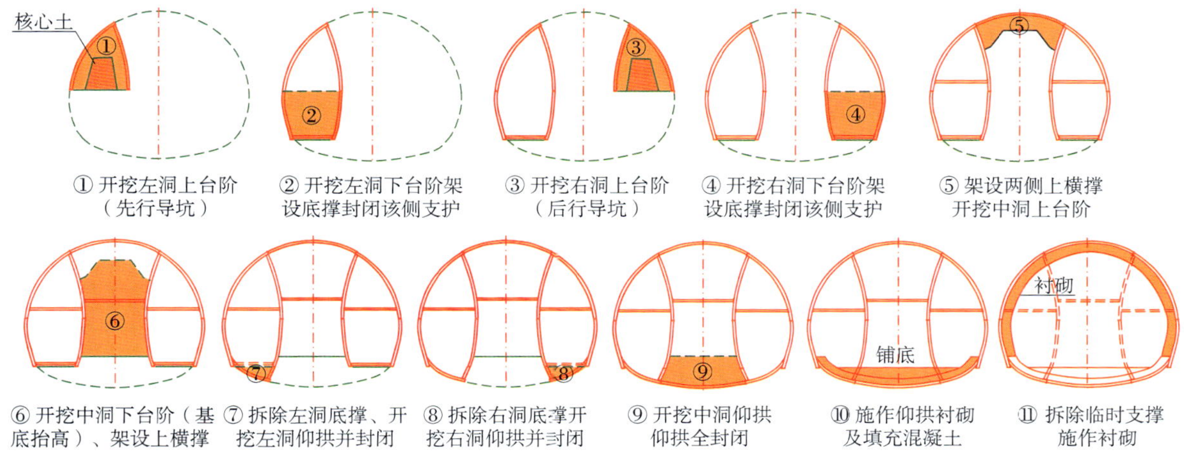

图 7-2-3　DK333 + 460 施工顺序图

1)围岩变形特性

(1)净空位移

两侧导坑位移测试显示(表 7-2-1),双侧壁导坑采取左上→左下→右上→右下开挖顺序(图 7-2-2),较左上→右上→左下→右下开挖顺序(图 7-2-3),可使拱顶下沉减少 20%~30%。应当说,这与后行导坑开挖时先行导坑支护是否封闭有关:前者是一侧导坑底撑封闭后再开挖另一侧导坑,后者是一侧导坑上台阶支护未封闭(上横撑未架设)即开挖另一侧导坑(尽管两侧导坑错开开挖)。

表 7-2-1 双侧壁导坑开挖阶段净空位移最大值汇总表

测试断面	埋深(m)	位　　置	拱顶下沉		水平收敛		比　　值
			最大值(mm)	速率(mm/d)	最大值(mm)	速率(mm/d)	
DK333 + 450	16	左　　洞	113	9	94.6	11.8	1.2
		右　　洞	110	15	87.3	10.8	1.3
DK333 + 460	19	左　　洞	87	9	92.0	10.2	0.9
		右　　洞	77	10	88.4	9.0	0.9

注:表中比值为拱顶下沉与水平收敛之比。

在测试工况基础上,对不设横撑、上下撑均设但滞后以及底撑紧跟不设上撑三种工况进行计算对比。结果显示:不设横撑时的拱顶下沉约为设横撑的两倍,而底撑紧跟尽管不设上撑其净空位移仍小于上下撑滞后的情况,如图 7-2-4 所示。

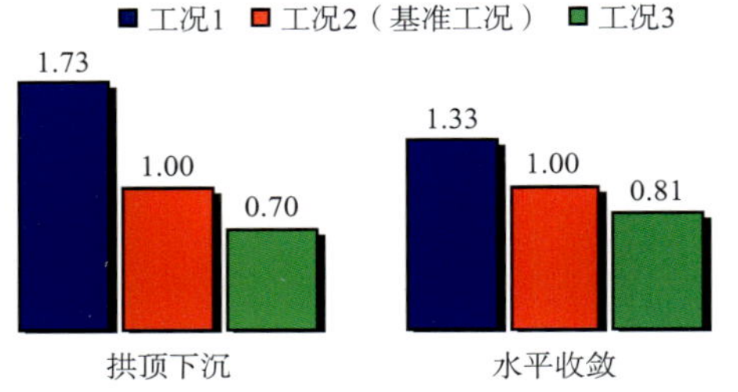

工况1	不设横撑
工况2(基准工况)	上撑滞后上台阶15 m,底撑滞后下台阶5 m
工况3	底撑紧跟下台阶,不设上撑

注:三维模型,埋深16 m,进尺0.6 m。

图 7-2-4 双侧壁三种横撑工况净空位移计算对比(以基准工况为 1)

图 7-2-5 显示两侧导坑净空位移变化在其横撑架设之后趋于稳定。在此之后开挖中洞和仰拱,以及一次拆除内壁临时支撑为 6 m(小于 0.5 倍隧道开挖宽度)的情况下,所引起的净空位移均十分有限,上述阶段总的净空位移增量不大于 10 mm,如图 7-2-6 所示。

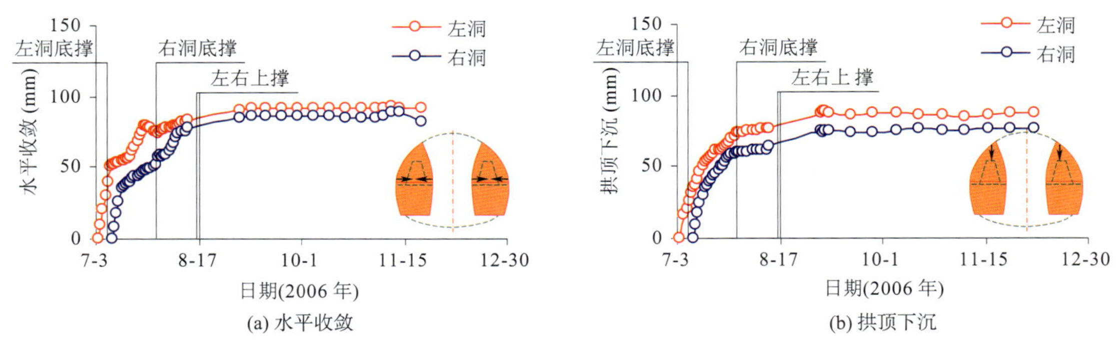

图 7-2-5 双侧壁导坑开挖阶段净空位移时态曲线(DK333 + 460)

综合而言,双侧壁导坑施工时及时架设两侧导坑横撑尤其是底部横撑,可有效控制净空位移。其中,先行导坑底撑封闭后再开挖后行导坑,可使拱顶下沉减少 20%~30%。因此,对双侧壁导坑采取

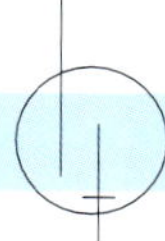

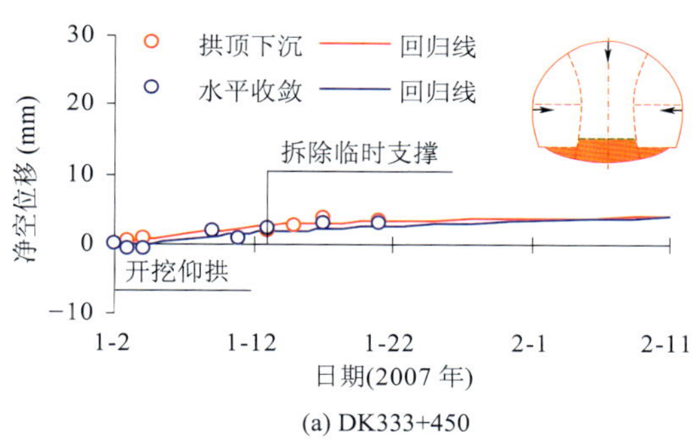

(a) DK333+450

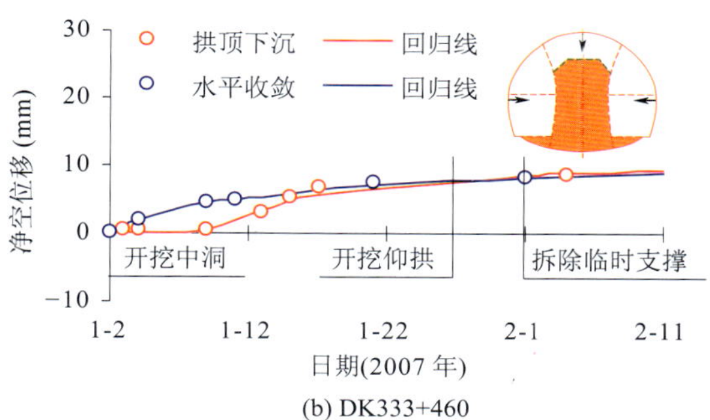

(b) DK333+460

图 7-2-6　双侧壁中洞开挖至拆除临时支撑阶段净空位移时态曲线

底撑及时封闭，可较好解决挖掘机施工时上撑滞后架设带来的控制净空位移不力的问题。同时，应强调一侧导坑横撑尤其底撑架设后再开挖另一侧导亢的施工顺序。而两侧导坑开挖只错开不封闭不会产生好的效果，尤其是不设横撑将导致较大地层沉降。在一次拆除临时支撑长度小于 0.5 倍隧道开挖宽度且衬砌及时跟进情况下，双侧壁法拆撑所引起的净空位移较小。

(2)地中位移

测斜孔测试显示(图 7-2-7)，双侧壁导坑开挖阶段边墙范围地中水平位移可占其总位移(衬砌施作后)近 70%(实测 67%)，而占总开挖面积近半的中洞开挖所引起的该地中位移仅为 30%。可见，双侧壁施工安全的关键环节在于两侧导坑。本例双侧壁先行导坑到达时发生位移量为总位移的 15%。在横撑架设后该地中位移变化趋于稳定。地表垂直钻孔位移计测试显示(图 7-2-8)，开挖阶段(不含中洞下台阶及仰拱开挖)拱部上方主要影响深度约 6 ~ 8 m，两侧导坑底撑封闭后该位移变化趋于稳定。

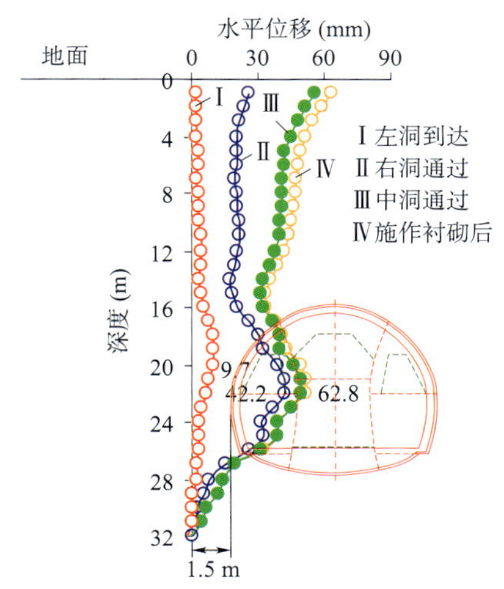

图 7-2-7　双侧壁测斜孔测试结果

(DK333 +450，测至施作衬砌后)

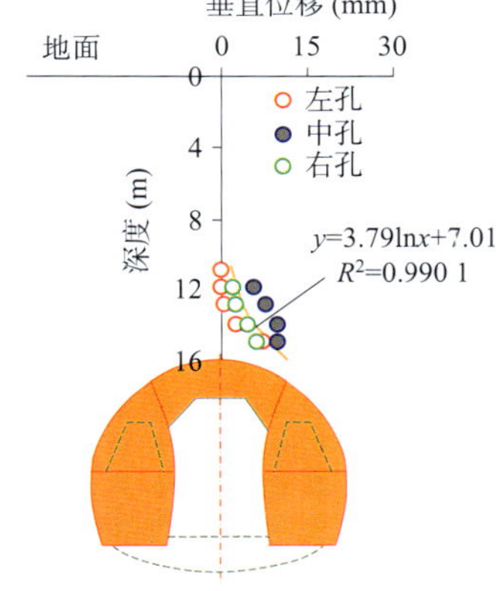

图 7-2-8　双侧壁垂直钻孔位移测试结果

(DK333 +450，两侧导坑及中洞上台阶开挖)

(3)地表沉降

如图 7-2-9 所示，本例浅埋新黄土地表沉降不大于 60 mm(最大值 59 mm，位于埋深最浅的右洞上方)。其中，导坑开挖阶段地表沉降占总沉降近 90%(实测 86%)，而占总开挖面积近半的中洞开挖所引起的地表沉降仅占 10%。地表沉降变化在两侧导坑横撑架设后即趋稳定，仰拱开挖及拆撑对地表的影响很小(占比小于 4%)。可见，双侧壁导坑控制地表沉降的关键环节也在于两侧导坑，尤其是导坑横撑的及时架设。

2)支护受力特性

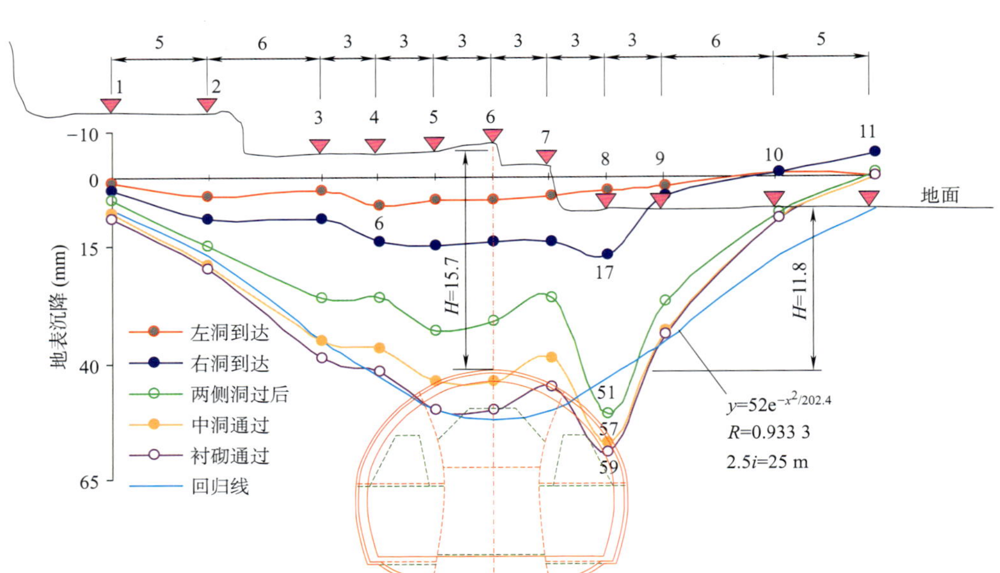

图 7-2-9　双侧壁地表沉降测试结果(DK333 + 450)(单位:m)

(1)型钢钢架应力

测试显示(图 7-2-10 和图 7-2-11),浅埋新黄土双侧壁导坑法初期支护和内壁型钢受力均比较显著。其中,初期支护型钢呈受压状态,极值出现于边墙,而内壁型钢受力大于初期支护型钢并呈明显压弯状态。施作衬砌后支护型钢应力向受压方向发展。

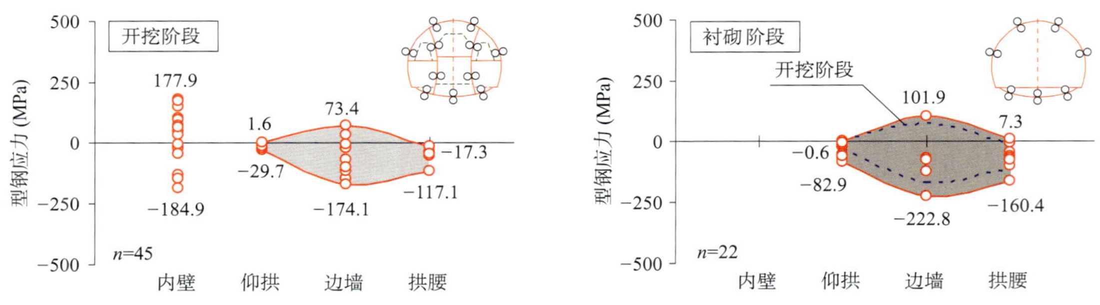

图 7-2-10　双侧壁初期支护及内壁型钢应力极值分布统计图(I25a)

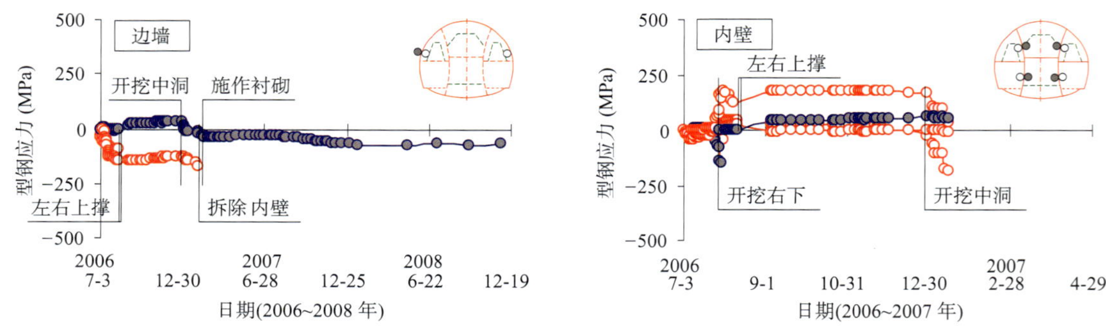

图 7-2-11　型钢应力时态曲线(DK333 + 460)

(2)喷层应力

测试显示(图 7-2-12),实测喷层(外侧)与型钢应力比平均接近于理论值($E_c/E_s = 0.112$),表明本例组合支护结构中喷层与型钢可形成共同变形。

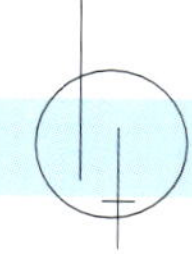

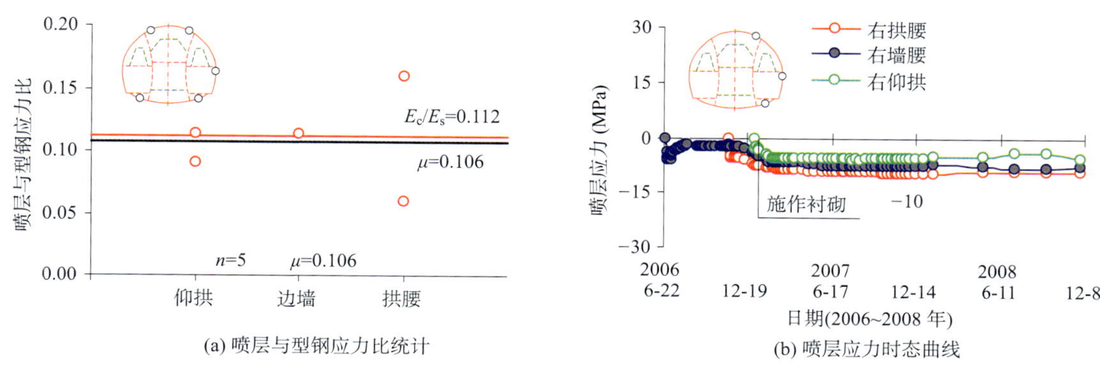

图 7-2-12　喷层(外侧)应力测试结果(DK333 + 450)

(3)锚杆轴力

测试显示(图 7-2-13),浅埋砂质黄土中双侧壁锚杆受力具有轴力极值沿断面呈上小下大的分布特征,即拱部锚杆受力小而边墙锚杆受力较大。其中,边墙最大轴力为 13 kN(位于墙脚),而在中洞开挖后施作的拱部锚杆轴力为 −3 ~ 0.1 kN,基本呈受压状态。

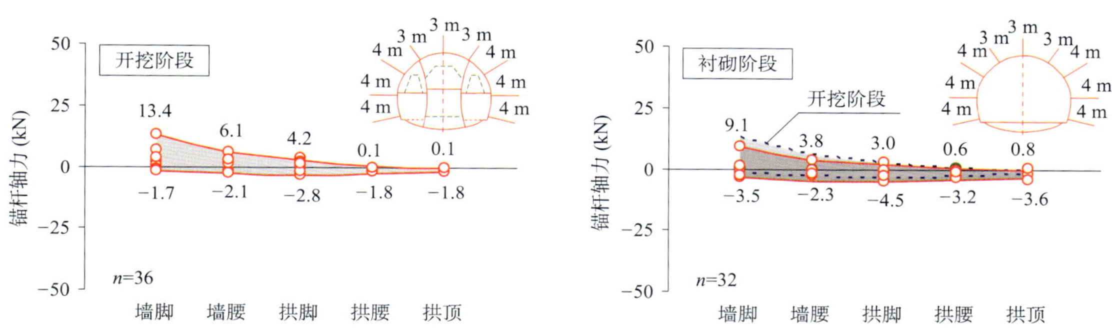

图 7-2-13　双侧壁锚杆轴力极值沿断面分布特征统计图

7.2.2　交叉中隔壁法力学特性

试验数据取自秦东隧道出口 CRD 法试验段,埋深 30 ~ 35 m,Q_1 砂质黄土,实测含水率为 6.3% ~ 10.4% 。图 7-2-14 为 CRD 试验段纵断面图,测试断面里程 DK340 + 845、+ 855。图 7-2-15 和图 7-2-16 为该试验段 CRD 法施工顺序图,采用挖掘机开挖。该段 CRD 开挖方向左洞为先行导坑,初期支护及临时支撑钢架均采用Ⅰ25a 型钢。与双侧壁相似,受挖掘机开挖下台阶时操作空间的限制,该段 CRD 上横撑架设均比较滞后。该段 CRD 均未架设底撑,左、右洞仰拱同时开挖。

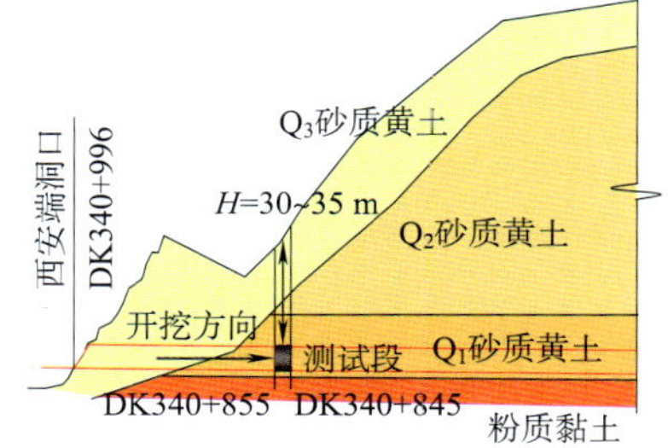

图 7-2-14　秦东 CRD 试验段纵断面

1)围岩变形特性

(1)净空位移

测试显示(表 7-2-2),本例 CRD 在未架设底撑且上横撑架设比较滞后情况下,拱部最大下沉达到 130 ~ 150 mm 水平,同时下台阶水平收敛明显大于上台阶,显然这与底部未及时封闭有关(未架设底撑且支护封闭较迟)。其中,CRD 左、右洞开挖顺序采取左上→左下(架设横撑)→右上→右下方式(图 7-2-15),较左上→右上→左下(架设横撑)→右下方式(图 7-2-16),可使拱部最大下沉减少 10% 以上。显然,如果采取底撑封闭,效果会更好。对此进行了计算验证,结果如图 7-2-17 所示。

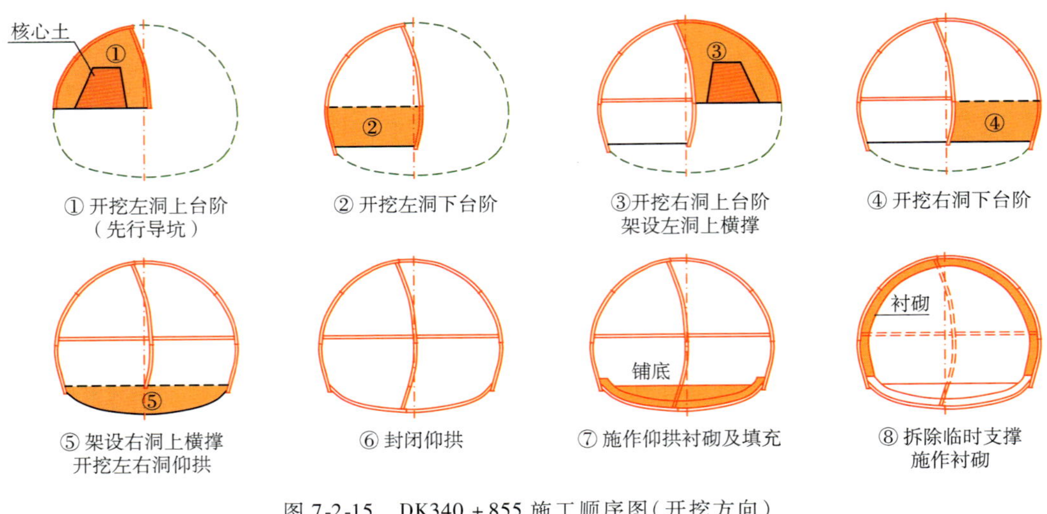

图 7-2-15　DK340 + 855 施工顺序图（开挖方向）

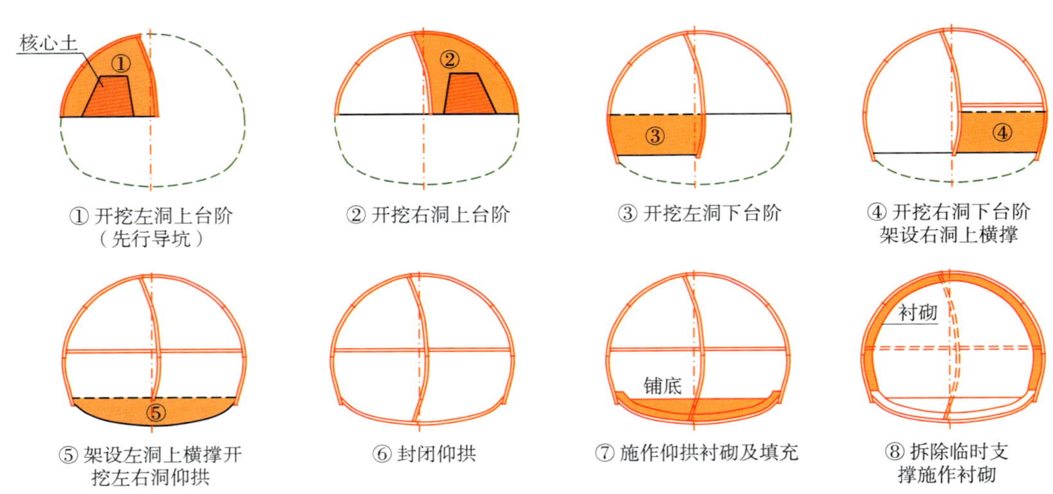

图 7-2-16　DK340 + 845 施工顺序图（开挖方向）

表 7-2-2　CRD 净空位移最大值汇总表

测试断面	埋深（m）	拱部下沉		水平收敛			比　值
		最大值（mm）	速率（mm/d）	最大值（mm）	速率（mm/d）	位　置	
DK340 + 855	30	132	16	109. 1	24. 3	上台阶	1. 1
				124. 3	14. 9	下台阶	
DK340 + 845	35	152	19	99. 9	39. 6	上台阶	1. 1
				134. 4	27. 3	下台阶	

注：（1）表中比值为拱顶下沉与水平收敛之比。
（2）拱部下沉最大值为左、右洞拱顶下沉中最大值，含拆除临时支撑（中壁及横撑）阶段。
（3）表中水平收敛为左、右洞水平收敛之和。

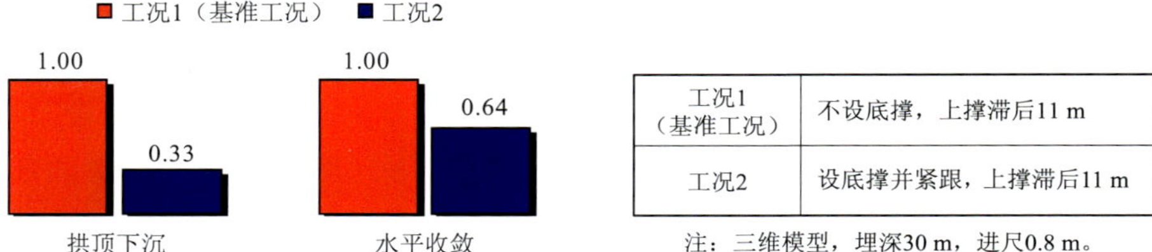

图 7-2-17　CRD 两种横撑工况净空位移计算对比（以基准工况为 1）

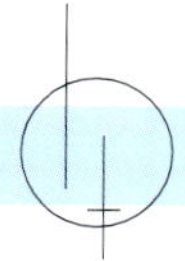

测试还显示，CRD 后行导坑（本例右洞）开挖将引起先行导坑（左洞）水平收敛急剧下降（图 7-2-18），表明中隔壁产生了较大位移和挠曲变形，该变形在横撑架设后趋于稳定。显然，这与上横撑滞后又无底撑封闭有关，是 CRD 施工中应避免的不利工况。

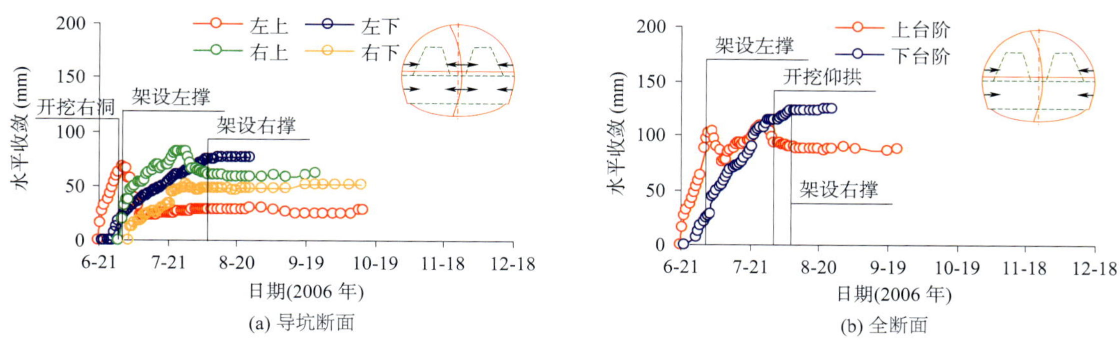

图 7-2-18　CRD 开挖阶段水平收敛时态曲线（DK340 + 855）

CRD 左、右洞仰拱同时开挖将引起较大拱部下沉增长（较仰拱开挖前增量为 35%），支护封闭后拱部下沉变化趋于稳定（图 7-2-19）。本例 CRD 中壁一次拆除长度为 20 m，大于 1 倍隧道开挖宽度。测试显示，此时拱部下沉增长显著，增量达到拆除前下沉量的 40%（图 7-2-19）。

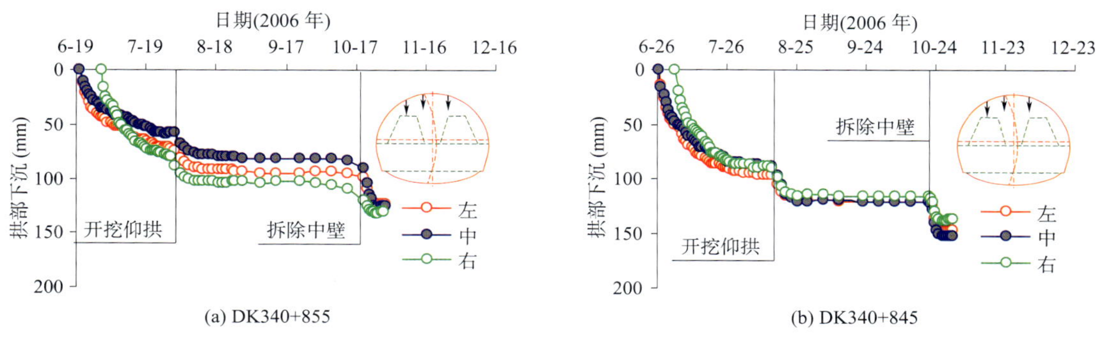

图 7-2-19　CRD 开挖及拆除中壁阶段拱部下沉时态曲线

综合而言，本例 CRD 在上撑滞后和底撑未架设情况下，其净空位移明显大于围岩更差、埋深更浅的双侧壁。应当说，一侧导坑支护及时封闭（即横撑尤其是底撑）且封闭后再开挖另一导坑对 CRD 的稳定同样具有重要意义。同时，浅埋情况下 CRD 一次拆撑过长（大于 1 倍隧道开挖宽度）、衬砌施作滞后，将引起较大拱部下沉。

（2）地中位移

地表垂直钻孔位移计测试显示（图 7-2-20），本例浅埋老黄土 CRD 在开挖及拆撑阶段的拱顶上方影响深度小于等于 6 m，小于浅埋新黄土双侧壁（6 ~ 8 m）。洞内水平钻孔位移计测试显示（图 7-2-21），开挖及拆撑阶段边墙范围的影响深度可达到 7 m。

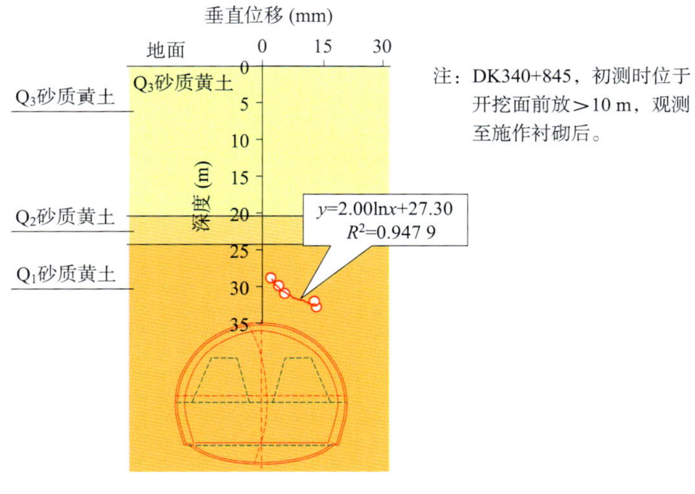

图 7-2-20　CRD 地表垂直钻孔位移计测试结果

2）支护受力特性

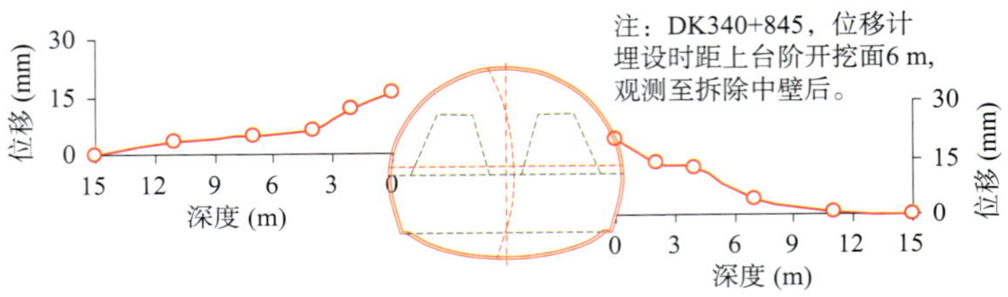

图 7-2-21　CRD 边墙水平钻孔位移计测试结果

(1)型钢钢架应力

测试显示(图 7-2-22 和图 7-2-23),CRD 初期支护以及中壁型钢(Ⅰ25a)受力明显大于双侧壁,在上横撑滞后以及未设底撑情况下,其中壁型钢压应力极值已达到 Q235 屈服强度。在受力特性上,CRD 仰拱以上初期支护型钢呈显著受压状态,中壁型钢则显著压弯并大于初期支护型钢受力。施作衬砌后支护型钢应力向受压方向发展。

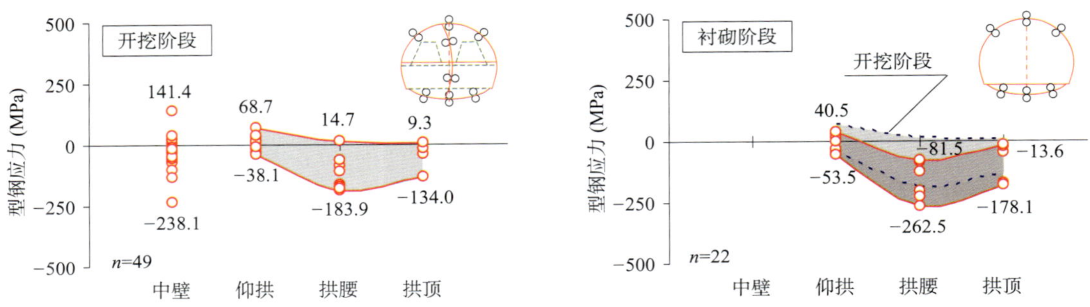

图 7-2-22　CRD 初期支护及中壁型钢应力极值分布统计图(Ⅰ25a)

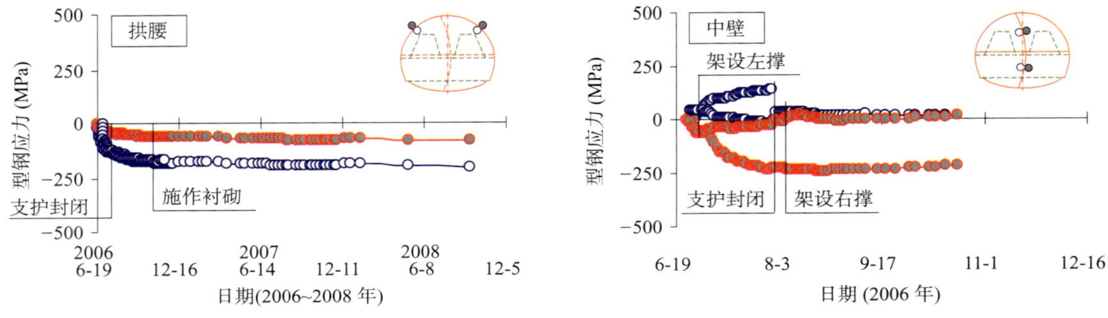

图 7-2-23　型钢应力时态曲线(DK340 + 855)

(2)锚杆轴力

CRD 法锚杆轴力同样具有沿断面呈上小下大的分布特征,如图 7-2-24 所示。其中开挖阶段,边墙锚杆最大轴力为 5 kN,拱部 1.2 kN。本例浅埋砂质黄土 CRD 锚杆受力较小,拱部锚杆受力则更小。

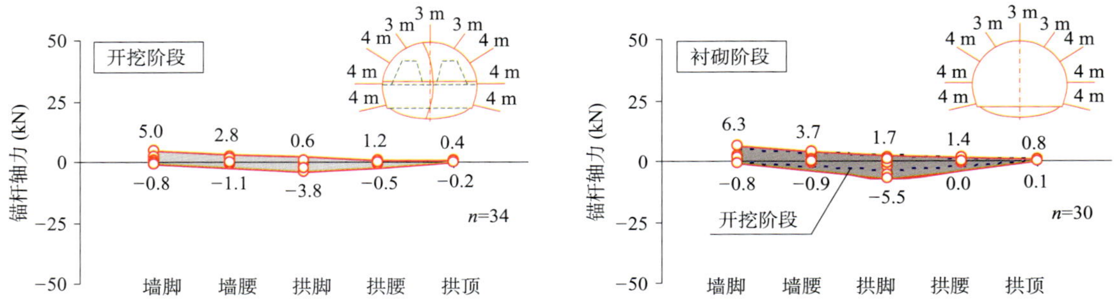

图 7-2-24　CRD 锚杆轴力极值沿断面分布特征统计图

7.2.3　中隔壁法力学特性

试验数据取自陕西段潼洛川隧道进口 CD 法试验段，埋深 30 ~ 34 m，Q_1 黏质黄土，实测含水率 10.9% ~ 11.1%。图 7-2-25 为该试验段纵断面图，测试断面里程 DK341 + 400、+ 410、+ 420。图 7-2-26 为该试验段 CD 法施工顺序图，采用挖掘机开挖。该段 CD 法开挖方向左洞为先行导坑，左、右洞均采用上台阶一次拉通后再开挖下台阶。该段 CD 法后行导坑开挖时先行导坑支护未封闭，在后行导坑下台阶开挖后出现水平收敛急剧增长，中隔壁出现纵向裂纹，在该侧导坑内架设临时横撑后中壁失稳得以控制。该段 CD 法中壁及初期支护钢架均采用 I22a 型钢。

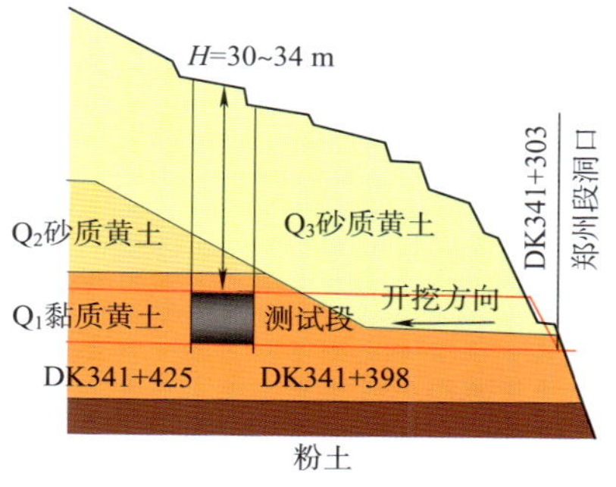

图 7-2-25　潼洛川 CD 试验段纵断面

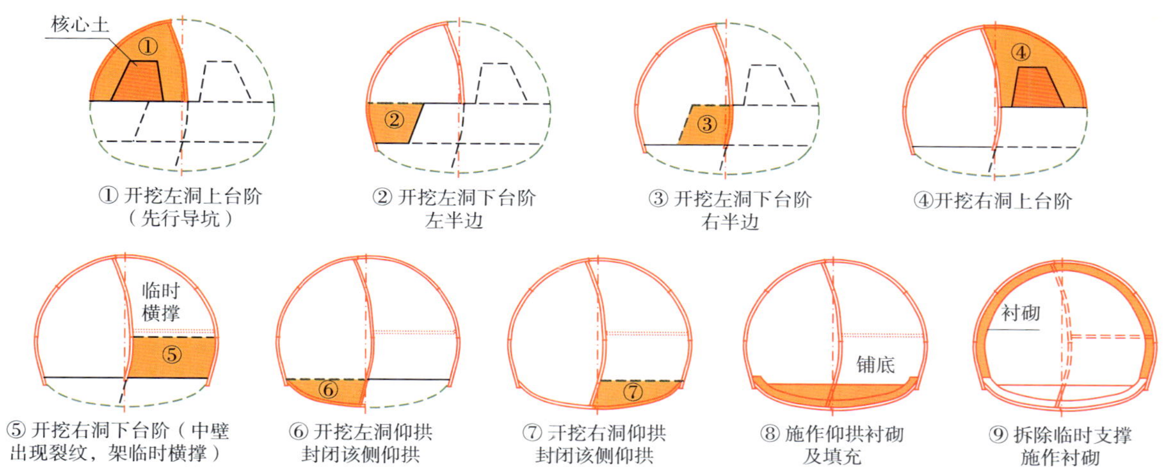

图 7-2-26　DK341 + 410 ~ + 425 施工顺序图（开挖方向）

1）围岩变形特性

（1）净空位移

测试显示（表 7-2-3），在浅埋 Q_1 黏质黄土条件下，本例 CD 法拱顶下沉达到 215 mm（拆撑前），显著大于浅埋 Q_3 砂质黄土中的双侧壁（115 mm）和 Q_1 砂质黄土中的 CRD（150 mm）。其中，后行导坑（右洞）下台阶开挖后（一次进尺 3 ~ 3.5 m/4 榀），出现净空位移急剧增长，尤以导坑水平收敛变化最为显著［图 7-2-27（a）］：后行右洞达到 294 mm，先行左洞则由正变负，变化幅度超过 200 mm。此时，中隔壁右侧在钢架连接处出现纵向贯通裂纹，形成中壁向右挠曲变形失稳。现场通过在右洞架设临时横撑，使中壁失稳得以控制。应当说，后行导坑下台阶开挖时一次进尺过大，使边墙支护未能及时跟进是引发 CD 法中壁失稳的直接因素，但根本原因则是 CD 法后行导坑开挖时先行导坑支护未封闭。作为验证，对 CD 法先行导坑支护是否封闭的工况进行了计算对比（图 7-2-28）。结果显示，CD 法先行导坑基底封闭（按设置底撑考虑）后再开挖相邻导坑，可使净空位移及地表沉降较基底未封闭工况均显著减小 25% ~ 35%。

表 7-2-3　CD 法开挖阶段净空位移最大值汇总表

测试断面	埋深（m）	拱顶下沉			水平收敛			比值
		最大值（mm）	速率（mm/d）	位置	最大值（mm）	速率（mm/d）	位置	
DK341 + 410	33	212	13	左洞	223.1	24.6	上台阶	1.0
		180	16	右洞	172.4	15.9	下台阶	

续上表

测试断面	埋深(m)	拱顶下沉			水平收敛			比值
		最大值(mm)	速率(mm/d)	位置	最大值(mm)	速率(mm/d)	位置	
DK341 +420	34	215	16	左洞	191.5	18.6	上台阶	1.1
		169	15	右洞	143.3	14.9	下台阶	

注:(1)表中比值为拱顶下沉与水平收敛之比。
(2)表中水平收敛为左、右洞水平收敛之和。
(3)不含拆除临时支撑阶段的位移变化。

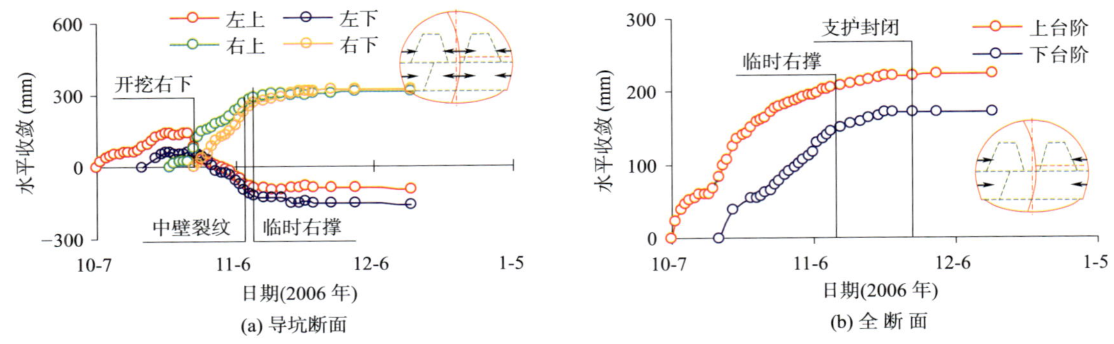

图 7-2-27　CD 法开挖阶段水平收敛曲线(DK341 +410)

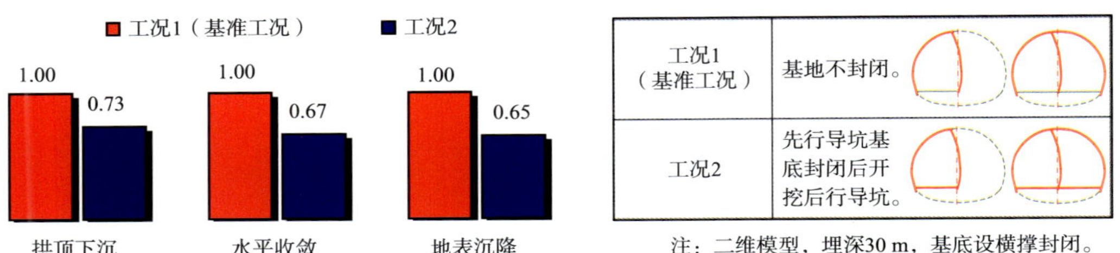

图 7-2-28　CD 法先行导坑基底封闭与未封闭的净空位移计算对比(以基准工况为 1)

本例 CD 法仰拱为左、右洞错开开挖,开挖时引起的拱顶下沉增量占总下沉 5%(图 7-2-29),这与 CRD 试验段左、右洞仰拱同时开挖引起拱顶下沉增量占总下沉达到 35% 的情况形成鲜明对比(参见第 7.2.2 节图 7-2-19)。在仰拱开挖环节上,对侧壁导坑法而言,一侧导坑支护封闭后再开挖另一侧仰拱,有利于控制拱顶下沉。

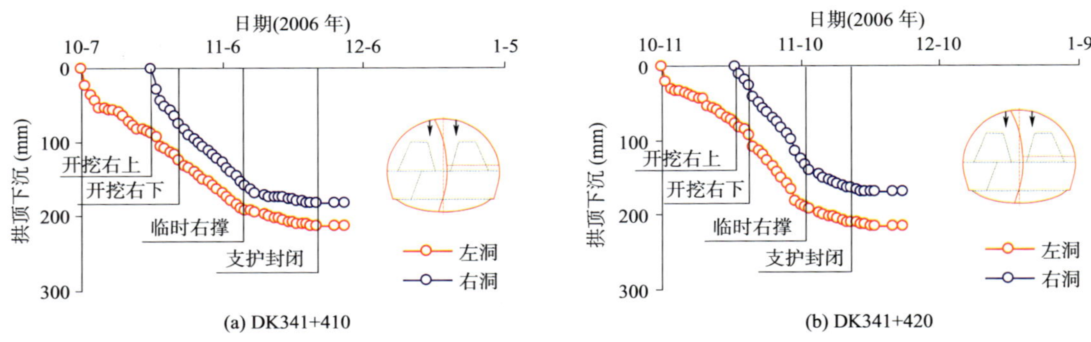

图 7-2-29　CD 法开挖阶段拱顶下沉时态曲线

本例 CD 法中隔壁一次拆除 6 m(小于 0.5 倍隧道开挖宽度),衬砌紧跟施作。测试显示,拆除中壁引起的拱顶下沉增量小于 15 mm(图 7-2-30),不到中壁拆除前总下沉的 7%,远小于一次拆撑长度大于 1 倍隧道开挖宽度、衬砌施作滞后的 CRD 法试验段(参见第 7.2.2 节图 7-2-19)。综合而言,在需要控制地表沉降场合,侧壁导坑法一次拆撑不宜过长,以免引起较大地层沉降。

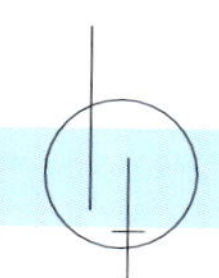

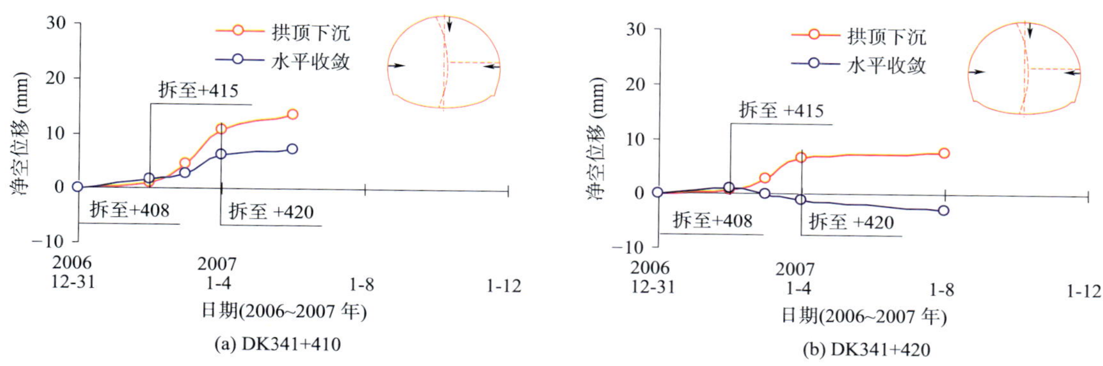

图 7-2-30　CD 法拆除中壁阶段净空位移变化情况

由于 CD 法没有横撑，在后行导坑开挖时对中隔壁的影响较大。为减少开挖对中壁的影响，在后进导坑台阶开挖时可将核心土留至中壁处，同时对左右导坑下台阶开挖采取左右分块方式，即先开挖靠边墙一侧土体待边墙支护施作后再开挖靠中壁一侧土体。计算显示（图 7-2-31），这种在中壁两侧预留核心土的开挖方式较常规台阶开挖方式可显著减小拱顶下沉。

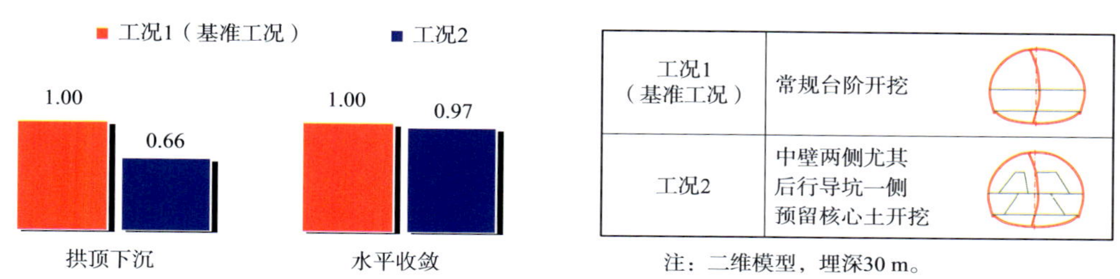

图 7-2-31　CD 法中壁两侧预留核心土开挖方式的净空位移计算对比（以基准工况为 1）

（2）地中位移

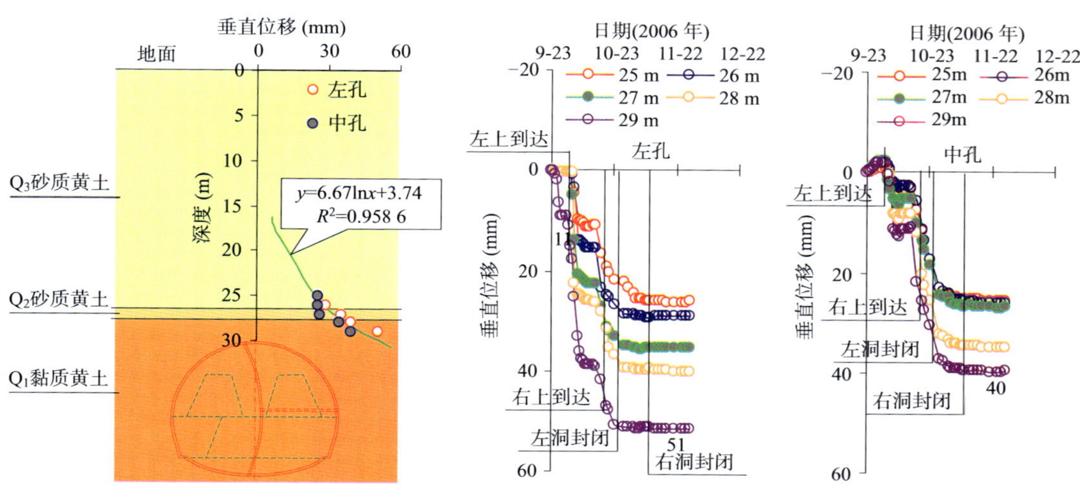

图 7-2-32　CD 地表垂直钻孔位移计测试结果（DK341＋400）

地表垂直钻孔位移计测试显示（图 7-2-32），本例 CD 法开挖阶段拱部上方影响深度约为 1 倍隧道开挖宽度，大于双侧壁和 CRD 法。支护封闭后，该位移变化趋于稳定。洞内水平钻孔位移计测试显示（图 7-2-33），本例黏质黄土中 CD 法开挖阶段边墙范围的影响深度大于 5 m，但小于砂质黄土中的双侧壁和 CRD 法。

2）支护受力特性

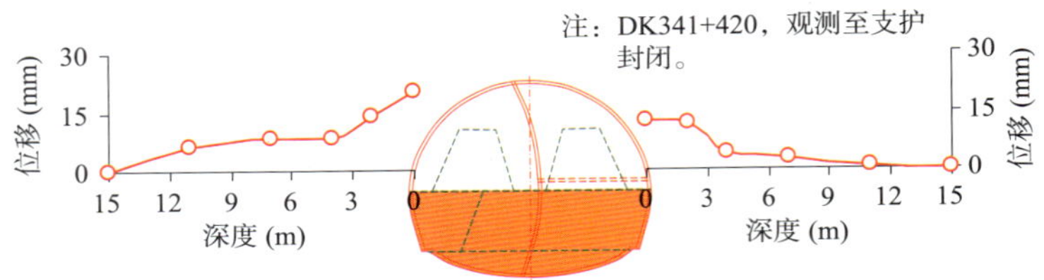

图 7-2-33　CD 边墙水平钻孔位移计测试结果

（1）型钢钢架应力

测试显示（图 7-2-34 和图 7-2-35），CD 法初期支护及中壁型钢（I22a）受力明显大于 CRD 法，其中中壁型钢压应力极值已显著超过 Q235 屈服强度（中壁出现开裂）。施作衬砌后型钢应力向受压方向发展。综合而言，侧壁导坑支护型钢受力有 CD 法 > CRD 法 > 双侧壁法。

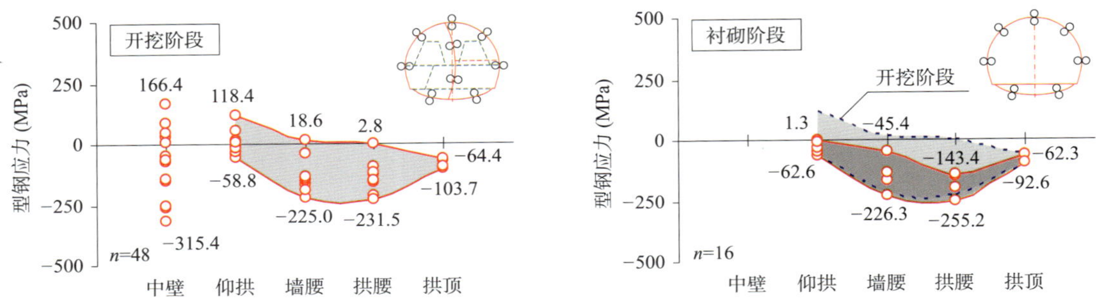

图 7-2-34　CD 初期支护及中壁型钢应力极值分布统计图（I22a）

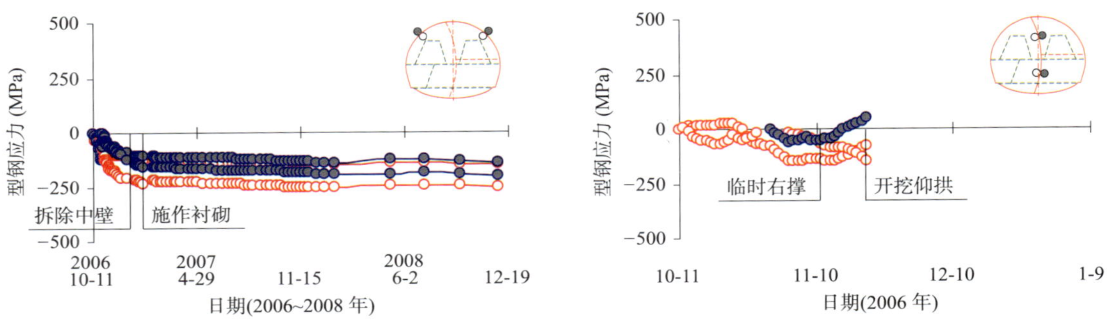

图 7-2-35　型钢应力时态曲线（DK341 + 420）

（2）锚杆轴力

测试显示（图 7-2-36），CD 法锚杆轴力分布同样具有拱部小而边墙大的特点。但本例黏质黄土中锚杆受力明显大于砂质黄土中双侧壁和 CRD 的锚杆受力，其中开挖阶段边墙锚杆最大轴力达到 34 kN。综合而言，黏质黄土中锚杆作用较砂质黄土大，但拱部范围锚杆仍然难以形成受拉区。

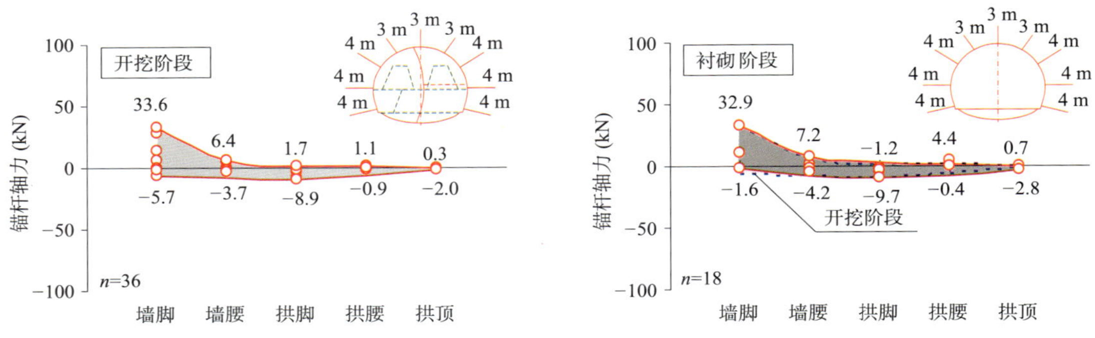

图 7-2-36　CD 锚杆轴力极值沿断面分布特征统计图

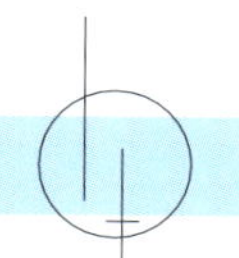

7.2.4　预留核心土台阶法力学特性

试验数据分别取自陕西段秦东隧道深埋老黄土、潼洛川隧道浅埋老黄土和高桥隧道浅埋新黄土预留核心土台阶法试验段。图 7-2-37 为上述试验段纵断面图，表 7-2-4 为试验段埋深及黄土物性参数表，表 7-2-5 为试验段测试断面布置表。表 7-2-6 为秦东、潼洛川和高桥隧道留核心土台阶法试验段施工参数统计表。试验段施工顺序图分别如图 7-2-38 ~ 7-2-40 所示。采用挖掘机开挖，图 7-2-41 为实际开挖情况。

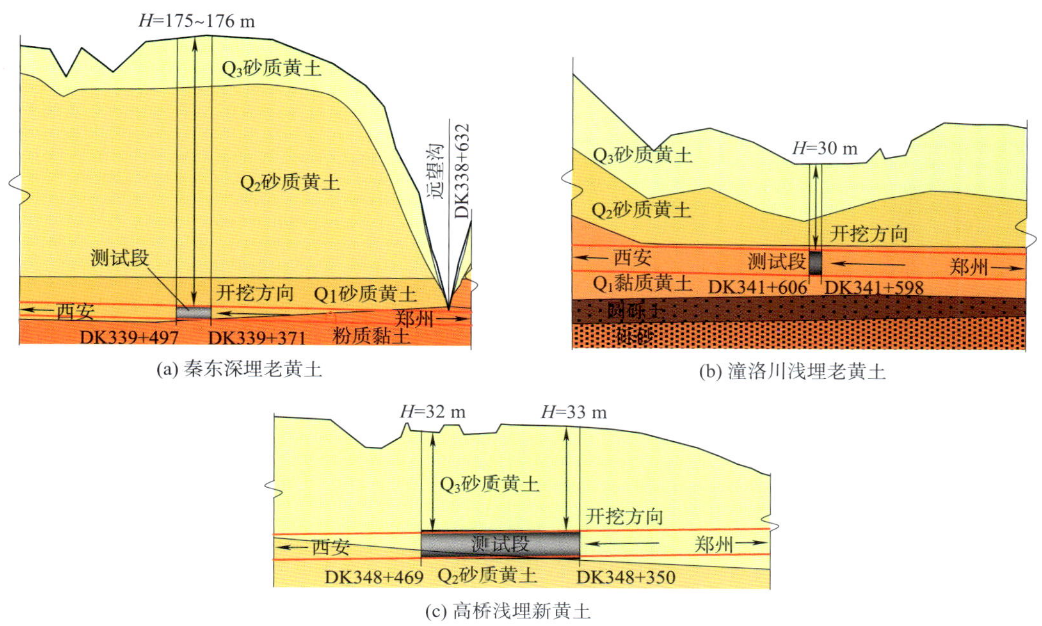

图 7-2-37　预留核心土台阶法试验段纵断面图

表 7-2-4　秦东、潼洛川和高桥隧道预留核心土台阶法试验段黄土物性参数表

试验段	黄土类型	埋深(m)	重度(g/cm^3)	孔隙比	实测含水率(%)
秦东隧道	Q_1 砂质黄土	175 ~ 176	1.99	0.595	14.3 ~ 16.8
潼洛川隧道	Q_1 黏质黄土	30	1.88	0.689	8.3 ~ 9.4
高桥隧道	Q_3 砂质黄土	32 ~ 33	1.68	0.778	11.3 ~ 13.5

表 7-2-5　秦东、潼洛川和高桥隧道预留核心土台阶法试验段测试断面布置表

试验段	黄土类型	序号	断面里程
秦东隧道	Q_1 砂质黄土	1	DK339 + 371
		2	DK339 + 387
		3	DK339 + 409
		4	DK339 + 453
		5	DK339 + 490
		6	DK339 + 497
潼洛川隧道	Q_1 黏质黄土	7	DK341 + 598
		8	DK341 + 606
高桥隧道	Q_3 砂质黄土	9	DK348 + 350
		10	DK348 + 360
		11	DK348 + 363
		12	DK348 + 373
		13	DK348 + 460
		14	DK348 + 469

表 7-2-6　秦东、潼洛川和高桥隧道预留核心土台阶法试验段施工参数统计表

试验段	测试断面	埋深(m)	试验段施工参数								
			大拱脚	系统锚杆	锁脚锚杆	台阶长度			支护封闭		衬砌施作时间(d)
						核心土(m)	上台阶(m)	中台阶(m)	距离(m)	时间(d)	
秦东 DK339	+371	176	有	有	1 排	5.0	9.0	14	31	16	29
	+387		有	无	1 排	4.3	9～11	24～27	42	13	21
	+409		有	有	1 排	4.0	9.5～11	11～14	35	13	23
	+453		无	无	1 排	5.8	9.5	14.4	35	16	37
	+490	175	无	无	1 排	4.0	7.0	11.0	28	11	—
	+497		有	无	1 排	4.5	8～12	10～12	30	11	—
潼洛川 DK341	+598	30	无	无	2 排	4.9	5.4～7.6	5.2～6.7	28	18	39
	+606		有	有	2 排	4.7			28	15	32
高桥 DK348	+350	33	无	无	2 排	4.3	7.6～6.5	5.1～4.9	22	16	31
	+363		无	无	2 排	4.2	7.8～6.8	5.1～3.6	22	15	25
	+373		无	无	2 排	4.8	7.4～7.5	5.2～3.5	25	16	22
	+460	32	有	有	2 排	3.6	5.3～6.7	5.5～4.9	22	14	28
	+469		有	有	2 排	3.1	7.8～9.2	6.2～4.7	25	12	24

注：高桥隧道系统锚杆仅布置在边墙范围，其余边墙、拱部均布置。

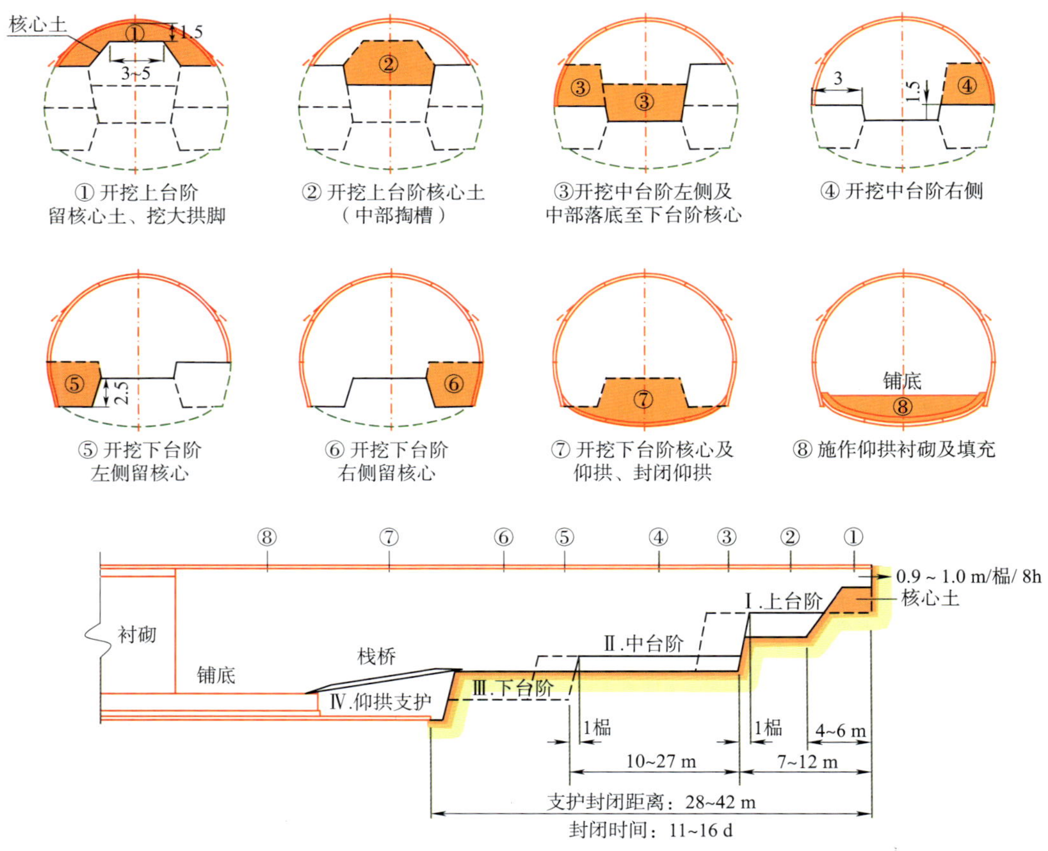

图 7-2-38　秦东隧道深埋老黄土预留核心土台阶法试验段施工顺序图

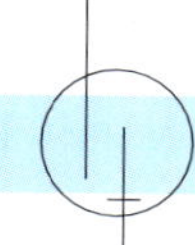

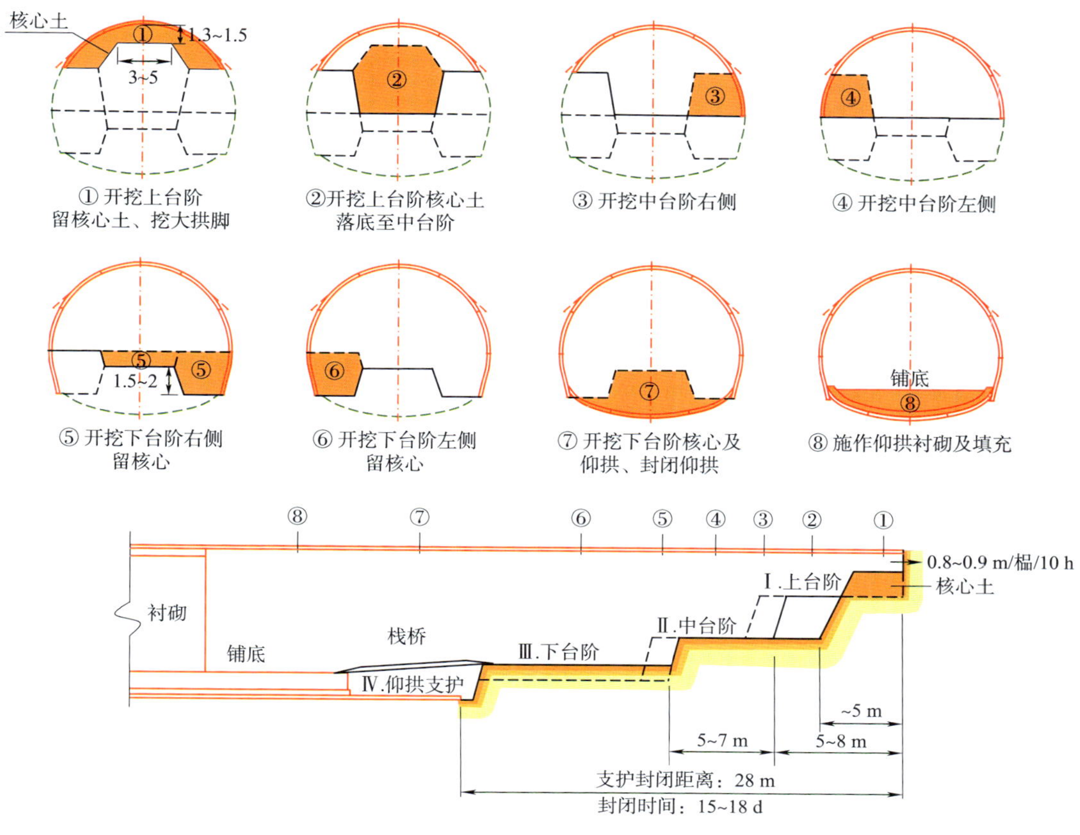

图 7-2-39　潼洛川隧道浅埋老黄土预留核心土台阶法试验段施工顺序图

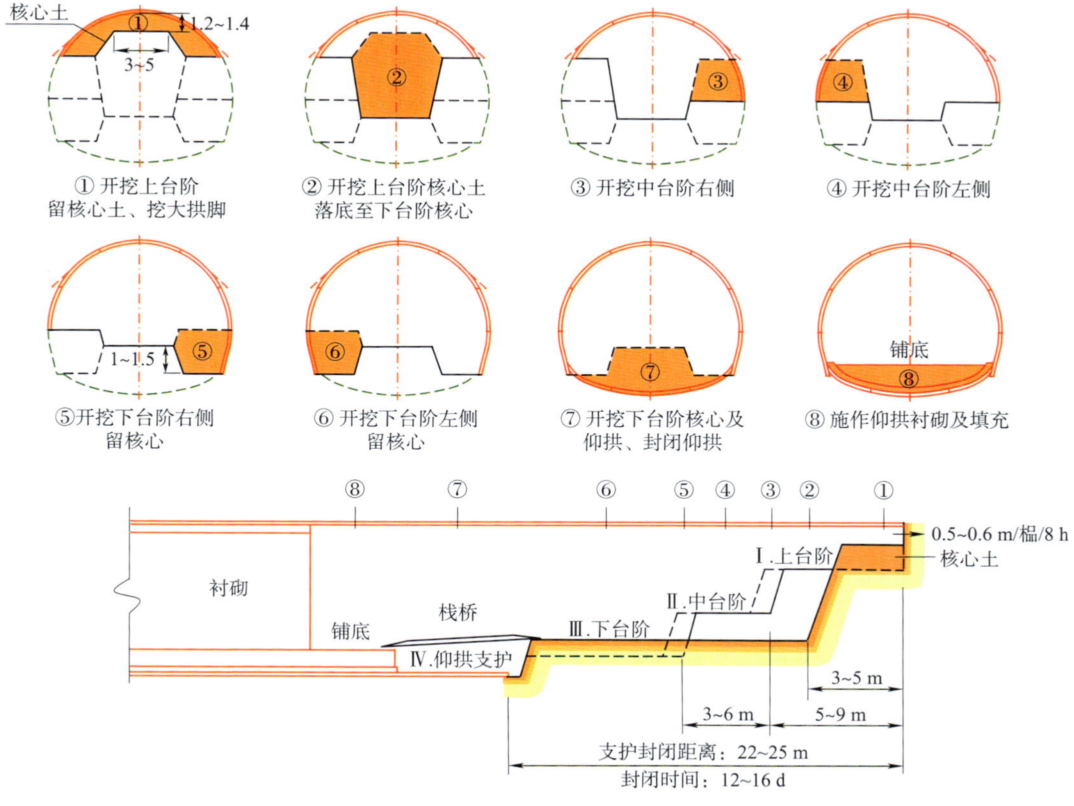

图 7-2-40　高桥隧道浅埋新黄土预留核心土台阶法试验段施工顺序图

图 7-2-41　秦东、潼洛川和高桥隧道台阶法试验段实际开挖情况

上述隧道预留核心土台阶法试验段均采用三台阶顺序开挖，开挖步序均为七步。其中，上台阶留核心土，其截面顶宽 3～5 m（秦东较小，潼洛川和高桥较宽），长度 3～6 m（一般 4～5 m）。该层台阶长 5～12 m，秦东深埋段较长，潼洛川和高桥浅埋段较短。上台阶一次进尺：高桥 0.5～0.6 m，潼洛川 0.8～0.9 m，秦东 0.8～1.0 m。中台阶中部掏槽或落底不留核心土，其底部与下台阶核心直接衔接（秦东和高桥）。该层台阶长度 3～27 m，深埋段较长，浅埋段较短。

初期支护钢架秦东为Ⅰ20a 型钢，潼洛川为Ⅰ22a 型钢，高桥为Ⅰ25a 型钢。支护封闭距离：秦东老黄土一般在 30 m 以上，潼洛川浅埋老黄土为 30 m 以内，高桥新黄土为 25 m 秦东老黄土一般在 30 m 以上，潼洛川浅埋老黄土为 30 m 以内，高桥新黄土为 25 m 以内。封闭时间均在 10～20 d 内完成封闭。其中，秦东深埋段封闭时间较短，平均 13 d 左右，潼洛川和高桥浅埋段封闭时间较长，平均 15 d 及以上。施工进度：上述留核心土台阶法试验段月开挖进度，秦东深埋老黄土可达到 70 m 以上，潼洛川浅埋老黄土 50 m 以上，高桥浅埋新黄土 40 m 以上。

1）围岩变形特性

（1）净空位移

表 7-2-7 和表 7-2-8 分别为秦东、潼洛川和高桥隧道预留核心土台阶法净空位移最大值和速率统计结果，并在表 7-2-7 中给出相关施工参数对照。表 7-2-9 为支护封闭前后拱部下沉比例关系统计结果。图 7-2-42 为上述隧道台阶法开挖时的净空位移时态曲线。

表 7-2-7　秦东、潼洛川和高桥隧道预留核心土台阶法净空位移最大值统计及相关施工参数表

隧道	黄土类型	测试断面	埋深（m）	拱部下沉（mm）		水平收敛（mm）			大拱脚	施工参数		
										支护封闭		一次进尺（m）
				拱顶	拱脚	拱脚	墙腰	墙脚		距离（m）	时间（d）	
秦东 DK339	老黄土	+387	176	111	172	144	167	110	有	42	13	0.9～1.0
		+409		95	132	119	—	—	有	35	13	
		+453	175	94	151	104	149	117	无	35	16	
		+490		98	157	105	151	78	无	28	11	
		+497		77	122	84	126	78	有	30	11	
潼洛川 DK341		+598	30	92	90	41	50	54	无	28	18	
		+606		80	70	33	37	44	有	28	15	0.8～0.9
高桥 DK348	新黄土	+363	33	157	163	28	60	38	无	22	15	0.5～0.6
		+373		151	161	34	56	52	无	25	16	
		+469	32	103	109	31	54	46	有	25	12	

注：拱顶及拱脚下沉、拱脚收敛均距上台阶掌子面一榀钢架距离（0.5～1.0 m）开始初测。

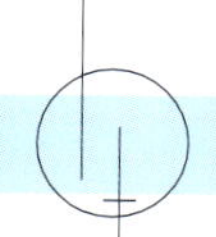

表 7-2-8　秦东、潼洛川和高桥隧道预留核心土台阶法净空位移最大速率统计表

隧　道	测试断面	拱部下沉速率(mm/d)			水平收敛速率(mm/d)		
		上台阶开挖初期	中台阶通过前后	下台阶通过前后	上台阶开挖初期	中台阶通过前后①	下台阶通过前后②
秦东 DK339	+387	36.4	35.1	7.8	34.8	18.5	24.7
	+409	24.3	22.4	9.9	10.4	17.2	19.2
	+453	27.1	33.2	6.7	11.3	21.3	22.0
	+490	24.4	24.7	17.6	17.8	17.4	32.0
	+497	26.3	27.1	6.6	12.9	21.5	25.8
潼洛川 DK341	+598	27.8	12.0	10.1	8.5	6.0	11.5
	+606	24.8	13.5	4.0	4.5	6.2	7.0
高桥 DK348	+363	19.1	17.8	11.9	5.8	5.4	12.2
	+373	24.8	21.9	19.1	8.0	5.1	10.4
	+469	21.0	14.3	11.8	3.4	4.8	14.0

注:(1)上台阶水平收敛速率;
(2)中台阶水平收敛速率。

表 7-2-9　支护封闭前后拱部下沉比例关系统计表

隧　道	黄土类型	测试断面	埋深(m)	平均拱脚下沉(mm)		比　例	相关系数
				封闭前	最终回归值		
秦　东	老黄土	DK339+387	176	162.9	174.0	0.94	0.9926
		+409		124.8	134.3	0.93	0.9367
		+453		139.9	150.2	0.93	0.9440
		+490	175	147.7	156.4	0.94	0.9161
		+497		113.7	123.2	0.92	0.9058
潼洛川		DK341+598	30	83.5	87.9	0.95	0.9028
		+606		66.5	73.8	0.90	0.9897
高　桥	新黄土	DK348+363	33	142.9	164.2	0.87	0.9763
		+373		159.2	176.3	0.90	0.9435
		+469	32	89.4	127.1	0.70	0.9730

注:比例=封闭前/最终回归值。

①预留核心土台阶法净空位移的特征

净空位移中拱部下沉十分突出,尤其是浅埋场合,如图 7-2-43(a)所示。浅埋时拱部下沉与水平收敛之比实测达到 2~3(平均 2.3)。这与侧壁导坑法(双侧壁、CRD 和 CD)的净空位移特性有明显不同,后者拱部下沉与边墙水平收敛之比在 0.9~1.3 之间(平均 1.1)。同时,新黄土的拱部下沉显著大于老黄土如图 7-2-44(a)所示,接近于深埋拱部下沉的水平。能否及时控制拱部下沉,将是浅埋黄土尤其是新黄土中能否成功采用台阶法进行大断面施工的关键。高桥隧道的实践为浅埋大断面尤其是特大断面新黄土隧道采用台阶法施工提供了成功经验。

同时,拱部下沉中拱脚下沉十分突出,拱脚与拱顶下沉之比达到了 1~1.5[前者浅埋,后者深埋,图 7-2-43(b)],反映出拱部整体下沉的趋势(尤其浅埋场合)。黄土隧道拱脚承载力普遍较弱,是引发拱部整体下沉的关键。因此,大断面黄土隧道施工时应重视加强拱脚的支护。

而水平收敛则以中台阶墙腰处收敛较为突出,它与拱脚收敛之比,老黄土为 1.2~1.5(平均 1.3),新黄土 1.6~2.2(平均 1.8)。对比规范(TB 10108—2002)中双线隧道取 1.1~1.2,显然郑西高速铁路 160 m^2 以上特大断面黄土隧道水平收敛的这一特性较一般双线隧道更为显著,尤其是在新黄

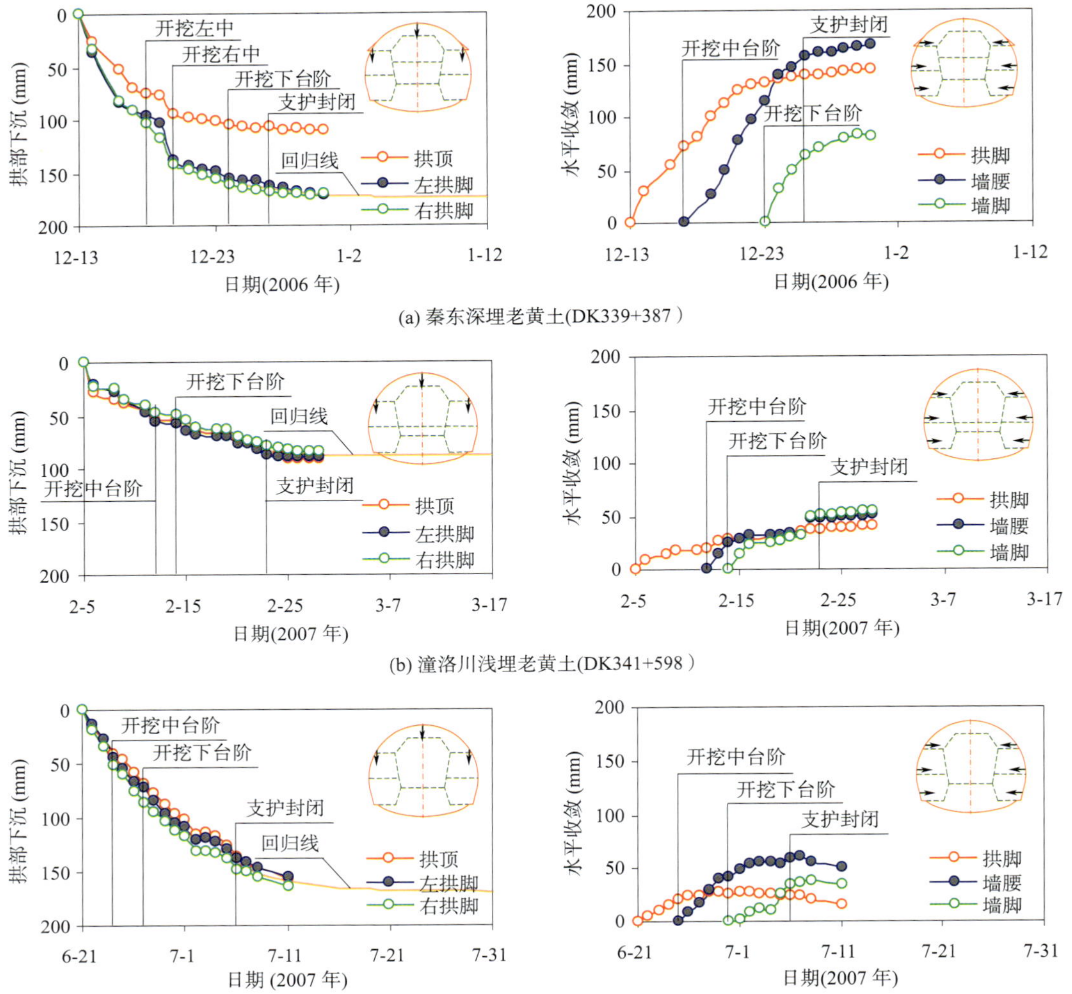

(a) 秦东深埋老黄土(DK339+387)

(b) 潼洛川浅埋老黄土(DK341+598)

(c) 高桥浅埋新黄土(DK348+363)

图 7-2-42　预留核心土台阶法净空位移时态曲线

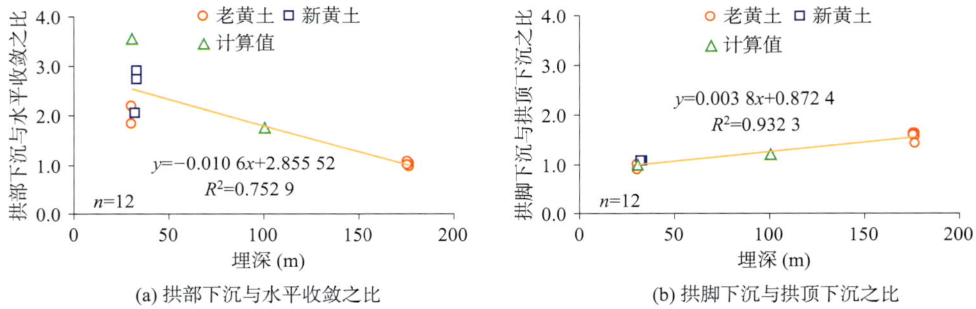

(a) 拱部下沉与水平收敛之比

(b) 拱脚下沉与拱顶下沉之比

图 7-2-43　预留核心土台阶法不同埋深净空位移特性统计

土中。

②开挖进尺对净空位移的影响

试验表明,大断面黄土隧道台阶法开挖采取短进尺,有利于控制净空位移。上述试验段测试显示,深埋老黄土一次开挖进尺为 1.0 m/榀时,拱部下沉和墙腰水平收敛可控制在 170 mm 水平,位移速率控制在 35 mm/d 左右;浅埋老黄土一次开挖进尺 0.8 m/榀时,拱部下沉可控制在 100 mm 以内,位移速率控制在 25 ~ 30 mm/d;浅埋新黄土一次开挖进尺小于等于 0.6 m/榀时,拱部下沉可控制在 165 mm 水平,位移速率控制在 25 mm/d 以内。对比计算显示(图 7-2-45),一次进尺 2.4 m/3 榀较 1 m/1 榀进

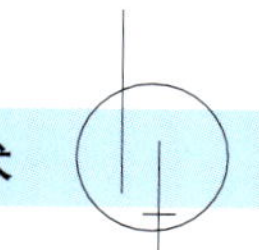

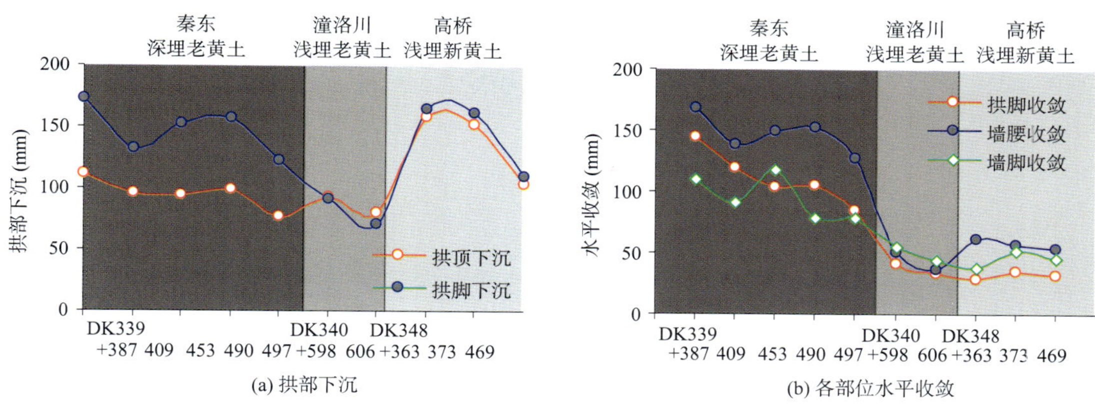

图 7-2-44　预留核心土台阶法不同类型黄土净空位移统计图

尺，拱部下沉和水平收敛将显著增大 60%～70%，显然这是不能容许的。

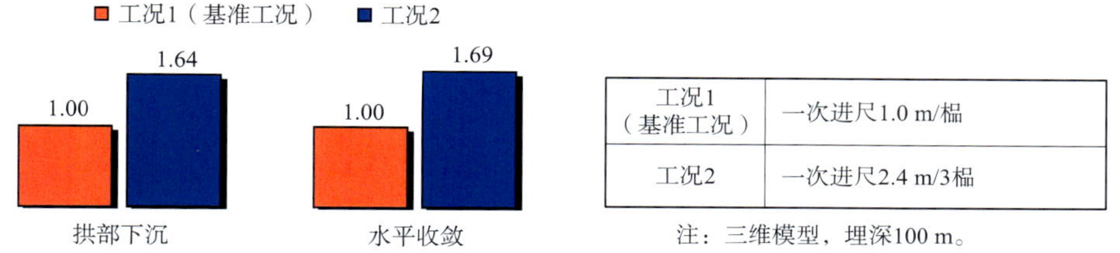

工况1 （基准工况）	一次进尺1.0 m/榀
工况2	一次进尺2.4 m/3榀

图 7-2-45　预留核心土台阶法不同进尺工况净空位移计算对比（以基准工况为 1）

③仰拱开挖以及封闭对净空位移的影响

测试显示，台阶法净空位移主要发生在支护封闭前。其中，拱部下沉封闭前占总下沉（回归值）的比例，老黄土平均为 93%，新黄土平均为 83%，如图 7-2-46 所示。支护封闭可从根本上解决黄土隧道弱拱脚的问题，并形成较大的刚度。因此，仰拱尽早封闭对于控制大断面黄土隧道台阶法施工时的净空位移具有重要意义。

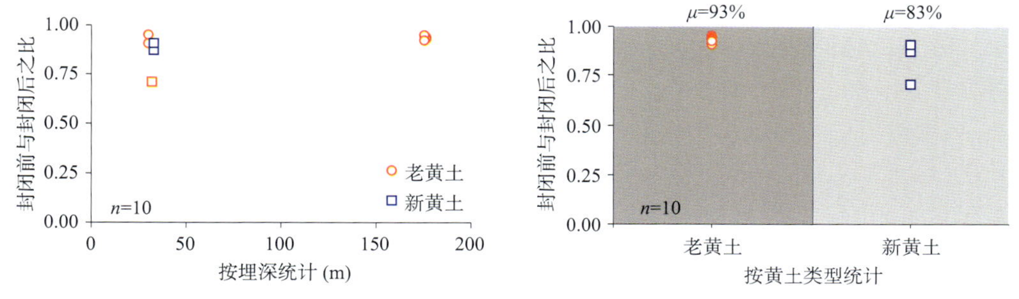

图 7-2-46　预留核心土台阶法支护封闭前后拱部下沉对比统计

测试还显示，在深埋老黄土中，支护封闭距离小于等于 35 m 时净空位移明显小于封闭距离大于 40 m 的情况。对比不同封闭距离的计算结果（图 7-2-47），支护封闭距离大于 40 m 时净空位移将显著增长，其中水平收敛较 30 m 时增长 65%。而在封闭距离 35 m 时净空位移较 30 m 的增长可控制在 10% 左右。因此对于留核心土台阶法施工，深埋老黄土的支护封闭距离宜控制在 35 m 以内。

④大拱脚对净空位移的影响

测试显示（图 7-2-48），大拱脚对于控制净空位移尤其是拱部下沉具有明显效果。其中，支护封闭距离在 35 m 以内时拱部下沉最大可减少 30% 以上，水平收敛最大可减少 15% 以上。

对比计算显示（图 7-2-49），砂质黄土中 120 cm 大拱脚较 80 cm 大拱脚可进一步提高拱部下沉的

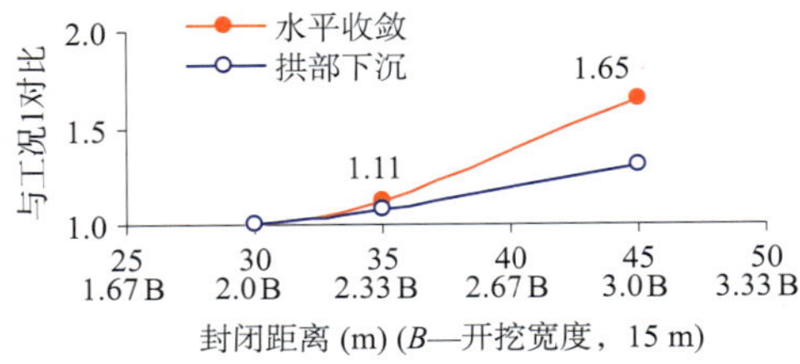

工况1（基准工况）	支护封闭距离30 m
工况2	支护封闭距离35 m
工况3	支护封闭距离45 m

注：三维模型，埋深100 m。

图 7-2-47　预留核心土台阶法不同支护封闭距离计算对比(以基准工况为 1)

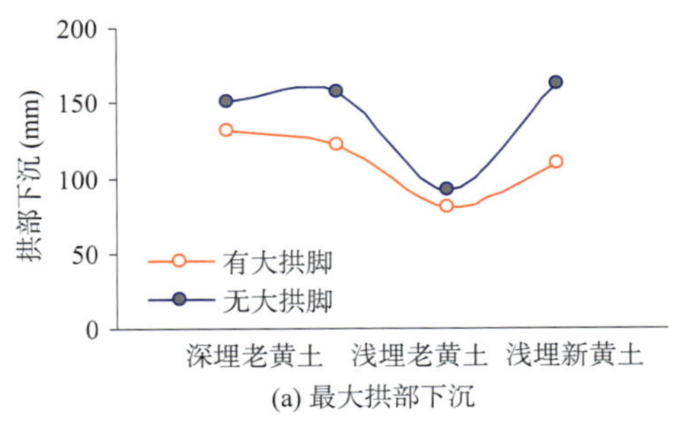

(a) 最大拱部下沉

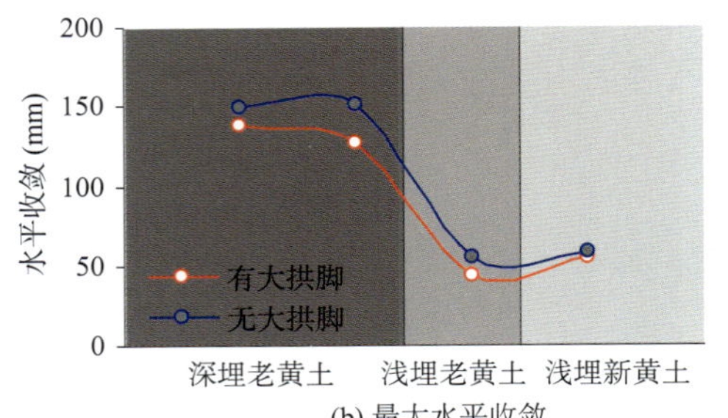

(b) 最大水平收敛

图 7-2-48　预留核心土台阶法有/无大拱脚净空位移测试对比

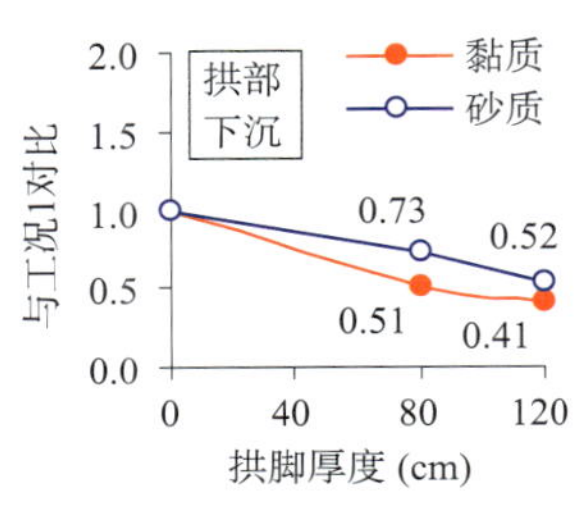

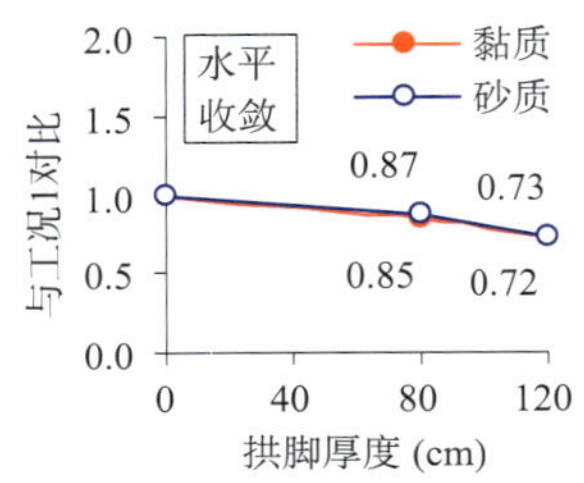

工况1（基准工况）	无大拱脚
工况2	80 cm大拱脚
工况3	120 cm大拱脚

注：二维模型，埋深100 m。

图 7-2-49　预留核心土台阶法大拱脚净空位移计算对比(以基准工况为 1)

控制效果(20%以上)，而在黏质黄土中提高的效果相对不明显(10%)。考虑到砂质黄土中人工掏挖大拱脚安全性较差，大拱脚厚度不宜大于 120 cm。

⑤锁脚锚杆对净空位移的影响

计算显示，锁脚锚杆可显著减小拱部下沉，但其效果与打入角度有很大关系，如图 7-2-50 所示。仅当打入角度(与水平夹角)大于等于 45°时，才产生明显的拱部下沉控制效果(减小 30%以上)；当打入角度减小至 30°时作用已不明显(约 5%)。测试显示，高桥 DK348 + 460 ~ + 470 试验段为 45°以上大角度打入锁脚锚杆，相对于该隧道 DK348 + 350 ~ + 370 小角度锁脚锚杆地段，前者拱部下沉控制在 110 mm 水平明显小于后者的 160 mm，应当说这与锁脚锚杆打入角度不无关系。

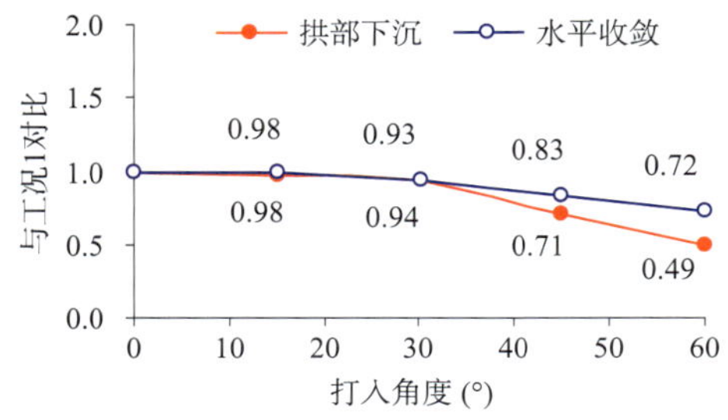

工况1（基准工况）	无锁脚锚杆
工况2	α=15°（与水平夹角，下同）
工况3	α=30°
工况4	α=45°
工况5	α=60°

注：二维模型，埋深100 m，锚杆长3 m，一排。

图 7-2-50　预留核心土台阶法锁脚锚杆不同打入角度计算对比(以基准工况为 1)

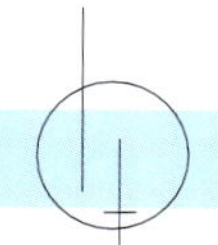

⑥各层台阶开挖对净空位移的影响

位移增长速率显示(图 7-2-51),中台阶开挖是容易引发拱脚下沉急剧增长的不利环节,尤其是深埋场合。而下台阶开挖将引起墙腰水平收敛显著增长,其增长速率可超过上台阶开挖时拱脚水平收敛的初始速率。应当说这与中、下台阶的一次进尺普遍较上台阶大(尤其在深埋场合)不无关系。因此,控制中、下台阶的一次开挖进尺有利于控制净空位移。

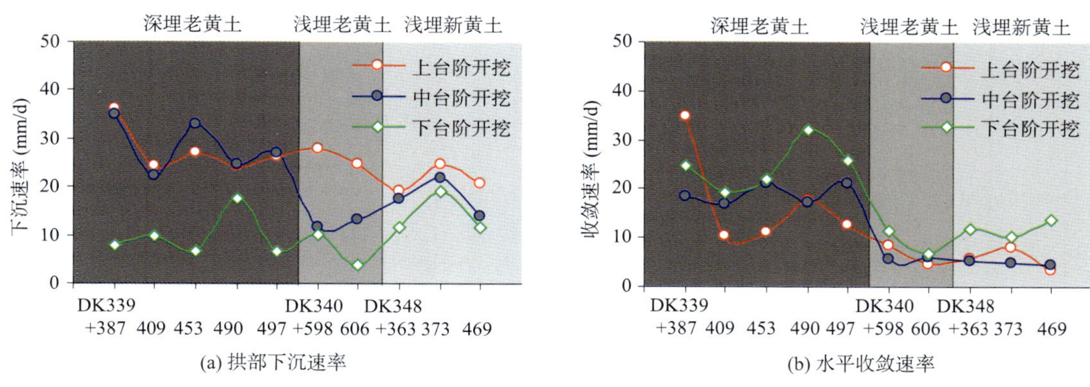

图 7-2-51　预留核心土台阶法净空位移速率统计图

(2)掌子面纵向位移

通过全站仪测得上台阶掌子面纵向挤出位移 10 ~ 20 mm,主要发生在开挖后 2 h 以内,如图 7-2-52 所示。其中,秦东深埋段掌子面挤出位移明显大于潼洛川浅埋段,这与埋深有关外,应当说与两者核心土大小不无关系,潼洛川核心土截面积较大。

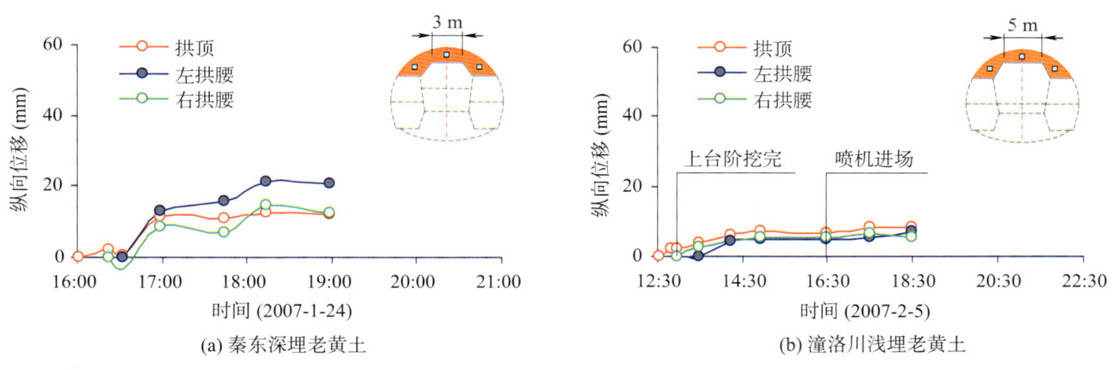

图 7-2-52　掌子面纵向位移特性(挤出位移)

(3)地中位移

测斜孔测试显示(图 7-2-53),上台阶到达时边墙范围地中水平位移可达到总位移的 35% 。对比相同黄土条件但埋深更浅的双侧壁,后者在先行导坑到达时边墙地中水平位移仅占总位移的 15% 。可见,开挖初期边墙范围黄土所受到的扰动,台阶法明显大于双侧壁。支护封闭后该位移增长开始趋稳。

地表垂直钻孔位移计测试显示(图 7-2-54),拱顶上方影响深度约为 1 倍隧道开挖宽度,明显大于老黄土中的 CRD 和新黄土中埋深较浅的双侧壁。支护封闭后该位移不再增长。洞内水平钻孔位移计测试显示(图 7-2-55),深埋 Q_1 砂质黄土场合,台阶法开挖阶段边墙范围地层中的扰动深度可达到 10 m 以上。

(4)地表沉降

测试显示(图 7-2-56),浅埋新黄土(埋深 30 m)预留核心土台阶法最大地表沉降 170 mm,其中有

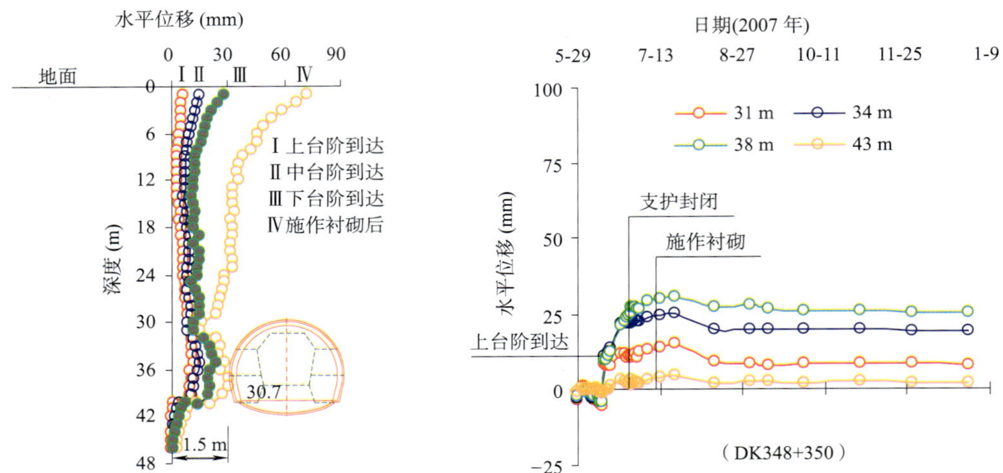

图 7-2-53 测斜孔测试结果(高桥浅埋新黄土)

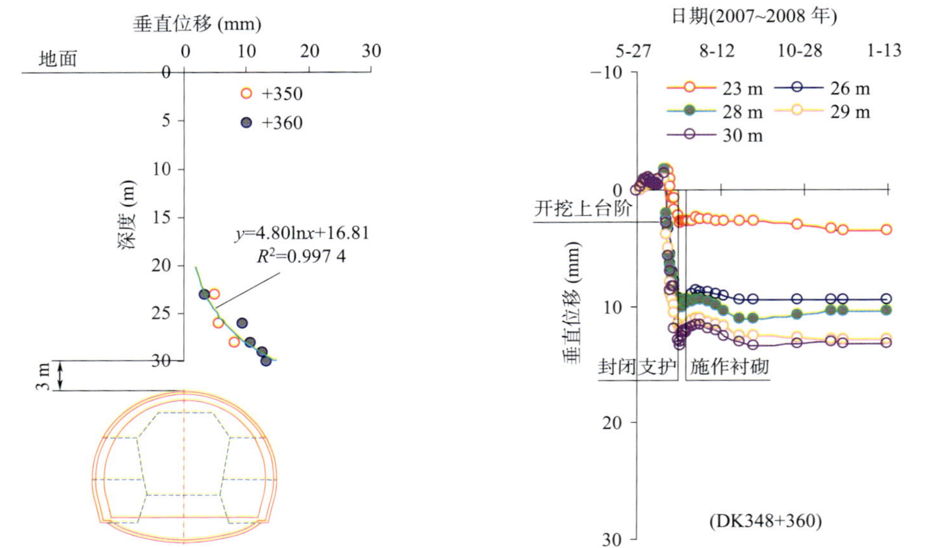

图 7-2-54 拱顶地表垂直钻孔位移计测试结果(高桥浅埋新黄土)

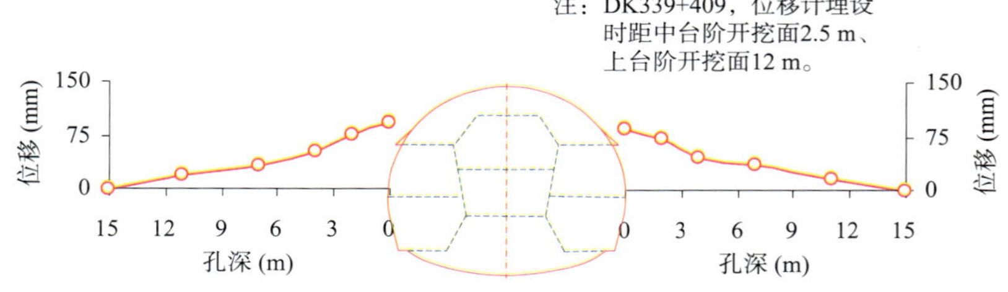

图 7-2-55 边墙水平钻孔位移计测试结果(秦东深埋老黄土)

大拱脚地段≤110 mm,明显小于无大拱脚地段。但总的看,台阶法地表沉降明显大于埋深更浅的双侧壁地表沉降。沉降槽半宽度约为 1 ~ 2 倍开挖宽度。

测试还显示,浅埋新黄土地表沉降在支护封闭时明显小于洞内拱部下沉(图 7-2-57),此时地表沉降平均占其总沉降 60% ,而拱部下沉平均达到其总下沉的 80% 以上,表明地表沉降变化在时间上滞后于洞内拱部下沉。

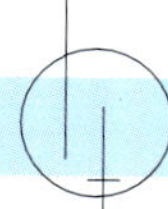

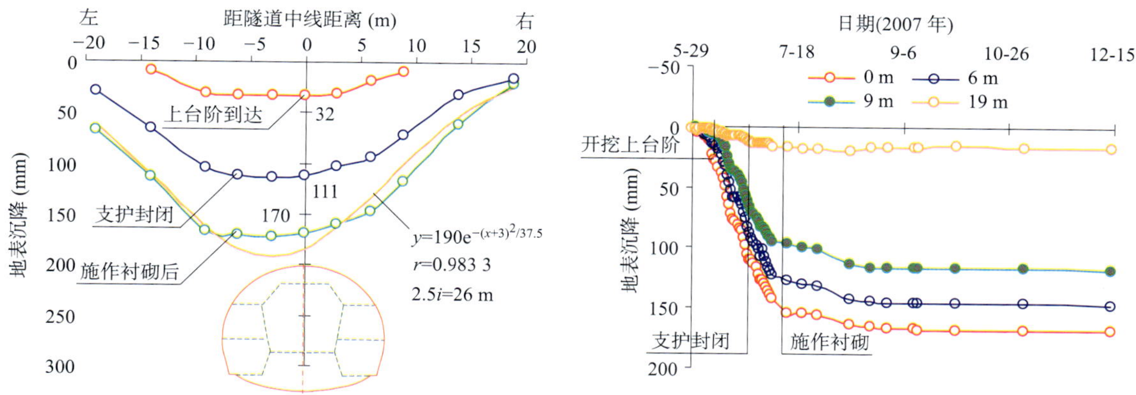

(a) 无大拱脚地段(DK348+350，平打锁脚锚杆，无锚杆，埋深33 m)

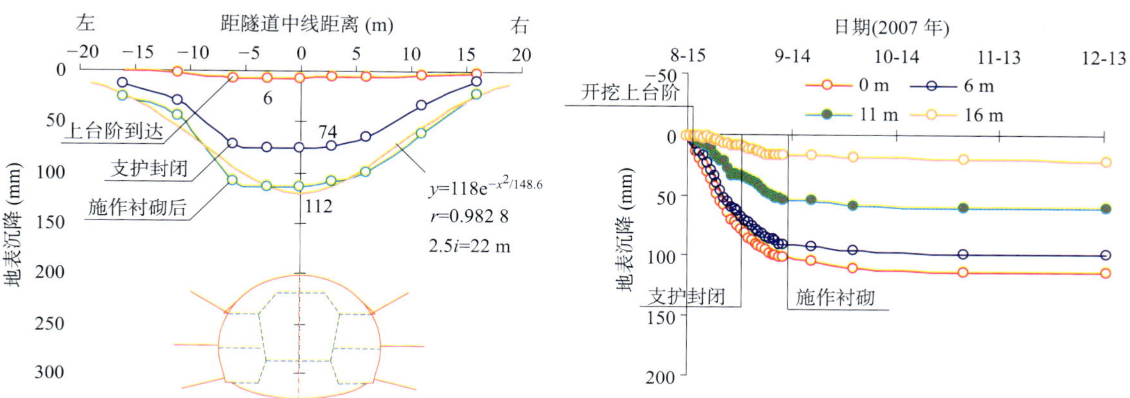

(b) 有大拱脚地段(DK348+460，斜向下锁脚锚杆，边墙锚杆，埋深32 m)

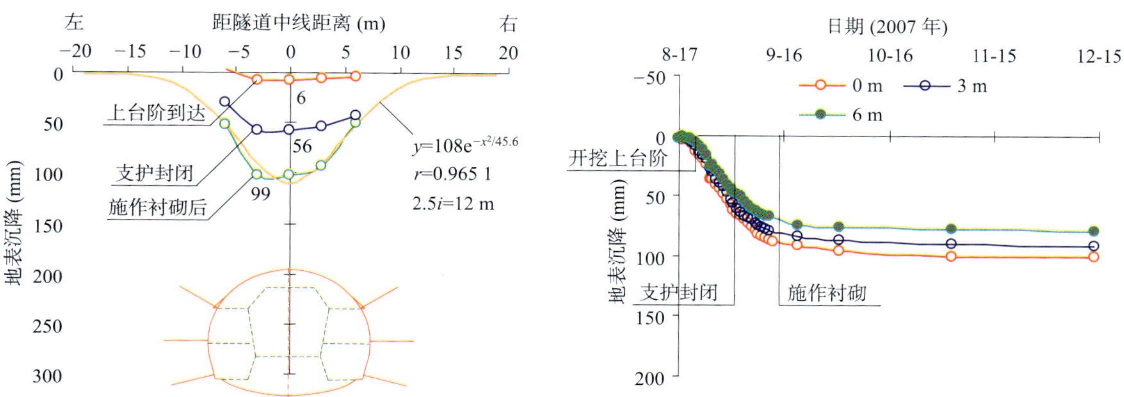

(c) 有大拱脚地段(DK348+469，斜向下锁脚锚杆，边墙锚杆，埋深32 m)

图 7-2-56　浅埋新黄土预留核心土台阶法地表沉降测试结果(高桥浅埋新黄土)

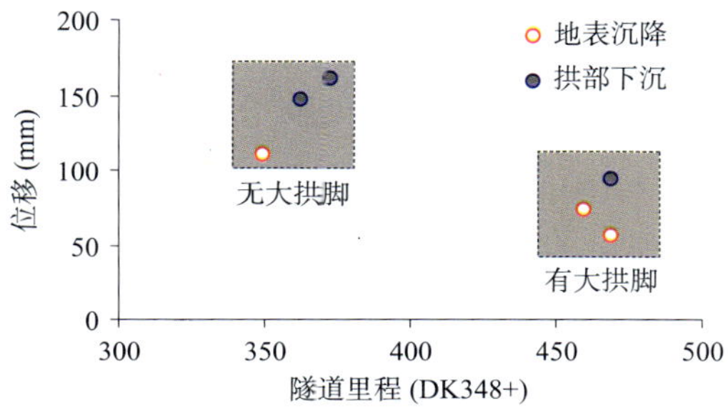

图 7-2-57　支护封闭时地表沉降与拱部下沉对比(高桥浅埋新黄土)

2）支护受力特性

（1）型钢钢架应力

测试显示（图7-2-58、图7-2-59），预留核心土台阶法初期支护型钢（Ⅰ20a～Ⅰ25a）受力以受压为主，且受压相当显著。其中，Ⅰ20a、Ⅰ22a型钢压应力极值超过Q235屈服强度（但小于极限强度，初期支护未见异常，净空位移也趋于稳定）。施作衬砌后支护型钢应力均向受压方向发展。综合而言，在上述四种工法支护型钢受力上有台阶法＞CD＞CRD＞双侧壁。

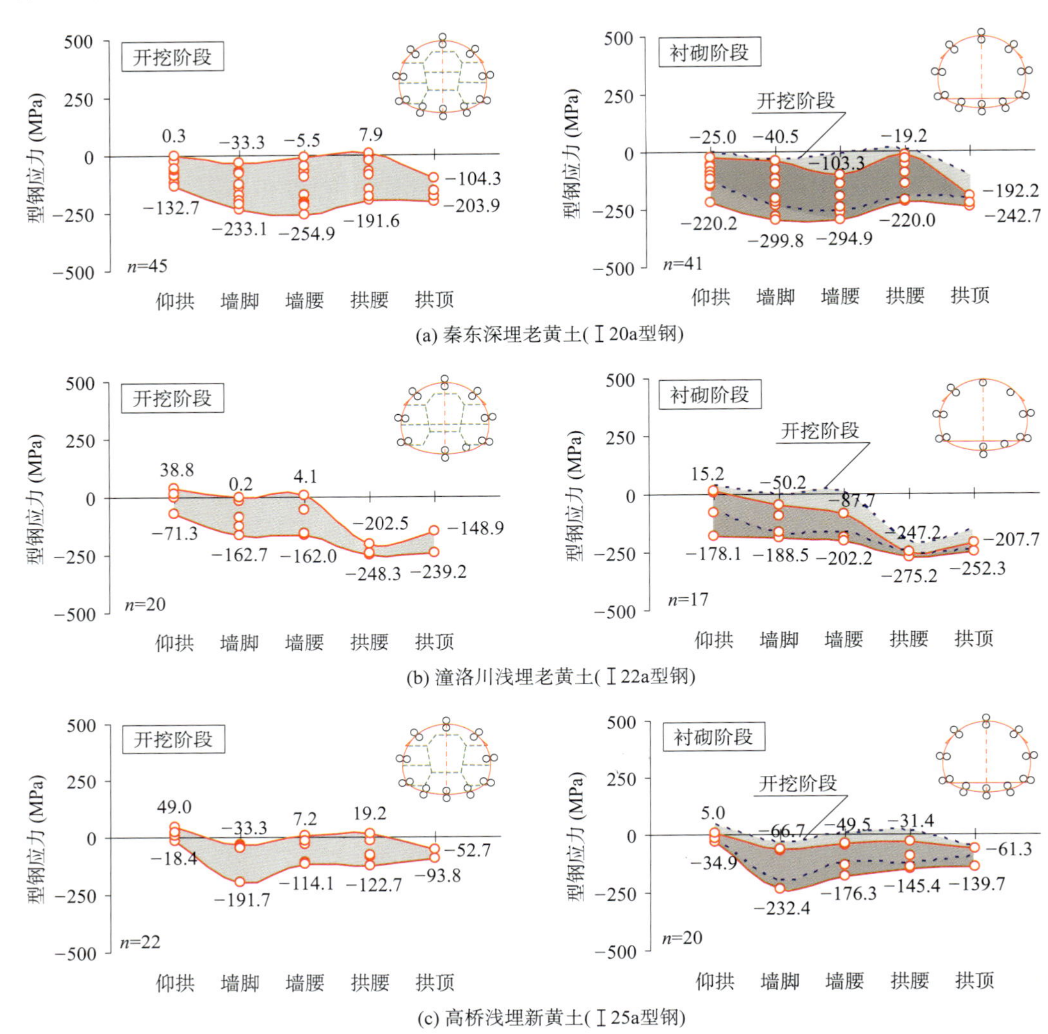

图7-2-58　预留核心土台阶法支护型钢应力极值分布统计图

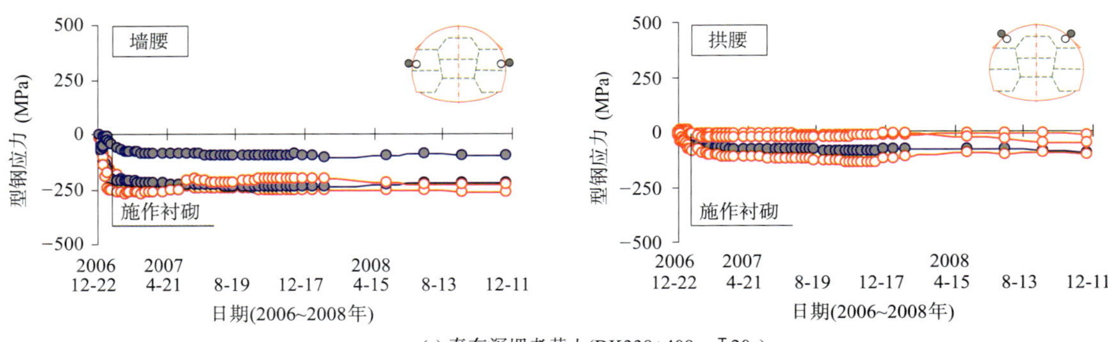

图　7-2-59

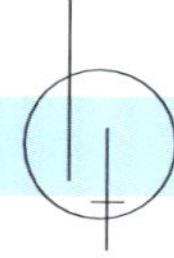

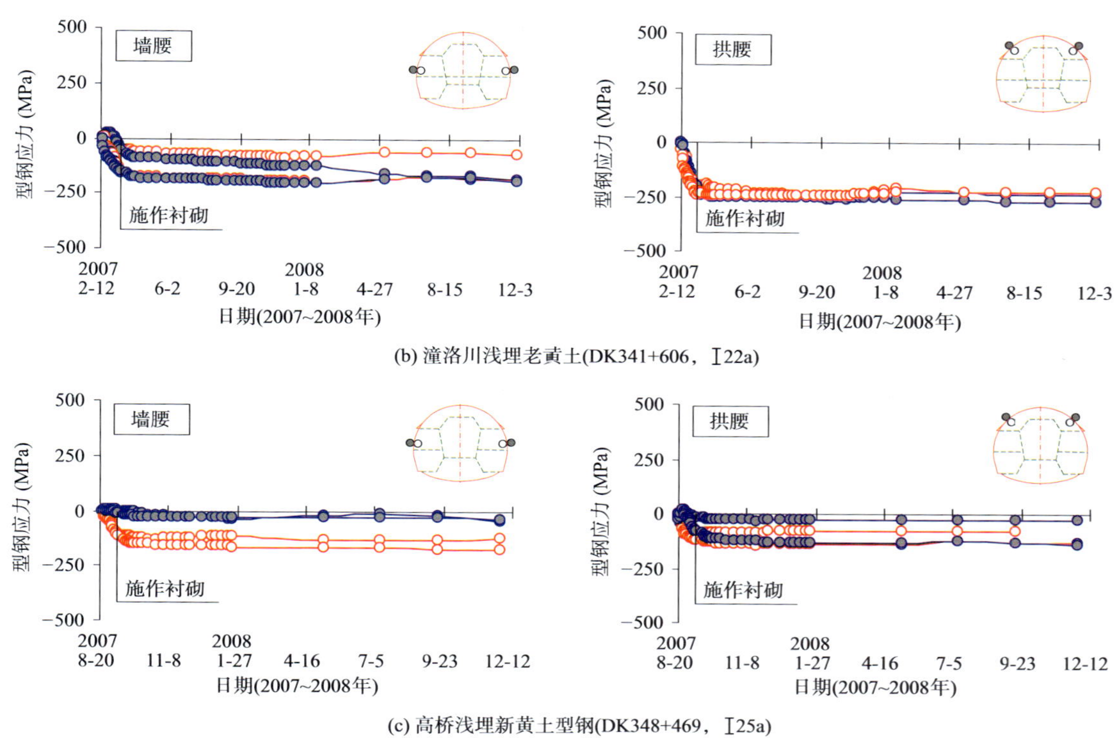

(b) 潼洛川浅埋老黄土(DK341+606，I22a)

(c) 高桥浅埋新黄土型钢(DK348+469，I25a)

图 7-2-59　支护型钢应力时态曲线

(2)喷层应力

测试显示(图 7-2-60),实测喷层(内侧)与型钢应力比平均明显低于理论值($E_c/E_s=0.112$),表明本例初期支护中,型钢较喷层所承担的荷载比例偏大,这与上述型钢显著受力的状态相互印证。

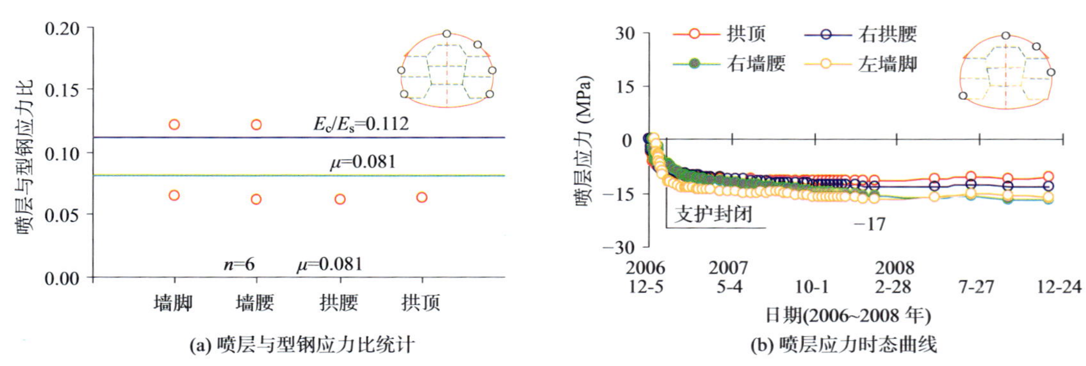

(a) 喷层与型钢应力比统计　　(b) 喷层应力时态曲线

图 7-2-60　喷层应力(内侧)测试结果(秦东深埋,DK339 + 371)

(3)锚杆轴力

测试显示(图 7-2-61、图 7-2-62),不论深埋还是浅埋,留核心土台阶法锚杆受力同样具有拱部锚杆受力小而边墙受力大的特点。综合而言,上述四种工法在边墙范围的锚杆中均可形成不同程度受拉作用,其大小依次为深埋 > 浅埋,老黄土 > 新黄土,黏质黄土 > 砂质黄土,长锚杆 > 短锚杆。同时,该作用主要发生在支护封闭前,封闭后锚杆受拉作用下降。而拱部锚杆中均难以形成受拉作用(尤其是在新黄土中)。

(4)锁脚锚杆轴力

锁脚锚杆测试显示(图 7-2-63),斜向下打入的锁脚锚杆具有显著的承压特性,且较长的锁脚锚杆其承压效果也比较大。锁脚锚杆这种显著承压特性,将对提高拱脚承载力起到很好的作用,从而

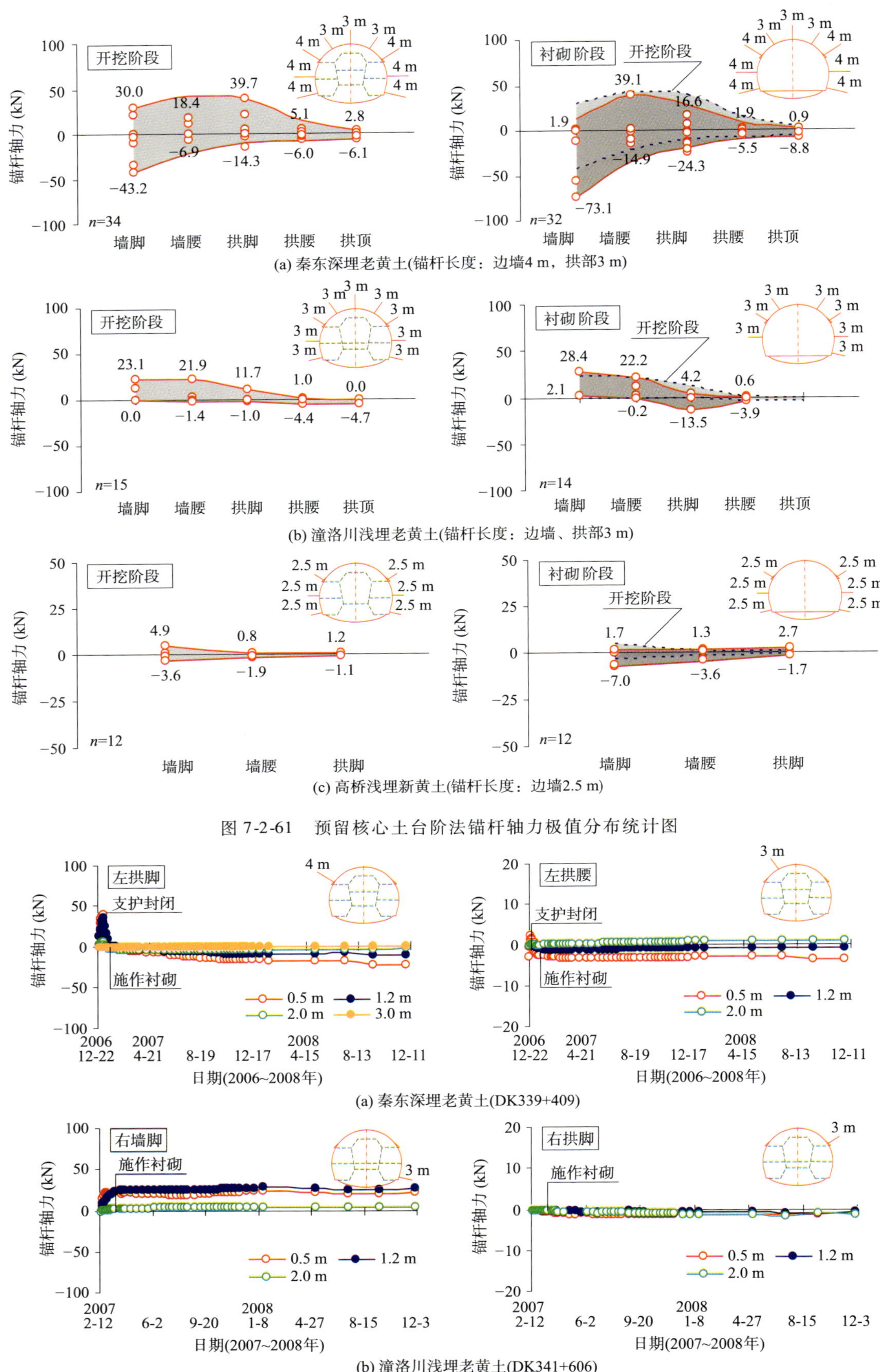

图 7-2-61　预留核心土台阶法锚杆轴力极值分布统计图

图　7-2-62

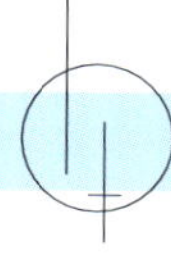

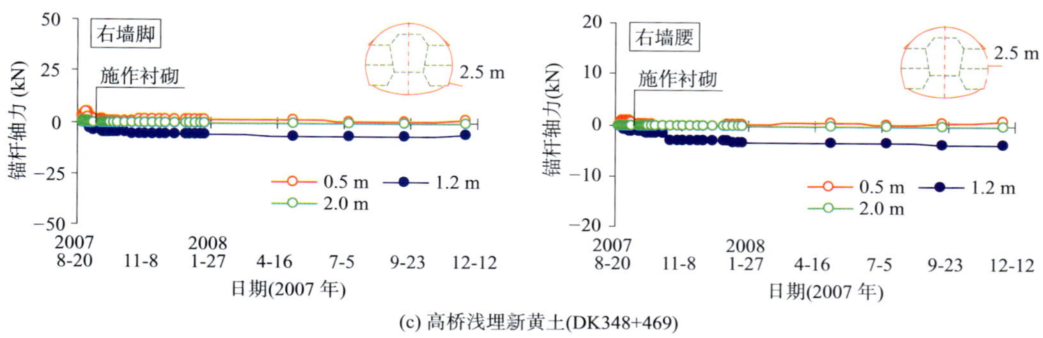

(c) 高桥浅埋新黄土(DK348+469)

图 7-2-62 锚杆轴力时态曲线

印证斜向下锁脚锚杆可显著减小拱部下沉的计算结果。

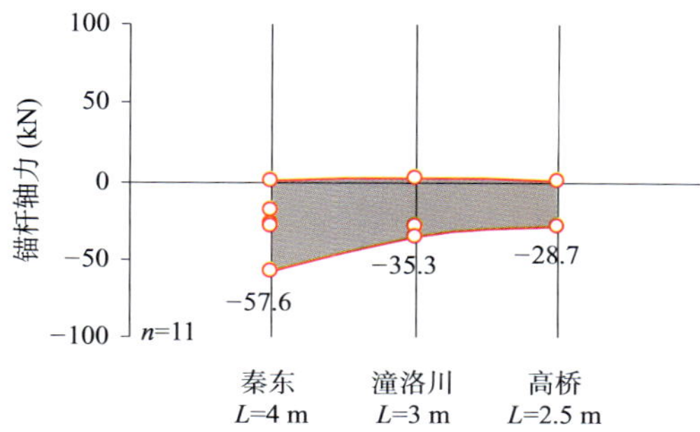

图 7-2-63 预留核心土台阶法锁脚锚杆轴力极值统计

(5)大拱脚压力

测试显示(图 7-2-64),大拱脚的承压特性十分显著,其压力极值达到 0.9 ~ 1.7 MPa。其中,秦东深埋老黄土大拱脚压力最大,潼洛川浅埋老黄土次之,高桥浅埋新黄土的大拱脚压力相对最小。并

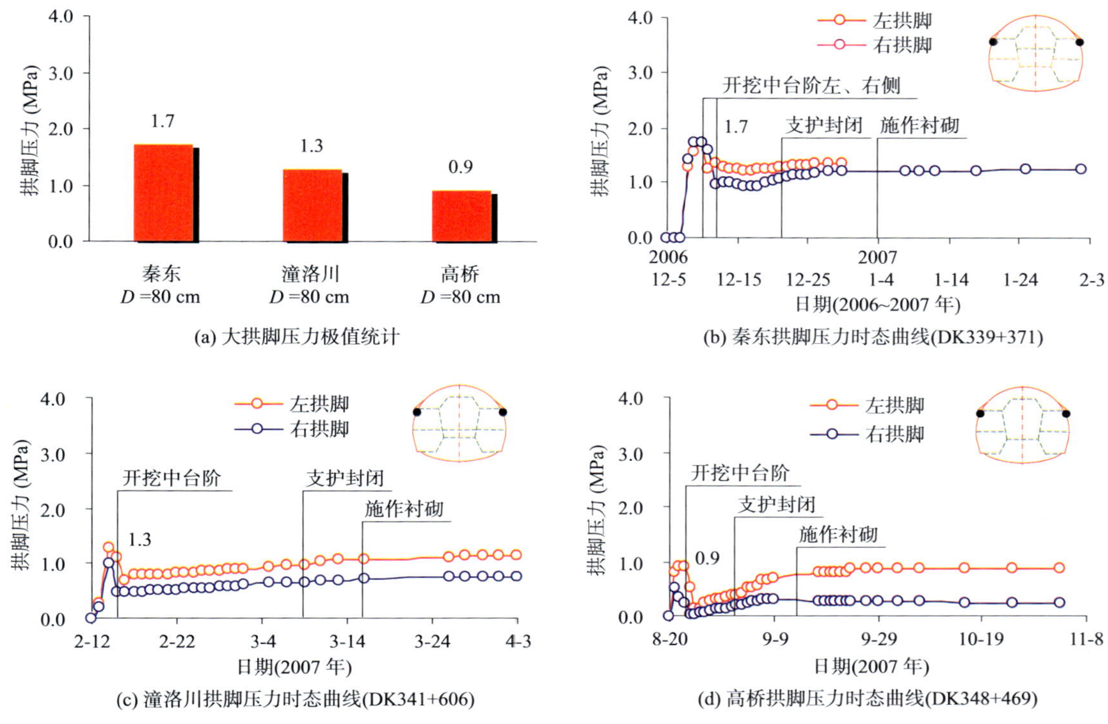

图 7-2-64 预留核心土台阶法大拱脚压力测试结果

且,大拱脚压力在中台阶开挖前后将发生显著变化:中台阶临近时大拱脚压力迅速增大并达到最大,在中台阶到达时拱脚压力迅速下降。其中,秦东深埋老黄土大拱脚压力下降最少(下降不到其极值的一半),潼洛川浅埋老黄土大拱脚压力下降约为其极值的一半,而高桥浅埋新黄土下降最大,其拱脚压力基本全部释放掉。这之后至支护封闭,大拱脚压力又逐渐恢复。可见,中台阶开挖对拱脚影响显著,尤其是新黄土。

综合而言,大拱脚可有效提高拱脚的承载力,并在中台阶开挖时起到临时支撑作用,是解决中台阶开挖对拱脚不利影响的有效手段,这从大拱脚对净空位移和地表沉降的控制效果可得到印证(本节图 7-2-48 和图 7-2-56)。从大拱脚承载效果看,在相同拱脚尺寸情况下,深埋 > 浅埋,老黄土 > 新黄土,对新黄土应适当加大拱脚尺寸以减小中台阶开挖对其影响。

7.2.5 各种工法力学特性综合评价

1)净空位移特性及影响因素

(1)净空位移中垂直位移显著

郑西高速铁路特大断面黄土隧道净空位移具有显著的垂直位移的特性,各种工法的拱顶下沉与水平收敛之比普遍在 1 以上。其中,预留核心土台阶法拱顶下沉尤为突出,尤其是浅埋场合。如图7-2-65所示,预留核心土台阶法净空位移特性与埋深之间呈显著的负相关性,即随埋深减小拱顶下沉与水平收敛之比显著增大。尤其当埋深小于 1 倍隧道开挖宽度时,该比值可达到 4 以上,显示出拱顶下沉随埋深变化的特征十分突出。深埋时该比值接近于 1。相对于预留核心土台阶法,侧壁导坑法(双侧壁、CRD 和 CD 法)在相同埋深条件下的拱顶下沉与水平收敛之比则要小得多,一般在 0.9～1.3 之间,平均为 1 左右。

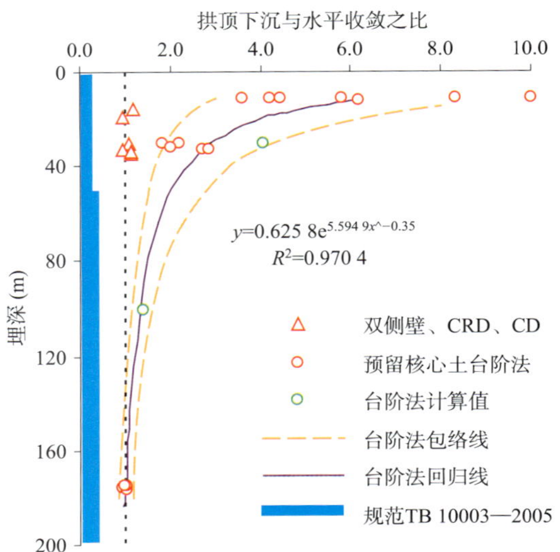

图 7-2-65 郑西高速铁路特大断面黄土隧道各种工法净空位移随埋深变化的统计特性

同时,预留核心土台阶法的拱脚下沉特征显著。如图 7-2-66 所示,按拱脚下沉与拱顶下沉之比与埋深之间呈显著的正相关性,即随埋深增加拱脚与拱顶下沉之比逐渐增大,在埋深 10～180 m 范围该比值从 1 达到 1.5 以上,显示出十分显著的拱脚下沉特征。这一特征表明,大断面黄土隧道采用台阶法施工时拱部具有整体下沉特性,尤其是浅埋场合拱脚与拱顶下沉同步。黄土隧道拱脚承载力普遍较弱,同时拱脚受下层台阶开挖的影响十分显著,这是引发大断面黄土隧道拱部整体下沉的关键因素。因此,对大断面黄土隧道采用台阶法施工时,应特别重视加强拱脚,并对拱脚下沉进行监测。

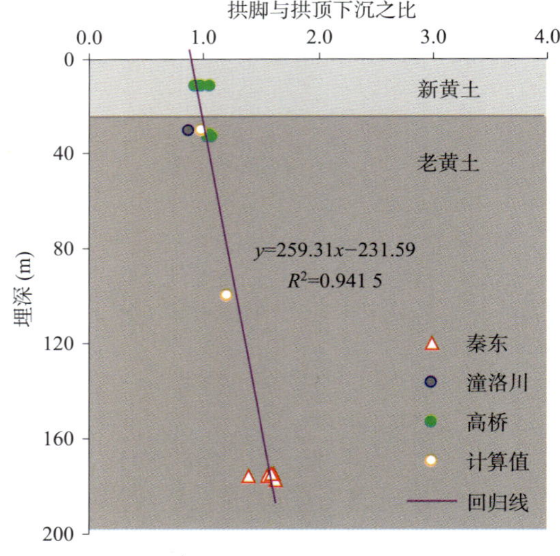

图 7-2-66 郑西高速铁路特大断面黄土隧道预留核心土台阶法拱顶下沉随埋深变化的统计特性

(2)净空位移受支护封闭尤其是封闭距离的影响显著

支护是否封闭以及封闭时距掌子面的距离,对大断面黄土隧道净空位移影响十分显著。试验表明,郑西高速铁路大断面黄土隧道净空位移主要发生在支护封闭前,支护一旦封闭位移变化很快趋稳,而位移的大小则与封闭距离掌子面的远近有关。

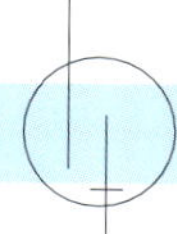

其中,预留核心土台阶法的拱顶下沉在支护封闭前可达到总下沉的 80%~90% 以上(前者新黄土,后者老黄土)。相关性统计显示(图 7-2-67),在一般施工用时范围,台阶法拱顶下沉大小与支护封闭距离显著正相关[图 7-2-67(a)]。与封闭时间的相关性,陕西段秦东、潼洛川和高桥隧道的统计显示不具有相关性[图 7-2-67(b)],但河南段贺家庄、函谷关隧道的统计显示具有一定的相关性[图 7-2-67(c)]。这与封闭距离与时间的相关性有关。从平均封闭距离和时间看(表 7-2-10),深埋老黄土中施工速度较快,尽管封闭距离长但用时短;浅埋新黄土的施工速度较慢,虽然封闭距离短但用时较长。可见,尽管施工速度不尽相同,但在一般用时范围内封闭距离始终是影响净空位移大小的关键因素。

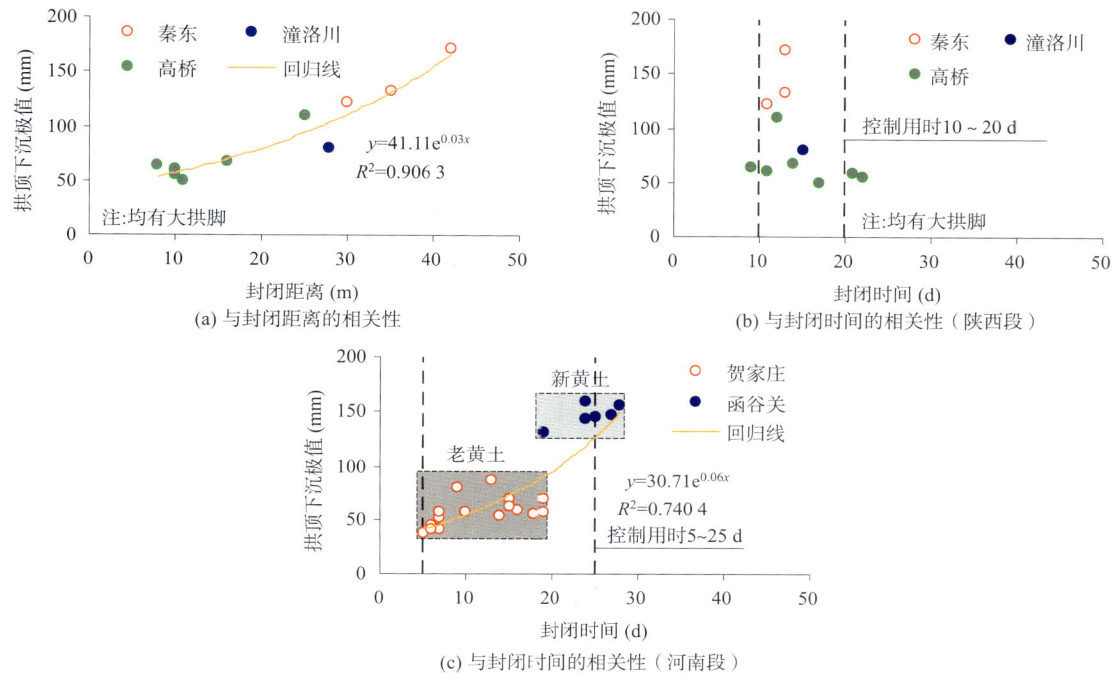

图 7-2-67　预留核心土台阶法拱部下沉与支护封闭相关性统计

表 7-2-10　陕西段台阶法试验段支护平均封闭距离与封闭时间统计

试验段	秦东 深埋老黄土	潼洛川 浅埋老黄土	高桥浅埋新黄土	
			进　口	出口下穿段
平均封闭距离(m)	34	28	23	12
平均封闭时间(d)	13	16	15	17

综合而言,郑西高速铁路隧道非饱和黄土尤其浅埋新黄土变形释放快、有突然性,脆性破坏。对这种工程特性的黄土进行大断面开挖,上述试验表明支护封闭的空间效应十分显著,决定净空位移大小的关键因素是封闭距离,而封闭时间主要是通过与封闭距离的相关性起作用(即在施工速度相同情况下,但实际很难达到)。因此,对于预留核心土台阶法,支护及时封闭的意义在于支护封闭距离尽量靠近掌子面。

对于双侧壁和 CRD 法,支护封闭的意义主要体现在两侧导坑的横撑是否及时架设,尤其是先行导坑横撑的架设上。双侧壁不设横撑或滞后架设,对控制变形不利,在浅埋新黄土中将产生较大地层沉降。而双侧壁先行导坑底撑及时封闭后再开挖后行导坑可使拱顶下沉减少 20%~30%,同样 CRD 法在先行导坑架设横撑后再开挖后行导坑也可使拱顶下沉减少 10% 以上(如设底撑效果会更好)。CD 法没有横撑,其支护封闭的意义在于先行导坑是否及时封闭。试验显示,CD 法先行导坑未封闭情况下开挖后行导坑，其净空位移在郑西高速铁路陕西段大断面黄土隧道各工法试验段中是最大的。应当说，一侧导坑支护及时封闭后再开挖另一侧导坑，对于侧壁导坑法净空位移的控制具有重要意义，尤其底撑及时封闭可较好解决挖掘机开挖时双侧壁法、CRD 法上横撑架设滞后带来净空位移控制不力的问题。

(3)净空位移受支护刚度影响显著

对比秦东和高桥浅埋新黄土试验段不同支护刚度工法的拱顶下沉测试数据（图 7-2-68），可以看出，整体支护刚度较大的工法如双层支护台阶法（参见第 9 章）和双侧壁，其拱顶下沉均明显小于整体支护刚度较小的预留核心土台阶法（单层支护）。

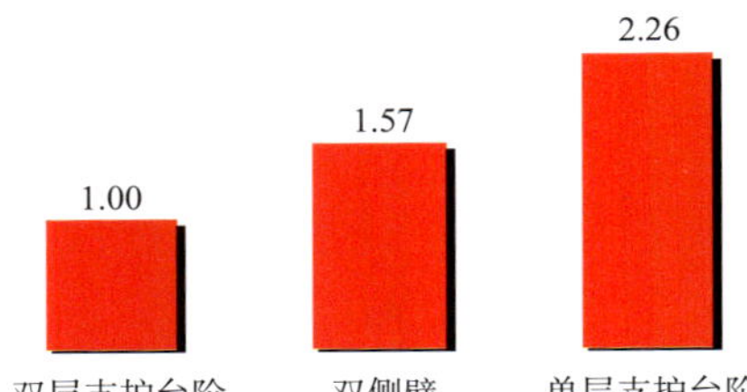

工况	支护及埋深
双层支护台阶（基准工况）	I25a+I22a型钢，埋深10 m
单层支护台阶	I20a型钢，埋深30 m
双侧壁	I25a型钢，埋深15 m

注：取试验段拱部下沉平均值进行比较。

图 7-2-68　浅埋新黄土不同支护刚度工法拱部下沉对比（以基准工况为 1）

根据实测拱部垂直压力 q 与上覆全土柱重 γH 比值随埋深变化的统计如图 7-2-69 所示（根据秦东、潼洛川和高桥试验数据统计），当埋深减小到 1 倍隧道开挖宽度及以下时，开挖引起的地层整体下沉使上覆全土柱重 γH 成为影响拱部荷载的主要因素。对这一深度视为特浅埋。这时采用预留核心土台阶法，由于其支护刚度的限制，将难以及时有效控制下沉变形。

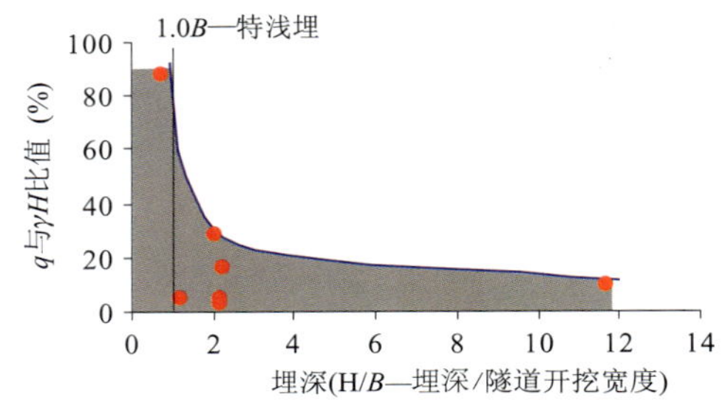

图 7-2-69　垂直压力 q 与上覆全土柱重 γH 比值随埋深变化统计

因此，大断面黄土隧道采用预留核心土台阶法时，最小使用埋深应限制在 1 倍隧道开挖宽度以上，安全起见取 1.5 倍隧道开挖宽度以上。对于埋深≤1.5 倍隧道开挖宽度的情况，应采用整体支护刚度较大的双侧壁和 CRD。而对于埋深≤1 倍隧道开挖宽度的特浅埋场合，则应采用双层支护来控制沉降。

(4)拆撑对净空位移的影响

对于侧壁导坑法，一次拆撑过长将引起较大拱部下沉。秦东和潼洛川的试验显示（表 7-2-11），一次拆撑长度≤0.5B（隧道开挖宽度）时，拆撑时拱部下沉增量不大于拆撑前总下沉量 10%；一次拆撑长度 >1.0B 时，拱顶下沉增量将达到 35%。

表 7-2-11　一次拆撑长度对拱顶下沉影响的统计

隧　　道	工　　法	一次拆撑长度	拱顶下沉增量比例(%)
秦东隧道	双侧壁	6 m <0.5B	<10
	CRD	20 m >1B	35
潼洛川隧道	CD	6 m <0.5B	<10

注：(1)B 为隧道开挖宽度(15 m)。
(2)拱顶下沉增量比例为拆撑阶段下沉增量与拆撑前总下沉量值比。

2)各工法控制围岩变形效果及与规范极限值对比

(1)控制围岩变形效果

在净空位移尤其是拱顶下沉的控制效果上，侧壁导坑法 > 留核心土台阶法，侧壁导坑中有双侧壁 > CRD > CD 法。其中，留核心土台阶法取决于支护封闭是否靠近掌子面，拱脚是否加强。双侧壁、

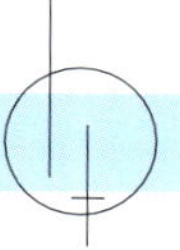

CRD 和 CD 法，则取决于先行导坑支护是否及时封闭以及后行导坑是否在先行导坑封闭后开挖。试验中 CD 法由于后行导坑开挖时先行导坑支护未及时封闭，对黄土尤其砂质黄土的变形控制效果在上述各工法中表现较差。

在地表沉降控制上同样有上述效果，同时留核心土台阶法中有大拱脚 > 无大拱脚。综合而言，针对浅埋新黄土地表沉降的控制效果，双侧壁具有优异的控制地表沉降能力，但对于特浅埋新黄土地层应考虑采用双层支护来控制沉降，尤其是在下穿段（参见第 9 章内容）。

在开挖初期对黄土的扰动程度上，台阶法明显大于双侧壁。其中，开挖面到达时边墙范围先期发生的地中位移，台阶法约占总位移的 30% ~ 35%，而双侧壁仅占总位移的 15%。对拱部地层的扰动深度，台阶法（包括 CD 法）> CRD > 双侧壁，其中台阶法在新黄土中拱部上方扰动深度接近 1 倍隧道开挖宽度，双侧壁扰动深度约 0.5 倍隧道开挖宽度。

（2）与规范位移极限值对比

将现行《铁路隧道设计规范》（TB 10003—2005）双线隧道初期支护极限位移（按表 F.0.3 换算）与郑西高速铁路大断面黄土隧道各工法试验段净空位移实测最大值对比（图 7-2-70），可以看出，高铁特大断面黄土隧道净空位移显著大于规范极限值，尤其是拱顶下沉。因此，规范（TB 10003—2005）中表 F.0.3 不适用于大断面尤其是高铁特大断面黄土隧道的稳定性判别。

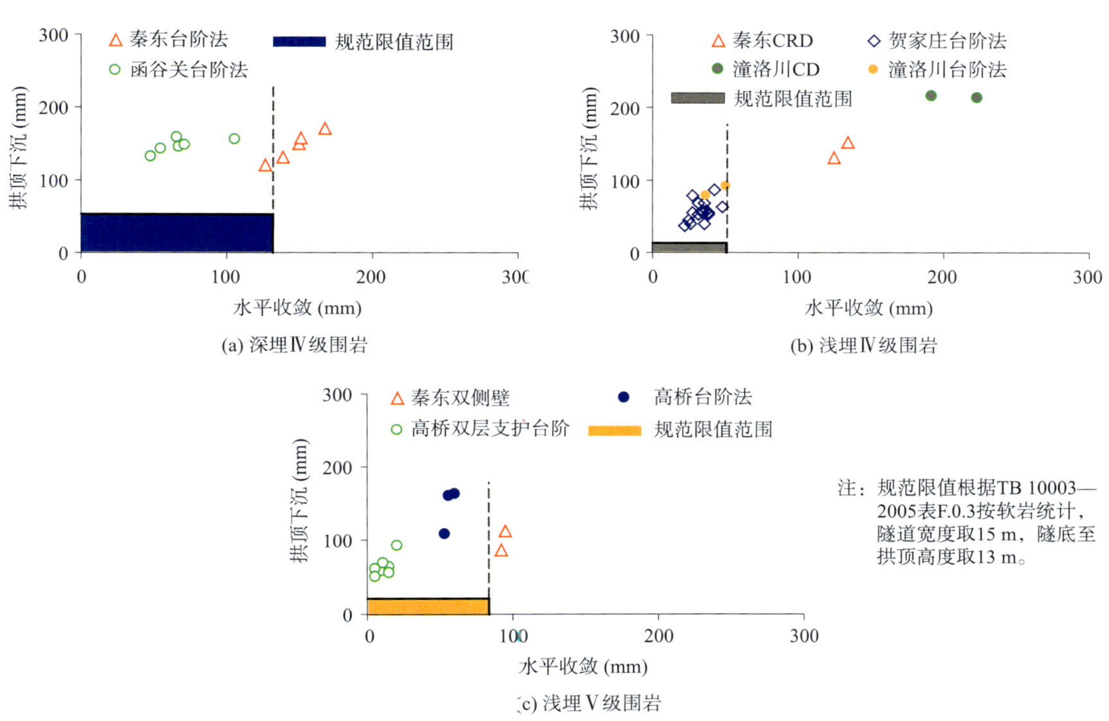

图 7-2-70　郑西高速铁路大断面黄土隧道各工法净空位移极值与规范极限值对比

3）型钢喷锚组合支护结构的受力特性

试验显示，大断面黄土隧道型钢喷锚组合支护结构具有型钢钢架显著承压、而锚杆受力较小的受力特性。

（1）型钢钢架应力在上述各工法中均受压显著，尤其是仰拱以上部位（图 7-2-71）。对比各工法初期支护及临时支撑型钢应力极值（图 7-2-72），在型钢受力大小上有台阶法 > CD > CRD > 双侧壁。其中台阶法采用Ⅰ20a、Ⅰ22a 型钢时，不论深浅埋，其压应力极值一般超过《钢结构设计规范》（GB 50017—2003）Q235 钢设计强度（f = 215 MPa）。而采用Ⅰ25a 型钢可满足《钢结构设计规范》Q235 设计强度。双侧壁、CRD、CD 中壁型钢则呈明显压弯受力状态，且应力极值明显大于同断面初期支护型钢受力。

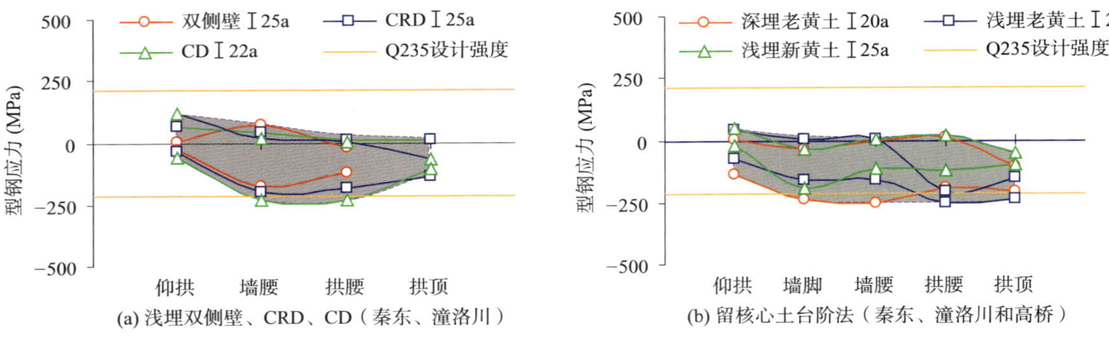

(a) 浅埋双侧壁、CRD、CD（秦东、潼洛川） (b) 留核心土台阶法（秦东、潼洛川和高桥）

图 7-2-71 各工法初期支护型钢应力极值分布统计(开挖阶段)

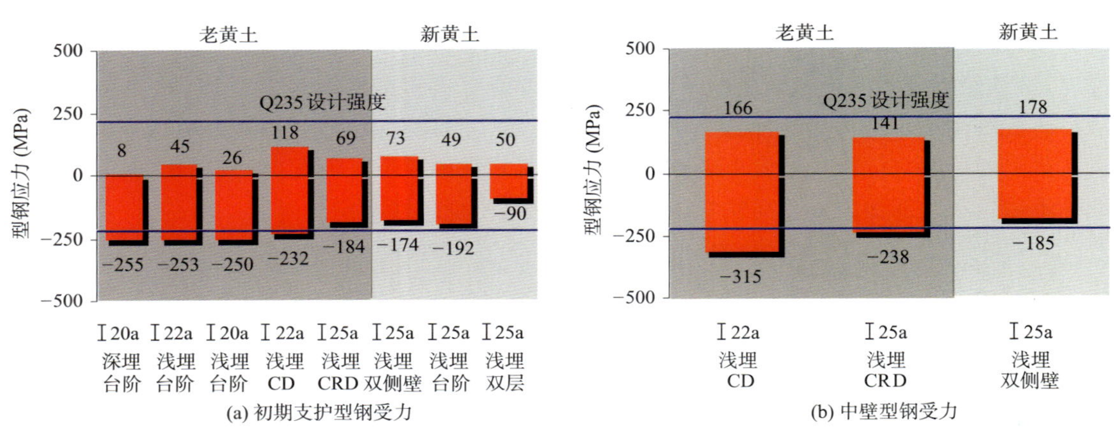

(a) 初期支护型钢受力 (b) 中壁型钢受力

图 7-2-72 各工法初期支护及临时支撑型钢应力极值对比

初期支护中Ⅰ20a、Ⅰ22a 型钢压应力极值虽然出现超过规范中 Q235 设计强度的情况，但支护并未见异常(除潼洛川 CD 中壁型钢应力大于 300 MPa 出现开裂外)，变形仍是趋于稳定的(表 7-2-12)。而对于 Q235 一类具有较强塑性变形能力的低屈强比钢(屈服强度 σ_s/极限强度 $\sigma_b=0.5\sim0.6$)，在约束受压环境下，按屈服强度控制压应力难以充分发挥其受压变形的能力，容易出现上述强度与位移控制不匹配的情况。如果适当提高低屈强比钢的抗压强度控制点，即对压应力采用大于屈服强度的控制值，可能有利于发挥这类型钢的受压变形能力以适应大变形环境。对这一问题有待进一步的研究。

表 7-2-12 各工法开挖阶段型钢压应力极值与拱部下沉极值对比

试验段	工法	埋深黄土类型	型钢	压应力极值(MPa)		下沉极值(mm)	初期支护变形状态
				初期支护	中隔壁		
秦东	双侧壁	浅埋新黄土	Ⅰ25a	$175<f$	$185<f$	120	稳定
	CRD	浅埋老黄土	Ⅰ25a	$185<f$	$240>f$	150	稳定
潼洛川	CD	浅埋老黄土	Ⅰ22a	$230>f$	$315>f$	230	架撑后稳定
秦东	留核心土台阶	深埋老黄土	Ⅰ20a	$255>f$		170	稳定
潼洛川		浅埋老黄土	Ⅰ22a	$250>f$		90	稳定
贺家庄			Ⅰ20a	$245>f$		87	稳定
			Ⅰ22a	$253>f$		69	稳定
高桥		浅埋新黄土	Ⅰ25a	$190<f$		165	稳定
	双层支护		Ⅰ25a+Ⅰ22a	$90<f$		95	稳定

注：(1) $f=215$ MPa，型钢强度设计值，《钢结构设计规范》(GB 50017—2003)。
(2)位移曲线收敛、且最终位移不再增长(10～20 cm 水平)，认为变形状态稳定。
(3)潼洛川 CD 中壁出现纵向开裂，架临时横撑后变形稳定。
(4)贺家庄为河南段试验工点。

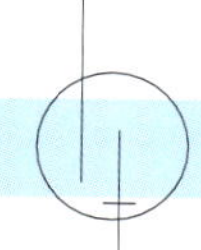

(2)型钢喷锚组合结构中锚杆的受力明显较小，尤其是拱部锚杆基本不受(拉)力(图 7-2-73)。但边墙(含拱脚)锚杆可形成程度不同的受拉区(15～40 kN)，其中老黄土及与刚度相对较小的Ⅰ20a、Ⅰ22a 型钢组合中锚杆受力较大，新黄土及与刚度相对较大的Ⅰ25a 型钢组合中锚杆受力较小。上述边墙锚杆受拉增长阶段主要发生在支护封闭前，支护封闭后锚杆受力向受压方向发展(图 7-2-74)。

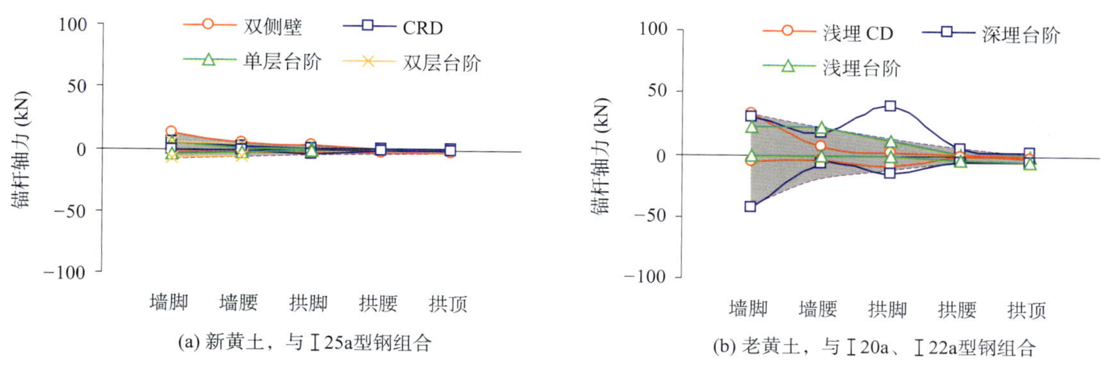

图 7-2-73　各工法开挖阶段系统锚杆轴力极值沿断面分布统计图

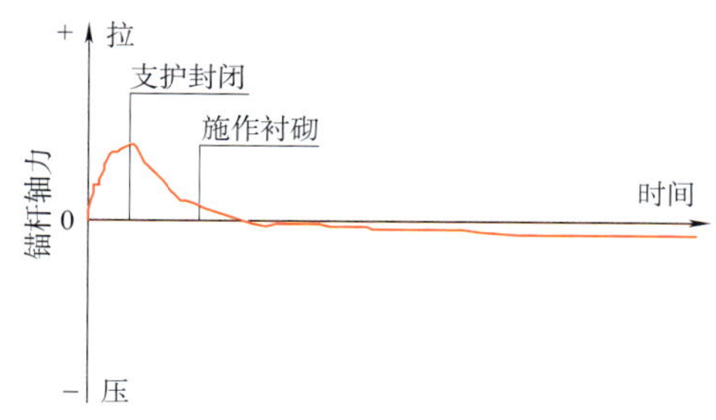

图 7-2-74　典型边墙锚杆轴力变化曲线(台阶法)

4)锁脚锚杆和大拱脚的承压特性

(1)锁脚锚杆的承压特性

相对系统锚杆较小受力状态，台阶法拱脚处斜向下打入的锁脚锚杆则有显著的承压特性，如图 7-2-75所示。该承压作用与锁脚锚杆长度显著正相关，且深埋 > 浅埋。拱脚锁脚锚杆这种显著承压特性，对提高拱脚承载能力将起到很好的作用。计算显示，斜向下即打入角度(与水平夹角)≥45°时，锁脚锚杆可使拱部下沉减小约 30% 以上(图 7-2-50)。

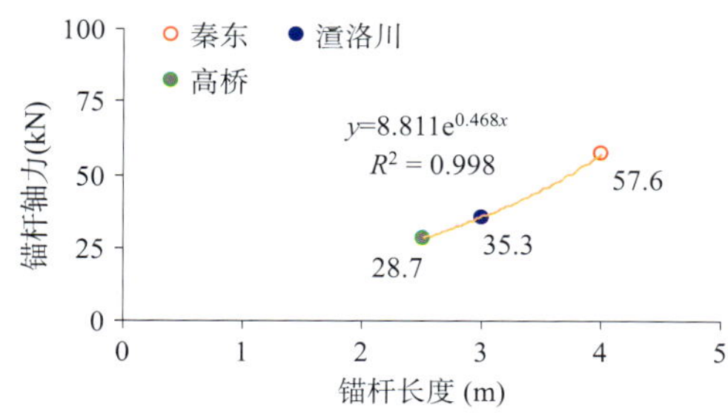

图 7-2-75　预留核心土台阶法试验段锁脚锚杆轴力极值统计

(2)大拱脚的承压特性

台阶法大拱脚具有显著的承压特性，其压力极值明显大于同断面围岩压力 3～5 倍，如图 7-2-76(a)所示。从大拱脚的承压效果看，相同拱脚尺寸下有深埋 > 浅埋，老黄土 > 新黄土。大拱脚压力典型时态曲线显示[图 7-2-76(b)],大拱脚压力在中台阶开挖前后发生显著变化,中台阶开挖对拱脚影响十分显著,尤其是新黄土。综合而言,采用大拱脚可有效提高拱脚承载能力,并在中台阶开挖时起到临时支撑拱部的作用。试验表明,设置大拱脚对于控制净空位移尤其是拱部下沉具有明显效果(图 7-2-48)。

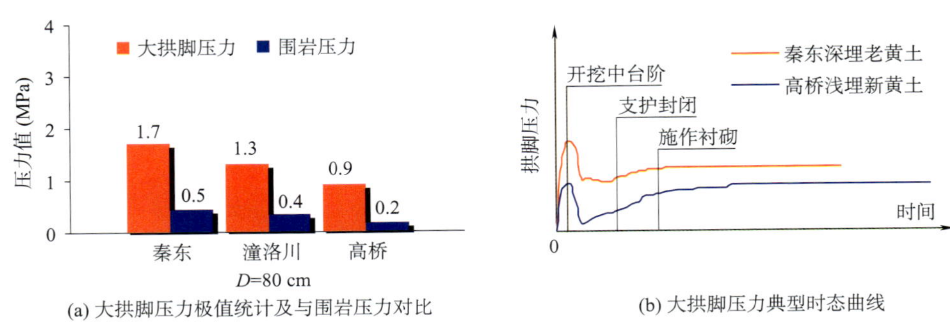

(a) 大拱脚压力极值统计及与围岩压力对比　(b) 大拱脚压力典型时态曲线

图 7-2-76　预留核心土台阶法试验段大拱脚压力极值统计图

7.3　工法适用性分析

通过对双侧壁导坑、CRD、CD 和预留核心土台阶等工法的大断面黄土隧道适用性试验研究,在掌握各工法力学特性的基础上,对上述工法的大断面黄土隧道适用性进行以下分析和评价。

7.3.1　双侧壁导坑法分析

双侧壁导坑法支护封闭的意义主要体现在横撑的架设上,当其两侧导坑封闭后可提供较强的整体支护刚度。因此,双侧壁导坑法开挖阶段对黄土的扰动程度小,控制偏压地层变形能力强,尤其对地表沉降的控制效果显著,在上述单层支护的工法试验中控制地表沉降的实际效果最好。总体上,在各种大断面顺序施工方法中,双侧壁导坑法是一种具有优异控制围岩变形能力的施工方法。

双侧壁导坑法施工中需耗费大量时间和材料用于架设和拆除临时支撑,施工速度比较慢(一般铁路双线隧道平均为 30 m,郑西高速铁路大断面黄土隧道平均月进尺 15 ~ 25 m),成本比较高。双侧壁导坑施工空间分割比较狭小,在采用需要回转空间的挖掘机开挖时,不利于上横撑的及时跟进,施工中往往造成上横撑架设滞后,带来净空位移控制不力的问题。

因此,在确保横撑及时架设情况下,双侧壁导坑法可适用于对地表沉降有严格控制要求的地层、埋深≤1.5 倍隧道开挖宽度的新黄土地层、显著偏压地层以及难以自稳的饱和黄土地层。按黄土围岩分级方案(参见本书第 3 章内容,后同),双侧壁导坑法可用于 V_b 和Ⅵ级黄土围岩的浅埋大断面隧道施工。

7.3.2　交叉中隔壁法分析

CRD 法在先行导坑横撑架设后同样可提供较强的整体支护刚度,相对台阶法可有效控制浅埋新黄土中的拱部整体下沉。由于一侧导坑先封闭,因此处理偏压地层变形的能力同样比较强。CRD 法控制围岩变形的效果不如双侧壁,但临时支撑比双侧壁省,施工速度相对比较快(一般铁路双线隧道平均为 40 m,郑西高速铁路大断面黄土隧道平均月进尺可达到 35 m),成本相对较低。

CRD 法施工空间较双侧壁大,但受横撑分割施工空间的高度仍比较受限,采用挖掘机开挖时同样存在上横撑架设容易滞后的问题。

因此,在确保横撑及时架设情况下,CRD 法可适用于对地表沉降有控制要求的地层、埋深≤1.5 倍隧道开挖宽度的新黄土地层以及偏压较显著地层。按黄土围岩分级方案,CRD 法可用于 V_a 和 V_b 级围岩非饱和黄土的浅埋大断面隧道施工。

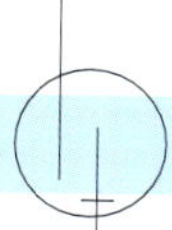

7.3.3　中隔壁法分析

相对台阶法，CD 法多了一道中隔壁，隧道开挖断面被分隔成两半按先后导坑顺序开挖，对大断面的稳定性控制较台阶法有利。由于 CD 法没有横撑，它只有在先行导坑支护封闭后才能形成较强的整体支护刚度。在此之前，CD 中壁的稳定性容易受开挖影响，尤其是在承载力较弱的黄土中。因此，CD 法控制净空位移的能力较双侧壁和 CRD 弱，尤其是在净空高度比较大的高铁特大断面黄土隧道场合，一侧导坑仰拱未封闭就开挖另一侧导坑很容易造成中壁失稳。

CD 法临时支撑较双侧壁和 CRD 省，而且由于没有横撑，施工空间较 CRD 更为宽裕，尤其是在施工空间高度上对挖掘机的使用不再受限。但在黄土中施工，CD 法先行导坑仰拱必须及时封闭。因此施工速度相对 CRD 提高并不明显，据试验段推算平均月进尺可在 40 m 左右。

因此，在先行导坑仰拱及时封闭情况下，CD 法可适用于偏压地层以及埋深 >1.5 倍隧道开挖宽度的新黄土地层。按本书黄土围岩分级方案，CD 法可用于 V_a 级围岩非饱和黄土的大断面隧道施工。对于郑西高速铁路特大断面黄土隧道而言，CD 法控制围岩变形的实际效果相对预留核心土台阶法并不明显。因此除偏压地层外，其他 CD 法适用地层用预留核心土台阶法取代可取得较好的技术经济效益。

7.3.4　预留核心土台阶法分析

试验表明，台阶法通过在掌子面后方预留核心土、缩短台阶使仰拱尽量靠近掌子面封闭以及加强拱脚支护等手段，可以程度不同地控制浅埋黄土尤其是新黄土中的拱部整体下沉变形。而高桥和张茅隧道的实践表明(后者参见 7.5 节内容)，预留核心土台阶法不仅适用于不同埋深条件下砂质及黏质老黄土，而且可用于浅埋非饱和砂质新黄土的大断面施工(高桥隧道)以及富水老黄土的大断面施工(张茅隧道)。

但台阶法在开挖阶段对黄土的扰动比较大，控制浅埋地层沉降变形的能力远不如双侧壁导坑法，尤其是在偏压地层。

该工法不需要架设大量临时支撑，作业空间大，便于大型机械快速施工，在施工成本和效率上均优于侧壁导坑法。预留核心土台阶法的月平均进尺，在郑西高速铁路试验段可以达到 40 m 以上，其中：深埋老黄土≥70 m(最快超过 100 m，秦东)、浅埋老黄土≥50 m(潼洛川隧道)、浅埋新黄土≥40 m(高桥隧道)、富水老黄土≥70 m(张茅隧道)。

因此，针对大断面黄土隧道施工，在可以允许较大地表沉降场合，采用预留核心土台阶法的技术经济效益比侧壁导坑法更优异。综合而言，在对地表沉降没有要求且偏压不明显地段，预留核心土台阶法可适用于埋深大于 1.5 倍隧道开挖宽度的各种埋深的Ⅳ、Ⅴ级围岩非饱和新、老黄土和富水老黄土的大断面隧道施工。

7.3.5　各种工法适用性综合评价

根据以上分析，对大断面黄土隧道的工法适用性进行综合评价，结果分别按围岩分级、埋深列于表 7-3-1、7-3-2 中，供设计参考。

表 7-3-1　按围岩分级的工法适用性

围岩分级	现行规范	Ⅳ		Ⅴ		Ⅵ
	黄土围岩	IV_a	IV_b	V_a	V_b	Ⅵ
双侧壁导坑法					√	√
CRD 法				√	√	
预留核心土台阶法		√	√	√	√	

注：(1)围岩分级中黄土围岩参见本书第 3 章内容，现行规范分级见参考文献[3]。
(2)√表示适用，后同。
(3)预留核心土台阶法也可用于富水老黄土的大断面施工(参见 7.5 节内容)。

表 7-3-2　按埋深类型的工法适用性

<table>
<tr><th rowspan="2">埋深类型</th><th rowspan="2">深　埋</th><th colspan="3">浅　埋</th></tr>
<tr><th>$H>1.5B$</th><th>$H>1.0B$</th><th>$H\leq 1.0B$</th></tr>
<tr><td>双侧壁法</td><td></td><td colspan="2">●</td><td></td></tr>
<tr><td>CRD 法</td><td></td><td colspan="2">◎</td><td></td></tr>
<tr><td>预留核心土台阶法</td><td>○</td><td>○</td><td></td><td></td></tr>
<tr><td>双层支护</td><td></td><td></td><td></td><td>●</td></tr>
</table>

注:(1)H 为隧道埋深,B 为隧道开挖宽度。

(2)●适用严格控制地表沉降场合,◎适用需要控制地表沉降场合,○适用对地表沉降无特殊要求场合。

(3)对于 $H\leq 1.0B$ 的特浅埋场合,应采用双层支护(参见第 9 章内容)。

7.4　适用工法的关键技术及解决途径

7.4.1　大断面黄土隧道稳定性的技术关键

基于黄土工程特性以及大断面黄土隧道力学特性,解决浅埋大断面黄土尤其是新黄土隧道施工阶段稳定性的技术关键,应注意以下三点:

(1)开挖面的稳定性

由于黄土的垂直节理以及裸露开挖面失水风化而迅速剥落,大断面开挖时掌子面及拱部开挖面上的裸露土体容易失稳,尤其是在砂质新黄土以及富水黄土中裸露开挖面的自稳时间短。

(2)拱部整体下沉

由于黄土隧道拱脚的承载力普遍较弱,同时拱脚受后续开挖的影响十分显著,是引发拱部整体下沉的关键因素。在新黄土中,这种拱部整体下沉的发生往往比较迅速,且埋深越浅越难以控制,容易造成直通地表的坍方。

(3)支护刚度

由于浅埋新黄土具有拱部整体迅速下沉的特性,对高铁特大断面隧道支护结构提出了刚度控制要求,即大断面隧道在浅埋新黄土中支护结构必须有足够的刚度来及时控制拱部下沉变形。

7.4.2　解决技术关键的原则与方法

1)原则

解决以上技术关键的原则,就是提高开挖面的稳定性、控制拱部整体下沉和加强支护结构整体刚度。

2)方法及措施

(1)对第一条原则应采取"短进尺,留核心,管超前"方法

"短进尺":一方面利用掌子面后方支护结构的空间效应,通过减少一次开挖面的裸露长度来提高拱部开挖面的稳定性;另一方面可通过减少一次开挖量和出渣量,缩短开挖与支护之间的衔接时间,达到及时支护从而减少开挖面裸露时间的目的。短进尺用于中下台阶,还可减小开挖对拱脚的影响。

"留核心":即在掌子面后方预留支撑核心土,是预留核心土台阶法稳定掌子面的主要手段,开挖时应确保预留足够体积的核心土。

"管超前":通过对掌子面前方核心土的预支护来提高掌子面的稳定性,主要措施是采取超前小导管及注浆,必要时采取大管棚。

(2)对第二条原则应采取"强拱脚,早封闭,测下沉"方法

"强拱脚":由于拱脚承载力弱是引发黄土隧道拱部整体下沉的关键因素,因此加强拱脚承载力是支护封闭前控制拱部下沉的关键措施,主要方法是采取大拱脚和设置斜向下锁脚锚杆,同时严格控制中、下台阶一次进尺。

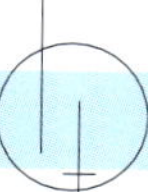

"早封闭"：是指支护尽量靠近掌子面闭合成环。支护闭合后的刚度远大于支护未闭合时的刚度，支护封闭可以从根本上解决黄土隧道拱脚部位的薄弱问题，因此支护早封闭是控制浅埋大断面新黄土隧道拱部整体下沉的重要措施。应明确强调"早封闭"的意义在于支护尽量靠近掌子面封闭，并且越靠近掌子面封闭，对掌子面的稳定性就越有利。实现早封闭的措施，对于台阶法（包括 CD 法）而言，主要是采取短台阶以使支护封闭距离尽量靠近掌子面。对于双侧壁和 CRD 法，则应强调横撑及时跟进。

"测下沉"：针对大断面黄土隧道拱部整体下沉的特点，应加强拱部下沉监测，特别是拱脚下沉监测，同时将拱部下沉作为隧道稳定性监控的主要控制基准。

（3）对第三条原则采取"强支护"方法

"强支护"：即针对浅埋新黄土地层采取加强大断面支护结构整体刚度的方法。主要措施是采取型钢喷射混凝土组合结构以及双侧壁、CRD、双层支护等总刚度较大的支护结构形式。

综上，图 7-4-1 给出解决浅埋新黄土大断面隧道施工技术关键的技术路线图。

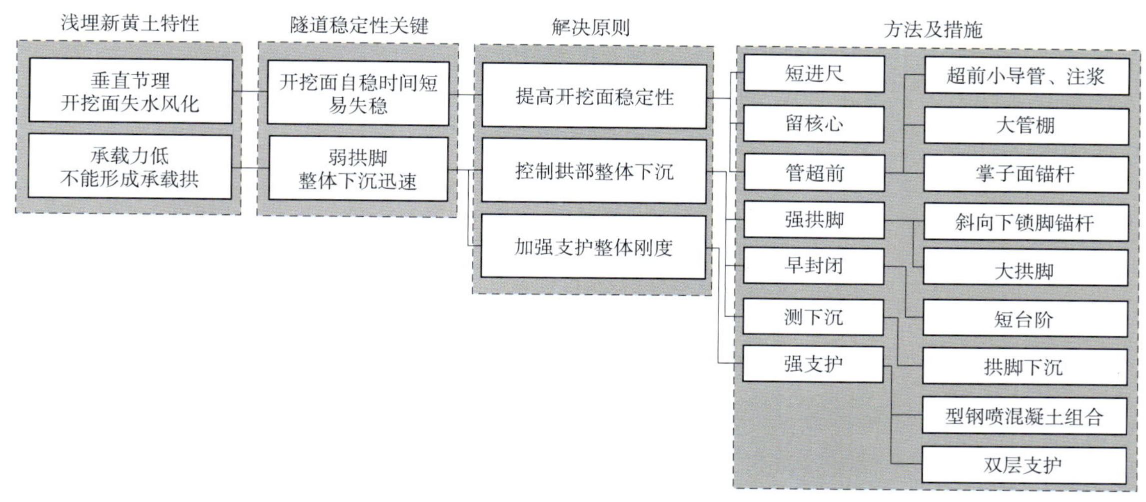

图 7-4-1　解决浅埋新黄土大断面隧道施工技术关键的技术路线图

7.4.3　适用工法的关键技术

1）侧壁导坑法关键技术

（1）一侧导坑支护及时封闭后再开挖另一侧导坑对于侧壁导坑法的稳定具有重要意义

①双侧壁导坑法施工关键环节在于两侧导坑的施工，该工法引起的围岩变形主要发生在这一阶段。而占总开挖面积近半的中洞在两侧导坑支护封闭后开挖，所引起的围岩变形十分有限（秦东和阌乡隧道的经验，双侧壁中洞开挖引起的拱顶及地表沉降占总沉降仅 10%～20%）。对于双侧壁（包括 CRD 和 CD 法）两侧导坑的施工，往往强调应错开开挖，但只错开不封闭并不会带来好的结果。应强调先行导坑支护封闭后再开挖后行导坑的施工顺序，而不仅仅是错开开挖。两侧导坑错开的距离，则取决于先行导坑支护封闭的距离。

②双侧壁和 CRD 法先行导坑的支护封闭，主要体现在横撑架设上。但在采用需要回转空间的挖掘机开挖时，施工中往往造成上横撑架设滞后，带来净空位移控制不力的问题。对此秦东双侧壁试验表明，在仰拱不能及时跟进情况下，采取底部横撑及时跟进封闭支护可较好解决挖掘机施工时上撑滞后架设带来的控制净空位移不力的问题（图 7-4-2）。

③对于 CD 法，则应强调先行导坑支护封闭后再开挖后行导坑。试验及实践表明，浅埋大断面黄土隧道采用 CD 法施工时，CD 后行导坑开挖时先行导坑支护未封闭，将容易引发中隔壁的失稳。

④对于双侧壁和 CRD 法导坑上横撑的位置，应从控制上横撑滞后距离和便于挖掘机开挖下台阶

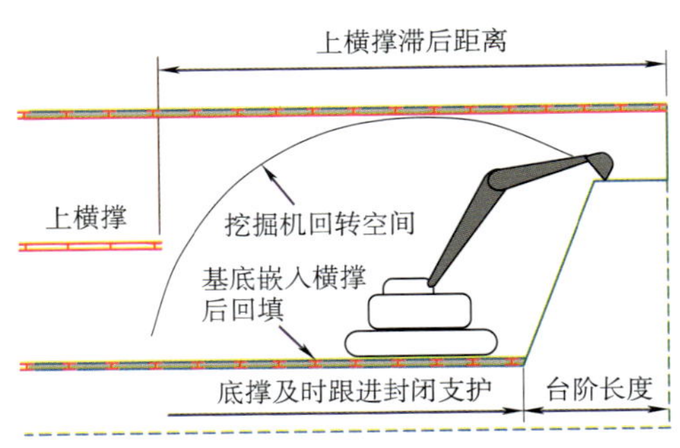

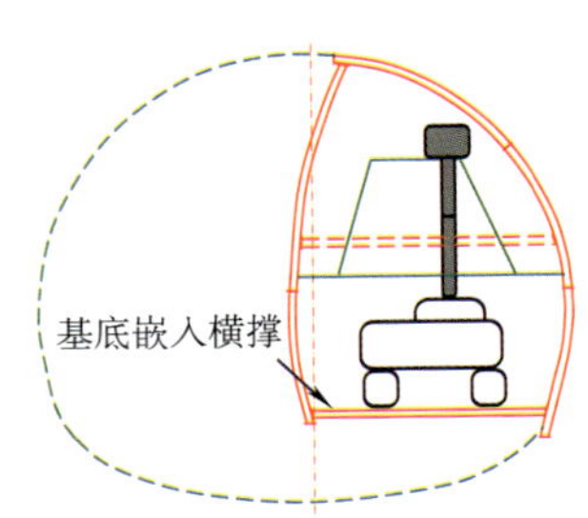

图 7-4-2　双侧壁导坑和 CRD 法在上横撑滞后情况下底部横撑及时跟进示意图

来考虑,然后进行计算验证。以秦东隧道双侧壁导坑和 CRD 的试验为例,计算验证显示,上横撑可从原位置抬高 1 m,使下层空间高度由原来的 4 m 增至 5 m,而且可改善支护结构的受力状态,更有利于安全。

⑤由于双侧壁中洞开挖引起的净空位移远小于两侧导坑开挖引起的位移,所以中洞底撑在两侧导坑支护封闭后可省掉。此时中洞下台阶基底较两侧导坑可适当抬高(秦东隧道实例为 1 m),这样对安全和施工均有利(图 7-4-3)。为适应上述变化,并有利于中洞上撑的及时跟进,中洞上撑位置较两侧导坑上撑位置相应适当抬高。秦东双侧壁导坑法试验表明,这一调整在Ⅴ级围岩非饱和黄土中是可行的。

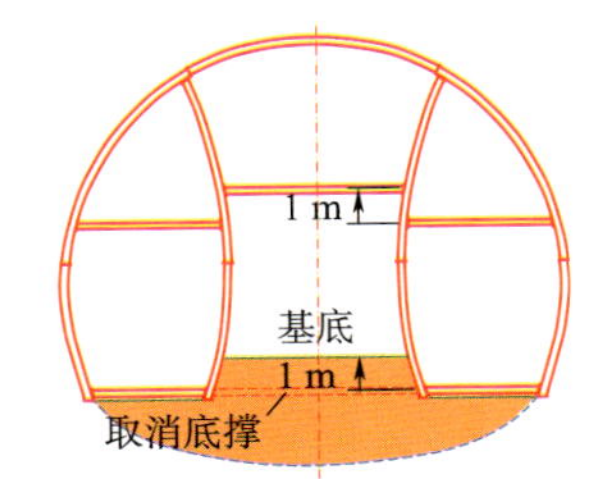

图 7-4-3　双侧壁导坑法取消中洞底撑抬高下台阶基底示意图

⑥CRD 法后行导坑开挖后,当上横撑滞后架设时,其先行导坑上横撑将产生较大拉应力,对横撑端部连接的影响较大(秦东 CRD 试验段达到 73 MPa,约 300 kN 拉力,出现端部焊缝拉开情况)。因此应控制 CRD 后行导坑上横撑的滞后距离,并加强先行导坑横撑端部连接强度,同时后行导坑台阶开挖时应留核心土至中壁处以减小开挖对中壁稳定性的影响(图 7-4-4)。CD 法没有横撑,后行导坑的开挖对中壁的影响更大,因此其开挖同样应采取上述中壁留核心土方式。

(2)控制一次拆撑长度

双侧壁、CRD 和 CD 应及时封闭仰拱以便拆除临时支撑增加施工空间。但一次拆撑过长有可能引起较大地层沉降。因此,在需要控制地表沉降场合,应控制一次拆撑长度,必要时衬砌紧跟施作。根据试验,一次拆撑长度控制在 0.5 倍隧道开挖宽度内,拱部下沉增量比例小于 10%(参见第 7.2.5 节表 7-2-11)。

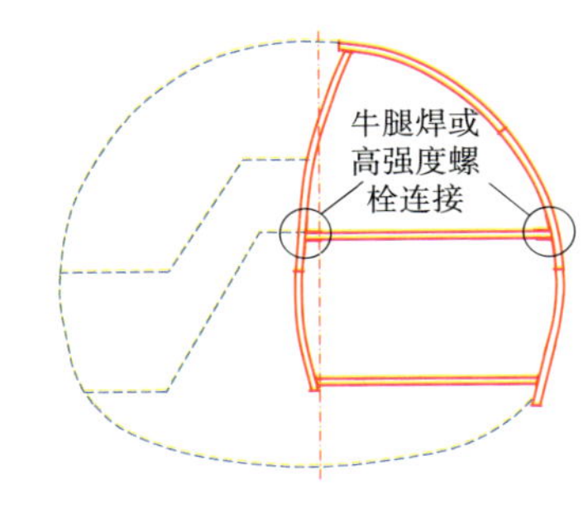

图 7-4-4　CRD 先行导坑横撑端部连接及后行导坑中壁留核心土开挖示意图

(3)适用的开挖机械

①侧壁导坑法断面受临时支撑分割,作业空间狭小,一般不利于大型机械开挖。铣挖机可适应狭窄空间,且掘进速度较快、控制超挖能力强,对掌子面土体扰动也小。同时,采用铣挖机基本不再需要人工配合进行开挖面修挖,可大大提高掌子面处施工的安全性。因此,对于带横撑的双侧壁、CRD 法以及浅埋砂质黄土中使用 CD 法,宜采用铣挖机开挖,尤其对前者有利于横撑及时跟进。

②挖掘机具有挖装一体化功能,效率较高,为现场普遍采用。挖掘机开挖时需要一定的回转空间,不利于横撑的及时跟进。在采用挖掘机开挖的场合,双侧壁、CRD 的上横撑普遍架设较迟。同时,挖掘机容易引起超挖,对掌子面扰动相对较大,尤其是用铲斗挖拱脚及拱腰部位。因此,对挖掘机的性能及铲斗大小应有所选择。从安全和效率角度考虑,对挖掘机的适应性要求可参照表 7-4-1。

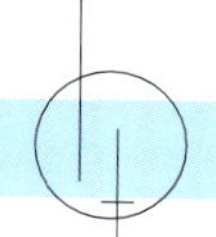

表 7-4-1　对挖掘机的适用性要求

双侧壁法	斗容≤0.5 m^3，具有超小回转性能的小型挖掘机
CRD 法	斗容≤0.5 m^3，具有超小回转性能的小型挖掘机
留核心土台阶法	斗容 =0.8～1.0 m^3，长臂挖掘机

2）预留核心土台阶法关键技术

（1）封闭距离与封闭时间

如前所述，支护"早封闭"的意义在于支护封闭距离尽量靠近掌子面。对于台阶法，支护封闭距离下限应满足最短台阶工序要求，上限则应满足变形控制要求，而后者可用来确定适用距离。根据秦东、潼洛川和高桥隧道试验结果统计，可以得出的拱部下沉与支护封闭距离关系（参见 7.2.5 节图 7-2-67）。据此，可按照拱部下沉控制要求来确定大断面黄土隧道台阶法适用的支护封闭距离及对应的拱部下沉值，如表 7-4-2 所示（表中同时给出实测最大值对比）。表中拱部下沉计算值按下式计算：

$$y = 41.1e^{0.50x} \pm 3s_0 \tag{7-4-1}$$

式中　y——拱部下沉，置信概率 99%（mm）；

x——支护封闭距离（m）；

s_0——标准偏差，10.7 mm。

表 7-4-2　大断面黄土隧道台阶法适用的封闭距离及对应的拱部下沉值

黄土类型	埋　深		支护形式	封闭距离	拱部下沉（mm）	
					计算值	实测最大值
老黄土	深　埋		单层，大拱脚	≤2.5B	145±32	122（157）
	浅　埋		单层，大拱脚	≤2.0B	110±32	80（92）
新黄土	浅　埋	$H>1.0B$	单层，大拱脚	≤1.5B	85±32	109（163）
	特浅埋	$H\leq1.0B$	双层，大拱脚	≤1.0B	70±32	63（93）

注：（1）B 为隧道开挖宽度，H 为隧道埋深；

（2）单层支护实测值括号内为无大拱脚情况，双层支护实测值括号内为二层滞后一层 3 榀情况；

（3）根据试验，对适用距离的拱部下沉控制要求：深埋≤200 mm，浅埋≤150 mm，特浅埋≤100 mm。

如前所述，仅在施工速度相同情况下封闭时间才通过与封闭距离的相关性起作用。因此，对封闭时间控制在一般用时范围内即可。根据郑西高速铁路陕西段秦东、潼洛川和高桥隧道以及河南段贺家庄和函谷关隧道的数据统计，支护封闭一般用时前者主要在 10～20 d 之间，后者则较分散，主要在 6～25 d之间。推荐陕西段经验，即将支护封闭时间控制在 10～20 d 内。其中，对深埋段封闭距离较长的，封闭时间可尽量短些；浅埋段封闭距离较短的，封闭时间则可适当长些，以便于施工工序的安排。

（2）开挖要点

①三台阶七步开挖

针对郑西高速铁路 164～175 m^2 特大断面黄土隧道，预留核心土台阶法的施工图设计采用三台阶开挖图式，如图 7-4-5（a）所示。图 7-4-5（b）～7-4-5（d）则为陕西段秦东、潼洛川和高桥隧道台阶法试验段实际采用的三台阶七步开挖图式，图 7-4-5（e）为河南段张茅隧道采用的三台阶七步开挖图式。其中，7-4-5（b）用于深埋老黄土，7-4-5（c）用于浅埋老黄土，7-4-5（d）则用于浅埋新黄土的开挖，7-4-5（e）用于富水老黄土。

上述三台阶七步开挖的特点，是将 164～175 m^2 的特大开挖断面分成三层台阶七个工作面前后错开顺序开挖，其中 7-4-5（b）～7-4-5（d）中台阶开挖不留核心土，分层或直接掏槽落底，下台阶抬高用于搭接仰拱栈桥（参见第 7.2.4 节图 7-2-38～7-2-40），7-4-5（e）则每层台阶均留核心土。

试验表明，预留核心土台阶法采取上述三台阶七步开挖，一方面通过断面分割实现了控制特大断面台阶法掌子面的稳定，另一方面又较好解决了大断面分步开挖工序交叉多的难题，使施工各环节顺

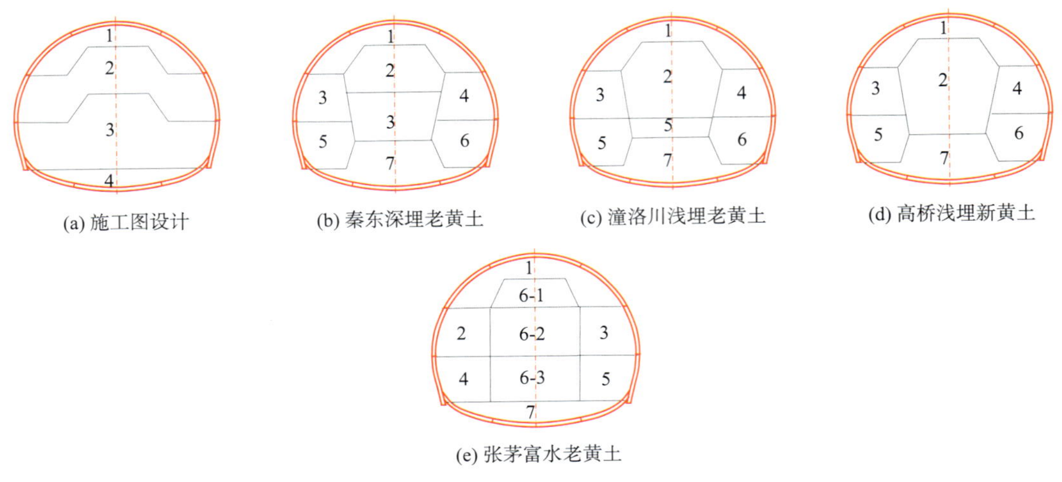

(a) 施工图设计　(b) 秦东深埋老黄土　(c) 潼洛川浅埋老黄土　(d) 高桥浅埋新黄土

(e) 张茅富水老黄土

图 7-4-5　郑西高速铁路大断面黄土隧道三台阶七步开挖图式

序流水化作业。同时，三层台阶的设置也比较便于人工架设钢架。郑西高速铁路大断面黄土隧道施工实践表明，三台阶七步开挖使预留核心土台阶法的适用范围可扩大至Ⅴ级新黄土围岩和富水黄土地层，其中高桥隧道的实践为浅埋新黄土大断面隧道采用台阶法施工提供了成功经验，张茅隧道采用三台阶七步开挖法成功穿越富水黄土地段为该特长隧道保质保量按期交工奠定了基础（参见 7.5 节内容）。

②预留核心土

预留核心土台阶法的实质就是掌子面后方预留核心土作为掌子面稳定性的支撑手段，因此开挖时应确保预留足够体积的核心土。其中：

a. 根据秦东、潼洛川和高桥隧道的实践，建议上台阶核心土的尺寸：顶面净空高 1.4～1.7 m，顶面长度和宽度 3～5 m（前者老黄土，后者新黄土）。

b. 中台阶是否留核心土：从开挖效率上，直接落底能提供较大的开挖空间、开挖效率更高。从掌子面的稳定性上看，对于非饱和黄土而言，试验表明上台阶预留 3～5 m 长的核心土能满足稳定性控制要求，这从高桥浅埋砂质新黄土的成功经验可以验证。因此，从开挖效率考虑，在非饱和黄土地层建议中台阶不留核心土直接落底。对于富水黄土，从安全考虑中台阶应留核心土（张茅隧道）。

c. 下台阶中部顶面抬高形成核心土，主要目的是用于搭接仰拱栈桥，同时使其顶面距拱顶的净空高度控制在 10 m 以内，便于常规量测。

③短进尺

短进尺容易做到及时支护，有利于掌子面稳定。短进尺不仅是控制上台阶一次进尺，而且要严格控制中、下层台阶的一次进尺，以减小开挖对拱脚的影响（测试表明，下层台阶采取较短进尺时，其净空位移曲线将不会出现台阶状态增长）。对于大断面黄土隧道，根据郑西高速铁路经验，建议一次进尺为：上台阶 0.5～1.0 m（前者新黄土，后者老黄土）；中、下台阶，浅埋新黄土与上台阶相同，老黄土不大于上台阶一次进尺的 2 倍。

④短台阶

短台阶的目的是使支护早封闭，合理的台阶长度即取决于核心土长度和支护封闭距离。其中，上台阶最短长度不小于 3 m，否则核心土难以留住。然后，根据各层台阶长度之和 = 支护封闭距离，考虑施工便利性，即可确定合理的各层台阶长度。

（3）支护要点

①开挖面快速封闭

新黄土开挖后，开挖面裸露土体的自稳时间很短，容易失稳，因此开挖后迅速支护尤其是封闭掌

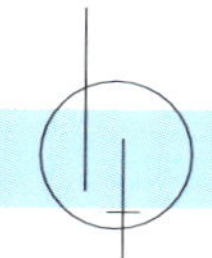

子面，对施工安全具有重要意义。从试验情况看，开挖后头一两个小时是关键。因此，应控制开挖与支护之间的衔接时间，尽量将暴露土体控制在开挖后两小时内。对此，可考虑将喷混凝土工序前移至出渣前（按一般做法，往往要在开挖后至少五六个小时才能喷上混凝土，这对浅埋新黄土初期位移的控制不利），其中对浅埋新黄土应强调开挖后立即对开挖面进行初喷。

②特浅埋场合超前支护措施

特浅埋（埋深 <1 倍隧道开挖宽度）场合，黄土开挖面失稳很容易引发直通地表的坍塌。因此，特浅埋场合应采取以下超前支护措施用于防坍：

管棚：是防止通顶坍方的有效手段。阌乡隧道下穿段经验（参见第 9.2 节内容），采取双层管棚增大管棚刚度，可有效地减小开挖变形对地表的影响。

超前小导管：参见⑤的内容。

掌子面锚杆：这是意大利岩土控制变形法（ADECO-RS）加固前方核心土的主要手段，采用可切削中空注浆玻纤锚杆。但在黄土尤其是砂质黄土中，挖掘机的锚杆切削效果不理想，切削时容易扰动土体，是需要改进的地方。

③浅埋采用型钢钢架、深埋可采用格栅钢架

a. 浅埋受变形控制，支护由刚度控制。这时，应采用整体刚度较大的型钢喷混凝土组合结构。对于型钢规格，考虑到上述组合支护结构中型钢显著承压特性以及Ⅰ20a、Ⅰ22a 型钢在深、浅埋老黄土中均出现压应力极值超过 Q235 屈服强度的情况，对新、老黄土可均选用Ⅰ25a 型钢（或 H175 型钢），钢架榀距：新黄土 0.5～0.6 m，老黄土 0.8～1.0 m。

b. 深埋场合，支护由强度控制。对此建议采用格栅钢架，因为格栅喷混凝土组合较型钢喷混凝土组合更能发挥混凝土的抗压特性。试验显示，上述组合支护结构中格栅受力要明显小于型钢（参见 6.3 节）。格栅规格可选用 4ϕ25，榀距 1.0 m。

④取消拱部锚杆、保留边墙锚杆

a. 试验表明，在与型钢组合时，大断面黄土隧道拱部锚杆不论深埋还是浅埋、不论侧壁导坑法还是留核心土台阶法，均基本不产生拉应力，难以形成拱效应。因此，采用型钢支护时，大断面黄土隧道应取消拱部锚杆。

b. 边墙（含拱脚）锚杆仍可形成一定的拉应力，尤其是深埋场合。同时，浅埋边墙锚杆对控制拱部及地表沉降有利。因此，不论深、浅埋，边墙仍需施作锚杆。

c. 试验显示，2.5 m 锚杆所能提供的拉应力明显不如 4 m 锚杆，尤其是浅埋新黄土场合。根据 6.2.3 节大断面黄土隧道径向位移衰减曲线及参考文献[28]，黄土隧道边墙锚杆长度超过 4 m 的部分作用将不明显。因此，边墙锚杆长度在新黄土中可取 4 m，老黄土取 3 m。

⑤取消拱部锚杆的同时应施作超前小导管

a. 实践显示，在拱部 120°范围施作具有超前支护作用的超前小导管，对于提高掌子面的稳定性具有明确的效果。鉴于黄土隧道拱部系统锚杆难以发挥作用，用支护效果明确且便于施作的超前小导管取代费时费力的拱部锚杆，对确保大断面黄土隧道施工安全应当说是一种行之有效的及时支护措施。因此，在取消拱部锚杆的同时应施作超前小导管。

b. 在黄土中可以采用直接打入方式来快速施作超前小导管。由于超前小导管主要起作用，这种打入方式并不影响其承载能力。同时，可以采用钢花管压浆来加强对拱部核心土的超前支护效果。

⑥大拱脚和斜向下锁脚锚杆

大拱脚和在拱脚处设置斜向下锁脚锚杆，对解决黄土隧道弱拱脚以及下层台阶开挖对拱脚的最不利影响具有重要意义：它们均具有显著的承压特性，对提高拱脚的承载力可起到很好的作用，同时在支护封闭前对拱部具有明显的临时支撑作用，因此是“强拱脚”的主要手段。其中：

a. 大拱脚主要用于台阶法，作为支护封闭前临时支撑拱部支护稳定的手段。侧壁导坑法中双侧壁、CRD 则可以通过及时架设横撑来提供稳定，大拱脚的作用相对台阶法不是那么明显。大拱脚的结构形式，推荐采用受力条件较好且掏挖较容易的直角形式[图7-4-6(a)]。显然这是一种承压结构，相对图7-4-6(b)的锐角结构，可将荷载传递到围岩更深处，使下层台阶开挖时拱脚不易失稳。建议在大拱脚内加设型钢牛腿，确保大拱脚的开挖尺寸并加强支撑作用。大拱脚的宽度，新黄土取 $D=100\sim120$ cm，老黄土取 $D=80$ cm。

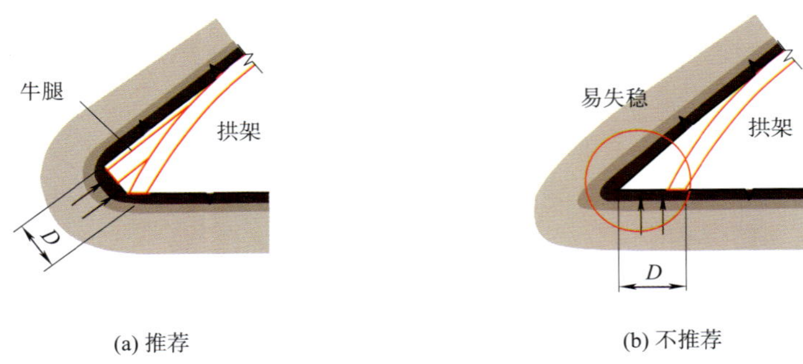

(a) 推荐　　(b) 不推荐

图7-4-6　大拱脚结构形式

b. 黄土隧道拱脚处锁脚锚杆的承载效果与打入角度有很大关系，即与水平夹角越大越好，计算显示该角度大于等于45°才会起到较好效果。而且从拱脚斜向下打入，还可对下层开挖起到超前支护的作用。因此对于黄土隧道，拱脚处锁脚锚杆应尽量贴着拱部轮廓大角度斜向下打入。对于侧壁导坑法，锁脚锚杆施作应包括中隔壁。

c. 锁脚锚杆采用长而粗的钢管可增加锚杆与土体间的摩擦面，更有利于发挥承载作用，因此设计提出采用长度4 m、直径42 mm的锚管。但受空间限制需要解决在拱部将4 m长钢管大角度向下打入的难题。对此，通过增加一排锚管适当缩短其长度，是可行的方案。其中，锚管长度老黄土可取2.5 m，新黄土不小于3 m；增加的一排锚管打入角度可适当减小为30°(图7-4-7)。

d. 在黄土中采用锁脚锚管直接打入方式(国外称之为Ram pipe，可注浆，一般用于松散介质围岩)，作用类似于挤入桩，且作业速度较快(根据潼洛川隧道经验，使用风枪加一个转接头可将 $\phi42$ 钢管快速打入土中)，尤其适合于成孔困难的砂质黄土。如采用钢花管压浓浆对拱脚承载力的提高效果会更好(图7-4-7)。

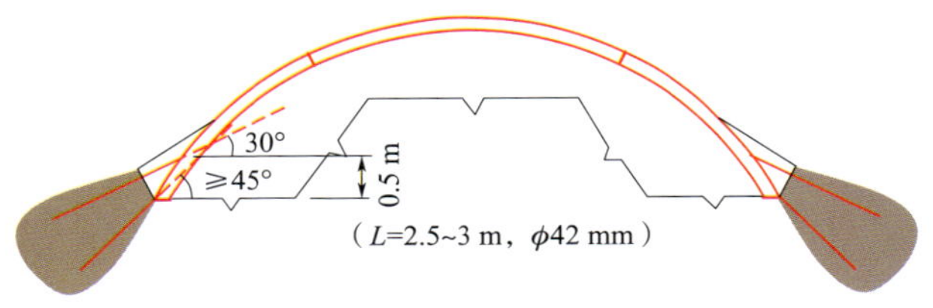

图7-4-7　锁脚锚管压浆

7.4.4　浅埋大断面黄土隧道预留核心土台阶法适用技术参数

根据上述台阶法的关键技术，表7-4-3给出浅埋(含深埋)大断面黄土隧道预留核心土台阶法适用技术推荐参数表，用于非饱和新、老黄土地段采用挖掘机或铣挖机开挖环境，月施工速度可达到：新黄土≥40 m，老黄土≥50 m(深埋≥70 m)。

表7-4-3　大断面黄土隧道预留核心土台阶法适用技术推荐参数表

施工图式	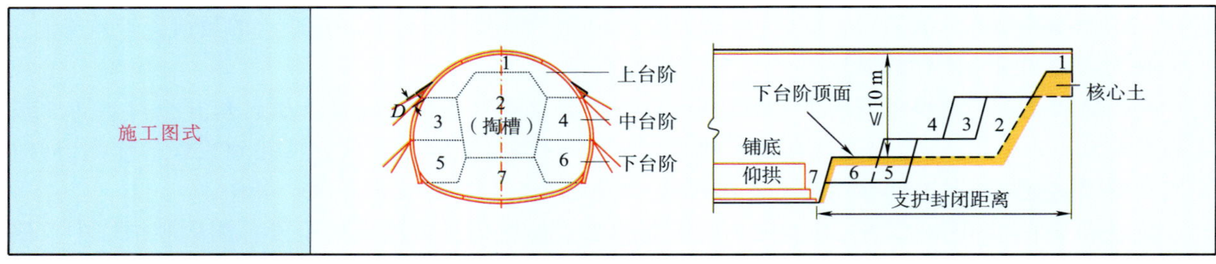

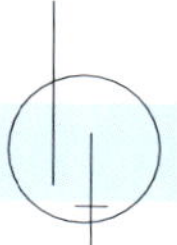

续上表

施工参数	开挖方式		三台阶七步开挖
	核心土		顶面净空高度 1.4～1.7 m,顶面长度和宽度 3～5 m(前者老黄土,后者新黄土) 中台阶不留核心土即第 2 步序中间掏槽直接落底,落底高度按下台阶顶面净空高度不大于 10 m 控制
	台阶长度		控制条件:上台阶长度≥3 m,各层台阶长度之和 = 支护封闭距离
	仰拱封闭	距　离	老黄土:浅埋≤2.0B(深埋≤2.5B) 新黄土:浅埋(H>1.0B)≤1.5B,特浅埋(H≤1.0B)≤1.0B(双层支护) (B 为隧道开挖宽度;H 为隧道埋深)
		时　间	10～20 d。其中,封闭距离长的,时间应尽量短些;封闭距离短的,时间可以长些,以便于施工为准
	大拱脚		浅埋新黄土 D = 100～120 cm,老黄土 D = 80 cm。建议拱架脚端加焊型钢牛腿
	一次进尺	上台阶	新黄土 0.5 m,老黄土 0.8～1.0 m(浅埋取小值)
		中下台阶	新黄土同上台阶进尺,老黄土≤2.0 倍上台阶进尺
支护参数	钢　架		浅埋I25a 型钢,榀距 0.5～0.8 m(前者新黄土,后者老黄土) 深埋宜采用格栅钢架,4ϕ25,榀距 0.6～0.8 m
	锁脚锚管		拱脚 2 排 ϕ42 锚管,长度:新黄土≥3 m,老黄土 2.5 m。打入角度(水平夹角)≥45°(拱脚第 1 排≥30°)。边墙脚 1～2 排
	系统锚杆		拱部不设置锚杆 边墙(含拱脚)锚杆长度:新黄土 4 m,老黄土 3 m。采用药包锚固
	超前小导管		ϕ42、壁厚 3.5 mm 钢管,长度 3 m,搭接长度 1.5 m,外插角 5°～10°,施作范围:拱部 120°范围

7.5　三台阶七步开挖法施工技术

7.5.1　工法简介

三台阶七步开挖法是铁道部确定部级工法《大跨度软岩公路隧道短台阶七步平行流水作业工法》(TLEJGF-99.00-36)。该方法明确定义为:以弧形导坑开挖为基本模式,分上、中、下三台阶留核心土和七个开挖面,各部位的开挖与支护沿隧道纵向错开,平行推进的隧道施工方法。可适用于开挖面积为 100～180 m^2、具备一定自稳条件的Ⅳ、Ⅴ级围岩地段隧道的施工,其特点是:

(1)施工空间大,方便机械化施工,可以多作业面平行作业。部分软岩或土质地段可以采用挖掘机直接开挖,工效较高。

(2)在地质条件发生变化时,便于灵活、及时地转换施工工序,调整施工方法。

(3)适应不同跨度和多种断面形式,初期支护工序操作便捷。

(4)在台阶法开挖的基础上,预留核心土,左右错开开挖,利于开挖工作面稳定。

(5)当围岩变形较大或突变时,在保证安全和满足净空要求的前提下,可尽快调整闭合时间。

针对大断面黄土隧道,三台阶七步开挖法在郑西高速铁路张茅隧道成功取代 CRD 法穿越富水黄土地段的实践,与采取中台阶不留核心土的三台阶七步开挖方式[图 7-4-5(d)及表 7-4-3]成功解决高桥隧道浅埋新黄土大断面安全快速施工的实践(参见第 7.2.4 相关内容),共同为台阶法在大断面黄土隧道施工应用上的技术突破和创新奠定了基础。

7.5.2　施工工艺

1)工艺流程

如图 7-5-1 所示,在上、中、下台阶每部开挖后均应及时支护,仰拱初期支护后应及时施作仰拱,尽早封闭成环。

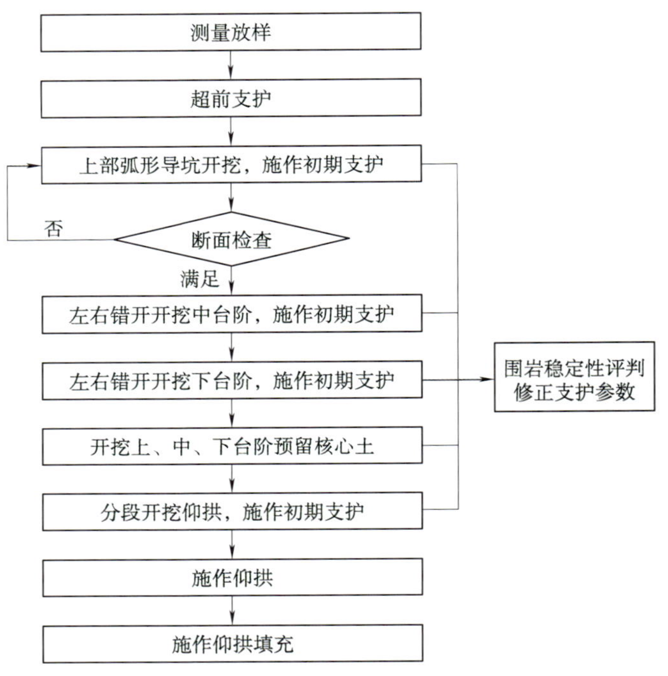

图 7-5-1　三台阶七步开挖法施工流程

2)施工作业

三台阶七步开挖法施工步骤如图 7-5-2 所示。图 7-5-3 为开挖透视图,说明于下:

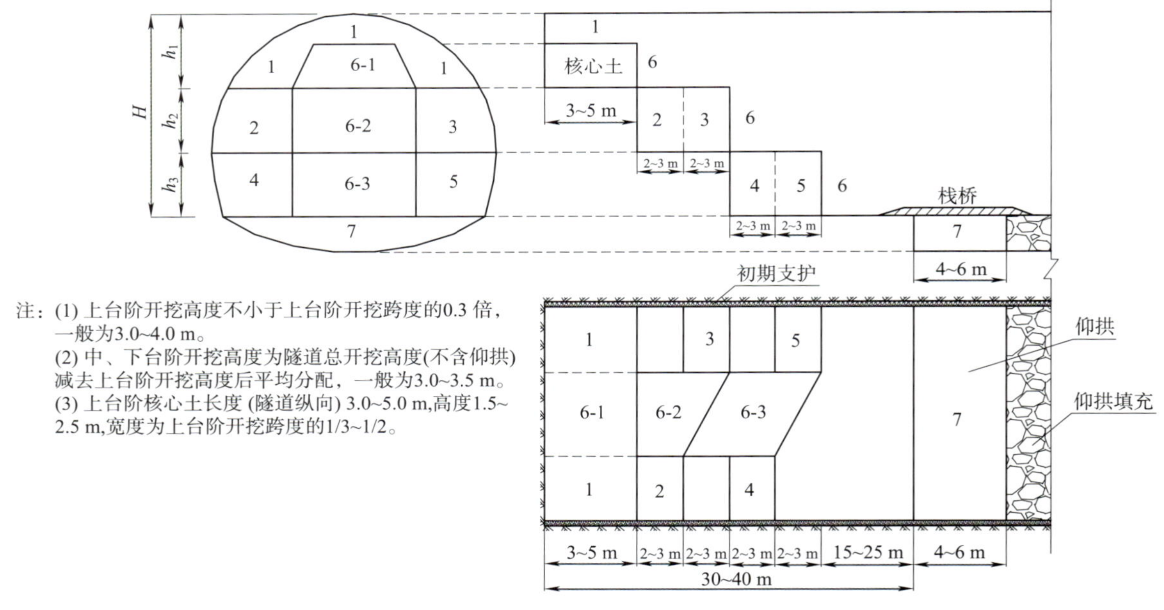

图 7-5-2　三台阶七步开挖法施工步骤

第 1 步,上部弧形导坑开挖:在拱部超前支护后进行,环向开挖上台阶,预留核心土。核心土长度 3 ~ 5 m,宽度为隧道开挖宽度的 1/3 ~ 1/2。开挖循环进尺根据初期支护钢架间距确定,最大不得超过 1. 5 m,开挖后立即初喷 3 ~ 5 cm 混凝土。上台阶开挖矢跨比应大于 0. 3(图 7-5-4),开挖后及时架设初期支护钢架,在钢架拱脚以上 30 cm 高度处,紧贴钢架两侧边沿按下倾角 30°打设锁脚锚杆,锁脚锚杆与钢架牢固焊接,复喷混凝土至设计厚度。

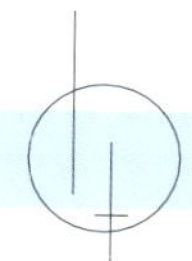

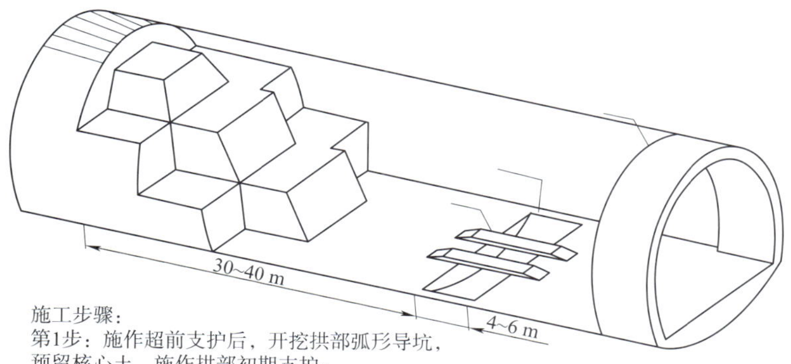

图 7-5-3　三台阶七步开挖法开挖透视图

第 2 ~ 5 步，左、右侧中、下台阶开挖（图 7-5-5）：开挖进尺应根据初期支护钢架间距确定，最大不得超过 1.5 m，开挖高度一般为 3 ~ 3.5 m，左、右侧台阶错开 2 ~ 3 m，开挖后立即初喷 3 ~ 5 混凝土，及时接长钢架，在钢架墙脚以上 30 cm 高度处，紧贴钢架两侧边沿按下倾角 30°打设锁脚锚杆，锁脚锚杆与钢架牢固焊接，复喷混凝土至设计厚度。

图 7-5-4　弧形导坑开挖

图 7-5-5　左、右侧中、下台阶开挖

第 6 步，上、中、下台阶预留核心土开挖（图 7-5-6）：各台阶分别开挖预留的核心土，开挖进尺与各台阶循环进尺相一致。

第 7 步，仰拱开挖（图 7-5-7）：每循环开挖长度宜为 2 ~ 3 m，开挖后及时施作仰拱初期支护，完成两个仰拱开挖、初期支护循环后，及时施作仰拱，仰拱分段长度宜为 4 ~ 6 m。仰拱施工采用栈桥解决运输问题（图 7-5-8）。

图 7-5-6　上、中、下台阶留核心土开挖

图 7-5-7　仰拱开挖

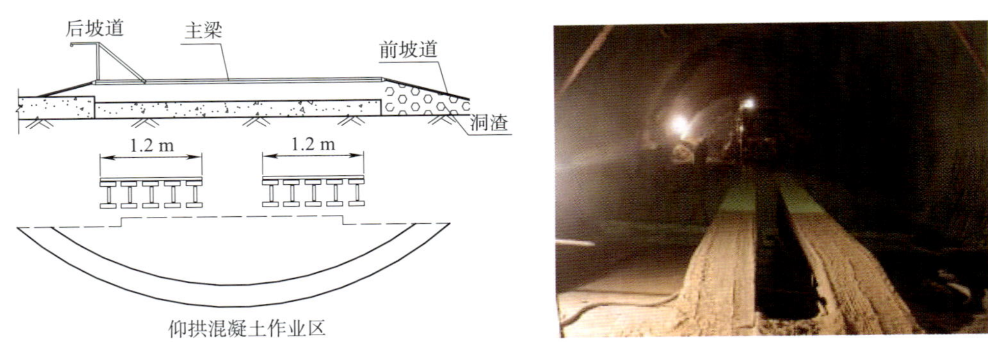

图 7-5-8　移动式栈桥作业平台

7.5.3　工程应用

以郑西高速铁路张茅隧道为例，重点介绍采用三台阶七步开挖法成功穿越高铁特大断面隧道富水黄土层地段的工程应用。

张茅隧道全长 8 483 m，隧道主要围岩为 Q_2 黏质黄土和粗圆砾土，黄土的垂直节理发育，天然含水率达 20%～30%，饱和度 95%，隧道最大涌水量 18 990 m^3/d。图 7-5-9 为该隧道地质纵断面图。

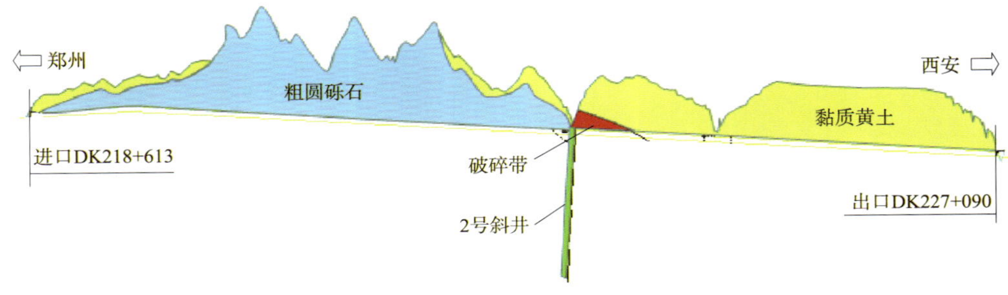

图 7-5-9　张茅隧道地质纵断面图

1）张茅隧道施工难点

（1）地质条件极差。在富水黄土这种特殊地质条件下，开挖时黄土中水分不断从开挖面渗出，使得黄土的力学性质急剧变化，几乎完全丧失了强度，开挖面的稳定性极差。

（2）隧道开挖断面超大，开挖断面积达 170 m^2，施工难度大。

（3）由于地层软弱、隧道开挖断面大，施工方法及工序必须有利于初支快速封闭，有利于围岩的稳定，需要解决相适应的施工技术关键。

（4）软弱地层大断面隧道施工，控制掌子面的稳定是施工成功的关键，但如何有效控制开挖高度达 13 m 的掌子面的稳定，还相当困难。

（5）由于地层软弱，锚杆作用效果差，拱脚稳定性不易控制，支护结构整体沉降很大。如何控制支护结构的整体下沉、控制围岩的变形、控制围岩的稳定十分关键，也很困难。

（6）为不让洞内排出的水到处漫流，避免拱脚被水浸泡，施工排水十分关键，但由于隧道大多数工作面都是反坡，因此排水困难。

2）施工方法选择

最初设计与施工曾采用 CRD 法。采用该工法主要原因是考虑 CRD 可以在围岩较差环境下起到很好的控制沉降作用，施工安全。但在张茅隧道最初施工中，与预想效果相差很大。CRD 工法施工工序复杂，分成 5 个洞室开挖，限制了大型机械的使用，施工进度较慢，开挖面不能及时闭合。由于不能及时封闭，使得黄土的开挖面极不稳定，控制变形不能得到保证。

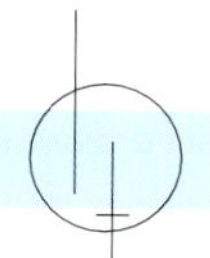

在张茅富水黄土这种特殊地质条件下，从开挖面黄土中水分渗出会迅速丧失强度和稳定性这一现象，需要针对性加以解决。关键是能否及时尽快地做到开挖面的全断面封闭，保证开挖面的稳定性。这要求采用工法的工序尽量简明，能有效缩短封闭的时间。根据以上要求，借鉴以往施工经验，并通过多方比选，最终选择采用三台阶七步开挖法。

3）台阶设置

采用三台阶七步开挖法施工时，台阶的设置如下：

（1）台阶长度

黄土隧道三台阶七步开挖法的台阶长度不宜过长，否则支护封闭距离必然拉大。为确定合理的台阶长度，对 3 m、5 m、8 m 三种台阶长度进行三维数值分析，其他施工参数不变（循环进尺 1 m、封闭距离 35 m），计算结果如表 7-5-1 所示。可以看出，台阶过长、过短都不利于变形控制，5 m 台阶在变形控制上优于 3 m 和 8 m 台阶。

表 7-5-1　不同台阶长度计算结果比较

台阶长度	拱部下沉（mm）			水平位移（mm）			最大钢架应力（MPa）
	拱　顶	拱　脚	相　差	上台阶	中台阶	下台阶	
3 m	135	188	53	102	217	316	232
5 m	114	157	43	82	146	67	194
8 m	119	166	46	86	146	57	203
3 m 与 5 m 比增加	19%	20%	23%	24%	48%		20%
8 m 与 5 m 比增加	5%	6%	8%	4%	0%		5%

由于黄土竖向节理的结构特性以及开挖面暴露后失水易失稳，故应采取短台阶开挖，以缩短支护封闭距离加快支护环的封闭，但台阶不能太短，若台阶若过短，因洞内纵向破裂面超过工作面，易造成洞顶土体下滑，引起工作面不稳定。根据张茅隧道的施工经验，建议台阶长度取如下：上台阶一般为 3～5 m，中、下台阶为 4～6 m；对于稳定性较好的无水老黄土，为方便施工，台阶长度可适当放宽。

（2）台阶高度

台阶高度的控制十分关键，特别是上台阶的高度更应该严格控制。如果上台阶高度太低，则施工不方便，而且还会使中、下台阶太高，对中、下台阶的掌子面稳定性不利；如果上台阶高度太高，滑移体范围太大，不利于掌子面的稳定，而且所需小导管的长度也会加大，施工不便。根据张茅隧道施工的经验，台阶高度的设置为：上台阶高度不小于上台阶宽度的 0.3 倍，一般取 3～4 m；中、下台阶高度为隧道总高度减去仰供高度和上台阶高度后平均分配，一般取 3～3.5 m。

（3）台阶错台距离

由于进行三台阶开挖，在中、下层台阶开挖时，为避免上层初期支护两脚同时悬空，每层均左右错开开挖。为了研究合适的错台距离，采用三维数值方法进行错台 3 m 和 7 m 的计算比较，其他施工参数不变（台阶长度 5 m，仰供封闭距离 35 m），计算结果如表 7-5-2 所示。可以看出，随错台距离的增加，拱顶、拱脚下沉及拱脚收敛增大，但增加量不大；而边墙收敛减小且数量较大。从张茅隧道的施工实践中也可以看出，中、下层台阶有一定错台时有利于支护结构的稳定，而且变形也在允许范围内，但错台长度不宜长。综合比较，张茅隧道错台长度确定为 2～3 m。

表 7-5-2　不同台阶错台距离计算结果比较

台阶错台距离	拱部下沉（mm）			水平收敛（mm）		
	拱　顶	左拱脚	右拱脚	上台阶	中台阶	下台阶
0 m	114	157	157	82	146	67
3 m	116	157	167	84	136	44

续上表

台阶错台距离	拱部下沉(mm)			水平收敛(mm)		
	拱　顶	左拱脚	右拱脚	上台阶	中台阶	下台阶
7 m	118	157	175	85	118	40
错距 3 m 时增加	2%	0%	6%	2%	-7%	-34%
错距 7 m 时增加	4%	0%	11%	4%	-19%	-40%

4)合理开挖进尺

开挖进尺的大小对大断面黄土隧道施工变形的影响很大,采用三维数值方法对张茅隧道两种进尺(即 1 m 和 2.4 m)进行计算比较,计算结果如表 7-5-3 所示。可以看出,进尺从 1 m 增加到 2.4 m 时,拱部下沉增加 60% 以上,水平收敛增加 70% 以上,钢架最大应力增加 19%,且接近屈服极限。

随着开挖进尺的减小,减小土体一次暴露的长度,减少一次开挖量和出渣量,缩短开挖与支护的衔接时间,从而实现早支护,对控制变形是十分有效的。

表 7-5-3　不同进尺计算结果比较

进　尺	沉降(mm)			水平位移(mm)			最大钢架应力(MPa)
	拱　顶	拱　脚	相　差	上台阶	中台阶	下台阶	
1 m	114	157	43	82	146	67	194
2.4 m	187	269	81	143	247	124	230
增　加	64%	71%	90%	73%	69%	83%	19%

根据张茅隧道的现场试验,最终确定Ⅳ级老黄土隧道的开挖进尺如下:上台阶一次进尺不宜大于 0.8 ~ 1.0 m;中、下层台阶一次进尺不宜大于上台阶一次进尺的 2 倍,即 1.5 m 左右;仰供一次开挖施作初支护的长度不宜大于上台阶一次进尺的 3 倍,即 2 ~ 3 m。对于新黄土或砂质黄土,建议进尺取老黄土的一半。

5)稳定掌子面措施

针对富水黄土隧道施工情况,稳定掌子面的措施主要有:预留核心土、开挖面尽早封闭、超前小导管。

(1)预留核心土

为充分利用掌子面的空间支护效应,预留核心土是比较有效的稳定掌子面的方法,是弧形导坑开挖的关键。在张茅隧道试验的基础上,考虑核心土的设置为:上台阶核心土长与上台阶长度相同,即 3 ~ 5 m,高度 1.5 ~ 2.5 m,顶面宽度为上台阶开挖宽度的 1/3 ~ 1/2,即 3 ~ 5 m;中、下台阶核心土长与台阶长度相同,即 4 ~ 6 m,高度与台阶高度相同,宽度为台阶宽度的 1/3 ~ 1/2。

(2)开挖面尽早封闭

在富水黄土隧道中,开挖后立即初喷 3 ~ 5 cm 混凝土,覆盖开挖面,以减少围岩暴露时间,以防止开挖面松弛,提高开挖面的自稳性。喷混凝土不是作为轴力构件发挥作用的,而是防止土体剥离,防止富水黄土中水分渗出。

从测试及施工情况看,黄土隧道开挖后头一两个小时是关键。因此,必须考虑喷混凝土工序前移的可行性,即移至出渣前进行,开挖后立即进行初喷,然后再架设钢架、出渣。有些隧道通常在开挖后至少五六小时后才能喷上混凝土,这对砂质黄土和富水黄土隧道初期位移的控制不利。图 7-5-10 为张茅隧道初喷混凝土情况。

(3)施作超前小导管

实践证实大断面黄土隧道弧形导坑施工时,掌子面斜上方土体的稳定性对隧道的稳定有很大影响。因此,开挖前改善这一部分土体的状况,对隧道的稳定性极为有利。对此,超前小导管是一种有效的控制措施,其设置建议如下:

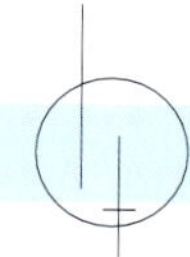

图 7-5-10　开挖面初喷混凝土

①小导管一定要穿过掌子面前方的破裂面 1 m 左右，小导管长度按上台阶高度加 1 m 来考虑，即 4 ~ 5 m。

②在拱部 120°范围施作的超前小导管，对大断面黄土隧道而言应当说是一种技术经济效益比较好的支护手段。

③在黄土中可以采用直接打入方式来快速施作超前小导管（使用风枪加转接头）。由于超前小导管主要起梁作用，这种打入方式并不影响其承载能力。必要时同样可以采用钢花管压浆来加强对拱部的预支护效果。

6）稳定拱脚措施

根据张茅隧道施工监测资料，前三天的拱顶与拱脚下沉值基本相同，说明在前三天钢拱架变形主要为整体沉降，此时掌子面距测试断面约 6 ~ 9 m，占总下沉 40% 以上。这说明施工中加强钢架拱脚的稳定性十分重要，主要措施有：设置大拱脚和增加拱脚锁脚锚杆（管），此外可增设钢架拱脚纵向连接筋和拱脚槽钢垫板等。

（1）大拱脚

为研究拱脚厚度控制沉降的效果，采用三维数值方法对张茅隧道两种拱脚厚度（即 0.8 m 和 1.2 m）进行计算比较，计算结果如表 7-5-4 所示。总体看，增加大拱脚厚度对控制变形有利。

表 7-5-4　不同拱脚厚度计算结果比较

拱脚厚度	拱顶下沉（cm）	拱脚下沉（cm）	边墙中部水平收敛（cm）
0.8 m	11.2	19.6	24.6
1.2 m	10.1	18	23.8
减少比例	9.8%	8.2%	3.3%

大拱脚为锐角时掏挖易坍塌且结构受力条件不好，会产生明显的剪应力，建议将锐角改为直角形式。大拱脚厚度选择：老黄土取 80 cm，新黄土取 100 ~ 120 cm。张茅隧道实际施作的大拱脚如图 7-5-11所示，拱脚槽钢垫板如图 7-5-12 所示。

图 7-5-11　大拱脚

图 7-5-12　拱脚槽钢垫板

(2)锁脚锚杆

为了比较不同锁脚锚杆的数量及不同角度的作用效果,采用三维数值方法进行计算比较,计算结果如表7-5-5。可以看出,增加锁脚锚杆数量和增加锁脚锚杆打入角度对控制变形有利。

表7-5-5 不同锁脚锚杆数量及不同角度工况计算结果比较

工 况	拱顶下沉	拱脚下沉	边墙中部水平收敛
2根	14.6 cm	25 cm	28.1 cm
4根	12.9 cm	25.8 cm	27.7 cm
减少比例	11.6%	-3.2%	1.4%
10°	13.5 cm	26.7 cm	27.5 cm
45°	12.9 cm	25.8 cm	27.7 cm
减少比例	4.4%	3.4%	-0.7%

7)封闭仰拱的措施

支护封闭对控制沉降、变形效果非常明显,张茅隧道封闭后拱顶下沉占总下沉不到5%,拱脚水平收敛占总收敛也不到5%。因此,大跨黄土隧道施工应快速封闭仰拱。

(1)支护封闭距离

根据张茅隧道的地质及现场试验情况,建议老黄土支护封闭距离取30~35 m;对于新黄土及砂质黄土,支护封闭距离取20~25 m。

(2)支护封闭时间

根据张茅隧道施工的实际情况,确定全断面初期支护闭合时间宜控制在15 d左右。

8)施工防排水措施

(1)完善地表防排水系统

由于黄土为大孔隙结构,垂直节理发育,而且隧道施工还会产生地表裂缝,有的裂缝宽度相当大,为防止降雨或地表水下渗而影响结构安全,地表应做好排水设施,特别是在洞口及浅埋段,更应该设置完善的防排水系统。

(2)完善洞内临时防排水系统

老黄土地层在含水率不大的情况下,强度较大,稳定性较好,但遇水后很容易软化,失去原来的结构特性。针对张茅富水黄土隧道的施工,必须做好洞内防排水系统。具体措施如下:

①开挖面及时初喷混凝土,这一方面可以控制部分地下水的渗出,另一方面可以防止地下水渗出后开挖面产生泥化。

②在隧道中部设置积水坑将水集中抽排,将上、中台阶两侧的水引到积水坑,严禁积水浸泡拱(墙)脚及在施工现场漫流,防止基底承载力降低。

③必要时应配合井点降水等措施,降低地下水位至隧道仰拱以下,确保施工顺利进行。

9)监测结果及分析

(1)测试结果汇总

张茅隧道施工监测结果汇总如表7-5-6所示。

表7-5-6 测试结果汇总

测试项目	最大累计值	最大速率
拱顶下沉	57~67 mm	10~21 mm/d
拱脚下沉	62~83 mm	13~18 mm/d
拱脚收敛	57~65 mm	9~10 mm/d

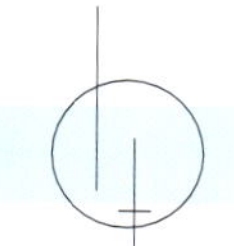

续上表

测试项目	最大累计值	最大速率
边墙收敛	41 ~ 63 mm	8 ~ 10 mm/d
钢架应力	−130 ~ 100 MPa	

(2)拱顶与拱脚下沉

选择隧道断面 DK225 + 145、DK225 + 965 作为代表进行监测分析,其拱部下沉时态曲线如图 5-5-13 所示(图中 GD1 为拱顶下沉,GJ1、GJ2 分别为左、右拱脚下沉)。可以看出,拱脚下沉明显大于拱顶下沉,其中前三天拱顶与拱脚下沉基本相同,说明钢拱架主要整体下沉,此时掌子面距测试断面约 6 ~ 9 m。断面封闭前拱顶下沉平均占总下沉 96.5%,说明断面及时封闭对控制拱部下沉效果非常明显。

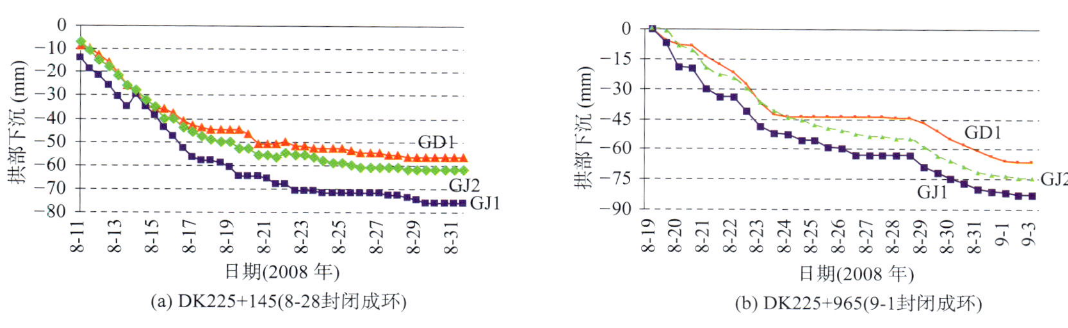

图 7-5-13　拱顶及拱脚下沉时态曲线

(3)水平收敛

上述断面水平收敛时态曲线如图 7-5-14 所示(图中 SL1、SL2 分别为拱脚和边墙水平收敛)。封闭前拱脚收敛占总收敛 96.5%,边墙收敛占总收敛 87.8%,封闭后一周左右水平收敛基本稳定,说明及时封闭对控制水平收敛效果非常明显。

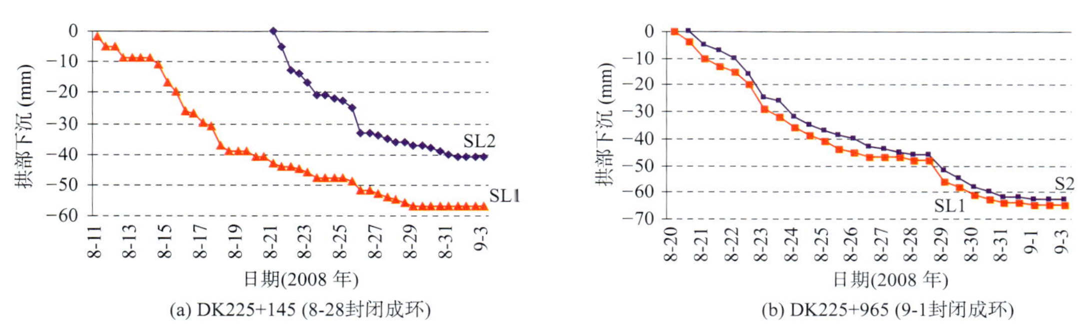

图 7-5-14　水平收敛时态曲线

(4)型钢钢架应力

上述断面型钢钢架表面应力时态曲线如图 7-5-15、图 7-5-16 所示(图中 WE1 ~ WE5、NE1 ~ NE5 分别为拱部外侧和内侧测点,WE6 ~ WE7、NE6 ~ NE7 分别为边墙外侧和内侧测点,WE8 ~ WE9、NE8 ~ NE9分别为仰拱外侧和内侧测点)。可以看出,拱顶部位型钢应力较大(−130 MPa ~ 100 MPa),拱部、边墙及仰拱钢架内、外侧绝大部分受压,支护封闭一周后大部分测点应力基本稳定,但个别测点还在变化。

张茅隧道采用三台阶七步开挖法取代 CRD,成功穿越富水黄土地段,克服了黄土隧道易发生大变形、大塌方的施工难点。施工结果表明,采用三台阶七步开挖法的月施工进度 70 ~ 75 m,远远高于 CRD 法 30 ~ 35 m 的月施工进度;初期支护全环封闭在 15d 左右,仰拱紧跟开挖面,避免了 CRD 法反复拆除临时支护,成环封闭快,确保了隧道施工安全。由于三台阶七步开挖在大断面黄土隧道中的优

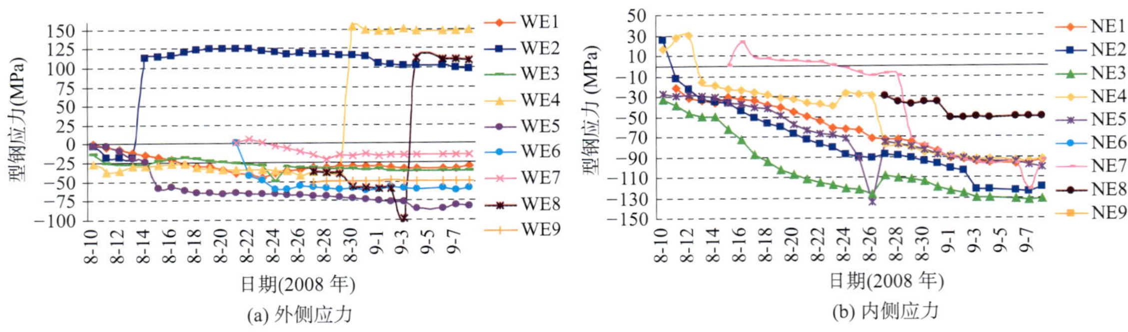

(a) 外侧应力 (b) 内侧应力

图 7-5-15 DK225 + 145 型钢应力时态曲线

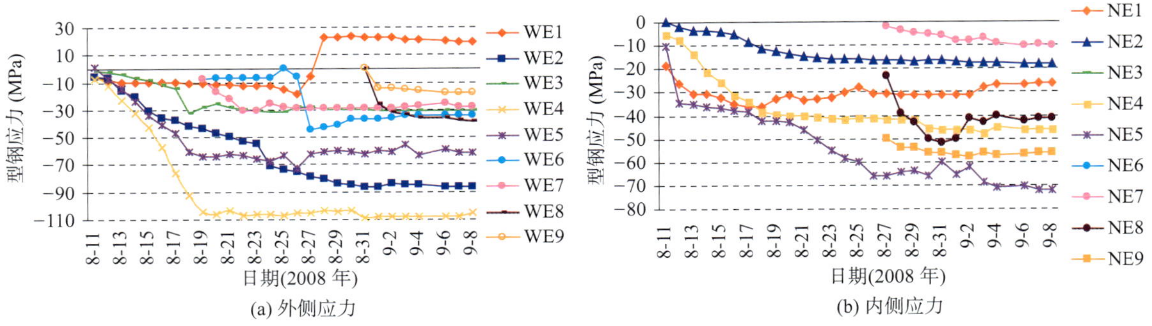

(a) 外侧应力 (b) 内侧应力

图 7-5-16 DK225 + 965 型钢应力时态曲线

势,全线 14 座老黄土隧道均采用三台阶七步开挖方式进行大断面施工。

7.6 变形控制基准与监测方法

7.6.1 大断面黄土隧道变形控制基准

1)控制项目

鉴于大断面黄土隧道净空位移特性,对变形控制项目的设置,应考虑:

(1)对于各类型黄土以及各种工法均应重视垂直变形的控制,即对拱脚和拱顶下沉以及地表沉降进行控制。

(2)侧壁导坑法尤其 CD 断面应重视对中隔壁变形的控制,即对两侧导坑水平收敛进行控制。

(3)深埋台阶法施工时还应重视水平变形控制,主要是控制墙腰和拱脚水平收敛。

综上所述,对大断面黄土隧道变形控制项目进行设置,如表 7-6-1 所示。

表 7-6-1 大断面黄土隧道变形控制项目表

序 号	控 制 项 目	说 明
1	拱脚和拱顶下沉	垂直变形的控制
2	地表沉降	
3	水平收敛(深埋场合)	水平变形的控制

2)对变形控制基准的考虑

变形控制基准值一般依据规范、实测资料统计和工程类比来确定。对于大断面黄土隧道变形控制基准的设定,主要从以下方面考虑:

(1)数值模拟计算

由于对实际情况模拟的不确定性,尤其是黄土的本构关系较为复杂,难以用一般土体的弹塑性模

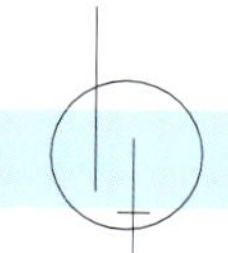

型模拟，因此数值计算仅作为一种辅助手段，不作为设定黄土隧道变形控制基准的依据。

（2）规范限值

如前所述，现行隧道规范限值与郑西高速铁路大断面黄土隧道净空位移实测值之间存在显著差异，规范值明显偏小，尤其是对垂直位移的控制要求与大断面黄土隧道实际位移存在显著差异（参见7.2.5节图7-2-70）。因此，现行规范给出的一般围岩铁路双线隧道位移极限值，并不适用于大断面黄土隧道。

综上，黄土隧道变形控制基准将主要依据对实测资料的统计分析，并辅以计算。

（3）实测资料的统计

①郑西高速铁路试验段测试资料和施工监测资料的统计和分析

a. 根据陕西段秦东、潼洛川、高桥和河南段贺家庄、函谷关等五座隧道试验段测试资料的统计，郑西高速铁路大断面黄土隧道各工法试验段净空位移最大测试值汇总于表7-6-2（表中拱部下沉和水平收敛值尾数按5修约取整），共统计断面45个。

表7-6-2　郑西高速铁路大断面黄土隧道各工法试验段净空位移最大值汇总表

试验段	工　法	拱部下沉（mm）	水平收敛（mm）	平均封闭距离（m）/平均封闭时间（d）	埋　深（m）	黄土类型	规范围岩分级
秦　东	双侧壁	95～120	90～95	–	15＋	Q_3 砂质黄土	Ⅴ
	CRD	130～150	125～135	–	30＋	Q_1 砂质黄土	Ⅳ
潼洛川	CD	230	145～225	–		Q_1 黏质黄土	
秦　东	留核心土台阶	120～170	125～170	34/13	175＋	Q_1 砂质黄土	
潼洛川		90	45～55	28/16	30＋	Q_1 黏质黄土	
高　桥		110～165	55～60	23/15		Q_3 砂质黄土	Ⅴ
贺家庄		40～90	15～50	15/12		Q_2 黏质黄土	Ⅳ
函谷关		130～160	50～105	30/24	110	Q_3 砂质黄土	
高　桥	双层支护台阶	50～95	5～20	12/17	10＋	Q_3 砂质黄土	Ⅴ

注：（1）拱部下沉取拱顶和拱脚下沉中最大值，水平收敛取拱脚和墙腰收敛中最大值。

（2）潼洛川CD中壁出现纵向开裂，开裂前最大拱顶下沉180 mm。

b. 上述试验段拱部下沉最大值沿埋深分布的统计结果，如图7-6-1所示，在图中可按照围岩及埋深情况分别划出100 mm、150 mm和200 mm三个限值范围。

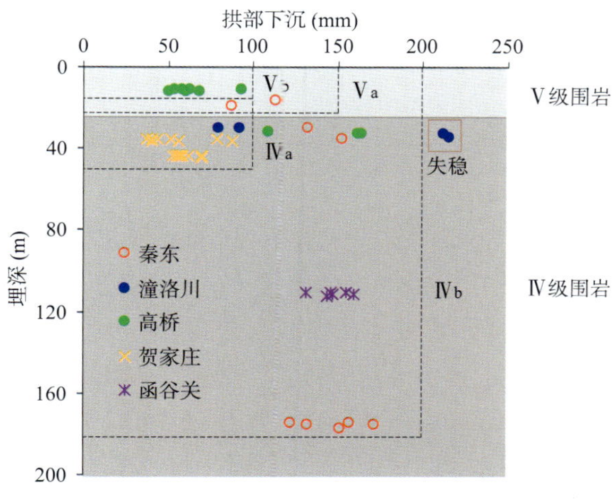

图7-6-1　陕西段和河南段五座隧道试验测试资料统计图（拱部下沉）

c. 根据河南段张茅、坳渠二号、贺家庄、交口、南交口二号、阌乡和函谷关等七座隧道总计98个断面施工监测资料，对上述隧道施工中拱顶下沉最大值进行统计，结果如图 7-6-2 所示，其中拱部下沉较少超过 200 mm，达到该值以上的情况所占比例不到 10% 。

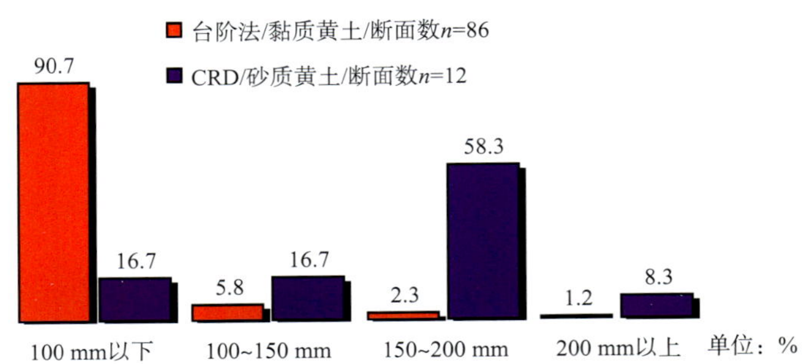

图 7-6-2 河南段七座隧道施工监测资料统计图（拱顶下沉）

d. 根据大断面黄土隧道净空位移随埋深变化特性，将变形控制基准分别按特浅埋（$H\leqslant1.0B$）、浅埋（$H>1.0B$）和深埋三种埋深类型进行划分。

②鉴于试验数据的可靠性和可比性，对大断面黄土隧道净空位移的变形控制基准，将主要依据试验段测试资料的统计，同时参考施工监测资料的统计结果。综上，对拱部下沉变形控制基准按埋深和围岩分级作进一步分析和划分：

a. 根据图 7-6-1、图 7-6-2，将 200 mm 设为深埋Ⅳ级围岩初期支护拱部下沉控制基准的上限值，其砂、黏质黄土范围值按 50 mm 计，适用于Ⅳ$_b$级黄土围岩。

b. 将图 7-6-1 中 150 mm 限值范围设为浅埋Ⅴ级围岩支护拱部下沉基准的上限值，其砂、黏质黄土范围值按 50 mm 计，适用于Ⅴ$_a$级黄土围岩。

c. 将图 7-6-1 中 100 mm 限值范围设为浅埋Ⅳ级和特浅埋Ⅴ级围岩的支护拱部下沉基准的上限值，其砂、黏质黄土范围值按 30 mm 计，分别适用于Ⅳ$_a$和Ⅴ$_b$级黄土围岩。

d. 深埋Ⅴ级围岩的情况较少见，对此不再进一步划分为亚级。其拱部下沉控制上限值，借鉴预留变形量的相关统计（参见 6.5.2 节内容），设为 250 mm，砂、黏质黄土范围值考虑加大为 70 mm。

综合以上分析，基于实测资料统计的拱部下沉控制限值的初步结果汇总于表 7-6-3 中。

表 7-6-3 基于实测资料统计的大断面黄土隧道拱部下沉控制限值初步结果

规范围岩分级	黄土围岩分级	特浅埋	浅埋	深埋
Ⅳ	Ⅳ$_a$	—	70 ~ 100 mm	（待定）
	Ⅳ$_b$	—	（待定）	150 ~ 200 mm
Ⅴ	Ⅴ$_a$	（待定）	100 ~ 150 mm	180 ~ 250 mm
	Ⅴ$_b$	70 ~ 100 mm	（待定）	

③对水平收敛变形控制基准的考虑

a. 根据大断面黄土隧道净空位移随埋深变化的特性（参见 7.2.5 节图 7-2-65），特浅埋时不作为监控对象。浅埋时，侧壁导坑法按 1.0 倍拱部下沉极值考虑（当基准值按断面相对值给出时，应乘上一个高宽比系数 $\eta=H_0/B$，H_0 为隧道开挖高度），台阶法仍不必作为监控对象。深埋时，台阶法按 1.0 倍拱部下沉极值考虑（按断面相对值给出时，同样应乘上高宽比系数 H_0/B）。

b. 潼洛川 CD 中壁出现纵向开裂时，先行导坑水平收敛由正（收敛）向负（伸长）变化幅度达到 200 mm，后行导坑水平收敛达到 250 mm［参见 7.2.3 节图 7-2-27（a）］。据此作为 CRD 和 CD 临时中隔壁失稳监控指标的参考。

c. 双侧壁、CRD 和 CD 断面一次拆除临时中隔壁长度不大于 0.5 倍开挖宽度时，拱部下沉增量比例小于 10%，据此作为侧壁导坑法拆撑时稳定性监控指标的参考。

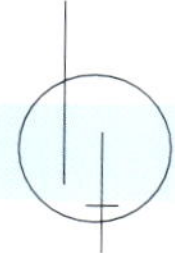

④对地表沉降变形控制基准的考虑

a. 根据秦东和高桥隧道试验数据，双侧壁导坑法可控制地表沉降 60 mm（埋深 15 ~ 20 m），台阶法可控制地表沉降 170 mm（埋深 30 m），双层支护台阶法可控制地表沉降 135 mm（埋深 10 m，参见第 9 章内容）。据此作为一般地段地表沉降控制值参考。

b. 下穿高速公路时，可根据阌乡隧道的经验，采用双层支护双侧壁法控制路面沉降在 50 mm 以内（参见第 9 章内容）。

c. 下穿既有铁路时，一般普速铁路根据《铁路轨道工程质量检验评定标准》（TB 10418—98）规定的 30 mm 沉落限值来控制轨面沉降，高速铁路则可参考《客运专线无砟轨道铁路设计指南》相关规定。由于目前现有工法对大断面黄土隧道施工时的地表沉降控制很难直接达到上述标准要求，必须采取相应辅助加固措施。因此，对下穿既有铁路的地表沉降控制，应分别对地面和轨面使用条件设定相应的控制基准。

⑤说　　明

a. 依据实测资料统计得出的变形基准针对的是开挖后初期支护的变形全过程，而不是围岩的变形全过程。后者的变形在掌子面前方即已开始，施工阶段的监测一般无法获取其全过程。而初期支护的变形全过程，是可以通过施工监测完全获得的。对此要求，测点应尽量靠近掌子面布设并初测，以反映支护结构的变形全过程。

b. 上述净空位移极限值主要来源于试验段测试资料，为具可比性，应按照试验段的要求规定测点的初测距离和时间，即拱脚和拱顶下沉、拱脚水平收敛应在距上台阶掌子面 1.5 m 以内开始初测，墙腰水平收敛应在中台阶开挖时开始初测。

（4）辅助计算

对于表 7-6-3 中待定的亚级控制限值，可通过数值模拟计算来辅助确定 a、b 两个亚级之间的变形关系。简便起见，辅助计算采用二维 FLAC 程序。计算工况按预留核心土台阶法三台阶七步开挖考虑，计算步分为七步。初期支护按型钢喷混凝土考虑。分别按深埋 150 m 和浅埋 30 m 两种埋深进行计算。侧压力系数均按 1 考虑。

计算结果，亚级 a、b 之间拱部下沉的关系如图 7-6-3所示，即不论深浅埋，对于拱顶下沉均有 $Ⅳ_a = 0.6$ 倍 $Ⅳ_b$、$Ⅴ_a = 0.5$ 倍 $Ⅴ_b$ 的关系。根据该关系，即可给出表 7-6-3中待定的亚级控制限值，结果列于表 7-6-4 中括号内。

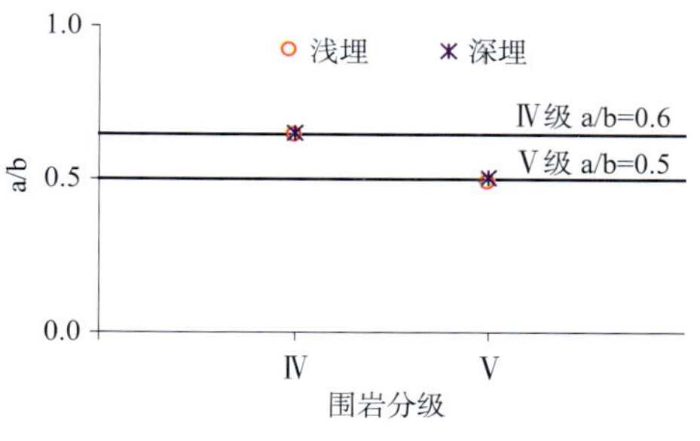

图 7-6-3　亚级 a、b 之间拱部下沉的关系

表 7-6-4　大断面黄土隧道拱顶下沉控制限值考虑结果汇总

规范围岩分级	黄土围岩分级	特浅埋	浅　埋	深　埋
Ⅳ	$Ⅳ_a$	—	70 ~ 100 mm	(120 ~ 170 mm)
	$Ⅳ_b$	—	(90 ~ 120 mm)	150 ~ 200 mm
Ⅴ	$Ⅴ_a$	(50 ~ 80 mm)	100 ~ 150 mm	180 ~ 250 mm
	$Ⅴ_b$	70 ~ 100 mm	(150 ~ 200 mm)	

注：(1) 括号内数值为根据辅助计算得出的亚级 a、b 之间变形关系给出的控制限值。
(2) 其余为基于现场实测资料的统计、分析得出的控制限值。
(3) 砂、黏质黄土范围值分别按 30、50、70 mm 考虑，其中，70 mm 用于深埋Ⅴ级围岩，50 mm 用于深埋Ⅳ级围岩和浅埋Ⅴ级围岩，其余浅埋和特浅埋情况按 30 mm 考虑。

3）变形控制基准方案

根据以上分析，提出以下大断面黄土隧道变形控制基准方案：

（1）表 7-6-5 为净空变形控制基准值，主要基于表 7-6-4 拱顶下沉控制限值的断面相对值给出（断面开挖高度按 13 m 计,结果尾数按 5 修约取整)。适用于预留核心土台阶法以及侧壁导坑法(双侧壁、CRD 和 CD 法)全断面变形的控制。当实测或预测最大位移接近或达到表中基准值的 2/3 时应予报警,施工将采取加强支护措施。

(2)表 7-6-6、表 7-6-7 用于侧壁导坑法中隔壁在开挖阶段以及拆撑时的稳定性监控。其中,表 7-6-6 用于 CRD、CD 导坑开挖时中隔壁稳定性的监控,当导坑水平收敛变形接近或达到表中基准值 2/3 时,应立即架设横撑或临时横撑(对 CD)。表 7-6-7 用于双侧壁、CRD、CD 拆撑时的监控,当拱顶下沉增量比例超过 10% 时,应减小一次拆撑的长度,并及时跟进二次衬砌。

表 7-6-5　大断面黄土隧道净空变形控制基准值

<table>
<tr><th>黄土围岩分级</th><th>特浅埋($H \leqslant 1B$)</th><th>浅埋($H > 1B$)</th><th>深　埋</th></tr>
<tr><td colspan="4">拱顶下沉(%)</td></tr>
<tr><td>Ⅳa</td><td>—</td><td>0.55 ~ 0.80</td><td>0.90 ~ 1.30</td></tr>
<tr><td>Ⅳb</td><td>—</td><td>0.70 ~ 0.95</td><td>1.15 ~ 1.55</td></tr>
<tr><td>Ⅴa</td><td>0.40 ~ 0.60</td><td>0.80 ~ 1.15</td><td rowspan="2">1.35 ~ 1.90</td></tr>
<tr><td>Ⅴb</td><td>0.55 ~ 0.80</td><td>1.10 ~ 1.50</td></tr>
<tr><td colspan="4">墙腰水平收敛</td></tr>
<tr><td>Ⅳa</td><td>—</td><td rowspan="4">1. 台阶法施工时不作为控制指标。
2. 侧壁导坑法施工时取 η 倍拱部下沉。</td><td rowspan="4">η 倍拱部下沉</td></tr>
<tr><td>Ⅳb</td><td>—</td></tr>
<tr><td>Ⅴa</td><td rowspan="2">不作为监控要求</td></tr>
<tr><td>Ⅴb</td></tr>
</table>

注:(1)本表按断面相对值给出,其中拱顶下沉为相对于隧底的拱顶下沉值与断面开挖高度之比的百分数,适用于开挖面积 100 ~ 180 m^2、非钻爆开挖、非饱和黄土的大断面黄土隧道,黏质黄土取较小值,砂质黄土取较大值。
(2)黄土围岩分级按本书黄土围岩分级方案执行。
(3)H 为隧道埋深,B 为隧道开挖宽度。
(4)$\eta = H_0/B$,隧道高宽比系数,H_0 为隧道开挖高度。对于郑西高速铁路大断面黄土隧道,$\eta = 13/15 = 0.87$。
(5)拱部下沉:台阶法包括拱脚和拱顶下沉,侧壁导坑法为导坑拱顶下沉。
(6)水平收敛:全断面指标,双侧壁导坑法中可作为两侧导坑指标(中洞未开挖时)。
(7)台阶法施工时,拱脚水平收敛基准值按表中墙腰水平收敛的 1/1.3 ~ 1/1.8 采用,老黄土取前者,新黄土取后者。
(8)深浅埋分界可参考本书界定依据(参见 5.2 节)。
(9)特浅埋情况适用于双侧壁和双层支护施工。
(10)拱脚和拱顶下沉以及拱脚收敛要求在距上台阶掌子面 1.5 m 以内开始初测,三台阶开挖时墙腰收敛应在中台阶开挖时开始初测。

表 7-6-6　侧壁导坑法中隔壁稳定性控制基准值

导坑水平收敛	CRD(mm)	CD(mm)
先行导坑变化幅度	100	150
后行导坑最大值	100	200

注:变化幅度指后行导坑开挖后,先行导坑收敛由正(收敛)向负(伸长)变化的大小。

表 7-6-7　侧壁导坑法拆撑时拱部下沉控制基准值

<table>
<tr><th>拱顶下沉</th><th>双侧壁</th><th>CRD</th><th>CD</th></tr>
<tr><td>增量比例(%)</td><td colspan="3"><10</td></tr>
</table>

注:(1)拱顶下沉包括导坑和全断面。
(2)增量比例 = 拆撑阶段拱顶下沉增量/拆撑前拱顶下沉最大值。

7.6.2　监测方法

1)监测项目

根据大断面黄土隧道净空变形特性,对其监测项目设置应考虑:

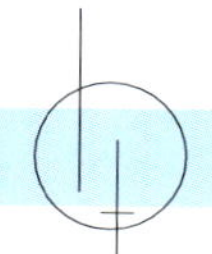

(1)台阶法拱部下沉尤为突出,尤其是浅埋场合,而双侧壁、CRD 和 CD 断面的水平收敛与拱部下沉相近(二者之比为 1 左右)。因此,施工监测应有所侧重:浅埋台阶法净空位移重点监测拱部下沉,双侧壁、CRD 及 CD 法净空位移对拱部下沉和水平收敛均进行监测。

(2)台阶法拱脚下沉显著,而拱腰下沉介于拱顶与拱脚之间。因此,对台阶法拱部下沉应重点监测拱脚和拱顶,这与以往铁路双线隧道只监测拱顶(或加设拱腰)下沉有所不同。对拱脚下沉的监测需要在上台阶开挖时进行,由于拱脚处空间的限制,常规挂尺水准抄平方法将很难实施,为此需要提出与之适应的监测手段。

(3)深埋场合台阶法水平收敛与拱部下沉相当(二者之比为 1 左右),因此应进行水平收敛监测,首选监测部位为中台阶墙腰处(这是台阶法水平收敛主要最大部位),其次拱脚。

(4)对于 CRD 尤其 CD 法,后进导坑开挖将引起中壁产生较大挠曲变形,容易引起中壁失稳。因此,应对中壁稳定性进行监测,从位移角度可对中壁进行水平位移监测。

(5)由于水平收敛监测无需设置后视基准点,监测便利快捷,对上述工法环境均比较适应,因此对各工法需进行水平位移监测的项目应以收敛监测为主。

(6)浅埋地段应将地表沉降作为必测项目。

综上所述,提出大断面黄土隧道各种工法环境下变形监测项目如表 7-6-8 所示。

表 7-6-8　大断面黄土隧道各种工法施工变形监测项目

监测项目 \ 工法		双侧壁	CRD	CD	台阶法	说　明
拱部下沉	拱　顶	●	●	●	●	
	拱　腰	×	○	○	×	
	拱　脚	×	×	×	●	
水平收敛	拱　脚	○	○	○	●	●深埋
	墙　腰	●	●	●	●	
	墙　脚	○	○	○	○	
地表沉降		●	●	●	●	与洞内测点同断面

注:(1)●必测项目,○选测项目,×不测。
(2)双侧壁、CRD 和 CD 水平收敛量测应含对中隔壁的量测。

2)监测方法

(1)常规位移监测方法

常规净空位移量测,一般采用收敛计、挂尺水准抄平等常规方法进行,具有成本低、简便可靠的优点。但对于高速铁路大断面黄土隧道采用双侧壁、CRD、CD 和台阶法施工的环境,试验表明上述方法存在以下问题:

①大断面黄土隧道台阶开挖一般留核心土,受核心土阻挡,常规方法只能在核心土后方进行,量测断面无法贴近掌子面埋设。

②大断面黄土隧道一般采用短台阶开挖,这时水准抄平量测拱顶下沉,上台阶常无法设置测站,尤其受空间限制拱脚下沉量测很难用挂尺抄平方法进行。

③与一般岩石隧道不同,由于拱脚存在较大下沉(尤其是深埋场合),大断面黄土隧道采用三角收敛基线来量测拱顶下沉,误差相当大,基本不能正确反映实际拱顶下沉量。

因此,常规位移量测方法难以满足大断面黄土隧道采用多种工法的净空位移监测要求,关键是无法做到及时量测以获取开挖初期的位移,尤其无法对重要的拱脚下沉进行量测。同时,由于净空高度大,开展起来相当困难。

(2)非接触三维变形观测方法

①特点

这是一种基于极坐标测量原理的全站仪自由设站三维位移观测方法，观测时不受掌子面核心土以及拱脚穹隆空间的影响，可避免上述常规接触式位移观测的缺点。

②对观测系统的要求

a. 应采用具有膜片反射功能的全站仪。反射膜片尺寸，根据试验，在洞内粉尘比较严重的环境下，70 mm×70 mm 膜片测程≤60 m，50 mm×50 mm≤45 m，30 mm×30 mm 30 m 左右。从试验效果以及郑西高速铁路实际使用情况看，建议高铁大断面黄土隧道采用 60～70 mm 规格的膜片，不宜使用尺寸小于 50×50 mm 的膜片。

b. 为满足毫米～亚毫米级位移观测需求，用于大断面黄土隧道施工监测的全站仪，应达到建筑变形二级（《建筑变形测量规程》（JGJ/T 8—97））及以上观测精度要求。其中，对特级、一级观测，全站仪测角精度应达到 0.5″、1″，分辨率 0.1″；二级观测，应达到 2″，分辨率 0.5″。考虑经济性和适用性，推荐采用 1″～2″级全站仪。全站仪测距精度则应达到 2 mm±2ppm 及以上，分辨率 0.1 mm。

c. 为提高隧道内观测作业速度，适应大断面黄土隧道快速施工要求，推荐使用带 ATR 功能的自动观测全站仪。ATR 指伺服电机驱动的同轴自动目标识别、跟踪与照准，可在视准轴的视场范围内自动引导仪器准确对准靶心，并在逐一完成全部目标测量后再次返回重复照准该目标。实践表明，对于 1″～2″级全站仪，观测误差主要来自于人工照准误差，需要用重复照准方法解决。但人工重复照准观测作业时间较长，尤其是人工照准目标靶心比较吃力的洞内环境。因此，隧道内重复测量大量目标时，ATR 功能的高效率将能充分体现。

d. 为了在洞内光线不足环境下能够快速找到目标，所选全站仪应配置红色可见光激光指示和目标照明功能。同时，大断面黄土隧道施工一般采用无轨运输，出渣时洞内粉尘比较严重，因此所选全站仪防尘等级应不小于 IP5。

③基于 ATR 功能的 TPS1200 隧道位移非接触观测系统

该系统由徕卡 TCA1200 系列自动全站仪、反射膜片和 PDA 组成，具有 ATR 目标自动识别功能，可自由设站自动完成隧道位移监测，其单站自由设站三维坐标精度≤1 mm。

在郑西高速铁路秦东、潼洛川和高桥三座大断面黄土隧道的现场试验中即采用该系统（配置 TCA1201 全站仪），对双侧壁、CRD、CD 和台阶法等试验工法进行了净空位移监测，如图 7-6-4 所示。试验共布置净空位移断面 23 个、反射测点 198 个（每断面 7～13 个）。观测采取双盘测回、每盘重复 3 次照准方法。

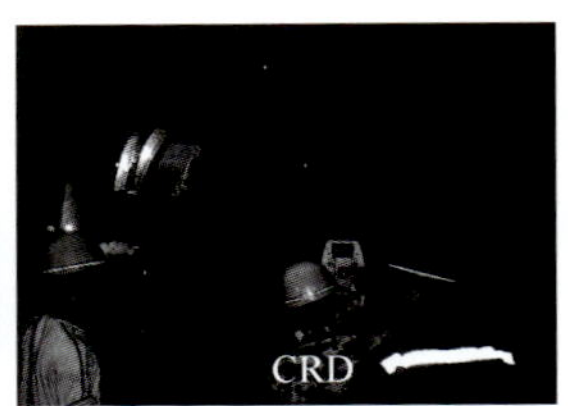

图 7-6-4 郑西高速铁路大断面黄土隧道各工法试验段采用 TPS1200 系统观测净空位移情况

试验表明，按上述方法，该系统洞内观测精度检定结果如图 7-6-5 所示。其中，测站大致固定的测点坐标精度为 0.5 mm，位移精度 $0.5\sqrt{2}=0.7$ mm，达到亚毫米水平。

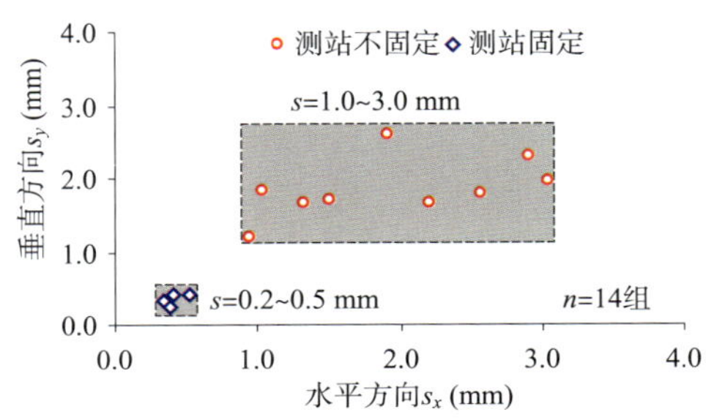

图 7-6-5 测点坐标一次观测中误差分布

④测点和基准点、测站布置

a. 测点布置：采用非接触三维变形观测时，反射测点在各工法施工环境中的布置形式如图 7-6-6 所示。

b. 基准点布置：建立全站仪自由设站坐标系的基准点由两点组成，其中一点为坐标原点要求稳固不动，另一点用于确定横轴方向，该点沿竖轴和横轴方向的位移不影

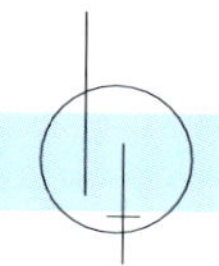

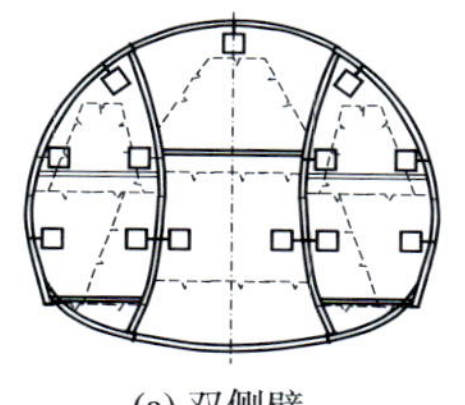
(a) 双侧壁

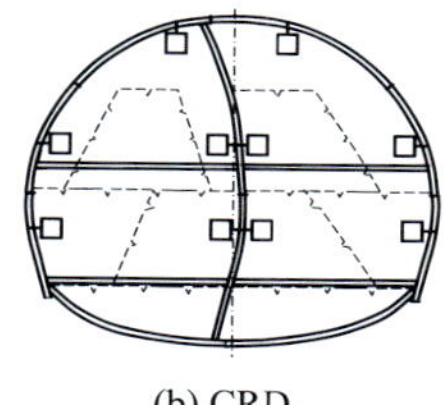
(b) CRD

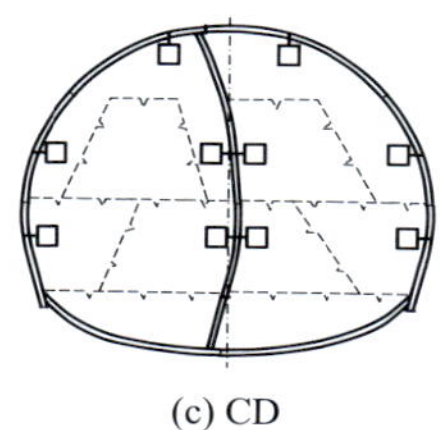
(c) CD

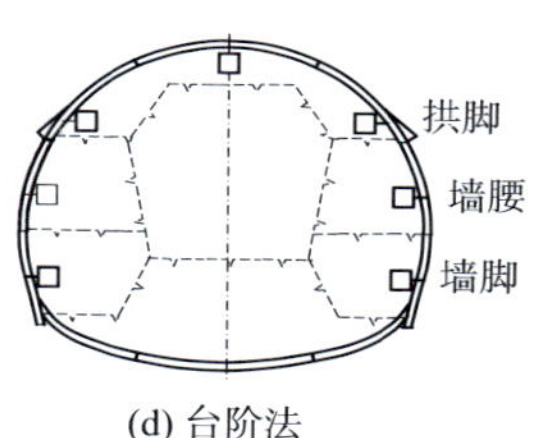

(d) 台阶法

图 7-6-6　大断面黄土隧道各工法非接触变形测点布置图

响测点的位移观测。对隧道观测而言,上述基准点应布置在已完成支护封闭及铺底的两侧边墙上(距铺底高度 1 m 左右,以不影响通视为宜),两基准点连线应垂直洞轴。对于双侧壁以及带中壁的 CRD、CD 断面,应将坐标原点置于两侧边墙上,横轴方向点置于内壁或中壁上。双侧壁、CRD 和 CD 断面拆撑时,应及时将基准点移出。

c. 测站设置:采用自由设站的仪器不需对中,但如前所述固定测站比不固定测站的观测精度高,因此测站位置应大致固定。而测站设置的关键要求是,测站的位置不能距测点断面太近,否则仪器光轴与膜片入射角过大而影响回复反射的性能;也不能太远,否则不能满足所用膜片尺寸的最大测程。一般而言,采用 70 mm × 70 mm 膜片时测程应控制在 30 ~ 60 m 之间,采用 50 mm × 50 mm 膜片时应控制在 30 ~ 45 m 之间。

⑤观测要点

a. 净空变形三维观测一般采用相对坐标,基准点坐标可自行设置(一般取为原点)不必测定(如果需要建立绝对位置坐标系,则应先测定基准点坐标)。但应设置后方校核点对基准点进行定期复核观测。

b. 测点埋设时应尽量减小膜片与仪器光轴的入射角,即将觇板对准测站方向后再固定测点。

c. 观测时应采用双盘测回法,避免单盘观测。

d. 为提高观测精度,可采用三次重复照准、必要时重复设站的冗余观测法,即每个盘位分别连续、重复照准三次目标点读取 2 ×3 次读数,然后取其平均为一次观测值,重复设站时对各站位观测值取平均值。

e. 在观测作业前,应对系统进行精度评定,以确认所用系统及方法是否满足精度要求。

f. 精度评定按重复性观测进行,测点坐标一次观测中误差 s_x 按下式计算:

$$s_x = \sqrt{\frac{\sum (x_i - \bar{x})^2}{n - 1}} \tag{7-6-1}$$

式中　n——观测次数,$n \geqslant 3$;

x_i——测点某方向坐标第 i 次观测值;

$\bar{x}$——测点该方向坐标 n 次观测平均值。

g. 双侧壁、CRD 架设上横撑时,拱顶和拱脚测点受横撑阻挡,基本不存在通视条件。这时可在横撑上方设站对拱脚测点进行相对收敛变形观测,在横撑下方设站对拱顶测点进行常规水准抄平方法观测。

参考文献

[1] 中铁第一勘察设计院集团有限公司,中铁西南科学研究院有限公司,等. 郑西客运专线大断面黄土隧道施工方法和监控技术研究(2005K001-D(G)-1)[R]. 西安:中铁第一勘察设计院集团有限公司,2009.

[2] 中铁二院工程集团有限责任公司,北京交通大学,等. 郑西客运专线黄土隧道合理支护参数及地表沉降控制技术研究(2005K001-D(G)-2)[R]. 成都:中铁二院工程集团有限责任公司,2009.

[3]中华人民共和国铁道部.TB 10003—2005 铁路隧道设计规范[S].北京:中国铁道出版社,2005.
[4]中华人民共和国铁道部.TB 10108—2002 铁路隧道喷锚构筑法技术规范[S].北京:中国铁道出版社,2003.
[5]中华人民共和国铁道部.TB 10121—2007 铁路隧道监控量测技术规程[S].北京:中国铁道出版社,2007.
[6]铁道部经济规划研究院.TZ 214—2005 客运专线铁路隧道工程施工技术指南[S].北京:中国铁道出版社,2005.
[7]铁道部经济规划研究院.铁路大断面隧道三台阶七步开挖法施工作业指南(试行)[S].北京:中国铁道出版社,2007.
[8]中华人民共和国铁道部.TB 10413—98 铁路轨道工程质量检验评定标准[S].北京:中国铁道出版社,2001.
[9]中华人民共和国建设部.GB 50086—2001 锚杆喷射混凝土支护技术规范[S].北京:中国计划出版社,2001.
[10]中华人民共和国建设部.JGJ/T 8—97 建筑变形测量规程[S].北京:中国建筑工业出版社,1999.
[11]中华人民共和国建设部.GB 50017—2003 钢结构设计规范[S].北京:中国计划出版社,2003.
[12]中华人民共和国建设部.JGJ 138—2001 型钢混凝土组合结构技术规程[S].北京:中国建筑工业出版社,2002.
[13]国家质量技术监督局.JJF 1059—1999 测量不确定度评定与表示[S].北京:中国计量出版社,1999.
[14]中华人民共和国铁道部.客运专线无砟轨道铁路设计指南[S].北京:中国铁道出版社,2005.
[15]中国铁路隧道史编委会.中国铁路隧道史[M].北京:中国铁道出版社,2003.
[16]王梦恕.客运专线长大隧道设计施工的讨论[J].铁道工程学报,2005,85(1):10-16.
[17]赵勇,唐国荣.关于客运专线隧道设计与施工的几点意见[J].铁道标准设计,2005,(6):1-8.
[18]卜庆宝,史玉新.用双侧壁导坑处理土质隧道坍方的尝试[J].隧道及地下工程,1988,9(1):1-7.
[19]李国良.大跨黄土隧道设计与安全施工对策[J].现代隧道技术,2008,45(1):53-62.
[20]Bernhard Maidl. Shotcreting Developments for German Rail Tunnels[J]. Tunnels and Tunnelling International,2001,133(5):31-36.
[21]Bernhard Maidl. Shotcreting Developments for German Rail Tunnels-Part2[J]. Tunnels and Tunnelling International,2001,133(6):25-27.
[22]Pietro Lunardi. The Design and Construction of Tunnels Using the Approach Based on the Analysis of Controlled Deformation in Rocks and Soils[R]. T&T International ADECO-RS Approach,2000.
[23]鲍海荣.大跨度富水黄土隧道施工技术[J].铁道标准设计,2006,7:80-82.
[24]潘昌实.铁路黄土隧道衬砌设计研究[J].土木工程学报,1980,1:38-51.
[25]张大伟.军都山隧道浅埋黄土段坍方浅析[J].隧道及地下工程,1990,11(4):35-41.
[26]钟世航.全长粘结式锚杆在黄土隧道中的支护作用[J].隧道及地下工程,1988,9(3):17-26.
[27]赵德安,蔡小林,Swobda G,等.锚杆单元及其在黄土隧道计算中的若干问题[J].岩石力学与工程学报,2004,23(24):4183-4189.
[28]曲海锋,朱合华,黄成造,等.隧道初期支护的钢拱架与钢格栅选择研究[J].地下空间与工程学报,2007,3(2):258-262.
[29]刘维亚.型钢混凝土组合结构构造与计算手册[M].北京:中国建筑工业出版社,2004.
[30]李宝雄,苗天德.黄土抗剪强度的水敏感性特征研究[J].岩石力学与工程学报,2006,25(5):1003-1008.
[31]胡再强,沈珠江,谢定义.结构性黄土的本构模型[J].岩石力学与工程学报,2005,24(4):565-569.
[32]铁道部第二勘测设计院.铁路工程设计技术手册.隧道[M].北京:中国铁道出版社,1995.
[33]宋冶.隧道净空三维变形非接触观测技术的研究与应用[J].现代隧道技术,2002,39(S):460-464.
[34]东涛,付俊岩.工程结构用钢屈强比问题的探讨[G]//中信微合金化技术中心专家委员会论文集.2003.

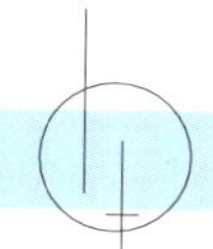

第 8 章　湿陷性黄土隧道基底处理技术

对新黄土隧道而言，由于其土质疏松，多孔隙，垂直节理发育，地基承载力低，多具湿陷性，在遇水浸湿或较大荷载的作用下，会产生较大沉降和湿陷。由于以往铁路列车运行速度较低，轨道对基底沉降控制要求也不高，当遇到湿陷性黄土时，除对既洞和洞门地基作换填处理外，没有其他处理措施。而高速铁路运营速度高，采用无砟轨道，线路要求有高度的平顺性，对工后沉降要求特别严格。为保证高速铁路运营安全，有必要对湿陷性黄土隧道基底进行加固处理。

8.1　基底稳定性评价

8.1.1　黄土的湿陷性

由于一些新黄土在形成过程中气候干燥，土中所含的碳酸盐、硫酸钙等在土的颗粒表面析出胶结物与黏着水、毛细水共同形成较好的黏性，使土在自重作用下形成大孔隙不能正常固结，常处于欠固结状态。这类黄土一旦被水浸湿后，由于水分子楔入颗粒间破坏原来联结及造成盐类溶解，使土体的抗剪强度降低，土体在自重或上部荷载的作用下产生显著的附加下沉，造成上覆建筑物的沉降变形，形成病害，这就是黄土的湿陷性[1]。黄土的湿陷性通常用湿陷变形量、初始含水率、湿陷系数、湿陷压力等参数表示。

(1)湿陷变形量

湿陷变形量是湿陷性黄土在一定压力作用下，下沉稳定后浸水饱和所产生的附加下沉量。

湿陷变形是在充分浸水饱和情况下产生的，它的大小除了与土本身密度和结构性有关外，主要取决于土的初始含水率和浸水饱和时的作用压力。

(2)初始含水率

初始含水率是指湿陷性黄土在进行湿陷性试验时浸水增湿前的含水率。初始含水率 w_0 较低的湿陷性黄土，其湿陷变形相对较大。

(3)湿陷系数

黄土的湿陷系数是指单位厚度的土样所产生的湿陷变形量，以小数表示。湿陷系数 δ_s 是判定黄土湿陷性的定量指标，由室内压缩试验测定，如图 8-1-1 所示。

$$\delta_s = \frac{h_p - h'_p}{h_0} \tag{8-1-1}$$

式中　h_p——保持天然湿度和结构的试样，加至一定压力时，下沉稳定后的高度(mm)；

h'_p——上述加压稳定后的试样，在浸水(饱和)作用下，附加下沉稳定后的高度(mm)；

h_0——试样的原始高度(mm)。

(4)湿陷压力

《湿陷性黄土地区建筑规范》(GB 50025—2004)规定，测定黄土湿陷系数时的试验压力，应自基础底面(如基底标高不确定时，自地面下 1.5 m)算起，10 m 以内的土层应采用 200 kPa，10 m 以下至非湿陷性土层顶面，应采用其上覆土的饱和自重压力(当大于 300 kPa 时，仍采用 300 kPa)。当基底压力大于 300 kPa 时，宜采用实际压力。对压缩性较高的新近沉积黄土，基底下 5 m 以内的土层用 100 ~

150 kPa 压力，5 ~ 10 m 和 10 m 以下至非湿陷性黄土层顶面，应分别用 200 kPa 和上覆土的饱和自重压力。

8.1.2 黄土湿陷性评价

1）定性评价

根据《湿陷性黄土地区建筑规范》（GB 50025—2004），当湿陷系数 δ_s 值小于 0.015 时，为非湿陷性黄土；当湿陷系数 δ_s 值等于或大于 0.015 时，为湿陷性黄土。以湿陷系数是否大于或等于 0.015 作为判定黄土湿陷性的界限值，是根据我国黄土地区的工程实践经验确定的。

另外，通常也可根据黄土的地层年代判定黄土的湿陷性，如表 8-1-1 所示。

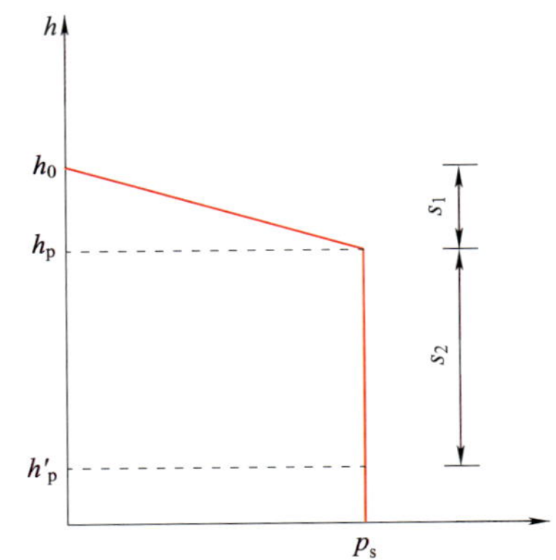

图 8-1-1 湿陷系数测定

h——土样高度；s_1——浸水前土样加压变形量；p_s——作用压力；s_2——浸水后土样加压变形量

2）湿陷类型的划分

湿陷性黄土的湿陷程度，可根据湿陷系数 δ_s 值的大小分为下列三种：当 $0.015 \leqslant \delta_s \leqslant 0.03$ 时，湿陷性为"轻微"；当 $0.03 < \delta_s \leqslant 0.07$ 时，湿陷性为"中等"；当 $\delta_s > 0.07$ 时，湿陷性为"强烈"。

表 8-1-1 黄土地层与湿陷性的关系

时 代	地层划分	试验压力 200 ~ 300（kPa）
全新世 Q_4	黄土状土	具湿陷性
晚更新世 Q_3	马兰黄土	
中更新世 Q_2	离石黄土	试验确定
早更新世 Q_1	午城黄土	不具湿陷性

注：（1）全新世 Q_4 包括湿陷性黄土 Q_4^1 和新近堆积黄土 Q_4^2；
（2）中更新世 Q_2 离石黄土层顶面以下的土层有无湿陷性，应根据隧道底部的实际压力或上覆土的饱和自重压力进行浸水试验确定。

（1）自重湿陷系数 δ_{zs}

自重湿陷系数是指单位厚度的土样在上覆土层饱和自重压力作用下所产生的湿陷变形，以小数表示，并按式（8-1-2）计算：

$$\delta_{zs} = \frac{h_z - h'_z}{h_0} \tag{8-1-2}$$

式中 h_z——保持天然湿度和结构的试样，加压至该试样上覆土的饱和自重压力时，下沉稳定后的高度（mm）；

h'_z——上述加压稳定后的试样，在浸水（饱和）作用下，附加下沉稳定后的高度（mm）；

h_0——试样的原始高度（mm）。

自重湿陷系数主要用于计算自重湿陷量。

（2）自重湿陷量

实测自重湿陷量 Δ'_{zs} 根据现场试坑浸水试验确定。

自重湿陷量 Δ_{zs} 应按式（8-1-3）计算：

$$\Delta_{zs} = \beta_0 \sum_{i=1}^{n} \delta_{zsi} \cdot h_i \tag{8-1-3}$$

式中 δ_{zsi}——第 i 层土的自重湿陷系数；

h_i——第 i 层土的厚度（mm）；

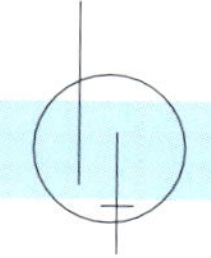

β_0——因地区土质而异的修正系数，在缺乏实测资料时，可按下列规定取值：陇西地区取1.50；陇东—陕北—晋西地区取1.20；关中地区取0.90；其他地区取0.50。

自重湿陷量的计算值Δ_{zs}应自天然地面（当挖、填方的厚度和面积较大时，应自设计地面）算起，至其下全部湿陷性土层的底面止，其中自重湿陷系数δ_{zs}值小于0.015的土层不累计。

（3）黄土场地湿陷类型的判定

湿陷性黄土场地按自重湿陷量的大小分为自重湿陷场地与非自重湿陷场地，当自重湿陷量的实测值Δ'_{zs}或计算值Δ_{zs}小于或等于70 mm时，为非自重湿陷性黄土场地；当自重湿陷量的实测值Δ'_{zs}或计算值Δ_{zs}大于70 mm时，为自重湿陷性黄土场地。

3）湿陷性黄土地基的湿陷量计算

湿陷性黄土地基受水浸湿饱和，其湿陷量Δ_s应按式（8-1-4）计算：

$$\Delta_s = \sum_{i=1}^{n} \beta \delta_{si} h_i \tag{8-1-4}$$

式中 δ_{si}——第i层土的湿陷系数；

h_i——第i层土的厚度（mm）；

β——考虑基底下地基土的受水浸湿可能性和侧向挤出等因素的修正系数，在缺乏实测资料时，可按下列规定取值：基底下0～5 m深度内，取1.50；基底下5～10 m深度内，取1；基底下10 m以下至非黄土层顶面，在自重湿陷性黄土场地，可取工程所在地区的β_0值。

湿陷量的计算值Δ_s的计算深度，应自基础底面（如基底标高不确定时，自地面下1.50 m）算起；在非自重湿陷性黄土场地，累计至基底下10 m（或地基压缩层）深度至；在自重湿陷性黄土场地，累计至非湿陷性黄土层的顶面止。其中湿陷系数δ_s（10 m以下为δ_{zs}）小于0.015的土层不累计。

4）黄土地基湿陷等级的确定

湿陷性黄土地基的湿陷等级，可根据湿陷量的计算值和自重湿陷量的计算值等因素，按表8-1-2判定。

表8-1-2 湿陷性黄土地基的湿陷等级

湿陷类型 / Δ_{zs}(mm) / Δ_s(mm)	非自重湿陷性场地	自重湿陷性场地	
	$\Delta_{zs} \leqslant 70$	$70 < \Delta_{zs} \leqslant 350$	$\Delta_{zs} > 350$
$\Delta_s \leqslant 300$	Ⅰ（轻微）	Ⅱ（中等）	—
$300 < \Delta_s \leqslant 700$	Ⅱ（中等）	Ⅱ（中等）或Ⅲ（严重）	Ⅲ（严重）
$\Delta_s > 700$		Ⅲ（严重）	Ⅳ（很严重）

注：当湿陷量的计算值$\Delta_s > 600$ mm、自重湿陷量的计算值$\Delta_{zs} > 300$ mm时，可判为Ⅲ级，其他情况可判为Ⅱ级。

8.1.3 黄土隧道的基底稳定性评价

黄土隧道基底稳定性评价的主要指标有两点，一是隧道基底的工后沉降量，二是隧道在列车长期运营振动下的稳定性。

（1）工后沉降的要求

高速铁路隧道工程，对于基底的工后沉降要求特别严格，所以，对于黄土隧道基底稳定性评价的标准，应该满足隧道结构物工后沉降的要求。

根据《高速铁路设计规范（试行）》（TB 10621—2009）要求，铺设无砟轨道路基的工后沉降不宜超过15 mm，沉降比较均匀时，允许的工后沉降为30 mm，隧道与路基、隧道明洞和暗洞等横向结构物交界处的工后沉降差不应大于5 mm[5]。为安全起见，通常高速铁路隧道工后沉降按小于15 mm控制。即隧道内铺设无砟轨道后，黄土隧道基底的总沉降量应不大于15 mm。

（2）基底在长期运营振动下的稳定性

列车长期运营产生的振动，会对隧道基底黄土产生影响，有关这部分稳定性评价内容详见本章8.3节。

8.2 基底处理方法

8.2.1 基底处理原则

(1)湿陷性黄土隧道基底应根据隧道的工后沉降要求，采取减少或消除地基湿陷性的处理措施。饱和黄土地基，应按照软土地基有关要求进行地基处理。

(2)湿陷性黄土隧道基底，应经分析计算，当地基湿陷量的计算值大于或等于路基工后沉降量容许值时，需提出防止、减少或消除地基湿陷性的处理措施。

(3)防止或减小黄土隧道基底湿陷性的设计措施，可以分为基底处理措施、防水措施和结构措施三类。

基底处理措施，主要是通过采用物理或化学的方法，消除基底黄土的全部湿陷量，或采用桩基础穿透全部湿陷性土层，或挖除湿陷性土层进行换填，将隧道仰拱设置在非湿陷性地基上。

防水措施主要是通过有效截排洞顶的雨水、设置防护膜防止地表水下渗、完善隧底的排水系统及时将底部渗透水排出等方法，防止水渗入隧道基底引起黄土湿陷沉降的措施。

结构措施主要是加强隧道底部结构，减小或调整隧道基底的不均匀沉降，或采取使隧道结构适应基底变形的措施。

(4)一般情况下应采用以基底处理为主的综合治理方法，防水措施和结构措施通常用于基底不处理或配合基底处理消除部分湿陷性的情况，以弥补基底处理的不足。

8.2.2 基底处理方法

随着我国高速铁路的修建，铁路基础设施的标准越来越高，沉降控制越来越严格，对湿陷性黄土隧道基底处理也越来越重视。我国在湿陷性黄土路基和软土地基的处理有较为成熟的技术和实践经验，处理措施主要有换填、强夯、CFG桩、砂桩、石灰桩、水泥桩、树根桩、粉喷桩、旋喷桩或高压旋喷桩、土钉、锚杆、微型桩、振动挤密桩以及它们的组合等。

结合隧道工程的特点，对各种湿陷性黄土基底处理方法的优缺点的比较如表8-2-1所示。

表8-2-1 湿陷性黄土基底处理方法比较表

基底处理方法	主要优点	主要不足
换填法	方法简单，对土体扰动小，施工质量易控制，工程费用低，和隧道施工的相互影响不大	暗挖段隧道开挖断面增大，隧道底部封闭不及时，可能发生底部失稳，施工存在安全风险
强夯法	工艺简单，质量可靠，处理时间短，处理深度一般可以满足要求	振动大，对暗挖施工的隧道初期支护的稳定影响大，施工风险大
CFG桩/砂桩/石灰桩/水泥桩	方法较成熟，施工质量相对易控制，处理后地基的长期稳定性好	隧道里施工较困难，与隧道施工有交叉影响，相互间施工配合困难
树根桩	施工机具简单、施工安全性高，作业空间小，适用于不良地质狭窄断面的基底处理	单根桩加固范围有限，整体加固质量不好检验，难以完全消除桩间黄土的湿陷性
粉喷桩/旋喷桩/高压旋喷桩	技术成熟，加固质量能保障，长期稳定性好	隧道里作业环境差，施工机械昂贵，与隧道施工有交叉影响，工程造价高
土钉法/锚杆/微型桩	方法较成熟，较简单，施工质量相对易控制	单根土钉/锚杆/微型桩的加固范围有限，使得施工量加大，施工时间加长
水泥土、灰土挤密桩	方法较成熟，质量可靠，经济实用	施工占用洞内空间较大，与其他工序有交叉影响，冲击挤密振动对隧道的稳定性有一定影响，施工需要对初期支护进行必要的加固

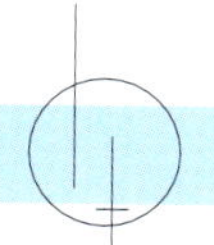

续上表

基底处理方法	主 要 优 点	主 要 不 足
化学处理加固法	对于含水、饱水湿陷性黄土地层加固效果好，处理深度大	费用高，时间长，对于致密黄土渗透性差，列车振动对长期稳定性有影响
静力压入桩	施工没有振动噪声，桩是在工厂预制，质量容易控制	施工装备笨重，对混凝土桩的质量要求高，施工不太方便

明挖隧道段湿陷性基底处理，可以采用路基工程常用的地基处理方法，如强夯法、换填法、CFG 桩或振动压入桩法等。对于暗挖施工的隧道，在湿陷性黄土基底没有处理前，不能施作仰拱和二次衬砌，不适宜采用对基底扰动较大或施工振动较大的处理措施；另外由于隧道施工场地受隧道掌子面开挖等工序衔接和洞室尺寸的限制，也不适合采用大型施工设备处理。结合郑西高速铁路湿陷性黄土隧道基底处理的经验和研究，下面重点介绍灰土挤密桩、树根桩等几种可适用于隧道基底处理的施工技术。

8.2.3 挤密桩处理技术

挤密桩法是利用冲锤或捶击打入的方式，对拟加固的地基土冲击挤密成桩孔，原来处于桩孔部位的土被挤入周围土体中，然后在桩孔中分层填入水泥土、灰土等填充料，并分层冲击挤密成桩。通过这一挤密过程，消除加固范围内土层的湿陷性并提高承载力。

挤密桩有以下特点：

①固化料为消石灰或水泥，桩体材料可就地取材，可用多种工艺施工，如冲击、沉管、先掏小孔再冲击扩孔、人工挖孔和人工夯实等；

②设备简单，便于推广，施工速度快，造价低廉；

③桩体强度可达到 0.5 ~ 4 MPa，复合地基承载力可达到 250 kPa，桩间土经挤密后可消除湿陷性并大幅提高承载力。

郑西高速铁路凤凰岭隧道根据灰土挤密桩的原理，研究试验并采用了水泥土挤密桩处理湿陷性黄土隧道基底的方法，先利用自制的洛阳铲排土成小孔，再冲击扩大成孔，然后填入水泥土等填料进行冲击成桩，形成了多项技术成果。

1）挤密桩加固方法

挤密桩适用于处理地下水位以上、处理深度在 5 ~ 15 m（小于 5 m 则不经济）、含水率在 14% ~ 23% 的湿陷性黄土地基。施工时，先按设计方案在隧道基底布置桩位并成孔，然后将水泥土或其他灰土在最优含水率下分层填入桩孔内，并分层夯实至设计标高。通过成孔和桩体夯实过程中的横向挤压作用，使桩间土得以挤密，从而形成复合式地基。需要注意的是，不得用粗颗粒的砂、石或其他透水性材料填入桩孔内。采用挤密桩加固湿陷性黄土地基时，除人工挖孔工序外，其他大多数工序都存在一定的振动和噪声，因而施工时需要对隧道支护结构进行加固，并加强监测。

黄土隧道洞口一般为Ⅴ级围岩，通常采用 CRD 法进行隧道开挖，隧道内设置临时中隔壁和上下横撑，下台阶至上横撑净空高度只有 4.2 m，传统的水泥土挤密桩施工设备既高又大，无法进入洞内进行施工，需要对其进行改进，使设备小型化以满足施工空间要求。为了方便施工和设备移位，要求机架的高度以及所有工具的提升高度不宜超过 3.5 m。

复合地基处理指标：桩间土消除湿陷性，湿陷系数不大于 0.015；桩间土平均挤密系数不小于 0.93，最小挤密系数不小于 0.88。

2）挤密桩施工工艺

水泥土挤密桩有两种施工工艺，分别是重锤冲击成孔水泥土挤密桩（非排土挤密桩）和洛阳铲成孔水泥土挤密桩（排土挤密桩）。

重锤冲击成孔水泥土挤密桩是将重锤借助于机械提升后，依靠自由下落时产生的冲击能量，对需加固的地基进行冲击成孔。在此过程中,孔中土体向周边挤出而压密周围土体。成孔达到设计深度后,分层向孔内回填水泥土,同样利用重锤自由下落时产生的冲击能量对回填水泥土分层夯实,水泥土在重锤冲击能量的作用下被迫向桩孔四周挤出,此过程同样具有挤密周边土体的作用。如此反复分层回填、分层夯实,直至成桩,形成桩土复合地基,达到加固地基和消除黄土湿陷性的目的。

洛阳铲成孔水泥土挤密桩是将洛阳铲由打桩机提升后,借助重力自由下落切入拟加固地层,掏出地基土而成孔。该过程属于排土成孔,对桩孔周围土体没有挤密作用。桩孔达到设计深度后,将打桩机上洛阳铲更换为重锤,并向孔内分层回填水泥土,利用重锤自由下落时产生的冲击能量对回填水泥土分层夯实。

由于重锤冲击成孔水泥土挤密桩振动较大,施工时对隧道支护结构有一定的影响,故下面只对洛阳铲成孔水泥土挤密桩进行详细介绍。

设备主要参数:电动打桩机机架高 3.3 m;重锤重约 470 kg,长 1.8 m,直径 25 cm;洛阳铲长 1.5 m,直径 25 ~ 30 cm。

(1)成　　孔

根据试桩结果,按确定的桩间距梅花形布置桩位。桩位精确放样后,桩机就位使洛阳铲对准孔位中心,调平、固定桩机架,保证成孔时机架平稳以确保桩体垂直度偏差不大于 1.5% 。

施工前在卷扬机的钢丝绳上标出控制孔深的标记,保证桩体的长度符合设计要求。采用 0.5 ~ 1.0 m 的小冲程进行开孔,当孔深超过 1.8 m 后再以正常速度成孔。

打桩机将洛阳铲提升至 3 ~ 4 m,自由下落切入地层,在洛阳铲二次提升时,可将铲中的土抖落到已推至其下方的手推车中运出。经洛阳铲反复的落下取土、提升弃土,直至桩孔钻至设计深度,实测成孔直径 27 ~ 32 cm(与洛阳铲的直径 25 ~ 30 cm 对应)。成孔后对孔位中心位移、垂直度、孔径及孔深进行检查。

(2)回填夯实

回填前将打桩机上的洛阳铲换为重锤夯实孔底。成孔后应及时回填夯实,并严格按工艺试验所确定的施工参数施工,每回填层的虚填厚度不大于 40 cm,重锤落距控制在 3 ~ 4 m,每层夯击次数不少于 11 次。经成桩后开挖检查,桩体直径为 32 ~ 37 cm。

(3)施工进度

12 m 长的单根水泥土挤密桩,成孔需要 40 min,回填、夯实水泥土需要 1 h。

3)挤密桩施工技术要点

(1)正式施工前必须根据实际成孔方法和理论计算确定一个试验桩间距,并通过工艺试验进行验证。当地基处理效果达不到设计要求时,需对桩间距反复进行调整直至达到要求为止。

(2)成孔顺序采用间隔跳打法,即隔排隔行,间隔 1 ~ 2 个孔跳打。

(3)桩孔回填夯实时,严格按照工艺试验所确定的回填厚度、夯击次数、重锤落距等参数进行施工。

(4)成孔后立即回填,做到每根挤密桩连续施工,一气呵成。

(5)打桩机要准确稳定定位,重锤与桩孔相互对中,重锤应能自由下落至孔底。

(6)为了保证桩头夯实质量,桩头应超出设计桩顶标高 50 cm,其上虚桩可采用黄土回填并轻夯至地面。

(7)水泥土回填过程中,应认真控制并记录每一桩孔的填料数量和回填时间,发现问题及时处理。

(8)水泥土拌制根据回填要求随拌随用,已拌的水泥土放置时间不得超过 6 h,被雨水淋湿、浸泡后的水泥土严禁使用。

4)挤密桩施工工程实例

郑西高速铁路凤凰岭隧道位于陕西省华阴市境内,全长 839 m。凤凰岭隧道洞口地貌和试验点照片如图 8-2-1 和图 8-2-2 所示。

图 8-2-1　凤凰岭隧道地貌

图 8-2-2　凤凰岭隧道洞口试验点

隧道位于潼关黄土台塬区，塬上地形较平坦，整体上呈南高北低，塬顶多为耕地，高程为 420 ~ 500 m，塬周边小型冲沟较发育，切割深度不大。塬顶表层为第四系上更新统风积砂质黄土，厚 10 ~ 28 m，下伏中更新统风积砂质黄土，中间夹有数层粉质黏土古土壤层。隧道进出口位于具有湿陷性的黄土土层中，设计采用水泥土挤密桩加固地基的处理方法。

根据现场试桩和理论计算，最终确定凤凰岭隧道进口水泥土挤密桩设计参数为：挤密桩直径 0.25 ~ 0.35 m，间距 0.8 m × 0.8 m，按等边三角形布置；桩底深至老黄土地层约 2 m，明挖段基底挤密桩桩顶换填三七灰土，仰拱底部厚 1 m，如图 8-2-3 ~ 图 8-2-5 所示。

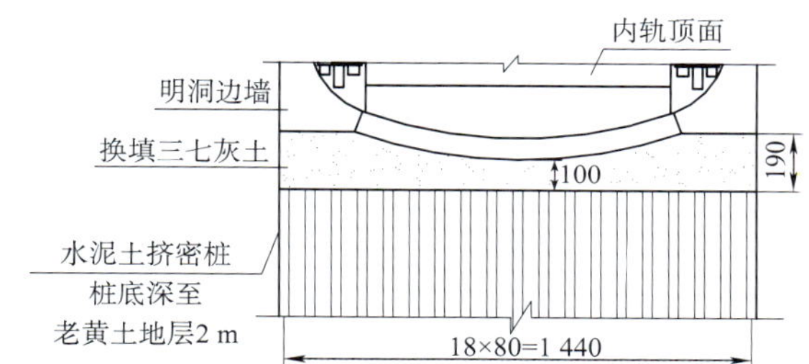

图 8-2-3　明挖段基底处理示意（单位：cm）

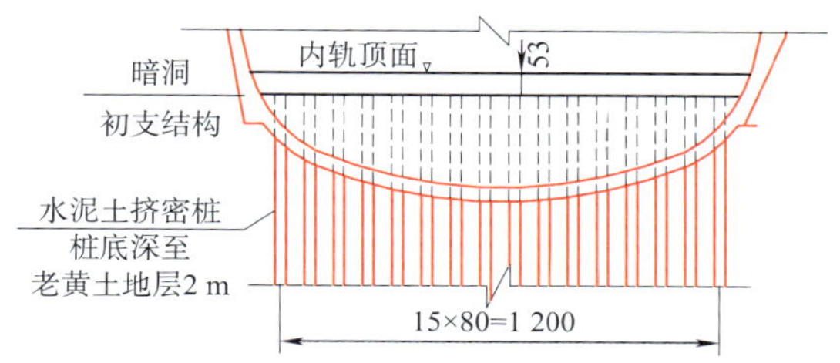

图 8-2-4　暗挖段基底处理示意（单位：cm）

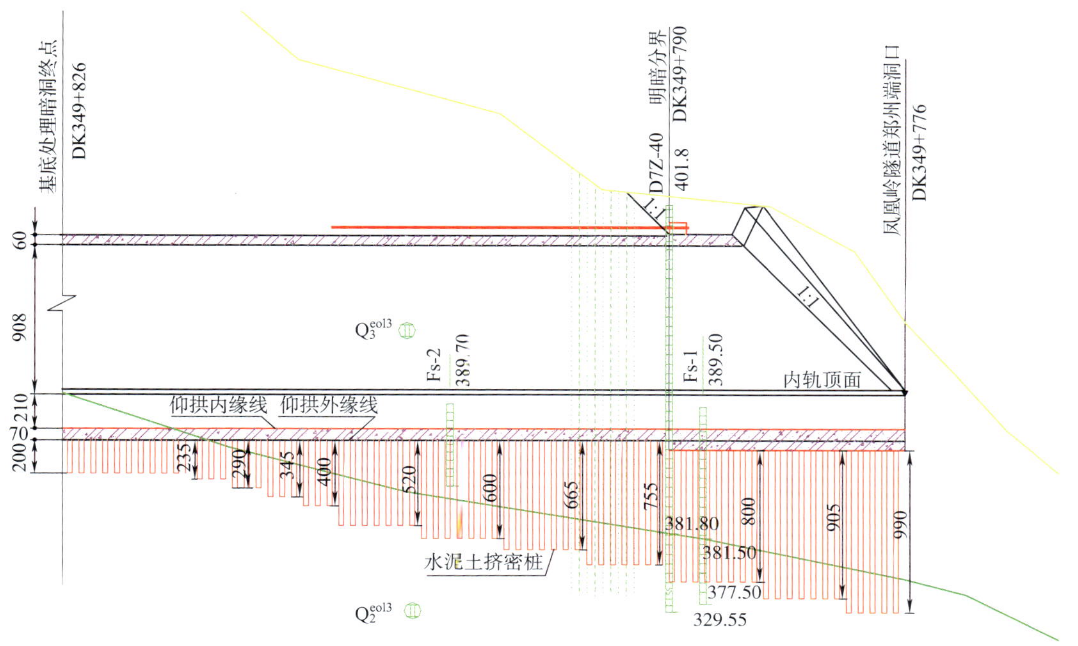

图 8-2-5　凤凰岭隧道进口基底处理设计方案纵断面（单位：cm）

凤凰岭隧道洞内基底需处理段落长 36 m,桩长共计 6 828 m。现场水泥土挤密桩试桩施工参数为:三角架高度约 4 m,冲锤高 2.5 m,直径 16 cm,锤重 300 kg,落距 1 ~3 m,成孔直径约 19 cm,第二次夯扩后成桩直径约 25 ~35 cm;水泥土配合比约为 9:100(质量比)。

挤密桩于 2006 年 4 月 5 日开始施工,至 5 月 16 日洞内水泥土挤密桩施工完毕。考虑到挤密桩作业时的振动较大,施工时共采用 6 套机械设备多工作面同时施工,每台机械平均成桩速度约 4 ~5 根(约 30 m)/d。为确保洞内基底处理施工时隧道的结构安全,在现场对挤密桩施工时产生的振动进行了测试,振动测试结果表明:在成孔、成桩过程中,自桩顶以下 1 m 范围内振动速率最大,最大值约 6 ~7 cm/s,在 1 ~4 m 范围振动速率也比较大,约 4 ~5 cm/s,施工至 4 m 以下时基本能满足规范要求。支护结构监控量测结果表明,挤密桩施工完毕后隧道初期支护表面无明显裂纹,对隧道初期支护结构变形的影响范围是拱顶下沉 1 ~2 mm,水平收敛 2 ~3 mm,即洞内施工水泥土挤密桩时对隧道初期支护结构安全、稳定影响甚小。在挤密桩施工完毕后,现场及时对基底处理质量进行了检测,检测结果表明,洞内基底新黄土的湿陷性已经消除,基底处理效果满足设计要求。

8.2.4 树根桩处理技术

树根桩是指桩径在 70 ~300 mm、长径比大于 30、采用螺旋钻成孔、用配筋和压力注浆工艺成桩的钢筋混凝土就地灌注桩,又称为小直径钻孔灌注桩,布桩可以采用竖向、斜向设置,网状布置如树根状,故称为树根桩。

树根桩是由意大利 Fondedile 公司在 20 世纪 30 年代发明的一项专利技术,80 年代初在我国首次应用,发展至今,在基础托换加固和软土地基处理方面已有相当广泛的应用,设计计算理论和施工工艺已非常成熟。

1)树根桩的技术特点

与其他地基处理方法相比,树根桩具有如下技术特点:机具简单,所需施工场地较小,一般需 0.6 m×1.8 m 的平面尺寸、2.1 ~2.7 m 高的净空即可,因而适合于在作业区狭小或地下障碍物较多的地段施工;施工时振动和噪声小,施工方便;施工时因桩孔很小,故而对墙身和地基土都不产生次应力,也不扰动地基土和干扰建筑物的正常工作情况;采用压力注浆,使桩与土体结合紧密,桩土表面摩擦力较大,具有较高的承载能力;从受力机理看,因桩的长径比很大,单位体积桩的承载力远大于其他桩型。树根桩不仅可承受竖向荷载,还可承受水平向荷载。

树根桩适用于杂填土、素填土、碎石土、砂土、粉土、黏性土、湿陷性黄土等各种不同地质条件,既能用于地下水位以上,也可用于地下水位以下。

当建筑地基承载力不能满足上部结构荷载或须将地基变形控制在一定范围时,采用树根桩对地基进行加固,使桩与桩间土构成复合地基共同承受上部荷载的作用,通过桩体把上部结构的部分荷载传递到地基深部,减少作用在基底土层的附加应力,减少沉降,提高地基的承载力。为了维持桩与桩间土的变形协调,即使建筑物仅产生极小的沉降,桩体也会发生迅速反应,承担建筑物部分荷载,相应使基底下土的反力减少。由于桩体的模量远大于桩间土的模量,土中应力将向桩体发生集中,使桩体承受的竖向应力远大于土中承受的竖向应力。树根桩的作用实质就是分担基底土的总荷载。

2)树根桩的工程应用实例

(1)新杏树峁隧道

①工程概况

该隧道位于神朔铁路复线,整个洞身通过的地层为第四系松散的风积细砂、粉砂及黄土质黏砂土,地层基本承载力 σ_0 =100 ~150 kPa,围岩条件非常差,围岩分级为Ⅵ级。隧道全长 241 m,位于既有杏树峁隧道右侧,隧道最大埋深仅为 30 m,属浅埋隧道。

针对该隧道围岩条件差、基底承载力较低、围岩自稳能力差、成洞困难等特点,隧道设计采用曲墙

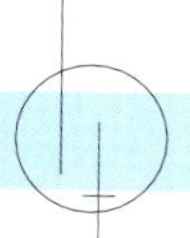

带仰拱复合式衬砌，超前预支护拱部采用水平旋喷桩与长管棚相结合，边墙采用小导管加固，隧道基底采用树根桩加固；初期支护采用锚网喷及型钢钢架加强，二次衬砌采用钢筋混凝土衬砌，并且隧道内轮廓在标准设计的基础上放大 5 cm。图 8-2-6 为该隧道衬砌及支护断面图。

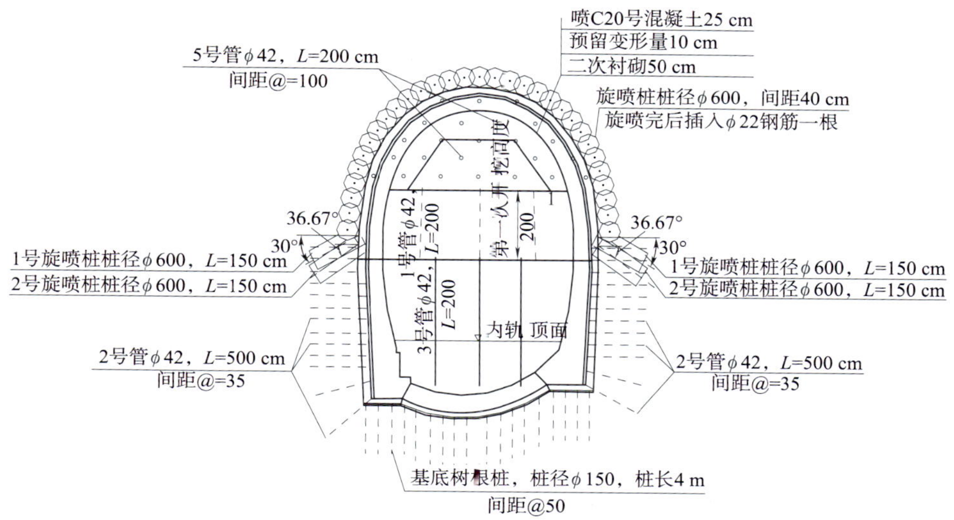

图 8-2-6　新杏树峁隧道衬砌及支护断面

②隧道基底树根桩处理设计

a. 树根桩设计基本思路

隧道基底树根桩设计主要是根据隧道工程地质情况，分别对隧道不同埋深条件下，采用荷载结构模型理论，计算出基底所需要的承载力、树根桩单桩承载力、树根桩根数、平面布置形式及树根桩强度校核，并计算出底板内力，满足强度要求前提下，初步确定树根桩桩身设计参数。

b. 树根桩设计参数的拟定

根据计算，在隧道基底墙脚处底板所受弯矩较大，其他部位弯矩均较小，由于墙脚部位还有二次衬砌的大墙脚作用，宽度达 1 m 以上。因此，该部位的弯矩不会对结构产生大的影响，和底板其他部位一样采用构造配筋。

初步确定采用的设计参数为：树根桩在平面上采用梅花形布置方式，在边墙处采用 40 cm × 40 cm（纵 × 横），在仰拱下采用 80 cm × 80 cm（纵 × 横），其平面布置示意分别如图 8-2-7 和图 8-2-8 所示。

树根桩桩径 ϕ150 mm，桩长 4 m，桩身灌注 C25 混凝土，钢筋笼直径 ϕ120 mm，桩身主筋采用 4 根 ϕ16 mm 在圆周等间距布置，箍筋采用 ϕ8@ 250 mm。为使各根桩连成整体并加强基底整体刚度，在树根桩桩顶应浇注承台，可与隧道仰拱一起浇注。

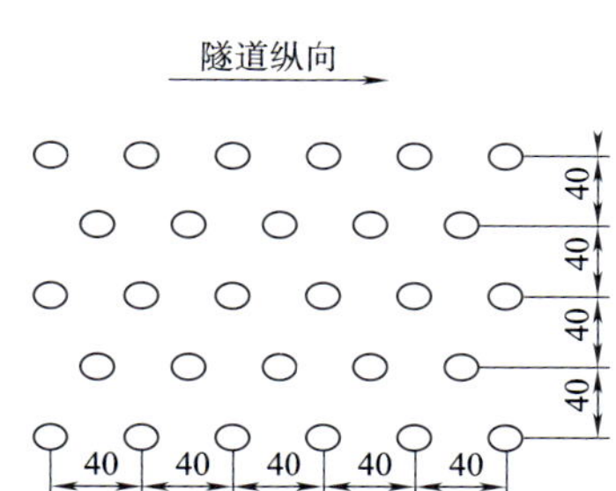

图 8-2-7　边墙底部树根桩布置示意（单位：cm）

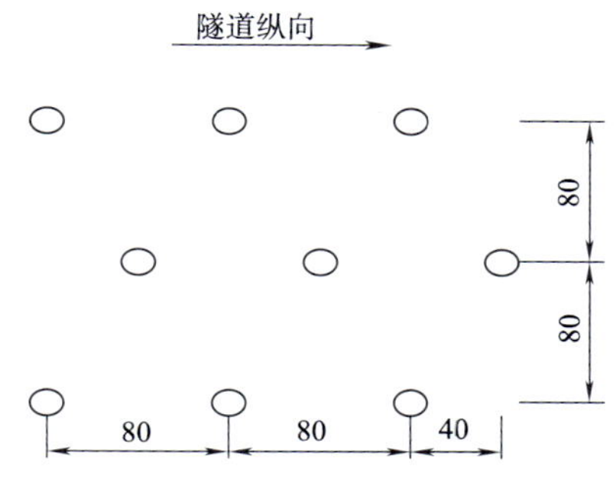

图 8-2-8　仰拱下树根桩布置示意（单位：cm）

③树根桩施工要点

新杏树峁隧道基底采用了树根桩加固处理，共设计桩数约15 000个。施工时采用螺旋钻机成孔方式，其主要的施工工艺为：定位和垂直度校正、钻孔，下钢筋笼，下注浆管，灌注混凝土，压力注浆等。

a. 钻机钻进成孔时，应控制钻机液压、钻速及最大推进距离，钻头要使用与设计直径相同的钻头，钻孔深度应大于设计桩长0.5～1.0 m。树根桩施工如出现缩颈和塌孔的现象，应将套管下到产生缩颈或塌孔的土层深度以下。

b. 吊放钢筋笼和埋设注浆管，注意注浆管出口应距孔底150～300 mm。

c. 灌填骨料可采用粒径15～25 mm的洗净碎石或细骨料混凝土，填入量应不小于计算体积的0.8～0.9倍。

d. 注浆浆液采用水泥浆，其水灰比控制在0.4～0.5左右，注浆泵最大工作压力应不小于1.5 MPa；注浆时应控制压力，使浆液均匀上冒，直至泛出孔口为止。

为防止出现穿孔和浆液沿砂层流失，注浆时采用跳孔施工或间歇式施工等措施。

e. 树根桩桩顶设置的承台应与隧道仰拱浇注钢筋混凝土同时施工，树根桩主筋应与仰拱主筋焊接在一起，以确保隧道基底的整体刚度。

f. 为保证树根桩施工质量，施工过程中应作好现场验收记录，包括钢筋笼制作、成孔和注浆等各项工序指标考核并按规定检测桩身混凝土强度。

(2)潼洛川隧道进口

郑西高速铁路潼洛川隧道进口基础地层为 Q_3 黏质黄土，Ⅲ级硬土，$\sigma_0=280$ kPa。隧道进口桥隧紧密相连，为确保桥台施工时隧道洞门结构稳定性及减小桥隧过渡段基础差异沉降，隧道基础采用刚度逐步过渡的方式：明挖段基底采用树根桩加固，树根桩直径30 cm，间距1 m×1 m，梅花形布置；树根桩桩顶设置C30钢筋混凝土刚性托板，刚性托板与隧道仰拱采用 ϕ22 mm短筋加强连接。树根桩设计如图8-2-9和图8-2-10所示。

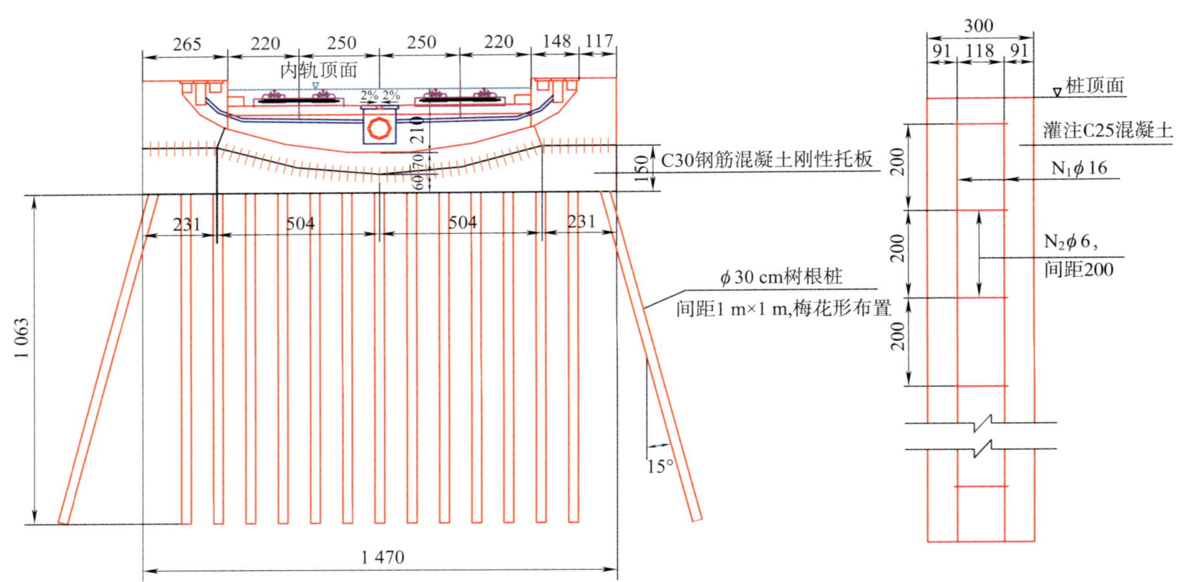

图8-2-9 潼洛川隧道进口树根桩布置横断面及桩体设置(单位:cm)

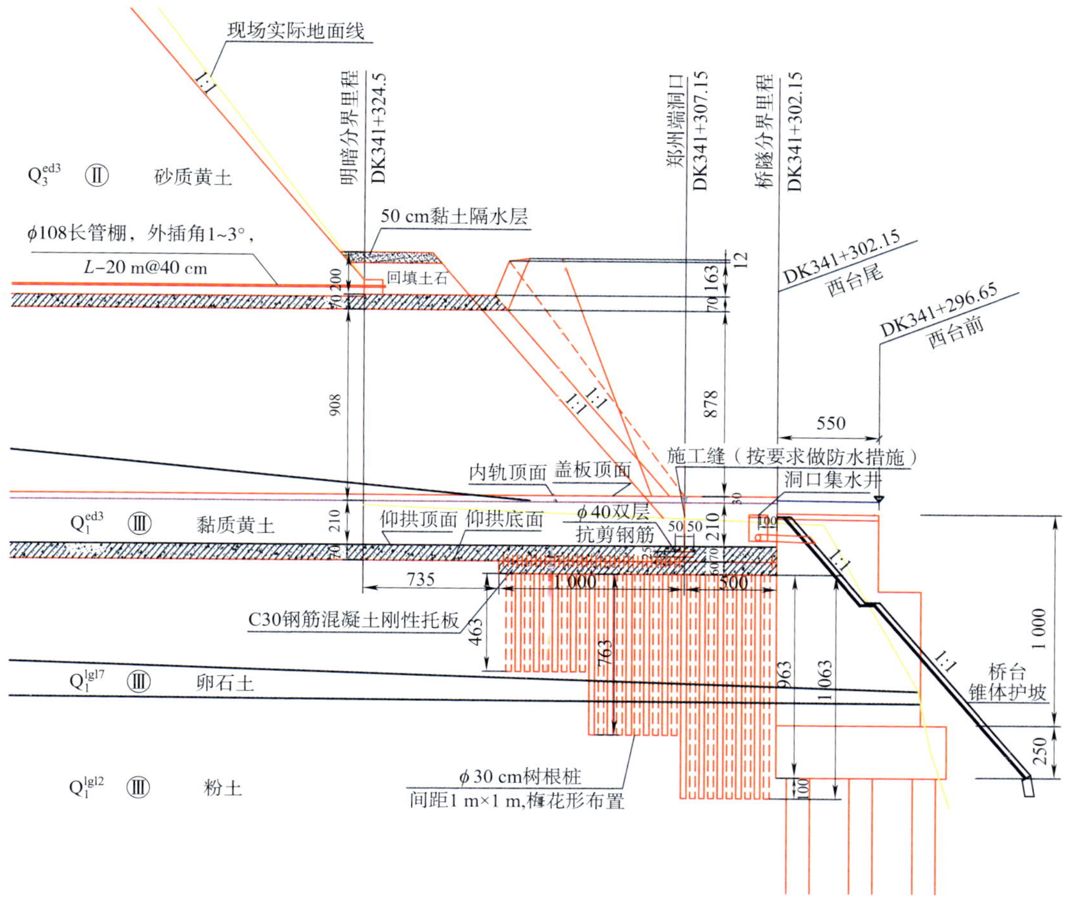

图 8-2-10　潼洛川隧道进口树根桩布置纵剖面(单位:cm)

8.3　黄土隧道基底稳定性分析

8.3.1　基础稳定性含义及判别依据

(1)基础稳定性含义

高速列车动荷载作用下,隧道结构的长期稳定性直接影响隧道的运营安全,是黄土隧道工程成败的关键问题。同其他结构物基础类似,隧道基础稳定性通常认为是在围岩压力、水压力、列车运营荷载等静、动载共同作用下,隧道结构和基础表现出的变形、沉降的性质。稳定性主要决定于隧道基础在静、动载作用下变形和沉降的大小、随时间发展的规律、变化的趋势等特性。

如果黄土隧道基础的变形量和沉降量能满足高速铁路建设和运营的要求,且随时间的发展整体趋于平缓,沉降变形速率趋近于零,则可认为隧道基础是稳定的。否则,黄土隧道基础是不稳定的。

(2)判别依据、判别方法和内容

黄土隧道基底稳定性判别依据参考的主要标准及规范主要有:《客运专线铁路无碴轨道铺设条件评估技术指南》(铁建〔2006〕158 号);《客运专线无砟轨道铁路工程施工质量验收暂行标准》(铁建〔2007〕85 号);《客运专线无砟轨道铁路施工技术指南》(TZ 216—2007);《客运专线无碴轨道铁路设计指南》(铁建设函〔2005〕754 号);《爆破安全规程》(GB 6722—2003);《建筑物振动安全规范》(德国国家规范 DIN 4150)。

高速列车的振动荷载可通过模拟列车激振效应的现场激振试验替代,在激振试验中通过测试和记录沉降、位移、振动速度、隧底土压、隧底水压、填充混凝土应变等实测值,对富水隧道结构的激振效应和特征进行研究。

激振试验可分为变频激振试验和疲劳激振试验。变频激振试验是以相同时间间隔进行的频率变化的激振试验,主要目的之一是监测隧道结构在不同激振频率下的动态响应特征,考察是否存在特殊激振频率,使隧道结构出现较大的激振效应。

疲劳激振试验为在同一频率下进行的较长时间的、次数较多的激振试验,主要目的是监测隧道结构的长期激振效应和稳定特征。通过激振试验前后的隧底承载力及变形特征的现场试验和土样的室内试验,确定激振对隧底黄土的激振效应和强度、变形性态的影响。

通过激振试验前后仰拱填充面沉降稳定特征和隧底黄土物理力学特性的变化,对富水黄土隧道的长期稳定作出综合评估和判断,主要评估与判断内容如下:

①激振次数——累计总沉降的发展规律和特性

通过多达230万次的激振试验,对仰拱填充面的累计沉降进行监测,得出激振次数——累计总沉降的发展规律和特性。如果累计沉降持续发展,不收敛,则可判定在动荷载作用下隧道基底沉降发散,不稳定;否则为稳定。

②激振频率——弹性动位移的发展规律和特性

对不同激振频率作用下仰拱填充面的弹性位移进行监测,得出激振次数——弹性动位移的发展规律和特性。如果弹性位移过大,则可判定在动荷载作用下隧底将产生过大弹性沉降,对高速列车运营不利,甚至可能带来严重后果;反之,就能够满足高速铁路运营要求。

③激振次数——仰拱填充面振动速度的发展规律和特性

对不同激振频率作用下仰拱填充面的振动速度进行监测,得出激振频率——仰拱填充面振动速度的发展规律和特性,并由此对高速列车运营过程中仰拱填充面的安全性、稳定性和平顺性作出评估。如果在某一个或某几个激振频率(特别是频率≤10 Hz的低频)作用下仰拱填充面振动速度过大,则不利于高速列车的运营,严重时可能出现共振现象。

④激振试验中隧底动应力值测试

激振试验过程中通过对隧底不同位置处动应力大小的测试,得出激振应力在回填混凝土和隧底黄土中的传播及衰减规律。隧底黄土中过大的动应力,可能引起隧底黄土的细化,进而产生软化和降低抗剪强度,产生附加沉降和变形,严重时将影响高速铁路的运营安全。

⑤激振试验中仰拱填充面以下振动速度测试

激振试验过程中对仰拱填充面以下的振动速度大小和分布进行测试,由此可对隧道结构和隧底黄土的激振效应作出评估判断。如果隧底富水黄土中出现过大振动速度,可能会引起激振液化,严重时会大大降低土的抗剪强度和变形、压缩模量,产生附加沉降和变形,将严重影响高速铁路的运营安全。

⑥激振试验中隧底超静水压力值测试

激振试验过程中对不同频率作用下隧底黄土中超静水压力的大小和分布规律进行测试,并对隧底黄土的力学特性进行测试。激振动载可能在富水黄土中产生超静水压,过大的超静水压会大大降低土中有效应力,进而降低土的抗剪强度,甚至引发土体破坏。

⑦激振试验前后隧底黄土是否泥化、软化的三项物理力学指标试验

通过隧底黄土颗粒级配曲线的对比试验,得出不同粒径含量的变化,特别是微小颗粒含量的变化。若激振试验前后隧底黄土中微小颗粒含量无明显变化,则可以认为在动载作用下隧底黄土不存在泥化现象。

通过激振前后隧底黄土抗剪强度指标的对比试验,判断是否有泥化、软化现象发生。若试验后抗剪强度较激振试验前无明显变化,则可判定激振试验后隧底黄土不存在泥化和软化现象。

激振试验前后,通过仰拱中预留孔对隧底黄土进行动力触探试验。由此可判别隧底黄土承载力

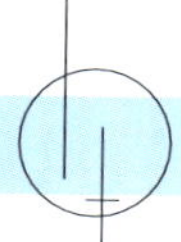

和变形特性是否变化。若隧底土体处于硬塑/坚硬状态，则认为其承载力和变形性质满足高速铁路隧道基底的要求。反之，隧底土体出现软化、泥化，隧底黄土不满足高速铁路隧道基底的承载力和变形性质的要求。

8.3.2　现场激振试验

(1)现场试验段布置

激振试验段选在郑西高速铁路张茅隧道里程 DK225 + 141.5 ~ DK225 + 145 处。试验段布置、元件埋设平面图见图 8-3-1 及图 8-3-2。

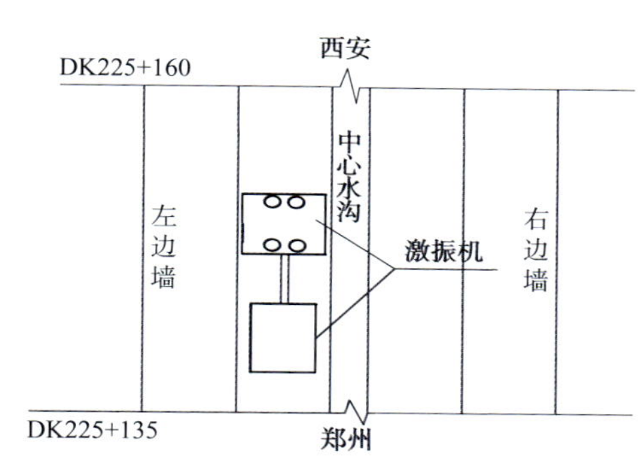

图 8-3-1　激振试验段平面

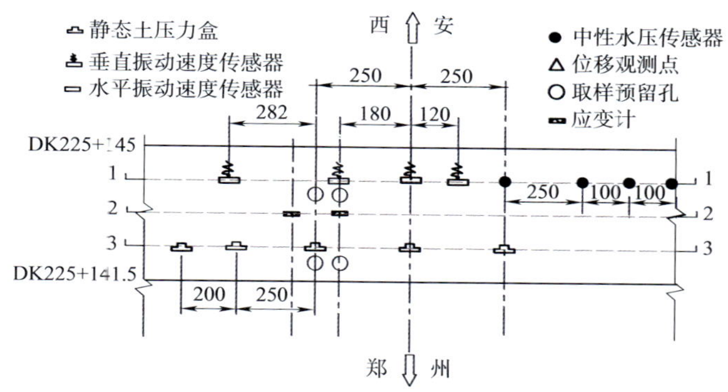

图 8-3-2　元件设埋平面(单位:cm)

测试元器件的分布如下图，试验段范围内共设置三个元件埋设断面，如图 8-3-3 ~ 图 8-3-5 所示。

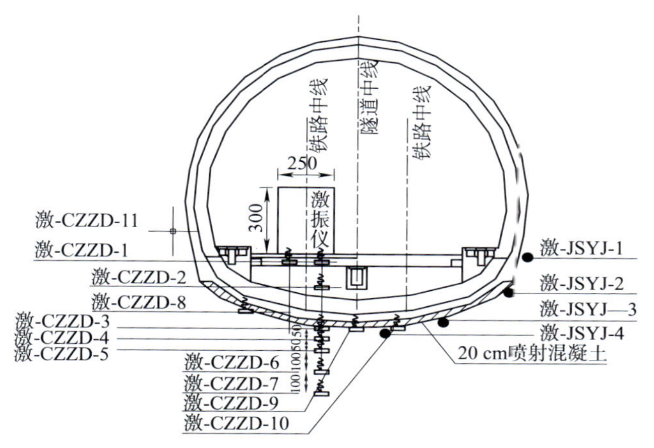

图 8-3-3　1—1 断面元件(单位:cm)

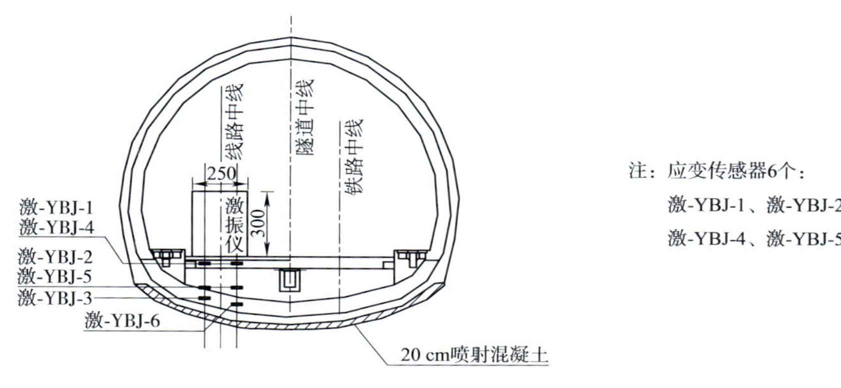

图 8-3-4　2—2 断面元件(单位:cm)

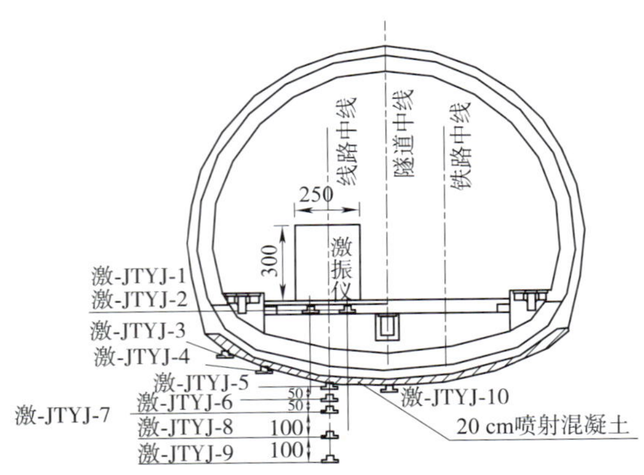

注：土压力传感器10个：
激-JTYJ-1、激-JTYJ-2、激-JTYJ-3、
激-JTYJ-4、激-JTYJ-5、激-JTYJ-6、
激-JTYJ-7、激-JTYJ-8、激-JTYJ-9、
激-JTYJ-10。

图 8-3-5　3—3 断面元件(单位:cm)

试验段范围内共计埋设 31 个元件。其中振动速度传感器 11 个,土压力传感器 10 个,孔隙水压力传感器 4 个,应变传感器 6 个。

(2)激振试验系统与试验安排

试验采用了为郑西高速铁路隧道基底激振试验专门研制的 DTS-1 型动力试验系统,如图 8-3-6和图 8-3-7 所示。

图 8-3-6　DTS-1 动力试验系统

图 8-3-7　激振系统部分特写

该系统特点是调频范围宽,激振力大。该系统具有八种不同的偏心块组合形式,对应不同的频率范围;在同一激振频率条件下,不同的偏心块组合形式输出高幅值变化的激振力,以满足结构物荷载要求。现场试验时可根据现场实际需要配用不同的偏心块组合形式。整个系统由数字控制箱进行自动控制,如图 8-3-8 所示。

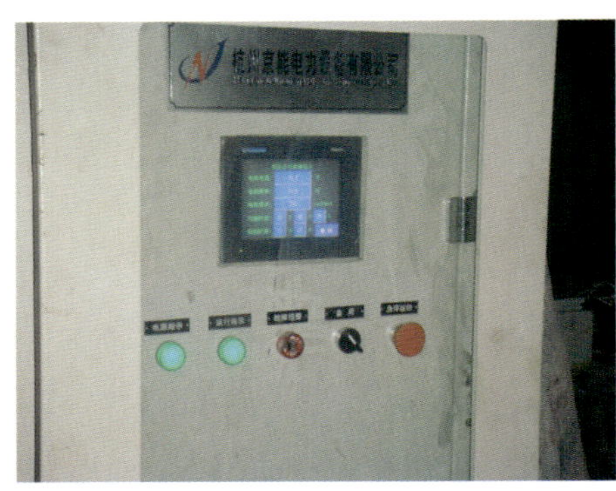

(a) DTS-1激振试验系统数字控制箱外部

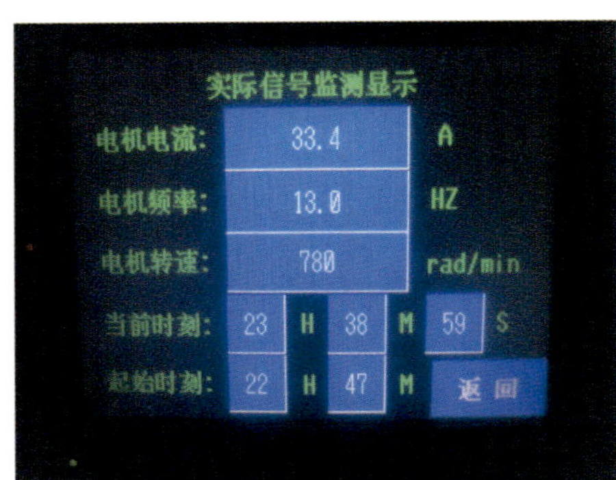

(b) 控制箱控制显示部分

图 8-3-8　DTS-1 激振试验系统数字控制箱

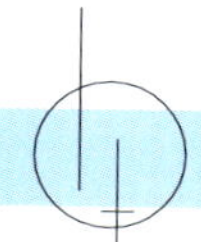

激振荷载设计：

①加载波形

从已有的理论研究结果可知，激振波由若干个不同频率、不同振幅的谐激振波（正、余弦波等）叠加而成。结合到激振机械的特性，试验选取激振波形为正弦波波形。

②动荷载幅值

从已有高速铁路实测情况看，无砟轨道底板处的实测动应力多在 30 kPa 左右。所以对于本试验，仰拱填充面上的动应力幅值控制在 30 kPa。

激振机总重 15 300 kg，外加附重 3 000 kg，总质量为 18.3 t，大于动车组客车轴重（约 17 t）。

激振机底面面积 = 长度 × 宽度 = 2 220 mm × 2 220 mm。

自重 + 外加附重产生的平均静压应力为

$$\sigma_0 = (15\,300 + 3\,000)\,\text{kg} \times (10\,\text{m/s}^2) / (2.22\,\text{m} \times 2.22\,\text{m}) = 37.81\,\text{kN/m}^2$$

偏心轮产生的激振力为 147.061 kN，频率为 5 ~ 30 Hz。

激振力产生的平均动压应力为

$$\sigma_v = 147.061\,\text{kN}/(2.22\,\text{m} \times 2.22\,\text{m}) = 30.38\,\text{kN/m}^2 \qquad \text{（动应力幅值）}$$

则

仰拱填充面上最大应力　　$\sigma_{max} = \sigma_0 + \sigma_v = 68.19\,\text{kN/m}^2$

仰拱填充面上最小应力　　$\sigma_{min} = \sigma_0 - \sigma_v = 7.43\,\text{kN/m}^2 > 0$

（3）激振频率

隧道基底承受的列车荷载是单向脉冲应力波。同一转向架上的轴距 2.5 m 左右，同一车厢的两个转向架之间的距离一般是 18 m，而相邻两节车厢的转向架间距一般是 8 m。在高速行车的情况下，同一转向架上的两轴之间的动载产生重叠，两峰之间的变化不大，可视为一次冲击。

经计算，当车速为 350 km/h 时，8 m 和 18 m 轴距产生的激振频率为 12.15 Hz 和 5.4 Hz。车速越低，激振频率也越低。

从相关研究可知，低频激振对结构物产生的影响和危害要大于高频激振。例如我国《爆破安全规程》（GB 6722—2003）对钢筋混凝土结构房屋给出如下的安全允许振速：当激振频率在 10 ~ 50 Hz之间时为激振频率 < 10 Hz 时的 112.5% ~ 116.7% 。频率越高，安全允许振速的增加幅度越大。

基于上述激振频率特性和车速为 350 km/h 时的激振频率值，结合到激振设备自身的频率特性，将本次激振试验的激振频率主要集中在相对较低的范围。因此，本次试验选用的频率范围为：$f = 5 \sim 27$ Hz。

（4）仰拱填充面振动速度控制

鉴于该试验隧道的特殊性（钢筋混凝土封闭结构，仰拱有厚实的回填混凝土，隧道上部覆盖层厚，老黄土，天然状态下呈硬塑/坚硬状态），有理由认为行车速度相同时隧道内轨道板底处的振动速度应不大于洞外路基处。

（5）累计激振次数

累计激振次数为 230 万次。

（6）激振试验方式

变频激振，即从 5 ~ 27 Hz 范围内进行相对较快的变频激振试验，以测试隧道基底对不同激振频率的动态反应特征；疲劳激振，即在某一激振频率下进行较长时间的激振试验，以集中测试隧道基底的长期激振特性。

本次激振正式试验于 2008 年 8 月 11 日至 2008 年 8 月 18 日在郑西高速铁路张茅隧道内进行，历时共计 8 天。试验期间激振频率及次数具体情况如表 8-3-1 所示。

表 8-3-1　试验安排

频率(Hz) / 激振时间(min) / 日期	5	7	9	10	11	13	15	17	19	20	21	23	25	27
8 月 11 日	5	—	—	17	—	—	5	—	—	—	—	—	—	—
8 月 12 日	35	20	20	10	20	257	20	—	—	—	—	—	—	—
8 月 13 日	10	—	—	15	515	129	—	—	—	—	—	—	—	—
8 月 14 日	5	—	—	15		386	—	—	—	—	—	—	—	—
8 月 15 日	15	10	10	5	10	30	15	5	5	250	5	5	5	3
8 月 16 日	15	—	—	15	—	—	15	—	—	275	—	—	—	—
8 月 17 日	12	10	10	12	—	10	13	10	10	60	—	—	—	—
8 月 18 日	5	—	—	5	—	—	5	—	—	65	—	—	—	—

(7)试验数据测读与记录

本次激振试验对土压力、孔隙水压力、混凝土应变、地面沉降及激振信号进行采集,仪器具体名称和性能情况如表 8-3-2 所示。

表 8-3-2　试验设备及仪器配置

名　称	型　号	性能指标	
		量程(能力)	用　途
多点数据集中采集系统	JTM-4A	32 通道	采集土压、水压及应变值
激振测试仪	TC-5850	±0.5 ~ ±10 V	采集激振信号
频率读数仪	ZXY-2	500 ~ 5 000 Hz	采集激振信号
电子精密水准仪	—	—	测量地面沉降

8.3.3　试验结果分析

现场试验得出如下主要结论:

(1)仰拱填充面动位移随激振频率的增高呈非线性递增关系。在激振频率为 21 Hz 之前,仰拱填充面动位移随激振频率的提高增长速率相对较快;在 21 Hz 之后增长速率变缓。最大垂直动位移约为 0.5 mm,这样大小的动位移不会对高速列车的运营造成影响,满足高速列车安全运营的要求,也不会对混凝土隧道结构带来不良影响。

(2)仰拱填充面振动速度随激振频率的提高大致呈“两折线”式的规律发展。当激振频率≤21 Hz 时,仰拱填充面振动速度随激振频率的提高变化不大,大致呈线性增长趋势,当激振频率从 5 Hz 增加到 21 Hz 时,振动速度从 0.4 mm/s 仅仅增大至 0.61 mm/s,增加幅度仅为 52.5%;当激振频率 >21 Hz 时,仰拱填充面振动速度随频率的提高呈快速增长趋势,此时相应的振动速度从 0.61 mm/s 迅速增大至 1.61 mm/s,增加幅度为 164%。

(3)仰拱填充面最大振动速度为 1.61 mm/s,这远远小于我国相关规范给出的 30 ~ 40 mm/s 的混凝土结构安全允许振速,满足结构振动安全的要求。上述最大振动速度也远远小于我国相关规范给出的 100 ~ 200 mm/s 的交通隧道安全允许振速,满足高速列车运营安全的要求。

(4)仰拱填充面激振次数——累计沉降曲线呈现激振沉降稳定型的特性。仰拱填充面激振次数——累计沉降之间的变化关系大致呈三阶段的发展规律,即初始稳定阶段(≤100 万次)——增长阶段(从 100 万次到 180 万次)——稳定阶段(180 万次以后);仰拱填充面最大累计沉降≤0.5 mm,远远小于相关规范给出的隧道结构工后沉降允许值。

(5)激振动应力大小与激振时间以及激振频率基本无关。在 30 kPa 激振动压力作用下,仰拱底部

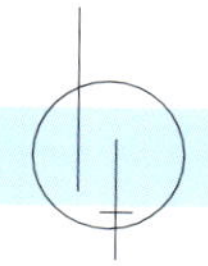

实测最大动应力为 5.1 kPa，约为仰拱填充面激振动应力的 1/6，为隧底混凝土结构自重的 1/10，所产生的沉降效应完全可以忽略不计。

(6)振动速度向下传播的规律呈“三折线”形式衰减：①在仰拱填充面下 1～1.5 m 范围内呈线性快速衰减趋势，振动速度衰减的幅度为 25%～35%；②其下至仰拱底部为线性衰减，但衰减速率较慢，振动速度衰减的幅度为 5%～20%；③在仰拱底部下黄土围岩范围内又呈线性快速衰减趋势，振动速度衰减的幅度为 40%～60%。

振动速度衰减至 0.2 mm/s 时的深度为仰拱填充面下约 5.9 m 处，即隧底喷射混凝土层下 3 m 处，仰拱填充面下 5.9 m 处振动速度随频率增加无明显变化，此深度可作为激振影响的界限。振动速度在仰拱混凝土中的衰减速度小于隧底富水黄土围岩，在仰拱混凝土中的衰减幅值约为 1/3，在隧底富水黄土围岩中约为 2/3。仰拱下黄土围岩中的最大振动速度为 1.03 mm/s。对处于封闭条件下的隧底富水黄土，这样的振动速度不会产生不利影响。

(7)不同激振频率下填充混凝土及仰拱底部黄土围岩中动应力值随深度增加而衰减，动土压力随深度的衰减规律可由下式加以描述：

$$\sigma_z = \sigma_0 e^{-\lambda z} \tag{8-3-1}$$

式中 σ_z——z 深度处动应力值；

σ_0——激振地面处的动应力值；

z——到激振地面的距离；

λ——参数，根据试验值可以确定为 $\lambda = 0.55$。

(8)仰拱回填混凝土中激振应变大小随激振频率的增加变化不大，可以近似地认为与激振频率无关。回填混凝土最大动应变为 1 $\mu\varepsilon$，远远小于混凝土裂缝产生所需应变。换算最大动应力≈27 kPa，约为 C25 混凝土抗压强度设计值的 0.2%。

(9)在仰拱填充面 30 kPa 激振压力和激振频率 f = 5～27 Hz 的作用下，隧底超静水压幅值很小，约是隧底黄土围岩中激振动应力的 1/50。激振产生的隧底超静水压不足以对隧底富水黄土产生软化作用。

(10)实测隧底静水压值在 1(边墙脚处)～25 kPa(靠近仰拱中心处)。

(11)隧底以上有 30 m 左右高的地下水头，而实测水压力值仅为十分之一的地下水头压力值。这表明，对于采用半包式防水系统的富水黄土隧道，在排水系统正常工作条件下，最大隧底地下水压值为十分之一的地下水压理论值。

(12)激振试验后，激振机下的隧底土体的每 10 cm 贯入击数都在 40 左右，说明该处富水黄土处于坚硬状态，不存在软化现象。

(13)从试验结果可见，试验前后隧底黄土级配曲线重合很好，试验前后级配曲线没有明显变化，特别是激振试验前后的黏粒含量没有减小。因此可以判定，230 万次激振试验后，隧底富水黄土土层不存在细化、泥化现象。

(14)从试验结果可见，基底黄土的抗剪强度指标 c、φ 基本没有变化，说明 230 万次激振对隧底富水黄土抗剪强度没有影响。

(15)通过 230 万次激振试验，富水黄土隧道的运营安全性和长期稳定性得到了试验验证。

8.3.4 隧道基底沉降长期稳定性评价

隧道基底沉降长期稳定性分两个阶段进行评价：第一阶段，铺设无砟轨道前，基底沉降观测数据统计及分析；第二阶段，铺设无砟轨道后，基底沉降长期稳定性预测。

1)铺设无砟轨道前基底沉降数据统计及分析

(1)观测断面布置

按照设计要求，张茅隧道分别在明暗交接处、衬砌变化处、变形缝处的前后 30 cm 处以及进出口位置按设计要求布设观测断面，此处选取 DK225 + 130、DK225 + 537、DK227 + 075 和 DK227 + 088 共四个监测断面，观测点布置如图 8-3-9 所示。

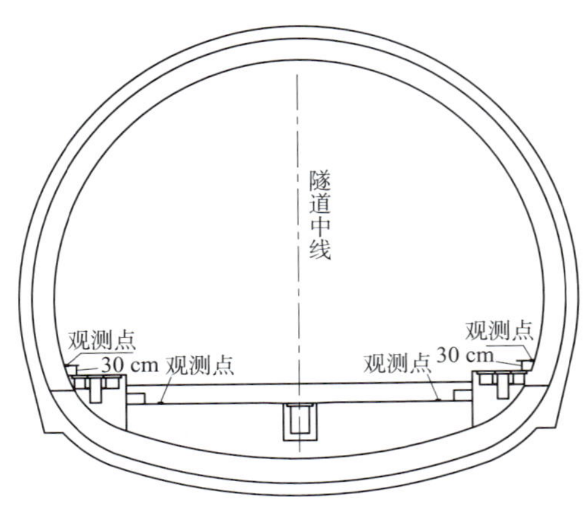

图 8-3-9　观测点布置图

(2)观测数据统计

①衬砌沉降

2007 年 10 月 16 日至 2008 年 5 月 27 日，二衬施作完毕结束后，立即对衬砌沉降进行了监测，至铺设无砟轨道结束，监测历时近 8 个月。代表性监测断面一(DK225 + 130)沉降曲线如图 8-3-10 和图 8-3-11 所示。代表性监测断面二(DK227 + 088)沉降曲线如图 8-3-12 和图 8-3-13 所示。

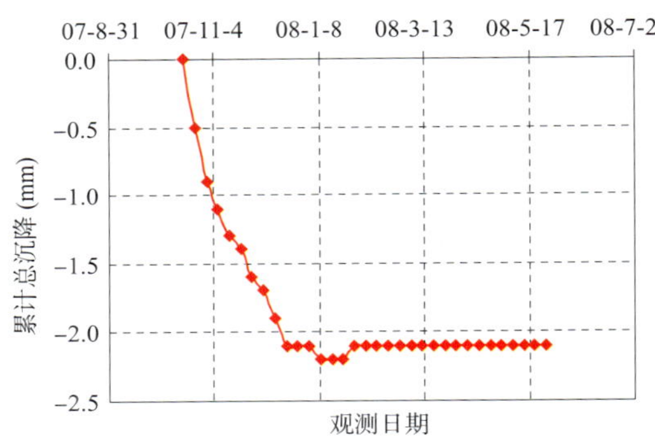

图 8-3-10　DK225 + 130 左侧沉降曲线

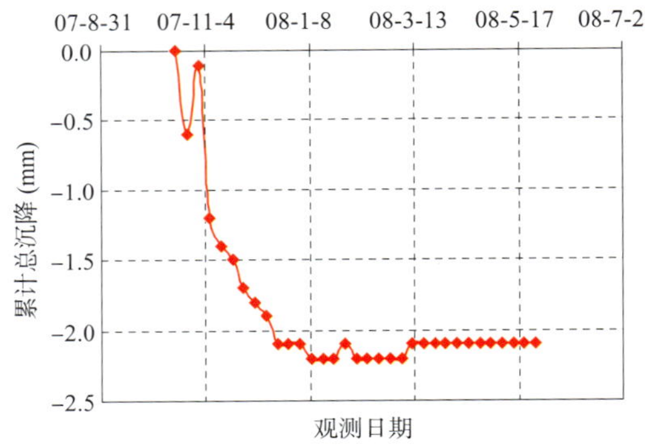

图 8-3-11　DK225 + 130 右侧沉降曲线

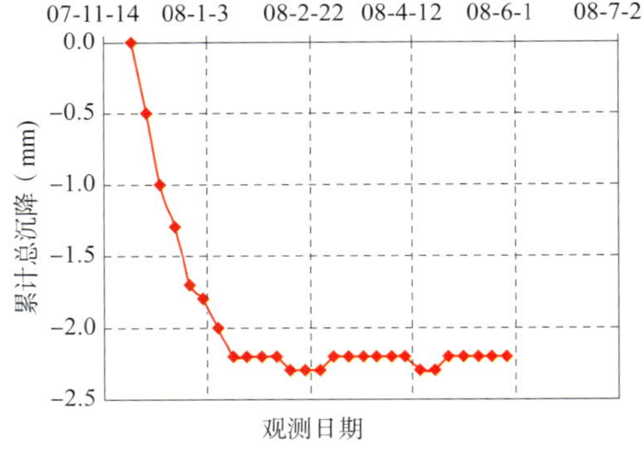

图 8-3-12　DK227 + 088 左侧沉降曲线

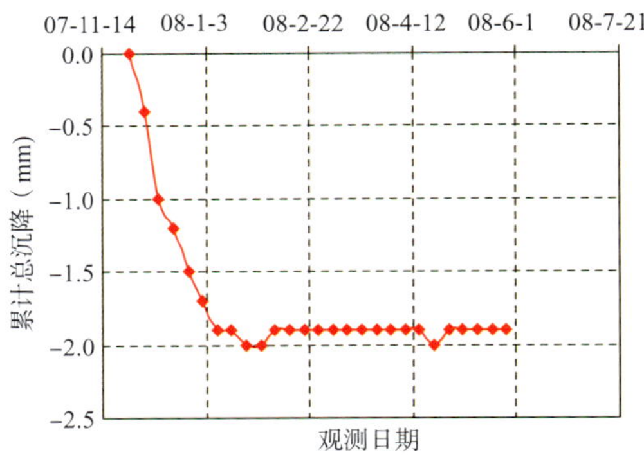

图 8-3-13　DK227 + 088 右侧沉降曲线

②仰拱部分沉降

2006 年 5 月 4 日至 2007 年 4 月 5 日，仰拱填充完毕后，立即对仰拱沉降进行了监测，其中代表性

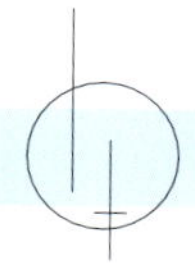

监测断面三(DK225 +537)历时 4 个月,代表性监测断面四(DK227 +075)历时 11 个月。代表性监测断面三(DK225 +537)沉降曲线如图 8-3-14 ~ 图 8-3-17 所示。

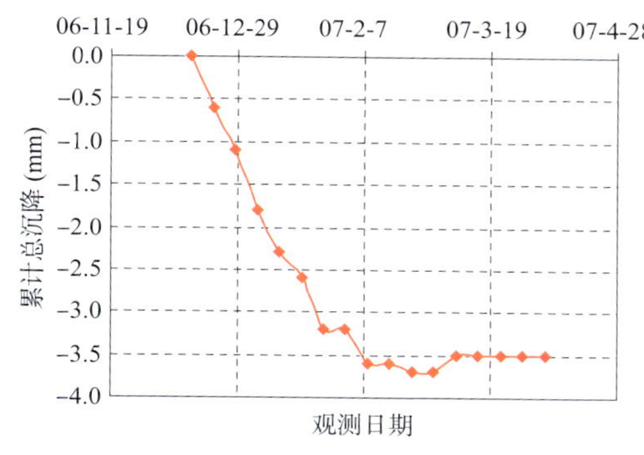

图 8-3-14　DK225 +537 左侧沉降曲线

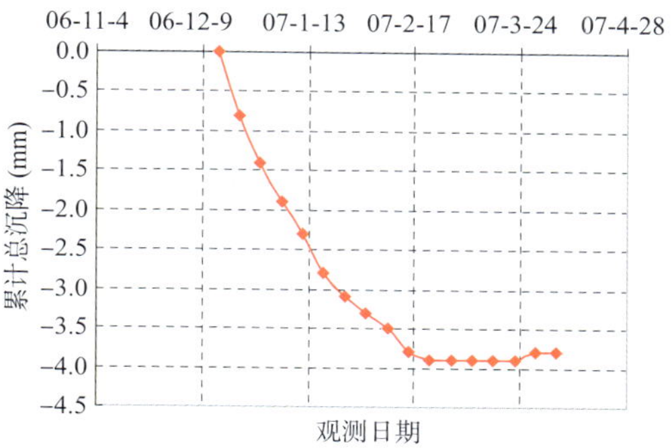

图 8-3-15　DK225 +537 右侧沉降曲线

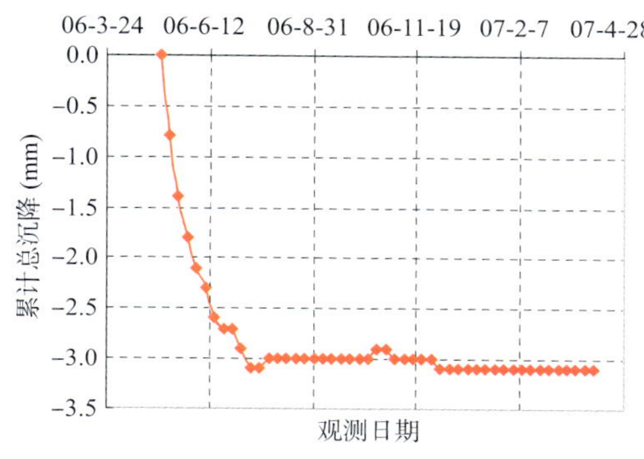

图 8-3-16　DK227 +075 左侧沉降曲线

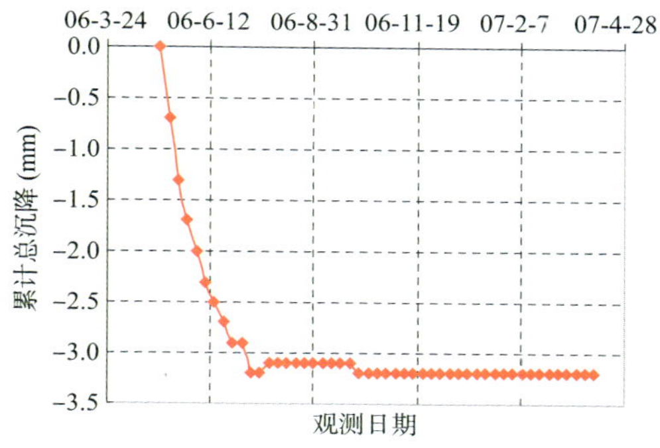

图 8-3-17　DK227 +075 左侧沉降曲线

③数据分析

在铺设无砟轨道前,隧道基底沉降分为三个阶段:第一阶段:沉降迅速发生阶段,该阶段持续时间约 1.5 个月,绝对沉降量 2 ~2.5 mm,沉降速率 0.044 ~0.055 mm/d;第二阶段:缓慢沉降阶段,该阶段持续时间约 0.5 个月,沉降速率逐渐减小;第三阶段:沉降稳定阶段,在仰拱施工后 2 个月,沉降趋于稳定,沉降量不再加大。

上述结果表明,黄土隧道在二次衬砌完成以后两个月隧道仰拱的沉降就进入了稳定状态。

2)铺设无砟轨道后基底沉降长期稳定性预测

铺设无砟轨道完成以后,隧道将进入长期的运营阶段。在运营阶段,列车产生的动荷载将长期作用在隧道仰拱结构上,可能引起隧道基底附加沉降。本试验对列车动荷载可能引起的附加沉降通过激振试验进行模拟,并对其最终影响进行预测。模拟试验主要结论如下:

激振试验模拟了高速列车的振动效应。试验共加载 230 万次,相当于正常情况下 20 年的运营时间。试验过程中,仰拱填充面的最大振动速度为 1.6 mm/s,远远小于我国相关规范给出的 30 ~40 mm/s的混凝土结构安全允许振速,满足结构振动安全的要求,也远远小于我国相关规范给出的 100 ~200 mm/s 的交通隧道安全允许振速,满足高速列车运营安全的要求。试验结束后,仰拱填充面的累计沉降≤0.5 mm。

通过以上铺设无砟轨道前后两阶段的试验和分析可知,铺设无砟轨道前隧道基底沉降稳定值为 3.9 mm,激振 230 万次以后仰拱填充面的沉降稳定值≤0.5 mm。富水黄土隧道基底是长期稳定的,其工后沉降满足高速铁路运营要求。

参考文献

[1]工程地质手册编委会. 工程地质手册[M],北京:中国建筑出版社,2007.
[2]王晓州,等. 大断面黄土隧道建设技术[M].,北京:中国铁道出版社,2009.
[3]王新东,郑西铁路客运专线湿陷性黄土隧道基底处理技术[J]. 铁道标准设计,2007(增刊):90-92.
[4]刘国庆. 树根桩技术在铁路隧道中的应用[J]. 铁路工程造价管理,2006,21(3):50-52.
[5]中华人民共和国铁道部. TB 10621—2009 高速铁路设计规范(试行). 北京:中国铁道出版社,2010.
[6]钟桂彤. 铁路隧道[M]. 北京:中国铁道出版社,1990.
[7]朱以文,蔡元奇,徐晗. ABAQUS与岩土工程分析[M]. 中国香港:中国图书出版社,2005.
[8]王兰民. 黄土动力学[M]. 北京:地震出版社,2003.
[9]Lysmer J, Kuhlemeyer R L. Finite dynamic model for infinite media[J],Journal of the Engineering Mechanics, ASCE, 1969(4):859-877.
[10]陈国兴. 岩土地震工程学[M],北京:科学出版社,2007.
[11]铁道部经济规划研究院. 郑西高速铁路大断面黄土隧道工程技术研究报告[R]. 北京:铁道部经济规划研究院, 2010(12).

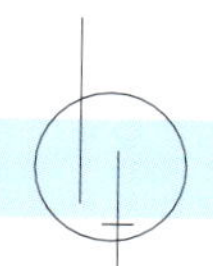

第 9 章　黄土隧道下穿构筑物施工技术

2001 年，宝兰二线铁路新曲儿岔隧道（开挖面积 120 m^2）用交叉中隔壁法成功下穿既有陇海铁路的铁路双线隧道施工，为国内首次在浅埋新黄土地层解决下穿既有铁路的大断面黄土隧道典型施工例。郑西高速铁路有数座大断面黄土隧道下穿高速公路和铁路，其中河南段阌乡隧道和陕西段高桥隧道分别在新黄土中以小角度斜交下穿连霍高速公路（图 9-1）和既有南同蒲铁路（图 9-2），最小埋深均不到 11 m。

图 9-1　下穿连霍高速公路

图 9-2　下穿南同蒲铁路

由于高铁大断面黄土隧道开挖面积较以往黄土隧道大幅度提高，以及围岩差（新黄土）、特浅埋（<1 倍隧道开挖宽度）、地面重载运输使地层沉降更加难以控制等一系列困难条件，大断面黄土隧道下穿施工的难度和风险显著增大，以往经验很难适用。为解决郑西高速铁路大断面黄土隧道下穿构筑物的施工关键技术，分别在阌乡和高桥隧道开展了双层支护双侧壁导坑法和双层支护台阶法的试验研究，均取得很好的效果。

本章依托上述下穿工程的试验研究成果，重点介绍郑西高速铁路大断面黄土隧道下穿高速公路和运营铁路的施工关键技术。

9.1　施工基本原则

（1）施工方法的选择

从控制地层沉降考虑，大断面黄土隧道选择施工方法的顺序为：双侧壁导坑法→CRD 法→CD 法→预留核心土台阶法。但从建设工期以及经济性考虑，选择施工方法的顺序为：预留核心土台阶法→CD 法→CRD 法→双侧壁导坑法。对于大断面黄土隧道的下穿施工，应根据具体工程的环境和要求，以及辅助措施的作用效果，综合比选后确定适用的下穿施工方法。

（2）开挖面的稳定性

如前所述（参见第 7.4 节），解决开挖面的稳定性是浅埋大断面黄土隧道施工的技术关键之一。针对大断面黄土隧道的下穿施工，稳定开挖面的主要措施有：短进尺、预留核心土、掌子面尽早封闭（喷混凝土）、超前小导管及注浆、大管棚等。

（3）控制进尺

开挖进尺实际上是每循环内开挖面无初期支护空间的长度。在大断面黄土隧道施工中,开挖进尺的大小与开挖面的稳定性密切相关。一次开挖进尺越大,开挖面的裸露长度越长,支护越容易滞后,越不利于开挖面的稳定。短进尺则容易做到及时支护,有利于开挖面的稳定。因此,大断面黄土隧道下穿施工时应严格控制一次开挖进尺。

(4)加强拱脚

大断面黄土隧道采用台阶法施工时拱部具有整体下沉特性,尤其是浅埋场合拱脚与拱顶下沉同步。黄土隧道拱脚承载力普遍较弱,同时拱脚受下层台阶开挖的影响十分显著,这是引发大断面黄土隧道拱部整体下沉的关键因素。在新黄土中,这种拱部整体下沉的发生往往比较迅速,且埋深越浅越难以控制。因此,对大断面黄土隧道采用台阶法进行下穿施工时,应特别重视加强拱脚。主要措施是:加大拱脚支撑面和设置斜向下锁脚锚杆,同时严格控制中、下台阶一次进尺,并对拱脚下沉进行监测。

(5)支护及时闭合

试验及实践表明,支护是否封闭以及封闭时距掌子面的距离,对大断面黄土隧道净空位移影响十分显著。支护闭合后的刚度远大于支护未闭合时的刚度,支护封闭可以从根本上解决黄土隧道拱脚薄弱问题。因此,支护及时封闭是控制大断面黄土隧道下穿时拱部整体下沉的重要措施。实现及时封闭的方法,对于台阶法(包括 CD 法)而言,主要是采取短台阶以使支护封闭距离尽量靠近掌子面。对于双侧壁和 CRD 法,则应强调横撑及时跟进。

(6)超前支护

在浅埋下穿场合,大断面黄土隧道掌子面的失稳很容易引发直通地表的坍塌而殃及地面构筑物。因此,浅埋大断面黄土隧道的下穿施工应将超前支护作为必要的防塌措施。常用的超前支护主要有:超前锚杆、超前小导管、大管棚、水平旋喷等。其中,小导管是一种主要的超前支护措施,其支护效果好于超前锚杆。大管棚主要作用是提高地层的刚度和承载能力,隔断地层位移向地表传递,将地面沉降曲线变得平缓;同时管棚将荷载分别转移到掌子面前方的土体及已做好的初期支护上,起到保护掌子面稳定、控制地层沉降的作用。但管棚施工过程会对地层有一定的扰动,且工序进展较慢,由于时空效应影响,会产生一定的沉降。水平旋喷注浆是以高压旋喷的方法压注水泥浆,在开挖轮廓线外形成拱形预衬砌以起到加固地层的作用。综合而言,采取不同的超前支护措施以及支护施作的时机、技术参数(长度、角度、纵向、环向间距、注浆量、注浆时间、浆液配比)、施工工艺等都会对地层沉降的大小和范围产生很大影响。其中,增加超前支护(大管棚、水平旋喷等)长度,可以明显的减小地层沉降。

(7)支护刚度

对于大断面黄土隧道而言,围岩稳定性受初期支护变形量控制,初期支护由刚度控制。这时,应采用整体刚度较大的初期支护结构形式,而双层支护则提供了一种强度和刚度更大的初期支护结构形式。为了增加支护刚度和加强掌子面的稳定性,在浅埋下穿场合初期支护应考虑采用双层支护。郑西高速铁路阌乡和高桥隧道的下穿实践表明,双层支护控制地层沉降的能力明显优于单层支护,尤其在埋深小于 1 倍隧道开挖宽度的特浅埋场合,具有较大支护刚度的双层支护可及时控制拱部的下沉变形。

(8)衬砌施作

衬砌对地表沉降的影响主要表现在其施作时间及施作方式上。大断面黄土隧道采用双侧壁、CRD 法施工时,施作衬砌前需要拆除大量的临时支撑,这时采取不同的拆除工序以及与衬砌施作工序的衔接时机,对地层沉降影响很大。采用上述工法进行下穿施工时,应严格控制一次拆撑的长度并及时跟进衬砌。

(9)控制基准及应急预案

对于大断面黄土隧道的下穿施工,指导施工监控管理的主要依据是拱部下沉及地表沉降控制指标,对此应根据具体的下穿施工环境和地面构筑物防护要求,制定合理的控制基准值以及相应的管理

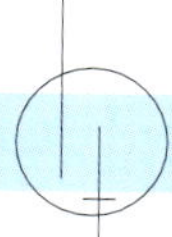

对策和应急预案。在管理对策和应急预案中,应包括必要的地面构筑物防护和加固措施。

9.2　地表沉降控制基准

隧道下穿构筑物时,地表沉降控制基准值是作为确保下穿隧道施工安全和地面构筑物使用安全的控制限值,不允许超过。一般情况下,基准值的制定主要依据现有规范、实测资料统计以及工程类比,并结合具体的施工环境和要求来确定。而下穿构筑物的施工环境和使用要求的不同,对控制基准的要求也不尽相同。下面主要针对大断面黄土隧道下穿高速公路和运营铁路的情况,介绍相应的地表沉降控制基准的设置。

9.2.1　下穿高速公路的沉降控制基准

对于隧道下穿高速公路的地表沉降控制基准,目前尚没有统一的技术标准。根据调查,国内隧道下穿公路以及地铁施工大多沿用北京、深圳地铁的经验值 30 mm 作为地表沉降的控制指标。从实施情况看,要满足这一指标,施工方法与支护结构一般都需要采取很强的加固措施。国外如日本、法国、德国等,规范要求地表最大沉降在 50 mm 以内即可。

根据《公路工程质量检验评定标准》对高速公路质量控制的要求,路面结构在 3 m 范围内的不平整度应该限制在 3 mm 以内,亦即其局部倾斜度不超过 0.1% 。当满足这一要求时,隧道下穿高速公路的施工,对高速公路的路面结构和行车不产生影响。

浅埋大断面黄土隧道施工的拱部沉降较大,对地表沉降更难控制。沉降控制值设置的越小,所采取的支护加固措施就越强,相应的工程造价就越高。对此,根据阌乡隧道的施工环境和路面使用要求,从路面行驶功能角度出发,综合考虑路面行驶平整性和隧道下穿施工安全,以及控制工程造价在合理范围,阌乡隧道在下穿连霍高速公路时采用路面控制指标为:最大沉降 50 mm、最大倾斜度 1/1000,同时作好路面快速铺填的预案。

按此控制指标制定路面沉降管理值,如表 9-2-1 所示。表中,警戒值均取相应设计值的 50% 。因为从试验段的沉降变形曲线上可知,当沉降到达总沉降一半时,沉降仍处在迅速发展的阶段。所以当沉降超过 50% 设计值时,应该加以注意,故将此值确定为警戒值。

表 9-2-1　路面沉降管理值

距隧道中线距离(m)	设计值(mm)	警戒值(mm)	允许值(mm)
-20	4	2	5
-10	20	10	25
-5	36	18	45
0	40	20	50
5	36	18	45
10	20	10	25
20	4	2	5
沉降坡度	1:679	1:350	1:280
沉降速率(mm/d)	12	6	20

9.2.2　下穿运营铁路的沉降控制基准

隧道下穿运营铁路时,对于一般普速铁路,应根据《铁路轨道工程质量检验评定标准》(TB 10418—98)规定的 30 mm 沉落限值来控制轨面沉降,高速铁路则可参考《客运专线无砟轨道铁路设计指南》(铁建设函〔2005〕754 号)的相关规定。由于目前现有工法对大断面黄土隧道施工时的地表沉降控制，很难直接达到上述标准要求，必须采取相应辅助加固措施。因此，对下穿运营铁路的地表沉降控制，应分别对地面和轨面使用条件设置相应的控制基准。其中，对地面控制以保证隧道施工安全为主，但较一般地段更为严格，同时对既有线制定设置扣轨梁、起道调平、轨面监控等辅助加固的预案。

9.3 下穿高速公路施工技术

下面依托郑西高速铁路阌乡隧道下穿连霍高速公路的技术试验和施工实践，介绍大断面黄土隧道下穿高速公路的施工关键技术。

9.3.1 工程概况

郑西高速铁路阌乡隧道位于河南灵宝市境内，地处黄河二级阶地，全长 770 m，最大开挖面积达 175 m^2（开挖宽 15.6 m、高 13.6 m），为特大断面黄土隧道。在隧道出口 DK298 + 810 ~ DK299 + 050 段以 15°34′小角度下穿连霍高速公路，下穿段长 240 m，最小埋深 10 m 小于 1 倍隧道开挖宽度（图 9-3-1）。

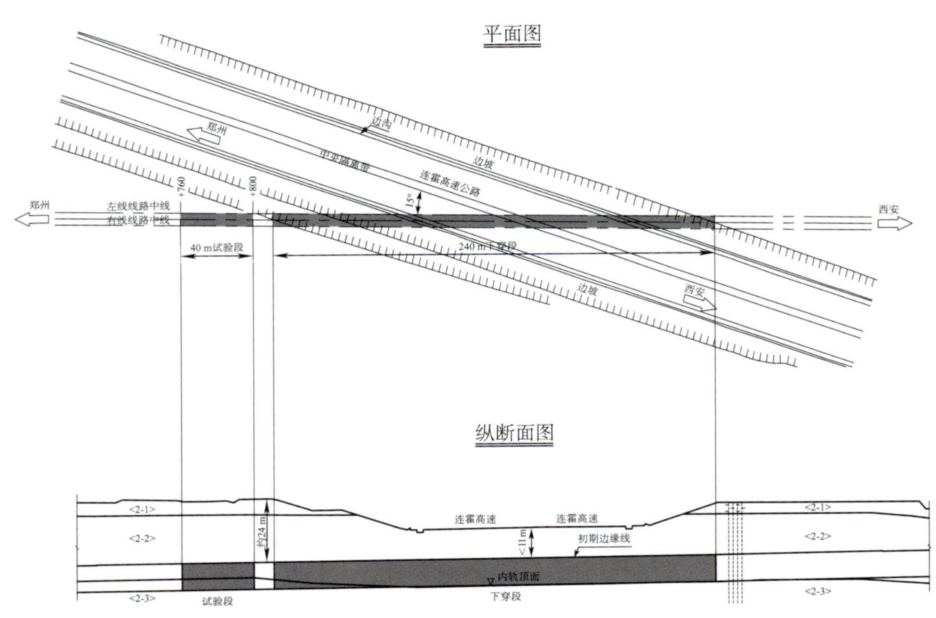

图 9-3-1 阌乡隧道下穿连霍高速公路段平面及纵断面图

隧道下穿段洞身地层从上到下分别为：<2-2>砂质黄土、<2-3>砂质黄土，各土层物理参数指标如表 9-3-1 所示。表 9-3-2 为根据洞内取样获得的 Q_3 砂质黄土的物理力学参数指标。

表 9-3-1 阌乡隧道黄土地层物理参数指标

地层编号	黄土类型	状态	密度 ρ (g/cm³)	含水率 w (%)	孔隙比 e	饱和度 S_r (%)	液限 w_L (%)	塑限 w_p (%)	塑性指数 I_p	液性指数 I_L	干密度 ρ_d (g/cm³)
2-2	Q_3^{eol+ol} 砂质黄土	稍密	1.5	8.26	0.96	24.34	27.1	17.85	9.25	-1.02	1.38
2-3	Q_3^{eol+ol} 砂质黄土	中密	1.73	10.5	0.72	41	25.94	17.08	8.86	-0.8	1.6

表 9-3-2 阌乡隧道 Q_3 黄土物理力学参数指标

黄土类型	密度 ρ(g/cm³)	含水率 w(%)	弹性模量 E(MPa)	泊松比 v	黏聚力 c(kPa)	内摩擦角 φ(°)
Q_3 砂质黄土	1.55	10.3	65	0.3	53.0	26.1°

注：根据洞内取样进行土工试验取得。

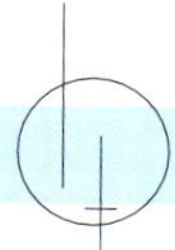

阌乡隧道下穿连霍高速公路段存在以下技术难点：

①阌乡隧道的开挖面积比以往大断面黄土隧道更大，施工难度和风险更高，尤其是缺乏在浅埋新黄土中修建下穿特大断面隧道的经验。

②阌乡隧道最大埋深为24 m，下穿连霍高速公路段则只有10 m，覆盖层与开挖跨度的比例小于1，为特浅埋情况，隧道开挖对上方路面的影响很大，沉降控制极为困难。

③隧道轴线与连霍高速公路的平面交角仅为15°，这使得下穿段长达240 m，隧道施工将长时间处在通行的连霍高速公路下方进行，对高速公路的影响时间很长。

④隧道所处的 Q_3 砂质黄土地层，土质松散，土体稳定性极差，而隧道开挖断面为特大断面（下穿高速公路段175 m^2，其余段170 m^2），浅埋、新黄土及特大断面环境使施工难度极大。

⑤连霍高速公路是我国东西走向运输大动脉之一，交通繁忙，车流量大、重车多，由于埋深很浅，路面行车对隧道施工将产生定影响，使路面沉降控制更加困难。

⑥由于隧道双向施工，同时进入行车道，公路又不能中断运行，施工安全风险大。

9.3.2 技术试验

1）试验概况

（1）试验段

在下穿高速公路前，先选取临近下穿段的40 m长度范围作为下穿技术的试验段，里程为DK298 + 760 ~ DK298 + 800，如图9-3-1所示。

（2）试验目的

在下穿高速公路之前设置技术试验段，对下穿技术试验的施工方法和支护参数进行试验和验证，通过对沉降规律、支护受力的测试，研究分析试验的支护参数、施工方法及工艺的合理性，为解决下穿高速公路段的沉降控制关键技术提供科学依据。

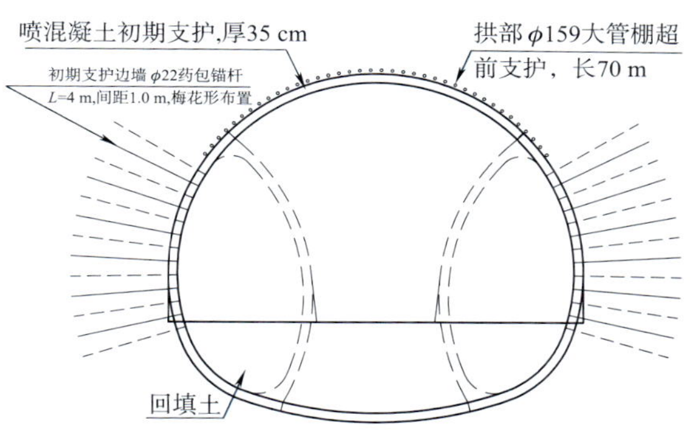

图9-3-2 试验段支护设置

（3）支护参数

技术试验的支护设置如图9-3-2所示，具体参数如下：

①超前支护采用单层布置的 ϕ159 大管棚，施作范围为拱部110°，每环共计64根。管棚钢管壁厚8 mm，管内压注水泥浆，环向间距40 cm，长度70 m，外插角1°。

②初期及临时支护全环采用I25a型钢钢架、榀距0.8 m、ϕ22纵向连接筋，挂网喷混凝土（C25）、厚35 cm。边墙 ϕ22药包锚杆，锚杆长4 m、间距1.0 m，梅花形布置。

（4）施工方法

试验段采用双侧壁导坑法施工，分为7个工序，具体说明如下：

①先开挖左导坑上台阶，开挖高度7 m，每次进尺0.8 m，开挖后立即进行支护。仰拱开挖后立即支护闭合，并及时回填。

②开挖右导坑，开挖方法与左侧相同，开挖面与右侧维持相差10 m左右的间距。

③开挖中间部分土体，采用台阶法开挖，每次进尺0.8 m，台阶长度4 m左右，开挖约2 m后，下台阶与仰拱一次开挖，并及时闭合仰拱及回填。

（5）测试内容

试验段的测试内容如表9-3-3所示。图9-3-3为地表测点布置平面图，图9-3-4为地表沉降测点布置断面图。

表 9-3-3 试验段测试内容表

序号	断面里程	测试内容
1	DK298 +760 ~ DK298 +800	地表沉降:纵向 40 m,横向 10 ~ 15 m 隧道洞内:拱顶下沉与水平收敛
2	DK298 +775 ~ DK298 +785	拱顶管棚应变—应力
3	DK298 +780	拱顶沉降全位移,地中分层沉降、水平位移
4	DK298 +785	初期支护钢架应变—应力,喷层应变,二次衬砌钢筋应力,围岩压力

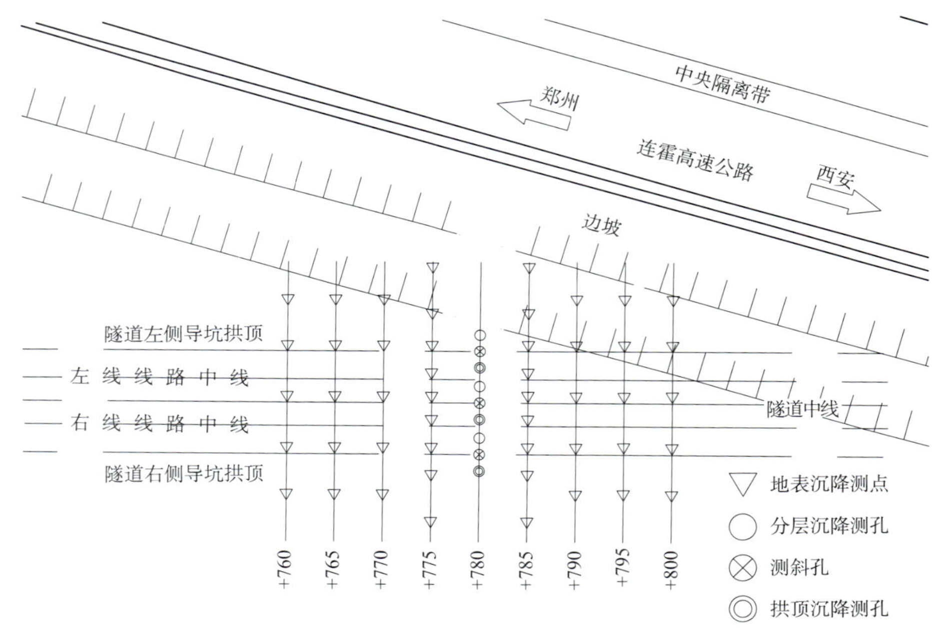

图 9-3-3 地表测点布置平面图

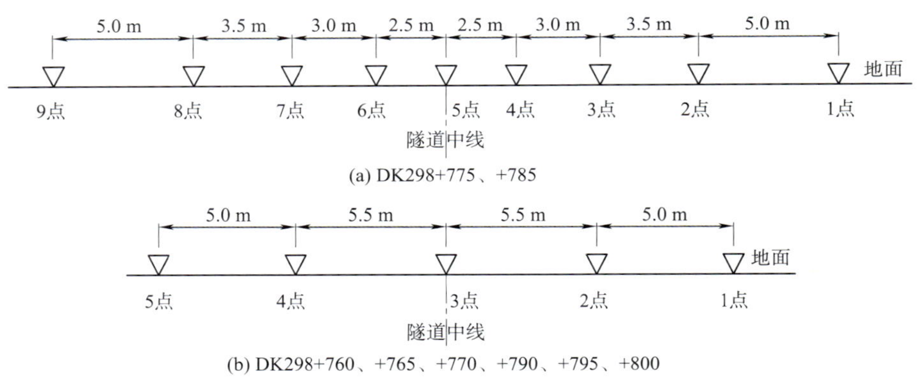

图 9-3-4 地表沉降测点布置断面图

2)测试结果分析

(1)地表沉降规律

试验段典型断面的地表沉降时态曲线分别如图 9-3-5 ~ 图 9-3-8 所示,图 9-3-9 为典型断面 DK298 +750的横向沉降槽随时间的变化情况,图 9-3-10 为各测试断面的最终地表沉降槽,图 9-3-11、图 9-3-12 为不同时间段的隧道纵向沉降曲线。可以看出:

①各断面最大地表沉降为 280 ~ 530 mm,显示各断面的地表沉降差异较大,这可能是由于施工过程塌方的影响。

②先行导坑掌子面到达时的地表沉降占总沉降约 5% ~ 14% ,两侧导坑开挖产生的地表沉降占总

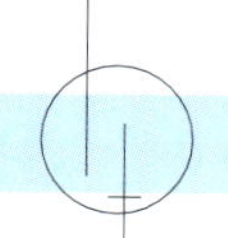

沉降约 35%～50%，导坑封闭后到全断面封闭前的地表沉降占总沉降约 40%～50%，全断面封闭后的地表沉降占总沉降约 3%～9%。

③采用双侧壁导坑法施工，导坑封闭后能有效控制地表沉降，但沉降速率仍较大，只有全断面封闭后地表沉降才趋于稳定，所以全断面及时封闭对控制沉降起关键作用。

④横向沉降槽宽度较小，在距隧道中线一倍洞径处地表沉降是中线处的 60% 左右。掌子面前方影响范围约 15 m。

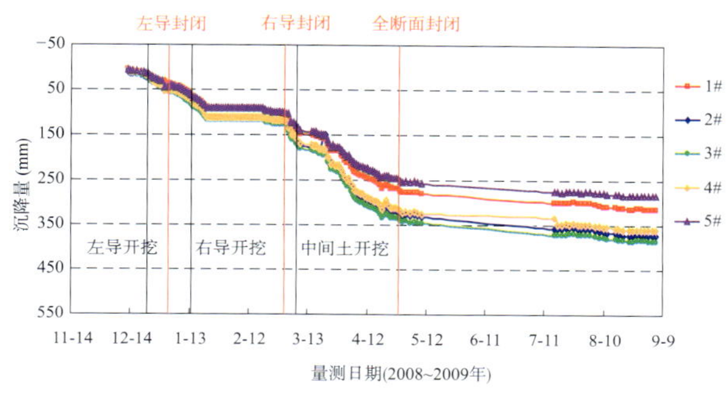

图 9-3-5　DK298 + 765 断面地表沉降时态曲线

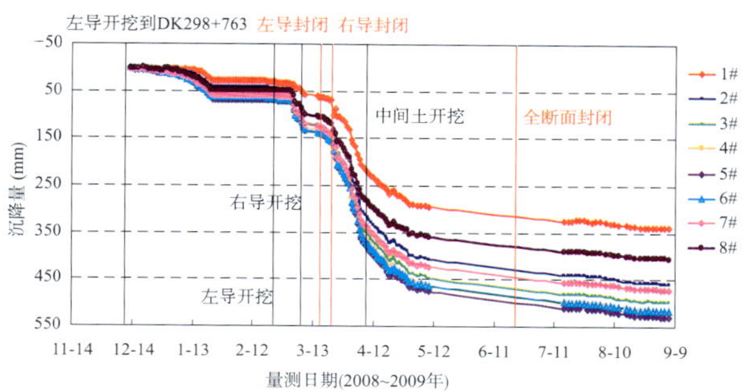

图 9-3-6　DK298 + 775 断面地表沉降时态曲线

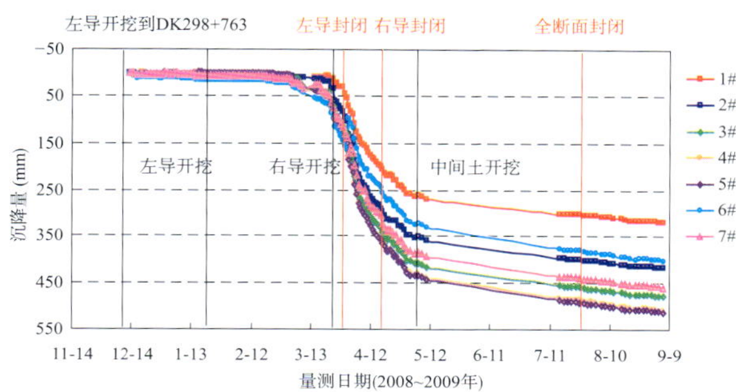

图 9-3-7　DK298 + 785 断面地表沉降时态曲线

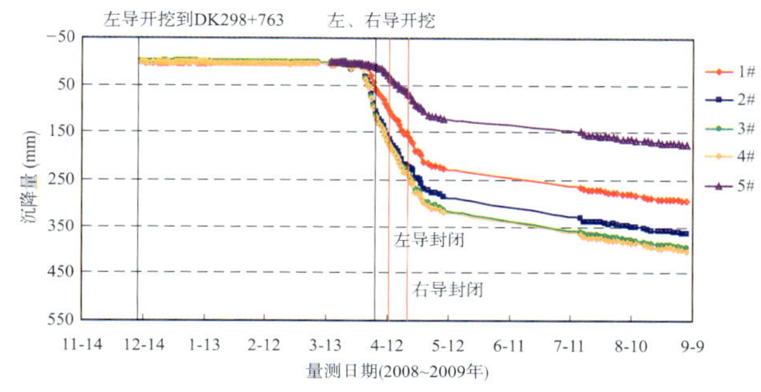

图 9-3-8　DK298 + 795 断面地表沉降时态曲线

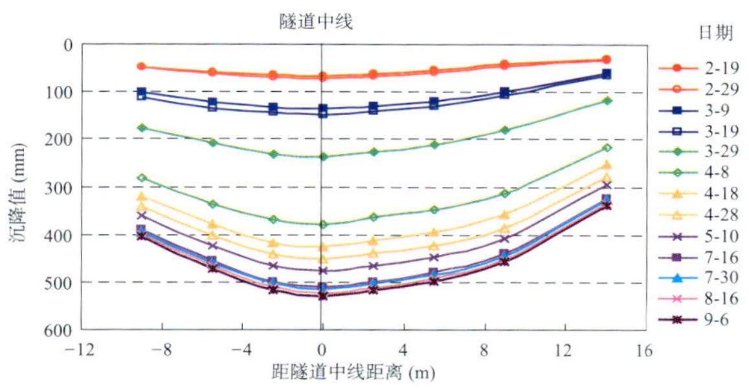

图 9-3-9　典型断面 DK298 + 750 沉降槽的变化

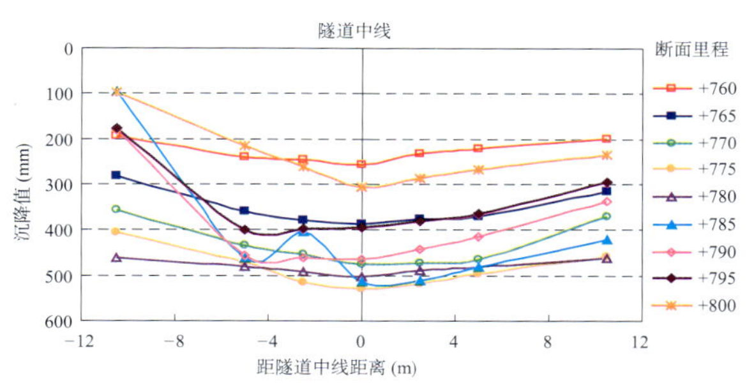

图 9-3-10　各断面最终沉降槽

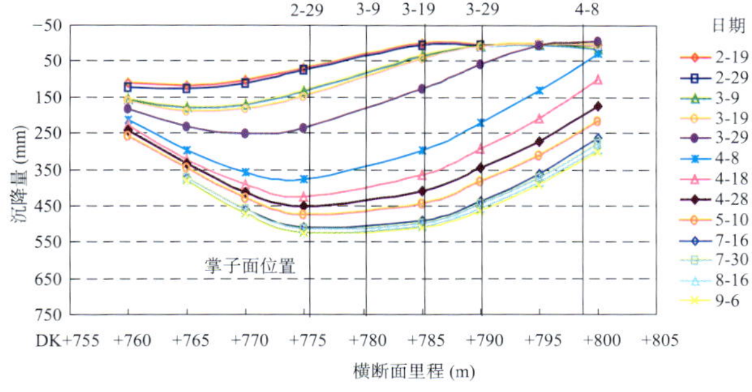

图 9-3-11　隧道轴线纵向沉降曲线

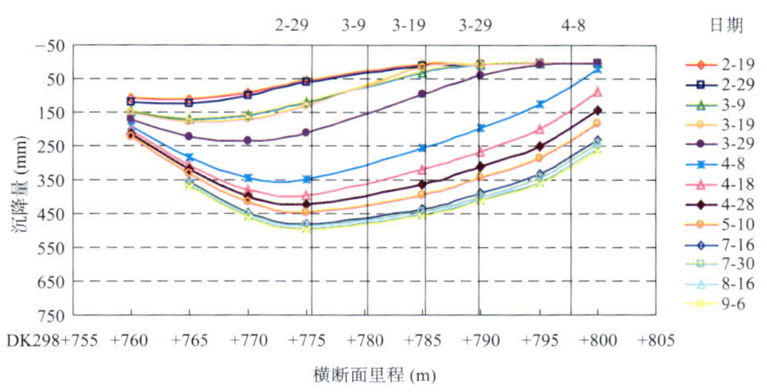

图 9-3-12　右侧导坑纵向沉降曲线

(2)地中分层沉降规律

分别在左、右侧导坑及中间土体掌子面前方设置地中分层沉降观测孔,孔内每隔 1 m 布置一个磁环测试沉降。中间土体的沉降孔内各点的沉降曲线如图 9-3-13 所示,可以看出:

①三个地中分层沉降孔所测得的地中分层沉降规律基本上一致。地中沉降在经过 3 月份的快速增大后,在 4 月中下旬开始进入缓慢的增长,并逐渐趋于稳定。

②埋深大的测点,地中沉降值略小一些,埋深小的测点,地中沉降值略大些,但总体相差不大,反映出地层的整体沉降趋势。

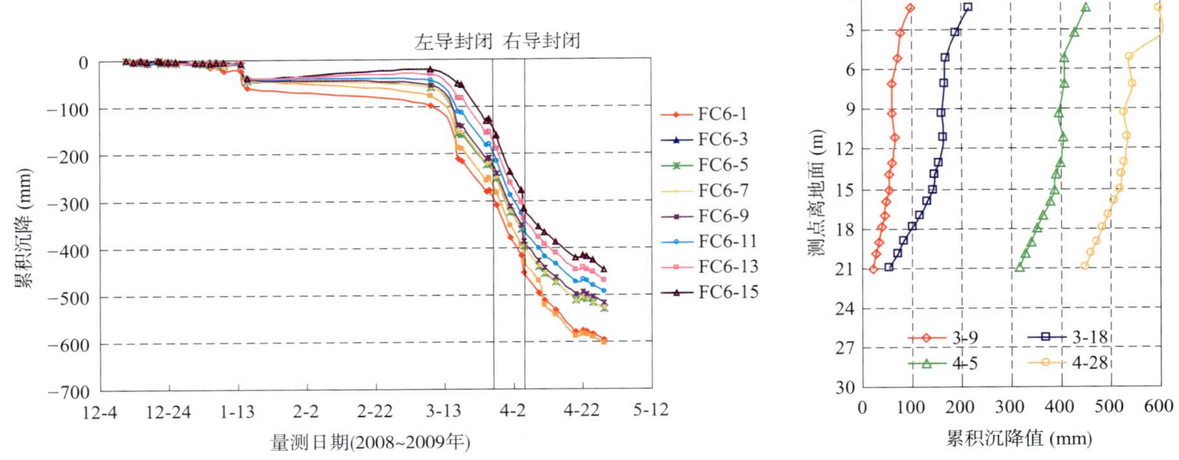

图 9-3-13　FC6 孔不同深度的沉降曲线(隧道中线)

(3)地中水平位移规律

在分层沉降测孔旁各布置一个测斜孔,测试掌子面水平位移,孔内每隔 0.5 m 测试一次水平位移。中间土体测斜孔内各点的水平位移曲线如图 9-3-14 所示,可以看出:

①2 月 19 日隧道开始施工后,地中水平位移开始加剧变化;3 月 15 日 ~3 月 30 日之间,埋深在 25 ~ 37 m 的地中水平位移出现较大波动。地中水平位移最大处位于 32 m 处(靠近隧道仰拱的位置)。

②在 17 ~ 32 m 隧道开挖及附近范围内的地中水平位移比较大。

③对比图 9-3-13 地中分层沉降规律,显示地中的水平位移远小于地中的沉降值,反映出黄土尤其是浅埋新黄土显著的垂直变形的工程特性。

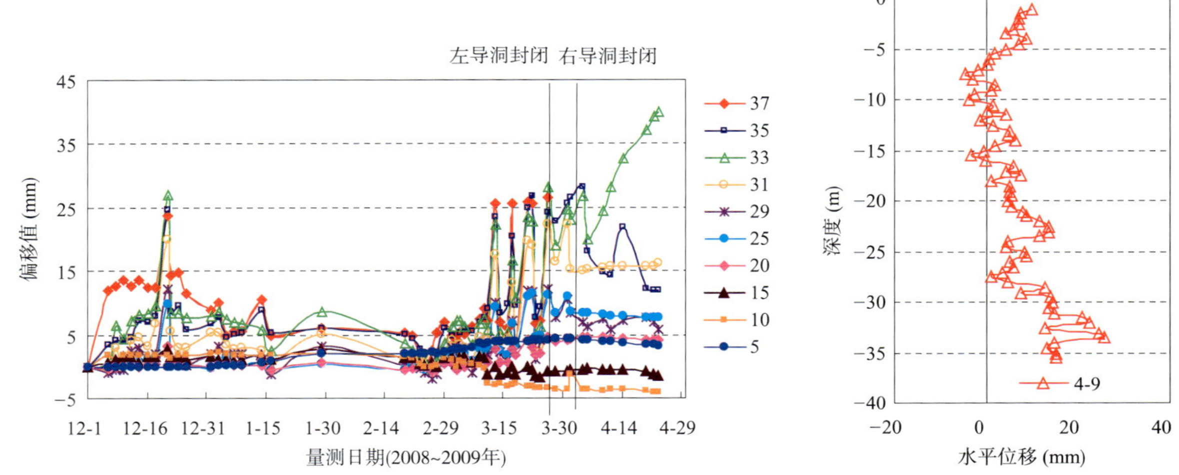

图 9-3-14　5 号孔不同深度的水平位移曲线(隧道中线)

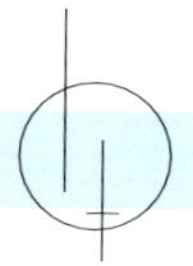

(4)隧道拱顶沉降的全位移规律

在 DK298 +780 断面埋设三个地表拱顶沉降测点,分别测试左导坑、隧道中线及右导坑拱顶沉降的全位移。地表拱顶沉降测点的埋设方法:从地面钻孔到拱顶标高,将钢管固定在孔底,并将钢管头露出地面,通过测试钢管的沉降作为隧道拱顶的沉降。测试得到拱顶沉降全位移时态曲线如图 9-3-15所示,各开挖步产生的沉降及比例如表 9-3-4 所示。可以看出:

①隧道拱顶的总沉降比地表总沉降小,拱顶沉降在 310 ~ 460 mm 之间,地表沉降在 480 ~ 540 mm 之间,拱顶总沉降为地表总沉降的 65% ~ 94% 。

②左导坑超前右导坑 5 m 左右、超前中间土体 12 m 左右,这种情况下先行左导坑的拱顶超前沉降(开挖面到达前的沉降,后同)占总沉降 11% ,地表的超前沉降占总沉降 18% 。后行导坑右导坑的拱顶超前沉降占总沉降 15% ,地表超前沉降占总沉降 22% 。中间土体的拱顶超前沉降占总沉降 72% ,地表超前沉降占总沉降 58% ,其超前沉降的占比较大主要是受到两侧导坑开挖的影响。

③对于左、右导坑的两台阶开挖,拱顶沉降的超前影响距离均为 4 m 左右,地表沉降的超前影响距离均为 8 m 左右。中间土体的三台阶开挖,拱顶沉降的超前影响距离 8 m 左右,地表沉降的超前影响距离 12 m 左右。

④地表沉降与拱顶沉降曲线规律一致,在侧导坑开挖到 DK298 +780 断面之后到中间土体也开挖到该断面时,这段时间内发生较大沉降,占总沉降的 65% ~ 80% ,中间部分土体开挖引起的沉降占 15% ~ 20% ,全断面封闭后的沉降仅占 3% 。

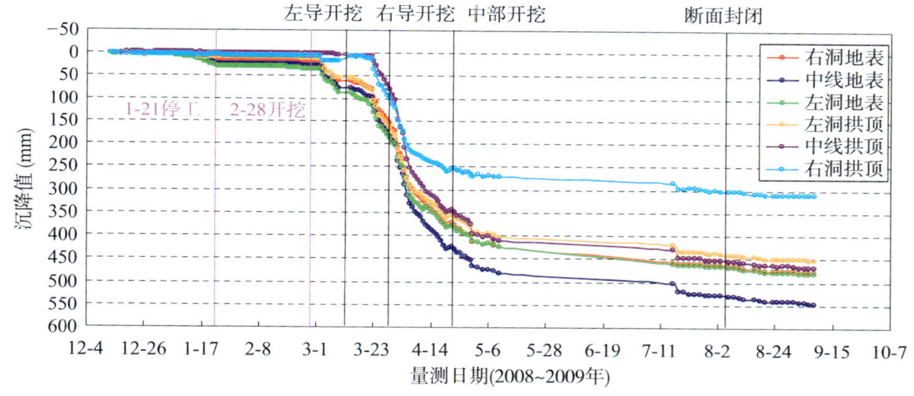

图 9-3-15 隧道施工过程拱顶沉降全位移时态曲线(DK298 +780)

表 9-3-4 各开挖步产生的沉降及比例

施工步骤	观测点	左导坑		隧道中线		右导坑	
		沉降值(mm)	占总沉降	沉降值(mm)	占总沉降	沉降值(mm)	占总沉降
左导坑开挖到 DK298 +780	拱顶沉降	51.5	11%	0.87	0%	5.5	2%
	地表沉降	85.5	18%	73.7	14%	57.9	12%
右导坑开挖到 DK298 +780	拱顶沉降	115.2	26%	24.7	5%	45.8	15%
	地表沉降	141.8	29%	128.5	23%	105.8	22%
中间土开挖到 DK298 +780	拱顶沉降	369.8	82%	361.4	77%	260.8	84%
	地表沉降	393.4	82%	443.7	81%	392.4	82%
全断面封闭后	拱顶沉降	438.3	97%	451.9	97%	300.1	97%
	地表沉降	465.9	97%	527.4	97%	463.1	97%
拱顶总沉降		451.3	94%	467.5	86%	309.5	65%
地表总沉降		481.2	—	544.1	—	478.0	—

(5)初期支护受力规律

在 DK289 +785 断面的型钢钢架上共布置了 12 处应变—应力测点,每处测点的钢架内外缘各布置 1 个表面应变计测试型钢应力,共 24 个应变计。在喷混凝土内侧埋设 4 个混凝土应变计,测试喷层应力。型钢钢架的应力分布如图 9-3-16 所示,可以看出:

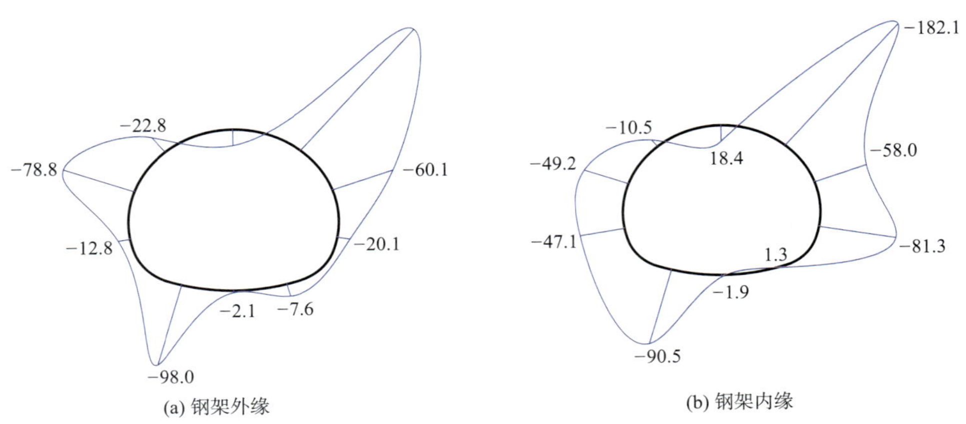

图 9-3-16　DK298 +785 断面型钢钢架应力分布(单位:MPa)

①初期支护钢架内力呈拱顶受拉、其他部位钢架均受压的受力状态。其中,拱顶应力为 20 MPa 左右,后行的右导坑拱顶部位(相当于全环拱腰的位置)压应力最大,达 -182.1 MPa,边墙应力为 -81 MPa,仰拱中间受力较小、两侧受力较大达 98 MPa。

②两侧导坑钢架受中间土体开挖的影响明显,中间拱部土体的开挖能使两侧导坑钢架的应力改变 10 ~ 40 MPa。

③全断面初期支护封闭能使钢架应力稳定,但在拆除两侧中隔壁时,初期支护钢架的应力会有明显变大,直到 9 月底施作二次衬砌完成后才最终稳定。

④拱顶喷层受拉,拉应力大小在 1.8 MPa 左右。拱腰处(导坑拱顶附近)喷层受压,压应力 -7 MPa 左右。仰拱处喷层受压,应力 4 MPa 左右。

⑤由钢架和喷层应力测试结果可知,钢架与喷层的应力分布规律一致,但钢架应力远大于喷层应力,前者约是后者的 10 倍。

(6)管棚应力分布规律

分别选取管棚中位于拱顶的 18 号、35 号两根钢管进行测试,其中 18 号管位于隧道中线的拱顶,35 号管位于右侧导坑拱顶。其管中 3 号、6 号测点分别位于 DK298 +776 断面管棚的上下侧,2 号、5 号测点分别位于 DK298 +780 断面管棚的上下侧,1 号、4 号测点分别位于 DK298 +784 断面管棚的上下侧。图 9-3-17 给出 18 号管中上述各测点的应力时态曲线,可以看出:

①施工过程中管棚受力较大,18 号钢管最大拉应力达 210 MPa,最大压应力 -150 MPa,表明管棚承载效果显著。

②掌子面前方大约 15 m 处,管棚开始受力,掌子面过后大约 15 m,管棚的受力趋于稳定,在掌子面处管棚受力最大。管棚起到转移荷载的作用,将掌子面上方的土压力一部分转移到掌子面前方土体,一部分转移到已做好的支护上。

(7)试验段测试结论

根据上述测试结果,试验段地表沉降达到 300 ~ 500 mm,远远超过表 9-2-1 的控制管理值。因此,必须对试验的施工技术加以改进,优化施工方法及工艺,加强支护措施。

9.3.3　技术优化

1)施工工艺优化

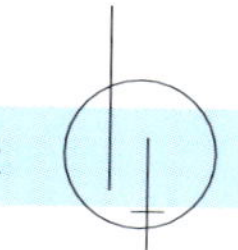

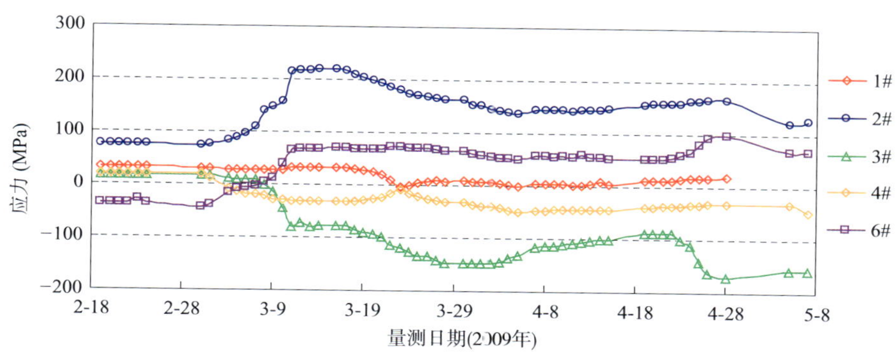

图 9-3-17　管棚 18 号管各测点应力时态曲线(隧道中线拱顶)

(1)试验段初期施工工艺

在该阶段的双侧壁导坑施工中,两侧导坑采用两台阶开挖,其中上台阶高约 7 m、长约 6 m,一次进尺约 0.8 m,开挖后即架设钢架、挂钢筋网和喷射混凝土。下台阶和仰供一次开挖,台阶高约 3 m,开挖后即施作支护封闭支护。仰拱喷混凝土凝固后,即临时回填,以维持施工道路通畅。先行的左侧导坑与右侧导坑掌子面维持 5 m 以上间距。中间土体采用三台阶开挖,其中上台阶高约 4 m,一次进尺约 0.8 m,开挖同时凿除两侧中隔壁,在开挖约 2 m 后,即采取台阶与仰拱一次开挖,并施作喷混凝土封闭仰拱,随后临时回填,维持施工道路通畅。从实际施工情况看,由于两侧导坑上台阶开挖过高,砂质新黄土十分松软,因此开挖中经常出现坍塌,如图 9-3-18 ~ 图 9-3-20。

图 9-3-18　3 月 4 日右侧导坑坍塌

图 9-3-19　3 月 7 日左侧导坑坍塌

(a) 洞 内

(b) 洞 外

图 9-3-20　3 月 11 日右侧导坑坍塌

(2)试验段后期施工工艺

由于导坑上台阶开挖过高导致初期试验导坑开挖时连续发生不同程度的坍塌,因此进行了施工工艺的改进,即将两侧导坑的上台阶再分成两台阶,其中上台阶留核心土,中台阶分左右开挖。改进后的双侧壁导坑施工工序如图 9-3-21 所示,图 9-3-22 ~ 图 9-3-23 为实际施工情况。通过改进的施工工艺,试验段后期施工基本未再出现坍塌,从而减小了施工对地表的影响。

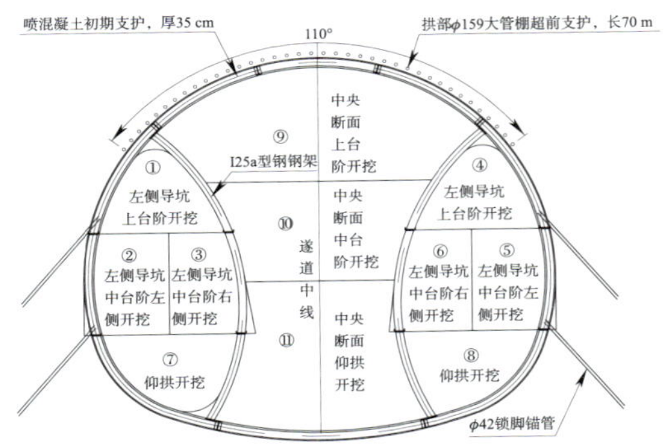

图 9-3-21 改进后的双侧壁导坑法施工工序

图 9-3-22 侧导坑上台阶开挖

图 9-3-23 侧导坑中下台阶开挖

(3)下穿段的施工工艺

进入下穿段,对双侧壁导坑施工工艺在试验后期改进的基础上又做如下进一步优化:

①两侧导坑分上中下三台阶及仰拱四步开挖。其中,上台阶长 2.4 ~ 3 m,预留核心土,中台阶长 2.4 ~ 3 m,下台阶长 5 m 左右。上台阶和中台阶开挖进尺均为 0.6 m,即与钢架榀距相同,一次架设 1 榀钢架。下台阶开挖进尺为 1.2 m,一次架设 2 榀钢架。仰拱开挖进尺 2.4 ~ 3.0 m,一次架设立 4 ~ 5 榀钢架。左、右导坑掌子面错开距离 2.5 ~ 3 m。

②中间土体仍采用三台阶开挖。其中,上台阶长 10 m 左右,预留核心土,核心土宽 4.0 m,顶部空间高 1.2 m 左右。上台阶开挖进尺 0.6 m,一次架设 1 榀钢架。中台阶和下台阶一次开挖,开挖进尺为 5.2 m,一次架设约 9 榀钢架。中间土体掌子面距先行左导坑掌子面 10 ~ 15 m。

(4)对施工工艺优化的分析

①试验显示两侧导坑开挖产生的沉降所占比例最大,为控制沉降,将两侧导坑开挖面分为四部分(即三个台阶和仰拱部分)以减小每步的开挖面积,同时预留核心土、缩短上中台阶长度,这样能有效控制掌子面的稳定,有利于减小施工对地表的影响。

②中间土体开挖基本上与试验段一样,也是三台阶开挖,改进的是在开挖上台阶时预留核心土,以及中下台阶同时开挖。这样能有效控制中间土体掌子面的稳定,并快速闭合仰拱。

③一次开挖进尺由原来的 0.8 m 减小为 0.6 m,即与钢架榀距相同,这样既通过缩短进尺使支护及时施作、又保证了一次施作的支护刚度,这对稳定开挖面从而减小地表沉降起到很大作用。

④两侧导坑的中台阶不再分左右两部分开挖,并且其下台阶和仰拱开挖以及中间土体的三台阶开挖都采用挖掘机,提高了开挖速度,有利于及时封闭仰拱。

2)加强超前支护

(1)试验段的超前支护

如前所述,试验段超前支护为单层大管棚,其参数参见如图 9-3-2 所示。

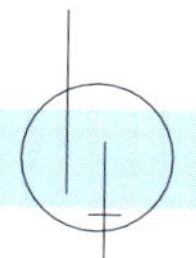

(2)下穿段的超前支护

下穿段超前支护改为双层大管棚并施做小导管，如图 9-3-24 所示，具体参数如下：

①双层 ϕ159 大管棚布置于边墙最大跨度处以上的拱部，外插角 1°，钢管壁厚 8 mm，长 38 ~ 60 m，环向间距 0.4 m，管内插入 3 根 ϕ18 的钢筋并压注水泥浆，每环共计 127 根钢管。

②在两侧导坑拱部中隔壁处施作 ϕ42 超前小导管，管长 3.5 m，环向间距 0.5 m，纵向间距 2.5 m。在大管棚施作位置高于设计开挖轮廓外 0.3 m 以上时，掌子面拱部边缘施作 ϕ42 超前小导管加固土体，防止这部分土体坍塌，小导管长 3.5 m，每 2.5 m 一环，环向间距 0.4 m，每环 46 根。

(3)对加强超前支护的分析

①试验段施作的单层大管棚，其环向间距为 0.4 m，开挖中经常发现钢管间土体以及拱脚处土体脱落，对地层沉降的影响很大。同时，测试显示该段管棚的受力较大，最大应力达到 214 MPa。对此，在下穿段改进为双层大管棚布置，以有效减小管棚间距，并增加管棚强度和刚度。

②从试验段长管棚施作情况看，管棚越长施作精度越难保证、管棚偏离开挖轮廓线的情况越明显，这时其下方土体如果不加以保护很容易坍塌而影响拱部地层的稳定。因此，在下穿段，对拱部管棚离开挖轮廓线大于 0.3 m 的情况，增设超前小导管。同时，为加强两侧中隔壁的支撑能力，对其拱部增设小导管。

3)加强初期支护

(1)试验段的初期支护

如前所述，试验段初期支护为单层布置，两侧导坑未设置横撑，参见图 9-3-2。

(2)下穿段采用双层支护

下穿段初期支护采用双层支护形式，如图 9-3-24 所示，具体参数如下：

①外层支护：全环 I25a 型钢钢架、榀距 0.5 m、ϕ22 纵向交叉连接筋(环向间距 1.0 m)，拱墙设 ϕ8 钢筋网、C25 喷混凝土(内掺聚丙烯微纤维)、厚 35 cm。

②内层支护：全环 4 × ϕ22 格栅钢架、榀距 1.0 m、ϕ22 纵向连接筋(环向间距 1.0 m)，C25 喷混凝土、厚 25 cm。

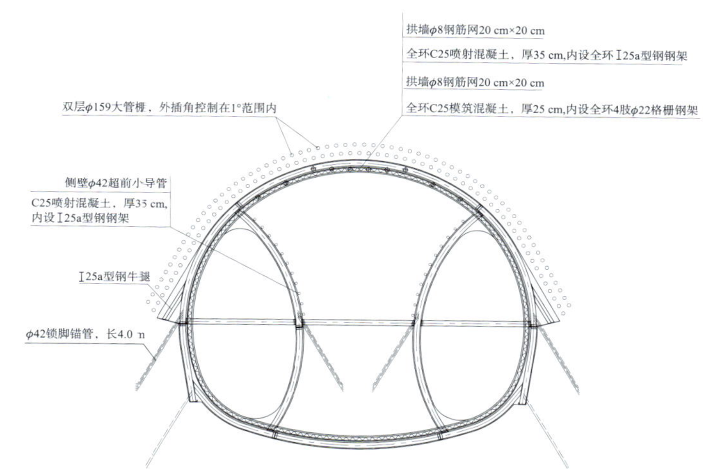

图 9-3-24　下穿段双层支护设置

③两侧导坑设置 I25a 型钢横撑，间距 0.5 m。

④外层初期支护施工时拱部预埋 ϕ42 注浆管，长 0.5 m，环向间距 3.0 m，纵向间距 1.0 m，梅花形布置(图 9-3-25)。在该初期支护闭合成环后，即对支护背后压注水泥砂浆，注浆压力不超过 0.2 MPa。

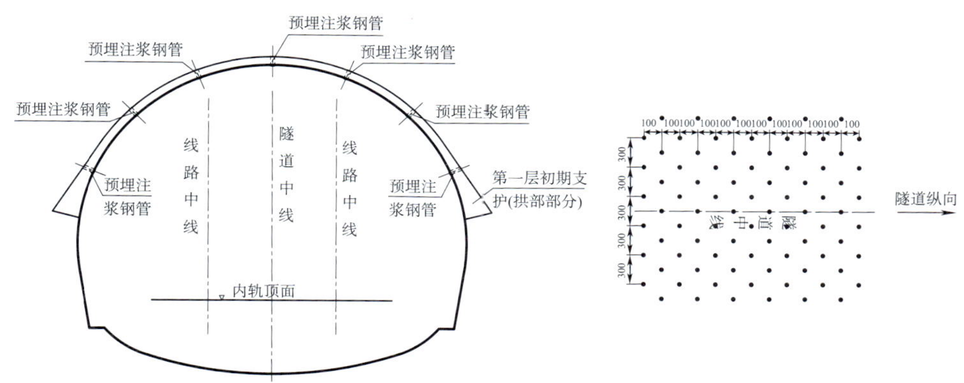

图 9-3-25　初期支护背后注浆孔布置图(单位：cm)

(3)对加强初期支护的分析

①如施工原则所述(参见9.2节),浅埋大断面黄土隧道的支护结构必须有足够的刚度来及时控制拱部下沉变形。下穿段支护必须在试验段基础上进行加强的主要原因,一是双侧壁导坑法在施作两侧弧形导坑的钢架时,很难将其控制在同一平面上,使得顶部弧形导坑开挖后,钢架无法连成整体,大大降低了支护的整体刚度。另一方面由于隧道上方高速公路经常有重载车辆通行,而埋深不到11 m,这对支护刚度提出了更高要求。因此,下穿段采用双层支护的形式来增加支护刚度,其中内层支护采用格栅喷射混凝土使两层支护紧密粘结,以及时发挥双层支护的整体刚度。

②试验段双侧壁导坑未设置横撑,使支护不能及时闭合,导致支护的整体刚度不足,并危及两侧中隔壁的稳定性(喷层出现开裂、剥离现象,如图9-3-26和图9-3-27所示)。应当说,浅埋大断面黄土尤其是新黄土隧道采用双侧壁导坑施工时不设横撑,是难以有效控制地层沉降的。试验段地表沉降很大与此不无关系。因此,下穿段双侧壁导坑必须设置横撑。

图9-3-26　中隔壁喷层环向裂缝、剥落

图9-3-27　中隔壁喷层纵向裂缝

③由于黄土隧道初期支护钢架整体下沉较大,在支护背后容易出现空隙。而且型钢钢架的截面宽度较大,背后不易与围岩密贴,喷射混凝土无法充填,也容易在钢架背后形成空隙或水囊。这对控制地表沉降不利。因此,在下穿段增加对初期支护背后的填充注浆。

4)加强拱脚

(1)试验段的拱脚加固

在试验段中为了加固钢架拱脚,控制支护结构的整体下沉,在初期支护拱脚和墙脚处每榀钢架上设两根锁脚锚管,长4.0 m,压注水泥砂浆。

(2)下穿段的拱脚加固

在下穿段对拱脚加固措施做进一步加强,其参数如图9-3-28～图9-3-30所示。

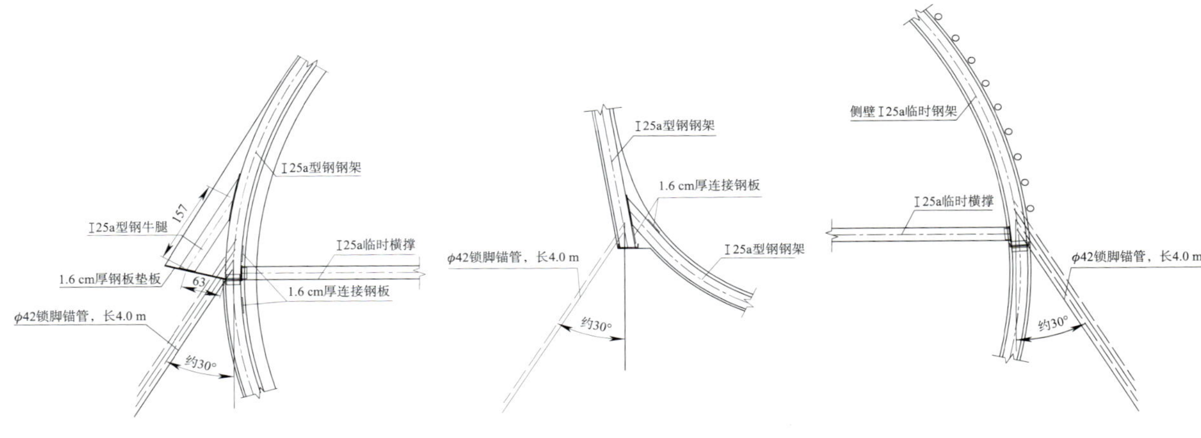

图9-3-28　大拱脚及锁脚锚管(单位:cm)　图9-3-29　墙脚锁脚锚管　图9-3-30　横　撑

①锁脚锚管：在初期支护及两侧中隔壁的拱脚处的每榀钢架两侧设 4 根 $\phi42$ 锁脚锚管，每根长 4.0 m，垂直插入角 30°。在初期支护墙脚处的每榀钢架两侧设 2 根 $\phi42$ 锁脚锚管，每根长 4.0 m，垂直插入角 30°。

②设置大拱脚：在初期支护拱脚处设置大拱脚，大拱脚内设置Ⅰ25a 型钢牛腿和 1.6 cm 厚钢板垫板（图 9-3-28）。

（3）对加强拱脚的分析

①由现场试验和理论计算可知：拱脚处锁脚锚杆轴力比边墙处锁脚锚杆轴力普遍要大，并且随着锚杆插入倾斜度的增大，锁脚锚杆的承压效果愈明显。由于试验段钢架整体下沉较大，下穿段必须加强对钢架的锁脚处理。因此，下穿段拱脚锁脚锚管由原来的 2 根增加至 4 根，墙脚处保留原来的 2 根，并且增加所有锁脚锚管插入角到 60°（与水平夹角）。

②对两侧导坑上台阶施作大拱脚，在下台阶及中部土体开挖时将发挥支撑拱部结构的重要作用，可明显减小下台阶及中部土体开挖引起的拱部下沉。计算表明，拱脚厚度由 0.8 m 增长至 1.2 m，拱顶及拱脚下沉减少 10% 左右。因此，为了更好地控制支护结构的沉降，在下穿段增设大拱脚，同时增加牛腿及钢垫板。

9.3.4　下穿段应用

通过试验段的技术试验和验证，对支护参数、施工方法及工艺进行逐一改进和技术优化，最终形成双层大管棚超前支护、双层支护双侧壁导坑法施工的下穿高速公路施工技术，在砂质新黄土中解决了埋深不到 11 m 的特浅埋下穿连霍高速公路的特大断面（175 m^2）隧道施工，在施工风险和难度极高情况下安全通过下穿段并成功控制路面沉降在 50 mm 以内，满足了不中断交通干线的要求。下面对该项技术在连霍高速公路下穿段的应用情况进行简要介绍。

（1）施作双层大管棚（相关参数参见 9.3.3 节）

从隧道最大跨度开始施作双层 $\phi159$ 大管棚，两侧导坑的管棚同时施工，完成后再施作中间部分管棚。

（2）双侧壁导坑施工（相关参数参见 9.3.3 节）

①导坑施工：人工同时开挖侧导坑上台阶和中台阶，一次开挖进尺 0.6 m，预留核心土。机械开挖下台阶，人工修边。开挖后立即施作外层支护，即架设 I25a 钢架、挂钢筋网、喷射 35 cm 厚 C25 混凝土。然后施作内层支护，即架设格栅钢架、挂钢筋网、喷射 25 cm 厚 C25 混凝土。图 9-3-31 为现场实施情况。

②中洞施工：机械开挖中洞上台阶，一次开挖进尺 0.6 m，预留核心土。机械开挖中台阶和下台阶并落底，人工修边。开挖后立即施作外层支护，即架设 I25a 钢架、挂钢筋网、喷射 35 cm 厚 C25 混凝土。然后施作内层支护，即架设格栅钢架、挂钢筋网、喷射 25 cm 厚 C25 混凝土。图 9-3-32 为现场实施情况。

(a)导坑上、中台阶开挖

(b)锁脚锚管及钢筋网

(c)内层格栅钢架

图　9-3-31

(d)导坑下台阶开挖 　(e)下台阶型钢架 　(f)仰拱钢架

图 9-3-31　导坑施工

(a)中洞上台阶开挖 　(b)中洞拱部型钢架 　(c)上台阶喷混凝土

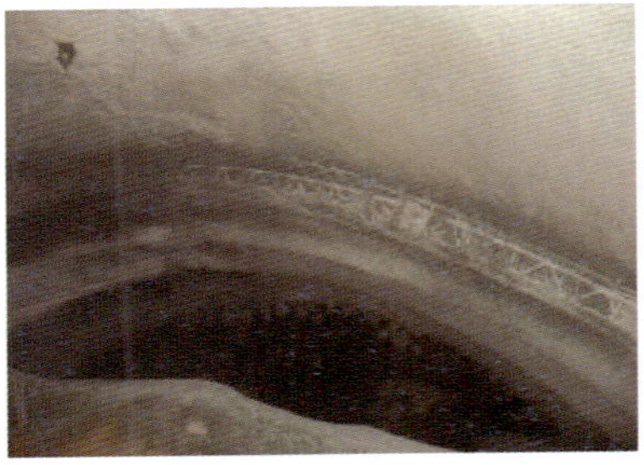

(d)中洞内层支护 　(e)中洞、下台阶一次开挖 　(f)仰拱施作

图 9-3-32　中洞施工

（3）路面监测

阌乡隧道下穿段路面沉降测点布置如图 9-3-33 所示，实测路面沉降时态曲线如图 9-3-34、图 9-3-35 所示。可以看出，路面最大沉降控制在 50 mm 以内，满足最大沉降 50 mm 的建议控制基准值，保证了路面行车要求。

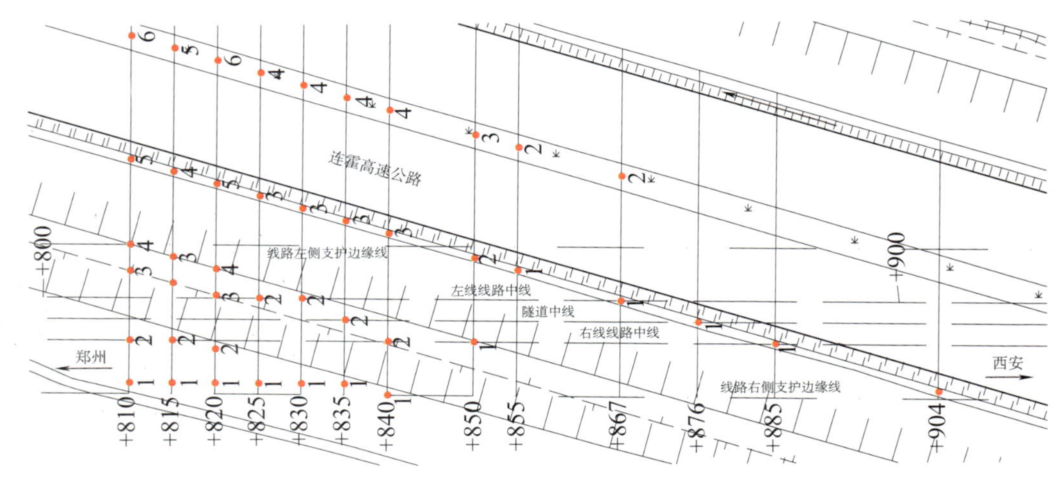

图 9-3-33　下穿段地表沉降测点布置图

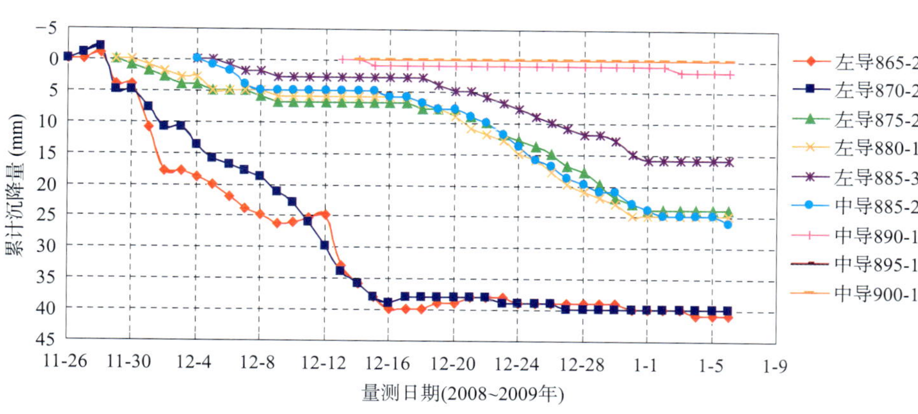

图 9-3-34　高速公路路面测点沉降历时曲线

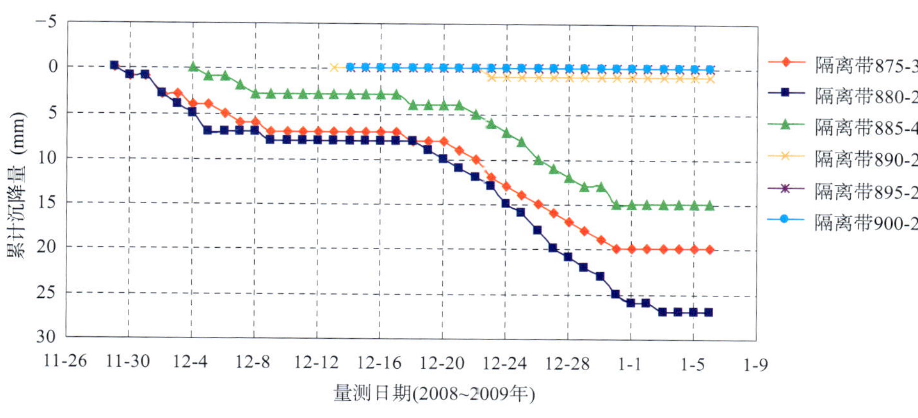

图 9-3-35　高速公路隔离带测点沉降历时曲线

9.3.5　道路沉降应急预案

(1)加强路面监控量测。隧道下穿高速公路时,要加强对路面沉降的监测,测点编号从隧道右线往左线依次递增,测点主要布置在封闭的行车道、中间隔离带、公路二级边坡平台、一级边坡平台以及路边水沟。增加监测频率。根据路面沉降值划分警戒等级,并根据不同的警戒等级采取相应的工程措施,如表 9-3-5 所示。

(2)隧道下穿连霍高速公路段施工过程中,根据隧道施工进展情况对路面车道进行交错封闭和车辆限速。

表 9-3-5　隧道开挖监测警戒等级说明及应对措施

警戒等级	监　测　值	工　程　措　施
等级Ⅰ	(1)监测值超越警戒值 (2)地表或隧道有不寻常表现,例如位移突然增加或位移加速 (3)隧道内轻微的突发事件,如发生损坏、表面轻微滑动或渗水增加等	(1)检查监测程序 (2)确定发生变形的隧道位置 (3)提交每日监测报告 (4)检查是否需要变更施工方法或设计 (5)举行额外隧道会议(含工地)
等级Ⅱ	(1)监测值超越设计值 (2)位移情形严重加剧 (3)对喷射混凝土衬砌或开挖面稳定性有疑虑,喷射混凝土压力过大、发生裂痕等	(1)立即停止开挖施工,采取必要的开挖面稳定工法 (2)通知各相关单位及人员,立即执行紧急情况处理措施,进行危机管理,举行紧急会议,并在会中决定措施
等级Ⅲ	(1)监测值超过设计值较大 (2)位移情形在等级Ⅱ基础上进一步严重加剧 (3)衬砌混凝土开裂进一步发展,并且开挖面仍存在不稳定性	(1)采取等级Ⅱ的措施 (2)事故区域内,禁止任何车辆进入,确保该区域安全

(3)为防止隧道施工时公路护坡浆砌片石掉落到路面,在进口侧公路边 DK298 +823 ~ +830 和出口侧公路水沟边 DK298 +942 ~ DK299 +017 布设防护栏,如图 9-3-36、图 9-3-37 所示。

图 9-3-36　进口高速路边布设防护栏

图 9-3-37　出口高速路边布设防护栏

(4)隧道施工单位与道路管理部门联合组织人员对道路及其附近的地表实行不间断巡视,一旦发现路面塌陷或其他险情,及时封闭道路,并采取相应措施。施工单位要准备好足够的路面修复材料和施工设备,一旦出现路面沉降过大或路面破损而严重影响行车安全时,要做到快速的修复路面,减小对正常运营的影响。

(5)洞内准备好足够的砂袋,并存放于距掌子面不远的地方,一旦出现塌方,及时在塌方处堆上砂袋,保护掌子面的稳定,避免塌方进一步扩大。

9.4　下穿运营铁路施工技术

下穿既有运营铁路,对于隧道施工和既有线运营风险均很大,需要采取十分稳妥的控制沉降的方案,确保施工和既有线运营安全。郑西高速铁路高桥隧道是个特大断面黄土隧道,下穿南同蒲铁路,最小覆盖层厚不足 11 m,小角度下穿。施工采用双层支护台阶法工艺,下穿段隧道开挖期间既有线轨面产生的最大隆沉为 -10 mm(隆起)和 25 mm(下沉),开挖结束时轨面最终隆沉量则控制在 -1 ~ 11 mm,满足运营安全要求。高桥隧道是大断面黄土隧道下穿运营铁路施工的一个成功实例,下面结合高桥隧道下穿南同蒲铁路的工程实践,介绍大断面黄土隧道下穿运营铁路的施工关键技术。

9.4.1　工程概况

郑西高速铁路高桥隧道位于陕西潼关县境内,洞身处于Ⅰ级黄土台塬区,全长 1 458 m。在隧道出口 DK349 +410 ~ DK349 +500 段与既有南同蒲铁路挖方路堑小角度下穿立交,下穿立交点里程为 DK349 +455.8,交角 23°58′。隧道下穿段总长 90 m,最小埋深不足 11 m 小于 1 倍隧道开挖宽度,地形偏压,如图 9-4-1 所示。下穿段隧道开挖面积 171 m^2,开挖宽度 15.5 m、高度 13.4 m。

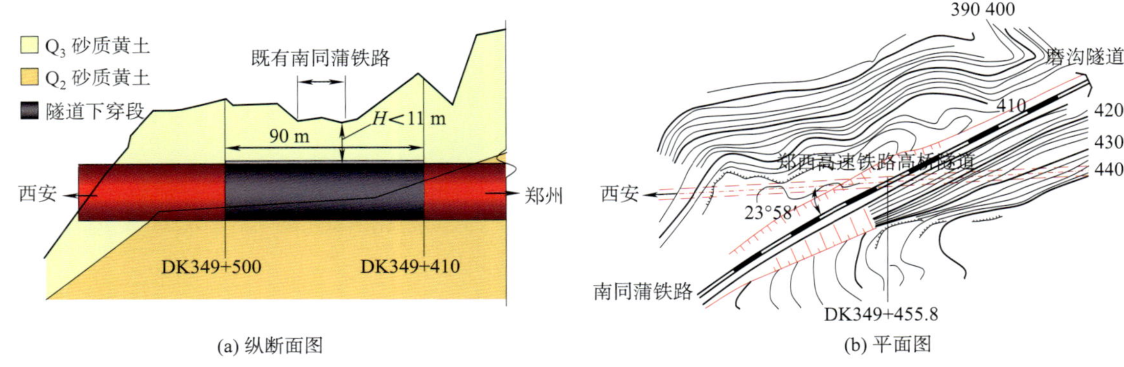

图 9-4-1　高桥隧道下穿段纵断面及平面图

下穿段地面既有铁路位于深路堑，其中 50 m 位于缓和曲线上，15 m 位于直线内，曲线半径 400 m，缓和曲线长 80 m，超高 125 mm，缓和曲线一端接桥梁，另一端接既有磨沟隧道。

下穿段洞身穿过地层为 $Q_3 \sim Q_2$ 砂质黄土地层，围岩级别为Ⅴ级。表 9-4-1 为高桥隧道黄土地层的物理力学参数表。

表 9-4-1　高桥隧道黄土围岩物理力学参数表

黄土类型	密度 ρ (g/cm^3)	含水率 w (%)	孔隙比 e	饱和度 S_r (%)	液限 w_L (%)	塑限 w_P (%)	塑性指数 I_P	液性指数 I_L	黏聚力 c (kPa)	内摩擦角 φ (°)
Q_3^{eol3} 砂质黄土	1.678	10.3	0.78	38.0	26.3	17.5	8.8	-1.0	18.5	20.2
Q_2^{eol3} 砂质黄土	1.774	8.6	0.68	41.4	27.8	18.2	9.6	-0.8	20.5	21.3

注：(1)资料来源：《高桥隧道工程地质勘察报告》，铁一院，2005.1。
(2)下穿段开挖后实测含水率为 11.7%~14.2%。Q_3^{eol3} 砂质黄土具湿陷性。
(3)力学指标 c、φ 值由直剪试验得出。

高桥隧道下穿南同蒲铁路的施工具有特浅埋、特大断面、砂质新黄土围岩、小角度下穿运营铁路等一系列技术难点，其中超大断面浅埋新黄土隧道在开挖过程中极易发生较大沉降引发通顶的塌方危险，而小角度下穿则决定隧道下穿段很长，隧道施工对既有线运营影响的风险也随之增大。

因此，要严格控制下穿段隧道拱部下沉及地表沉降以确保隧道施工安全和既有铁路的正常运营，必须具有可靠的施工技术方案，同时还要考虑建设工程的时间性和经济性要求，既能确保安全又能实现快速施工。

9.4.2　双层支护台阶法的设计与施工

1)施工方法的选择

高桥隧道下穿段在设计过程中对多种方案进行了比选，包括八七抢修钢梁架空既有线 + 双侧壁导坑方案、长管棚超前支护 + 双层支护双侧壁导坑方案、长管棚超前支护 + 双层支护台阶法 + 既有线扣轨梁加固方案。表 9-4-2 给出双层支护双侧壁导坑法与双层支护台阶法两种方案的对比情况。最终从隧道建设工期以及避免对既有线运营长期影响考虑，确定高桥隧道下穿南同蒲铁路段采用双层大管棚超前支护、双层支护台阶法开挖并对既有线进行扣轨加固的设计方案。

表 9-4-2　高桥隧道下穿既有铁路方案对比

比选方案	开挖方法	初期支护	封闭距离	临时支撑	沉降控制	工　期
双层支护双侧壁	双侧壁导坑	双层支护	10~13 m	大　量	能力优异	11 个月
双层支护台阶法	三台阶七步	双层支护	9~14 m	没　有	优于台阶法	4 个月
比　较	前者工序繁多，空间分割狭小，限制了大型机械使用，工效低。后者工序简单，空间大，便于大型机械使用，工效高	两方案可采用相同的双层钢架支护结构形式。但前者两侧导坑的钢架很难控制在同一平面内，后者不存在这一问题	两方案均能有效控制支护封闭距离	台阶法不需要架设大量临时支撑	在地表沉降控制上前者优于后者，但要达到轨面控制要求，两方案均需采取轨道加固预案	后者明显优于前者

注：轨面沉降控制为 ±3 cm，《铁路轨道工程质量检验评定标准》(TB 10413—98)。

2)双层支护的设计参数

(1)大管棚参数：采用 ϕ159 钢管，壁厚 6 mm，每根长 100 m，管棚布置在拱部 120°范围，外插角 0°~1°，环向间距为 20 cm，双层布置，共计 82 根。管棚施作里程为 DK349 + 405 ~ DK349 + 505，施作前需先设置管棚工作室，工作室长 8 m，比正常隧道外扩 50 cm。

(2)主要支护参数：初期支护采用双层支护形式，其中，外层支护为全断面喷射 35 cm 厚混凝土，全断面设 I25a 型钢钢架，间距为 2 榀/m。每层台阶开挖时，在隧道两侧外层支护钢架分节处各设置 4 根 $\phi42$ 锁脚锚管，每根长 4 m。拱部设 $\phi42$ 超前小导管，用于控制管棚下土体的稳定。边墙设 $\phi22$ 砂浆锚杆。内层支护为全断面喷射 25 cm 厚 C25 混凝土，全断面设 I20a 型钢钢架，每榀间距为 0.6 m，并在该层钢架拱脚处设 2 根 $\phi42$ 锁脚锚管。衬砌采用加强钢筋混凝土结构，厚度 50 cm，主筋规格为 10$\phi25$@ 200 mm。图 9-4-2 为高桥下穿段衬砌断面图。

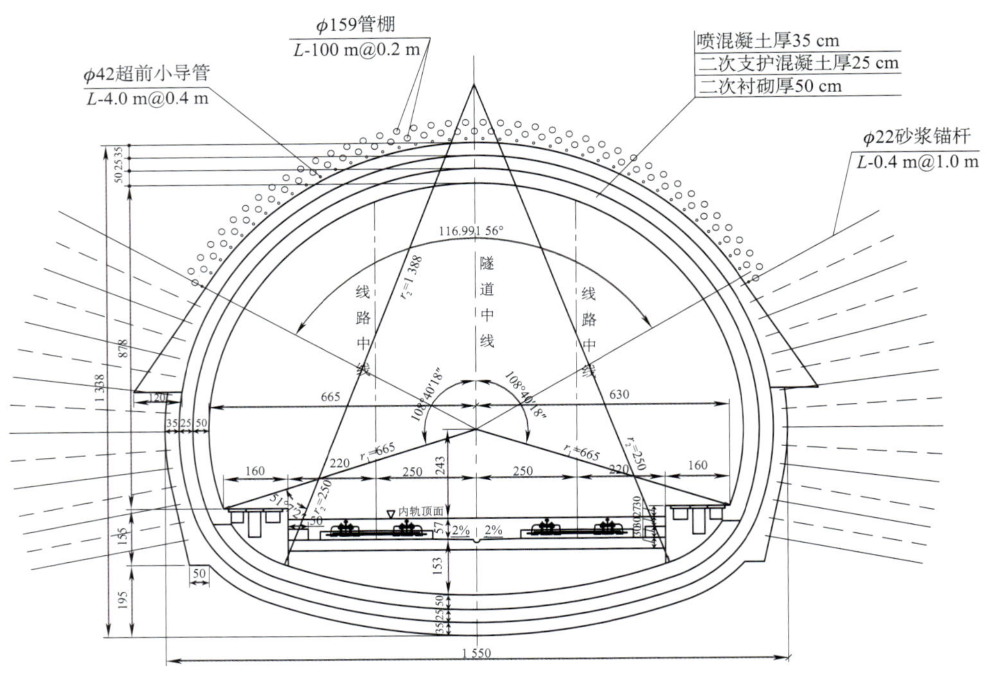

图 9-4-2　高桥隧道下穿段双层支护设计断面(单位:cm)

3)双层大管棚施工

施工难点:下穿段管棚每根长 100 m，外插角要求为 0°～1°，施工精度要求高。地层为湿陷性新黄土，不能采用普通湿钻方法。

根据上述施工难点，下穿段管棚采用风动导向跟管定向钻进方法进行施工，即将 $\phi159$ 钢管加工成每节 3 m 或 6 m 的钻杆，利用水平导向钻机将 $\phi159$ 钻杆分节钻入。钻入时利用空气压缩机产生的高压空气将钻渣吹出孔外，采用有线导向仪器控制钢管的钻孔精度。钢管采用丝扣连接，丝扣长 60 mm。为了避免钢管同步搭接，钢管前端第一根采用两种长度规格，其中单号第一根钢管长度为 3 m，双号第一根钢管长度 6 m，后续连接钢管则采用相同长度。为了减小管棚施作时对土层的扰动，保证钢管施工质量，钻孔时采用跳钻的施工顺序。终孔后对 $\phi159$ 钢管跟踪注浆以提高钢管的支撑刚度。按以上方法，下穿段 82 根 $\phi159$ 管棚施作时间共计 2 个月，平均每天施工 1.4 根。图 9-4-3 为管棚施作情形。

图 9-4-3　高桥隧道下穿既有铁路段双层大管棚施工

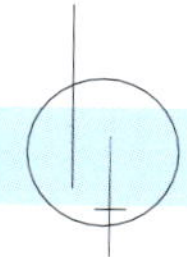

4）双层支护台阶法施工

（1）台阶法开挖

①开挖顺序：高桥隧道下穿段双层支护台阶法采用三台阶预留核心土开挖，每层台阶均留核心土，其开挖顺序如图 9-4-4 所示。其中，上台阶核心土距拱顶 1.5～1.7 m，核心土两侧距开挖面约2 m。开挖后及时喷射混凝土封闭开挖面。为避免列车震动影响，列车通过时掌子面停止开挖。采用斗容 0.8 m^3 中型挖掘机开挖。图 9-4-5 为实际开挖情形。

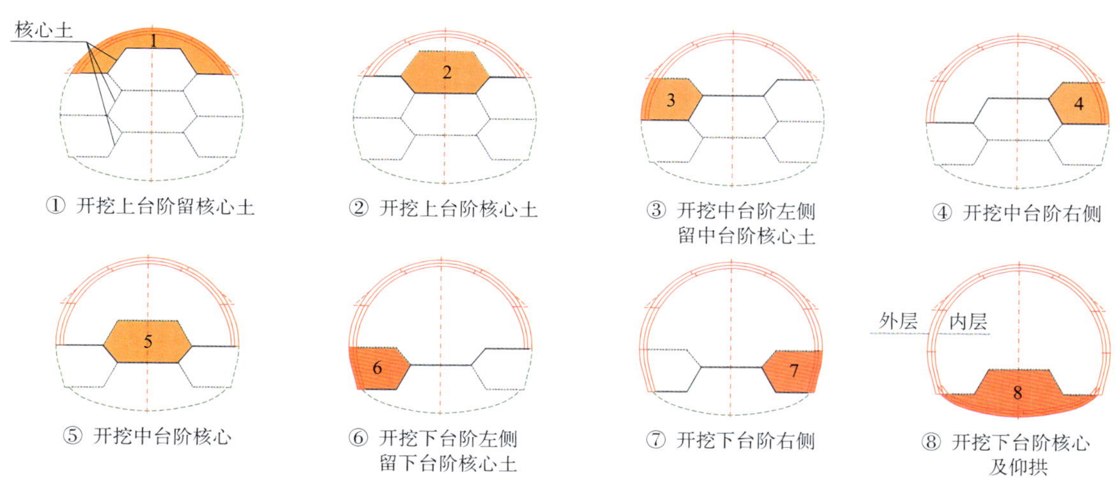

图 9-4-4　高桥隧道下穿既有铁路段双层支护台阶法施工顺序图

②台阶长度：上台阶长 2.6～7.2 m，平均 5 m，一般 4～6 m。中台阶长 1.8～6.7 m，平均 4 m，一般 3～5 m。

③开挖进尺：一次开挖进尺为上台阶 0.5～0.6 m，循环时间为 8～10 h。从 2007 年 9 月正式开挖，郑西高速铁路首次采用的双层支护台阶法经过开始阶段的磨合，速度逐渐提高，在仰拱及衬砌紧跟情况下，11 月份下穿既有铁路时的月开挖进度已达到 25 m 以上。图 9-4-6 为下穿段双层支护台阶法的施工月进度情况。

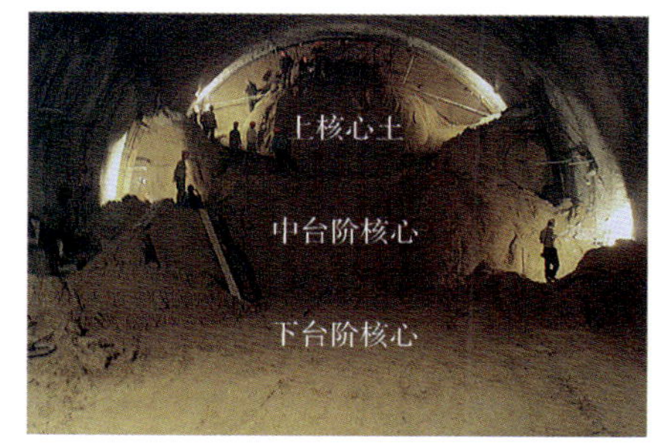

图 9-4-5　高桥下穿段台阶法开挖

（2）双层支护施作

该段双层支护采用同时施作方式，其中内层支护落后外层 1～3 榀钢架（施工初期落后较长，以后一般为 1 榀），两层支护呈台阶状推进（图 9-4-7）。具体参数如下：

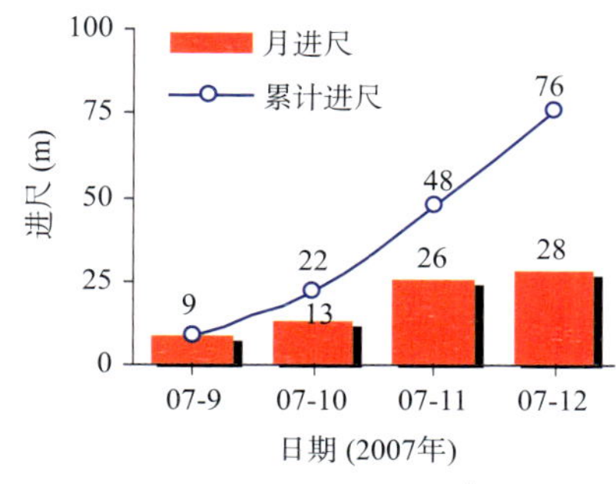

图 9-4-6　双层支护台阶法月进度

图 9-4-7　双层支护

①外层支护 I25a 型钢钢架，实际榀距 0.5～0.6 m，喷层厚 35 cm。

②内层支护 I22a 型钢钢架，实际榀距 0.8 m 左右，落后外层支护 1～3 榀，喷层厚 25 cm。

（3）支护封闭

该段仰拱实际封闭距离为 6～20 m，平均 12 m。封闭时间为 6～25 d，平均 17 d。

(4)衬砌施作

在高桥下穿段，要求开挖支护达到一个衬砌循环后即停止掘进，待衬砌施作后再开始下一循环施工。因此，下穿段衬砌跟进施作比较迅速。衬砌距上台阶掌子面距离为 7～20 m，平均 14 m。施作时间 9～37 d，平均 20 d。

9.4.3 双层支护台阶法的力学特性

1)围岩变形特性

(1)净空位移

高桥隧道下穿段双层支护台阶法净空位移最大值和速率的实测结果如表 9-4-3 所示，图 9-4-8 和图 9-4-9 分别为外层初期支护和内层初期支护净空位移的时态曲线。可以看出，内层落后外层 1 榀钢架时(0.5～0.6 m)，拱部下沉仅为 50～60 mm，明显小于浅埋单层支护台阶法的 80～110 mm(参见 7.2.4 节内容)。落后 3 榀时(1.5～1.8 m)，拱部下沉为 90 mm 水平(考虑外层支护的下沉如图 9-4-7 总下沉可达到 125 mm 水平)，明显大于落后 1 榀的情况。

表 9-4-3　高桥隧道下穿段双层支护台阶法净空位移及速率最大值汇总表

测试断面	埋深(m)	拱部下沉(mm)		下沉速率(mm/d)	水平收敛(mm)			收敛速率(mm/d)
		拱　顶	拱　脚		拱　脚	墙　腰	墙　脚	
DK349 + 427	11.1	93	90	20.6	11	21	6	11.5
+432	11.1	55	58	19.3	5	10	0	8.9
+439	11.3	63	60	13.6	2	15	11	10.5
+441	11.3	54	51	13.6	1	15	11	10.7
+449	11.4	61	56	13.9	-9	6	5	6.1
+460	11.6	50	47	13.7	2	6	4	4.0
+465	11.7	68	65	10.0	-11	7	11	5.8

注：(1)除 DK349 + 427 断面分别在外层支护和内层支护布置测点外，其余断面测点均布置于内层支护上，测点埋设时距掌子面距离≤1.5 m。

(2)DK349 + 427 断面内层支护落后外层 3 榀，其余断面落后 1 榀(榀距 0.5～0.6 m)。

(3)上述断面均有大拱脚(D = 80 cm)。支护封闭距离为 8～16 m，封闭时间为 13～24 d。

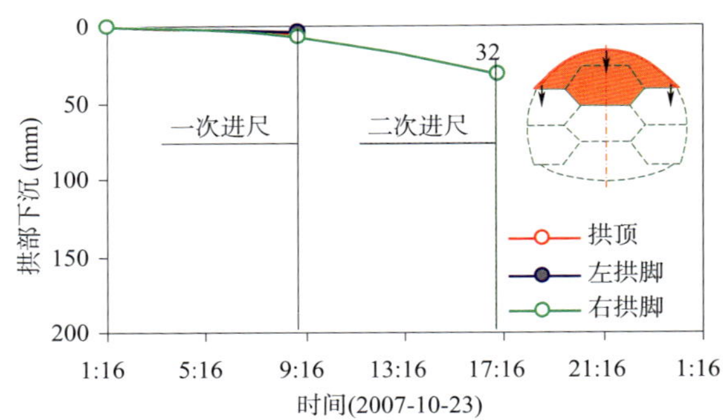

图 9-4-8　外层支护拱部下沉时态曲线(DK349 + 427)

对双层支护台阶法净空位移特性进行统计，结果如图 9-4-10 所示。可以看出，拱脚与拱顶下沉无差异，二者之比为 1 左右，这与浅埋单层支护台阶法相似。所不同的是，埋深更浅的双层支护的水平收敛变形要远小于拱部下沉，下沉与收敛之比一般达到 5，在覆盖层最小处附近则更高〔图 9-4-10(c)〕，显著大于埋深为 2 倍以上开挖宽度的浅埋单层支护台阶法。表明台阶法不论单层还是双层支护，净空位移均以拱部整体下沉为主要特征，且埋深越小整体下沉越明显。

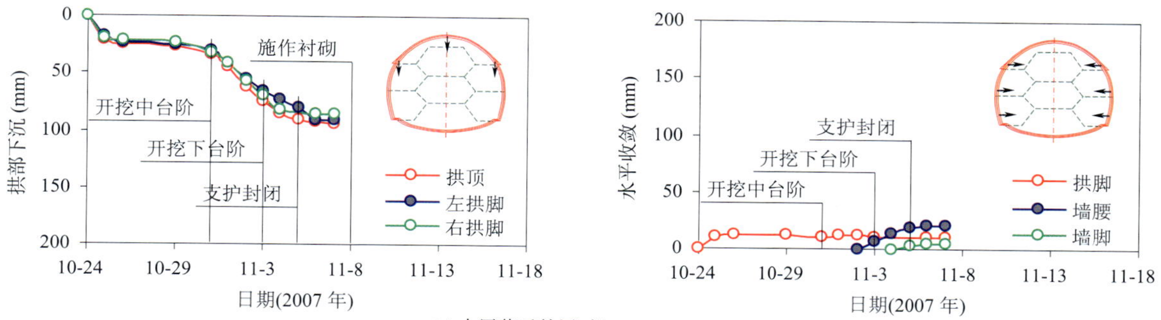

(a) 内层落后外层3榀 (DK349+427)

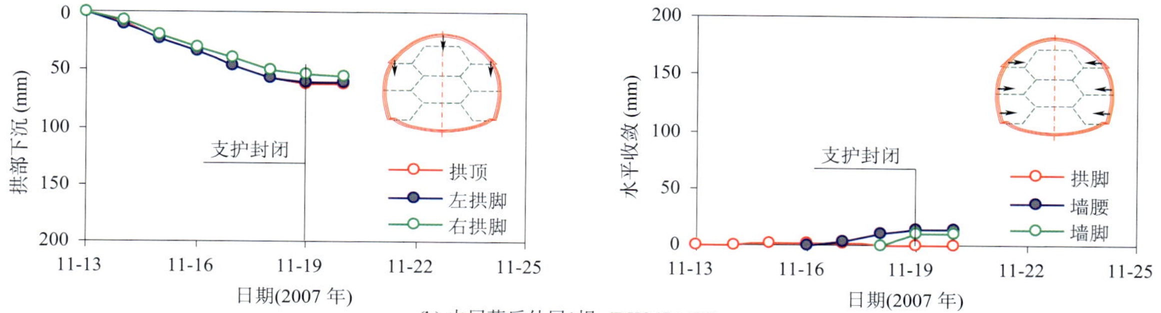

(b) 内层落后外层1榀 (DK349+439)

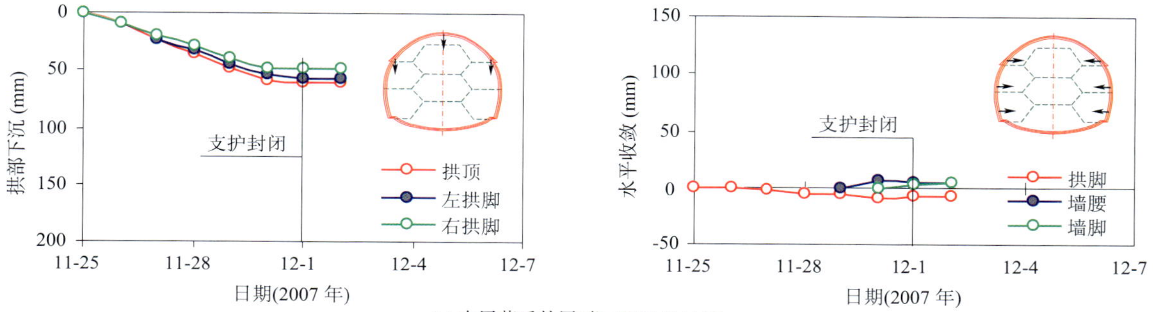

(c) 内层落后外层1榀 (DK349+449)

图 9-4-9　双层支护台阶法净空位移时态曲线

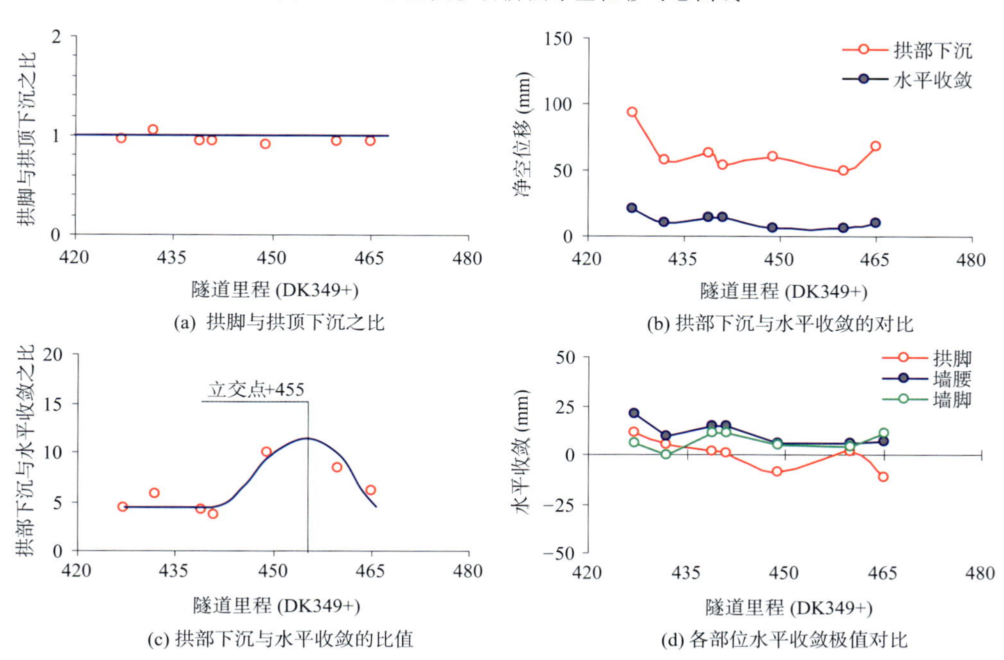

(a) 拱脚与拱顶下沉之比　(b) 拱部下沉与水平收敛的对比

(c) 拱部下沉与水平收敛的比值　(d) 各部位水平收敛极值对比

图 9-4-10　双层支护台阶法净空位移特性统计

（2）地中位移

测斜孔测试显示（图 9-4-11），开挖掌子面附近，边墙部位的水平位移已经达到总位移量的 29%。试验证明，台阶法施工（不论单层还是双层支护）掌子面前方的先期位移较大，其先期位移占总位移 30% 左右，而双侧壁为 15% 左右。但由于试验段总的地中水平位移很小（<10 mm），这与黄土隧道水平收敛变形小的特性互相印证。

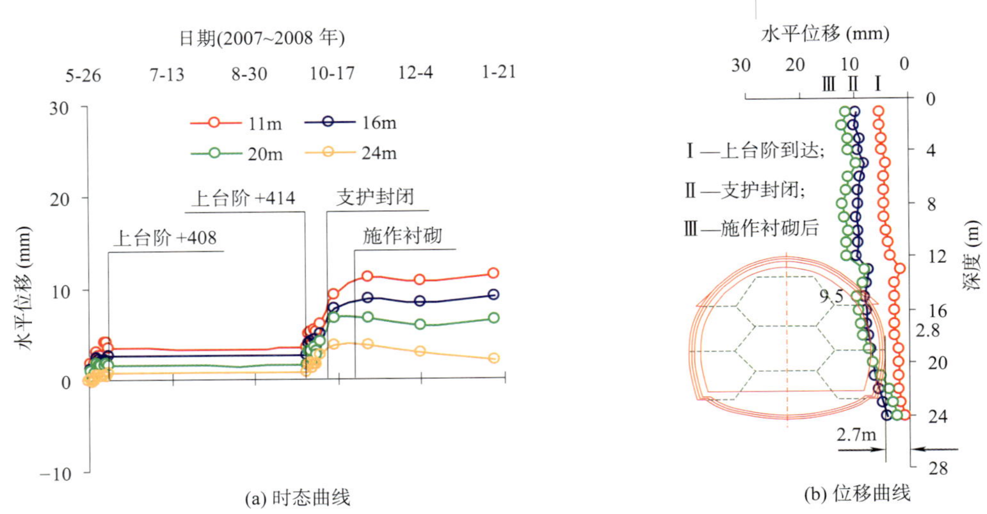

图 9-4-11　双层支护台阶法测斜孔测试结果（DK349＋412）

地表垂直钻孔位移计测试如图 9-4-12 所示，对比埋深为 2 倍以上隧道开挖宽度的浅埋单层支护台阶法，高桥隧道埋深小于 1 倍隧道开挖宽度的下穿段双层支护台阶法，其拱顶附近上方地层相对地表的垂直位移很小（<5 mm），说明该段拱部地层具有整体下沉趋势。洞内水平钻孔位移计测试显示（图 9-4-13），地中水平位移很小（<6 mm），这与衬砌紧跟施作不无关系。

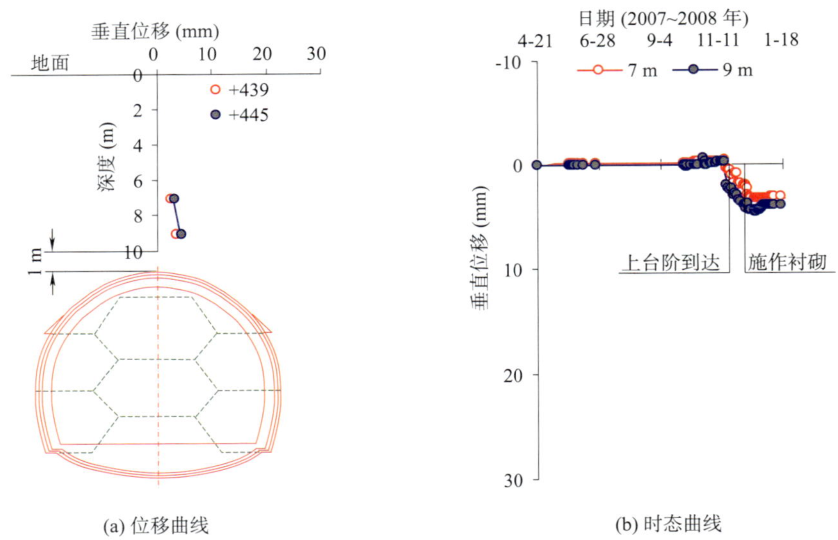

图 9-4-12　双层支护台阶法拱顶地表垂直钻孔位移计测试结果（DK349＋445）

（3）地表沉降

测试显示（图 9-4-14），在埋深<1 倍隧道开挖宽度的特浅埋新黄土条件下，高桥下穿段双层支护台阶法地表沉降槽深度 133 mm，明显大于双侧壁（59 mm）。沉降槽半宽度为 15 m（为 1 倍隧道开挖宽度），介于单层支护台阶法沉降槽板宽度范围内。地表最终沉降大于洞内拱部下沉（但开挖阶段地表

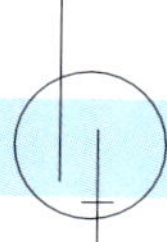

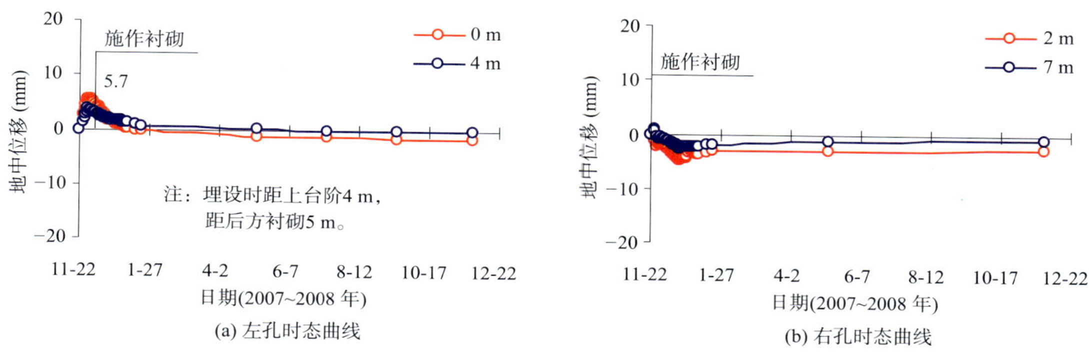

图 9-4-13　双层支护台阶法边墙水平钻孔位移计测试结果(DK349＋445)

沉降略滞后于拱部下沉〔图 9-4-14(b)〕，特浅埋新黄土中开挖引起的拱部地层整体沉降和重固结压缩沉降显著。

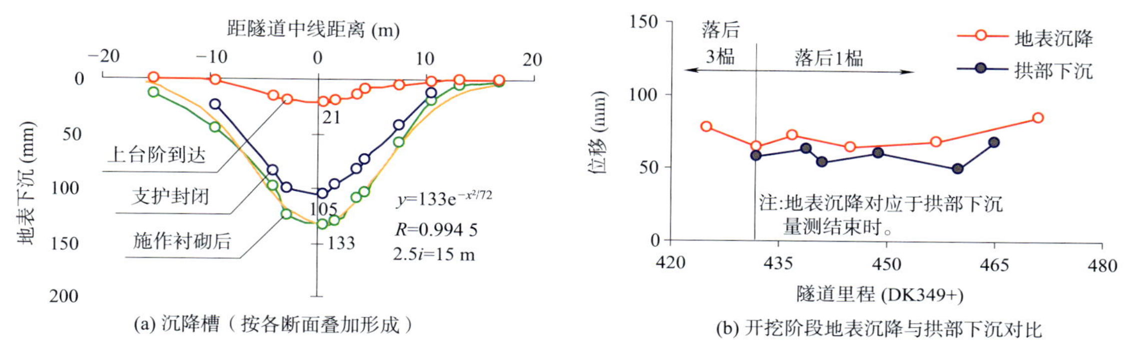

图 9-4-14　双层支护台阶法地表沉降特性

2)支护受力特性

(1)型钢应力

测试显示(图 9-4-15)，开挖阶段双层支护外层 I25a 型钢应力远小于采用相同规格型钢的双侧壁、CRD 和留核心土台阶法，显然此时结构受刚度控制。相对上述工法，双层支护台阶法提供了一种强度和刚度更大的初期支护形式。

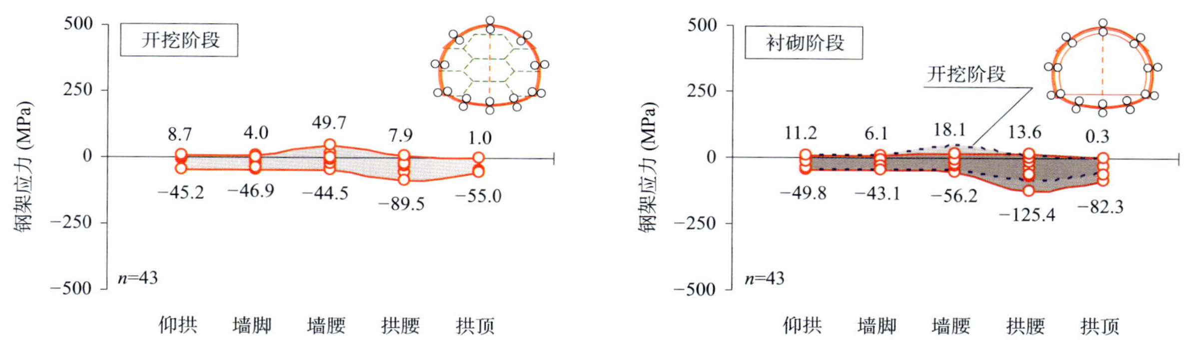

图 9-4-15　双层支护台阶法外层支护型钢(I25a)应力极值分布统计图

(2)锚杆轴力

测试显示(图 9-4-16)，在浅埋新黄土中双层支护台阶法短锚杆($L=2.5$ m)的受力与单层支护台阶法短锚杆受力情况相似，边墙范围锚杆开挖阶段最大轴力仅 5 kN。对比同为浅埋新黄土但采用长锚杆($L=4$ m)的双侧壁锚杆受力情况，短锚杆所能提供的拉应力作用显然不如长锚杆，尤其是浅埋新黄土场合。

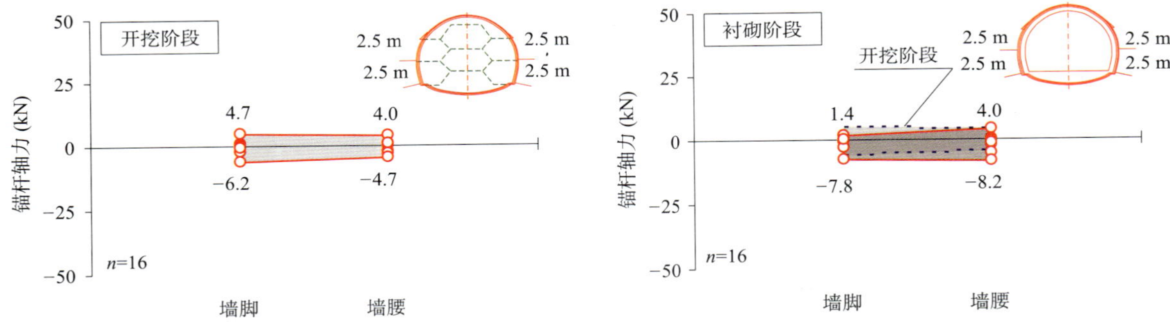

图 9-4-16 双层支护台阶法锚杆轴力极值沿断面分布统计图

(3)锁脚锚杆轴力

如图 9-4-17 所示，双层支护锁脚锚杆最大压力约 15 kN，承压作用仍较显著，但明显小于高桥隧道进口采用相同长度锁脚锚杆的压力，表明拱脚处锁脚锚杆承压作用在单层支护中要更为显著一些。

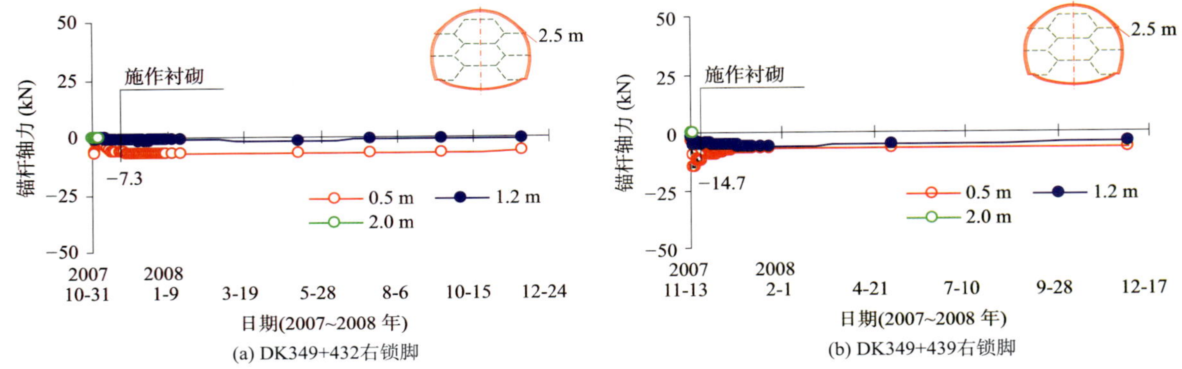

(a) DK349+432右锁脚

(b) DK349+439右锁脚

图 9-4-17 双层支护台阶法锁脚锚杆轴力时态曲线

3)大拱脚压力

测试显示(图 9-4-18)，高桥隧道双层支护大拱脚压力极值为 0.4 MPa，仍然出现于中台阶开挖阶段，但明显小于高桥进口浅埋段(0.9 MPa)。与拱脚处锁脚锚杆所受压力明显小于单层支护的情况类似，双层支护大拱脚所受压力也明显小于单层支护。由于双层支护台阶法采取微台阶开挖，支护封闭距离很短，开挖后初期支护很快闭合成环，同时内层支护紧跟外层施作，支护的空间效应显著，因此双层支护台阶法开挖时对拱脚的影响并不像单层支护那么明显。

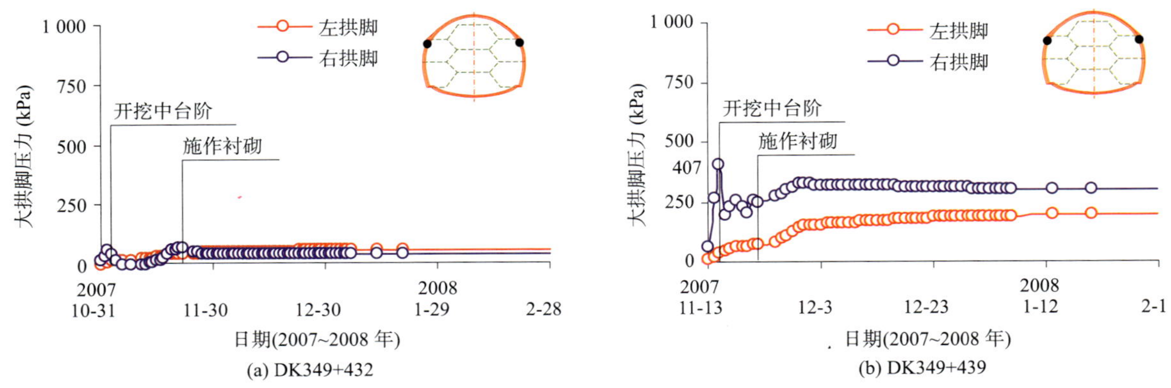

(a) DK349+432

(b) DK349+439

图 9-4-18 双层支护台阶法大拱脚压力测试结果

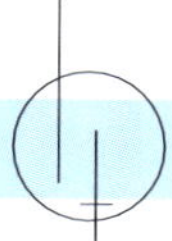

4）双层支护台阶法力学特性综合评价

（1）变形控制效果

在净空位移尤其是拱部下沉的控制效果上，双层支护 > 单层支护。其中，台阶法（包括单层和双层支护）取决于支护封闭是否靠近掌子面，拱脚是否加强，以及双层支护是否内层紧跟外层。

在地表沉降控制效果上，台阶法中双层支护 > 单层支护，双层支护中双侧壁 > 台阶法。综合而言，双侧壁具有优异的控制地表沉降能力，但对于特浅埋新黄土地层应考虑采用双层支护来控制沉降，尤其是在下穿段。表 9-4-4 给出上述工法在浅埋新黄土中控制郑西高速铁路大断面黄土隧道地表沉降的效果实例。

表 9-4-4　郑西高速铁路大断面黄土隧道在浅埋新黄土中地表沉降效果控制效果

隧 道	工 法		下穿构筑物	地表沉降（mm）	埋深（m）	黄土类型
阌 乡	双层支护双侧壁		下穿连霍高速公路	< 50	10 + (< 1*B*)	Q3 砂质
秦 东	双 侧 壁		无	60	15 + (≈ 1*B*)	Q3 砂质
高 桥	台 阶 法	有大拱脚	无	110	30 + (≈ 2*B*)	Q3 砂质
		无大拱脚		170		
	双层支护台阶法		下穿南同蒲铁路	135	10 + (< 1*B*)	

注：*B* 为隧道开挖宽度。

（2）支护受力

相对双侧壁、CRD、CD 和台阶法（单层支护），双层支护台阶法提供了一种强度和刚度更大的初期支护结构形式，其实测外层型钢应力仅为上述四种工法初期支护型钢应力的 50% 及以下，显然此时结构以刚度控制为主要目的。综合而言，在钢拱架受力大小上，双层支护 < 单层支护。

（3）锁脚锚杆与大拱脚的承压效果

在锁脚锚杆和大拱脚的承压效果上，单层支护 > 双层支护，图 9-4-19 和图 9-4-20 给出台阶法中双层支护与单层支护的综合对比情况。综合而言，在台阶法开挖对拱脚的扰动上，双层支护对拱脚的影响没有单层支护明显。

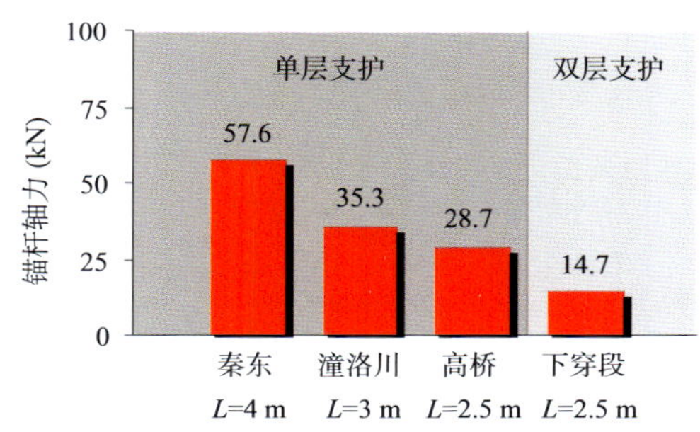

图 9-4-19　锁脚锚杆轴力极值对比

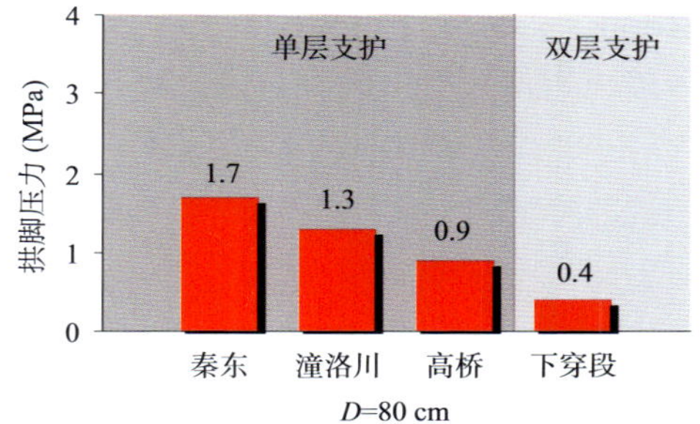

图 9-4-20　大拱脚压力极值对比

9.4.4　双层支护台阶法适用性及关键技术

1）双层支护台阶法适用性分析评价

高桥隧道下穿既有铁路的实践表明，双层支护控制围岩变形的能力优于单层支护，在埋深小于 1 倍隧道开挖宽度的特浅埋场合，具有较大支护刚度的双层支护可及时控制拱部下沉变形，但要求内层支护紧跟外层同时施作才能达到及时增加支护刚度的目的。

相对双侧壁、CRD、CD 和台阶法（单层支护）等工法，双层支护台阶法提供了一种强度和刚度更大的初期支护结构形式，用钢量比双侧壁少，且无需临时支护，施工相对快捷。对于超大断面黄土隧道，在埋深≤1 倍隧道开挖宽度的特浅埋地段，双层支护台阶法的月开挖进度可以达到 25 m 以上。相对双侧壁法而言，双层支护台阶法的技术经济效益显而易见。

因此，双层支护台阶法可用于埋深≤1 倍隧道开挖宽度的Ⅴ级围岩特浅埋非饱和黄土以及下穿段大断面隧道的施工。但用于下穿既有运营铁路线时，该方法尚难满足《铁路轨道工程质量检验评定标准》30 mm 沉落限值的要求，还需要对线路采取轨道加固预案（参见 9.3.5）。

2）双层支护台阶法关键技术

（1）封闭距离与时间

在台阶法中支护只有及时闭合成环，才能有效提供刚度来控制变形。而支护及时封闭的意义，如第 7 章所述，在于支护尽量靠近掌子面封闭，并且越靠近掌子面封闭，对掌子面的稳定性就越有利。对于埋深≤1 倍隧道开挖宽度的特浅埋情况，依据第 7 章表 7.4.2，双层支护台阶法的支护封闭距离应≤1 倍隧道开挖宽度。对于封闭时间则控制在一般施工用时范围即可，按高桥隧道下穿段经验，可控制在 20 d 内。

（2）双层支护的施作

根据力学特性测试，双层支护要求内层支护紧跟外层同时施作，才能达到及时增加支护刚度、有效控制下沉变形的目的。按高桥隧道下穿段经验，内层支护滞后外层的距离应控制在 1.5 m 以内。

（3）掌子面的稳定

对于埋深≤1 倍隧道开挖宽度的特浅埋情况，应特别重视掌子面的稳定性。开挖时，应确保掌子面后方核心土体积，并要求每层台阶均预留核心土，同时应采取掌子面前方预加固措施稳定其前方核心土。具体要求如下：

①对超大断面采取三台阶、每层台阶均预留核心土开挖，并加大上台阶核心土尺寸，其开挖顺序如图 9-4-21 所示。

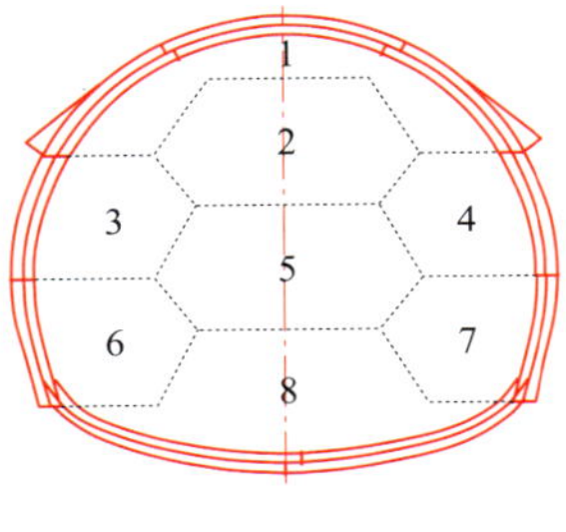

图 9-4-21　双层支护台阶法开挖顺序图

②超前支护为必要的支护手段。其中，管棚是防止通顶坍方的有效手段，阌乡隧道和高桥隧道经验，下穿段采取双层管棚增大管棚刚度（交错布置），可有效减小开挖对地表的影响。长管棚的施作容易出现管棚下方土体坍塌而影响地层沉降的控制，这时采取超前小导管可有效控制这部分土体的稳定。

3）浅埋大断面黄土隧道双层支护台阶法适用技术参数

表 9-4-5 给出浅埋大断面黄土隧道双层支护台阶法适用技术推荐参数表，用于特浅埋新黄土以及下穿地段采用挖掘机或铣挖机的开挖环境，月施工速度可达到 25 m 以上（下穿段）。

表 9-4-5　浅埋大断面黄土隧道双层支护台阶法适用技术推荐参数

施工图式			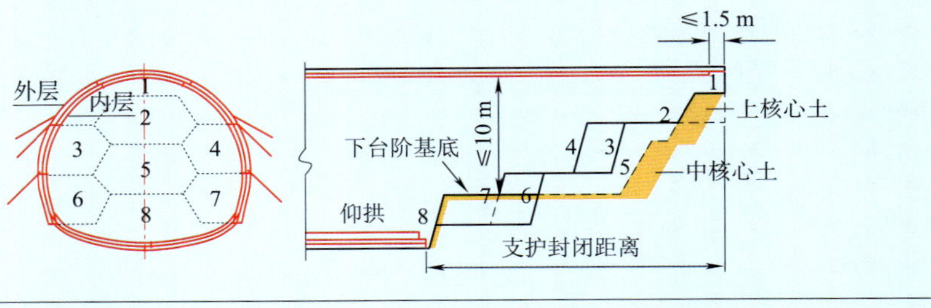 外层、内层、1～8；≤1.5 m、≤10 m、上核心土、中核心土、下台阶基底、仰拱、支护封闭距离
施工参数	开挖模式		三台阶预留核心土开挖
	核　心　土		三台阶均预留核心土，并加大上台阶核心土尺寸，其顶面长度和宽度 5 m，顶面净空高度 1.7 m
	台阶长度		控制条件：上台阶长度≥5 m，各层台阶长度之和 = 支护封闭距离
	仰拱封闭	距　　离	≤1.0 倍隧道开挖宽度
		时　　间	≤20 d
	内层支护施作		内层初期支护紧跟外层同时施作，滞后距离≤1.5 m
	一次进尺		上、中台阶 0.5 m，下台阶≤1 m
	大　拱　脚		参照单层支护台阶法设置

续上表

支护参数	超前支护	超前小导管，必要时管棚；下穿段管棚采用双层交错布置
	钢　　架	外层支护 I25a 型钢，榀距 0.5 m。内层支护 I22a 型钢，榀距 0.7 m
	锁脚锚管	参照单层支护台阶法设置
	系统锚杆	不设拱部锚杆。边墙（含拱脚）锚杆长度 4 m，采用药包锚固

9.4.5　轨道加固预案

既有线轨道加固预案包括既有线限速、轨道加固及运营维护、轨面沉降监测等项内容，具体实施如下。

（1）既有线限速

为避免轨道的不均匀沉降导致可能引发行车事故，确保既有线运营安全，要求在下穿段隧道施工时对地面既有线运营限速运行。根据有关规定，要求下穿段施工时既有线限速 45 km/h 运行，限速时间为下穿段隧道整个施工期间，限速期间配备必需的看慢行临时设施及人员。

（2）既有线轨道加固及运营维护

为有效控制轨道结构的下沉，避免轨道的不均匀沉降，对隧道开挖影响范围的既有线采取每侧轨道用 7 扣 P50 轨加固线路〔图 9-4-22(a)〕，同时在隧道开挖过程中对线路进行必要的轨道调平与检查〔图 9-4-22(b)、(c)〕以及线路防护和安全检查等措施，严格控制轨道结构下沉量，避免不均匀沉降，以确保既有线运营安全。

(a) 既有线扣轨加固

(b) 既有线起道调平

(c) 轨道调平检查

图 9-4-22　既有线轨道加固及运营维护

高桥隧道下穿段在衬砌全部施工完成后，上述既有线扣轨于 2008 年 1 月 26 日拆除，既有线恢复正常运营。

（3）轨面沉降监测

隧道下穿施工期间应对既有线轨面进行沉降监测，如图 9-4-23 所示。根据监测，高桥隧道下穿段在开挖期间既有线轨面产生的最大隆沉为：隆起 －10 mm、沉降 25 mm，开挖结束时轨面最终隆沉量则控制在 －1 ~ 11 mm（图 9-4-24），完全满足《铁路轨道工程质量检验评定标准》（TB 10418—98）规定的 30 mm 沉落量的控制要求。

图 9-4-23　既有线沉降监测

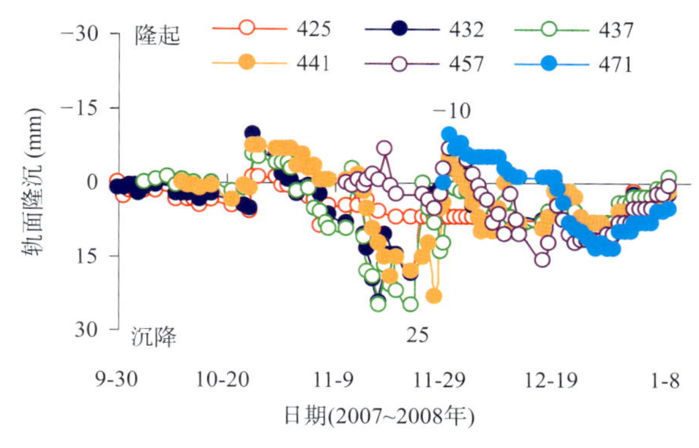

图 9-4-24　既有线轨面隆沉曲线

参考文献

[1]中铁第一勘察设计院集团有限公司,中铁西南科学研究院有限公司,等. 郑西客运专线大断面黄土隧道施工方法和监控技术研究(2005K001-D(G)-1)[R]. 西安:中铁第一勘察设计院集团有限公司,2009.

[2]中铁二院工程集团有限责任公司,北京交通大学,等. 郑西客运专线黄土隧道合理支护参数及地表沉降控制技术研究(2005K001-D(G)-2)[R]. 成都:中铁二院工程集团有限责任公司,2009.

[3]中铁三局集团第五工程有限公司. 阌乡隧道下穿连霍高速公路段变形控制技术总结[R]. 晋中:中铁三局集团第五工程有限公司,2009.

[4]中华人民共和国交通部. JT GF 80/1—2004 公路工程质量检验评定标准[S]. 北京:人民交通出版社,2004.

[5]中华人民共和国铁道部. TB 10413—98 铁路轨道工程质量检验评定标准[S]. 北京:中国铁道出版社,2001.

[6]中华人民共和国铁道部. 客运专线无碴轨道铁路设计指南[S]. 北京:中国铁道出版社,2005.

[7]李国良. 大跨黄土隧道设计与安全施工对策[J]. 现代隧道技术,2008,45(1):53-62.

[8]张鹏,谭忠盛. 浅埋隧道下穿公路引起的路面沉降控制基准[J]. 北京交通大学学报,2008,32(4):137-140.

[9]刘伟,杨林浩. 一次性导向跟管钻进法大管棚施工技术在客运专线施工中的应用[J]. 铁道标准设计,2007,(S1):100-102.

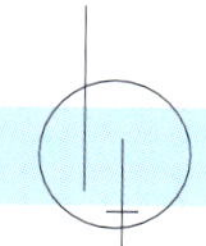

第 10 章　黄土隧道洞口边仰坡稳定性分析及防护技术

受工程地质条件及人为活动等因素影响,黄土隧道洞口边坡、仰坡易出现开裂、失稳等病害。由于隧道洞口的稳定性问题在很大程度上直接影响工程建设及运营的安全,做好黄土隧道洞口的边仰坡安全防护非常重要。

10.1　洞口边仰坡防护的必要性

10.1.1　洞口边仰坡防护现状

洞口边仰坡防护结构主要表现为封闭式和开放式两种主要防护形式。

(1)封闭式防护结构

主要有浆砌片(块)石护坡与喷射混凝土等灰色圬工防护方式。此类封闭式防护结构应用范围很广,但不利于排水,对边坡的长期稳定性有影响。兰西高速某隧道口边仰坡因下渗雨水无法畅通排除,导致坡面开裂脱落,对行车安全造成了一定的隐患(图 10-1-1)。

(2)开放式防护结构

主要采用人字形骨架护坡 + 植物防护的结构形式。如宝天高速公路、平定高速公路和郑西高速铁路等很多隧道都采用此类防护方式,取得了显著成效(图 10-1-2、图 10-1-3)。此类防护结构不仅考虑了力学稳定性,从边坡长期工作状况来看是很有利的,而且有很多新的产品不断研发并应用于生产(图 10-1-4),可以预见其将成为日后的主流防护理念。

图 10-1-1　兰西高速公路某隧道仰坡喷混开裂脱落

图 10-1-2　宝天高速公路某隧道开放式仰坡防护

10.1.2　黄土隧道边仰坡防护的重要性

黄土存在着岩性疏松,大孔隙、强湿陷性、垂直节理发育等特殊性,使得黄土分布范围内沟谷切割强烈,地形破碎,沟壑纵横,黄土边坡往往具有较陡的坡度,常年受降水侵蚀及风化等因素的影响,裂隙发育,有的处于稳定状态,有的则由于存在不良地质体,或人工改造后处于不稳定或潜在的不稳定状态。隧道洞口段一般处于受地表水侵蚀严重、风化裂隙发育的斜坡面上,加上在洞口段隧道埋深往往较浅,结构上部土体难以形成承载拱。所以,隧道洞口边仰坡地表坡面容易受拉开裂、经地表水浸

图 10-1-3 郑西高速铁路某隧道开放式仰坡防护

图 10-1-4 甘肃平定高速公路新型植物边坡防护

入,其稳定性就很难得到保证[2]。

根据中铁西北科学研究院对陇海线三门峡至潼关段十三座双线黄土隧道病害的调查显示,黄土隧道边仰坡普遍存在着土体开裂现象,这些裂缝经过地表水的长期侵蚀、溶蚀等作用,宽度甚至达到几十厘米,且部分地段有坍塌现象,使得隧道边仰坡体失稳破坏,直接影响着隧道洞体结构稳定和行车安全。

因此,黄土隧道边仰坡的稳定性在很大程度上直接影响工程建设及运营的安全,在黄土隧道设计和施工时,一定要高度重视洞口边仰坡的防护。

10.2 黄土隧道洞口边仰坡稳定性分析

为避免高大边坡开裂、滑塌对隧道建设及运营安全的影响,在黄土隧道洞口设计时应尽量避免高边坡开挖,同时由于黄土具有特殊的工程特征,需要从隧道边仰坡坡面防护形式、坡体防护形式和边仰坡坡率等几个方面综合加以考虑。本节首先介绍郑西高速铁路沿线隧道黄土边坡的分布特征、洞口边仰坡防护类型和半装配式拱形明洞防护工程,并据此提出了高速铁路黄土隧道洞口边仰坡防护设计的原则。

10.2.1 黄土边仰坡稳定性的影响因素

影响边仰坡稳定性的基本因素是多种多样的,一般应从隧道所处的地质结构状况、力学特性出发,结合具体的工程因素和自然因素等进行综合分析,寻求各因素的影响特点和耦合关系[7][8]。

(1)地质结构的影响

黄土自身的地质结构对边坡稳定的影响最大,结构密实,强度较高,抗风化能力强的老黄土构成的边坡比新黄土边坡稳定得多。

(2)地应力的影响

由于隧道的开挖,工程活动形成的二次应力场的叠加、干扰和调整问题,破坏了边坡土体的相对平衡的应力状态,进而加剧了土体的物理力学状态的复杂性,初始应力状态重新分布,不仅表现在应力释放方面,而且表现在应力集中方面,这对于洞口处的边坡稳定是很不利的。

(3)大气降水及地下水的影响

黄土怕水,是很多从事黄土研究的专家学者们的共识。黄土边坡的破坏,无不与地表水的冲刷、侵蚀有关,大气降水是影响黄土边坡的最主要因素。在工程施工过程中,由于隧道的开挖,可能破坏原有的稳定控制界面,将原有的控制界面带间的地下水系统破坏,形成渗流通道,使得界面上的黏性参数大幅降低,导致边坡的滑移破坏。另外,水对于土体的强度有很大的影响。因此,如果隧道洞口的开挖面位于地下水位以上,地下水对隧道的稳定性影响较小;反之,如果位于地下水位以下,则必须做好必要的防排水措施,减少地下水的影响。

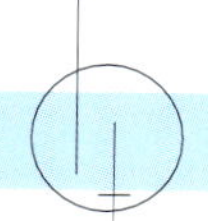

(4)气候变化的影响

气候对边坡影响最重要的因素是湿润条件和温度条件,也即水的影响。气候决定了风化作用的类型和强度、植被特征、地下水和地表水的水量及动态,并通过后者影响侵蚀和腐蚀作用的时间和强度。

(5)植被的影响

在隧道的施工过程中,洞口部位原有植被的破坏,对于洞口边仰坡的稳定性分析将会产生一定的影响。另外,植被防护措施对隧道洞口边仰坡也有一定的影响,因为植被树木的重量以及由它传递的风载会对坡面应力产生影响,而由于植被根系的加固作用使土壤表层强度得到提高,但当植被根系嵌入致密土体时其强度又会降低。另外植被对边坡湿度、含水状况及温度状况会产生一定的作用,对边坡稳定性也会造成一定影响。

10.2.2　黄土边仰坡的破坏模式

黄土隧道洞口边仰坡同黄土边坡一样,因其所处的地形地貌、地层岩性及水文环境等的不同,失稳破坏的类型也不同,而经过开挖后形成高陡边坡,由于其应力调整,将发生一系列的变形,如果边坡设计合理,则变形向趋于稳定方向发展,即减速变形;如果其设计值不能满足黄土自稳要求,或边坡中存在诸如不利结构面、地下水等因素,变形进一步发展,将会使边坡处于不稳定状态,甚至破坏[8]。通常黄土边仰坡破坏情况可归纳为剥落、坡面冲刷、坍塌、崩塌和黄土滑坡等基本类型[11]。

(1)黄土剥落

剥落作为黄土边坡坡面破坏形式之一,普遍存在于西北地区公路和铁路黄土边坡中。边坡剥落的发生不仅关系到黄土坡面及坡体的稳定,而且关系到黄土隧道洞口运营的安全。据统计归纳,黄土隧道洞口边仰坡剥落形式主要有片状剥落、层状剥落、古土壤层碎块状剥落、厚块状剥落、表层结皮剥落等。

①剥落的基本特点

黄土坡面剥落与坡面的风化程度等因素有关,一般阳坡面比阴坡面剥落严重,坡面的坡度变化位置较其他位置剥落严重,黏粒含量大的易剥落,含盐量高的易剥落。

②形成机理

基于黄土本身的工程特性,开挖高陡黄土边坡会影响边坡的整体性,在开挖的过程中由于未及时防护及表层水分蒸发的差异性(主要为黏粒含量及含水率差异),会在局部形成一层硬壳,加上昼夜温差变化引起的热胀冷缩,雨水冲刷或其他各种外界因素的共同作用,使硬壳逐渐与下部土体分离,在风、水及自重力的作用下,沿较陡坡面堆积于坡脚,如图10-2-1所示。

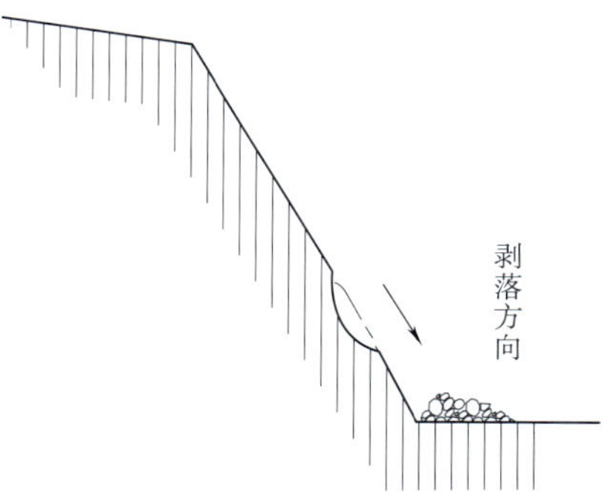

图10-2-1　剥落模式图

③危害

剥落会破坏黄土边坡坡体的整体性,增加防护难度,在坡脚形成的坡积体严重时会堵塞洞顶天沟和洞口水沟,而且会引起其他形式的变形破坏,对边坡的稳定性产生影响。

(2)坡面冲刷

坡面冲刷是指降雨形成的坡面水流破坏隧道洞口边仰坡面,冲走边仰坡面表层土体的现象。坡面冲刷会使坡面形成沟状或洞穴状,且会进一步引发其他病害,是最常见的隧道洞口边仰坡变形破坏形式之一。

①冲刷的基本特点

黄土隧道洞口边仰坡一旦开挖,若未及时防护,雨水及地表水极易在挖痕基础上进一步冲刷,侵蚀坡表，且会产生切割坡体的裂缝或形成落水洞，严重时会诱发地面塌陷、崩塌等灾害。

②形成机理

洞口边仰坡开挖后，形成一个挖槽，雨水或地表水会向洞口汇集，侵蚀冲刷坡表，如果坡面防护措施不严密，经循环的降水和径流作用后，使变形加剧，最终形成冲痕、冲沟、落水洞或者裂缝。

③危害

若冲刷严重会诱发切割坡体的裂缝，若坡体发育垂直节理或斜节理，坡面径流将集中下蚀，形成空洞，坡面防护体系将悬空或顺水流塌，涌入洞口路基，严重时会影响行车安全。

(3)崩塌

崩塌是一种最基本、最常见黄土边坡破坏模式。具垂直节理的黄土边坡可以是直立的，但其稳定的边坡高度是有一定限度的。当边坡直立高度达到一定值时，直立边坡就会产生崩塌破坏。崩塌破坏的原因是由于垂直节理所形成的黄土柱底部的土体，在上覆柱状土层自重压力下破坏所引起的。

①崩塌的基本特点

崩塌所在坡体陡直且高差较大，如洞口边坡较高的情况下，进洞时为开辟工作面，而把山体开挖得陡直，并且形成凹形陡坡，坡顶黄土垂直节理裂隙发育，受水或自重应力作用下，突然破坏。

②形成机理

降雨是黄土形成崩塌的主要诱因。雨水沿黄土裂隙灌入土体后，增大了土体负荷，软化了结构面，降低了土体的黏聚力，加大了下滑力，同时产生黄土潜蚀溶洞，遂使上覆已裂离稳定土体的土块失去支撑而产生崩塌。

③危害

飞快的坠落、崩落，可破坏铁路边沟，甚至崩塌的土体会冲进线路，影响列车的运营安全，大的崩塌可能会堵塞隧道洞口，造成安全事故，同时崩塌可能诱发其他更大规模的地质灾害。

(4)黄土滑坡

黄土滑坡是黄土地区广泛发育的一种地质灾害，是一种典型的灾害现象。因黄土特有的结构，后缘极易拉裂，地表水极易下渗至坡体，造成坡体加重，岩土强度降低，在外力诱发下发生滑坡灾害。

①黄土滑坡的基本特征

根据对陇海铁路、连霍高速公路沿线边坡调查资料的归纳、总结，研究区段内黄土滑坡的分布具有以下特征：

a. 地貌类型不同，黄土滑坡强度亦不同。黄土塬—土石低山区—土石丘陵区—残塬长梁区—梁赤区对应的滑坡分布密度由小到大，活动强度由弱到强。表明在一定高差条件下，地形愈破碎滑坡滑动愈强烈。

b. 在残塬长梁区，滑坡沿残塬长梁边缘呈带状分布。

c. 滑坡多发生在流水侵蚀作用活跃、谷坡坡型变化快的地段，故河流的支沟滑坡分布大于主流两岸。

d. 黄土层分布厚度大的地区一般为大、中型黄土滑坡发育区。

e. 可以灌溉的黄土塬沿塬边，滑坡呈带状分布。

f. 从坡型上，滑坡发生与坡高、坡度、坡形、坡体结构关系极为密切，据统计，80%的黄土滑坡发生在坡度大于35°、坡高大于40 m、黄土下伏棕红色黏土层的地区。

②形成机理

一般黄土滑坡的地层结构是典型的二元结构地层，大气降水到表层黄土后，因上覆砂质黄土的透水性良好，水迅速下渗，至黏质黄土顶层时因黏质黄土的相对隔水性集存于黏质黄土顶面，使黏质黄土表层泥化，甚至泥化为流塑体，力学强度急剧降低，在泥化层倾向临空面时，根据泥化程度和上覆砂质黄土的情况就会产生滑动，容易导致斜坡变形破坏，形成滑坡。黄土边坡处于极限平衡状态时，由

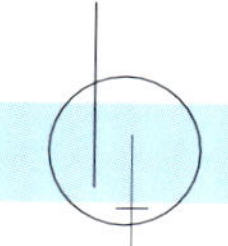

于拉张裂缝和土体渗入的水(大气降水、农业灌溉),汇集于黄土下伏的黏土层顶面,既软化结构面降低其强度,也是边坡失稳加速滑动的润滑剂。

例如,郑西高速铁路通过的坳渠 1 号隧道进口至富村 2 号隧道出口(DK228 +600 ~ KD241 +600)段所经过的几个冲沟边坡均具有这种上覆粉砂质黄土、下伏棕红色黏土层的地层结构,极易形成滑坡。所以交口隧道出口附近就有一个较大的滑坡形成,滑坡后缘在坡顶后 20 ~ 30 m,有一下错张开裂缝,裂缝宽近 1 m,可见深度达 2 m,滑坡剪出口在坡脚附近,剪出口滑床有明显镜面及擦痕现象。在交口隧道出口所在的冲沟两侧还有几个滑坡,线路绕避过的蔡家坡滑坡就发育在这一段,连霍高速公路所通过的峡石至马家店段也有较多的滑坡存在都说明了这一点。

通过对研究区段内滑坡地段边坡的分析,发现黄土地区滑坡的形成必须具备两个必要条件,即隔水地层和地下水。隔水地层是地表降水通过透水性好的砂质黄土汇集于隔水层顶面,并软化顶面地层强度,使其泥化形成滑带土,从而导致滑坡形成。

③危害

黄土滑坡一般规模较大,具有频发性、广布性和灾难性特点,会严重影响铁路行车安全,因此,在铁路选线时,一定要避开滑坡区。

(5)错落

在黄土边坡坡脚分布有软弱岩层,或者湿陷性黄土在地下水作用下已产生压碎等情况下,不足以承担坡体压力,常产生边坡体下错。

调查发现的错落体较少,但如果隧道洞口等构筑物修建在错落体中,则结构物必将发生倾覆、开裂,因此在地质勘察和线路设计中应引起重视。

10.2.3　黄土洞口边仰坡稳定性分析

进行黄土隧道边仰坡的稳定性分析,是黄土隧道洞口边仰坡防护设计和治理的依据,一旦分析不合理或产生错误,就会危及线路安全或造成巨大浪费。

(1)黄土边仰坡稳定性评价标准

对黄土边仰坡稳定性评价的方法主要有工程地质法和历史成因法两种。太中银铁路在建设过程中,对沿线 76 个黄土边坡进行了调查,并进行了稳定性评价,结合以往的黄土边坡的设计经验,建立了黄土边坡稳定性分级表,如表 10-2-1 所示。

表 10-2-1　黄土隧道边坡稳定性分级表

稳定性分级	特征描述	稳定系数
稳　定	边坡坡形、坡率符合岩土体强度条件,黄土密实,无或少节理发育,无倾向临空面的不利结构面,无或少有地下水,边坡无变形,边坡所在山体植被覆盖率高,下伏无软弱岩层,整体或局部稳定系数均符合要求	>1.2
基本稳定	边坡坡形、坡率符合岩土体强度条件,黄土较密实,无或少节理发育,无倾向临空面的不利结构面,少有地下水,边坡所在山体植被覆盖率较高,下伏基岩倾向坡内,整体和局部均稳定,但坡面有冲沟、剥落等	1.1 ~ 1.2
欠稳定	黄土较松散、节理较发育,边坡整体稳定,但局部坡陡于岩土体稳定角,或受地下水影响岩土强度降低,或有不利结构面倾向临空面,山体植被覆盖率低,下伏软弱岩层或岩层倾向坡外,有局部崩塌、变形	1.0 ~ 1.1
不稳定	边坡坡形、坡率不符合岩土体强度条件,黄土松散、节理非常发育,或在古老滑体上开挖、堆载引起古老滑坡复活,或有发育不利结构面倾向临空面,岩体破碎,地下水发育,植被覆盖率很低,有倾向坡外的软弱岩层,边坡整体蠕动较明显,开挖后会产生整体失稳	<1.0

(2)黄土边仰坡稳定性计算

对于黄土边坡稳定性的分析,国内外开展的研究工作比较多,如陕西交通科研所提出的裂隙法就是考虑黄土的直立性，在坡顶一定范围出现竖直裂隙的特点的情况。为了研究哪种稳定性分析方法适用于黄土，我们先后对瑞典圆弧法、果氏法、索氏法、台罗尔法等进行了对比计算分析。通过这些工作认为，各种分析方法的结果有差异，但幅度都较小，一般在5%之内。20世纪80年代邓肯(Duncan)在北京讲学时也提到，数值分析的结果与瑞典法也基本一致。总之，经过多年的实践证明，对黄土边坡稳定性的评价，瑞典圆弧法被认为是比较适宜的。基于这一考虑，我们采用该法编制出黄土边坡的稳定性计算图。

①计算方法

用圆弧法对黄土边坡进行稳定性计算，对于均质土，其安全系数 K 为：

$$K=\frac{\sum N_iF+\sum C_iL_i}{\sum T_i}=\frac{F\sum N_i+C\sum L_i}{\sum T_i}=\frac{F\sum \frac{N_i}{\gamma\cdot H^2}+\frac{C}{\gamma\cdot H}\sum \frac{L_i}{H}}{\sum \frac{T_i}{\gamma\cdot H^2}} \tag{10-2-1}$$

$$\frac{K}{F}=\frac{\sum \frac{N_i}{\gamma\cdot H^2}+\frac{C}{\gamma\cdot H\cdot F}\sum \frac{L_i}{H}}{\sum \frac{T_i}{\lambda\cdot H^2}}=\frac{WF+\lambda\cdot WC}{WW} \tag{10-2-2}$$

式中，WF、WW、WC、λ 均无量纲，计算可以采用条分法或积分直接解法进行。

a. 条分法

如图10-2-2所示。

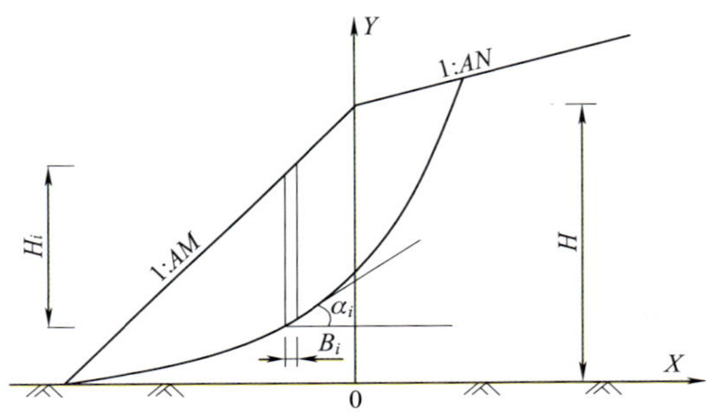

图10-2-2　条分法计算示意图

式中　WC——无量纲滑弧长，即滑弧长度与坡高之比值，$WC=\frac{\sum L_i}{H}$；

λ——无量纲系数；

F——土的内摩擦系数($F=\tan\varphi$)；

φ——土的内摩擦角；

C——土体黏着力(t/m²)；

γ——土的容重(t/m³)；

H——坡高(m)；

WF——抗滑力，$WF=\sum WT_i\cos\alpha_i$；

WW——下滑力，$WW=\sum WT_i\sin\alpha_i$；

WT_i——第 i 分条无量纲面积，$WT_i=\frac{B_i\cdot H_i\cdot\gamma}{\gamma\cdot H^2}=\frac{B_i\cdot H_i}{H\cdot H}$；

α_i——第 i 分条滑面倾角，用弧度表示；

L_i——第 i 分条滑弧长度(m)；

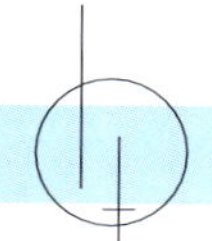

当考虑地震力影响时：

$$WW = \sum WT_i \sin\alpha_i + \sum WT_i\left[y_0 - \left(1 + \frac{x_i}{AM} + y_i\right)^{\frac{1}{2}}\right]\frac{KH}{4R_0}$$

式中　y_0——滑弧圆心 y 坐标；

R_0——滑弧半径；

AM——边坡坡度；

KH——地震系数；

x_i, y_i——第 i 分条中心线与滑弧交点的 x、y 坐标。

b. 直接解法

$$WC = R_0^2\left(\text{arc sin}\frac{u - x_0}{R_0} - \text{arc sin}\frac{-AM - x_0}{R_0}\right)$$

$$\begin{aligned}WF = &-\frac{1}{3AM}\left\{\sqrt{(R_0^2 - x_0^2)^3} - \sqrt{[R_0^2(-AM - x_0)^2]^3}\right\} + \frac{x_0}{2AM}\left[-x_0^2\sqrt{R_0^2 - x_0^2} + R_0^2\text{arn sin}\frac{-x_0}{R_0} - \right.\\ &\left.(-AM - x_0)\sqrt{R_0^2 - (-AM - x_0)^2} - R_0^2\text{arn sin}\frac{-AM - x_0}{R_0}\right] + \frac{1}{3ANM}\left\{\sqrt{(R_0^2 - x_0^2)^3} - \right.\\ &\left.\sqrt{[R_0^2 - (u - x_0)^2]^3}\right\} - \frac{x_0}{2ANM}\left[-x_0^2\sqrt{R_0^2 - x_0^2} + R_0^2\text{arc sin}\frac{-x_0}{R_0} - (u - x_0)\right.\\ &\left.\sqrt{R_0^2 - (u - x_0)^2} - R_0^2\text{arc sin}\frac{u - x_0}{R_0}\right] + \frac{1}{2}(1 - y_0)\left[(u - x_0)\sqrt{R_0^2 - (u - x_0)^2} + \right.\\ &\left.R_0^2\text{arc sin}\frac{u - x_0}{R_0} - (-AM - x_0)\sqrt{R_0^2 - (-AM - x_0)^2} - R_0^2\text{arc sin}\frac{-AM - x_0}{R_0}\right] + \\ &R_0^2(u + AM) - \frac{1}{3}[(u - x_0)^3 - (-AM - x_0)^3]\end{aligned}$$

$$\begin{aligned}WW = &\frac{AM^2}{3} + \frac{x_0 AM}{2} + \frac{u^3}{3ANM} - \frac{x_0 u^2}{2ANM} + \frac{1}{2}(1 - y_0)[(u - x_0)^2 - (-AM - x_0)^2] - \\ &\frac{1}{3}\left\{\sqrt{[R_0^2 - (u - x_0)^2]^3} - \sqrt{[R_0^2 - (-AM - x_0)^2]^3}\right\}\end{aligned}$$

式中　u——滑弧上交点 x 坐标；

x_0, y_0——滑弧圆心坐标；

R_0——圆弧半径；

AN——坡顶以上地表坡度；

AM——边坡坡度。

如 $u>0$，则 ANM 取 AN，反之取 AM。若考虑地震力，则地震力的所产生的 WW 为

$$\begin{aligned}WW = &\left\{-\frac{1}{3}\left(AM + AM^3 + u^3 + \frac{u^3}{AN^2}\right) - \frac{1}{2}\left(u + \frac{u^2}{AN}\right) + \frac{x_0}{2}(u^2 - AM^2) + \right.\\ &\left.\frac{1}{2}(R_0^2 - y_0^2 - x_0^2)\cdot(u + AM) + \frac{1}{2}y_0\left(2u + AM + \frac{u^2}{AN}\right)\right\}\cdot\frac{KH}{4}\end{aligned}$$

式中　KH——地震系数。

运用电算方法，电算程序可用条分法或直接解法进行计算。

②计算、编图与比较分析

a. 计算和编图

坡顶以上的地面坡 1:AN 选用 1:∞ 、1:10、1:5、1:3、1:2、和 1:1.5 六种，边坡 1:AN 选用 1:0.3、1:0.5、1:0.75、1:1.0、1:1.25 和 1:1.5 六种情况，给出土性指标 λ 的值（由 0.000 到 0.900 计 41 组）。电算时，先给出一个 AN 值，然后算出在该 AN 值时，各 AM 所对应的 λ 时的相对稳定系数 E 值，E 是最小稳

定系数 K 与其相对应摩擦系数 F 的比值，即 $E=K/F$。

按照地震系数为0.00、0.20和0.40（相应于不计地震力地区、设计烈度为八度和九度地区），分别进行上述内容的计算。

根据计算结果，以 K/F 为纵坐标，以 AM 为横坐标，绘制 AM 与 K/F 的关系曲线图，得出边坡稳定性计算图。

b. 黄土边坡稳定性计算图与手算的比较

对石太、南北同蒲线边坡稳定性，进行过调查研究，做过稳定性评价，现任意找其一、二，与黄土边坡稳定性计算图中所查得的 K 值进行比较如下：

(a)石太线185+750上行线右侧边坡的计算参数为 $H=24.6$ m，$1:AM=1:0.41$，$1:AN=1:\infty$。

手算结果如表10-2-2所示，当 $1:AN=1:\infty$、$KH=0$ 时的安全系数查图值如表10-2-3所示。

(b)北同蒲线K195+180右侧边坡的计算参数为 $H=22.3$ m，$1:AM=1:1$，$1:AN=1:\infty$。

手算结果如表10-2-4所示，当 $1:AN=1:\infty$、$KH=0$ 时的安全系数查图值如表10-2-5所示。

表10-2-2　石太线185+750上行线右侧边坡安全系数手算结果表

编　号	C (kPa)	γ (t/m³)	φ (°)	$\tan\varphi$	圆弧破裂法所算得最小安全系数 K_{min} 值		
					郭氏法	瑞典法	改进法
1	86.5	1.765	37.00	0.7536	1.840	1.855	1.874
2	75.1	1.791	40.80	0.8632	1.798	1.797	1.824
3	47.5	1.775	36.60	0.7427	1.342	1.334	1.358

表10-2-3　石太线185+750上行线右侧边坡安全系数查图结果表

编　号	C (kPa)	γ (t/m³)	φ (°)	$\tan\varphi$	$\lambda=C/\gamma HF$	K/F	K_{min}
1	86.5	1.765	37.00	0.7536	0.264	2.454	1.840
2	75.1	1.791	40.80	0.8632	0.199	2.075	1.793
3	47.5	1.775	36.60	0.7427	0.147	1.752	1.302

表10-2-4　北同蒲线K195+180右侧边坡安全系数手算结果表

编　号	C (kPa)	γ (t/m³)	φ (°)	圆弧破裂法所算得的最小安全系数 K_{min} 值		
				郭氏法	瑞典法	改进法[5]
1	163	1.540	31.60	1.225	1.196	1.198
2	82	1.540	31.50	0.998	0.950	0.962
3	154	1.530	34.88	1.308	1.273	1.281

表10-2-5　北同蒲线K195+180右侧边坡安全系数查图结果表

编　号	C (kPa)	γ (t/m³)	φ (°)	H	$\lambda=C/\gamma HF$	K/F	K_{min}
1	163	1.540	31.60	22.30	0.077	1.903	1.170
2	82	1.540	31.50	22.30	0.039	1.552	0.950
3	154	1.530	34.88	22.30	0.064	1.790	1.250

从以上对比资料可以看出，黄土边坡稳定性计算图所提供的 K 值，稍小于手工计算的结果，这主要是由于手算难以找到真正的危险滑弧，而本稳定性计算图所提供的 K 值，则是在可能的范围内取得的最小值。所以，黄土边坡稳定性计算图可以提高计算精度。

10.3　高速铁路黄土隧道洞口边仰坡防护技术

10.3.1　郑西高速铁路黄土隧道洞口边仰坡防护

1）郑西高速铁路沿线隧道黄土边坡的分布特征

根据对郑西高速铁路沿线部分地段的地质调查，并结合沿线设计地质资料分析，黄土边坡主要分布在丘陵地貌、低山地貌、台塬地貌、黄河阶地台塬地貌等四种地貌区内。

（1）张茅隧道出口（DK216 +900）为低山地貌区，观音堂隧道至张茅隧道段整体地势南高北低，地形起伏大，部分形成陡峻山坡，山坡 Q_2 黄土顺基岩坡面覆盖，厚度较小，多在 0 ~ 8 m，沟底及陡坎部位均有基岩出露，沟底流水对岸坡的稳定性影响较小，冲沟边坡坡高多为 30 ~ 50 m，自然坡度多在 20° ~ 45°，冲沟边坡相对稳定，部分地区出现的基岩滑坡均受基岩内部的构造节理面控制。

（2）坳渠 1 号、2 号隧道、交口隧道、南交口 1 号 ~ 3 号隧道、朱家沟 1 号 ~ 2 号隧道、师家沟隧道、富村 1 号 ~ 2 号隧道、贺家庄隧道、黄龙村特大桥、张家湾 1 号 ~ 3 号大桥、苍龙涧特大桥所经过段为黄土丘陵、黄土台塬区，地势整体南东高北西低，塬面上地形开阔平缓，塬边斜坡地段横坡较陡，横向冲沟发育，部分深切呈“V”型谷，冲沟深达 30 ~ 60 m，边坡坡度 30° ~ 60°，区内陇海铁路隧道仰坡采用 45°的分级刷方处理，坡体稳定，未见坡体变形现象，坡脚堆积物自然坡面多在 30° ~ 35°，除张家湾 1 号、2 号、3 号大桥，南交口 2 号、3 号隧道之间冲沟内没有常年流水外，其他冲沟内均有常年流水，流水对边坡坡脚的切割作用明显。部分边坡坡肩以内 20 m 范围内陷穴发育，坡面有多级错落式黄土滑坡。

（3）函谷关隧道、盘东隧道、盘西隧道所经过段为黄河阶地及黄土台塬区，地势整体南高北低，阶地面及黄土台塬面地形开阔平缓，阶地侧边斜坡地段横坡较陡，横向黄土冲沟发育，部分深切呈“V”形谷，黄河支流河谷宽阔呈“U”形谷，将台塬切割成黄土梁状地貌，均属这种情况。黄土台塬区边坡一般陡峻，平均坡度在 40° ~ 50°，因处在三门峡水库库尾泥沙淤积段，河流下切侵蚀作用基本停止，河谷谷底多为淤积型平坦谷底，流水对边坡的坡脚切割基本停止。

该区边坡坡体 Q_3 砂质黄土分布较厚，因其土质疏松，湿陷性强，大气降水对地表冲刷破坏较明显，小型次级冲沟、陷穴、崩塌现象较多。从空间分布规律看，其边坡主要分布在黄土台塬形成的深切沟谷的两岸，由于沟谷切割深度大，一般相对高度由数十米至 100 m，且黄土沟谷塬边地形坡度陡峭，自然坡度多大于 30°，即沟谷的谷塬或塬边缘以下的地形坡度接近或大于黄土的内摩擦角（19° ~ 30°），因此，边坡的稳定性并不好。而当下伏地层存在不透水层时，以上独特的黄土侵蚀地貌更是为形成滑坡创造了条件。

2）郑西客运专线铁路黄土隧道洞口边仰坡防护

（1）黄土边坡防护工程简介

黄土边坡的变形破坏主要表现为坡体和坡面两个层次。坡体变形、失稳是黄土边坡最常见的破坏形式之一。从数量上看，坡体失稳较坡面破坏的段落、总里程都要少，但是对铁路的运营的安全、广大司乘人员人身安全和财产安全的威胁要比后者大得多，尤其是此类破坏的突发性和成灾性，更值得关注。根据大量的调研分析可知，边坡破坏的形式主要为黄土滑坡、滑塌和崩塌。坡面变形、破坏也是黄土边坡常见的现象。但是，目前针对黄土边坡坡面的冲刷、剥蚀、风蚀破坏等的防护，还缺乏统一的行业标准。

针对边坡坡体与坡面破坏形式，黄土边坡的防护技术主要包括坡体防护和坡面防护两方面。坡体防护技术主要包括放缓坡比、支挡以及加固等。坡面防护技术可分为工程防护技术、植物防护技术和复合型生态防护技术三大类。工程防护技术主要有护面墙、骨架护坡、挂网喷浆等形式；植物防护技术主要有穴种、沟播、栽藤护坡、地毯式植草皮护坡、植生带植草护坡、三维植被网护坡、厚层基材喷播护坡；复合型生态防护技术主要有土工格室、绿化防护板两种防护形式，如表 10-3-1 所示。

表 10-3-1　边坡防护技术

	放缓坡比	防护形式	
坡体防护技术	支　挡	挡土墙	路肩墙
			路堤墙
			路堑墙
			山坡墙
		抗滑桩	
	加　固	土钉墙	
		锚杆框架梁	
坡面防护技术	工程防护技术	护面墙	
		骨架护坡	拱形骨架护坡
			人字形骨架护坡
			菱形骨架护坡
		挂网喷浆	
	植物防护技术	穴　种	
		沟　播	
		栽藤护坡	
		地毯式植草皮护坡	
		植生带植草护坡	
		三维植被网护坡	
		厚层基材喷播护坡	
	复合型生态防护技术	土工格室	平铺式
			叠砌式
		绿化防护板	

(2)坡体防护技术

坡体防护是针对边坡可能产生的整体或局部失稳而设置一定的支挡结构物,坡体防护常用的措施主要为支挡、加固等。

①支挡措施

支挡措施是坡体防护技术中的基本措施。对于不稳定的边坡土体,使用支挡结构物(挡土墙、抗滑桩)对其进行支挡,是一种可靠的防护手段。它的优点是可从根本上解决边坡的稳定性问题,达到根治的目的。

a. 挡土墙:挡土墙是一类防止坡体变形失稳而承受侧向土压力的结构物,传统挡土墙是采用片石砌筑重力式挡土墙,随着工程技术的发展,出现了锚杆、锚旋板、加筋土等多种类型挡土墙。

b. 抗滑桩:抗滑桩是嵌入稳定土体中一定深度,将土压力或下滑力依靠桩身传递至稳定土体的结构物,一般成群布置。桩体材料多采用钢筋混凝土,借助桩受荷段及桩背土体与桩两侧土体间的摩阻力而形成的土拱效应,以稳定滑体。它的优点是抗滑能力强,性能可靠,施工难度小,目前已广泛应用于各类滑坡治理和边坡防护工程中。其缺点是抗滑桩对于剩余下滑力 50 t 以上时不经济;对于滑坡主滑段或牵引段,由于滑坡推力大,设桩不经济。

②加固工程

随着工程技术的发展,边坡加固防护措施不断涌现,具有代表性的有土钉墙、框架锚杆等。

a. 土钉墙:是由被加固的土体、置于被加固土体中的细长金属杆件(土钉)及附着于坡面的混凝土面板组成,形成一个类似于重力式挡土墙的结构,以此来抵抗墙后传来的土压力和其他作用力,从

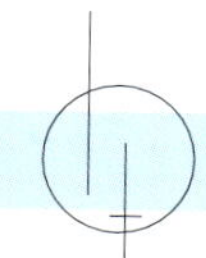

而使开挖坡面稳定，如图 10-3-1 所示。其特点是能有效利用土体的自承能力将土体作为支护结构不可分割的一部分；结构轻、柔性大，有良好的抗震性和协调变形能力；施工工艺简单，土钉的制作与成孔不需要复杂的技术和大型施工机具，施工作业对坡体稳定性扰动小；施工不需要单独占用场地，对施工空间狭小或有邻近建筑使放坡困难、大型施工设备不能进场时，土钉墙支护显示出独特的优越性；土钉施工过程中根据边坡变形监测数据，可及时调整土钉长度和间距，一旦出现异常变形情况，能立即采取相应加固措施，避免出现重大事故，从而提高工程的安全可靠性；工程造价相对经济，据国内外资料分析，土钉墙支护工程比其他支护类型的工程造价低 1/3 左右；防腐性能好，土钉由低强度钢材制作，与永久性锚杆相比，大大减少了防腐的麻烦；施工速度快，可同时展开多个工作面，且与其他工序可交叉作业，基本不占用施工工期。

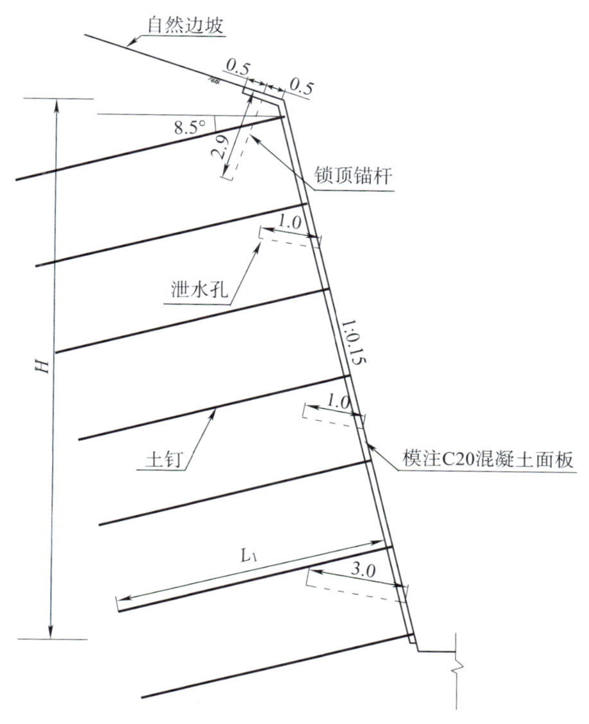

图 10-3-1　交口隧道出口桩间土钉墙大样图(单位：m)

b. 框架锚杆梁：框架锚杆梁支护由锚杆、框架梁和附属绿化工程组成，是一种工程措施与植物措施相结合的防护类型，如图 10-3-2。锚杆可根据边坡的具体条件选用非预应力或预应力锚杆，在黄土边坡的防护设计中，大多采用非预应力锚杆。框架梁一般由钢筋混凝土或型钢制作，考虑到工程耐久性与绿化要求，多采用钢筋混凝土框架。非预应力锚杆框架梁与土钉墙的支护机理和适用条件大致相同。

经过大量工程实践比较，认为非预应力框架锚杆梁除具有土钉墙的大多数优点外，还有其不可比拟的优势。土钉墙面层的喷射混凝土完全将坡体内外的“水汽循环”阻止，可能引起地下水的大量聚集，致使边坡稳定性降低；框架内可设置六棱空心砖或其他形式的格室进行填土绿化。而土钉墙无法施作绿化工程，景观效果较差。二者造价基本接近，框架锚杆梁需制作钢筋笼、浇注混凝土、摆放空心砖或格室及填土植草，施工工序较土钉墙略繁杂。

(3)坡面防护技术

坡面防护技术主要有浆砌片石护面墙、骨架护坡、挂网喷浆、植物防护、复合型生态防护等形式。

图 10-3-2　富村 2 号隧道锚杆框架梁护坡

图 10-3-3　朱家沟 2 号隧道浆砌片石护面墙

①浆砌片石护面墙

浆砌片石护面墙是采用片石通过砂浆砌筑而成的防护形式，这类措施是黄土边坡防护中较常采用的形式之一，如图 10-3-3 朱家沟 2 号隧道浆砌片石护面墙。其优点是可就地取材、结构简单、施工方便。一般用于坡率 1:0.5～1:1 的坡面，单级高度不大于 10 m，墙体顶宽 40～60 cm。在高度大于 4 m 的护面墙设置 1～2 道耳墙，以保证墙体的稳定性。

护面墙的设置可有效地防止降水沿坡面的下渗，减轻坡面的冲刷剥蚀。已建成的护面墙工程均起到了很好的防护作用。浆砌片石护面墙作为传统的坡面防护形式，得到了广泛应用。但是随着人们生活条件的不断改善，提出了环境美化生活的新需求，浆砌片石护面墙带来压抑感，已逐渐不被人们接受。

②骨架护坡

骨架护坡是采用浆砌片石砌筑成拱形（图 10-3-4）、人字形、菱形骨架（图 10-3-5），骨架内种草绿化，骨架上可设置导水的镶边石，从而防止坡面的冲刷、剥蚀。一般用于坡率缓于 1:1 的土质坡面，在地层为新黄土的坡面中较常用。由于骨架护坡是工程措施与植物措施相结合的防护形式，一方面它避免了实体式护面墙的坡面封闭效应，另一方面又大大改善了路容景观，效果良好。但是，其只适用于有放坡条件地段或高边坡上部，一般要求坡率缓于 1:1；其抗变形能力差，仅适用于稳定边坡，而在老黄土层中植草效果差。

图 10-3-4　贺家庄隧道骨架护坡

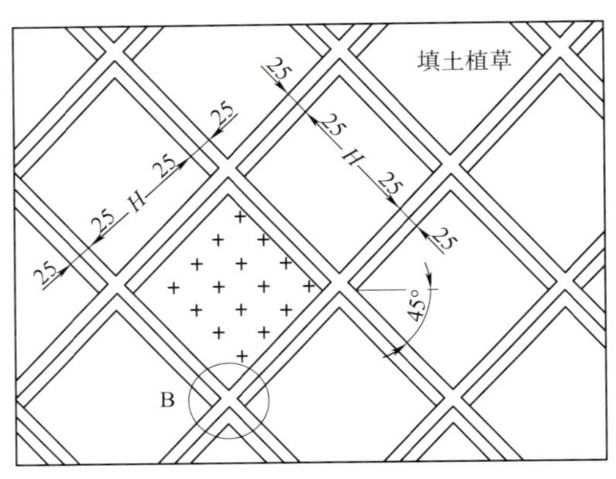

图 10-3-5　菱形骨架护坡示意（单位：cm）

③挂网喷浆

挂网喷浆防护是防止坡面风化剥落或掉块而采取的一类坡面防护措施，多用于基岩边坡。但近些年在黄土边坡防护中，对土质疏松且地区降雨量较小时也采用了该类措施。

④植物防护

众所周知，天然降雨是影响边坡稳定性的重要因素。一方面，雨水沿着构造裂隙、各种原生或次生节理渗入坡体，不断软化坡体中的软弱结构面，或降低土体的内聚力，减小内摩擦角，削弱坡体的抗滑阻力。另一方面，降雨对坡面进行冲刷侵蚀破坏。

植物护坡主要依靠坡面植物的地下根系及地上茎叶的作用保护坡面不受冲刷侵蚀，其作用可概括为根系的力学效应、茎叶的水文效应及植物的蒸腾排水效应三个方面。植物护坡的机理如图 10-3-6 所示。

植物根系分为草本类植物根系和木本类植物根系两种类型，其力学加固效应有所不同。木本植物纵深的垂直根系可以穿过坡体的表层土，固定到深处较为稳定的土层上，浅层的毛细根系纵横交错，盘根错节，对坡体表层土起着加筋作用。而且根系吸收土壤中的水分并蒸发至大气中，就减少了降雨入渗，降低了土体含水率或孔隙水压力；植被的水文效应包括茎叶截留雨滴，削弱溅蚀和抑制径流冲刷；地表落叶枯枝覆盖层可以滞缓地表径流，也可以削弱径流对坡体的冲刷。

多年来，黄土地区采用过不同的植物防护形式，主要有穴种、沟播、栽藤护坡、地毯式植草皮护坡、植生带植草护坡、三维植被网护坡、厚层基材喷播护坡。

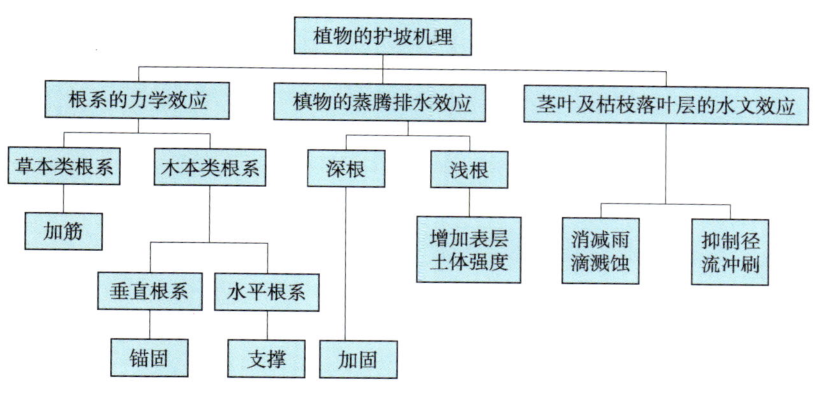

图 10-3-6　植物护坡机理

a. 穴种

穴种是黄土地区最初使用的一种植物防护方法，它是在坡面上用特制的钻具，钻头直径为 5 cm，挖掘出直径 5 ~ 8 cm、深 10 ~ 15 cm 的小洞穴，将固体肥料和种子放入，用土和沙掩埋，也可以根据情况在肥料里面添加高效保水剂。洞穴的分布密度为每平方米 8 ~ 12 个。肥料可由草木灰、锯末、禽畜粪便、尿素、磷肥等经特殊的工艺制成，并与土壤按 7∶3 的比例拌和。该方法适用于坡比不大于 1∶0.5，坡高小于 8 m 的黄土边坡（图 10-3-7）。穴种费时费工，浇水养护时候很容易对坡面造成径流冲蚀破坏。

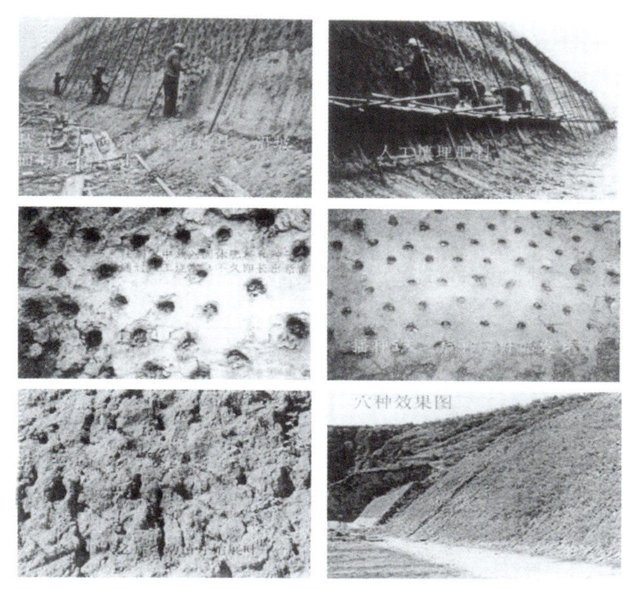

图 10-3-7　穴种防护技术

b. 沟播

在坡面自上而下水平开挖沟槽，沟槽深约 15 cm，宽约 15 cm，相邻沟间距 30 ~ 50 cm，垄沟里依次撒入种子、化肥，最后用土掩埋并拍实，如图 10-3-8 所示。

c. 栽藤护坡

栽藤就是在采用护面墙、抗滑桩挡土墙等人工构筑物地段，栽植攀缘性藤蔓类植物，遮蔽与环境不协调的人造景观，达到美化环境的效果，如图 9-3-9 所示。另外藤蔓类植物的覆盖性很强，在防止降雨对坡面的击溅作用方面也能起到一定的效果。

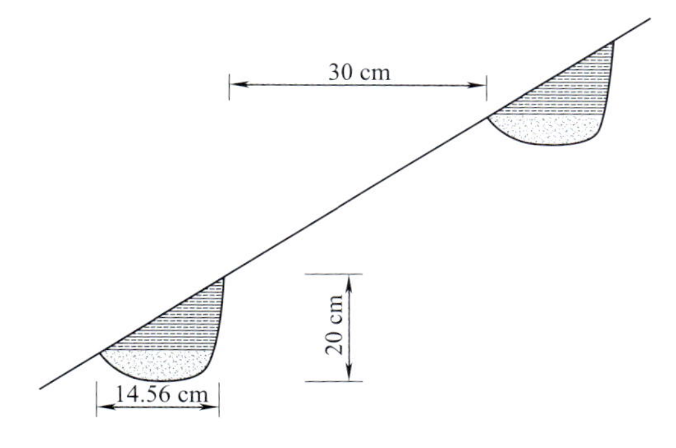

图 10-3-8　沟播示意图

图 10-3-9　栽藤护坡

d. 地毯式植草皮护坡

将在苗圃里培育好的草皮,按照坡面的规格重新裁剪成规则的方块,用木桩或"U"型钉将其按顺序固定于坡面上。

地毯式植草皮护坡的施工流程为:平整坡面→铺设草皮→养护。

e. 植生带植草护坡

植生带是采用专门的设备和特定的工艺将草种、肥料、保水剂等按一定的比例定植在可自然降解的无纺布或其他材料上。施工时将其固定在边坡上。

植生带植草护坡的施工流程为:平整坡面→铺植生带→养护。

f. 三维网植草护坡

三维网植草护坡技术是依靠三维塑料网良好的固土能力,在刚开挖的坡面上堆填一层适合植物生长的耕植土,在填土上种植护坡植物的一种技术,如图 10-3-10、10-3-11 所示。

三维网植草护坡的施工流程为:平整坡面→挖固定槽→铺设三维网→填土播种→养护。

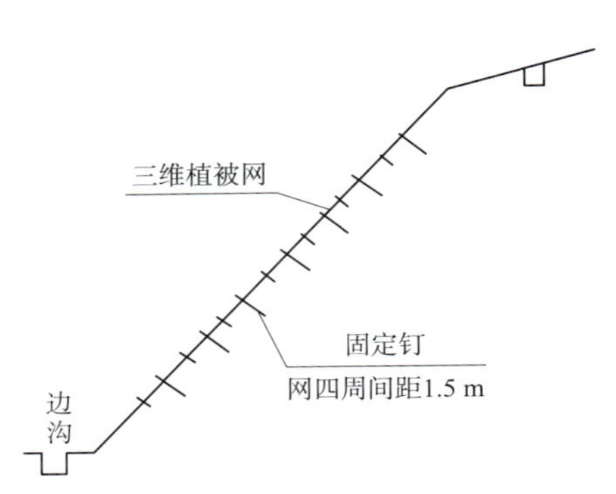

图 10-3-10　三维网植草护坡结构示意图

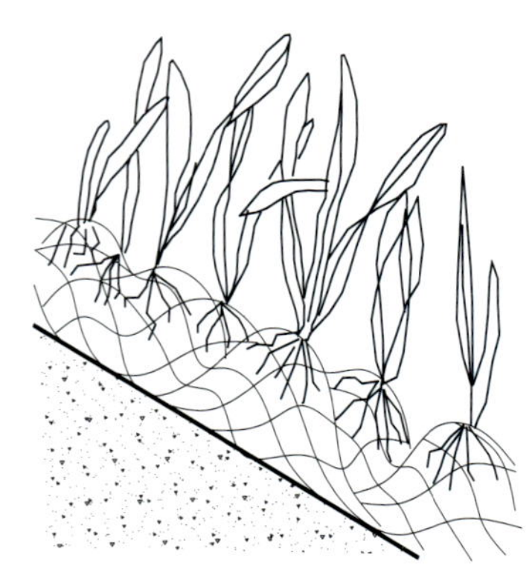

图 10-3-11　三维网植草护坡效果示意图

g. 厚层基材喷播法

厚层基材喷播法是利用特制的机械将植物种子、肥料、土壤、保水材料等混合物加水后高压喷射到坡面上。喷射层粘结硬化后,在坡面上形成具有一定抗冲刷能力的硬化层。该硬化层又具有连续空隙,可作为植物根系的生长空间。施工顺序为:清理坡面→安装植生带→安装镀锌铁丝网→喷射有机基材→喷播草种→养护管理。厚层基材喷播技术是一种较为先进的方法,不但比传统植草方法更省时省力,其防护能力也更佳。

⑤复合型生态防护技术

边坡复合型生态防护技术是由柔性护坡工程与活的植物共同构成。柔性护坡工程由土工材料与填土构成,活的植物包括草或矮小灌木。土工材料强度高,柔韧性好,具有空间立体结构,在柔性护坡工程中起骨架与加筋的作用。土工材料中的填土既可以是开挖回填土,也可以是适宜植物生长的改良土。填土的主要作用是为植物生长提供必要的土壤条件。

柔性护坡工程的功能主要为:改善开挖黄土陡坡的立地条件及水肥条件,保护草种或幼草免受雨水冲刷而流失,同时促使植物快速发芽、迅速生长;在草或灌木尚未发育成具有护坡能力的植被前,承担护坡任务,保护边坡不受雨水冲刷侵蚀。

柔性护坡工程上生长的草或灌木的功能主要为:恢复植被,绿化坡面,美化公路环境:通过根系的加筋、锚固作用与茎叶的水文效应保护边坡免受雨水冲刷侵蚀。

使用的土工材料有土工格室与绿化防护板两种类型。采用的防护结构形式有平铺式土工格室、叠砌式土工格室和绿化防护板 3 种类型。

a. 土工格室

土工格室(Geocell)是 20 世纪 80 年代开始在国际上出现的一种新型土工合成材料。它是由高密

度聚乙烯宽带(PE,HDP)经超声波焊接而成的具有三维蜂窝状格室结构的立体材料。与土工格栅、土工网等平面加筋材料相比,其最大的特点是具有立体结构、强度高、整体性能好。它伸缩自如,运输时可折叠,使用时张开并充填土石等材料,构成具有强大侧向限制和大刚度的结构体。此外,它还具有材质轻、耐磨损、化学性能稳定、耐光氧老化、耐酸碱等特性。在国外,它广泛被用于浅层地基处理、坡面防护和城市大型管道支护等工程中。在国内,土工格室目前虽有应用,但范围较小,还处于探索阶段。

土工格室可用于坡面防护(图 10-3-12、图 10-3-13)和建造挡土墙(图 10-3-14)。土工格室用于坡面防护时,可根据坡面的陡缓不同采用平铺式与叠砌两种形式。缓边坡采用平铺式,陡边坡采用叠砌式。

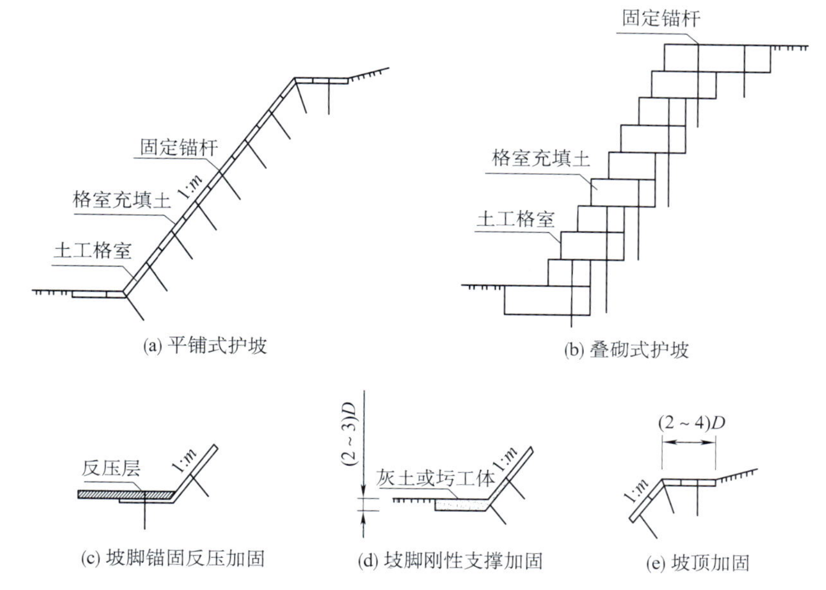

图 10-3-12　土工格室植草护坡设计形式断面示意图

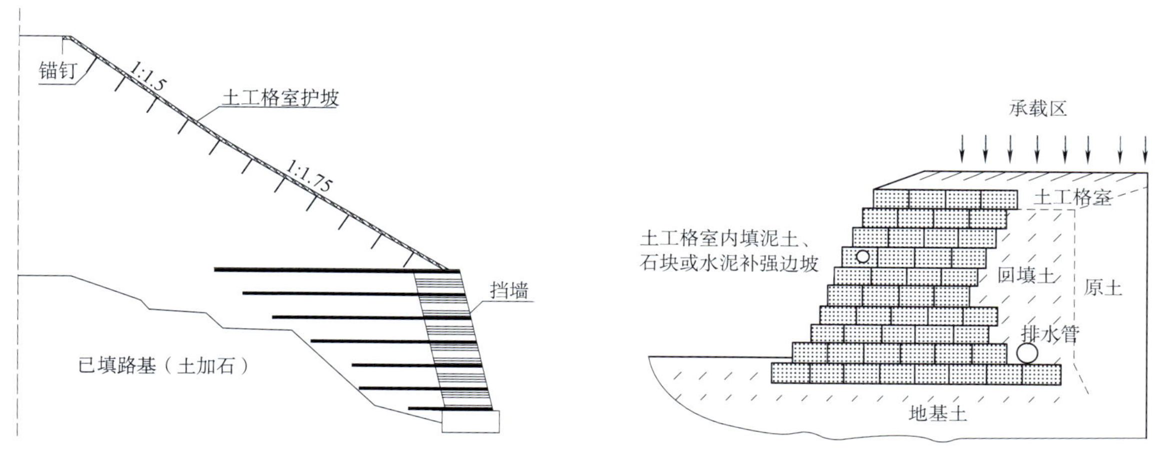

图 10-3-13　土工格室植草护坡断面图

图 10-3-14　土工格室构筑挡土墙示意图

b. 绿化防护板

绿化防护板是根据黄土陡边坡的工程特性开发的一种新型柔性防护材料(图 10-3-15)。该防护板由高分子材料(EP、AP、PTE 等)挤压成型,为条状片材。与土工格室相似,它具有材质轻、耐磨损、化学性能稳定、耐光氧老化、耐酸碱等特性。其最大的特点是组合后构成一个半三维的立体结构,并固定在陡坡面上。

固定在陡坡面上的防护板可以保持直立状态,与坡面共同围成一系列直立空格。空格中可以添入适宜植被生长所需的土壤、种子，随着植物生长完成对坡面防护体系的建造。由于防护板保持直立，该结构体抗冲蚀性强，特别适宜较陡稳定边坡的绿化与防护。

与土工格室相似，它伸缩自如，可以扎捆，便于运输。使用时水平展开，通过防锈钢钉（钢条或钢塑复合钉）将该板下方钉入开挖的陡坡面上，将其固定，填入客土与植物种子后施工就告完成，具有施工简便的优点。

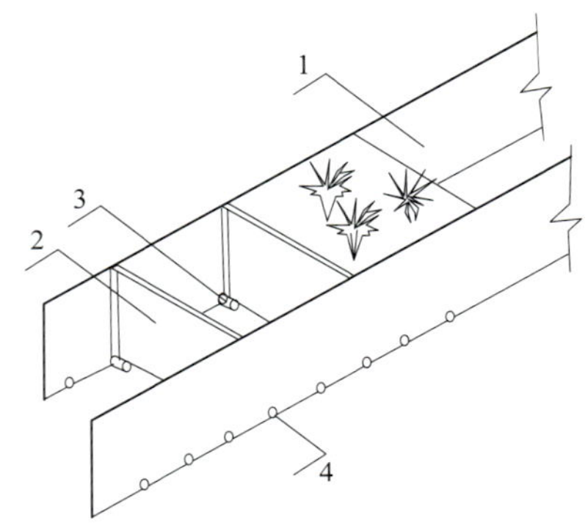

图 10-3-15 绿化防护板结构形式示意图

1—顺坡向防护板；2—垂直坡向防护板；3—连接件；4—与地面连接孔

3）郑西高速铁路黄土隧道洞口半装配式拱形明洞防护工程

2009 年 11 月 14 日郑西高速铁路开始联调联试，为了确保开通运营后列车行车安全，对三门峡段黄土隧道群高边坡洞口、相邻两座隧道洞口距离较短（小于 50 m）的隧道进行了逐一检查，确定对其中 7 座隧道的 9 个洞口增设拱形明洞防护结构[10]。

经对现场隧道洞口及边仰坡情况进行踏勘，对确定的 7 座隧道的 9 座洞口增设拱形明洞防护结构，其中坳渠 2 号隧道出口和交口隧道进口之间相距 11.5 m，南交口 1 号、2 号隧道之间相距 24 m，这两处相距较近的洞口采用明洞连接，明洞长度分别为 33 m、47 m；其余的 5 个隧道洞口均采用明洞接长方式防护，接长长度 13.2 m ~ 14.59 m 不等。明洞接长设计如图 10-3-16 和图 10-3-17 所示。

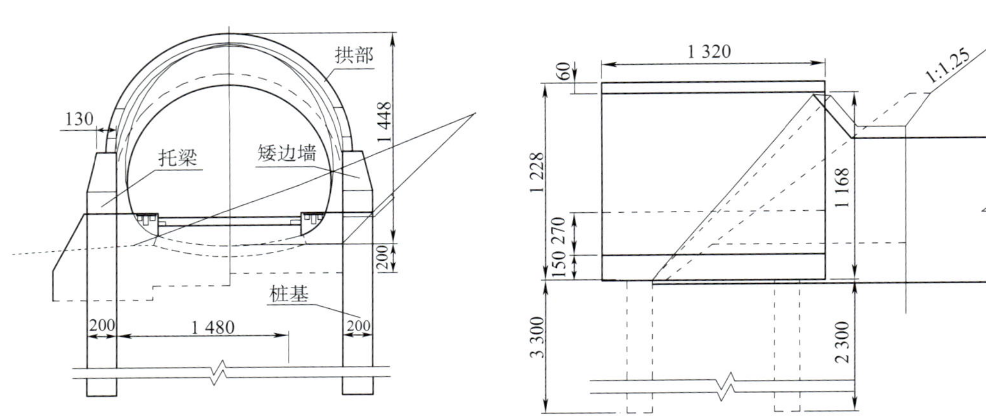

图 10-3-16 郑西高速铁路黄土隧道洞口明洞接长示意图（单位：cm）

图 10-3-17 郑西高速铁路南交口 2 号隧道出口

10.3.2 高速铁路黄土隧道洞口边仰坡防护技术要点

（1）为避免高大边坡开裂、滑塌对黄土隧道开挖及运营安全的影响，在隧道设计时建议尽量避免

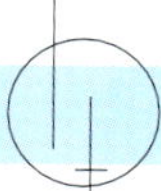

高边坡开挖，若无法避免时，可以采用加长明洞或倒削竹式洞门的方式来进行防护。

（2）黄土隧道边仰坡坡面形式

黄土隧道边仰坡坡面形式一般不宜采用上陡下缓，对已修建或地下水位较高采用上陡下缓坡形的，在变坡处宜加设平台，各级平台采用 M10 浆砌片石铺砌排水沟以保证边坡安全，且在边仰坡开挖线外设置天沟，边坡采用护面墙防护的应先加排水措施后再进行铺砌。

（3）黄土隧道边仰坡坡体防护

①洞口边坡及仰坡多采用开放式加固体系，如框架锚杆梁护坡和人字形截水骨架内喷混植生防护等，这类开放式加固体系有利于地表和地下水的排泄和渗流，对稳定坡体具有很大好处，可大量推广应用。

②尽量避免采用封闭式加固体系，如采用锚喷网防护（可作为临时防护工程）、骨架护坡石镶面和框架锚杆梁内六棱块贴面护坡等，该类防护形式不利于疏排水，对坡体长期稳定性不利。

③较高的边仰坡采用分级护坡，一、二级仰坡开挖面采用框架锚杆梁内植草进行防护，其他的仰坡开挖面采用骨架护坡，骨架间设喷播植草 + 移植灌木防护。

（4）黄土隧道边仰坡坡率

隧道洞口的边坡坡率与黄土时代、成因（反映黄土的强度特点）、边坡高度、降雨分区等有关。根据现场自然与人工边坡的调查资料、降雨分区及设平台后分段坡高，给出考虑不同时代成因的黄土边坡设计表，如表 10-3-2 所示。

表 10-3-2　黄土一般边坡设计表

<table>
<tr><th rowspan="3">年代成因</th><th rowspan="3">地貌单元</th><th rowspan="3">适用地区</th><th colspan="2">边坡坡率</th><th colspan="6">边坡形式及适用条件</th></tr>
<tr><th rowspan="2">$H \leq 10$ m</th><th rowspan="2">10 m < H ≤20 m</th><th colspan="2">直线形（一坡到顶）</th><th>折线形（上缓下陡）</th><th colspan="2">阶梯形（小平台）</th><th rowspan="2">阶梯形（大平台）</th></tr>
<tr><th>均质土层</th><th>非均质土层</th><th>非均质土层</th><th>均质土层</th><th>非均质土层</th></tr>
<tr><td rowspan="2">全新世坡积黄土（Q_4^{dl}）</td><td rowspan="2">塬的外塬坡脚，梁峁的斜坡积河谷阶地缓坡部分覆盖</td><td>①</td><td colspan="2">1:0.75 ~ 1:1</td><td rowspan="10">$H \leq 12$ m</td><td rowspan="14">$H \leq 10$ m</td><td rowspan="14">$H \leq 15$ m</td><td rowspan="10">12 m < H ≤25 m</td><td rowspan="14">15 m < H ≤25 m</td><td rowspan="14">H > 25 m</td></tr>
<tr><td>②</td><td>1:0.5 ~ 1:0.75</td><td>1:1 ~ 1:1.25</td></tr>
<tr><td rowspan="2">全新世冲积、洪积黄土（$Q_4^{al,pl}$）</td><td rowspan="8">河谷阶地，黄土梁、峁下部或冲积平原上分布，多有风积、坡积、洪积黄土覆盖</td><td>①</td><td colspan="2">1:0.5 ~ 1:0.75</td></tr>
<tr><td>②</td><td>1:0.5</td><td>1:0.75 ~ 1:1</td></tr>
<tr><td rowspan="2">晚更新世坡积黄土（Q_3^{dl}）</td><td>①</td><td colspan="2">1:0.5 ~ 1:0.75</td></tr>
<tr><td>②</td><td>1:0.5 ~ 1:0.75</td><td>1:1 ~ 1:1.25</td></tr>
<tr><td rowspan="2">晚更新世风积黄土（Q_3^{eol}）</td><td>①</td><td colspan="2">—</td></tr>
<tr><td>②</td><td>1:0.5</td><td>1:0.5 ~ 1:0.75</td></tr>
<tr><td rowspan="2">晚更新世冲积、洪积黄土（$Q_3^{al,pl}$）</td><td>①</td><td colspan="2">1:0.3 ~ 1:0.5</td></tr>
<tr><td>②</td><td>1:0.5</td><td>1:0.5 ~ 1:0.75</td></tr>
<tr><td rowspan="2">中更新世黄土（Q_2）</td><td rowspan="4">河谷高阶地，黄土塬边缘或黄土梁下部，上有 Q_1 及 Q_2 黄土覆盖</td><td>①</td><td colspan="2">1:0.5 ~ 1:1</td><td rowspan="4">$H \leq 15$ m</td><td rowspan="4">15 < H ≤25 m</td></tr>
<tr><td>②</td><td>1:0.5</td><td>1:0.5 ~ 1:0.75</td></tr>
<tr><td rowspan="2">早更新世黄土（Q_1）</td><td>①</td><td colspan="2">—</td></tr>
<tr><td>②</td><td>1:0.5</td><td>1:0.5 ~ 1:0.75</td></tr>
</table>

注：（1）当边坡高度不大于 20 m 时，一般可按国标规定设计；边坡高度大于 20 m 或工程地质、水文地质条件复杂时，应采用工程地

质类比法结合边坡稳定性检算确定。设有大平台的边坡，除应对全高边坡作稳定性检算外，还应对大平台毗邻的上下分段边坡作局部稳定性检算。

(2)适用地区栏内①是指华北、东北平原及内蒙古高原东部地区；②是指黄土高原、豫西等地区。

(3)表列边坡坡率是指单一土层的综合边坡坡率，若为多种土层，可根据不同时代、成因土层性质的差异性及其在边坡中所占比例，综合考虑确定。

(4)阶梯形边坡的分级坡率，对均质土层可取同一坡率值，对非均质土层可选用不同坡率值。

(5)当堑顶地面横坡小于20°时，不计其对边坡坡率的影响；当为20°~35°时，Q_4 黄土边坡高度大于12 m、$Q_3^{al,pl}$ 黄土边坡高度大于15 m，边坡坡率可放缓一级（按0.25计）；当大于35°时，应通过稳定检算确定。

(6)对 Q_2、Q_1 黄土尚应考虑构造裂隙对边坡稳定性的影响。

(7)本表未考虑高烈度地震及地下水影响，如考虑时皆需另作处理。

参考文献

[1]楚华栋．黄土的工程特性、筑路技术和病害处理[J]．铁道工程学报，2005(增刊)：340-347.

[2]刘小兵，彭立敏，王薇．隧道洞口边仰坡的平衡稳定分析[J]．中国公路学报，2001，4：80-84.

[3]郑西铁路客运专线公司筹备组，铁道第一勘察设计院，中铁西北科学研究院．黄土基本特性及工程实践综述[R]．兰州：中铁西北科学研究院，等，2005.

[4]韩毅，李隽蓬．铁路工程地质[M]．北京：中国铁道出版社，1988.

[5]刘东生，张宗祜．中国的黄土[J]．地质学报，1962，42(1).

[6]中华人民共和国建设部．GB 50025—2004　湿陷性黄土地区建筑规范．北京：中国建筑工业出版社，2004.8.

[7]贾明辉．隧道洞口边坡稳定性与控制技术研究[D]．上海：同济大学，2007.

[8]刘小兵．隧道洞口边仰坡稳定性影响因素的综合性评价[J]．铁道工程学报，2002，73(1).

[10]昝爱琴．黄土隧道半装配式拱形明洞接长施工技术[J]．石家庄铁路职业技术学院学报，2010，9(2).

[11]王念秦，罗东海，姚勇．铁路黄土高边坡变形破坏机理及稳定性研究[J]．铁道工程学报，2009，7：11-13.

[12]周泽晓．黄土隧道洞口段边坡稳定性研究现状与展望[J]．经营管理者，2009，24：407-408.

第 11 章　黄土隧道建设技术发展方向

随着今后更多黄土隧道的修建,黄土隧道工程技术的进步会越来越大。黄土隧道修建将朝着变形可控、施工速度快、投资省的方向发展。

(1)加强超前支护控制围岩变形

黄土隧道变形的一个主要特征是掌子面前方围岩变形较大,随着掌子面的掘进,地表裂缝逐渐向前发展,因此采用超前支护措施控制掌子面前方位移是必要的。我国隧道修建过程中对超前支护重视不足,往往是出现了较大变形后方才加强超前支护。对于黄土围岩来说,掌子面前方的超前支护与掌子面后方的支护措施同样重要,对控制地表沉降有显著的作用。

(2)少分部大断面快速施工

黄土隧道,尤其是大断面和特大断面黄土隧道,由于通常采用分部开挖施工的方法,每个工作面的作业空间小,不利于机械化作业,施工效率低,同时,作业工序多,施工速度缓慢,往往成为控制工期的工程。因此,要提高大断面和特大断面黄土隧道的施工速度,必须采用少分部的施工工法。应以三台阶或两台阶法为主,采取掌子面锚杆超前加固围岩,控制掌子面前方的先期位移;采用扩大拱脚或拱脚支撑桩措施,控制拱脚下沉位移;加强初期支护,控制掌子面后方的隧道变形;采用机械化作业,提高工效,加快施工进度。

(3)推广应用隧道围岩变形控制分析工法

黄土隧道传统施工方法都会产生较大的地层变形,引起施工地表裂缝。在不能采用盾构法施工时,也需在设计理念和施工方法上有所改进,隧道围岩变形控制分析工法就是有效控制施工变形的方法之一。

隧道围岩变形控制分析工法(ADECO-RS)是 20 世纪 80 年代由意大利 Pietro Lunardi 教授在隧道预支护工艺基础上,将隧道开挖过程中的变形状况按三维空间进行考虑,结合大量理论和试验研究,形成此工法。该工法用于隧道设计与施工,适应各种围岩条件,特别是浅埋松软地层、变形环境控制要求高的隧道工程。过去十余年中,意大利铁路、公路及大型地下工程建设项目将此工法纳入设计规范并且广泛采用。

该工法认为,隧道开挖扰动后周边及前方围岩所产生的变形分为掌子面围岩挤压变形、掌子面前方围岩预收敛变形及开挖后洞室围岩收敛变形三类。上述三种情况下隧道的失稳表现也不一样,各种变形及失稳表现均直接或间接与掌子面前方围岩的强度有关;变形反应从掌子面前方围岩变形开始,逐渐沿隧道向后发展,形成预收敛、挤压和收敛变形,收敛变形只是错综复杂应力～应变过程中最后阶段;可以通过控制超前围岩的变形(挤压变形、预收敛变形)来控制隧道总变形,措施是采取相应超前预支护及超前预加固掌子面土体。

众所周知,新奥法是隧道施工理念的一大进步,它的成就是将围岩也视为支护承载体系的一部分;采用锚喷等简单积极的支护技术以控制隧道的收敛变形;强调系统监控量测以了解围岩的变形反应。但在最初新奥法原理阐述中将注意力集中到隧道开挖后收敛变形上,忽视了前方核心土变形的重要性,也没有对预支护技术的作用给以足够的认识。新奥法在处理低度至中度困难应力～强度条件下隧道开挖是成功的,但对恶劣的地层,浅埋地面环境控制要求高的条件下,新奥法就体现了它的局限性。

隧道围岩变形控制分析工法是归纳了大量施工实践经验，通过近代岩土力学三维分析和实验研究加以升华提炼出来的，它对隧道施工中围岩变形控制较新奥法更为全面。这种工法能在极为宽广的围岩类型及各种应力～应变条件成功运用，特别是在浅埋软弱地层和变形控制要求严格条件下，不仅可施工安全，还能保证一定的进度。可以认为，围岩变形控制分析工法是继新奥法之后隧道修建理念的又一新进展。

我国在不良地质条件下修建隧道实践中积累了丰富的经验，对不稳定地层的开挖中，掌子面稳定作用也有一定的认识。例如很早就运用注浆技术加固前方及周边的地层；土质隧道中拱部常环状开挖，预留核心土以防止掌子面的坍塌；在松散破碎岩体中利用超前小导管注浆及管棚技术以保护开挖面前方地层等。这种工法在黄土、特别是饱和黄土隧道中，具有极大的应用开发价值。

(4)拓宽盾构法施工使用范围

盾构法作为隧道暗挖施工方法之一，因具有施工对地层(地面)扰动影响小、机械化程度高、工人劳动强度低，施工进度快的优点，自20世纪60年代以来，得到了迅速发展。经过半个多世纪的发展，其技术已比较成熟，被广泛应用于世界各国能源、交通、水利、国防等部门的地下工程建设，在我国城市地下铁道建设中已创造了辉煌成就。

随着我国高速铁路的迅速发展，深埋长大隧道、下穿水系的水下隧道和下穿大中城市的城市隧道将大量出现，掘进速度快、地层扰动小的盾构法将会大量采用。随着我国城市地下铁道的快速发展，盾构法施工的区间隧道数量比例越来越大，其中上海、杭州、成都等城市的地铁区间隧道以盾构法施工为主，在建的北京地铁盾构施工区间的隧道数量比例也在增大。盾构法施工不仅适应于松软的淤泥质地层、黏土地层、砂土地层、卵石地层，而且还适用于岩石地层，如在广州地铁成功应用的复合式盾构。

在施工郑西高速铁路实践中认识到，在黄土地层条件下，大断面隧道施工难度大，如有条件选择两座单线隧道时，采用盾构法施工也可能是一种较好选择。

(5)提高隧道建设机械化水平

隧道建设规模扩大了，长大隧道多了，但矿山法隧道建设机械化水平未能得到提高，不仅在主要隧道施工机械，也包括隧道辅助施工机械及配套机械。

在提高了隧道技术标准和隧道施工质量要求的大前提下，要求改善传统粗放、粗糙工艺和作业方式，要求形成精细、可控、程序化作业。因此，从质量上要求提高机械化水平；从作业效率上提高机械化水平；从作业队伍专业化上要求提高机械化水平；从环境控制、“以人为本”角度要求提高机械化水平；从工程单价上鼓励提高机械化水平，从工艺技术专利保护上鼓励提高机械化水平。

目前为有效提高隧道施工机械化水平工作，仍然需要政府的投入和引导，积极开展以政府为主动的主要施工机械研究开发；加强以政府为主导的引进设备的消化、再创新；不仅要重视大型、重要施工机械，也要重视小型、配套机械的研究开发。政策上引导企业设备投入的积极性，建立合理设备折旧提成金，适当提出工程基本设备要求，适当提高工人工资水平。

(6)饱和黄土安全施工技术

已建铁路、公路及其他用途隧道中，部分存在高含水率黄土、甚至饱和黄土地层，这种地层施工中极易流坍，不同于一般软弱围岩和低含水率黄土围岩，这种围岩自身几乎无承载能力，较小变形即可导致隧道坍塌；施工中变形影响范围极广，极易导致地面施工沉降环境问题。

软弱围岩隧道施工将产生较大变形既是客观条件的必然，又是传统变形控制理念与控制方法的结果。传统大变形控制理念是允许围岩产生大变形，通过变形与围岩应力释放，边让边支，在一定支护刚度条件下实现隧道稳定，避免过早支护失效与撤换。对应控制方法主要为留够预留变形量、适当提高刚度的多层(多次)支护，必要时提前施作二次支护。这对于溜坍地层，因围岩无自稳能力，无开挖、支护暂时稳定作业时间，传统软弱围岩大变形控制技术则不能胜任。

针对饱和黄土隧道，也需在设计理念和施工方法上有所改进。因此，开展饱和黄土隧道安全施工技术研究，形成相应施工技术十分重要。